尼山世界文明論壇文集（上册）

（第七届）

尼山世界儒学中心
中国孔子基金会秘书处　编

齊魯書社
·济南·

图书在版编目（CIP）数据

第七届尼山世界文明论坛文集 / 尼山世界儒学中心，中国孔子基金会秘书处编. -- 济南：齐鲁书社，2022.7
ISBN 978-7-5333-4565-5

Ⅰ. ①第… Ⅱ. ①尼… ②中… Ⅲ. ①文化史—世界—国际学术会议—文集 Ⅳ. ①K103-53

中国版本图书馆CIP数据核字（2022）第063167号

责任编辑：李军宏　周　磊　赵自环
责任校对：王其宝
装帧设计：赵萌萌

第七届尼山世界文明论坛文集
DIQIJIE NISHAN SHIJIE WENMING LUNTAN WENJI

尼山世界儒学中心
中国孔子基金会秘书处　编

主管单位	山东出版传媒股份有限公司
出版发行	齊魯書社
社　　址	济南市市中区舜耕路517号
邮　　编	250003
网　　址	www.qlss.com.cn
电子邮箱	qilupress@126.com
营销中心	（0531）82098521　82098519　82098517
印　　刷	山东临沂新华印刷物流集团有限责任公司
开　　本	787mm × 1092mm　1/16
印　　张	54
插　　页	6
字　　数	900千
版　　次	2022年7月第1版
印　　次	2022年7月第1次印刷
标准书号	ISBN 978-7-5333-4565-5
定　　价	196.00元（全二册）

目 录

·上 册·

2021 中国（曲阜）国际孔子文化节、第七届尼山世界
文明论坛开幕式讲话 …………………………………… 郝明金（1）
在中国（曲阜）国际孔子文化节暨第七届
尼山世界文明论坛上的致辞 ………………………… 刘延东（4）
许嘉璐先生开幕式贺信 ……………………………………………（9）
为创造人类文明新形态贡献山东力量
——在 2021 中国（曲阜）国际孔子文化节
暨第七届尼山世界文明论坛开幕式上的致辞 …………… 刘家义（10）
日本前首相福田康夫致辞 ……………………………………（14）
泰国公主诗琳通开幕式致辞 …………………………………（15）
菲律宾前总统阿罗约女士开幕式致辞 ………………………（17）
潘基文基金会贺信 ……………………………………………（19）
中共中央宣传部副部长蒋建国先生致辞 ……………………（20）
中共中央统战部副部长国务院侨务办公室主任潘岳先生致辞 ………（22）
中华人民共和国教育部副部长田学军先生致辞 ……………（24）

中华人民共和国文化和旅游部副部长张旭先生致辞 …………………… (27)
中国社会科学院副院长高培勇先生致辞 ……………………………… (29)
中国人民对外友好协会副会长李希奎先生致辞 ………………………… (31)
中华人民共和国国家中医药管理局副局长黄璐琦先生致辞 …………… (34)
2021 中国（曲阜）国际孔子文化节、第七届尼山世界
　文明论坛闭幕式致辞 …………………………………………… 李干杰 (36)
2021 中国（曲阜）国际孔子文化节、第七届尼山
　世界文明论坛外宾欢迎宴会致辞 ………………………………… 白玉刚 (41)
第七届尼山世界文明论坛与会学者共识 ……………………………… (43)
第七届尼山世界文明论坛学术总结 ………………………………… 杨慧林 (45)

主论坛

●文明多样性与世界融合发展

世界文明对话与中国哲理智慧 ……………………………………… 张志刚 (51)
经典：世界文明对话的宝贵资源 …………………………………… 舒大刚 (57)
儒学实践的日常性及其公共性
　——以“克己复礼”和“大学”的实践价值扩张为中心…… 李润和 (69)
加大文明对话力度，让全世界的合作声音更响亮 … 田辰山　徐钧鸿 (88)
中华大道和谐文化与和谐世界 ………………… 黄愿宇　胡思云 (102)
打造文明形态　塑造国家形象 …………………………………… 方　雷 (109)
文明互鉴　伊儒会通 ……………………………………………… 杨桂萍 (115)
儒家思想与世界文明新秩序的塑造 ……………………………… 韩　星 (119)
比较视域下孔子治国理政思想的现代启示 ……………………… 刘丹忱 (134)

中国“天下统一观”与美国“民主统一观”的
长期比较和竞争 …………………………………… 田飞龙（153）
和而不同与人类文明多样性发展 …………………… 申圣超（188）
儒家治道：预设与原理 ……………………………… 方朝晖（194）
北宋“图书”之学的形成及其符号学意义 ………… 林忠军（222）
研读马克思主义经典，总结中华文明规律 ………… 江林昌（239）
从《史记·五帝本纪》看人类社会发展规律 ……… 隋云鹏（250）
儒家文明视域下的中国古代经济理念
——以《孔门理财学》为例 ……………………… 路则权（261）
美身·美俗·美政
——论儒学价值呈现的三个面向 ………………… 常 樯（270）
躬稼与天下
——《论语》稼圃问答发微 ……………………… 董成龙（285）
由倡导“华服”与“国潮风”引起的思考 ………… 李超德（296）
中国传统服饰文化及其当代传承 …………………… 卞向阳（308）
国风时尚文化可持续发展评价指标体系构建 …… 王永进 苗 雪（316）
论科学与中国的文化复兴 …………………………… 刘志远（324）
西学东渐中科学与儒学关系研究的回顾与省察 …… 马来平（333）
儒家文明与人类文明发展
——乡村治理中的儒学实践及其政策建议………… 王 蔚（353）
齐鲁文化对东北亚的文化辐射力及其启示 ………… 彭彦华（416）

·下 册·

●全人类共同价值与构建人类命运共同体

构建人类命运共同体的中国智慧：文化包容与实力地位 … 向世陵（435）
未能成己，焉能成人？
——论儒家文明的自新与全球文明的共建………… 黄玉顺（450）

构建人类命运共同体的人类共同价值基础 ……… 郇庆治　赵睿夫（464）
中华文化精神与全人类共同价值 ……………………………… 王国良（483）
中华文化与构建人类命运共同体 ……………………………… 孙聚友（499）
新时代大力弘扬全人类共同价值 ……………………………… 涂可国（509）
感通慈爱的全球价值：从中西的宇宙和人性价值建立
　人类命运共同体 ……………………………………………… 梁燕城（523）
“大同”理念与联合国宪章
　——中国传统文化与人类和平共识 ……………………… 秦彦士（536）
全球视域下的中阿（中国—阿拉伯国家）文明交往
　　与命运共同体建设 ……………………………………… 丁　俊（556）
略说从“大同”社会理想萌芽到人类命运共同体
　　提出的发展历程 ………………………………………… 李玉平（574）
儒家道德教育对构建人类命运共同体的启示 ……………… 刘余莉（586）
知识分子在人类命运共同体中的责任担当 ………………… 康泽宇（599）

●全球抗疫中的文化力量

中国抗疫中“爱与敬”的文化底色 …………………………… 杨朝明（616）
新冠疫情下世界局势之儒学省思 ……………………………… 蔡家和（625）
全球抗疫与中国文化的力量 …………………………………… 郭晓东（638）

青年论坛

新冠肺炎疫情下的全球文明反思
　——阿尔贝特·施韦泽敬畏生命伦理学的启示 ……………… 李雅萍（649）
殷民、君子与学者
　——作新民之行为主体演变及其内涵 ……………………… 张　兴（666）

人的显扬：二程鬼神礼制观及其人学意义、礼俗影响 …… 张 恒（683）
实学家朴世堂及其仁学
——以《论语思辨录》为中心 …………………………… 柳旻定（704）
“中观”老学化的色彩
——围绕“成得”句注释与僧肇原文的互动………………… 张翊轩（720）
三教归一与文明互鉴
——宗炳《明佛论》心识观研究 …………………………… 汪柔竹（728）
孔曾思孟之间：儒家慎独之学的形成与突破 ……………… 崔 翔（738）
近七十年先秦“禅让”学术史研究 ………………………… 王露晗（754）
教育出口：孔子周游列国的文化本质与历史效果
——从李振宏先生“四十不惑”章伪作说的误读谈起 … 韩博韬（773）
比较湛若水和王守仁格物论中事的面向 …………………… 佟雨恒（789）
理学视域下《诗经》“其仪一兮，心如结兮”的诠释 …… 张唐宁（804）
儒家文明为世界文明发展贡献智慧 ………………………… 李春蕾（814）

中医药论坛

儒家仁爱思想对中医医德养成的伦理价值 ………………… 陈晓霞（831）
勾勒姆与浑沌
——瘟疫背景下中西医学的通约可能 ……………………… 张树剑（846）

2021 中国（曲阜）国际孔子文化节、第七届尼山世界文明论坛开幕式讲话

（2021 年 9 月 27 日）

郝明金

各位嘉宾，各位专家学者，
女士们，先生们，朋友们：

大家上午好！

今天，来自世界各地的朋友们相聚在孔子故里——尼山，出席 2021 中国（曲阜）国际孔子文化节、第七届尼山世界文明论坛，共商文明对话与全球合作大计，意义重大而深远。在此，我谨对节会的开幕表示衷心的祝贺！对各位嘉宾、学者的到来表示诚挚的欢迎！

山东自古文脉兴盛，先贤圣哲辈出，在中国乃至世界文明史上都占有重要地位。从孔子在这里讲学布道，到稷下学宫诸子“百家争鸣”，再到尼山世界文明论坛推动不同文明交流对话，文化的传承发展跨越时空、历久弥新，展现着凝结过去、启示现在、连接未来的独特魅力和价值，为人类文明进步提供了丰厚的滋养。

女士们，先生们，朋友们！

文明是一个国家、一个民族的灵魂。不同国家、不同民族的文明，既有各自的本色、长处、优点，也蕴含着很多共性的价值追求和思想内核。面对“人类向何处去”的时代之问，习近平主席在一系列国际场合发出坚守全人类共同价值的倡议，在前不久的中国共产党与世界政党领导人峰会上，再次强调“做全人类共同价值的倡导者”，充分彰显了对人类前途命

运的深邃思考和历史担当，释放出跨越国家、文明界限的强大感召力、凝聚力，在国际社会引起强烈共鸣。

这一共同价值，凝结着中华文明的智慧结晶。以儒家思想为代表的中华优秀传统文化，集中体现了中国人民几千年来积累的知识智慧和理性思辨。讲仁爱、重民本、守诚信、崇正义、尚和合、求大同等理念，与“和平、发展、公平、正义、民主、自由”息息相通、相得益彰，是中华民族对人类文明的重要贡献，为不同文明间的互融互通提供了精神源泉。

这一共同价值，承载着中国共产党宽广博大的天下情怀。今年是中国共产党成立100周年。从诞生之日起，中国共产党就以《共产党宣言》提出的“一切人的自由发展”为崇高理想，以“为世界谋大同”为重大使命，从提出和平共处五项原则，到倡导促进世界多极化和国际关系民主化，到推动构建人类命运共同体，中国共产党以实际行动为世界和平和人类进步事业贡献了中国方案、中国力量。

这一共同价值，体现着人类命运与共的价值理念。人类是一个整体，地球是一个家园。当今世界百年变局与世纪疫情相交织，在共同挑战面前，任何一个国家都无法独善其身，任何一个民族都难以独立支撑，只有和衷共济、和合共生，以文明交流超越文明隔阂，以文明互鉴超越文明冲突，以文明共存超越文明优越，才能开创人类美好生活的康庄大道。

女士们，先生们，朋友们！

大时代需要大格局，大格局需要大胸怀。弘扬人类共同价值，建设人类共同精神家园，尤其需要重视和发挥文明的力量，善于发掘和利用包括儒家思想在内的一切优秀文化的有益成果，更好地助力和平、服务发展、造福人类。在此，我愿提出以下倡议。

——坚持开放包容，促进互学互鉴。人类文明多样性是世界的基本特征，每一种文化都是独特的，没有高低、优劣之分，一切文明成果都值得尊重和珍惜。我们应秉持“和而不同”“求同存异”，以更加开放包容的心态，尊重和维护文明的多样性，加强交流对话，相互学习借鉴，取长补短、兼收并蓄，实现各美其美、美人之美、美美与共。

——坚持传承发展，推动创新创造。不忘本来才能开辟未来，善于继承才能善于创新。各国传统文化都面临着薪火相传、与时俱进的时代课题。我们应秉持“古为今用”“守正出新”，把优秀传统文化中具有当代价值、世界意义的思想精髓提炼出来、展示出来，把弘扬优秀传统文化和发展现实文化统一起来、结合起来，在创造性转化、创新性发展中不断焕发时代光彩。

——坚持以民为本，实现共促共享。文化交流的根基在民众，希望在青年。我们应秉持“民为邦本”“兼相爱、交相利”，广泛开展多种形式的人文交流活动，搭建更多载体平台，扩大各国民众的普遍参与，让人们更快更好分享不同国度的优秀文化产品、精神食粮，在润物细无声中消除误解、拉近距离，拥有更多文化获得感、幸福感。

女士们，先生们，朋友们！

文化因交流而精彩、因互鉴而丰富。尼山世界文明论坛自创立以来，以弘扬中华优秀传统文化、促进不同文化交流合作为宗旨，已经成为世界文明交流互鉴的重要纽带、高端平台。我们衷心期待，各位嘉宾、专家学者畅所欲言，分享真知灼见，凝聚思想共识，不断为人类文明花园增添更多绚丽多彩之花！

现在，我宣布：2021 中国（曲阜）国际孔子文化节、第七届尼山世界文明论坛，开幕！

在中国（曲阜）国际孔子文化节暨第七届尼山世界文明论坛上的致辞

（2021 年 9 月 27 日）

刘延东

尊敬的各位专家学者、各位嘉宾，

女士们，先生们，朋友们：

大家上午好！

金风送爽，硕果飘香。今天，我们相聚在中国古代伟大思想家、教育家孔子的故乡——山东曲阜，共同出席 2021 中国（曲阜）国际孔子文化节暨第七届尼山世界文明论坛。这次与会的嘉宾中有各国各界精英翘楚，各位多年来为文化交流、国际合作做出了积极贡献。借此机会，我代表国际儒学联合会，对各位嘉宾、各位专家学者表示热烈欢迎，并致以衷心的感谢！

本届论坛的主题是“文明对话与全球合作”，这一主题十分契合当前动荡不宁而又充满风险挑战的世界局势，具有深刻的现实意义和长远意义。当今，百年大变局和世纪大疫情相互交织，人类生存发展遭遇多重危机，全球治理体系经历深刻调整，世界面临的不稳定不确定因素正在增加，经济低迷，单边主义、保护主义抬头，网络安全、重大传染性疾病、气候变化等非传统安全威胁持续蔓延。一些地方战乱和冲突仍在持续，隔阂和对立有所加深，各国人民追求和平繁荣、向往幸福安宁的呼声更加强烈。面对危机与挑战，选择对立还是尊重，封闭还是合作，零和博弈还是互利共赢？需要各方达成共识，并做出正确的选择。

今天，我们举办的第七届尼山世界文明论坛，再一次追忆先贤，审视当代，发起“文明对话与全球合作”的倡议，旨在倡导不同文明间的理解与国家间的交流，通过文明合作促进包容、协作与共赢，发扬相互尊重、互鉴共荣的文化价值，坚持“拉手”而不是“松手”，坚持“拆墙”而不是“筑墙”，努力促进各方共绘美美与共的人类文明画卷，共建和谐繁荣的地球村。

孔子是中国的，儒学是世界的。孔子创立的儒家学说以及包括儒学在内的中华传统文化，提出了己所不欲、勿施于人，以民为本，为政以德，讲信修睦，协和万邦等一系列具有时代价值和世界意义的可贵思想，蕴藏着解决当代人类面临的难题的重要启示。1994 年，中国、韩国、日本、美国、德国、新加坡、越南等国家和中国香港、中国台湾地区与儒学有关的学术团体共同发起成立国际儒学联合会，2018 年被联合国经社理事会授予特别咨商地位。作为兼具学术性、专业性、国际性、民间性的学术文化联合组织，国际儒联多年来致力于展示人类文明成果，促进文明互鉴，与有关国家和地区友好交流，与各国学术文化机构、大学开展合作，与广大专家学者共同研讨，努力做中华优秀传统文化的传承者、世界文明多样性的维护者、中外文明交流对话的推动者。今后国际儒联将积极联结国际组织，会同各国有识之士，继续倡导不同文明对话交流、和谐共生，促进各国民众心灵相通，让和平友好合作造福广大民众！

女士们，先生们，朋友们！

历史告诉我们，交流互鉴是文明发展的本质要求和内在规律。一种文明，只有不断同其他文明交流融合、取长补短，才能保持旺盛的生命力。无论是古代的中华文明、希腊文明、罗马文明、埃及文明、两河文明、印度文明等，还是现在的亚洲文明、非洲文明、欧洲文明、美洲文明、大洋洲文明等，都蕴含着富有永恒魅力、具有当代价值的优秀文化精神，都在历史长河中书写着互学互鉴的璀璨篇章。人类社会是一个从封闭走向开放、从蒙昧走向文明的发展历程，交流互鉴不仅有力推动了不同文明的对话，也为人类进步注入了强大的生机和活力。

纵览中国历史，从佛教东传、“伊儒会通”，到近代以来的“西学东渐”、新文化运动、马克思主义和社会主义思想传入中国，再到改革开放以来全方位对外开放，中华文明始终在兼收并蓄中历久弥新。中国的“四大发明”、天文历法、诗词歌赋、琴棋书画、医武茶香以及人文精神早已远播四海。包括儒学在内的中华传统文化，在长期演化过程中从与其他文明的交流中获得了丰富营养，成为人类共有的精神养分，绽放出更加璀璨夺目的文明之光。

放眼全球，世界正处在一个新的历史十字路口，国际社会比以往任何时候都更加需要联手应对挑战、实现共同发展。文明交流互鉴是人与人、心与心、思想与思想、情感与情感的交流，倡导求同存异、合作共赢，是弥合隔阂误解、促进民众相知和民心相通的重要途径。我们应加强多层次文化交流和文明对话，促进文明交流互鉴走实走深，为推动构建人类命运共同体提供智慧和力量。在此我愿与各位分享几点感悟。

第一，坚持尊重包容理念，在平等交流中增进不同文明的理解共识。

人类在漫长的历史长河中，创造和发展了多姿多彩的文明。我曾访问过世界上很多国家，深为多姿多彩的各国文明中所蕴含的古老厚重、博大精深的文化内涵，美轮美奂的艺术形象所感动和震撼。每一种文明都延续着一个国家和民族的精神血脉，既需要薪火相传、代代守护，更需要与时俱进、勇于创新。只有根植本国历史文化沃土，才能有底气传播本国文明，才有能力吸收并借鉴其他各国各民族文明。

文明只有姹紫嫣红之别，绝没有高低优劣之分。正如中国国家主席习近平所强调的，文明交流互鉴应该是对等的、平等的，应该是多元的、多向的，而不应该是强制的、强迫的，不应该是单一的、单向的。只有打破文化交往的壁垒，以兼收并蓄的态度汲取其他文明的养分，人类文明的百花园才会群芳竞艳。

文化间的交流连接着人心与人心，又以跨越国度、信仰、文化的界限，滋润着国家之间友谊的参天大树。对此，我深有体会。我曾担任过中俄、中美、中欧、中英、中法、中德、中南非、中印尼等多个人文交流高层磋商机制的中方主席，见证了涉及五大洲、诸多国家的人文交流的蓬勃发展。我和多国朋友讲，人文交流是分歧最小、共识最多的领域，丰富着国家关系的内涵，使之更有温度、更具韧性、更添活力。在人类面临共同风险挑战的今天，我们更应以文明交流超越文明隔阂，以文明互鉴超越文明冲突，以文明共存超越文明霸权，夯实共建人类命运共同体的人文基础，共同创造世界文明辉煌的未来。

第二，倡导多边主义精神，在互学互鉴中弘扬全人类共同价值。

当今世界有 200 多个国家和地区、2500 多个民族和多种宗教，每一个群体都曾在历史岁月中沉淀了独特的思想与智慧。不同的历史文化，形成了独具特色的传统观念和主流价值；但同时，源自不同历史文化背景的人民对于真善美的追求，又都是相通的，蕴含着许多共同的价值理念。文化的多样性与和平、发展、公平、正义、民主、自由的全人类共同价值追求相生相成，迸发出多边主义的强大力量。

人类是一个整体，地球是人类共有的家园。我们应本着对人类前途命运高度负责的态度，做全人类共同价值的倡导者，摒弃制度模式偏见，跨越意识形态藩篱，以宽广胸怀理解不同文明对共同价值内涵的认识，欣赏不同国家对实现共同价值的探索实践。要在文明的对话交流、包容互鉴中，追寻世界持久和平与人类和谐共处之道，推动多边主义的火炬照亮人类前行之路。

第三，高举团结合作旗帜，在和衷共济中构建人类命运共同体。

和而不同是中华民族的文化内核和历史传统。“和羹之美，在于合异”“己所不欲，勿施于人”，和而不同、以和为贵、协和万邦、和合共生，等等。可以说，“和合”理念深深植根于中华民族的精神世界之中，鲜明映照在中国同世界各国交往的具体实践之中。

今年是中国共产党百年华诞。习近平总书记发表重要讲话，深刻总结了中国共产党领导人民百年奋斗的伟大成就，庄严宣告实现了全面建成小康社会的第一个百年目标，在中华大地上全面建成了小康社会，历史性地解决了绝对贫困问题，正在意气风发向着全面建成社会主义现代化强国的第二个百年奋斗目标迈进。当今中国，坚定做世界和平的重要建设者、全球发展的最大贡献者，坚定站在和平与正义的一边，与世界上一切进步力量携手共进，这表达了全体中国人民的心声。

人类社会走向现代化是文明发展的必然趋势，人类文明的现代化不应也不可能是单选题，而是多选题。我们应拓展文明对话的空间和手段，不断丰富人类文明新形态，在交流互鉴中走好独具民族特色的现代化之路。疫情肆虐告诫我们，各国是休戚与共的命运共同体，重大危机面前没有谁能独善其身。我们应高举团结合作的旗帜，携手推进经济复苏、捍卫民众健康、坚持普惠包容、强化创新驱动、完善全球治理，为加剧动荡的国际形势注入更多稳定性，为濒临衰退的世界经济注入更多正能量，共同呵护和建设我们的地球家园。

女士们，先生们，朋友们！

今天我们所在的山东是中华文明的发祥地之一，也是儒学文化的重要起源地。近年来，山东积极推动文明交流互鉴，努力打造中华优秀传统文化创造性转化、创新性发展先行区，推出系列战略举措，取得了阶段性成果。此时此地，我们回首古圣先贤的智慧之路，更加感受到“历史照鉴未来”的力量与希望，更加期待人类文明包容共济的精彩华章！

总之，人类社会今天再次面临何去何从的历史当口，面对共同挑战，我们只有和衷共济、和合共生这一条出路。让我们继续携起手来，广泛播撒文明的种子、友谊的种子，让交流互鉴增进理解认同、促进民心相通，为推动建构人类命运共同体、促进世界的永久和平繁荣、发展人民福祉做出新的更大的贡献！

最后，预祝 2021 中国（曲阜）国际孔子文化节暨第七届尼山世界文明论坛取得圆满成功！谢谢大家！

许嘉璐先生开幕式贺信

（2021年9月27日）

时间过得真快，又到了九月廿七日，第七届尼山世界文明论坛今日如期开幕了。每逢此时我就十分兴奋，请允许我对论坛的开幕表示热烈的祝贺！向各主办、承办方的辛勤付出表示衷心感谢！向来自世界各地的尊贵嘉宾、专家学者、新老朋友致以诚挚的问候！

11年前，我倡议发起尼山世界文明论坛，旨在弘扬中华优秀传统文化和世界各国优秀文化，促进文明交流互鉴，在尊重文明多样性中凝聚共识、推进合作。论坛创办以来，得到全球大批有识之士的认可和响应，每届论坛聚焦不同主题，深入对话交流，成果越来越丰富、融合越来越深入、影响越来越广泛，为构建人类命运共同体发挥了重要作用。尼山世界文明论坛探索出了阐释中华文明、讲好中国故事的新范式，搭建起了集聚各方研究成果、传播全人类共同价值的新平台，已成为国际人文交流的知名品牌。

当前，世界正经历百年未有之大变局，促进不同民族、不同文明之间的相互理解和包容，显得尤为重要，迫切需要从包括儒家文化在内的世界各国优秀传统文化中汲取智慧和力量，寻求解决当今问题的治世良方。本届论坛以“文明对话与全球合作”为主题，充分体现文明因交流而进步、世界因合作而发展的基本规律和共同追求。我相信，在中外朋友的共同努力下，本届论坛一定会取得圆满成功，结出丰硕成果！

祝尼山世界文明论坛越办越好！

許嘉璐

2021年9月27日

为创造人类文明新形态贡献山东力量

——在2021中国（曲阜）国际孔子文化节暨第七届尼山世界文明论坛开幕式上的致辞

（2021年9月27日）

刘家义

尊敬的郝明金副委员长，

尊敬的刘延东会长，

各位领导、各位嘉宾，女士们、先生们、朋友们：

尼山钟神秀，齐鲁青未了。今天，我们相聚在孔子故里，举办2021中国（曲阜）国际孔子文化节暨第七届尼山世界文明论坛。首先，我代表山东省委、省政府，向各位领导、各位嘉宾、各位朋友，表示诚挚欢迎和衷心感谢！

在庆祝中国共产党成立100周年大会上，习近平总书记深刻总结党的百年光辉历程，鲜明提出我们创造了中国式现代化新道路、创造了人类文明新形态，发出了促进人类文明进步的中国宣言。“天道行而万物顺。”近年来，山东省坚持以习近平新时代中国特色社会主义思想为指导，坚决贯彻落实习近平总书记对山东工作的重要指示要求，凝心聚力加快建设新时代现代化强省。在这个过程中，我们深刻体悟到，人类文明新形态，不是简单延续我国历史文化的母版，不是简单套用马克思主义经典作家设想的模板，不是其他国家社会主义实践的再版，也不是国外现代化发展的翻版，而是为中国人民谋幸福、为中华民族谋复兴的文明新形态，为世界和平发展、人类文明进步提供中国智慧、中国方案。

这是坚持以人民为中心的文明新形态。“江山就是人民，人民就是江山。”我们坚决落实以人民为中心的发展思想，全力解决群众“急难愁盼”问题，统筹推进各项民生工程。近年来，每年城镇新增就业120多万人，250多万贫困人口全部脱贫，60多万黄河滩区群众圆了千百年来的安居梦，人民群众的获得感、幸福感、安全感明显增强。

这是植根中华文化沃土的文明新形态。“文化自信是更基本、更深沉、更持久的力量。”作为文化大省，我们坚决贯彻习近平总书记“四个讲清楚”和“两创”的重要指示，大力实施中华优秀传统文化传承发展工程，深入推进孔子博物馆等一大批重点文化项目，加快黄河、大运河、齐长城等国家文化公园规划建设，中华优秀传统文化创造性转化、创新性发展的全域化态势加快形成。

这是致力于高质量发展的文明新形态。习近平总书记指出，实现高质量发展是保持经济社会持续健康发展的必然要求。作为经济大省，我们坚决落实习近平总书记“腾笼换鸟、凤凰涅槃”的重要指示，完整、准确、全面贯彻新发展理念，新旧动能转换初见成效，“四新”经济增加值年均增长17.3%，经济发展实现了从量到质、从形到势的根本性转变。

这是人与自然和谐共生的文明新形态。人与自然是生命共同体，人类必须尊重自然、顺应自然、保护自然。我们坚定践行习近平生态文明思想，坚决打赢污染防治攻坚战，加快绿色低碳转型，累计关停散乱污企业近12万家，植树造林889万亩，启动碳达峰行动方案编制工作，齐鲁大地天更蓝、山更绿、水更清、空气更清新。

这是崇尚和平和睦和谐的文明新形态。“开放合作是促进人类社会不断进步的时代要求。”作为沿海开放大省，我们坚决贯彻习近平总书记“打造对外开放新高地”的重要指示，主动服务和融入新发展格局，积极搭建跨国公司领导人青岛峰会、儒商大会、博鳌亚洲论坛全球健康论坛等高能级开放平台，与150多个国家和地区建立文化交流关系，外商投资企业年均增长27.4%，一个友好开放、充满活力的新山东，正越来越自信地广交四海宾朋、热情拥抱世界。

女士们、先生们、朋友们!

文化是一个国家、一个民族的灵魂，就像绵延流淌的河，赓续相传、生生不息，为人类文明进步提供着丰富滋养。面对世界百年未有之大变局和中华民族伟大复兴战略全局，作为儒家思想发源地、中华文明重要发祥地，山东将牢记习近平总书记的重要嘱托，贯彻落实“坚持把马克思主义基本原理同中国具体实际相结合、同中华优秀传统文化相结合”的重要指示，推动中华优秀传统文化创造性转化、创新性发展，承齐鲁文脉之韵、谋文化强省之计、立走在前列之志，奋进“十四五”、开启新征程，为创造人类文明新形态贡献山东力量。

我们将着力打造文明阐发新高地。坚持历史和现实、理论和实践相结合，立足齐鲁丰厚历史文化资源和新时代现代化强省建设实践，集聚习近平新时代中国特色社会主义思想研究中心、尼山世界儒学中心等力量，深入理解和阐释中华文明，深入回答如何更好坚持中国道路、弘扬中国精神、凝聚中国力量的时代课题，讲好中国故事“山东篇”。

我们将着力打造守正创新新标杆。坚持规划引领，强化项目支撑，加强文化资源整合、保护和利用，加快推进曲阜“两创”先行区、齐文化传承创新示范区建设，深入实施尼山世界儒学中心总部、稷下学宫、全球汉籍合璧工程、乡村和社区儒学推进计划等一大批重点项目，积极构建中华文化的精神标识，高扬文化自信“齐鲁风”。

我们将着力打造道德文明新气象。坚持古为今用、推陈出新，深入挖掘中华优秀传统文化蕴含的思想理念、人文精神、道德规范，积极弘扬社会主义核心价值观，建好用好新时代文明实践中心，广泛开展新时代公民道德建设行动，扎实推进美德山东、文明山东、诚信山东建设，让“两创”更好转化为社会活动和大众行为习惯，让中华优秀传统文化不断绽放时代风采，唱响崇德向善“正气歌”。

我们将着力打造文化发展新优势。坚持满足人民文化需求和增强人民精神力量相统一，充分挖掘运用文化资源“富矿”，把“两创”融入文艺精品创作、创意产品开发、文旅融合发展、新型业态培育等各方面，开发更多社会价值和市场价值相统一、群众喜闻乐见的优质文化产品，让文化资源优势更好转化为产品优势、产业优势、竞争优势，促进文化事业和文化产业繁荣发展，壮大强省建设“软实力”。

我们将着力打造交流互鉴新平台。坚持兼收并蓄、博采众长，深入实施齐鲁文化“走出去”工程，加强与“一带一路”沿线国家地区的文化交流与合作，推动尼山世界儒学中心海外分中心建设，当好尼山世界文明论坛东道主，不断提升论坛的国际影响力、“孔子故里·中国山东”的国际知名度，着力构建全方位、多层次、宽领域的中华优秀传统文化传播格局，架起文明对话“连心桥”。

女士们、先生们、朋友们！

“有德者必有言。”本届论坛的主题是“文明对话与全球合作”。文明因对话而交融，人类因合作而进步。让我们持文明火种、续尼山愿景，加强对话、增进理解，用文明的力量守护文明，以合作的精神推动合作，为促进世界各民族守望相助、人类百花园花团锦簇做出更大贡献！

祝 2021 中国（曲阜）国际孔子文化节和第七届尼山世界文明论坛圆满成功！祝各位领导、各位嘉宾、各位使节、女士们、先生们、朋友们在山东一切顺意！谢谢大家！

日本前首相福田康夫致辞

（2021 年 9 月 27 日）

尊敬的第七届尼山世界文明论坛组委会、与会的各国嘉宾、各位同仁：

在即将迎来纪念中华人民共和国建国七十二周年之际，在生成中华文明核心理念和体系的山东省举办的第七届尼山世界文明论坛得以召开，可谓丰润人类文明史的展现！

与东京奥运会、东京残奥会一样，第七届尼山世界文明论坛也是背负蔓延全球的严重疫情，勇敢地承担起历史的使命和职责。因此，本届论坛的如期举办本身就是推进多元文明间有意义的对话，照射动荡迷茫的世界格局的光束。

谢谢，组委会！谢谢，为会议举办所付出的各路同仁！

时代在变革中经受磨砺，互信摇摆混乱突显，对话的精神已经成为前所未有的所需所求。不言而喻，对话须在求索中与时俱进。我相信，奏鸣“以史为鉴”“温故创新”之精诚的尼山世界文明论坛，今后也必将赋予重要的启示与指向。

人类正面临着前所未有的危机，如地球温暖化和生态文明等诸种难题。我们要同心担负起共建人类命运共同体的责任，再接再厉！

第七届尼山世界文明论坛的成功举办迈开了携手共进的一步！作为与会者之一，我感到荣幸与感激！

谢谢！

福田康夫

2021 年 9 月 15 日于东京

泰国公主诗琳通开幕式致辞

（2021 年 9 月 27 日）

很高兴受邀参加第七届尼山世界文明论坛。

我每周会读一个章节的《论语》。作为一名教师和教育工作者，我对《论语》中有关教育的章节尤为感兴趣。孔子倡导教育公平，并提出有教无类。他把教育看作是提高个人素质的手段，通过教育能够探索人性和培养品格。他还指出了理论与实践均衡发展的重要性。

泰国也高度重视教育。教育是人生的一个重要目标，包括四个领域，即知识、实践、体育和德育。教育可以创造和平与激发人文情怀。

疫情期间，教育行业以及整个人类都面临巨大挑战。新冠病毒会造成致命疾病，重症患者可能会在病痛中辞世。泰国人民团结一心，守望相助，向医院捐赠医疗设备，向患者和辛勤工作的医务人员捐赠食品和个人防护服。而有一件事仅靠人民捐赠是无法实现的，那就是采购最为关键的疫苗，这是政府的职责。我本人是泰国红十字会常务副会长。中国红十字会向我们提供了大量帮助，我们也因此能够迅速为尚未接种的人提供了数十万剂疫苗。

面对疫情，除了医疗和健康问题，教育也面临挑战。在偏远地区，无线网络信号或互联网难以覆盖。当学生无法去学校时，有的老师会带着我和同事们准备的课本、笔记本、文具等去学生家中授课。有的学生们从他们受过教育的邻居、兄弟姐妹那里学习。我试着在小学书架上放了一些中学课本让孩子们借用。希望这场疫情不会长期影响新一代获取知识，特别是对未来有用的知识。人们必须学习新技能并提高技能，获得更多技能对任何年龄段的人都有巨大价值。我们应该让孩子在校园吃上干净卫生、热气腾腾的饭菜，学校必须更加注重清洁卫生。

艺术和文化具有重要意义，它们不仅能够体现一个国家的特征，还能推动不同民族之间建立友谊。关于艺术和文化，每个人都可以进行分享，大家也可以共同欣赏。分享、学习和理解彼此的差异性是件精彩的事，而不是一个困扰。世界文明和人类共同价值是人类命运共同体的根基。

谢谢大家！

菲律宾前总统阿罗约女士开幕式致辞

（2021 年 9 月 27 日）

尊敬的许嘉璐主席、刘延东会长、刘家义书记，
各位嘉宾，女士们，先生们：

祝贺尼山世界文明论坛开幕，通过促进文明对话来推动文化交流。

尼山是人类历史上最伟大的哲学家之一孔子的诞生地。几千年来，儒家思想一直是东亚文明的基础，以社会、自我教育和治理为中心。儒家思想也体现在习近平主席领导下中华民族迈向伟大复兴的历史进程中。尼山是开展文明对话的理想平台。即使在西方，知名思想家也曾受到孔子影响，本杰明·富兰克林、托马斯·杰斐逊、亚历山大·蒲柏、伏尔泰等知名思想家也曾受到孔子影响。在东南亚菲律宾，2006 年我担任总统期间，菲律宾著名的亚典耀大学与广州的中山大学合作成立了孔子学院。2010 年，我也有幸为福建师范大学与我家乡的红奚礼示大学合作成立的孔子学院揭牌。

本世纪初，世界面临着极端分子煽动的不同信仰间的纷争，他们掩饰自身的邪恶企图，通过挑起宗教偏见来加剧文明冲突，文明间急需开展对话以防止宗教战争与促进和平。有鉴于此，菲律宾和巴基斯坦于 2008 年共同在联合国提出了一项关于促进宗教和文化间对话、理解与合作以促进和平的决议。

今天，战争不再是不同宗教和文化间的斗争，而是为了应对疫情及其造成的世界经济衰退。在这一人类发展的重要关口，不同文明之间的对话不仅是为了避免战争，更是为了促进全球合作，开发和普及疫苗与药物，

并动员政府、企业和资金共同重启全球贸易和投资。疫情爆发后，针对亚裔的污名化现象日益增加，开展不同文明间对话可以缓解这种局面。正如在基地组织肆虐期间，文明间对话能够减少对爱好和平的中东人民的污名化。全球经济衰退使各经济体更倾向于保护主义，而历史早已告诉我们，实现复苏的关键是加强一体化，而不是以邻为壑。以文化纽带和贸易为基础的文明对话可以丰富文化内涵。这让我想起在殖民地时期以前，菲律宾部落与中国古代皇帝之间的交流，就促进了双方人民之间的贸易往来和相互理解。

文明对话越多，就会发现共同价值越多，正如在杰斐逊起草的美国《独立宣言》序言中能发现儒家思想的影响。世界越是认识到不同文明之间价值的共通性，人类命运共同体就越有可能形成。

再次向尼山论坛表示祝贺。谢谢！

贺 信

尊敬的郝明金副委员长，尊敬的刘延东会长，各位同仁：

大家好！

“天行健，君子以自强不息。” 在全球新冠疫情肆虐的特殊时刻，欣闻第七届尼山世界文明论坛开幕，我谨对论坛的顺利召开表示热烈祝贺！

“凡益之道，与时偕行。”今年论坛主题为“文明对话与全球合作”，可谓正当其时。在我担任联合国第八任秘书长期间，致力于气候变化、经济动荡、流行病以及粮食、能源、水等全球性问题的解决。疫情的爆发给全球带来了沉重打击，它进一步加剧了气候变化、性别不平等、教育资源不均、人道主义危机、贫富差距扩大和极权主义。这些问题的解决都迫切需要加强文明之间的对话与合作。

不同文明只有通过对话，才能群策群力，相互激发灵感，找到解决问题的答案。我相信，在此进程中，儒家文明一定会发挥自己独特的价值。儒家社会的最高理想是实现“大同社会”，要实现这个理想，就要以孔子所倡导的“孝悌”之义作为行事准则。在这种思想引领下，每个人才会真正地履行社会责任，为全人类做出自己的贡献。

作为全球视野的全球公民，我期待在座的每位同事，都能为此项伟大的事业出谋划策，贡献智慧。再次祝愿本次论坛取得圆满成功！

谢谢大家！

联合国第八任秘书长
潘基文基金会理事长　　潘基文

2021年9月17日

中共中央宣传部副部长
蒋建国先生致辞

（2021 年 9 月 27 日）

很高兴在金秋时节与大家相聚在孔子故里尼山，共同探讨世界文明交流互鉴。首先，我谨代表中共中央宣传部，对第七届尼山世界文明论坛的召开表示热烈的祝贺！

本届论坛聚焦“文明对话与全球合作”这一主题，围绕全球抗疫中的文化力量、文明多样性与世界融合发展、全人类共同价值与构建人类命运共同体等论题展开研讨，对于更好传承弘扬中华优秀传统文化，深化世界各国文明交流互鉴，具有重要的意义。

党的十八大以来，以习近平同志为核心的党中央高度重视中华优秀传统文化传承发展工作，对保护、传承、弘扬中华优秀传统文化作出全面部署、提出明确要求。中央宣传部牵头制定《关于实施中华优秀传统文化传承发展工程的意见》，实施一批重点项目，加强文物古籍保护、研究、利用，推进重要文化和自然遗产、非物质文化遗产系统性保护，建设长城、大运河、黄河、长征国家文化公园。与此同时，我们积极推动文化交流、文明互鉴，于 2019 年成功举办亚洲文明对话大会，并将在疫情得到有效控制后即举办第二届亚洲文明对话大会；积极推动建设和完善与“一带一路”国家的文化交流机制，积极推动中欧、中非、中拉、中国—东盟等区域的文化交流，取得显著成效。

习近平总书记指出：“一部世界文明史也是同瘟疫斗争的历史，人类总是在不断战胜挑战中实现更大发展和进步。”“一个和平发展的世界应该承载不同形态的文明，必须兼容走向现代化的多样道路。”建设和平发展、共同繁荣的世界，应对共同挑战、迈向美好未来，既需要经济科技的力量，也需要文化文明的力量。要坚守弘扬全人类共同价值。深刻理解、深入研究不同文明对价值内涵的认识，尊重不同国家人民对价值实现路径的探索，把全人类共同价值具体地、现实地体现到实现本国人民利益的实践中去，坚守和弘扬全人类共同价值。要努力维护世界文明多样性。坚持不同文明相互尊重、平等相待，兼收并蓄、包容互鉴，积极推进多元主体之间的相互学习，推动人类社会始终在文明多样性中保持前进的不竭动力。要持续推进文明间交流对话。在平等、互鉴、对话、包容的文明观基础上加强交流，以海纳百川的宽广胸怀打破文化交往的壁垒，以兼收并蓄的态度汲取其他文明的养分，倡导不同文明交流对话、和谐共生，促进世界文明在交流互鉴中共同前进。

尼山世界文明论坛自创办以来，搭建起了文明交流互鉴的重要平台，为传播中华文明、促进世界文明交流、夯实构建人类命运共同体的人文基础发挥了重要作用。希望大家在本届论坛上集思广益、畅所欲言，提出真知灼见，为构建人类命运共同体，共同开创世界文明发展的美好未来贡献智慧和力量！

预祝第七届尼山世界文明论坛圆满成功！

中共中央统战部副部长
国务院侨务办公室主任
潘岳先生致辞

（2021 年 9 月 27 日）

中国（曲阜）国际孔子文化节已经连续举办 30 多年，尼山世界文明论坛也已成功举办六届，已经成为弘扬中华优秀传统文化的品牌活动。今年国务院侨务办公室首次参与主办，情系中华文化的爱国侨领此时也正在线上参会；从今往后，将会有更多的海外侨胞，特别是华裔新生代大批次参与论坛，因为博大精深的中华文化是海内外中华儿女共同的魂。世界正值百年未有之大变局，是中西方文明最需要理解对话的关键时刻，广大海外侨胞作为炎黄子孙，有责任有义务也有意愿发挥桥梁纽带作用，投身世界文明对话，讲好中华文明故事，营建良好外部环境。

数百年来，华侨华人始终是中华文明的传播者。华侨华人的血脉深处流淌着中华文明的意涵，华侨华人的精神生命传承着中华文明的基因。有华人的地方，就有中华文化的种子落地生根；有华人的地方，就有中华文明的共同记忆在传递。华侨华人始终是中外文明交流互鉴的推动者。他们走向哪里就把中华文化带到哪里，并使之与当地文化相融相生；他们践行知行合一，发展了中华文明的独特海外形态，丰富了所在国的多元文明样态；他们成了中华文明的海外标识，让世界各地的人们通过他们感受万里之外的华夏风采。

今天，国际社会面临更大更持久的共同挑战，而根深蒂固的意识形态藩篱和“冷战”思维，却试图把本应命运与共的人类社会彼此隔离。今天的中国，作为5000年中华文明的现代国家形态，深植和平包容开放的文明根性，不断为国际社会持续健康发展贡献中国力量，但却被一些人视作“洪水猛兽”而围追堵截。但越是封堵，越需要对话，越需要在文明层面更好地理解对方。新时代的6000万海外侨胞和3000万归侨，正是中华文明国际传播与中外文明对话的重要渠道，正是展示真实、立体、全面的中国的重要力量。

对话不是为了变成对方，而是为了成就一个更好的自己。中华文明能够数千年流而不断，就在于它始终保持了与不同文化的互鉴相融，形成了独特的中华文明价值体系。她蕴含统一安定之道，这是中国人的第一政治。她铸就多元一体之道，无论文化如何多样，总能因文化互融而共创中华文化；无论族群如何多元，总能因命运与共而聚为中华民族。她塑造包容开放之道，百年来最伟大的融合正是马克思主义与中华优秀传统文化的结合。她崇尚责任伦理之道，不仅主张“我该拥有什么”，更强调“我该做些什么”。她秉持中正和平之道，几千年来，中国没有对外扩张、没有殖民掠夺、没有炮舰政策、没有强迫的文化输出。

显然，西方宣扬的所谓普世价值，面对世界上唯一一个以国家形态从未中断的伟大文明，如果不与中华文明交流互鉴，注定只能是西方价值。中华文明如果不与西方文明对话交流，同样不能实现创新发展。只有多元文明交流互鉴淬炼出的人类共同价值，才能真正应对全球共同挑战，唯有合作共赢才是人类文明的最终出路。让我们共同努力！

中华人民共和国教育部副部长
田学军先生致辞

（2021 年 9 月 27 日）

很高兴与各位共聚 2021 中国（曲阜）国际孔子文化节、第七届尼山世界文明论坛。首先，我谨代表中华人民共和国教育部、中国联合国教科文组织全国委员会，对本次活动的举办表示热烈祝贺！对现场和在线与会的各位嘉宾以及专家学者表示诚挚问候！对山东省人民政府和济宁市人民政府对我国与联合国教科文组织合作的大力支持表示衷心感谢！

继承好、弘扬好人类文明所蕴含的卓越智慧，是时代赋予我们的使命。当今世界正面临百年未有之大变局，特别是去年以来，新冠肺炎疫情在全球蔓延，给世界带来巨大影响。习近平主席指出，“国际形势的不稳定性不确定性更加突出，人类面临的全球性挑战更加严峻……应对共同挑战、迈向美好未来，既需要经济科技力量，也需要文化文明力量”。

今年是孔子诞辰 2572 周年，他所创立的儒家学说，以及在此基础上历经 2500 多年不断丰富发展起来的儒家思想，是中国优秀传统文化的重要组成部分，已根植于中华民族的血脉之中，历久弥新，可以为人类解决当代面临的难题和挑战提供重要启示。例如，孔子提出的“己所不欲，勿施于人”“和为贵”“君子和而不同”等重要思想，为我们正确处理当代国与国之间、不同文化与文明之间的关系，推进文明交流互鉴，各美其美、美美与共，构建一个更加和平、和谐的世界提供了深刻启示；他倡导的“天地与我并生”“子钓而不纲，弋不射宿”等思想为我们正确处理人与自然的关系，推进生态文明建设，实现 2030 年可持续发展目标提供了重要启迪。

困难与挑战当前，国际社会也在积极探索破局之道。联合国教科文组织作为全球最大的智力合作机构，长期以来积极发挥思想实验室、规范标准制定者和共识建立者的职能，为推动人类文明交流互鉴、促进世界和平发展做出了卓越贡献。新的时代背景下，教科文组织提出了一系列重大倡议，包括面向2050年构想教育的未来、建设知识社会、推动城市可持续发展、防止暴力极端主义、保护生态多样性等，这些倡议与以孔子思想精华为代表的中华优秀传统文化高度契合。这是历史与今天的共鸣，也是中国与世界的呼应。

文化文明需要在交流互鉴中与时俱进、不断发展。我们很高兴地看到，经过多年努力，孔子文化节、尼山世界文明论坛已成为我们继承先哲思想、走出今日迷津、实现中华优秀传统文化创造性转化创新性发展的重要平台，也为不同文明文化交流互鉴搭建了重要桥梁。我们期待并相信今年的论坛也一定能够为探索文化多样性对世界融合发展的重要作用、弘扬全人类共同价值、促进国际社会相互理解与合作做出新的积极贡献。

女士们、先生们、朋友们!

习近平主席强调，“今天的世界是各国共同组成的命运共同体。战胜人类发展面临的各种挑战，需要各国人民同舟共济、携手努力”。加快实现2030年可持续发展议程、推动构建人类命运共同体，不仅需要坐而论道，更需要起而行之。在此，我提三点倡议。

第一，进一步拓宽教育合作之桥，充分发挥教育在文明文化传承创新中的作用，加强同世界各国和联合国教科文组织的教育合作，通过教育合作推动人文交流，更好为人类文明传承创新服务。

第二，进一步畅通文化交流之路，秉持共商共建共享原则，克服新冠肺炎疫情带来的困难，创新交流机制，打造立体平台，使世界各国更好地相互学习、相互借鉴，夯实构建人类命运共同体的人文基础。

第三，进一步拉起各国青年之手，举办丰富多彩的活动，培养中国青年对世界多元文化的包容与欣赏，增进世界青年对中华传统文化的理解与热爱，引导青年朋友承担起传承人类文明、推动文化交流、促进世界和平的历史使命。

征程万里云鹏举，笃力奋楫绘新篇。教育部、中国联合国教科文组织全国委员会将继续支持办好国际孔子文化节、尼山世界文明论坛和联合国教科文组织孔子教育奖，促进这一盛会和奖项不断发展创新，为人类文明交流互鉴、传承进步不断做出新的更大贡献。

最后，预祝本次国际孔子文化节和尼山世界文明论坛取得圆满成功！

中华人民共和国文化和旅游部副部长张旭先生致辞

（2021 年 9 月 27 日）

时维九月，秋高气爽。在我国古代伟大的思想家、教育家孔子诞辰 2572 周年之际，很高兴与大家相聚在儒家文化发源地曲阜，共同出席 2021 中国（曲阜）国际孔子文化节、第七届尼山世界文明论坛开幕式。我谨代表文化和旅游部，欢迎各位领导和嘉宾出席本次活动，也感谢山东省为举办此次活动所做的大量卓有成效的工作！

山东历史悠久，文化底蕴深厚，是中华文明的重要发祥地。孔子创立的儒家思想和儒家文化历经两千五百多年沉淀，深深融入中华民族的精神中，汇于全球华人的血脉中，是东方文化的重要标志，也是世界文化宝库的重要遗产，对世界文明发展产生了重要影响。

文化是一个国家、一个民族的灵魂和血脉。文化兴则国运兴，文化强则民族强。习近平总书记指出，要结合新的时代条件传承和弘扬中华优秀传统文化，推动中华优秀传统文化创造性转化、创新性发展，更好构筑中国精神、中国价值、中国力量。一直以来，山东省凭借丰厚的文化资源，利用多种国际平台，积极弘扬中华优秀传统文化，在推进中国与世界文明交流中勇立潮头。特别是去年以来，在山东省委、省政府的关心支持下，中国（曲阜）国际孔子文化节与尼山世界文明论坛有机结合，使得国际间文化交流更加密切，节会国际影响力持续扩大，逐步形成了推动世界文明交流交融、互学互鉴的国际性盛会。

期待山东省继续以高度的文化自觉和坚定的文化自信当好中华优秀传

统文化的传承者。文化和旅游部将一如既往地关心和支持山东省文化和旅游事业发展。

最后，预祝 2021 中国（曲阜）国际孔子文化节、第七届尼山世界文明论坛圆满成功！

中国社会科学院副院长
高培勇先生致辞

（2021 年 9 月 27 日）

六天前，我们刚刚度过象征家庭团圆的中秋佳节。今天，我们又相聚尼山，开展文明对话，共商全球合作。从家庭到天下，这正是儒家“修身、齐家、治国、平天下”思想的起点与归宿，其中蕴含的智慧理应成为世界文明交流互鉴的重要资源。在此，我谨代表主办方中国社会科学院，向 2021 中国（曲阜）国际孔子文化节、第七届尼山世界文明论坛的开幕表示热烈祝贺，向各位嘉宾与朋友的莅临表示诚挚欢迎！

女士们，先生们，朋友们！

八十八天前，中国共产党迎来百年华诞，习近平总书记代表党和人民庄严宣告，经过全党全国各族人民持续奋斗，我们实现了第一个百年奋斗目标，在中华大地上全面建成了小康社会，历史性地解决了绝对贫困问题。中国的奋斗不仅改变了自身面貌，也惠及世界各国人民，为世界经济带来了巨大机遇，为世界和平提供了重要保障，为全人类共同发展做出了中国表率，贡献了中国力量和中国方案。我认为，“中国方案”有以下几点优势：

——首先，“中国方案”遵循文明发展的整体性与协调性。我们坚持“以人民为中心”的发展理念，走共同富裕道路，推动物质文明、政治文明、精神文明、社会文明、生态文明协调发展，推动人与自然和谐共生，促进人的全面发展与社会全面进步。

——其次，“中国方案”遵循文明发展的多样性与包容性。我们承认、尊重文明的多样性，主张不同文明之间应该相互尊重、和谐共处，秉持共商共建共享的全球治理观，推动世界文明交流互鉴，促进世界各国人民在政治、经济、文化等各领域的合作。

——最后，“中国方案”遵循文明发展的共同性与持续性。我们从把握和塑造人类共同未来的角度出发，坚守和弘扬全人类共同价值，倡导构建人类命运共同体，让发展成果更多更公平地惠及世界各国人民，持续推动全人类共同发展与持久和平繁荣。

女士们，先生们，朋友们!

“中国方案”凝聚了中国人民对于人类文明向何处去的深沉思考和历经千辛万苦、付出巨大代价的艰苦实践，同时也深植于中华优秀传统文化的沃土，吸收了儒家文化等的精神养分。

2572 年前，儒家创始人孔子正是诞生在我们脚下这片土地，他所创发的儒家思想构成了齐鲁文化的精髓、中华文化的主干和中华文明的重要源头，以“仁义礼智信”为核心的儒家价值观念，以“修齐治平”为核心的内圣外王之道，深刻影响、塑造了中华民族的精神品格。今天，我们相聚在尼山，开展文明对话，共商全球合作，便具有特别的意义。

接下来两天时间，请各位专家学者秉承先秦思想集大成者荀子提出的“以仁心说，以学心听，以公心辨”为学之道，尽情讲述，用心倾听，真诚对话，共谋合作，为维护世界文明多样性、增进全球 75 亿人的福祉、推动全人类共同发展贡献聪明才智。中国社会科学院将充分发挥人才、学术、交流等各项优势，与各主办方一道办好节会，为各位专家学者搭建对话与合作的最好舞台。

最后，预祝 2021 中国（曲阜）国际孔子文化节、第七届尼山世界文明论坛圆满成功!

中国人民对外友好协会副会长
李希奎先生致辞

（2021 年 9 月 27 日）

在美丽的金秋时节，很高兴在钟灵毓秀的孔子故里与大家共同出席第七届尼山世界文明论坛。在此，我谨代表中国人民对外友好协会对本次活动的成功举办表示热烈祝贺！

本届论坛以“文明对话与全球合作”为主题，契合当下形势，体现了对世界前途和人类命运的关切，具有非常重要的现实意义。

当前，世界面临百年未有之大变局，新冠肺炎疫情冲击和百年变局相互叠加，国际形势的不稳定性不确定性更加突出，人类面临的全球性风险挑战显著增多。面对“世界怎么了？”“我们怎么办？”的时代之问，习近平主席站在人类文明发展进程的高度，准确把握国际形势的深刻变化，提出构建人类命运共同体的倡议。

人类命运共同体理念根植于中华传统文化的厚重土壤，来源于中华文明“和而不同”的文化思想、“家国天下”的情怀和“和为贵”的和平思想。春秋战国时期，以孔子创立的儒家学说为代表的诸子百家，相互激荡，相互借鉴，点亮中华民族的智慧之光。中华文明源远流长的“和”文化，蕴涵着天人合一的宇宙观、协和万邦的国际观、和而不同的社会观、人心和善的道德观。和平、和睦、和谐成为中华民族孜孜追求和传承的理念。

人类生活在不同文化、种族、肤色、宗教和不同社会制度的世界里，但人民对美好生活的向往是相同的，都期望过上和谐、安宁、幸福的生活。为了建设持久和平、普遍安全、共同繁荣、开放包容、清洁美丽的世界，加深对自身文明和其他文明差异性的认知，推动不同文明交流对话非常有必要。

习近平主席指出，文明因多样而交流，因交流而互鉴，因互鉴而发展。一部人类发展史就是一部多元文明共生并进的历史，每一种文明都凝聚着一个国家、一个民族的非凡智慧和精神追求。中华文明是在中国大地上产生的文明，也是同其他文明不断交流互鉴而形成的文明。从公元前100多年开辟古丝绸之路，到15世纪初郑和“七下西洋”，从古代的佛教东传、“伊儒会通”，近代的“西学东渐”到十月革命一声炮响为我们送来马克思列宁主义，中华文明在继承中发展，在与多元文明的平等交流中，兼收并蓄，革故鼎新，与时俱进，绵延5000多年历久弥新。因此，文化交流与文明对话是不同文明互学互鉴、和谐发展、和平共处的密码，是推动人类文明进步和世界和平发展的重要动力。

开展文化交流，推动文明对话也是中国人民对外友好协会的重要职责之一。60多年来，我们以增进人民友谊、推动国际合作、维护世界和平、促进共同发展为宗旨，代表中国人民与世界各国人民广交深交朋友，迄今已与157个国家的413个民间团体和组织建立了友好合作关系，协调中国地方同130多个国家建立了2800多对友好城市，为增进“民相亲、心相通”做出了积极贡献。

新时代，我们将充分发挥民间外交的引领作用、公共外交的骨干作用和城市外交的桥梁作用，继续以文交友，坚持相互尊重、平等相待，美人之美、美美与共，开放包容、互学互鉴的方针，与世界各国开展各种形式的人文和文化交流活动，增进人民间的了解和友谊，促进民心相通；继续以文化人，高举人类命运共同体大旗，依托我国发展的生动实践，通过搭建各类文化交流平台，立足5000多年中华文明，用外国朋友“看得懂、听得进、易接受”的方式讲好中国故事；继续以文化促地方合作，挖掘中外地方共鸣共情的故事，为中外地方合作开辟长期、稳定、广泛的联系渠道，以文化交流、文明对话，促进合作共赢，共同发展。

各位朋友，今天的中国站在了新的起点，在实现中华民族伟大复兴进入不可逆转的历史进程中，中华文明必将以更加自信、包容、开放的姿态与其他文明交流互鉴，推动不同文明的同频共振，以“和而不同”走向“天下大同”。

最后，祝本次活动取得圆满成功!

中华人民共和国国家中医药管理局副局长黄璐琦先生致辞

（2021 年 9 月 27 日）

在这层林尽染的美好时节，我们相聚尼山，相会在 2021 中国（曲阜）国际孔子文化节暨第七届尼山世界文明论坛。首先，我谨代表中国国家中医药管理局，对各位领导专家学者的出席表示热烈的欢迎！对关心支持中医药发展的海内外宾朋表示诚挚的感谢！

人类在漫长发展进程中创造了丰富多彩的世界文明，中华文明是世界文明多样性、多元化的重要组成部分。中医药作为中华文明的杰出代表，是中国各族人民在几千年生产生活实践和与疾病作斗争中逐步形成并不断丰富发展的医学科学，不仅为中华民族繁衍昌盛做出了卓越贡献，也对世界文明进步产生了积极影响。中医药在历史发展进程中，兼容并蓄、创新开放，形成了独特的生命观、健康观、疾病观、防治观，实现了自然科学与人文科学的融合和统一，蕴含了中华民族深邃的哲学思想。随着人们健康观念变化和医学模式转变，中医药越来越显示出独特价值。

党的十八大以来，以习近平同志为核心的党中央高度重视中医药工作，习近平总书记对中医药工作作出一系列重要论述，为中医药事业传承创新发展指明了方向、描绘了蓝图、提供了根本遵循。新冠肺炎疫情发生以来，中国政府始终坚持中西医并重、中西药并用的工作方针。以“三药三方”为代表的中药方药，显现出较好的治疗效果，极大地提高了治愈率。同时，中国政府积极分享中医药防治新冠肺炎的诊疗经验，支持举办 110 余场视频会议，向 150 个国家和地区介绍中医药诊疗方案，向 10 多个有需求的国家和地区提供中医药产品，选派中医专家赴 28 个国家和地区协助抗击疫情，得到国际社会广泛赞誉。

当前，新冠肺炎疫情起伏反复，病毒不断变异，加强中医医药领域国际合作，保护民众健康，是战胜疫情的重要保障，也是构建人类卫生健康共同体的重要举措。为此，我们希望不断深化中医药抗疫领域国际合作。国家中医药管理局愿继续与有需求的国家分享中医药抗疫的“中国方案”，建立有效合作机制，支持中药类产品的海外使用，推动中医药在世界民众抗疫中更好地发挥作用。

各位嘉宾，中医药是打开中华文明宝库的钥匙，文明间的对话，让世界听到中医药的声音，是中医药对人类健康福祉贡献的肯定。希望我们携起手来，共同绘就中医药传承创新发展的蓝图，让这一东方智慧在构建人类卫生健康共同体中焕发更加绚丽的光彩。

最后，预祝会议取得圆满成功！谢谢大家！

2021中国（曲阜）国际孔子文化节、第七届尼山世界文明论坛闭幕式致辞

（2021年9月28日下午）

李干杰

尊敬的各位专家学者、各位嘉宾，

女士们、先生们、朋友们：

在天地澄明、金风送爽的美好时节，在举国同庆中国共产党成立100周年、中华人民共和国成立72周年的喜庆氛围中，经过各方共同努力，“2021中国（曲阜）国际孔子文化节、第七届尼山世界文明论坛”圆满完成了各项议程，即将落下帷幕。在此，请允许我代表山东省委、山东省人民政府，代表刘家义书记，对节会的成功举办，表示热烈的祝贺！向出席节会的各位来宾和所有参与节会、关心支持山东发展的社会各界人士，表示衷心的感谢！

习近平主席深刻指出，文明因交流而多彩，文明因互鉴而丰富，文明交流互鉴是人类文明进步和世界和平发展的重要动力。本届节会，盛况空前，全国人大常委会副委员长郝明金先生，中共中央政治局原委员、国务院原副总理、国际儒学联合会会长刘延东女士出席节会并发表讲话；全国人大常委会原副委员长、组委会名誉主席许嘉璐先生致贺信；山东省委书记刘家义先生作了精彩致辞；联合国第八任秘书长潘基文先生致贺信，日本前首相、组委会名誉主席福田康夫先生，菲律宾前总统阿罗约女士，泰国公主诗琳通女士视频致辞；中宣部副部长蒋建国，中央统战部副部长、国务院侨务办公室主任潘岳，教育部副部长田学军，文化和旅游部副部长

张旭，中国社会科学院副院长、中国社会科学院大学党委书记高培勇，中国人民对外友好协会副会长李希奎，中国工程院院士、国家中医院管理局副局长黄璐琦等中央国家部委领导书面致辞。来自世界各地的 300 多位专家、学者、嘉宾、驻华使节、青年学子，围绕“文明对话与全球合作”主题，共举行 24 个场次的主旨演讲、高端对话、高端访谈、驻华使节访谈、青年访谈、专家学者专题对话、青年论坛等对话交流活动，共同成就了一届成功、精彩、圆满的盛会。

这届盛会，是一场人文荟萃的“文明盛景”，彰显了姹紫嫣红、共生共荣的文明之美。“物之不齐，物之情也”。文明没有高下、优劣之分，只有特色、地域之别。中华文明与南亚文明、地中海文明等世界其他文明交相辉映、相得益彰，共同构成绚丽多彩的世界文明大花园。这次大会上，“文明交流互鉴”“人类文明新形态”“文明多样性与世界融合发展”等话题，成为与会嘉宾探讨的热点。大家普遍认为，对待不同文明，要有宽阔的胸襟、平等的视角、欣赏的眼光，因为不同文明之间本没有冲突，每一种文明都是美的结晶，需要我们有欣赏所有文明之美的眼睛。

这届盛会，是一场儒风雅韵的“文化盛典”，彰显了弦歌不辍、与时偕行的文化之美。“千年儒风，礼乐传承”。山东是中华文化重要发祥地、儒家文化发源地，素有“孔孟之乡、礼仪之邦”的美誉，孔子被列为“世界十大文化名人”之首，被誉为“万世师表”。今天上午，600 多位嘉宾参加祭孔大典，全球孔庙及千万人同步“云祭孔”，共同礼敬圣贤，感受“乐、颂、舞”等中国礼乐文化穿越千年、历久弥新的独特魅力。第十六届联合国教科文组织孔子教育奖的颁发、2021 中外青年学生孔子文化周活动等的同步举办，进一步增进了各国人民友谊，拉近了心与心之间的距离。

这届盛会，是一场百家争鸣的“思想盛宴”，彰显了和而不同、并行不悖的智慧之美。“东海西海，心理攸同”。2000 多年前的人类文明轴心时代，东西方各个文明都出现了伟大的圣贤，塑造着各自的文化传统。春秋战国时期，就在我们脚下这片人杰地灵、钟灵毓秀的齐鲁大地上，出现了百家争鸣的盛大气象，这里圣贤辈出、智者云集，成为人类文明轴心时代的璀璨明珠。这次大会，堪称一场新时代的“百家争鸣”，参会专家学者层次之高、论文质量之优、理论和现实影响之广，都创了历届之最。各位专家、学者开诚布公，善于从古老智慧中汲取灵感和启示，提出许多具有思想性、创新性、引领性的真知灼见，为解决当今世界的治理问题，提供了可资借鉴的智慧和方案。

这届盛会，是一场合作共赢的“交流盛举”，彰显了平等互信、包容互鉴的对话之美。“水本无华，相荡而生涟漪；石本无火，相击而生火光”。只有坚持平等多元的对话合作，才能消除隔阂、消解冲突、消弭误解。本届大会，大家相约“云上云下”，深入研讨交流，在对话中增进理解，在互鉴中取长补短。大会作了学术总结，通过了第七届尼山世界文明论坛与会学者共识，在重思全人类共同追求、瞩目全人类共同命运、深化文明对话和交流互鉴等方面形成重要成果。

各位嘉宾、各位朋友！

文明如水，润物无声。让我们一起携手前行，尊重文明多样性，推动不同文明平等对话、交流交融、共同发展。

——面向未来，让我们共赴文明之约，坚守和弘扬全人类共同价值。“大道之行也，天下为公”。纵观世界各国，历史、文化、制度、发展水平虽然不尽相同，但在携手同行的文明发展之路上，人们对和平、发展、公平、正义、民主、自由这些全人类共同价值的追求，可谓人同此心、心同此理。我们真诚期望与大家一道，做全人类共同价值的倡导者，以宽广的胸怀理解不同文明对价值内涵的认识，尊重不同国家人民对价值实现路径的探索，通过孔子文化节、尼山世界文明论坛这个重要平台，促进不同文明交流对话、共生共荣，各美其美、美美与共。

——面向未来，让我们共守文化根脉，当好文化传承发展的践行者。“观乎人文，以化成天下”。山东是文化大省，在弘扬中华优秀传统文化方面资源丰富、特色鲜明。习近平总书记对山东传承弘扬优秀传统文化高度重视、饱含期望。2013 年，习近平主席视察山东时，作出推动中华优秀传统文化创造性转化、创新性发展的重大部署。今年 5 月，习近平主席在给《文史哲》编辑部回信时再次强调，在新的时代条件下推动中华优秀传统文化创造性转化、创新性发展。我们将牢记习近平主席嘱托，当好优秀传统文化的守护者、传承者，当好“两创”的探路者、先行者，持续实施“儒学大家”计划，建设世界儒学中心，推进全球汉籍合璧工程，加快打造中华优秀传统文化“两创”示范区，用儒家文化讲好中国故事、山东故事；同时，发挥山东文化资源富集的优势，做优做强文化创意、精品旅游产业，推动文化强省建设实现重大突破，努力争当中华优秀传统文化传承发展的排头兵。

——面向未来，让我们共践开放承诺，以更加开阔的胸襟拥抱世界。拥抱世界，才能拥抱明天；携手共进，才能行稳致远。山东地处“一带一路”的十字交汇点，随着区域全面经济伙伴关系协定（RCEP）的落地，以及国家新旧动能转换综试区、中国（山东）自贸试验区、上合示范区、黄河流域生态保护和高质量发展等重大国家战略的叠加聚集，山东扩大开放的政策、资源、平台优势前所未有。我们将立足新发展阶段，完整、准确、全面贯彻新发展理念，积极主动服务国家构建新发展格局，精心办好跨国公司领导人青岛峰会、博鳌亚洲论坛全球健康论坛、青年企业家创新发展国际峰会、儒商大会、中国企业论坛等开放平台，打造对外开放新高地，与世界共享山东机遇、共创美好未来。

——面向未来，让我们共担世间风雨，携手推动构建人类命运共同体。“山川异域，风月同天”。当前，新冠肺炎疫情仍在全球蔓延，世界百年未有之大变局加速演变，人类再次面临何去何从的历史当口，是对抗还是对话、是共存还是取代、是孤立还是合作，选择就在我们手中，责任就在我们肩上。疫情无情人有情，精诚合作共前行。我们愿与各方一道，顺应时代潮流，把握时代主题，风雨同舟、守望相助，携手解决人类共同面临的挑战，协力推动构建人类命运共同体，让和平的薪火代代相传，让发展的动力源源不断，让文明的光芒熠熠生辉，让合作的事业欣欣向荣！

各位嘉宾、各位朋友！

人之相交，贵在交心。几天来，我们相约尼山脚下、相聚圣水湖畔，共同探讨“文明对话与全球合作”，碰撞出了思想的火花，架设起了友谊的桥梁，书写了对话合作的精彩篇章。相聚总是短暂，友谊却是长远。让我们相约山东、相约曲阜、相约尼山，相约下一届国际孔子文化节、尼山世界文明论坛，共同续写文明对话、深化合作的精彩诗篇！

衷心祝愿各位嘉宾、各位朋友：身心和悦、幸福安康、万事如意！

现在我宣布："2021 中国（曲阜）国际孔子文化节、第七届尼山世界文明论坛"闭幕！

2021 中国（曲阜）国际孔子文化节、第七届尼山世界文明论坛外宾欢迎宴会致辞

（2021 年 9 月 26 日）

白玉刚

尊敬的各位嘉宾，女士们、先生们、朋友们：

金秋时节聚尼山，箪食壶浆待贵客。今天，我们很高兴迎来了出席“2021 中国（曲阜）国际孔子文化节、第七届尼山世界文明论坛”的各位嘉宾。在此，受省委书记、省人大常委会主任刘家义先生、省长李干杰先生的委托，我谨代表中共山东省委、山东省人民政府，向参加活动的各位大使、外交官，向出席活动的联合国教科文组织官员，表示诚挚欢迎！向长期以来关心支持山东发展的各界朋友表示衷心感谢！

女士们、先生们，我们脚下这片土地，在 2572 年前诞生了伟大的思想家、教育家孔子，他创立的儒家学说对中国乃至世界都产生了广泛影响。同时期的古希腊，则诞生了哲学家、教育家苏格拉底。两位伟大思想家虽然未曾谋面，但他们的思想有着惊人的相似之处，比如，他们都追求理想的政治秩序，关注人们的精神世界，始终孜孜以求于教育事业。各位大使、外交官来到中国，可能对中华文化既感到喜爱，又略感神秘。比如，中国字“人”一撇一捺，一撇为自己，修身自律，自己才能立得住；一捺是助人，时时想着别人，处处帮别人，才能支撑起自己，成为一个“人”。比如，中国字“仁”，指个人或家庭帮助别人、更多的别人，在社

会层面才能形成以服务别人、有利于他人来处理和调整的社会关系。小小的汉字，展现出中华优秀传统文化中自律助人、服务利他、节俭绿色、共建共享、和合大同的精华理念，代表着中华民族的思想品格、人文精神和道德观念。

世界文明的魅力在于多姿多彩，人类进步的真义在于互学互鉴。山东积极担当文明交流互鉴使命，连续举办七届尼山世界文明论坛，为世界文明对话交流搭建了高端平台。在座的各位既是外交官，更是文化交流的使者，让我们携起手来，一起做人类文明交流互鉴的践行者、推动者，共同守护世界多样文明的灿烂与繁荣！

现在，我提议，让我们共同举杯，为本次活动成功举办，为深入推进世界文明交流互鉴、共建共享人类美好未来，为各位朋友的身体健康，干杯！

第七届尼山世界文明论坛与会学者共识

（2021 年 9 月 28 日）

2021 年，百年变局和世纪疫情同步叠加，战乱和冲突仍在持续，饥荒和疾病仍在流行，隔阂和对立仍在加深。与此同时，世界各国人民追求幸福生活的呼声更加强烈，建设持久和平美好世界的要求更为迫切。今天，我们齐聚中国曲阜尼山，围绕“文明对话和全球合作”展开商讨，重思全人类共同的追求，弘扬全人类共同的价值，瞩目全人类共同的命运，希冀通过文明之间的对话，化解当前世界面临的危机和困境。

关于全人类有共同的追求

东海西海，心理攸同；此洲彼洲，殊途同归。不同的文明、不同的族群，虽有肤色、语言的差异，但更有着共通的人性、共同的追求。我们都渴望丰裕富足的物质条件，需要安定和谐的人际关系，欣赏优美崇高的精神文化，歌颂善良无私的人格光辉。对幸福美好生活的共同追求，谱写了人类可歌可泣的辉煌历史，创造了花团锦簇的多元文明。对于幸福美好生活的向往，是古往今来全人类孜孜以求的梦想，也是全人类血脉相连的纽带。

关于全人类有共同的价值

孔曰成仁，孟曰取义；度人利他，爱人如己。不同的文明、不同的族群，虽有着地理、文化的差异，但更有着共通的伦理、共同的价值。我们讲求自由、自律的统一；倡导群己、公私之和谐；希冀和衷共济，人得其所；推崇天下兴亡，匹夫有责。充分借鉴历史文化特别是先人传承下来的价值理念和道德规范，坚持古为今用、推陈出新，更加有效地应对处置当前危机。和平、发展、公平、正义、民主、自由是人类社会经久不衰、历久弥新的共同价值。唯有尊重人类共同价值，自我实现的机会才会更加均等，社会发展的成果才能人人共享。

关于全人类有共同的命运

万物并育而不相害，道并行而不相悖。不同的文明、不同的族群，不可避免地存在利益冲突，存在误解和矛盾，但更有着共通的梦想、共同的命运。世界各国人民都生活在同一片蓝天之下，拥有同一个家园，同样有着对美好生活的向往、对优良环境的期待、对子孙后代的责任，同样期待一个持久和平、普遍安全、共同繁荣、开放包容、清洁美丽的新世界。这需要我们张开怀抱，彼此理解，求同存异，互鉴交流，消除隔阂偏见，播撒和平兼爱理念。我们坚信全人类的共同追求，坚守全人类的共同价值，共享人类文明进步和社会发展的成果，共同创造人类社会更加美好的未来。

第七届尼山世界文明论坛学术总结

（2021年9月28日）

杨慧林

各位领导，各位学者，各位朋友：

受尼山论坛学术委员会委托，现就第七届尼山世界文明论坛学术研讨情况作一简要总结，不妥之处，请大家批评指正。

本届论坛论题设置合理，包容性强，既有深度又有广度，为开阔学者思维、扩展研讨空间提供了很好的基础。两天来，与会的线上线下170多名嘉宾学者，紧紧围绕“文明对话与全球合作”主题，以及“全球抗疫中的文化力量”“文明多样性与世界融合发展”“全人类共同价值与构建人类命运共同体”三个分论题，举办了主题演讲、高端对话、高端访谈、专题对话等20场学术活动，大家以文会友，深入交流研讨，使本届论坛呈现出很高的学术水准。现从以下几个方面，作一扼要概述。

一、关于全球抗疫中的文化力量

目前仍在流行的新冠肺炎疫情，已经成了人类的一次重大传染病灾难，在应对这一灾难中，不同的民族文化传统扮演了重要角色，导致了不同的后果。

对于此议题，与会学者指出，新冠肺炎疫情肆虐全球，也考验着各国的精神力量。面对汹涌来袭的疫情及次生灾害，中国从容不迫，有效应对，全国上下同心，共克时艰，显示了中华民族的思想境界和文化力量。其中，深层次的原因是，源远流长的儒家思想，长于人文精神与秩序的擘画和调试，能够使人与自然和谐共生、人与社会和谐共享、人与人和谐相处、人与身心和谐安顿，并能让中与外、古与今得以和谐共存和相互转化，体现出中华民族的哲学智慧。这种智慧展现出的民族精神，同中华民族长期形成的特质禀赋和文化基因一脉相承。

反观全球一些国家，在新冠肺炎疫情期间，却出现了明显的不理智现象。从中可以看出其深受极端个人主义为基本特征的文化影响，灾难面前暴露出一些国家思想文化的偏颇和政治模式的局限性。

二、关于文明多样性与世界融合发展

在讨论此议题时，与会学者认为，21 世纪全球化步伐开始受阻，面临着保护主义、民粹主义、单边主义、孤立主义以及近两年新冠疫情等多方面的挑战。人类需要打破二元对立思维，树立多元文明共存的思维理念。

中华文明中儒家所倡导的由仁心而仁政、由仁政而王道的施政原则，“协和万邦”“亲仁善邻，国之宝也”“四海之内皆兄弟也”“远亲不如近邻”“亲望亲好，邻望邻好”“国虽大，好战必亡”的和合思想，可以为匡正当今世界乱象，推动世界融合发展提供借鉴。

当下的中外学人，应具有大格局眼光和时代精神，勇于担当世界文化新秩序建设的重任，形成切实意义的文明对话，发出人类合作的响亮声音，联合起来驱散个人主义、二元主义的对立和杂音，以合作共赢代替对立博弈，共同构建全人类共存共生的未来。

三、关于全人类共同价值与构建人类命运共同体

在此议题的讨论中，与会学者认为，构建人类命运共同体，实现共赢共享，是满足各国人民需要、解决世界发展问题、优化人类文明形态的优选方案。和平、发展、公平、正义、民主、自由则是构建人类命运共同体的共同价值基础。和平与发展是时代层面的价值共识，是推动人类文明和谐演进的必然要求；公平与正义是主体层面的价值规约，是推动新型国际关系建设的秩序保障；民主与自由是制度层面的价值诉求，是满足人民社会生活需要的政治目标。面对世界范围内思想文化交流交锋的形势下价值

观较量日趋激烈的新态势，弘扬全人类共同价值具有重要现实意义和深远历史意义。

与会学者认为，建设人类命运共同体既是现实的要求，也是发展的需要。中国儒家思想重视修身、齐家、治国、平天下，天下太平一直是中国人民追求的目标，这对于构建人类命运共同体能够提供重要思想源泉。特别是儒家重视伦理道德教育，注重把人培养成为仁义礼智信、温良恭俭让的君子、圣贤，这对于从根本上化解冲突对立，实现世界和平具有重要启发。

四、关于中华文明与人类文明发展

与会学者在交流中讲到，中华文明经过五千多年的传承发展，特别是经历近现代与西方文化的交流融汇之后，与时代同步、与人类共生，坚守本来、借鉴外来、面向未来，不断进行创造性转化、创新性发展，更加展现出中华文明的智慧与魅力。天人合一、和而不同、忠恕之道、天下一家等观念，可以为塑造人类文明新秩序提供重要的思想资源。它不仅属于中国，也属于世界；不仅在历史上发挥了巨大作用，也在今天和未来发挥重要作用。

学者认为，全球化、信息化时代，不同国家、不同民族、不同文化之间及其内部交流互鉴的广度和深度超过以往任何时代，人类亟须改变思维范式，秉持开放包容、合作共赢的文化立场，建立一种新型文明观。中华文明强调和合共生，引导人类以多样共存超越文明优越，以和谐共生超越文明冲突，以交融共享超越文明隔阂，以繁荣共进超越文明固化，充分顺应了时代潮流，有利于促进和平发展。

与会学者谈到，中国改革开放以来所走的道路，是一次“典范的变革”，一种深层次的文明范式的转换，是马克思主义与中国具体实际相结合的成功实践。新时代开辟马克思主义中国化新境界，更需要发展思维、创新思维，更加积极主动地推进马克思主义与中华优秀传统文化相结合，进一步创造中国式现代化新道路，创造人类文明新形态。

五、关于文明的融合与人类命运

对于此议题，学者在讨论中认为，当今世界正处于大转变时期，“经济一体化，政治多极化，文化多元化”三者间的差异与张力日渐凸显，世界面临着很多危机，其中最重要的是价值观危机。

面对当今世界“百年未有之大变局”，中国国家主席习近平提出推动构建人类命运共同体，充分反映了当今时代国际社会的共同需求，站在了人类文明的制高点上。人类命运共同体理念反映了马克思共同体思想的时代精神，汲取了中华优秀传统文化的精华，与和平共处五项原则和和平与发展的时代主题，既一脉相承又与时俱进，彰显了新的价值观、时代观和文明观。其愿景是汇聚共同发展的文化合力，倡导崇尚平等与共享的全球新治理理念，是为新时代人类创造美好生活提供的中国方案。

与会学者指出，人类命运共同体理念展示了中华文化和而不同的价值观，与霸权主义思维绝然不同，她在价值观上提倡的是真正的全人类利益，“一带一路”倡议正是人类命运共同体理念的具体实践。而且人类命运共同体所持守的是中华文化公平正义的义利观，旨在维护人的尊严和权利，推动世界形成更加公正、合理、包容的全球治理，共同开创世界美好未来。

本届论坛还设置了“中医药论坛”，与会的众多医学界学者朋友，围绕中医药与人类命运共同体这一主题，就中医中药在抗击疫情、护佑众生、促进人类健康和谐等方面发挥的重大作用，进行了深入研讨。“青年论坛”的一众年轻才俊，也结合所学专业，对论坛相关议题进行了深度解读。在青年人身上，我们看到了人类交流互鉴、美美与共的美好未来。论坛还有不少新观点、新创见，因时间关系，在这里不再一一赘述。

本届论坛时代性强，规模宏大，特色鲜明，成果丰硕，圆满实现了论坛的学术目标，是一次学术水平高、影响广泛的文明研讨盛会，对于推动不同文明的互鉴互融将起到重要作用。

谢谢大家！

主论坛

● 文明多样性与世界融合发展

世界文明对话与中国哲理智慧

张志刚

【摘要】 随着全球化时代的到来，宗教问题成为全球问题，诸种宗教被一些人用来助长文明冲突。在这种背景下，世界宗教对话日益凸显其必要性与重要性。以儒家道德为核心的哲学思想是中国传统文化的主流，其蕴含的“大和谐精神”有助于化解宗教冲突、促进文明对话，维护世界和平，共建“全球化时代的人类命运共同体”。

【关键词】 宗教冲突　文明对话　中国哲理智慧

【作者简介】 张志刚，北京大学博雅特聘教授，哲学系、宗教学系博士生导师，北京大学宗教文化研究院院长，中国宗教学会副会长，全国政协参政议政人才库特聘专家。

随着全球化时代的到来，“经济一体化、政治多极化、文化多元化”三者间的差异与张力日渐凸显，部分国家地区的矛盾与冲突日趋激化，宗教问题已成为“一个全球问题”，文明对话随之成为“一大世界趋势”。本文借鉴国际学界成果，试就此研讨主题来分享中国哲理智慧。

一、宗教冲突与世界和平

关于宗教问题何以成为“全球问题”的复杂原因，美国著名天主教神学家、世界宗教对话的积极践行者尼特（Paul Knitter）尖锐地指出，在

"后9·11世界"的地缘-政治事态发展中，恐怖导致愤怒，愤怒导致暴力，这在一些民族和国家愈演愈烈。在许多人看来，亨廷顿（Samuel Huntington）的忧郁论点已被证实，"文明冲突"愈发严重。但更令人担忧且更有威胁的是，"文明冲突"看似由于"宗教冲突"而"火上浇油"了。所谓"恐怖主义分子"和"帝国主义者"都巧借他们的宗教信仰来为各自的邪恶行为辩护，他们把对方称为"邪恶的"，即等于说自己是"正义的"，这是一种"宗教宣称"，意味着"真主或上帝与我同在，让我来惩罚你！"①

上述分析评论中，有一点显得尤为中肯，即尼特相对客观地指出，"恐怖主义分子"和"帝国主义者"都在歪曲利用"各自的宗教信仰"来挑起不同文明的冲突，这一事实可让人意识到"后9·11世界"的全球宗教问题的复杂性与严峻性。在《新恐怖与新战争》（*New Terror, New Wars*, 2003）一书，英国著名道德哲学教授吉尔伯特（Paul Gilbert）比较了"旧式战争与新式战争"。假若比较"两场战争"，1982年英国与阿根廷的"福克兰群岛战争"，2001年"9·11事件"后美国主导的"反恐战争"：前者是一场典型的"旧式战争"，两个国家为争夺领土而战；所谓"反恐战争"则是"国家或国家同盟"对"非国家行为体"宣战，即美国及其盟国声言"要为价值观而战"，这里所指的价值观，毫无偏见地说，就是"西方以基督教传统为背景的自由、民主和文明"。②

由此可见，在当今世界，诸种宗教正被某些人用来助长文明冲突，这正是宗教成为全球问题的主要根由之一。然而，从世界宗教史的主流来看，真正的宗教信仰不但可以，且能成为"文明冲突的化解之道"。因为世界上的各类宗教人士若能信守其创始人和经典的教诲，定会相信宗教必须呵护世界和平，而绝不能沦为任何暴力行径的思想资源。

---

① 参见［美］保罗·尼特：《宗教对话模式》，王志成译，中国人民大学出版社2004年版，"作者致中国读者"，第1~3页。

② 详见［英］保罗·吉尔伯特：《新恐怖与新战争》，王易等译，中国人民大学出版社2010年版，第1~7页。

二、宗教对话与文明对话

“宗教对话”（inter-religious dialogue）堪称国际宗教学界的理论前沿，且已成为全球理论界的热门话题。为什么要促进世界宗教对话？许多知名学者做过大量论述。笔者所见文献里，最言简意赅、犹如棒喝的回答，出自著名天主教神哲学家、《全球伦理宣言》起草人汉斯·昆（Hans Küng，又译孔汉思）。他在过去 30 多年，奔走全球学界、政界和教界，四处论证如下三句话：

没有宗教之间的和平，就没有民族、国家乃至文明之间的和平。

没有宗教之间的对话，就没有宗教之间的和平。

没有宗教研究，就没有宗教之间的对话。①

笔者把这三句话看成“阐发世界宗教对话之必要性与重要性的三段式”。按其逻辑推理，世界宗教对话堪称至关重要，不但事关各宗教之间的和平相处，而且关乎各民族、国家乃至文明之间有无和平可言！汉斯·昆从 20 世纪 80 年代末开始到处宣讲上述论点。如果说那时尚有不少人怀疑他的如上说法是否过于夸张了，不过 20 年，随着冷战后宗教问题在国际政治舞台上日渐突出，民族性、地区性、国家间、文明间等形式的矛盾与冲突的不断发生、日趋升级，甚至愈演愈烈，世界宗教对话的必要性与重要性已然成为全球政要、宗教领袖尤其是宗教学家的普遍共识。正因如此，我们才会看到，宗教冲突、宗教对话、宗教关系研究，以及此类研究与民族和解、国家安全、世界和平、文明对话等的重要关系，已被推到国际宗教学界乃至全球理论界的前沿领域。

这里有必要具体指出，汉斯·昆的前述三句话其实应该倒过来理解，因为其逻辑前提落实于“没有宗教研究，就没有宗教之间的对话”。这里

---

① 这三句话不是直接引文，而是综合汉斯·昆在不同的时间和地点的多种说法。据他本人回忆，1989 年，他应邀在联合国教科文组织举办的一次学术研讨会上演讲，首次提出了“没有宗教之间的和平，就没有国家之间的和平”（参见韩松：《孔汉思教授访谈录》，《基督教文化学刊》第 4 辑，人民日报出版社 2000 年版）。此后，这种说法不但在他的多种论著和许多演讲里得以传播，而且不断予以补充完善。

说的“宗教研究”，主要指国际学界“专业化、学术性的比较宗教研究”。从学科发展的内在逻辑来看，正是由于这种学术研究所积累的“世界宗教知识”，才将当代宗教研究推向了“世界宗教对话”这一理论前沿。恰如美国著名宗教哲学家、宗教多元论代言人希克（John Hick）指出：直到“最近”，世界上的任何一种宗教，几乎是在不了解其他宗教的情况下发展的。① 虽然历史上有过多次宗教扩张运动，如公元前后佛教的扩张，7—8世纪伊斯兰教的扩张，19世纪基督教的扩张等，但不同的信仰者相遇的结果，主要是“冲突”而不是“对话”，这显然不能使各宗教相互认识、彼此理解。只是这一百多年来，关于宗教的学术研究才为如实理解“他者的信仰”（other's faith）提供了知识可能性。当代宗教学的比较研究成果，促使越来越多的人意识到一个事实：各宗教传统无不“自称为真”，都自以为只有“我的传统”才是“真理的化身”。可问题在于，他们关于真理的说法，不但是不同的，而且是冲突的。这样一来，如何解释诸种宗教在真理问题上的相互冲突的教义主张，便成了一个不可回避的根本问题。②

三、人类共同命运与中国哲理智慧

关于人类社会、世界文明的发展前景，中国著名人类学家、社会学家费孝通（1910—2005）在日本友人庆贺其80岁寿辰时，意味深长地道出十六字箴言：“各美其美，美人之美，美美与共，天下大同。”③ 笔者以为，对这“十六字箴言”，不能囿于“字面的欣赏、字义的理解”，还要加以“哲理的解读”，从中发觉“会通的智慧”。按笔者理解，所谓“各美其美”，不仅是指各个民族、国家和社会，诸种文化传统与文明形态等，皆有“自己的优点”，要彰显且发挥“各自的长处”，而且内含“分享的智慧”，即善于把“我们各自的优点长处”分享给不同的民族、国家、社

---

① 希克是在《宗教哲学》中提出这个观点的。该书有1963、1973、1983、1990年版，在第3版里，希克仍用“最近”（recently）一词。

② See John Hick, Philosophy of Religion, third edition, Englewood Cliffs, NJ: Prentice-Hall, INC., 1983.

③ 参见费孝通：《开创学术新风气》，收入费宗惠、张荣华编《费孝通论文化自觉》，内蒙古人民出版社2009年版。

会、文化和文明。所谓“美人之美”，也不但是指要欣赏“他者的优点长处”，而且深含“互鉴的智慧”，即我们要善于学习他者的优点长处。譬如，要借鉴人类文明的一切优秀成果，不论这些美好的东西是谁原创的。若能做到这两点，岂不“美美与共，天下大同”。

以儒家道德为核心的哲学思想，是中国传统文化的主流。探究中国传统文化的基本哲学精神时，中国学者大多强调“和谐”观念。精于古典哲学范畴研究的张岱年（1909—2004），对“和谐”释义如下：

对待不唯相冲突，更常有与冲突相对待之现象，是谓和谐。和谐非同一，相和谐者不必相类；和谐亦非统一，相和谐者虽相联结而为一体，然和谐乃指一体外之另一种关系。和谐包括四方面：一相异，即非绝对同一；二不相毁灭，即不相否定；三相成而相济，即相互维持；四相互之间有一种均衡。①

擅长哲学通史研究的冯友兰（1895—1990），以95岁高龄写就的《中国哲学史新编》（七册），是以沉思北宋理学家张载（1020—1077）的“太和”观念收笔的。张载曰：“有象斯有对，对必反其为；有反斯有仇，仇必和而解。”② 冯先生深有人生感悟地得出如下结论：

在中国古典哲学中，“和”与“同”不一样。“同”不能容“异”，“和”不但能容“异”，而且必须有“异”，才能称其为“和”。

“仇必和而解”是客观的辩证法。不管人们的意愿如何，现代的社会，特别是国际社会，是照着这个客观辩证法发展的。

现代历史是向着“仇必和而解”这个方向发展的，但历史发展的过程是曲折的，所需要的时间必须以世纪计算……人是最聪明、最有理性的动物，不会永远走“仇必仇到底”那样的道路。这就是中国哲学的传统和世界哲学的未来。③

---

① 张岱年：《哲学思维论——天人五论之一》，《张岱年全集》第三卷，河北人民出版社1996年版，第35页。

② ［宋］张载：《正蒙·太和》篇。

③ 详见冯友兰：《中国哲学史新编》第七册，第八十一章，台湾蓝灯文化事业股份有限公司1991年版。

上述两位先生的见地，不仅代表本土学者对中国传统文化传统之哲学精神的价值认同，海外饱学之士也认同此理。如《全球伦理宣言》起草人汉斯·昆指出，整个中国哲学传统一以贯之的基本精神，就是寻求“天地人的和谐”——天与人间、人与自然、人与社会以及人自身的和谐。他将此哲学传统称为“大和谐精神”，并相信此种精神对“构建世界伦理”有重大贡献。①笔者与汉斯·昆教授相识30年，不但认同他的如上理解，且以为这种诠释有助于化解宗教冲突、促进文明对话，维护世界和平，共建“全球化时代的人类命运共同体”。

① 参［瑞士］汉斯·昆：《世界宗教寻踪》，杨煦生等译，生活·读书·新知三联书店2007年版，第180页。

经典：世界文明对话的宝贵资源

舒大刚

【摘要】“文献”是文化和文明的主要载体，“经典”是文献和文物的璀璨精华。经典具有根源性、典范性、权威性和永恒性，它是一个民族或国家最精粹、影响最深远的精神产品，决定着一个民族或国家的精神信仰、道德伦理、知识结构和价值尺度。犹太民族和欧美世界有《塔纳赫》(《圣经》)，古印度有《奥义书》和《梵歌》，古希腊有《荷马史诗》《几何原本》《形而上学》等，阿拉伯世界有《古兰经》，是这些经典拯救了经典创造者自己，也征服了经典接受者的世界。孔子删订阐释的“六经”以及因之而起形成的“十三经”，则是中华民族最核心的古老典籍。“经典”是中华文化和本土文明的中枢和关键，它传递和接续了中华5000年文明史，前2500年历史因之而传，后2500年文明据之而开。“经典”铸造了中华民族特有的精神气质、文化基因和基本走向，是中华文化的根本、源头和魂魄所在。“两办”《关于实施中华优秀传统文化传承发展工程的意见》所举诸核心观念多半出自经典，因此文化自信当从经学复兴开始，文化交流也当从经典传播入手。

【关键词】文化　西方经典　中华经典　当代价值

【作者简介】舒大刚，四川大学教授，国际儒学研究院院长兼古籍整理研究所所长，博士生导师。

“经典”是指具有根源性、典范性、权威性和经久不衰价值的文献。

它们或者是经过历史淘汰优胜出来被证明是“最有价值的”文献，或者是某个民族、某个专业最精粹、最精髓的作品，或者是一个时期最具代表性、最完美的成果。“经典”尤其专属于那些具有重大原创性、历史奠基性和文化再生性的著作。

经过历史的长期演绎和融化，经典文献就成了后世历史的根、文化的源和民族的魂，是人们从事生产生活、文明再造的精神食粮和心灵家园。认识经典的存在和价值，研习和传承好文化经典，是一个民族实现文化传承、文化自信和文化自强的重要途径。宣传和阐释好本民族经典，也是一个民族与其他民族交流对话的重要实力和资本，更是这个民族走向世界、融入世界的宝贵财富和亮丽名片。

一、世界上形形色色的“经典”

每个优秀的民族和文化，都有自己经久不衰的文化经典，是这些经典奠定了这个民族的信仰和价值观，也是这些经典教会了这个民族如何去思考、认知和处事，经典就是这个民族的性格和文化的缩影。

就目前而言，西方世界的经典无疑就是《圣经》。其中“旧约”是犹太教主要经籍《塔纳赫》，相传公元前13世纪摩西带领以色列人出埃及时写起，前后经历约1000年左右方始完成，文献包括历史、传奇、律法、诗歌、论述、书函等，内容包括犹太教、基督教的起源、发展以及教义、启示等，也记载了古代中东乃至南欧一带的民族、社会、政治、军事等多方面情况和风土人情，既是基督教教义、信仰准则、教会组织和礼仪规矩的基础，也是西方文化的重要源泉，是西方文学、美术、建筑、音乐等佳作的源泉。

古印度则有“三大圣典”，即《薄伽梵歌》（Bhagavd Gita）、《吠陀经》（Veda）与《奥义书》（Upanisad）。《吠陀经》（Veda，又译为韦达经、韦陀经、围陀经等，是知识和启示的意思），是婆罗门教和现代印度教最重要和最根本的经典。《吠陀经》有108种之多，均非常重要，是印度几个世纪中所涌现的众多印度教哲学流派的灵感源泉。印度教徒认为它们表达了恒定不变的自我，依其业行可以在肉体之间转移思想。

《奥义书》（Upanisad 原指“坐近来”，义含师徒对坐秘授），被称为秘密书、哲学书，内容丰富，思想幽玄。其有 108 部，中译有《五十奥义书》。《奥义书》是古印度婆罗门教的根本经典，汇集了韦檀多时代（前7—前 6 世纪）的许多派别的思想，反映着当时的种姓阶级制度以及教育文化、民间风俗等种种社会生活；同时，还着重探讨了人生与宇宙的三个源和关系，如轮回解脱、梵我关系、修习禅定的方法，在印度文化哲学思想中占有无可比拟的崇高位置。佛教思想也缘于《奥义书》，佛陀正是应用了他的大智慧，将《奥义书》哲学义理升华得更加经典。

《薄伽梵歌》（“伽”读 qié）为古今印度社会中家喻户晓的梵文宗教诗。此诗原为大史诗《摩诃婆罗多》第六篇中的一部分，成书年代大约在公元前 1000 年到公元后 400 年之间，对印度思想界有莫大影响，而且是近世印度思想家的精神支柱。

古希腊也有很多经典，通行的有《荷马史诗》，作于公元前 8 世纪，由两部长篇《伊利亚特》（共 15693 行）、《奥德赛》（共 12110 行）组成。主题是特洛伊战争，是古代希腊从氏族社会过渡到奴隶制时期的社会史、风俗史，具有历史、地理、考古学和民俗学方面的价值，表现了人文主义的思想，肯定了人的尊严、价值和力量。还有《几何原本》，是数学经典；《形而上学》是哲学经典。

阿拉伯的经典是《古兰经》。其创作自 610 年伊斯兰历 9 月（斋月）夜，安拉命天使向穆罕默德传达古兰启示始，直至 632 年穆罕默德逝世中止。《古兰经》是阿拉伯有史以来第一部用阿拉伯文书写的文化典籍，是阿拉伯世界的永久性法典、最高信仰、最高准则和最高准绳，是伊斯兰教各学科和各派别学说赖以建立的理论基础。《古兰经》以诗歌形式传教，在阿拉伯思想文化史上占有重要的地位，直接反映了 7 世纪初发生于阿拉伯半岛并对后来阿拉伯民族发展有着深远影响的一场伟大社会变革，是研究穆罕默德和伊斯兰教以及当时半岛社会情况极为重要的文献。通过宗教将松散的部落文化联合起来，并通过各种方式（包括征战、商业、政治、移民等）使各个地区的文化得以传播、交流。经过几个世纪的发展，穆斯林在数学、文学、天文学、哲学、医学、物理学、化学、书法上都取得了巨大成果，涌现出数以百计的文化大师。伊斯兰教传播打破了狭隘的民族界限，促进了阿拉伯半岛的统一。

由此可见，是经典记录了特定民族的历史，规范了各个地区的文化，影响了各自信众的思维，凝聚了教民的族群，再造了信众世界的文明。经典就是所属民族的文明范式和行动指南。

在近代社会，也是这些经典，伴随着资本的流动、主人的脚步，甚至坚船与利炮、胡萝卜与大棒，走遍世界每个角落，最终征服了欧洲、美洲、澳洲、中亚、南亚和非洲。可以说，正是这些经典，不仅拯救了经典创造者自己，也征服了经典接受者的世界。

二、“六经”和“十三经”：中华民族的经典

中华民族历史悠久、文献丰富，早在三皇五帝时代就形成了“三坟”“五典”“八索”“九丘”等重要文献。自春秋末年孔子集历史文献之大成，修订完成《诗》《书》《礼》《乐》《易》《春秋》，而后形成中华民族永世不绝、亘古不易的“六经”。自孔子“以《诗》《书》《礼》《乐》教”，而后形成“弟子三千，达徒七十有二”的儒家学派。自孔子弟子散游四方，友教诸侯，为王者师，而后“六经”得到广泛传播，民众智慧大为开启，而后形成诸子游说、百家争鸣的局面。

其后，又由文翁在西汉景帝末年于蜀郡开设学宫，实施“七经”教化，以经术通明者为官吏，而后开启“以文化人”“以文选吏”的新时代。又由汉武帝“罢黜百家，表彰六经”“令天下郡国皆立学校官”，复设太学，置弟子员，而后经学成为全民教化，经典遂成为觉世牖民、移风易俗、塑造人格、影响政治，进而奠定中华民族习性、规范中华文化特征的强大精神力量。时至今日，我们提倡文化自觉和文化自信，从事文化建设和文化强国，特别是进行文明对话和文化交流，这些在历史上长期流传的文化经典，仍然是值得我们认真品味和积极吸取的宝贵资源。

“经”，按其本义，是织布车上的纵线（或编联竹简的丝绳）；“典”，像竹编简册摞在案头上。“经典”具有“经过整理而后形成的完备系统的要籍”之意。儒家经典，在孔子之前只有四部（《诗》《书》《礼》《乐》

四经），孔子时才产生“六经”（“四经”加上《春秋》《周易》）。后来经典逐渐有所增减或阐释，形成“七经”（《诗》《书》《礼》《易》《春秋》《论语》《孝经》）、“九经”（《诗》《书》《易》加《周礼》《仪礼》《礼记》《春秋左传》《公羊传》《谷梁传》）和“十三经”（“九经”加《论语》《孝经》《孟子》《尔雅》）或者“四书五经”（《论语》《孟子》《大学》《中庸》为“四书”，“六经”缺《乐》为“五经”）。“十三经”几乎是中国历史文化的突出代表、价值灵魂和大致缩影。

如果说，西方有“圣经”、中亚有“古兰经”、南亚有“奥义书”等经典为最高精神准则的话，那么，儒家经典就是中华民族赖以生存发展、文明再造和文化交流的神圣典册。

三、中华经典的历史内涵

经典在历史上之所以能起到这些作用，是与经典本身的内涵和价值分不开的。

其一，“经典”是记事之“史”，是研究中华上古“历史”的主要依据。孔子尝曰：“吾欲托之空言，不如载之行事之深切著明也。”这说明儒家“六经”并不只是圣心独运的空言垂教，而是依据“旧法世传之史”（《庄子》）整理而成的“以史为教”的经典。《春秋》中虽有孔子寄托的“王道”（或“王心”），但是“其事则齐桓晋文，其文则史”（《孟子·离娄下》），故老子说：“夫‘六经’，先王之陈迹也。”（《庄子·天运》）

我们要讲明尧、舜、夏、商、周以及上古历史，明确古代思想学术的渊源，主要靠的就是“六经”，后儒所谓“六经皆史”，即从这个意义上说。这是历史的事实，也是先秦以来儒者的共知共识。“六经”以史为教，以先王经验为说，故前此之历史赖之以存，后此之智慧由是而开。

柳诒徵曰：“孔子者，中国文化之中心也，无孔子则无中国文化。自孔子以前数千年之文化，赖孔子而传；自孔子以后数千年之文化，赖孔子而开。即使自今以后，吾国国民同化于世界各国之新文化，然过去时代之与孔子之关系，要为历史上不可磨灭之事实。”（《中国文化史》）

其二，“经典”是载“道”之“经”，是天地规律的完整体现。“六经”虽皆“旧史”，但也是先民关于天地万物和人伦社会的经验总结，其中蕴含有“先王之道” “成败之迹”，特别是经过孔子“论次《诗》《书》”“修起《礼》《乐》”“笔削《春秋》”“阐扬《易传》”后，其中的“仁义”思想和“德义”精神得到充分凸显，“经”就成了载“道”之书，也成了问“道”之津。

汉儒翼奉说：“臣闻之于师曰：天地设位，悬日月，布星辰，分阴阳，定四时，列五行，以视（示）圣人，名之曰‘道’。圣人见道，然后知王治之象，故画州土，建君臣，立律历，陈成败，以视贤者，名之曰‘经’。贤者见经，然后知人道之务，则《诗》《书》《易》《春秋》《礼》《乐》是也。”（《汉书·翼奉传》）

“六经”是圣人认识“道”的记录，包括天地之位、日月之行、阴阳之变、四时之运、五行之德等自然之道，也包括行政区划、君臣职守、声律历法和古今成败等王者之治。“六经”就是天道、地道和人道的总汇。《汉书·儒林传序》也说：“古之儒者，博学乎‘六艺’之文。‘六艺’者，王教之典籍，先圣所以明天道、正人伦、致至治之成法也。”“六经”成了人们学习文化知识，实现个性修养、社会治理的重要教材。

其三，“经典”是言“知”之方，是经验智慧的全面总结。“六经”总体所载无非“道”，但是各书所言又有分殊，每一经又有自己侧重的知识重心。《庄子》云：“《诗》以道志，《书》以道事，《礼》以道行，《乐》以道和，《易》以道阴阳，《春秋》以道名分。”《史记·滑稽列传序》引“孔子曰：‘六艺’于治一也。《礼》以节人，《乐》以发和，《书》以道事，《诗》以达意，《易》以神化，《春秋》以义”。

概言之，《诗》乃抒情文学，故长于真情实感；《书》乃历史记录，故长于明事纪功；《礼》乃行为规范，故长于制度文明；《乐》乃音乐作品，故长于和乐盛美；《易》讲天地阴阳，故长于运数变化；《春秋》讲是非名分，故长于社会治理。相同的观点，在《荀子·儒效》《春秋繁露·玉杯》等文献中有说明。“六经”包罗至广，内涵丰富，各司其职，各行其事，各从一个侧面讲明一个方面的道理，共同完成塑造“仁义”之士、博雅君子的任务。

其四，“经典”是施“教”之籍，是培育知识技能的教科书。《中庸》说：“天命之谓性，率性之谓道，修道之谓教。”人类追求真善美的理论依据除了历史经验之外，还有来自天道自然等外在规律在起作用。但是，人性之美虽然天成，而自知其性由教生成，故特别注重经典教育。孔子曰：“君子学道则爱人，小人学道则易使。”故“以《诗》《书》《礼》《乐》教”，于是树之风声，以立民极，垂为万世师表。后儒沿波，教泽广布，“六经”的教育功能得到极大的发挥，中华民族的民族性也由此得到重塑和规范。

《礼记·经解》述“六经”之教的效果说：“入其国，其教可知也：其为人也，温柔敦厚，《诗》教也；疏通知远，《书》教也；广博易良，《乐》教也；洁静精微，《易》教也；恭俭庄敬，《礼》教也；属辞比事，《春秋》教也。”“六经”内容各有专主，功能各别，教化也各有效验。“温柔敦厚”的性格是《诗》教的结果，博古通今是《书》教的结果，豁达包容是《乐》教的结果，沉静精邃是《易》教的结果，恭俭庄敬是《礼》教的结果，叙事准确是《春秋》教的结果。学习六经可以变换气质、移风易俗，善一人以善一家，善一家以善一族，善一族以善乡邦；再由乡邦以达于国，由国以达之天下。求诸师，求诸经，明于性以知于天，明于经以适乎道！这就是中国儒家觉世牖民的教化途径。

其五，“经典”是教“化”之典，是仁政德治的集中体现。孔子主“性相近，习相远”，孟子主“性本善”，荀子主“人性恶”，但都主张推行社会教化，实现移风易俗，而其途径则是经典教育的必由之路。无论出于“学道易使”“闲邪存诚”的考虑（孔子），或是出于恢复“四端”以致“良知”的诱导（孟子），或是出于“化性起伪”的礼乐防设（荀子），儒家各派都不否认“六经”教化的作用，荀子所谓“始乎诵经，终乎读礼”，最后成为圣人的教育模式，仍为儒家各派所共同遵守。汉朝人说理重视“五行”，因为“五行”为事物之本、万化之源；汉朝人言治重视“五常”，因为“五常”为人性之本、教化之基。“六经”也正好具有对“五行”之理和“五常”之教的揭示和赞助功能。

《汉书·艺文志序》说：“‘六艺’之文，《乐》以和神，仁之表也；

《诗》以正言，义之用也；《礼》以明体，明者著见，故无训也；《书》以广听，知之术也；《春秋》以断事，信之符也。五者，盖五常之道，相须而备，而《易》为之原。”《乐经》民神同乐效果，体现了“仁”的精神；《诗经》提倡准确表达感情，体现了“义”的原则；《礼经》讲明行为规范，体现了“礼”制文明；《书经》的博古通今，体现了“知”的精神；《春秋》善于评断事理，体现了“信”的精神。“六经”是与“五行”（“五常”）原则互相匹配的，从知识到人格，从形下到形上，进而实现了儒家经典教化的最高境界——通神达道。

四、经典的历史影响

聪明的统治者就是要发现和发挥“六经”的这些功能，善加利用，广泛推广，诱导百姓，从而实现人类文明、天下大治，驯致雍容和睦的儒化境界。

《隋书·经籍志序》曰：“夫经籍也者，机神之妙旨，圣哲之能事，所以经天地，纬阴阳，正纪纲，弘道德，显仁足以利物，藏用足以独善。学之者将殖焉，不学者将落焉；大业崇之则成钦明之德，匹夫克念则有王公之重。其王者之所以树风声，流显号，美教化，移风俗，何莫由乎斯道！”

“六经”从原来历史的记录，进而成为圣人讲明教化、治理天下的神秘武器，成为通达天地原理、阴阳变化规律、人伦纲纪、道德伦理的教材，成为人们修养自我、善待他人，利物利己的准则。学习经典，就可以获得自我的完善、事业的成功；利用经典，是实现天下治理、社会文明的重要途径。

经典具有大道之源、知识之府、化民成俗、流传万世的普适价值。从历史的眼光出发，我们会发现，不仅孔子以前2500年的历史主要是通过经典来得到传承和明晰，而且后世的历史也是在经典的影响下得以运行的。

秦汉的大统一得益于《春秋》“大一统”思想，“书同文，车同轨”来自《中庸》的启示，两汉“经学”、历代“史学”得益于对儒家经典的研习和模仿，历代礼仪等制度建设受启于儒家《礼经》的典范，中华诗国得益于《诗经》的教化，宋明理学得益于“四书”的讲明，中华孝悌忠信等道德伦理得益于《孝经》的垂范，中国哲学的阴阳、五行、三才、时中、常变、经权等观念，得益于《周易》《尚书》的启迪，似此之类，不一而足。从思想学术讲，中国是一个“经学”的国度；从社会治理讲，中国是一个“文治”（“以经术润饰吏事”）的国度。

我们无论是研究历史、文化、文字、语言、思想、学术，还是要讲明道德、伦理、政治、经济，等等，都离不开经典。这样看来，“六经”不仅仅是一家一派的经典，“六经”也不会随着时移世易而失去价值。我们之于“六经”，只有觉悟和不觉悟、明白和不明白之分，没有过时和不过时、需要和不需要的问题。

1593年意大利传教士利玛窦将“四书”译成拉丁文寄回去；1626年比利时人法国传教士金尼阁将“五经”译成拉丁文，在杭州刊印，成为中国经典最早刊印的西文译本。此后，中国的经典和儒家学说通过意大利和法国传教士的介绍、研究，先后有拉丁文和法文译本，在欧洲知识界和上层社会得到了流传和宣扬，对欧洲近代的学术文化发展曾经产生过一定影响。

五、经典的当代价值

再从现实的需要来看，儒家经典也是新时代文化传承和文化建设的根本依据。2017年1月25日，中共中央办公厅、国务院办公厅联合发布《关于实施中华优秀传统文化传承发展工程的意见》（以下简称“《意见》”），具体谋划和定义了新时代传承发展中华优秀传统文化的意义、任务和途径，其中“主要内容”明确划定“核心思想理念”、“中华传统美德”和“中华人文精神”三个方面，还具体提炼了各方面的优秀内容，其设定都是古今辉映，与经相通。

如在“核心思想理念”部分，指出中华先民在“修齐治平、尊时守位、知常达变、开物成务、建功立业”等过程中，形成了“革故鼎新、与时俱进”“脚踏实地、实事求是”“惠民利民、安民富民”“道法自然、天人合一”等思想和观念，提倡“讲仁爱、重民本、守诚信、崇正义、尚和合、求大同”。在“中华传统美德”中，揭示出“天下兴亡、匹夫有责”“精忠报国、振兴中华”“崇德向善、见贤思齐”“孝悌忠信、礼义廉耻”等理念，号召“要大力弘扬自强不息、敬业乐群、扶危济困、见义勇为、孝老爱亲等中华传统美德”。在“中华人文精神”中，揭示的精神财富有“求同存异、和而不同”“文以载道、以文化人”“形神兼备、情景交融”“俭约自守、中和泰和”，强调“促进社会和谐、鼓励人们向上向善”。

细考《意见》所举诸核心价值观念，多半出自经典文献。如“修齐治平”出自《大学》；“尊时守位”“知常达变”“开物成务”“革故鼎新”“与时俱进”出自《周易》；“脚踏实地”虽是俗语，但宋儒李过注《周易》履卦九二“履道坦坦”即“所谓脚踏实地也”，可见也是《易》义之一。“实事求是”出自《汉书》；“惠民利民、安民富民”出自《左传》；“道法自然”出自《老子》；“天人合一”正式见于张载《正蒙》，但张氏明确说是“《易》所谓‘不遗’‘不流’‘不过’者也”。至于“讲仁爱”明见于《论语》“仁者爱人”；“重民本”出自《尚书》“民惟邦本，本固邦宁”；“守诚信”本于《论语》《中庸》；“崇正义”取自《论语》；“尚和合”出于《周易》《国语》；“求大同”正见《礼运》。

还有“天下兴亡、匹夫有责”是梁启超对顾炎武《日知录·正始》的提炼。“精忠报国”（又作“尽忠报国”），见于《周书·颜之仪传》《宋史·岳飞传》；“振兴中华”见于清儒郑观应《盛世危言》及孙中山《兴中会章程》；“崇德”（又作“据德”）出于《国语》《论语》；“向善”见于《亢仓子》；“见贤思齐”见《论语》；“孝悌忠信”见《孟子》；“礼义廉耻”见《管子》；“自强不息”见《周易》；“敬业乐群”见《礼记·学记》；“扶危济困”意蕴见于《尚书》《论语》；“见义勇为”见于《论语》；“孝老爱亲”见于《孝经》。

“求同存异”见于《左传》《晏子春秋》的“和同”之辨；“和而不同”见于《论语》；“文以载道”是韩愈等人提出的创作理念；“以文化人”化用《周易》“人文化成”；“形神兼备、情景交融”是王维、苏轼等人的艺术造诣；“俭约自守”意蕴取于《周易》；“中和泰和”亦是《周易》。

可见，《意见》提出的30余条值得传承发展的基本内涵，都是从经典及古文献中提炼出来的，其中除个别（“道法自然”等）见诸子史文献外，其余绝大多数出于儒家经典，其中又以《周易》《左传》《论语》《孟子》等文献最多。这无宁明白告诉我们：中华优秀传统文化的诸多精髓，其实就在经典（特别是儒家经典）之中；传承发展中华优秀传统文化，就应当从传承经典入手。

结　语

古今中外的历史事实证明，“经”是经久不易之书，“典”是规范神圣的大册。“经典”具有根源性、典范性、权威性和永恒性，是经过历史淘汰优胜出来的最有价值的特殊文献，它们曾经对人类产生过深远的、定型的、启迪性的影响。

作为历史悠久、文化璀璨的中华民族，其所拥有的系统全面的古老经典（比如儒家经典），在漫长传承的历史长河中，培植了中华历史的根、思想之源、信仰之魂，经典著作无宁就是中华民族的根本、源头和魂魄所在。经典是特定民族和国家的历史承载、文化典型，或者是文明范式、智慧启迪，具有源头活水、精神家园的价值，体现了信仰体系和价值标准。

我们提倡文化自信，这些经典记忆是首先应该被唤醒的；我们提倡文化交流，中华经典的积极意义和普遍价值更应该得到充分的展示和宣传。比如，如果讲好中华经典中“天人合一”“道法自然”等观念，就可以与国际范围内的“生态文明”建设很好接轨；讲好“和而不同”“己所不欲，勿施于人”，就有助于消除国家对立、文明冲突和民族敌视；讲好“诗书礼乐”，就可以为构建文明社会、和谐世界提供范本；讲好何为“小康”社会、“大同”理想，就会为实现世界大同、人类和平贡献力量；讲好“孝悌忠信”“孝老爱亲”，就会为改善老龄社会的代际矛盾、生命冷漠现象提供参考。

中国经典当然不能像近代帝国主义对待中国那样，伴随资本输出和坚船利炮来打开别人的国门，但是至少可以为我们的经贸合作、对外援助、大国外交，改善观念，树立形象，提供帮助。阅读经典的过程，就是中华文化自信的过程；宣传经典的过程，就是中华文化走出去的过程。传承好经典，中华优秀传统文化的精髓就思过半矣；宣传好经典，中华优秀传统文化的世界价值就尽在其中了。

是故，文化自信当从经学复兴开始，文化交流也当从经典传播入手。

儒学实践的日常性及其公共性

——以“克己复礼”和“大学”的实践价值扩张为中心

李润和

【摘要】孔子认为，个人成长为和谐个体的过程，是超越了单纯的个人道德层面，通过与自己相关的社会关系，从伦理上改变自身的自然情感的一种社会化过程。因此，孔子的人性论通过对个人体验的洞察，赋予每个个体人格存在，使其在日常生活中追求道德高线，并尊重其家人及遵循社会秩序，进而将此和谐生活视为理想世界的社会伦理论。这种认识是现代人超越自己内心，以人与人之间的伦理行为为基础，解决家庭、社会乃至国家问题的使命感的原动力，与解决人类所面临的各种时代难题这一忧患意识密切相关。因此，本文中，我们应从“克己复礼”“正心”以及齐家之道的孝悌伦理角度，来看待儒学作为其认识出发点所追求的日常道德修养的意义，以及赋予其扩张价值取向的社会实践所具有的现代意义。

【关键词】克己复礼　人伦日用　正心　齐家　利他性　公共性

【作者简介】李润和，孔子研究院特聘专家，济宁市尼山学者。曾任韩国国立安东大学孔子学院院长。

一、前言

新型冠状病毒的大肆蔓延已不再单纯停留在维护生命安全的层面上，而正在向政治乃至文化层面延伸。新型冠状病毒不仅仅是在人类个体间传播病原体，更是成为一种推动社会变化的力量，即带来之前并未充分呈现的社会意识的结构性变化。从这一点来看，其影响力非常巨大。仅从波及到人际关系这一点上，也会出现非常令人担忧的现象。人际关系的阻断在新冠病毒蔓延之前，便已加剧解体、破坏家庭和共同体等首要人际关系。数字时代的新环境和随之而来的人与人之间新的“关系”在传统儒学的观点上令人困惑。尽管在技术层面关系领域有所扩展，但人际关系领域有所缩小；尽管自身认识领域有所扩大，世界观日益丰富，但个人之间的关怀和让步带来的亲密度在下降。

每个人都出生在“社会”中，按照现有的社会制度及法则，和其他社会成员一起，作为新的社会成员，体验社会化过程。这个社会化过程是由一定的价值体系引导到特定行为方式，由社会规范体系抑制本能行为的过程。近代以后，个人逐渐成为自主独立的主体，成为社会的基本单位。国家以及其他各种类型的共同体都是由这些自由独立的个人组成的。①

以近代个人为基础的自由主义，对于自由流动和交换得到保障的近代个人，把压制自由、将个人束缚在现有等级性的共同体传统和规律中视为回归传统的复古行为，并予以批评。但是，近代的个人也会在家庭、共同体又或是国家、民族内部成长为社会存在，在这种社会脉络下，形成包括自由和权利等在内的个人认同感。同时，在与他者的关系中，可以一边反省自己的认同感，一边进行重组，并可以进行自我矫正。但是，近代以来以追求“多数人的最大幸福”和以“功利主义”为基础的西欧重视个人利益和个人极端自由风气，未能正确应对新型冠状病毒的危机。与之相反的是，儒学不仅重视对人类个别存

① 权勇赫：《自由主义与共同体主义》，《社会与哲学》2014 年第 28 辑，第 107 页。

在的意义的自觉性，还重视社会责任，追求人类繁盛，理所当然应受到关注。

由此可见，人类生活的世界主观上是选择的价值判断和基于它的行为规范的个人存在自由，以及超越私人层面，构成该社会的所有个别成员，客观上是共享公共规范的社会秩序构成共同存在的世界。孔子认为，个人成长为和谐个体的过程，是超越了单纯的个人道德层面，通过与自己相关的社会关系，从伦理上改变自身的自然情感的一种社会化过程。因此，孔子的人性论通过对个人体验的洞察，赋予每个个体人格存在，使其在日常生活中追求道德高线，并尊重其家人及遵循社会秩序，进而将此和谐生活视为理想世界的社会伦理论。这种认识是现代人超越自己内心，以人与人之间的伦理行为为基础，解决家庭、社会乃至国家问题的使命感的原动力，与解决人类所面临的各种时代难题这一忧患意识密切相关。因此，本文中，我们应从“克己复礼”“正心”以及齐家之道的孝悌伦理角度来看待儒学作为其认识出发点所追求的日常道德修养的意义，以及赋予其扩张价值取向的社会实践所具有的现代意义。

二、“人伦日用”和秩序

正如人的身心有机地共享生命一样，道德和伦理也与日常世界有机地联系在一起。日常世界是人类生存和发展的根基，其日常生活与时代同步变化着。宋明理学者用“日用人伦”来解释这种日常生活中的文化和秩序。人与人之间的关系在东亚一直被称为人伦。① 同时，儒学也同样蕴含应对这些变化的“时中”逻辑，正如“下学而上达”② 所示，儒学与关联日常生活的实践性修行一起探索生活的原理。因此生活原理也包含着自我

---

① 这种人伦的基础，是以血缘为媒介的连带［亲亲］、以身份为媒介的分别［尊尊］来说明。通过这些说明，我们不是为了消除亲—爱、尊—敬之间存在的紧张和矛盾，而是为了消除政治乃至社会中发生的争夺性，试图读懂人伦所具有的意味性。（李俸珪：《人伦：消除争夺说的儒教结构》，《泰东古典研究》2013 年第 31 辑，第 110~111 页。）

② 《论语集注·宪问》，成百晓译注，韩国传统文化研究会，2015 年，第 422 页。

实现的扩张性，即：为实现人伦关系中对他人的关怀和协调，自然界中所有活着的生命体，不论何时都应自觉地履行其社会责任。孔子这种忧虑恰恰表明“子曰，德之不修，学之不讲，闻义不能徙，不善不能改，是吾忧也”①。

儒学解释了人类基于本来的道德心理与他人的关系。仁是个人通过自我修养获得的最高成就和境界，但另一方面，仁与人类相互之间的关系，即社会关系密切相关。②孔子之所以关注恭、宽、信、敏、惠等“为仁”的具体德目③，是因为这是能够替代当时动荡不安的社会秩序而需养成的基本品德，是作为生活空间的社会应该实践的道德属性。这与孔子定义“仁”为“爱人”是一脉相承的④。孔子认为，仁作为新的社会秩序以及担当主体基础的道德属性，如果对其认识仅停留在抽象层面上，则具有局限性，因而强调体会“仁”的具体空间和范围。只有通过人与人之间的关系才能体现“仁”，因此，他认为认识和熟悉“仁”应该从具体空间和最自然的社会关系出发。可以说，生命本身也是一种求道，而修行则可以是日常生活的必需性行为。⑤ 也就是说，从“我”出发，进而实现家人、邻居乃至世界范围的“仁”。

对此，朱熹曾借用《论语·乡党》篇的观点，说到：“杨氏曰：圣人之所谓道者，不离乎日用之间也。故夫子之平日，一动一静，门人皆审视

---

① 《论语集注·述而》，第 189 页。

② 柳根声：《以关系为中心的儒家伦理和个人》，《哲学论集》2015 年第 42 辑，第 368 页。

③ 《论语集注·阳货》：“子张问仁于孔子，孔子曰，能行五者于天下，为仁矣。请问之。曰，恭，宽，信，敏，惠。恭则不侮，宽则得众，信则人任焉，敏则有功，惠则足以使人。”第 488 页。

④ 《论语集注·颜渊》：“樊迟问仁，子曰，爱人。”第 357 页。

⑤ 李贤智：《孔子心工夫的脱现代的含义》，《哲学论丛》2015 年第 82 辑，第 479 页。麦金泰尔（Maclntyre 1929— ）提到：“我们在独立个人之前，是某人的儿子、女儿，是某人的叔叔或堂兄弟。除此之外，还隶属各种集团，建立了多种社会关系。这种关系很自然地界定了我应有的作用或责任，这就是我的道德出发点。”［Maclntyre 著，李振宇（音）译：《德之丧失》，文艺出版社 1997 年版，第 324 页。］这些词语也象征着日常生活带给我们的重要性。

而详记之。”① 也就是说，道并不是很远，而是处于极其近的日常世界，即“日用之间”。因此，门人详细记录了按照圣贤恩师孔子实施礼的样子“一动一静”，即动和静依次交替的场景。日用之间是道的真正居处，离开日用之间的道已经不是道了。限制日用之间所有动和静的礼就是道。所谓圣人，仅仅是将道完全发挥在日用之间的人。孔子以来的儒学始终离不开世人生活的日用之间的比邻世界，即使谈到看似高深的形而上学式的真理，也会强调这所谓的高深真理与比邻世界屡见不鲜的法则本质上是分不开的。②

孔子认为，施行仁应从日常生活中最自然的关系——父母、子女、兄弟以及所生活的空间——家庭，并强调实践的出发点在于孝悌。“子曰，弟子入则孝，出则弟……行有余力，则以学文。”③“（有子曰）其为人也孝弟，而好犯上者，鲜矣……君子务本，本立而道生。孝弟也者，其为仁之本与。”④如此等等，都强调了这一点。孟子也说，先天烙印在人类自然本性的仁、义、礼、智价值的核心，终究不过是孝悌。即“仁之实，事亲是也；义之实，从兄是也。智之实，知斯二者弗去是也；礼之实，节文斯二者是也；乐之实，乐斯二者”⑤。像这样，儒家人际关系是家族关系或亲情关系的一种设想，其原理是基于普遍上呈的孝悌和儒家人性之恻隐之心“仁”、羞恶之心“义”、恭敬之心“礼”、是非之心“智”，因此不会像自由主义秩序一样引发权利冲突。

日常生活总是伴随着人伦。如果没有人伦，就没有日常生活。人伦归根结底就是礼。礼这一人伦秩序在日常生活中随处可见，完全没有必要证明其正当性。如果问起正当性的根据，最终只能回到观念性的存在问题，存在问题将日常世界整体的存在视为根本性问题，稍有不慎就会造成破坏

---

① 《论语集注·乡党》序注，第 268 页。

② 崔真德：《日常世界和人伦秩序——日常性的儒学意义》，《精神文化研究》1997 年第 20 卷第 2 号，第 15 页。

③ 《论语集注·学而》，第 36 页。

④ 《论语集注·学而》，第 31 页。

⑤ 《孟子集注·离娄章句上》，成百晓译注，韩国传统文化研究会，2016 年，第 321 页。

性后果。自孔子以来，没有任何一位儒学家怀疑人伦秩序的正当性。①

近代以后，人类被看作满足自我的存在，进而从个人利益出发，可以发现人伦秩序的必要性，而并非人类的社会属性。鉴于人人只能从社会中追求利益，近代政治思想认为秩序是为了个人利益而存在的。换句话说，近代人类被定义为“追求私利的个人”，而个人关系容易产生矛盾，秩序则被看作是为了解决这种矛盾而成立的。②然而，儒学式人际关系并不是矛盾的，而是家庭关系的有序化，因此，笔者认为以自由主义关系为前提的矛盾可以自然地化解为亲密关系。③这是因为家庭关系与社会关系不同，比起平等的权利，更强调对彼此的关怀和自我牺牲。④ 如果这种关系在社会上通用，那么在法律适用之前，社会矛盾可以通过和解与宽恕的方式得到解决。把社会秩序的基本原理放在维持家庭内部的亲密度上，有可能形成没有矛盾的和谐共同体，从这一点来看，儒学的实践价值理应受到关注。

三、“克己”和“正心”及其伦理性

众所周知，“克己复礼为仁”⑤ 这一命题最简明地提出了“仁”的意

---

① 崔真德：《日常世界和人伦秩序——日常性的儒学意义》，《精神文化研究》1997年第20卷第2号，第12页。

② 崔光弼：《东亚传统中的人与秩序的观念》，《亚细亚研究》2003年第46卷第1号，第15页。

③ 以传统儒学追求的真正的理想是人伦和自由相协调为前提，也可以解释孔子的“和而不同”和“从心所欲，不逾矩”。（李相翊：《自由主义的人权论和儒教的人伦论》，《东洋文化研究》2013年第14辑，第62~64页。）

④ 但是，亲密的关系越走越远，其影响力就越弱。正如孔子所说，从近处到远方践行仁义的过程会持续制造私人亲义关系，从而发生整体上国家和个人利益不一致的矛盾。另外，儒教的家族式、亲密关系的扩张性适用，虽然也有人肯定整个共同体之间的关系会发展成一个亲密的家族关系，但相反，其家族的亲密会混杂到私人、公共领域，比起秩序，更有可能导致无秩序和恣意性膨胀。（崔光弼：《东亚传统中的人与秩序的观念》，《亚细亚研究》2003年第46卷第1号，第32页。）

⑤ 《论语集注·颜渊》：“颜渊问仁。子曰，克己复礼为仁，一日克己复礼，天下归仁焉。为仁由己，而由人乎哉。颜渊曰，请问其目。子曰，非礼勿视，非礼勿听，非礼勿言，非礼勿动。颜渊曰，回虽不敏，请事斯语矣。”第328页。

义，因此备受关注，并形成了多种解释。① 一般来说，“克己”是一种道德涵养，“复礼”则是以与他人的关系为前提，把握其意义。如果“复礼”与社会规范相关，那么“克己”则意味着个人已意识到其本性，且在这个过程中理解与其一起构成社会的他人，并具备正确理解和维持所共存的社会规范礼仪的条件。②这与通过克己复礼实现的仁，并不是限制现实中各种角色关系的超级原理，而是以特定方式维持现实关系本身③的这一观点是一脉相承的。

孔子主张，为了实现仁，必须“克己”，同时主张“为仁由己”，仁的实现源于“己”。孔子所说的“己”是规范上要实践道德等人伦行为，最终要实现仁，为此在日常生活中要持续努力修行。这种“克己”的“己”既是从负面层面提及的，又把“由己”解释为肯定层面的“己”。④

---

① 张自慧：《“克己复礼为仁”的因果必然性及其现代意义》，《孔子研究》2011 年第 5 期，第 8 页。关于“克己复礼”的解析性的研究非常多。在韩国值得参照的是，都民宰：《〈论语〉关于解析克己复礼的研究》，《东洋哲学研究》2012 年第 72 辑。金暎镐：《〈论语〉颜渊问仁章辨释》，《韩国哲学论集》2015 年第 44 辑。崔海淑：《我和规范：克己复礼》，《东洋哲学研究》2001 年第 16 集。郑贤贞：《关于朱熹解析克己复礼的研究》，《东洋哲学研究》2014 年第 80 辑。在中国可以参照的是，黄俊杰：《孔子“克己复礼为仁”说与东亚儒者的诠释》，《孔子研究》2017 年第 2 期。向世陵：《“克己复礼为仁——持续的争议与历史的教益》，《儒学的当代使命：纪念孔子诞辰 2560 周年国际学术研讨会论文集》，九州出版社 2009 年版。赵书妍、李振宏：《“克己复礼”的百年误读与思想真谛》，《河北学刊》2005 年第 25 卷第 2 期。郭胜团、葛志毅：《〈论语·颜渊〉“克己复礼”章辨析》，《管子学刊》2013 年第 1 期。熊燕军：《百年误读还是千年争论——也谈“克己复礼”的释义及其它》，《孔子研究》2007 年第 4 期。郭园兰：《“克己复礼为仁”思想研究：概念、关系及路径选择》，《湖南大学学报（社会科学版）》2017 年第 31 卷第 4 期。

② 崔海淑：《我和规范：克己复礼》，《东洋哲学研究》2001 年第 16 集，第 219 页。

③ 辛正根：《春秋时代孔子的仁思想和道德行为者的特征》，《大同文化研究》第 34 辑，第 197 页。

④ 李京武：《人、己、心、欲与孔子的人间理解》，《哲学论丛》2010 年第 59 辑，第 468 页。

其也被定义为“本来的我”和“非本来的我”。[①] 此外，以朱熹为主的“心性论解释”和清代考证学者的“以礼为中心的解释”，[②] 根据心性论的解释，“克”意味着战胜，而“己”则解释为身体引起的个人欲望（身之私欲）。在这样的背景下，人类的道德化规划被比喻成一场消除映射在内心的身体欲望的战争。与此相反，在“以礼为中心的解释”中，“克”被解释为“娴熟”，而“己”是履行礼的行为者，因此，克己可以解释为“己”熟练地实行礼仪。在这样的背景下，人的道德化过程被比喻为人用身体不断地表演礼、熟悉礼。因此，克己的“己”作为积累行为和行为成果的对象，必须解释为自我的“己”。

孔子认为，“克己”与其说是克服私欲，不如说是通过映射在自己身上的“我”纠正自己的行为，养成在新环境中寻求应对方案的道德式“自我的过程”。[③] 也就是说，作为想要实现仁的理想式人类的“己”备用为实现与他人的和谐共生。为此，通过学习与重现前人阐明的传统“明德”，则可形成秩序井然的稳定社会。而这恰与孔子所说的通过和谐之仁认识到道德行为者不是“个体”而是“共同体”的观点是一致的。[④] 因此，“克己”的实践过程和目标具有日常性和公共性，即使这样说也不为过。

孔子强调“为己”的重要性，并传授内在的自觉经验，之后的儒家学者特别是性理学家们通过“为己之学”方法的系统化，更加延续了重视内在世界自觉经验的传统。[⑤] 内在的自觉经验源于内心。在原始儒家中，

---

① 李铉中：《〈论语〉的下学而上达和克己复礼为仁》，《哲学论丛》2007 年第 49 辑，第 267 页。

② 辛正根：《春秋时代孔子的仁思想和道德行为者的特征》，《大同文化研究》第 34 辑，第 206 页。

③ 辛正根：《春秋时代孔子的仁思想和道德行为者的特征》，《大同文化研究》第 34 辑，第 211 页。

④ 辛正根：《春秋时代孔子的仁思想和道德行为者的特征》，《大同文化研究》第 34 辑，第 213~216 页。

⑤ 刘权钟：《为了理解儒教的现象学而提出的试论——探索关于为己之学成就的实际方法》，《哲学探求》2016 年第 44 辑，第 59 页。

“心”是集知性、感性、意志和欲望等人类内在多个方面的概念，其作为人类的生理需求和道德意志、认知和思考的主体或管理者，占据了原始儒家思维的核心位置。因此，“心”作为主导人类生活整体的主体存在，具有洞察和认识事物的功能。“心”在行动中被读懂，在表达和实现内心的过程中，需求和情感也以各种形态表现出来。① 特别是《孟子》中恻隐之心、羞恶之心、辞让之心、是非之心分别是仁、义、礼、智的开端，进而提出了与心相关的道德人性的重要价值标准。四端的重要意义在于，它是性善的唯一根据，且并不是已经完成的形态，而是需要不断保存和扩充的过程。四端是理解个人的精神成长和主体生活的最基本的心态，但更重要的是，它是以人的善意为基础的人际关系的重要德行，是维持社会关系的基础。孟子通过四端，重新改编了人心所具备的角色和功能，揭示了道德规范的根源，为儒教的精神修养提供了心学依据。

《大学》中的三纲领和八条目对于“己”和“心”的实践价值扩张，具有十分重要的意义。正如《大学》中所说的，三纲领明确体现了修己治人及其目标，八条目则规定了按照顺序从人的内心世界出发，再到外部世界进行修养的具体方法，即以自觉“明德”的道德修养为基础，实现齐家—治国—平天下之理想的过程。为了体现三纲领的具体方法论，八条目通过对自然世界的客观认识，掌握人类的本性和目的，并以此为基础扩展到家族、国家和世界的统治顺序。从逻辑顺序来看，社会关系和共同体内的政治只有理解人类的本性才能实现。这可以解释为，家庭、国家、世界在人类以自己的本性为标准做出正确的行为时，才能正常运转。② 因此，在《大学》中，所谓道德的人是指从个人角度讲明自己明德，并逐渐向社会扩张，实现其德的人。

《大学·正心》章提到我们因日常情感的羁绊而不能使心态保持端正，究其原因，正是受到愤怒、恐惧、好乐、忧患四种情感的阻挠，我们的日

① 辛正根：《孔子的“心”讨论：白心和黑心》，《东方哲学研究》2012 年第 72 辑，第 45~48 页。

② Soh，Jean Hyoung：《〈大学〉中的平天下概念和性理学政治共同体基础》，《韩国政治研究》2015 年第 24 辑第 1 号，第 3 页。

常生活才在情感的漩涡中无法正常进行。① 作为修身的前提条件，提出“正心”，说的是心不正的原因，所谓“修身在正心者”是指若内在引导八条目的主宰者是心的话，那么这个心在外面实现的主体就是身体。如果说“诚意”已经具备了目的，并具备了相应的方式、方法和推动力等，那么“正心”则应该将诚实的意志与八条目修养主体“身”结合起来。因此，不要用四种情感动摇内心，稳定内心是非常重要的，如果内心不端正，不仅无法修身，甚至能达到“视而不见，听而不闻，食而不知其味”的程度。

关于正心，朱熹从两个层面解释了心与外物感应过程中引发“不中节”事态的心，一个是具备纯道德性的道德本体的心，另一个是反映外在事态的情感主体之心。正心论更倾向后者的心态。因此，朱子强调，为了拥有符合当前情况的“中节”情感，应该像镜子一样拥有“空荡荡”的感情主体。② 按照朱熹的理解，《正心》章提到感情郁结于心，发出不尽人意的信号，随即要求消除使其郁结于心的情绪。因而，每每到此，获得合适的对象，使心灵保持端正，才是“正心”的终极目标，即“心不在焉”是指“心有不存”。③ 即既然心已失去了本来的地位，那么感情主体应该保持“鉴空衡平”（无私欲）的心态。只有保持这种心态，才能对每件事不产生主观偏见和歪曲，表现出恰当的感情。朱熹主张的正心学习，可以看作是感情主体先去除主观性，维持无心的本来状态。④

王夫之表示，朱熹提出的维持无心本来的状态并不能成为学习正心的目标，他主张“以无忿懥等为心之本体，是心如太虚之说也，不可施正，

---

① 《大学·传第七章》：“所谓修身在正其心者，身有所忿懥，则不得其正；有所恐惧，则不得其正；有所好乐，则不得其正；有所忧患，则不得其正。心不在焉，视而不见，听而不闻，食而不知其味。”李家源监修，弘新文化社 1974 年版，第 178 页。

② 洪性敏：《朱子正心论的继承和变容——以朱子、王阳明、王船山正心论的比较为中心》，《大同哲学》2014 年第 66 辑，第 95 页。

③ 《大学·传第七章》，朱熹注，第 178～180 页。

④ 洪性敏：《性理学的正心论和道德感情问题》，《儒学研究》2018 年第 42 辑，第 314 页。

而亦无待正矣。又将以忿懥等为心之用，则体无而用有，既不相应”①。他认为，正心不是空心，而是坚持道德志向，不是消除消极情感，发现符合条件的折中情感，而是使情感充满道德志向，因此改变了无能为力的被动主体的主动性、意志性、自律的道德主体。② 他认为主体坚定地坚持并积极贯彻自己的道德志向是《大学》的核心精神，主体没有时间观望事态或退出现实，保持透明的内心，因此应该主动与现实见面，积极体现自己的道德意志。王夫之说：“正心者，过去不忘，未来必豫，当前无丝毫放过。则虽有忿懥、恐惧、好乐、忧患，而有主者固不乱也。”③ 通过正心认识到，在过去、现在、未来，要投射和集中自己的意识，在意识的主宰下维系所有感情。他主张，正心不是情感上不沾染、在感情上自由无心的境界，而是在自我主观和意识的主宰下控制感情。④按照王夫之的想法，在心里存有忿懥、恐惧、偏好、忧虑等感情不是问题，而是作为主体的人无法主宰它们。所以，王夫之再一次强调了从朱熹的正心论中消失的人的主体自我实践这一儒家宗旨。

将朝鲜王朝实学集大成的丁若镛（茶山，1762—1836）与王夫之一

---

① 王夫之：《读四书大全说》（《船山全书》第 6 册，岳麓书社 1996 年版）卷一《大学·传第七章》，第 423 页。

② 洪性敏：《性理学的正心论和道德感情问题》，《儒学研究》2018 年第 42 辑，第 315 页。

③ 王夫之：《读四书大全说》（《船山全书》第 6 册，岳麓书社 1996 年版）卷一《大学·传第七章》，第 425 页。

④ 类似的主张是由和李滉（退溪，1501—1570）一起构成朝鲜王朝儒学双璧的李珥（栗谷，1536—1584）所主张的。李珥的正心工夫超越了心存观念或形而上学的探索存在。心是明确的行动主体，具有主动性，身体在心的主宰下，起到表达日常生活道理的工具作用。换句话说，对于李珥来说，区分知行的不是两分法问题。虽然看不见心，但通过身体起到行的作用。因此，随着心工夫的层次不同，日常和生活的面貌也会有所不同。就这样，李珥在时代里用火热的心工夫、工夫的心，作为知识分子，不回避诸多问题，选择了直面问题。李珥的正心工夫超越了独自调整心态，满足于生活。他忠实的生活是在日常生活中无数次的选择下内心的反应。栗谷的正心工夫不是以“知”为中心的穷理，而是将日常的心视为行动的主体。（朴贤仁：《栗谷的正心工夫相关考察》，《韩国教育史学》2020 年第 42 卷第 4 号，第 78~80 页。）

样，批评朱熹的正心论是心本体的单独存在，情绪积压或因感情而心本体被卷走的佛教思维，重新阐释了《正心》章的意义，将其理解为公私问题。换言之，他认为，《正心》章不是把感情的滞留当作问题，而是把私人感情的动摇当作问题。丁若镛提出“心”不是空荡荡的心灵主体，而是充满公共价值意识的道德主体，并提出这是正心学习的真正目的。可以说，这种革新式正心的主体产生了进一步弘扬性理学的道德哲学的效果。①按照朱熹的想法，心应该时刻保持静谧，警惕情感污染，然而，这很可能导致远离与对象的感应，出现只想要守护内心本体的消极态度。对此，丁若镛主张，所谓“正心”的“正”不是静默地守护内心本体的态度，而是在现实行使权力的过程中正确运用主体的道德判断。②

因此，丁若镛强调，不能将心关在里面进行端正，只有在向外展示和正确运用的过程中，心才能做到端正。即诚意、正心是我们积累的功绩，而不是明德。他说：“今人以治心为诚意，直欲把虚灵不昧之体，捉住在腔子内，以反观其真实无妄之理，此须终身静坐，默然内观，方有佳境，非坐禅而何。”③ 虽然诚意、正心是学习者的至高无上的境界，但每次都是通过实践而尽诚意、尽正心的，而不是像禅家一样，与墙相对而坐，观察自己的内心，审视空虚的心灵本体，像高悬的天空一样明亮、一尘不染。根据丁若镛的主张，最终在《正心》章节中存在的问题并不是因为感情停留、积压在心里而扰乱心灵的本体，而是在于私人感情的动摇。所谓正心，不是像空镜子一样空荡荡的，而是要控制私人情感，使其动摇，成为公共的。公共感情是指在道心的主持下，依天命表现出的具有普遍道德性的感情。丁若镛讲感情分为公与私，而正心则意

---

① 洪性敏：《性理学的正心论和道德感情问题》，《儒学研究》2018 年第 42 辑，第 315 页。

② 丁若镛：《定本与犹堂全书 · 大学公议》：“四情作于其心，害于其政，发于其政，害于其事，故曰‘身不得其正’。正与不正，验于行事，不止于真体之昏明也。真体之湛然虚明，鑑空衡平，虽亦可贵，必其行事笃实，乃保本真。直把此物，求其空明，未有不内发心疾者。古圣人正己正物之学，朴实有据，不若是之幽虚也。”

③ 丁若镛：《定本与犹堂全书 · 大学公议》。

味着将私人感情扩展到公共领域的道德修养。①

综上所述，“克己”意味着自觉认识到人的本性，使其作为道德实践的具体主体，确立能够解决个人内外矛盾的“我”。人的自我理解也是确立人与人之间关系的基础，这就要求自己作为道德主体，为建设理想可行的社会，推进现实改革的人格熏陶。同时，“复礼”则意味着这样的“己”理解社会中规范的本质，并付诸实践。这种以儒学本质为基础的解释表明，人类对自然内在的理解也是确立人与人相关关系的基础。

因此，对“克己复礼”的理解并不是以否定自己、通过礼的消极方式接近礼，而是以主体的自我肯定、积极的方式参与到社会中。从这一点来看，《大学》中的“正心”也具有深刻的意义，即通过认识个人赋予自己的本性，成为道德主体。也就是说，道德性自我确立的同时也能理解社会中的他人，即为了维持与他们的共存，理解并实施作为社会规范的礼，是真正恢复共同体意识和实践的原动力。

四、孝悌和“复礼”及其血缘的利他性和公共性

伊藤仁斋（1627—1705）的道德概念具有强烈的“公共规范”性质②，即只有在与他者的关系中才能评价其真实价值。因此，作为道德的核心要素，居于首位的仁作为最自然的感情，以父母和子女关系中的慈爱之情为基础，同时不仅将这种感情局限于亲属关系内部，而且从亲属关系扩大到朋友、乡党，直至“所识浅薄”的间接关系，可以称得上是具有公共性的实践规范。③马克斯·韦伯（Max Weber，1864—1920）认为，影响中国人生活态度的最强大的力量是“家族的孝诚（Familienpietä）”。这个

① 洪性敏：《性理学的正心论和道德感情问题》，《儒学研究》2018 年第 42 辑，第 311 页。

② 正如所指出的那样，“最大多数人的最大幸福”的功利主义追求的是同时考虑个人利益的全体社会共同善，但实际上会产生“社会功利=共同善=公共善”的等式。本文将运用在不允许个人作为公共材进行竞争或选择的价值上的“公共善”一词来表现公共规范。

③ koh，Hee Tak：《儒学格局的重组和公共论的探索》，《韩国东洋政治思想史研究》2009 年第 8 卷第 2 号，第 76 页。

“家族的孝诚”使氏族团结成为可能，任何时候、任何地方都定义为对自己亲近的人的孝诚，绝不是超世俗的神圣或神圣的事物。这种“家族的孝诚”不仅仅限于家族内部，就连政治和经济组织也受到基于家族效应的人际关系的约束，从而导致被局限在单纯以事物为目的的经济社会化形态和经营形态的缺失中。①从这种主张中可以看出，儒家非常重视现实世界中的秩序和和谐问题。其结果是，比起个人观点，更重视社会群体的观点，以社会和个人有机关系网络为前提解决问题。以家庭为代表的集团乃至家庭扩张形态的国家关系构成了个人的自我，而这种关系需以礼来组织规范。② 正如前面提到的那样，以人伦的形式取得了进展。

家庭或家庭关系的特质包括血缘、亲情、作为空间的家庭共享三种。以血缘为媒介，形成成员间的亲密关系，以此为基础，个体成长后也会持续共享同样的空间，从而维持家庭。其中，最基本的是血缘。如果以此为标准形成亲密关系，那么这种关系的形成就会促使同一空间的持续共享。③ 因此，无论是过去还是现在，在日常生活中，家庭都是人际关系的基础，是践行仁义的第一步。日常中最亲密的群体相互作用，形成了规范和价值。“家和万事成”意味着家庭是实现人类美好生活和幸福的最基础的生活空间的单位。即家庭对人性的形成产生了强大影响力，是负责学习社会共同特征和文化规范的社会化过程的最基本的群体。孔子与孟子认为，与其说个人是孤立的存在，不如说是关系上的存在。作为一种社会存在，为实现人类幸福而设定家族伦理。因此，为了家族内部教育传统和习惯，为了实现与他人的沟通与共生，为了养成自省及为对方考虑，以及即使脱离家庭也能适应社会生活的能力，将基于血缘纽带的孝悌家族伦理引入到仁和仁义的实践方法中。孝是指对父母的爱，悌是指兄弟间的爱，它们重新诠释了家族内部共存并习性化的共同体的核心，同时扩大为社会共

---

① 全泰国：《地球化和儒家传统》，《社会和理论》2007 年第 11 辑，第 240 页。

② “仁者人也，亲亲为大；义者宜也，尊贤为大。亲亲之杀，尊贤之等，礼所生也。”（《中庸章句》第 20 章，李家源监修，弘新文化社 1974 年版，第 344 页。）这句话很好地表现了家庭之间的纽带和以此为基础构成整个社会连带性的原则。

③ 金道一：《关于先秦儒家仁的扩张及其血缘基础》，《中国学报》2015 年第 73 辑，第 452 页。

通感。① 将这些与社会连带性联系起来，以“礼”这一放大的社会实践得以完成。

孝悌，从以血缘为中心的家族关系出发，经过个人层面的学习、修养及省察等日常的增进过程后，才会体现出血缘的利他性，进而扩展到朋友—社会—政治关系等各个领域，发展成为贡献、服务社会的集体利他性，可以说这是普遍行为规范的出发点。② 对于这种利他性的位阶性特征，在《大学》的八条目中已有所阐述。③ 但是，通过孝悌体现的仁，除了以血缘关系为基础形成集合体之外，也通过确保同质性来团结他者。④在这样的连带原则下，可内含超越血缘关系而连带的机制。所谓“机制”，就是将“恭、敬、忠”等德行运用到血缘外的他者身上，是连带的范围超越血缘集团。这种连带内所包含的对象，至少在原则上可被视为可接受的德行，并成为以此为基础进行交流的文化存在。⑤此观点在《孟子》中已被具体化。

事实上，孟子不仅追求通过文化同质性确立连带性，还追求更广泛的连带性。它可以被命名为所谓的人性共同体。重要的是，仁并不是只被理解为“亲密”的。与此相关，首先，孟子认为，所谓的“仁”，将四端道德动机或情感应用到更多人身上，以“扩而充之”⑥ 的信念为基础，作为其导线的“恻隐之心”在文章中则被解释为是立即帮助陷入危险的、没有任何血缘关系的婴儿的一种动机。他明确表示，产生恻隐之心的原因并不是因为与婴儿的父母有特定的关系。其次，他还强调，若“恻隐之心”范

---

① 在儒学中，作为所有人际关系的基础，强调“仁”，但其“仁”具有从离自己很近的地方向远处扩散的属性，因此如果与自己的关系疏远，其“仁”就会随之变得稀薄。因此，以自己为中心，与最亲近的家庭的关系优先于其他社会关系是理所当然的。

② 权相佑：《儒学与社会生物学对话：以道德起源和正当性为中心》，《东洋哲学研究》2009 年第 9 辑，第 501～502 页。

③ Chae Seok Yong：《以血缘为中心的儒教伦理和进化心理学上的利他性》，《小学道德教育》2020 年第 67 辑，第 380 页。

④ 金道一：《儒家家族主义的双重性》，《哲学》2018 年第 135 辑，第 12 页。

⑤ 金道一：《儒家家族主义的双重性》，《哲学》2018 年第 135 辑，第 14 页。

⑥ 《孟子集注 · 公孙丑章句六》，成百晓译注，韩国传统文化研究会，2016 年，第 152 页。

围扩大，则对“四海”的所有人都会有影响。① 孟子自己虽然没有明确说过，但可以看出恻隐之心逐渐扩大，适用的对象甚至超过了文化同质性的范围。而他却说像保护婴儿般力量微弱的存在一样来呵护他人，用如此的隐喻将其表现出来。通过恻隐之心建立连带的原则，是确保连带所有可能感到痛苦的人。在古代儒家的连带原则中，除了以血缘为基础的连带之外，还有包括更广范围的人在内的两种机制，即文化的连带性和人性的连带性。孟子仁思想的基本宗旨是：第一，超越血缘的集合体，确保与血缘以外的人之间的文化联系；第二，进一步确保凝聚全人类间的连带性。②

为确保这种连带性而做出的努力还与其他儒学的概念有关。正如前面所看到的，“克己”虽然具有道德性保护的意义，但同时也具备通过道德觉悟，照顾与我一起构成社会的他人，并实践与他们共存的社会规范“礼”的条件。像这样，礼不是作为规范层面的普遍伦理原则存在③，而是以具体的行为规则存在。具体的行为规则，狭义上包括祭礼等宗教礼仪上的规则和规范，广义上并不是社会秩序特别是人类之间的平行对等关系，而是构建上下尊卑形成的垂直等级秩序所必需的规范。④ 从另一面来看，礼也被规定为人与人之间沟通的程序。⑤因此，孔子认为在社会关系中忠实履行各自职责是维持社会秩序和和谐的核心，与正名论体系相关也说明具有这样的意义。⑥ 人类可以通过这种礼的参与性和开放性实现自

---

① 《孟子集注·公孙丑章句六》：“今人乍见孺子将入于井，皆有怵惕恻隐之心。非所以内交于孺子之父母也。”第 149 页。

② 金道一：《儒家家族主义的双重性》，《哲学》2018 年第 135 辑，第 14 页。

③ “仁者，本心之全德。克，胜也。已，谓身之私欲也。复，反也。礼者，天理之节文也。”（《论语集注·颜渊》注①，第 328 页。）对于朱熹来说，礼是指人们经常遵守和实践的、从天理上具体化的细节礼文。礼可以说是从天理中得出的正确的规范、正确的品德和恰当的方针的总称。

④ 李章熙：《礼和德》，《东方学》2015 年第 32 辑，第 151 页。

⑤ 辛正根：《春秋时代孔子的仁思想和道德行为者的特征》，《大同文化研究》第 34 辑，第 206 页。

⑥ 李权：《对孔子正名的研究》，（韩国西江大学）《哲学论集》2009 年第 19 辑，第 202~234 页。

我，并与其他人形成和谐的共同体。因为礼是向外界展现内在和谐、美丽、神圣的“惯性实践”。①

那么“复礼”的意义也应该以与“克己”的关联性为前提，比起维持自身的道德涵养，应更加注重与他人的扩张关系。当然，在朱熹的解释之前，“复礼”的意义被解释为“作为克己的结果回归礼”，或“回到周礼”，或“回到从天而降的本来的自我状态”，“‘礼’是按照天之理形成的先王的制度，不是形式上的‘复’，而是按照天道来进化自己”等。②但清代刘宝楠也称：“吾将有所视听言动，而先反乎礼，谓之复礼。非谓己先有私，己先无礼，至此乃复也。”③所以，并不是说“克己复礼”是因为先有私欲，没有礼，才回归到礼的。除此之外，江声、俞樾等清代考证学者也批判了宋学具有空虚理论倾向的解释。通过对各种文献考证和字义的探索，在探索文章原义的同时，特别强调个人的主体实践意志。④

特别是“复”的意义与仁的特性有关，十分重要。朱熹将“复”理解成“反”就根源回归的脉络，并认识到身体欲望的修养可能处于完全回归德性的事前阶段或同一状态。与此不同，辛正根将《论语》中的“复”解释为“身体熟悉地学习”。其背景是：第一，在《论语》中共有9次使用“复”字，但“复”字并没有作为回归根源的脉络使用，“复”是动作的反复。第二，如果“己”没有被用于清除的脉络，就没有理由认为“复礼”是清除后归来的根源。也就是说，“己”是在熟练和反省的蕴蓄脉络下使用的，所以“复”也意味着不断重复身体的礼，熟悉礼的学习。⑤

“复礼”可以看作是作为道德实践的主体在社会内部理解规范的本质，并付诸实践。像这样，“克己”不仅仅是道德自觉，更是为了构建理想、

① 黄弼镐：《宗教仪礼和分析哲学——以芬格莱特孔子解释为中心》，《大同哲学》1998年第1辑，第59页。

② 金暎镐：《〈论语〉颜渊问仁章辨释》，第27页。

③ 《论语正义·颜渊》注，中华书局1998年版，第484页。

④ 都民宰：《〈论语〉“克己复礼”的解释研究》，《东方哲学研究》2012年第72辑，第17页。

⑤ 辛正根：《春秋时代孔子的仁思想和道德行为者的特征》，《大同文化研究》第34辑，第214~215页。

可行的社会，推进现实改革的人格熏陶。而“复礼”作为参与社会的依据，具有积极的意义。从这一点来看，将“复礼”解释为实践仁义①，这里的仁义与具有社会实践意义的“安人”概念相通。② 当然，正如前面提到的，仁的实践是从家庭关系出发的。

作为“克己复礼”和齐家之道的孝悌伦理能否在今天得以实现，并不是很重要的问题。至少从理论上讲，不仅是家庭成员，社会成员之间也具有可以相互尊重和确保社会成员之间认同和关怀、自我实现和责任等基本价值的道德，甚至可以扩展到人与社会、自然的关系。因此，可以说，“吾道一以贯之”的立场象征着作为主体个人的“克己复礼”和齐家之道中的孝悌伦理，贯穿社会、国家、世界以及万物并不断扩充，进而有力支撑 21 世纪新普遍伦理，使其一以贯之，并不断得到完善。

五、结言

新冠肺炎疫情发生后，连接、开放、公开等引领数字时代的概念消失不见，而“保持距离”“自我隔离”“禁止”“关闭”等用语频繁出现。在这种情况下，如果防疫导致的日常生活非面对面化、公共性强、公共利益优先的社会规范比重逐渐加强，那么近代以来不断扩大的个人自律性能保障到什么程度？虽然每天都在谈论共同体主义、公益性、脱个人主义、和平与生命权相关共识和连带的人类命运共同体等，但当下的现实情况是：新型冠状病毒的蔓延不仅加剧了国家间、地区间的隔绝，还加剧了个人间的隔绝。希望能在儒学中找到解决以上现象问题的线索，以“克己复礼为仁”的概念为中心，对日常世界中儒学的实践价值如何扩大进行简单的考察。

孔子之所以提到“克己复礼”，是因为他认为作为社会成员的主体，个人在自觉遵守行为规范时，不仅有利于人性的成熟，也会增强对共同体的连带意识，消除社会的不和谐，从而促进社会的稳定。也就是说，礼认

---

① 崔海淑：《我和规范：克己复礼》，《东洋哲学研究》第 16 辑，第 218 页。

② 李润和：《“克己复礼为仁”与治道》，《第七届中韩儒学交流大会论文集》，2020 年 11 月，第 12~13 页。

为，在人的天赋、才能、功能和作用等基础上，约束自己，履行对他人的社会义务，才是社会稳定最重要的动力。同时，礼以节制自己、尽到对他人社会义务的谦让为本质，强调如果将谦让行为应用于调节家人、社会、国家和天下之间的利害关系上，是可以实现社会关系的协调的。归根结底，“克己复礼”具有调节因社会内部利害矛盾而产生不和的和谐机制的作用。关于“克己复礼”，特别需要关注“中庸”的概念。“中庸”意味着宇宙自然和人类的完全和谐，更是代表人类的是非判断和价值观。特别是“中”，是儒家思想体系的核心概念，是人的内在本性中普遍的最高价值，也是个人在具体现实生活中用言行表现的规范和准则。而且，“中和”是指人类性情蕴藏的最好的原理概念。“中”没有丝毫因私欲而受损，而是按照礼完整地呈现出来，在现实中形成协调的具体化。因此，即使将这个“中和”在全社会完全实现的状态“致中和”①看作是人类的和平也不为过。

总体来说，孔子希望通过克己复礼实现的“为仁”和“归仁”，超越个人而追求家庭、社会以及国家和天下共同体的和平，具有实现人类普遍价值的意义。他认为，人类应该通过与他人的关系而存在，追求的人伦应该从“建立诸关系”中把握。即通过家庭内部形成亲密关系，进而扩大共同的快乐；通过实现社会关系的亲密性，也就是社会连带而实现“共同幸福”。“克己复礼为仁”的道德反省和伦理行为告诉我们，将家庭关系扩展到社会关系，就是赢得和平幸福生活的最重要的过程和实践依据。

① 《中庸章句》第一章：“致中和，天地位焉，万物育焉。”

加大文明对话力度，让全世界的合作声音更响亮

田辰山　徐钧鸿

【摘要】新冠肺炎疫情发生以后，不同国家特别是中国与某些西方国家，对待疫情的态度与举措迥然不同。这反映着人类世界以及自然界生态混乱的根本原因，可以追溯到对“人类文明行为”产生直接影响的文艺复兴和启蒙运动理念上去。我们可以就马基雅维利、霍布斯、洛克等人的政治哲学与个人自由主义观点，针对“现代”文明的路向作出质疑。霍金很犀利地指出，人类必须改掉通过打斗来获得成功的习惯，不然会对整体造成巨大的伤害。人类面临的困境问题本不是必然发生的，而是被一个荒谬的思想体系下人为破坏导致的。当下必须加大文明对话力度，为创造一个更美好的前途团结起来，共同构建人类共存共生的共同体。

【关键词】个人自由主义　文艺复兴　启蒙运动　二元主义　加大文明对话力度

【作者简介】田辰山，国际儒学联合会荣誉顾问，北京外国语大学国际关系学院东西方关系中心主任。学术领域为中西政治哲学、东西方比较思想文化研究。徐钧鸿，东泽比较中西研学基地贯通中西学者师资班学员。

自2020年全球发生新冠肺炎疫情以来，人们越来越清晰地意识到，

人类正无可逃避地面临生存危机与挑战，这是21世纪须首要思考与亟待解决的问题。世界各地防治疫情的举措暴露出长期存在着的诸多社会问题。西方私人资本全球化与政治霸权笼罩，搅动世界满目动乱。这也是一个东方崛起、中国日益强大的新时代，世界正值百年未有之大变局之际。我们不禁意识到，这是一个开始反思“世界到底怎么了，人类应当怎样活”的契机。我们不由得要问：导致人类面临困境的根本原因是不是来自人本身？是什么样文化的世界观、思维方法、人生观与价值观引诱人类来到这样严峻、险恶的生存环境？我们是否可以通过哲学文化的对话与务实合作，改变不恰当的意志、价值和行为，告别“我赢你输”的“有限游戏”旧世界秩序，创建人类生命共同体，最终达到扭转当前这个使人恍惚、似乎无望的生存困境？

10年前，安乐哲教授与一些国际儒学界同道前瞻性地创办了“国际儒学与中华文化师资班”，宗旨是从文化思想的根本上阐释中国与西方哲学传统的结构性差异，区分出两个不同文化语义的叙事，分别在各自的文化阐释域境中理解和讲述可以听懂的彼此故事，真正达到互相尊重文化的差异性和共性。

我们提出“加大文明对话力度，让全世界的合作声音更响亮”，是希望引起人们的关注与思考：21世纪的动乱与治理，从儒家的眼光看，究其原因与如何治理，会是一种什么样的分析。从哲学文化深处，探寻造成21世纪世界动乱与2019年底开始肆虐全球的新冠肺炎疫情使得大量人类生命湮灭的愈演愈烈的残酷现实的人类意志、价值观和行为上的原因。我们可以用诸多发人深省的提问，如：应当将人类视为是互无干系的单子个体，或是相互依存的生命共同体？是否该放弃一味竞争淘汰他人的二元对立思维，而转向与他人追求共赢的心态？最后分析出，人类需要一场思想革命，颠覆个人主义意识形态价值观的一统天下，转到以生生关系为本的大生命体格局的观念，在日益严峻的人类生存危机困境中，要唤醒全人类对生命共同关系的认识，而这种认识恰好可以从儒家传统中找到哲学根基。

一、追溯“人类文明行为”的哲学文化根源

人类世界与波及自然界生态秩序混乱的根本原因究竟在哪里？可以说在哲学文化逻辑上，我们完全可追溯到对所谓“人类文明行为”产生直接影响的文艺复兴和启蒙运动理念上去。首当其冲的是马基雅维利政治学。典型文艺复兴政治思想的马基雅维利，打破了中世纪的“自然状态”思想，不再认同反映上帝意志的一个永恒秩序，鼓吹“政治”有着自己的规律，把“政治”认同为“科学”。这个“科学”不是马克思定义的唯物辩证法，而是一直流行为主流的“手段”，即“科学是手段”，不是真理。马基雅维利奠定的人类文明行为的“政治”，与亚里士多德反其道而行之，是与“伦理学”的分裂，也即无伦理可言的政治。这一文艺复兴政治学，提倡的是“目的即一切，目的证明手段”。这立即使中国人想起一个“厚黑学”的说法；甚至替统治者最恶劣、最歹毒的行为进行“正义”的辩护，理由是“人的邪恶与欺诈”。让任何一个正常人听起来毛骨悚然的是为“谎言”进行辩护：“只要对能获取与维持安全和权力有利，即可撒谎！”马基雅维利用女人比喻欲望的“政治权力”，说：“一个女人就是一个欲望的物品，对于‘普林斯’（prince 君主）而言，这个女人不是要被接近、乞求、恳求的，而是被夺取、霸占和想做什么就对她做的。”这是一个很无耻的观点和比喻，被定义为“virtue”；这个词汇居然是被译为汉语的“德”，是被马基雅维利之后现代政治学认可的，是人对于“政治”范畴的潜在力量，是“文艺复兴”思想的强大表现。①

“启蒙运动”思想奠基人托马斯·霍布斯提出“社会契约”的政府理论，摒弃中世纪上帝赋予国王权力的理念，假设政府应建立在“理性”之上，而“理性”则是选民的及自私的得到利益。霍布斯有一套假设，将人性假设为“情感禽兽、自私、自利和永不休止地追求权力”，将人类成员之间关系假设为“自然状态”——“不休止地追求权力，将每个人都置于危险之中，呈现为每一个人反对其他每一个人的战争状态”。于是他进一步假设，这一自然状态构成的问题是一个恶性循环：人人惧怕死亡，于是

① 马基雅维利此观点见其著作《君主论》。

千方百计实现一己之安全、逃避战争、得取“安宁”，而为此目的，又追求更多的一己私利与个人强大，又更给他人带来恐惧。这样，“自然状态”就是一个战争状态，因为这种状态，绝对的政府是一个必然。①

我们看到，到了启蒙运动，在现代自由主义奠基者霍布斯这里，虽然“唯一真神”和教会都不是之前含有尊崇的“超绝上帝”意义了，但“人”作为二元主义单子个体概念的“多”保留着。“二元”则成为他的“自然状态”假想，它是所有单子个体之间呈现战争极端对立冲突的状态。他虚构一个“契约政府”：为逃离“人与人战争”的自然状态，所有个体人把自己的权利让渡给一个比喻为“利维坦”大海怪兽那样的“一人”独裁政府，让他握有无限制的权力，让政府对整个社会和所有单子个体人具有最终的无限权力。很明显，天上的超绝“一”（God）换成了地上的超绝“一”（一个独裁者）。

与霍布斯同期的另一启蒙思想奠基者约翰·洛克，也提出一套他的对政府政治的虚构概想。洛克主义的三大主脉是：第一，“自然法”（神法）指的是自然不可做之事，如“不可谋杀”，这一点反映了西方上帝超绝主义的假设性。第二，“自然正确”或“自然可做之事”（natural rights，这个概念一直被不恰当地译为自然“权利”，尤其指由“劳动”挣得的“natural property rights”或曰“自然可做财产之事”，反映的也是西方上帝超绝主义的假设性。第三，“契约”，自愿一致的协议，给予总督政治权力，也是反映西方上帝绝对主义的假设性。

洛克的“自然正确”之事，核心是“私有财产权”，其逻辑路数是：第一，“上帝将土地赠与人类共有”。第二，上帝的计划是“土地由勤劳的人们应用”。第三，你的“正确”是由这一条款约束的，即你必须把“足够的、同样好的”东西留给他人。② 第四，你的“正确”还受到这一条款的约束，即你不可浪费；上帝创造的东西，没有一样是让人类糟蹋的。③这么理解，理念多么好！但是，洛克这时作了激进的一转，说：“不过，

① 以上霍布斯观点见其著作《利维坦》。

② 洛克此观点见其著作《政府论 II》“Section 27”。

③ 见洛克著作《政府论 II》“Section 31”。

金钱可以洗去这些条款约束；像金和银这样的钱，是不会被糟蹋的，所以，你可以无限制地积累。”资本主义无限积累私有财富的“金科玉律”就这样在这里建立了。

接着，在洛克看来，人与人的不平等是怎么产生的呢？要不要认可人与人的不平等呢？他的说法是，一些人会比另一些人更为勤奋，勤奋和不勤奋会导致不平等；金钱的使用则会造成更多机会，更加大人与人的不平等。这里很明显表明，洛克是接受人与人不平等的，不平等是天经地义的。洛克接受人与人之间的不平等，最突出的表达是他的一条自相矛盾的“资产劳动理论”，即“我的仆人开垦的土地成为我的资产”。①这里也明显表明，洛克是接受“仆人阶级”这一人与人社会阶级的不平等的。这里注意，从自由主义立场的角度而言，洛克最有名的，是他的推翻政府的观点。那么，他主张要推翻什么样的政府？主张推翻政府的理由是什么？他这样说：“如果立法机关侵犯了你为‘生存’、自由及（或者）‘财产’而作的正确的事（汉语的所谓‘权利’之事），那么你去革命推翻它，是对的。”②这里很清楚，洛克说的是，资产者因为一个立法机关侵犯他私有资产而革命、推翻政府，是对的。也可以说，一个国家的立法机构必须是保护私有财产的，不然就要推翻它。什么样的国家认为私有财产是神圣不可侵犯的？只有资本主义国家。这也是说，资产阶级是反对和要推翻一切对抗私有财产的国家，封建国家如此，社会主义国家更是如此。这在亚当·斯密资产阶级政治经济学出笼之前，在洛克这里即已公开明示。

洛克与霍布斯是同时代人。很清楚，洛克所假设的，不是霍布斯那个很可怕的“自然状态”。他的著名的《政府论》虚构了一个受限制的小政府。如果说霍布斯哲学是一个虚构，洛克的则更明显是更确切恢复到“一多二元”结构的假设；“一”是“一神”，他的“自然法”（Natural Law）和“自然正确性”（Natural Rights，以往汉语译为“自然权利”）的概想都是出自“一神”；“多”仍然是二元主义单子个体的概念；“二元”也还

---

① 见洛克著作《政府论 II》“Section 28”。

② 见洛克著作《政府论 II》“Section 222”：“If the legislature violates your rights to life, liberty, and/or property, you have a right to revolution.”

是“一神”（God）与“众多”独立个体人之间以及“众多”独立个体人之间的对立冲突。

二、反思现代自由主义文化

如果我们中国人对霍布斯和洛克奠定下来的自由个人主义不大容易搞明白是什么意思，读一下大卫·休谟对自由个人主义的批判，应是一个可使我们感到豁然开朗的十分有价值的参考。休谟也是启蒙运动思想家，但不同于霍布斯与洛克，他建立的是一套基于有效用途和仅在人类情操意义上的道德理论。休谟摆脱了依托神的道德训诫的传统。人们把休谟的观点说成是“世俗”观点，加上他猛烈批判宗教迷信，这使得他成为一个名声十分不好的人。但是对于我们这些从中国哲学文化环境熏陶出来的人，我们似乎十分理解而且可以认同休谟的观点。他揭示，所谓“契约”这样的学说，从来就没有历史根据，从人性的事实考虑，也得不到确凿的证明。休谟严肃地揭示，几乎所有的政府，无论现在存在的还是历史记载的，从一开始，不是篡权而来，就是征服而来，根本没有什么臣民公平的意见一致和自愿接受而存在的政府。休谟激烈地批判启蒙“哲学家们”制造“契约理论”的虚伪性。他说，如果所有人都真正在意“正义”，那么早就完全不会去不择手段地剥夺别人财产了。休谟果断地说：所有合法性政府都是建立人民在原始契约或者协约之上的，这种信条是基于一种伪哲学而已。①

如果启蒙运动之后的现代文明，是以文艺复兴的马基雅维利及以后霍布斯和洛克奠定的自由个人主义政治理论为主导贯穿下来的，而休谟的批评被边缘化为闻所未闻的新鲜“杂音”，那么，我们是不是就容易地找到了，我们今天为什么倒逼地面对一个“动乱”和人类生存危机的困境的根本哲学文化原因？我们是不是可以通过提问一些根本问题，明确地发现人类21世纪百年未有之大变局的深层原因和可能的治理措施？

---

① 休谟此观点，参见《关于人类理解的探讨》（*An Enquiry Concerning Human Understanding*）与《关于道德原则的研究》（*An Enquiry Concerning the Principles of Morals*）。

三、向个人自由主义意识提出质问

人类是否要提出、要问一问一些根本的、哲学的甚至是属于平白事实的问题？

人类主流是不是一开始就奉行了一切错误的理念，而且将它们变成了信仰？人类主流对世界到底是怎样的理解？对人类到底是怎么回事的话语？是不是一开始就错了？

是不是在这种错误的理念之上，人类主流以它们为理论基础，建立和形成了一套国际流行的所谓“国际关系”与“外交政策”“理论”话语？

人类是声色感觉的、没有理性的禽兽吗？

“怕死”是根植在人类思想和灵魂深处的东西吗？

人类是为一己自我的安全和幸福而不择手段地追求权力吗？

是不是有了权力则必然便会更贪婪地攫取声色物质利益？

真是这样的逻辑吗？——我们每获得更多一点权力，必然会伴随地给别人带来恐惧吗？

人类这样的冲突、打斗，真的是无尽无休的吗？因此是霍布斯所说的“恶性循环”？

人类是需要一个万能国家机器，或者一个世界政府，来控制一切，这样我们才能脱离这个“恶性循环”？

人类真的有签署一个契约这么回事吗？签过契约的人们自愿放弃一部分权力，把权力赋予一个政府或一个利益共同体？

人类是否已然找到任何的政府（或者个人，或者国际组织），它已然为我们（为全世界或者只为某些利益集团）提供了安全与安宁呢？

到底哪儿错了？什么东西错了？缺失逻辑了？逻辑错乱了？使得这个世界如此“动乱”？甚至看起来就是一个没有希望的世界？

要对这个世界进行治理：

人类还要信仰“一切人都是互无关联的、分裂独立的个体”吗？它是个人自由主义的根本哲学假设！

迄今人类是否应该不要再这样地赞同“竞争”，而要多考虑考虑人与人的“双赢”关系？不要再搞“有限游戏”“零和游戏”？

人类是否该考虑考虑转变人类主流的个人主义、二元对立主义的价值观了？要转变为有点“失才是得”和“吃亏是福”的辩证思维了？是不是该考虑考虑“人类和自然势必要和谐”才能继续生存下去，认为这才是大事情？

人类是不是该想想和如何设法，使得修养好德君子人格的人出来掌权？让他们只为社会共同利益服务而不是服务于个人主义的私利？或者思考实行一下儒家“选贤与能”的理念，选择既贤且能的人们担当起“舟”的作用，让人民起到“托舟”的水的作用？实践一下中国古代“水能载舟，亦可覆舟”的民本思维？

我们能不能不要整天用“神法”约束每一单子个体人的每日生活行动，而是对一小撮害人虫不人道、不道德的时候对他们采用法律制裁？这一小撮在追逐私有财富、将整个人类社会搞得非道德化过程中，说什么只有他才能做骗子、做贼、做强盗等的邪恶行为，这是他的合法权利吗？

人类应不应该把社会或者国际社会建设得让它不支持为自私目的的竞争，不支持“个人至上”和以个人私利为终极目的，而是人与人之间更多要相互呵护和相互周到地对待？

我们应不应该设法培养一个社会，鼓励与教育每一个人变得更有整体性意识，而不是让“自我为中心”文化泛滥？

我们是否需要一个社会或者国际社会，没有人首先对别人动粗动武，搞先发制人？谁先动手谁不对，谁就受到制裁？

人类是不是应该变得在心理状态上支持那些“职位越高，权力越大”而越是充满智慧的人？智慧是在于对人谦虚，不搞逼迫，是在为个人目的攫取财富和权力面前不伸手？

人类是不是应该治理社会或国际社会，越少动用武力越好，因为害人虫只有一小撮，军队和武力只是在特有情形下才需要？

人类要不要培养这样的道德意识，赚取利润的武器生产和贩卖是不人道的、可耻的？

世界主流意识的倾向，是将世界视为竞争的，这是一种奇怪的个人主义意识形态话语。这种话语在全世界的渗透，已然成为一种到处泛滥的个人主义意识形态。伴随着自由主义价值观，酿成将“有限游戏”作为习惯性的社会生活方式。沉迷于这样的生活方式，人们把每日的交会活动，无论个人的、公司的还是主权性国家之间的，都对待为“你输我赢”的游戏。在这种意识形态笼罩下，大多数人类活动，如体育运动、商业往来、教育事业、外交事务等，都渗透为与“你输我赢”的“有限游戏”相联系。正是“有限游戏”把人类互动活动都变为霍布斯所假设的“每一个人对一切人战争”的“自然状态”，成为人类主流现实生活；却完全忽略了人与人本来是不可须臾离开的，是相互依存性质的人类共生、势必要相互尊重的关系状态。

著名物理学家霍金对人类的警告，一点也没有错。他批评道：“我们太多人认为我们能够以打斗挣得我们想获得的东西。我们停下来想一想，这一切争吵与冲突在整体上造成多大的破坏，给我们只留下一个冰冻凝固与沸点炙热的地球。”霍金惊恐地对人类呐喊：“人啊，别这么好斗啦，我们要都完蛋了！”他诉说，人类一直这么愚蠢地好斗——那种行为的进化性好处，早已烟消云散。他发自肺腑地说：“我最想纠正的人类的失败，就是好战……”“人在穴居时代好战或许还能占到好处，多搞到点吃的、领地或者生殖伴侣，但是现在不灵了，好战是一种将毁掉我们一切人的威胁。”他反复警告：“人类必须改变自己的生存方式。”①

人类在思维上需要一场革命。人类必须承认有深刻改变人类价值、意志与作为的必要。人类势必需要一个从单子个体活动者、有限游戏的意识状态，当机立断地转向承认以生生关系为本的意识状态。人类要意识到，生生关系作为人与人相互依赖关系及多样性特点价值观的根本，必是取代“有限游戏”的另一种选择。

当人们说：哈，人类是有各种不同价值观的。人类该不该设法问一下自己，我们秉承的究竟是什么价值观？是不是好的价值观？这种价值观是合乎还是不合乎我们人类共生共存？因为人类在实在意义上，在平白、无

---

① 霍金此观点，参见 http：//www. cnet. com/uk/news/stephen-hawking-humanity-has-to-stop-being-so-aggressive/。

需讲任何道理的意义上，所有人无不例外地构成着一个无可分裂的大生命体系，或者说是同在一个社会、天地自然及宇宙普遍意义的生命过程。

人类是不是应该只是无知地、没完没了地竞争、打斗甚至杀掉我们自己，使得到头来我们所有人都走到绝望的境地，还是让我们都来相互解救，这样还有一线持续生存的希望，让我们活在一种人类优化共生的共同体的自然状态？

在人类价值观、意愿和作为中，让人类犯哲学错误的，是不是因为把一个很简单的事实搞错了，也即人类不是作为独立自主的单子个体人而活，而是作为时刻联系着地、彼此相互依赖着地活？简而言之，所谓“独立自主的单子个体人”的个人主义说法，是不是本身原就不是别的，而只是一个光天化日之下的谬误，一个虚构？人类是不是不应该生来只是为输赢的打斗而来，而是为共同面对纷繁复杂的生生问题而来？人类是不是应该加强彼此之间天生自然不可须臾脱离的关系，以有效地应对人生世界的问题？

四、人类走出困境的哲学出路

或许，是不是应该有一种出路，考虑一下一个新的哲学的精神——要转向一套新选择的价值观、意志和人生，作为从一种对“人”不同的哲学认识的开始？只有在这里开始，一种在想当然上“正确”的个人主义才能得以克服，才可换一种新的“人是什么、人是怎么回事”的认识？

人是不是不该再被视为是彼此无联系的单子个体，而被真切地认识到，一个人是一个叙事，是一个故事，是一个过程事件，一个人是很多“自我”的一个场域？人不是作为本分和关系在世界上活着的吗？倘若一个人能把所有他的本分和伦理关系都活得有声有色，是不是只有这时，他才算是脱颖而出，是作为一个独一无二有自己本分的特殊个体人？

是不是“互不联系的独立自主的人”这一说法本身，已然不仅是一个虚妄之说？是不是它做不到使我们足以充分认识人活在其中的家、国之中共生共进的自强不息意义，而且还使得一个个活生生的人，走到与共生共进意义的人能直接体验的简单事实相对抗冲突的错误境地？

是不是本来这个虚构性个人主义原就是罔顾事实，就是无视真实的人生活的、根本无法脱离的家庭的？就是刻意撇开人与人各种不同关系的亲密性、相互性和特殊性的？抽象的“个人主义”概念本身，难道不就是一种不可理喻的简约化即已构成暴力？就是将真实存在的多样性和创生性潜能，令人不可接受地化其为“乌有”，并强加上一种无端的“同质性与一致性”？

五、以中华文化加大文明对话力度

是不是很有帮助，如果人类开始理解儒学及中华文化的价值观、人生观，那么可能带来另一种改观的情景？是不是基于《易经》自然宇宙论的中国哲学，在根本上就是一种整体观念，是对解决当今人类面对的困境具有直接关系的？根据这一宇宙论，不是整个天地宇宙的意义，正是蕴含在每个人于家、国环境中自强不息的励志修养过程中的吗？这不是毋庸置疑的吗？中国文化的人生，难道不是具有很重要的理论性意义吗？持之以恒的人生力量不就是从身边开始，是实实在在人的、践行经验的、毫无粉饰直截了当的述说吗？中国哲学文化的离不开经验场域、故事性的“人”观念，不是正好能构成对自由个人主义意识形态的一个强有力替代选择吗？

人类恐怕要去思考中国哲学“人的伦理本分”的一套意义，要指出，活在人类作为儿童和父母的进化的本分之中，既作为受保护者也作为保护者，是太紧密地彼此结合在一起的，是使得作为自由个人主义基础的分裂性与碎片化假想所根本不得容身的。在中国哲学的文化语义环境中，人与人内在性、互系不分的共生是作为无可辩驳、直白经验事实的。每一个人的生存和每一件事的发生，都离不开一个生生自然的、社会与文化的场域环境。这是人类之所以用想象的力量，充分发挥一切是关联着的这一事实。这一中国特色的反身思考的“自我”，必得理解为是无法进行抽象简约化的互系关联：“自我”既是对场域有塑造作用的，也是被场域塑造的。

这样说来，如此这样的“人”，决然根植在也可只能理解为从场域走到聚焦点，从整体性走到特殊性，照应着它本身具有的域境化关系的整个场域。这是中国文化在广义上一种耳熟能详的认识，也即儒家、佛家和道家，还有现代实现中国化的马克思主义，都是在价值观、意志和践行上的一种对“生生关系为贵”哲学的共识。

这样，是不是以儒家为主干的传统中国价值观文化资源，可以使人类化解所面临的困境和浮出宁静的海面呢？中国文化颂扬天地间事物相互照应与依赖关系的价值观，也就是说，人是关系构成的，人是被视为根植于、滋养于独特、相互性的关系形态中的。这不是一个与“自由民主”个人主义虚构假想的人，在根本上很不相同的“人”观念吗？这不是与西方主流的互不联系、自决、自主和自我一己利益的单子个体人，形成了鲜明的对照吗？

一种中国伦理，它将人的道德行为置于密集和丰富的、家国和自然关系质地的形态之中，是不是已自然而然是对现存全球文化的一个当然挑战和反照其必然走下坡路的趋势？是否这样以家庭为中心的价值观，于当今明显迅速发展的环境条件下，有可能引起出现一个新文化世界秩序？对照个人主义意识形态，中国哲学文化是否不适宜用“意识形态”的标签，因为它是一个道德视角，是世界本身的特性？

人类今天要想到儒家思想，要将它视为一种文化资源，是否已不是什么“浪漫主义”，是哲学“象牙塔”中的遐想，而是一个必然性的倒逼，迫使人类不能不想起它？是的！中国文化，尽管它有数千年历史的传承，也是被人类主流文化长期歧视与边缘化的；可今天，它是不是值得人类看到了，是不是它应该也来坐在桌边，使人们想到，对这个“动乱”世界，它可给予很多，将产生很大影响呢？

国际社会是不是该淘汰那个个人主义意识形态了？每一个人是否必须不仅想到自己，为自我一己担责任，还必须为其他人担当责任，因为他人是同我们一起构成我们都活在其中这个世界的？想一想，道理是不是简单得没有人不能懂，如果你邻居过得好，你才过得好？不是因为这个世界是互相依赖的吗？是一个有机生命的吗？人人不是都同时在其中得以共生的吗？

这是让人那么难以接受的人类未来的新选择吗？想一想中国自然宇宙论这个大文化语义环境，是什么让中国哲学文化比人类主流所信奉的“经验主义”更要“经验性”？为什么说它是决然经验的呢？不是一个这样的简单事实吗？不是由于它尊重实际事实的特殊性与独特性吗？制造人类主流思想的那些人，为什么不摒弃偏见，拿儒学及中华文化，作为切实可行的经验总结，考虑考虑充分反映其人类共生共进意义的中华人民共和国早就提出的“和平共处五项原则”呢？是中国对它不真诚，还是它不被真诚地对待呢？只是再听听它是怎么说的吧：

第一，互相尊重领土主权（在亚非会议上改为“互相尊重主权和领土完整”）。

第二，互不侵犯。

第三，互不干涉内政。

第四，平等互惠（在中印、中缅《联合声明》中改为“平等互利”）。

第五，和平共处。①

安乐哲教授曾用“我们处在一个最好的也是一个最坏的时代”描述当前人类世界所呈现的局面。到21世纪，我们虽然获得科学与技术的空前发展成就，但它是与人类面临的越来越严重的“困境”交织不分的。要将“困境”视为一个求变的契机，我们须克服“科技主义”的偏颇，转变到将“什么最终导致了一场道德困境”作为首当其冲的思考问题。安乐哲指出“困境”的三种特质：第一，“困境”中的所有问题是内在联系的，不是一起解决，则毫无解决之法。第二，“困境”没有国界限制，也不分种族、人群或社会地位，而是无人不在关联之内。第三，“困境”只能由整个国际社会协同一致、共同治理，实行整体解决的方法。② 而如此，则需要转变人类意志、价值观和行为，须从为谋一己私利的独立个体博弈与二元主义对立思维，转到对这个世界“一多不分”的认识，认识到人与人之间是互系不分、相互依存的关系，培养追求和平、包容、互利共赢的社会认知观与和谐美好共同生存的意识追求。

---

① “和平共处五项原则”是周恩来总理在万隆会议上提出的。

② 安乐哲此观点参见《儒学与世界文化秩序变革》，《人民日报》2014年11月7日第7版。

应对人类正面临的困境，需要一切可用的文化资源。在人类的未来意义上，我们必须发出“加大文明对话力度，让全世界的合作声音更响亮”的倡议，要发挥一切可用文化资源的作用，启用中西文化语义环境的比较哲学，突破曾附会误读理解的窘境及各说各话的不实际对话，在根本上加大全世界人民对西方主流文化“一多二元”与中国传统“一多不分”的结构认识，从而形成切实意义的哲学文化对话与文明互鉴。儒家文化的根本价值在于它对“人”的认识是“人”作为关系构成的，是植根于、受教于相互性关系形态之中的，与西方熟悉的、与“自由民主”必然相关的碎片化、互无联系的“个体人”形成鲜明对比。我们需要意识到，完全有理由说，人类社会的大多数问题，都发生于人忽视相互的生生关系性；而对虚构一己之私的无限扩大，是因为个人主义意识形态普遍流行所产生并不断恶化的必然逻辑，如不遏制，它终将人类推向自我毁灭的深渊。

我们不能不明白，全球传染病肆虐、战火不断、恐怖主义、生态环境破坏严重、贫富两极分化、妇女儿童等特定群体的生存权利得不到保障，等等，这些国际社会问题，并不是自然、必然的，世界本不应该如此，而是人为所造成的畸形、异化的人类社会。在这样的情况下，人类的未来只有依靠所有人民联合起来，加大文明对话力度，让人类的合作声音更响亮，联合起来驱散个人主义、二元主义对立的杂音，以合作共赢代替对立博弈，共同构建全人类共存共生的未来。我们必须具有大格局眼光和重要的新时代精神，我们要为世界文化新秩序建设事业担当。我们要创造更多、更有效的交流场合，让人类文明对话和合作的声音成为崭新的世界潮流的主旋律。

中华大道和谐文化与和谐世界

黄愿宇　胡思云

【摘要】目前整个世界充满着冲突的危机。“文明冲突”的后果是共同损失，甚至共同灭亡。如今全人类处于生死存亡的关键时刻，是选择“文明冲突”，还是促成“文明和谐”？“文明和谐”才能朝向共生共荣。“文明冲突”的存在是“现实”，而“文明和谐”才是生存的“真理”。“真理”是单一唯一的，天地大自然的“真理”是和谐，是多元共融，这就是中华文化的精髓。

【关键词】中华大道和谐文化　天人合一　精神文明　心灵文明

【作者简介】黄愿宇，印度尼西亚和谐文化基金会会长。胡思云，印度尼西亚和谐文化基金会秘书长。

人类社会历经数万年进化史、数千年文明史，直至今日，却面临空前绝后的生存危机。全球暖化趋势难以逆转，人们无论生活在世界哪一个角落都将承受日趋恶劣的气候变化后果；核战争威胁快速升级，大国之间的分歧对立不断从政治、经济延伸至文化、教育、艺术、体育等方面，有意或无意地加深人民之间的仇视、隔阂；世界经济的脆弱性、不稳定性持续增加；水源短缺、粮食危机不断加剧。而当新冠肺炎疫情席卷全球之际，这些威胁人类生存的各方面危机及现象愈加凸显。

其实，当代人类除了面临显而易见的外部环境危机，还面临着更深层、更严重的内在精神上的道德危机、价值危机、信仰危机。这些人类自身的内部危机虽然不易发现，但其现象目前已越来越突出。道德、价值及信仰的缺失导致几乎整个人类社会都围绕着物质利益，人类文明的宝贵精神财富逐渐衰退。此时，仁义道德之实几乎荡然无存，仅剩仁义道德之名，便往往沦为口号或被假借。于是，当今人类社会显而易见的许多不公不义现象在舆论的操控下变得模糊不清。

我们人类如何走到今天这个局面？回顾人类近代的一大转折，自工业革命大大提高了生产力，人类便毫无节制地消耗大自然资源、破坏大自然环境，地球上的大片土地及丰富资源迅速被控制和耗竭。为使自己获取更大的财富、权势、地位、名望等物质利益，人类自然而然地卷入无休止的相互争斗，自相残害，渐渐趋向大规模冲突、世界性战争。现今，人类明知武力对抗的后果将是共同毁灭，却仍有一些人士一意孤行，不仅没有极力调节矛盾，反而不惜挑起冲突。如今来到关键时刻，我们需要慎重，是选择“文明冲突”以致共同灭亡，还是促成“文明和谐”朝向共生共荣？我们全人类的命运与未来取决于此时此刻的共同抉择。

长期以来，无数次大大小小的战争给人类带来了惨痛后果。联合国因而在第二次世界大战后诞生，以倡导世界和平为首要目标并推动世界各国共同实现这一目标。遗憾的是，世界和平始终遥不可及，“二战”结束不到一个世纪，世界局势再度紧张，大国矛盾日趋尖锐，不同文化、信仰及思想之间的对立冲突不断升温。2020 年在联合国庆祝成立 75 周年之际，秘书长古特雷斯依旧呼吁“加紧推动和平，实现全球停火”①。事实上，一直以来，人类并没有放弃战争，也从未停止冲突。区域性战争还在持续，社会矛盾不断激化，巨大的军事投入令人费解，又引发激烈的军事竞争。人类难道都不愿化解冲突，反而朝向大规模毁灭性冲突加速前进？人类为何在鼓吹和平的同时，却行着反和平的事实？

目前，我们正在遭遇百年来最严重的全球传染病大流行。新冠肺炎疫情可说是彻底揭露了人类社会的分裂与不仁。疫情之前，我们或许很难想象国际社会在应对威胁人类生命安全的重大课题上仍会固执己见，不愿协调合作，直到事实摆在眼前。抗击疫情最需要的是全球人类团结一致、齐

---

① 2020 年联合国新闻，https：//news. un. org/zh/story/2020/10/1070052.

心协力。但尽管疫情来势汹汹，给全人类的生命安全构成威胁，联合国也从人道和科学角度多次呼吁，国际社会仍旧难以协调合作。而当疫苗研发成功使人类有望摆脱疫情时，对这关乎生命安全的全人类共同需求与基本人权，人类社会仍持一贯作风。对此，世界卫生组织警告，新冠疫苗的不平等分配情况日益荒谬，人类正处于“灾难性道德失败”的边缘。

世界和平、社会和谐是全人类结合“理性”与“德性”而达成的共识。无论从文明道德的角度出发或以存续发展的需要为考量，人类都应该和谐，世界本应当和平。然而，人类自有历史以来一而再再而三地破坏和谐，趋向冲突，此时更不惜挑起具有毁灭性后果的“文明冲突”。其实，“文明冲突”已成为人类生存危机之首，其复杂性、化解难度及严重后果都远远超过生态、资源、经济等其他当前人类所面对的重大挑战。人类社会如何由“文明冲突”转向“文明和谐”，由对抗分裂转为团结合作，才是化解生存危机、保障人类文明向好发展的根本。

在漫长的几千年文明演进中，人类经过了轴心时代圣贤入世，走过了文艺复兴、启蒙时代思想家辈出，整个人类社会由此从蒙昧转向文明，从迷信走向理性。当代人类既积累了丰硕的物质与精神财富，又经历了冲突战争的惨痛教训，此时应该享受着人类文明成果，共同迎向美好未来。然而，事实恰恰相反，人类社会仍旧徘徊在以“冲突”为主导的不文明之举的境地，走不到“和谐”的文明大道。截至目前，有不少有识之士出于对人类命运与走向的深切担忧，通过论文书籍、论坛大会等提出诸多研究、观点和方案，但始终赶不上危机恶化的速度。刻不容缓，人类当前迫切需要寻找出一条“文明和谐”的生存之路。

不难发现，整部人类发展史其实是“物质文明”一枝独秀的历程。人类把绝大部分认知上的进步都投入在“物质文明”，忽略了“精神文明”的探讨发展，更老早就遗弃了最为根本的“心灵文明”。这是人类文明演进数千年依然无法摆脱争斗冲突的主因。伴随着“物质文明”所引起争夺冲突的副作用，人们在加大物质利益、获取感官享受的过程中，得到越多，越想加倍获取，于是不遗余力地消耗大自然，相互争得非常激烈。进入 21 世纪，大自然遭受破坏，资源稀少，导致人类之间的争夺越发激烈，甚至不再理性，更不道德，落入丛林法则的“现实”，恶性循环。

愚以为，人类的“物质文明”、“精神文明”与“心灵文明”三者极度失衡颠倒，导致今天全人类命运危在旦夕却不知所措的局面。“物质文明”必然会随着人类文明的进步而有所发展，人类也因此能过上更幸福安康的生活。但“物质文明”发展的取舍、方向、速度等问题则需要与“精神文明”和“心灵文明”协调共进。否则，事实证明，人类迄今的“物质文明”并没有真正给大部分人过上更幸福安康的生活，反而事与愿违，出现了更多危害人类生活与生存的重大问题。

我们首先需要理清“物质文明”、“精神文明”与“心灵文明”的差异及相互关系。人类的文明演进单靠“精神文明”远远不够，人类更需要真切认识并推行“心灵文明”。没有了“心灵文明”的“精神文明”若能够解决生存危机，人类目前所具备的伦理道德、价值信仰、思想理论就已发挥作用，不应适得其反成为掩饰物质利益争夺的工具。

对于原本好的、造福人类的文化思想、主义理论、宗教信仰，人类不时有意无意地扭曲或假借，根本原因在于失去了诸位圣贤为人类指出的“心灵文明”。“心灵文明”的缺失造成人类在理解上无法整体全面，这也造成了知识与信仰、科学与哲学、现代与传统被两极分化而形成对立或相互疏远。我们心中非常清楚，物质与科学始终不是生命、生存和发展的全部。当代不少学者也提出了结合自然科学、社会科学、人文科学的观点，我们应该朝着这一整体观持续探究，为此需要重新思考对“心灵文明”的认识。唯有从根本入手，我们才能寻找出解决人类生死存亡的关键。

“精神文明”是东西方古圣先哲、伟大思想家、教育家提出并传承至今的语言文字上的伦理道德、价值信仰、思想文化，经由后人不同程度的见解而出现了差异矛盾，容易形成分别隔阂甚至分裂冲突。当人类社会以物质利益为主导，“精神文明”便往往被曲解，出现教条式、形式化、主观性的“精神文明”，强调经典的文字见解而非其精神内涵，鼓吹思想主义的表象形式而不重视其实质效果。

近代以来，人类社会为了追逐“物质文明”而导致不同“精神文明”

之间日趋分歧对立，20 世纪 90 年代被提出的“文明冲突论”① 就基于人类“精神文明”的的差异矛盾而导致的冲突局面。“精神文明”不是人类共同相通的文明，于是当人类缺失“心灵文明”时，“精神文明”作用不大，反而正在日益衰退成为“文明冲突”的主因。

其实，人类科学发展至今，对于生命的起源、人的意识等诸如此类的根本性问题仍没有确切的答案，而对于生命的意义、理想的未来这些与人类生存和发展最贴切的命题始终不甚清楚。虽然如此，人类已越来越发现生命的紧密联系，人与人、人与大自然密不可分。人类也越来越体会到自己身与心的相互作用，而往往“人心”是最主要的力量来源。

“心灵文明”是圣贤对于天地大自然“真理”（“天性”）真实深刻的体悟，无法用人类有限的语言文字解说清楚，然而，圣贤终其一生表现出其事实。因此，我们除了探讨“精神文明”的文字理论，更需要探究圣贤“心灵文明”的真实体会。

“心灵文明”是人类相同共通的本质。无论从哲学角度或科学认知，抛开形式上的种种差异，全人类具有同一性本质，先哲称之为“大同”，故此，全人类乃至所有的生命从始至终都趋向共同的命运。我们需要真切探讨“心灵文明”之“大同”，才能共同迈向“世界大同，天下一家”。

为了了解“心灵文明”，我们可参照两千多年前“轴心时代”诸位东西方圣贤的思想理念。德国哲学家卡尔·雅斯贝尔斯在提出“轴心时代”观念时指出：“人类一直靠轴心时期所产生的思考和创造的一切而生存，每一次新的飞跃都回顾这一时期，并被它重燃火焰。”② 孔子、老子、释迦牟尼、苏格拉底、柏拉图等先贤的思想理念、智慧德性，既是人类的文明起源，亦是人类的重要精神与心灵财富，对人类社会影响深远并形成了当今人类的几个核心思想文化：东亚文化、南亚文化及欧美文化。故此，圣贤的思想理念在今日并不是过时了，而是尚未实现。

① Samuel P. Huntington：The Clash of Civilization? *Foreign Affairs*, Summer, 1993, Vol. 72, No 3.

② ［德］卡尔·雅斯贝尔斯：《历史的起源与目标》，华夏出版社 1989 年版，第 14 页。

古圣先贤结合“智慧”与“德性”，观察入微，认识透彻，悲天悯人，“天人合一”。《大学》开宗明义提出“大学之道，在明明德，在亲民，在止于至善”。“大学之道”指效法学习天地大自然之“大道”、天地的和谐“真理”。这根本唯一的“真理”才是全人类共同追求向往的，需要我们人具备结合光明的“智慧”与光明的“德性”（“明明德”）。有了“智慧”，方可了解“真理”。而“德性”的大爱心、大德行才能产生无穷无尽的力量，推动人们真正实行并持之以恒。

由此，而能“亲民”，而能为人民服务。能够为全人类的共同生存与幸福而服务，为文明的融合、为世界的和平而服务，将是最大的“亲民”，这才能表现“大道”的“大德”。《道德经》指出“上德不德”，“天性”是“至善”的，唯有“天性”才能产生大力量、大智慧、大德行，“大道”才能大用，就是“大学之道”。“人性”的善则是小德，会产生善恶对待，认为自己是善、他人是恶，因而形成对立斗争。

每一个人时时刻刻的修养保持“智慧”与“德性”合一、“理性”与“心性”相结合的“至善”“天性”，即“天人合一”，这是天地大自然唯一的“真理”，是全人类相同单一的文明。中华群经之首、群经之始《易经》，几千年前就为人类指明了天地大自然的“真理”，而后由儒、道、佛三教先贤表现出“天性”的大德行。当初释迦牟尼佛在菩提树下也观察天地大自然此般美好圆满而领悟：“奇哉，奇哉，一切众生皆有如来智慧德相，乃因妄想执着而不能证得。”为此，弥勒佛提出“人间净土”“世界一家”“皆大欢喜”的大愿。

我们从前人留下的经典书籍中可看出，圣贤对于“天心”（“天性”）的了解非常透彻。圣贤从观察天地大自然的和谐大道而发现自己“与天地合其德，与日月合其明”的“天性”，是我们每一个人不分国际、种族、肤色、民族、宗教、信仰、文化、思想，全人类单一相同的本源。《道德经》如此描述：“有物混成，先天地生。寂兮寥兮，独立而不改，周行而不殆，可以为天地母。吾不知其名，字之曰道，强为之名曰大。”天、地、人、万物的本源、本质是“天性”，是“大道”，故人类社会的生存与发展离不开“大道”，背道而驰只会持续恶化，趋向毁灭。

《中庸》第一章就指出："天命之谓性，率性之谓道。""天性"源于"天命"，而遵循"天性"就是"道"。人类社会需要共同找回并遵循"大道"，契合"天性"，"天人合一"，才有力量将"文明冲突"转为"文明和谐"，化危机为生生不息，使人类文明行稳致远，长治久安。

儒家所提出的"和而不同"，就是指共同以"和谐"的真理为根本，接受"物质文明"与"精神文明"不同多元的必然性，尊重各国、各民族按照自己的情况与需求而选择的生存与发展道路，互补互助，共同进步。《大学》云："物有本末，事有终始，知所先后，则近道矣。"人类只有找回"心灵文明"，使之与"物质文明""精神文明"并行共进，才可实现"万物并育而不相害，道并行而不相悖""致中和，天地位焉，万物育焉"。

在我的国家印度尼西亚，"和而不同"充分体现于民族格言"殊途同归"（范文：Bhinneka Tunggal Ika），并推行于"建国五大原则"（范文：Pancasila）。建国初期，1945 年，印尼建国元勋经由协商达成一致，以"信仰、人道、团结、民主、公正"为印尼共和国"建国五大原则"。这出于诸位建国元勋以仁义为怀而能够将国家人民的共同福祉置于个人或族群、宗教等团体利益之上。由此，"殊途同归"与"建国五大原则"的哲学理念成为印尼国家宪法的基本精神之一，成功构建了民族团结、宗教和谐、种族和睦，人民在此基础上携手共进，造福了这一世界人口大国，成就了印度尼西亚的丰功伟绩。

以上只是个人浅见，学识浅薄，敬请海涵，尚请各方高人俊哲不吝指教。最后，容我借此机会向尼山世界文明论坛主办单位和承办单位表示衷心感谢。我通过此高规格论坛向诸位中国与其他世界各国的智者、仁者学习，受益良多。

打造文明形态　塑造国家形象

方　雷

【摘要】我们正在进行的事业是一次“典范的变革”、一种深层次的文明范式的转换，中国的崛起带来的是一种全新的思维。只有发展创新性思维，才能构建出具有本土特色和全球影响的新的文明体系，真正实现中国的典范革命。打造新的文明形态应从价值理念、治理规则、运行机制等方面重新定义中国社会，并对人类社会做出应有的贡献。重塑国家形象，必须凝练核心价值、担承全球责任、参与规则制定、有效规避风险、开展公共外交，在对中国历史传统和世界现代经验有足够的理解和传承的基础上，重新确立中国文明在世界文明中的地位，真正实现中华民族的伟大复兴。

【关键词】文明形态　国家形象

【作者简介】方雷，山东大学二级教授，山东大学人文社会科学青岛研究院院长，教授，博士生导师。

改革开放以来，中国取得了举世瞩目的成就，中国的崛起已经成为不争的事实。即使那些对中国转型道路持不同意见的人士，在批评中国存在着严重的人权缺陷、没有走向他们所谓的自由民主政治的同时，也不得不承认中国在维持社会稳定、促进经济发展方面的成效。实际上，我们正在进行的事业是一次“典范的变革”、一种深层次的文明范式的转换，中国的崛起带来的是一种全新的思维，现有的哲学社会科学理论和话语都无法全面解读，因此，我们需要发展创新性思维。全球化网络化的到来正在改变着我们的生存方式、交往方式和思维方式，波澜壮阔的改革开放为我们发展创造了丰富的实践经验，五千年持续不断的悠久灿烂文明为我们提供了取之不竭的养分和资源，只有具有深厚文明潜力的国家才有大国复兴的资格和条件。中华文明对任何外来事物都具有强大的改造能力和消化能力。因此，我们要有“理论自觉”、“理论勇气”和“理论智慧”，超越现有的西方话语体系，打造出新的文明范畴和范式，重新确立中华文明在全球文明中的地位。

只有发展创新性思维，才能构建出具有本土特色和全球影响的新的文明体系，真正实现中国的典范革命，为最终实现中华民族的伟大复兴做出应有的贡献。中华民族伟大复兴的历史意义并不仅仅局限于作为一个主权独立的国家崛起，更是作为一种连绵不断、影响深远的传统文明重新获得契合于现代社会的充沛活力。事实上，中华民族历来是以文明共同体的独特形式存在于时空中的。现代中国是长期存在的文明形态与民族国家的政治实体相结合而形成的文明国家，而非西方意义上仅仅以独立主权为内核的民族国家。这样的中国，既是一个能够在开放融合中始终保持文明形态稳定持存的时间连续体，也是一个政治实体能够在特定区域内持续实施有效治理的空间统一体。就此而言，中国的发展超越了国家的财富增长范畴，进一步走向了中华民族的传统文明与现代社会的深度交融，使中华文明展现出全新的现代形式，进而推动了中国社会的全面转型。中国所取得的巨大成就更加显示出自身的独特性和经验，引起了越来越多后发国家甚至发达国家的注目，构成了对西方现代化模式乃至深层的西方文明与价值的强劲挑战，从而解除了西方主导的单一现代化模式的幻象。

创造经济奇迹的中国模式是从完全不同于西方文明的中华文明中生发出来的，显示了作为一个独立发育的文明大国的现代化成果。这就意味着中国模式与西方模式之间的潜在竞争并不仅仅牵涉国家经济发展道路的选择问题，更是在更为深刻的层面上展开不同文明之间的全方位竞争。但是，中国的成功绝不意味着中国道路相对于西方在世界上享有更为充分的优越性或普适性，中国模式反而是对某种单一模式迷信以及狂妄的历史终结论的突破，证明了后发国家甚至任何国家在现代化建设中都必须进行植根于本土的多元化探索，对中国模式的推广也必须时刻自觉保持在为后发国家提供借鉴而非输出的限度内。

今天的中国已经迸发出民族复兴的血气和刚强，中国的发展本身引起了西方的极大关注，深刻冲击着世界格局的重构。如果我们不能以一个与大国相称的形象树立在世人面前，今后也很难屹立于世界民族之林。中国道路的最终指向应该是重新确立中华文明在世界文明中的地位，而不仅仅是追求经济总量和人均国民收入的排名。而且，通往文明复兴的道路不是盲目自大，也不是简单复制，而是在愿意尊重和遵守现有国际体系的前提下，探索进一步推动中国走向成熟、走向完善的创新思路。打造新的文明形态，应从价值理念、治理规则、运行机制等方面重新定义中国社会，并对人类社会做出应有的贡献。

第一，凝练核心价值。当今世界占主导地位的所谓普世价值是源于古希腊古罗马的自由、民主、平等、正义等理念。西方国家通过长达四百多年的文艺复兴和启蒙运动，解构了中世纪的神权政治，建构了现代资本主义的政治文化基础和自由民主政治模式。西方人把西方的自由民主奉为一种图腾让全世界顶礼膜拜，把西方的自由民主作为一个灯塔指引其他国家发展。尽管世界上还没有哪一个发展中国家成功复制美国的模式，但美国人倡导的自由民主的核心价值影响了世界。现在世界上对中国形象最好的评价大多只是一个热情好客的礼仪之邦、文明古国，但这仅属于生活方式的层面，不足以产生巨大的影响力。中国未来的发展要想在世界上发挥更大的影响，必须把马克思主义的价值理性、社会主义的价值体系和中华优秀传统文化的精髓内核有机结合起来，从中凝练出与当今世界普遍认同的价值理念相提并论的核心价值。特别是应该把中华文化和理念中诸如天下为公、同舟共济、己所不欲勿施于人、凡治天下必因人情、和谐发展、科学发展、和平共处、独立自主等价值观推而广之，发扬光大；我们还可以把儒家思想中的“仁、义、礼、智、信”，法家思想中的“明令显法”，道家思想中的“道法自然”，墨家思想中的“兼爱非攻”等加载时代内涵，总结提炼出来，让世界逐步理解和普遍认同，这样我们才能更好地影响世界。

第二，担承全球责任。四十多年的改革开放成就了中国成为世界上第二大经济体，中国已经走上了现代化的快车道。四十多年来中国经济持续高速增长，GDP 年均增长 9%以上。诺贝尔经济学奖得主斯蒂格利茨这样总结中国经济发展的成就：中国自改革开放以来，每 10 年就使产出和收益增加一倍。在人类历史上，还从来没有这么多的人，经历过这么快的增长。作为一个已经崛起的大国，仅有经济发展是远远不够的，中国的经济奇迹只是让世界大吃一惊，还没有赢得世界的普遍尊重，我们必须承担相应的权利和义务，敢于和善于在国际事务和地区事务中有所担当。比如我们可以在联合国和其他国际组织、地区热点问题、疫情防控、反恐斗争、生态保护、国际金融危机等各项事务中发挥更大的作用，做一个负责任的大国，树立良好的国家形象，才能真正令世界尊重和佩服。

比如“人类命运共同体”就是中国对人类社会未来秩序形式的创造性、总括性构想。这一理念既是对当前民族国家之间利益交融、互联互通、深度依存趋势的主动回应，又包含着对解决领土问题、国家间冲突、国际规则体系缺陷的方案设计。改革开放通过发展国家实力巩固了中国的大国地位，中国必须自觉承担起作为世界大国的全球责任，积极融入世界文明，为世界文明的丰富做出自身贡献，引领人类命运共同体的构建，为世界和平与发展不断贡献中国智慧、中国方案、中国力量。进一步说，复兴的中国文明应该是世界性的，应该当仁不让地承担其文明层面的全球责任。中国的发展只有承担对现代问题的全球责任和历史责任，体现出应有的全球性价值，才会有能力独立自主地应对各种现代问题的挑战，也才能确立我们在全球的战略地位。

第三，参与规则制定。当今世界正处在第四次科技革命的萌发之际，18 世纪后期的第一次科技革命以蒸汽机为先导，19 世纪末的第二次科技革命以电气化为先导，20 世纪 40 年代的第三次科技革命以电子信息技术为先导，21 世纪初开始的第四次科技革命以低碳科技为先导。每一次科技革命不仅是技术革命，也是社会革命。这次科技革命以新能源、新材料为载体，正在蓬勃发展，我们国家在太阳能、风能和环境保护等低碳技术领域的研发和应用在世界上处于一定的领先地位，只要我们坚决贯彻中央提出的战略规划、路线方针政策，切实调整经济结构和增长方式，以更多的高科技成果占领制高点，就能够主导相关领域的规则制定权。参与全球各项规则制定是中国影响世界、确立领导地位的较高层次和有效途径。

第四，有效规避风险。中国的崛起带来了一种全新的思维，一些西方国家把中国特殊的发展模式和道路视为“另类”，比如一个强有力的政党以及一个富有权威的中央政府，对其来说可能意味着“专制”，而这是中国取得改革开放巨大成就的重要政治前提。因为后发展国家的国民心理往往是离散的，一个强有力的政党和政府，对国民的团结奋斗具有心理上的强化和凝聚作用，也是确保社会长期稳定的先决条件。一些西方国家虽然不否认中国经济的长足发展，但同时指责中国党和政府进行“政治压制”，甚至说中国仍然是一个“极权国家”。这显然是以西方的价值观为标准，居高临下地蔑视中国。同时，我们国内曾经出现的诸多问题，如环境问题、贫富差距问题、社会公正问题、腐败沉渣泛起、国民道德滑坡等现象为他们提供了批评的口实，加之在全球资源约束和市场有限的条件下，各国之间的竞争日趋激烈，国家核心利益的冲突在所难免。因此，西方国家必然会在国家安全、贸易往来、民族问题、祖国统一等方面处处牵制、干扰我们，制造各种麻烦，我们今后的道路会面临越来越多无法预料的风险和艰辛，必须要有充分的思想准备和战略考量，避免成为国际社会的“孤岛”。

第五，开展公共外交。作为社会主义大国和最大的发展中国家，我们不仅很难得到外力的帮助和支持，而且还要应对西方的遏制和约束。中国的崛起必然引起西方一些国家的敌意，也会引起他们的不安甚至恐惧。在这种情况下，仅有政府层面的外交是不够的，我们必须通过不断加强文化艺术交流和经贸人员往来，加大公共外交的力度，如学者外交、企业外交、民间组织外交等渠道，多以此形式向世界展示中国、说明中国。在积极融入世界文明、遵守现有国际体系规范的基础上，正确表达我们的主张，可以用西方人习惯的沟通方式摆事实讲道理，让他们自己得出结论，而不是先下断语，让他们被动接受我们的观点。我们应以一种开放、开明的姿态和胸襟让世界认识中国、容纳中国，以一种自信、自强的豪气和豪迈让世界尊重中国、佩服中国。

总之，目前中国正在进行着一场当代世界最伟大的社会实践，“中国道路”形成的长期、快速、稳定、可持续发展的社会模式和文明形态，必将成为中国对世界追寻更好发展道路的一大贡献。中国倡导的政治价值观、社会发展模式和对外政策做法，会进一步在世界公众中产生共鸣和影响力。我们要在对中国历史传统和世界现代经验有足够的理解和传承的基础上，重塑国家形象，重新确立中华文明在世界文明中的地位，真正实现中华民族复兴的“中国梦”。

文明互鉴　伊儒会通

杨桂萍

【摘要】2019年5月15日，习近平主席在亚洲文明对话大会开幕式上发表主旨演讲，从中华文明对亚洲文明和世界文明的贡献等多维视角，全面阐述了新时代人类文明观、亚洲文明观和中华文明观，向世界提出深化文明交流互鉴的中国主张，为深化文明交流互鉴提供了基本遵循与理论基础，对构建人类命运共同体意义重大。儒家文明和伊斯兰文明在新的社会文化环境下，广泛吸收当代优秀文明成果，伊儒会通为构建人类命运共同体贡献中国智慧。历史上，伊斯兰文明与儒家文明尊重彼此在宇宙观与认识论上的差异，强调形而上层面及社会文化功能的一致性，和合共生千余年。新时代，伊儒会通需要创新发展，更好契合现代社会的需求，携手共进，在主流价值观的引领下，以更有活力的文明成就贡献世界，促进人类文明和平共荣。

【关键词】文明互鉴　伊儒会通　命运共同体　中国智慧

【作者简介】杨桂萍，中央民族大学教授、博士生导师。

一、中国主张："文明互鉴"超越"文明冲突"

全球化、信息化时代，不同国家、不同民族、不同文化之间及其内部交流互鉴的广度和深度超过了以往任何时代。全球70亿人对自然、人生和社会的理解，基于当代的经济生活、政治行为、交往方式和社会结构。

随着地缘政治格局的变迁和新兴经济体的崛起，单边主导的世界朝着一个多种力量参与的方向发展，一个更加平衡的世界正在形成。人类亟须改变思维范式，秉持开放包容、合作共赢的文化立场，建立一种新型文明观。习近平主席在亚洲文明对话大会开幕式上提出引领时代发展的新文明观，提出深化文明交流互鉴的中国主张：以文明交流超越文明隔阂，以文明互鉴超越文明冲突，以文明共存超越文明优越，为开启人类发展进步的美好未来提供智慧之钥。

文明互鉴是人类发展的内在需求。当今世界处在大发展、大变革、大调整的新时代，市场、资本、技术、信息使人们之间的联系日益紧密，世界经济的引擎比过去大大增多，各个国家的发展模式和发展道路较以往更具多样性。数百年来列强通过战争、殖民、划分势力范围等方式争夺利益和霸权，逐步向各国以制度规则协调关系和利益的方式演进，建立国际机制、遵守国际规则、追求国际正义成为多数国家的共识。中国提出的共商共建共享的全球治理理念得到广泛认可。

文明互鉴利于解决全球性难题。世界多极化、经济全球化、文化多样化、社会信息化的发展，国际形势的不稳定性、不确定性更加突出，军备竞争、难民危机、气候变化、恐怖主义、网络安全等全球性挑战更加严峻。单边主义、保护主义、民粹主义助推极端思想和非理性情绪在互联网技术的支持下肆意蔓延，严重侵蚀人类和谐相处的文化根基和民意基础。很多国家处于社会和文化转型期，前现代、现代及后现代问题叠加，国内国际问题交织。解决气候、环境、技术、社会及伦理问题，需要世界各国齐心协力、共同应对，既需要经济科技力量，也需要文化文明力量。

二、中国智慧："命运共同体"取代"想象共同体"

习近平主席深刻洞见人类生存的相互依赖性和发展的协作性，倡议共建"一带一路"和"人类命运共同体"。中华文明强调和合共生，中国智慧以"命运共同体"取代"想象共同体"，引导人们突破血缘、地域和利益共同体的纽带，克服"文明优越论"和"至上主义"的偏狭，走向包容平等的"世界主义"，顺应时代潮流，促进和平发展。"一带一路""欧亚经济联盟”等拓展了文明交流互鉴的途径，各国在科技、教育、文化等领域的合作蓬勃开展，中华文明、亚洲文明在自身及同世界文明的交流互鉴中发展壮大。不同国家、不同民族、不同文化的交流互鉴，为构建人类命运共同体奠定了深厚的人文基础。“命运共同体”要求平等对待人类文明，尊重文明多样性，包容文明差异性，促进不同文明的交流互鉴。

“命运共同体”取代“想象共同体”意义非凡。“想象共同体”将西方与中国、西方与非西方的关系，建构为“我们”与“他们”的关系。用“我们”代表理性、现代、民主与和平的“西方”，以“他们”代表非理性、传统、专制和暴力的“非西方”。区分“我们”与“他们”的，不是文明，而是“文明冲突论”背后的意识形态霸权。

“文明冲突论”掩盖了历史上不同帝国之间的政治军事冲突，掩盖了近代以来西方列强对第三世界的殖民统治和财富掠夺，掩盖了西方现代性带来的后现代身份危机。随着现代化的全球进程，第三世界开展的以西方文明为指导的现代化发展出现了社会贫富两极分化、全球性的生态环境问题、资本市场和商品经济引起的道德体系崩溃、社会结构解体、家庭亲情淡漠、人性异化等社会问题和家庭问题，并严重困扰着人们。反思西方现代性，探索合理完善的现代发展模式，“命运共同体”为消除西方现代性带来的种种弊端提供医治良方。

三、“伊儒会通”的新时代意义

儒家文明和伊斯兰文明在交流中共存，在互鉴中发展。历史上，伊斯兰文明与儒家文明尊重彼此在宇宙观与认识论上的差异，强调形而上层面及社会文化功能的一致性，和合共生千余年。“天方之经，大同孔孟之旨”，儒家文明和伊斯兰文明引导人们超越启示与理性、存在与思维、主体与客体之间的二元对立，强调天与人、自然与社会、东方与西方的互补关系。通过文明传承和道德教化，为民众提供人生智慧和精神指导。

新时代，中国同众多伊斯兰国家共同参与“一带一路”和“人类命运共同体”建设，从能源、贸易、民间交往拓展到政治、外交、文化、教育各个领域，惠及数十亿人口，影响几十个国家，成果丰硕，意义重大。中国援建的麦麦高铁，连接伊斯兰国家的两大圣地——麦加和麦地那，每年来自一百多个国家和地区的数千万朝觐人员受益。中国与上海合作组织成员国、与中东地区国家在反恐领域加强合作，从源头上治理恐怖主义和极端主义，共同维护地区稳定与世界和平。

历史上，儒家文明和伊斯兰文明曾分别是所在国家社会的“主流意识形态”，发挥着“解决政治秩序的合法性、为政治权力确立超越神圣价值基础和解决社会行为规范”等重要功能。伴随社会变革和转型，儒家文明和伊斯兰文明与所在社会政治权力之间的关系发生革命性变化，它们成为社会多元文化的一个组成部分，以传统文化和生活方式植根于民众生活中。在新的社会文化环境下，广泛吸收当代优秀文明成果，发挥儒学和伊斯兰文明的积极作用，彰显其普世价值及合理意义，高扬现代人的主体精神，让关乎道德、心灵、理性及形而上学的传统资源获得新生，为解决现代化进程中的社会问题和人性异化问题，为构建人与自然、人与人、人与社会及人自身的和谐关系贡献智慧。

新时代，伊儒会通需要创新发展，与时代同步伐，更好契合现代社会、市场经济与科技发展的需求。当代全球化国际大背景下，快速的经济变迁带来社会层面的分化，新技术与新思想不断涌现，不同民族、文化之间的融合与碰撞也前所未有的深入和剧烈。面对一个加剧分化、更具不确定性、更加复杂多样的世界，儒家文明和伊斯兰文明需要携手共进，在主流价值观的引领下，用现代理念统摄物质和精神文明，用新思想体系推动法治化进程，以更有活力的文明成就贡献世界，促进人类文明和平共荣。

儒家思想与世界文明新秩序的塑造

韩　星

【摘要】中华民族正在走向复兴，中华文明正在重新崛起，不断彰显出儒家思想的世界意义。儒家天人合一、保和太和、和而不同、中庸之道、忠恕之道、天下一家等观念可以为塑造人类文明新秩序提供重要的思想资源。它不仅属于中国，也属于世界；不仅在历史上发挥了巨大作用，也在今天和未来会发挥重要作用。在重建中华文明的主体性的基础上，让儒家思想走出国门，走向世界，为塑造世界文明新秩序提供中国智慧与中国方案，并积极参与国际事务，付诸实践。

【关键词】儒家思想　中华文明　世界文明　新秩序　塑造

【作者简介】韩星，中国人民大学国学院教授，博士生导师，曾子研究院特聘专家、尼山学者。

当今，我们面临着世界文明秩序的新变革、世界文明格局的新组合，如何在变动不居的过程中塑造世界文明的新秩序，是一个关乎中国与世界未来的重大现实问题。在中华民族伟大复兴的历史进程中，儒家思想如何在促进中华民族的复兴过程中，也能为解决人类目前面临的问题，摆脱目前的困境，塑造世界文明新秩序提供中国智慧与中国方案，这是需要我们研究和阐发的。

一、中国崛起，彰显儒家思想的世界意义

早在20世纪，很多世界著名学者就预言：中华民族复兴，中华文明

崛起，成为全球文明中心，引导世界走向21世纪。汤因比博士和池田大作先生曾在1972年预言：人类必将因为过度的自私和贪欲而迷失方向，科技手段将毁掉一切，加上道德衰败和宗教信仰衰落，世界必将出现空前的危机。在和池田的对话里，汤因比给出了完整的答案：世界的未来在中国，人类的出路在于中国文明；人类的希望在东亚，而中国文明将为未来世界转型和21世纪人类社会提供无尽的文化宝藏和思想资源。并明确预言："将来统一世界的大概不是西欧国家，也不是西欧化的国家，而是中国。""将来统一世界的人……要具有世界主义思想。同时也要有达到最终目的所需的干练才能。世界统一是避免人类集体自杀之路。在这点上，现在具有最充分准备的，是两千年来培育了独特思维方法的中华民族。"① 他认为将来人类如果要避免因为冲突、战争走上自杀之路，就得世界统一，甚至要建立世界政府。而统一世界的大概不是西方国家或西化的国家，而是具有天下意识、具有两千多年"大一统"经验的中华民族。

为什么汤因比会有这样的看法？汤因比在与池田的对话中总结了八点原因：

第一，中华民族的经验。在过去20个世纪中，中国始终保持了迈向全世界的国家，成为名副其实的地区性国家的榜样。

第二，在漫长的中国历史长河中，中华民族逐步培育起来的世界精神。

第三，儒教世界观中存在的人道主义。

第四，儒教和佛教所具有的合理主义。

第五，东亚人对宇宙的神秘性怀有一种敏感，认为人要想支配宇宙就要遭到挫败。这是道教带来的最宝贵的直感。

第六，这种直感是佛教、道教与中国哲学的所有流派（除去今天已灭绝的法家）共同具有的。人的目的不是狂妄地支配自己以外的自然，而是有一种必须与自然保持协调而生存的信念。

第七，以往在军事和非军事两方面，将科学应用于技术的近代竞争之

① 《展望二十一世纪——汤因比与池田大作对话录》，荀春生、朱继征、陈国梁译，国际文化出版公司1985年版，第289、295页。

中，西方人虽占优势，但东亚各国可以战胜他们。

第八，由日本人和越南人表现出来的敢于向西方挑战的勇气，这种勇气今后还要保持下去，不过我希望在人类历史的下一阶段，能够把它贡献给解决人类问题这一建设性事业上来。

上述如果简要加以概括，就是：第一，世界性国家的经验；第二，天下精神；第三，人文精神；第四，理性精神；第五，尊重自然；第六，与自然和谐相处；第七，竞争技能；第八，敢于挑战强者的勇气。

澳大利亚著名学者李瑞智和另一位学者黎华伦合写了《儒学的复兴》一书，指出："在过去几百年独一无二地激励北亚各国的神话和圣哲，在19和20世纪面对西方对其正确的挑战之后，正在复兴起来，这种复兴——也许就是儒学的复兴——表明，它可能成为全球文明的中心，引导世界走向21世纪。"① "未来'地球村'的许多准则则由儒教思想来规范，而非儒教思想难以有所作为。"②

有美好的期望，也有不乐观的预测。美国著名学者亨廷顿20世纪90年代提出"文明冲突论"，认为冷战以后宏观层面的主要分裂是在西方和非西方之间，西方文明要与儒教文明和伊斯兰文明发生冲突，伊斯兰文明与儒教文明在人权、经济、军事特别在大规模杀伤性武器的方面进行合作，来共同抗衡西方，"未来的危险冲突可能会在西方的傲慢、伊斯兰国家的不宽容和中国武断的相互作用下发生"。"伊斯兰的推动力，是造成许多相对较小的断层线战争的原因；而中国的崛起则是核心国家大规模文明间战争的潜在根源。"③ 亨廷顿站在西方中心主义和美国的立场上认为"中国的崛起和这个'人类历史上最大竞争者'的日益自我伸张，就将在21世纪初给世界的稳定造成巨大的压力"④。以"911"为时间标志，以美国为首的西方与伊斯兰原教旨主义的冲突还没有结束，现在与中国的竞争

① ［澳］李瑞智、黎华伦：《儒学的复兴·序言》，商务印书馆1999年版。

② ［澳］李瑞智、黎华伦：《儒学的复兴》，商务印书馆1999年版，第107页。

③ ［美］塞缪尔·亨廷顿：《文明的冲突与世界秩序的重建》，新华出版社1998年版，第109、230页。

④ ［美］塞缪尔·亨廷顿：《文明的冲突与世界秩序的重建》，新华出版社1998年版，第361页。

又开始了。最后，亨廷顿也并没有放弃希望，他引用了加拿大政治家莱斯特·皮尔逊的警告：人类正在进入“一个不同文明必须学会在和平交往中共同生活的时代，相互学习，研究彼此的历史、理想、艺术和文化，丰富彼此的生活。否则，在这个拥挤不堪的窄小世界里，便会出现误解、紧张、冲突和灾难”，并称：“世界和平与文明的未来，取决于世界各大文明的政治、精神、知识领袖之间的理解和合作……在正在来临的时代，文明的冲突是对世界和平的最大威胁，而建立在多文明基础上的国际秩序是防止世界大战的最可靠保障。”① 尽管他站在西方特别是美国的立场，但也认识到多元文明共存的必然性进而塑造文明新秩序的必要性。亨廷顿在1993年夏季号《外交事务》季刊发表《文明的冲突?》一文结尾中说道：“在可见的将来，不会有普世的文明，有的只是一个包含不同文明的世界，而其中的每一个文明都得学习与其他文明共存。”② 亨廷顿把儒家看成是文明冲突的根源，说明他不了解当今的中国，也不理解儒家思想。从儒家形成两千五百年的历史来看，儒家思想不仅不是造成任何冲突的根源，相反正是化解各种冲突的根本途径。汉初叔孙通对刘邦说：“夫儒者难与进取，可与守成。”（《史记·叔孙通传》）陆贾游说汉高祖说，马上打天下，不能马上治天下。可见，儒家的优长是治理国家，建立社会秩序，而不是征战杀伐。

二、儒家思想与世界文明新秩序的塑造

如何在多元文明基础上塑造国际新秩序？儒家思想哪些内容可以为塑造人类文明新秩序提供思想资源？我略举几个方面。

第一，天人合一的有机整体宇宙观。

“天人合一”是“天地人一体”的简化，是中国哲学的最高命题。儒家的天地人一体观认为人类与天地及万物是一个有生命的整体，即宇宙万

---

① ［美］塞缪尔·亨廷顿：《文明的冲突与世界秩序的重建》，新华出版社1998年版，第372页。

② Samuel P. Huntington: The Clash of Civilization? *Foreign Affairs*, Summer, 1993, Vol. 72, No 3.

物不是自然地堆积在一起，不是机械地组合成一体，而是无数不同层次、不同类型的生命体相互连接共生、相互感应贯通的有机整体。儒家经籍《易传》以及周敦颐的《太极图说》、张载的《西铭》、程颢的《识仁篇》、王守仁的《大学问》等都表述了同样的思想。“天地人一体”思想具有有机性、整体性、统一性与和谐性的特点，而这些特点是建立在中国古代系统哲学基础上的，使之成为中国文化区别于世界其他文化的重要特征之一。钱穆先生曾经阐释说：“中国古时，常把天、地、人三位合在一起讲，这是有一番极大的现实真理在内的……若把天代表共通性，地则代表了个别性。人处于共通的天之下，但必经由个别的地，而后再能回复到共通的天，此为人类历史演变一共同的大进程。人由个别性回归到共通性，亦为人类文化理想一项大目标。只有中国历史深明此义，并亦一贯保持此趋向。欧洲历史则不然。他们的个别性胜过了共通性。换言之，他们的地域限制，显示出其在历史上之特别重要性。如希腊、罗马史，都显示出有一种地域区分。现代英、法、德、意诸国，亦现实其乃由地域区分而演出。西洋史因受地域性之限制，而成其为分裂的。中国历史则总是合而为一。自始到今，只是一个中国。”“只有中国，能由分别性汇归到共通性，又在共通性下，保留着分别性。天、地、人三位一体，能在文化历史上表现出此项奇迹来的，则只有中国了。”① “天地人一体”简化为“天人合一”，成为中国文化的重要精神之一。季羡林先生认为“天”就是大自然，“人”就是我们人类。天人关系是人与自然的关系。“天人合一”“是讲人与大自然合一……同大自然交朋友”②。蒙培元先生说：“所谓‘天人合一’，是指人和自然界的和谐统一。”③ 我认为“天人合一”其实是“天地人一体”的简化版，可以理解为在尊天重地前提下人与自然和谐相处，这一思想可以克服西方文明的人与自然二元对立以及机械主义、物质主义、实用主义等弊端。

---

① 钱穆：《中国历史研究法》，生活·读书·新知三联书店 2001 年版，第 115、118 页。

② 季羡林：《“天人合一”新解》，《传统文化与现代化》1993 年第 1 期。

③ 蒙培元：《理学范畴系统》，人民出版社 1998 年版，第 426 页。

季羡林先生说："据我个人的观察与思考，在处理人与自然的关系方面，东方文化与西方文化是迥乎不同的。西方的指导思想是征服自然；东方的主导思想，由于其基础是综合的模式，主张与自然万物浑然一体。西方向大自然穷追猛打，暴烈索取。在一段时间以内，看来似乎是成功的：大自然被迫勉强满足了他们的生活的物质需求，他们的日子越过越红火。他们有点忘乎所以，飘飘然昏昏然自命为'天之骄子'，'地球的主宰'了。东方人对大自然的态度是同自然交朋友，了解自然，认识自然；在这个基础上再向自然有所索取。'天人合一'这个命题，就是这种态度在哲学上的凝练的表述。"他还比较分析了东西方为什么在人与自然关系问题上的不同，是因为："东方文化基础的综合的思维模式，承认整体概念和普遍联系，表现在人与自然的关系上就是人与自然为一整体，人与其他动物都包括在这个整体之中。人不能把其他动物都视为敌人，要征服它们……在西方文化风靡世界的几百年中，在尖刻的分析思维模式指导下，西方人贯彻了征服自然的方针。结果怎样呢？对人类的得寸进尺永不餍足的需求，大自然的忍耐程度并非无限，而是有限度的。在限度以内，它能够满足人类的某一些索取。过了这个限度，则会对人类加以惩罚，有时候是残酷的惩罚。即使是中国，在我们冲昏了头脑的时候，大量毁林造田，产生的后果，人所共知：长江变成了黄河，洪水猖獗肆虐。"最后季羡林说："要按照中国人、东方人的哲学思维，其中最主要的就是'天人合一'的思想，同大自然交朋友，彻底改恶向善，彻底改弦更张。只有这样，人类才能继续幸福地生存下去。"① 所以，我们要改变人与自然二元对立的思维模式。因为我们只有一个地球，人类已经生活在地球村，没有一个地方可以长期自我封闭，没有一个国家可以独善其身，改善人与自然的关系，是每一个地球村人的责任与义务，是塑造人类文明新秩序的前提。

第二，保和太和的和谐共生理念。

在天地人一体的有机宇宙中，人与天地之间的其他万事万物都应该和谐相处，共生共荣。"保和太和"就是儒家追求的一种普遍、圆满、终极的和谐境界。《周易·乾》说："乾道变化，各正性命。保合太和，乃利

① 季羡林：《"天人合一"新解》，《传统文化与现代化》1993年第1期。

贞。”认为天道的大化流行，使万物各得其所，保持这种完满的和谐，万物就能顺利发展。“太和”是天地人和谐一体的极致状态或者说理想境界。北宋张载把宇宙本源的、最高的和谐状态称为“太和”，并把“太和”提高到“道”的高度，提出“太和所谓道”（《张子正蒙·太和篇》）的命题，认为“太和”就是宇宙间最高的“道”，从宇宙本源、本体的高度论证了“和”，从而达到了“和”的思想发展的最高点。因此，太和作为天地之道，既是天地运行的最后根据、现实过程、内在动力，也是人类社会实践过程的价值之渊源。王夫之在《张子正蒙注·太和篇》中也进一步指出：“太和，和之至也……未有形器之先，本无不和；既有形器之后，其和不失，故曰‘太和’。”太和就是和谐的极致，万物在没有成型之前，本来无所谓和与不和；已经成型之后，仍然能够保持和气不失，所以就叫作太和。

当今全球化使得世界多元文明接触、联系不断增强，多元文明如何相处？是对话，还是冲突？是合作，还是对抗？这些问题已经成为关乎人类前途命运、人类文明何去何从的重大问题。世界上每一种文明都扎根于自己的生存土壤，凝聚着一个国家、一个民族的生活智慧和精神追求，都有自己独特的存在价值。所以我们要摒弃文明冲突论，“应当探讨文化的自我认识、相互理解、相互宽容和世界多元文化之间的共生理念以及达到‘天下大同’的途径”①。世界的不同文明只有和谐共生，才能最终实现天下大同。

第三，和而不同与多元文明和平相处。

自有人类以来，在地球各处就逐渐产生了不同的文明。在漫长的历史发展中，有的文明消失了，有的新文明诞生了，有的文明相互接触、交流，有的文明封闭、自守，但多种文明并处共存是事实。并处共存就免不了冲突，冲突激烈，规模巨大，就有可能造成文明毁灭、衰退。所以，和谐相处、同生共荣就成为不同文明的共识与努力方向。当今世界多元文明的和平共处问题，就是如何促进多元文明在全球现有的政治经济组织的框

① 费孝通：《多元一体 和而不同》，《人民日报（海外版）》2000 年 7 月 27 日第 4 版。

架之内和平共处、发展进步的问题。各文明如果不能和平共处，就会出现很多问题，甚至出现纷争、战争。近代以来西方文明由于种种原因，没有解决好这个问题。20世纪以西方世界为主导，发生了两次世界大战，造成了人类史无前例的灾难。“二战”以后虽然再没有发生世界性的大战，但几乎每天都有规模大小不同的地区冲突和局部战争，和平仍然是人类的渴望。进入21世纪以后，并没有带来新气象，全球化步伐加快，已经形成“地球村”，多元文明接触交流，冲突频繁，战事不断，人类社会正面临着一场新的文明危机，并开始引起人们的警觉。如何走出当前混乱纷争的局面？我们的方案是以“和而不同”原则作为处理不同文明关系的一条基本原则，承认世界文明的多样性，推动不同文明的对话，实现和谐相处，使不同文明都能自觉地参与解决当前人类社会所面临的共同问题，参与到塑造人类文明新秩序之中。

“和而不同”见于《论语·子路》“君子和而不同，小人同而不和”。但关于和同之辩在《国语·郑语》中有记载。西周末年，史伯提出“和实生物，同则不继”“以它平它谓之和”的思想，朴素地说明“和”是一种承认有矛盾、有差异的同一性，而“同”则是否认矛盾，不承认差异的同一性。春秋战国时期“道术为天下裂”（《庄子·天下》），“百家争鸣”，各执一端，是“和而不同”思想的具体表现。当时各家各派互相诘辩、互相批评，又互相影响、互相吸收，形成了中国古代思想史上空前繁荣的鼎盛时期。孔子说“君子和而不同，小人同而不和”。君子以“和”为准则，但不肯盲从附和，而敢于提出自己的见解；小人处处盲从附和，而不敢提出自己的见解。这是从为人处世处理人际关系而言的，“和而不同”还可以作为处理不同文明冲突的原则，“和”是文明多样性的统一，建立在不同文明相互区别的基础上，而“同”则是单纯的一致，是没有生命力的单一。所以儒家历来非常重视“和”，《论语·学而》提出“和为贵”，不仅是人和人之间和平相处之道，也是国与国、民族与民族、国家与国家之间和平相处之道，对于人类生存和发展至关重要。人类自古至今，因国界、宗教、种族、主权、经济利益的争执，思想、语言、风俗的差别，所引起的冲突乃至战争不胜枚举，甚至常上演“争地以战，杀人盈野；争城以战，杀人盈城”（《孟子·离娄上》）的惨剧。“和为贵”的思想，对匡正当今世界发生的种种纠纷、冲突，大有裨益。《尚书·尧典》中说尧能够“协和万邦”，引申到当今世界，就是不同国家都能够相互尊重、相互合作、共同发展，以此为不同国家、民族和平相处的核心价值观。《尚书·皋陶谟》还提出“和衷共济”，引申到当今世界，人类面临的危机是共同的，需要所有国家同心协力，一起努力，克服困难。《周易·乾·彖》提出“万国咸宁”，天下所有国家都繁荣昌盛，人民安居乐业。

《论语·里仁》中载：“子曰：德不孤，必有邻。”中国人以德为邻，而不是以邻为壑。“亲仁善邻，国之宝也”（《左传·隐公六年》），这应该是相邻国家和文明之间和平相处之道。当然，不同国家、不同民族、不同文明之间因为复杂的原因，免不了发生纠纷，产生矛盾，这个时候如何解决纠纷、化解矛盾也很重要，而不是扩大纠纷，加深矛盾，最后酿成你死我活，两败俱伤。北宋张载提出“有反斯有仇，仇必和而解”（《正蒙·太和篇》），由阴阳和合所产生的万事万物都会有对、有仇，即会有矛盾。那么如何化解、解决种种矛盾，他提出了“和而解”的方法主张。这对于处理各种人际关系、政治社会关系乃至国家民族、不同文明的关系具有重要意义。

中华民族历来是爱好和平的民族，孔子不主张对外侵略和征服，而提出“修文德以来之”（《论语·季氏》）。《司马法·仁本》说：“国虽大，好战必亡；天下虽安，忘战必危。”好战的国家必然灭亡，而没有战备的国家也会处于危险之中。中华民族爱好和平，提倡“化干戈为玉帛”，但也不怕战争，勇于参加保家卫国的自卫战争和替天行道的仁义战争。汤恩比说：“我的想法是，与其说中国人是有对外推行征服主义野心的民族，不如说是在本质上希望本国和平与安泰的稳健主义者。实际上，只要不首先侵犯中国，中国是从不先发制人的。近代以来，鸦片战争、中日战争、朝鲜战争以及迄今和中国有关的战争，无论哪一次都可以叫做自卫战争。”① 中国历史上兴盛的汉族政权王朝对于周边游牧、渔猎民族主要采

① 《展望二十一世纪——汤因比与池田大作对话录》，荀春生、朱继征、陈国梁译，国际文化出版公司 1985 年版，第 290 页。

取“怀柔”“羁縻”“和亲”等政策，往往是他们不断侵扰、掠夺，汉族政权王朝忍无可忍才发动讨伐战争。就中国文化的发展历史来看，汉族政权与周边少数民族、与世界其他文明的冲突、战争是暂时的，而相互吸收与融合则是主要的。

罗素曾经指出：“不同文明的接触，以往常常成为人类进步的里程碑。希腊学习埃及，罗马学习希腊，阿拉伯学习罗马，中世纪的欧洲学习阿拉伯，文艺复兴时期的欧洲学习东罗马帝国。学生胜于老师的先例有不少。”① 这说明不同文明之间的接触交流是促进人类文明发展的重要因素，欧洲文化在历史上也是吸收了许多其他民族的文化，包括阿拉伯文化的某些成分。不同文明之间的接触、交流、对话、借鉴和融合是多元文明发展的动力。面对多元世界文明，一方面应当以开放包容的态度正确理解差异，尊重区别，以消弭隔阂，促进不同文明之间的和谐共处；另一方面在尊重文明多样性的同时，也应当努力寻求不同文明之间的共通性，存异求同，这样才能以平等尊重的态度和兼容并包的方式进行文化交流与传播，用文明共通性联结吸纳文明的差异性，实现多元文明的和平相处。

第四，中庸之道与世界文明格局变革。

“中庸之道”，有时简称“中道”，是儒家核心价值观之一。“中”和“庸”的观念在孔子以前已经有了，而“中庸”合称，成为一个基本范畴，则始于孔子。考诸历代经学家注疏及时贤诠释，“中”指合宜、适度、合理、正确、恰如其分、不偏不倚、无过无不及；对“庸”的理解稍显复杂一些，但多训为“常”“用”。“中庸”合称始于《论语·雍也》，子曰：“中庸之为德也，其至矣乎！民鲜久矣。”这里说了两层意思，一是说中庸是最高的德行，二是说中庸之德起源很早，但在当时已经很罕见了。孔子对于作为“至德”的“中庸”，不仅仅是进行理论上的阐述，更强调在实际言行的践履中来体认，善于在两个极端中寻求平衡。“叩其两端”（《论语·子罕》），“允执其中”（《论语·尧曰》），“执两用中”（《中庸》）。“中庸”的实践也就是“用中”。“用中”之方，就在于通过考察事物对立双方的连接点来确定，以求得双方在更高层次上的平衡。孔子之后，据说

① ［英］罗素：《中国问题》，秦悦译，学林出版社 1996 年版，第 146 页。

是子思所作的《中庸》对孔子的中庸之道推崇备至，以中、和二字辨其要义，以使人体会，学习中道，由中致和："喜怒哀乐之未发谓之中，发而皆中节谓之和。中也者天下之大本也，和也者天下之达道也。致中和，天地位焉，万物育焉。"(《中庸》)这可以看出，"中"是天下的本根，"和"是天下的归宿，达到中和是天地万物的根本目的，天地万物各得其所，和谐相处，顺利生长。

"中庸之道"经过历代儒者的努力弘扬，渗透到了中国古代政治、法律、哲学、艺术、伦理等各个方面，对中国文化、中国哲学影响很大，构造了中国文化、中国哲学的基本精神，成为中国人立身处世、待人接物的行为准则，治国安民、平治天下的根本哲学与根本法则。

在世界各大文明的早期宗教、哲学中，都曾经不约而同地有中庸的观念，并且以不同的形式——神话、格言、教义、哲学论著等表达出来。除了中国，还有诸如古代希腊亚里士多德的中道观，古印度《奥义书》、吠檀多"不二"哲学及后来大乘佛教龙树的中观（空观）哲学，还有伊斯兰《古兰经》中的中道思想等。这些中道观在各文明的早期哲学中占有很重要的地位，差不多成为一个共同的文化现象，对后来的文明发展有不同程度的影响。但是，除了中国而外，其他文明都没有走"中庸之道"，而是各有偏向，形成了不同的民族心理性格和文化形态，构成了今天世界文明的基本格局。

就西方文明而言，由于亚里士多德所奠定的西方哲学后来成为西方文明的一个基本思想渊源，但亚氏以后的西方哲学家再很少有人提倡中道，所以导致了西方人的思想行为总是倾向于极端和激烈，西方文明在其后的发展中总是习惯于从一个极端跳到另一个极端，从一种偏颇走向另一种偏颇，在动荡、跳跃、断裂中发展到今天。对此，罗素曾有过尖锐的批评，说西方人"有'什么都不过分'的格言；但是，事实上，他们什么都是过分的，——在纯粹思想上，在诗歌上，在宗教上，以及在犯罪上"①。比较而言，中国文化不但历史悠久，博大精深，而且基本上能够走中庸之

① ［英］罗素：《西方哲学史》（上），何兆武、李约瑟译，商务印书馆 1982 年版，第 47 页。

道。就中国文化的发展历史来看，不同文明、不同文化层次之间有争辩、冲突，但没有发生宗教战争、种族灭绝之类惨绝人寰的事情，与儒家的中庸之道不走极端有极大关系。

在当今世界“百年未有之大变局”下，我们要执两用中，允执其中，以中庸之道化解所谓的“文明冲突”，立足自身的历史文化传统，从源远流长、博大精深的中华文化中汲取滋养，以中华文明为主体，博采世界不同文明之优长，以开放、包容、共享、共赢的文明大国形象，积极参与世界文明新秩序的塑造，使世界不同文明意识到人类是一个同中有异、异中有同、你中有我、我中有你、相互依存的“命运共同体”，促进人类文明整体提升到更高的境界。

第五，忠恕之道与全球伦理。

《论语·里仁》载，子曰：“参乎！吾道一以贯之。”曾子曰：“唯。”子出。门人问曰：“何谓也？”曾子曰：“夫子之道，忠恕而已矣。”曾子认为孔子思想“一以贯之”的就是忠恕之道。《论语·卫灵公》载，子贡问曰：“有一言而可以终身行之者乎？”子曰：“其恕乎！己所不欲，勿施于人。”《论语·雍也》载，子曰：“……夫仁者，己欲立而立人，己欲达而达人。能近取譬，可谓仁之方也已。”“己欲立而立人，己欲达而达人”就是所谓“忠”，包含着对国家、对君主、对上司、对朋友、对职事，真心诚意，尽心尽力，积极为人的意思，是推己及人的肯定方面。“己所不欲，勿施于人”就是所谓“恕”，是将心比心，仁爱待人之意，包含着宽恕、宽容的意思，是推己及人的否定方面。“己所不欲，勿施于人”成为全球伦理的普世原则，被称为“黄金律”。所谓全球伦理，又叫普遍伦理，它并不是一种人为的理论学说，而是全球文化多元化与一体化的过程中出现的一种愿望和要求：争取建立全人类能够共同接受或遵循的伦理规则或原理。孔汉思和库舍尔指出：“这全球伦理是指由所有宗教所肯定的，得到信徒和非信徒支持的，一种最低限度的共同的价值、标准和态度。”他们还强调：“全球伦理所要做的，是要阐明各种世界宗教经过有种种分歧，但在人类的行为、道德的价值和基本的道德信念方面，已经具有的共同之处。换言之，全球伦理不是要把各种宗教简化为最低限度的道德，而是要展示世界诸宗教在伦理方面现在已有的最低限度的共同之处。”① 这说明全球伦理是以承认文化多元化为前提的，是在文化多元化的基础上主动地寻求伦理道德上的共识，以图解决人类自己所面临的问题。全球伦理从世界各大宗教和文化的道德准则中，提出了全人类都应当遵循的人道之两个基本原则：每一个人都应受到符合人性的对待；己所不欲，勿施于人。这两条规则是每一个宗教传统的组成部分，是所谓“黄金规则”，是全球伦理的普世原则。这一黄金规则不但对人以及人的人格、个性、爱好、选择等适用，而且对家庭与家庭、社团与社团、民族与民族、国家与国家等也适用，成为塑造世界文明新秩序的一条重要原则。

以忠恕之道为价值，指导不同文明之间的相互对话、交流、借鉴和融合，是文明多样性及其发展的内在动力，可以促进多元文明的和谐相处，增进人类福祉，为人类社会的和平安宁并最终走向世界大同做出更大的贡献。

第六，天下一家的世界大同理想。

池田大作曾说：“我不能不注视在中国三千年文明里如地下水脉一般源源流淌的传统的世界秩序感觉。”② 当然，这种传统毕竟是一种思想遗产。“思想遗产毕竟是遗产。这种贯通在中国三千年历史中的世界性秩序感觉、精神”，需要“升华成为一种世界精神”。③ 这种“世界精神”就是儒家在治国的基础上平天下，追求天下为公、世界大同的“天下主义”。天下为公的大同社会是千百年来中国人民为之不懈奋斗的理想和信念，是古代思想家和政治家、志士仁人都在苦苦追寻的美好理想。从古代的孔子、孟子，到近现代的康有为、孙中山，都曾提倡这样的思想，进行过这样的努力。《礼记·礼运》篇明确提出“天下为公”的大同理想，并借孔子之口做了美妙的阐述：没有私有制，人人为社会劳动而不是“为己”；老弱病残受到社会的照顾，儿童由社会教养，一切有劳动能力的人都有机

① ［德］孔汉思、库舍尔编：《全球伦理：世界宗教议会宣言》，何光沪译，四川人民出版社 1997 年版，第 171、2 页。

② ［日］池田大作：《池田大作集》，上海远东出版社 2003 年版，第 273 页。

③ ［日］池田大作：《池田大作集》，上海远东出版社 2003 年版，第 276 页。

会充分发挥自己的才能；没有特权和世袭制，一切担任公职的人员都由群众推选；社会秩序安定，夜不闭户，道不拾遗；对外“讲信修睦”，邻国友好往来，没有战争和国际阴谋。这样一个美好的理想境界，既深刻反映了当时人们对理想社会的向往，也反映了孔子儒家远见卓识的思想境界和伟大的政治抱负。孔子的弟子子夏曾说：“四海之内皆兄弟也。”（《论语·颜渊》）荀子明确提出：“四海之内若一家，故近者不隐其能，远者不疾其劳，无幽闲隐僻之国，莫不趋使而安乐之。”（《荀子·王制》）四海一家，远近列国都可以友好相通，天下大同，共享安定和平。《礼记·礼运》还说：“故圣人耐以天下为一家，以中国为一人。”《礼记·孔子闲居》也说：“天无私覆，地无私载，日月无私照。奉斯三者以劳天下，此之谓三无私。”在这样一个社会里，人们能够像天地日月那样大公无私，社会呈现的是一派安定祥和的气象，人人相亲相爱，没有压迫，没有战争。梁启超说：“全人类大团结的理想，我们中国是发达很早的，我们向来并不认为国家为人类最高团体。所以说‘修身齐家治国平天下’，身（个人）是单位的基本，天下（世界）是团体的极量……我中国面积，和欧洲差不多一样大，他们至今分为许多国，我们早已合成一国，其中原因虽甚复杂，但这‘天下一家’的高尚思想，确为主要动机之一种。”①

中国传统文化中的大同思想不可避免地有其历史的局限性，但是，浸润在中华优秀文化传统“大同”思想中的全人类之间那种不分贫富贵贱，充满真正的自由、平等和博爱的崇高理念和精神，则体现了人类社会发展的最终必然归宿，是全人类的共同财富，也应当是当今全球化核心内涵中最可宝贵的东西，并永远值得我们继承和弘扬。中国古代思想家、政治家所孜孜以求的以大同理想为主体的理想社会是一个持续稳定、公正平等、文明和谐的社会。这一理想的实现，费孝通曾以“美美”四句来概括：“各美其美，美人之美，美美与共，天下大同。”②

---

① 梁启超：《欧游心影录》，《饮冰室合集·专集》第23册，中华书局2015年版，第126页。

② 费孝通：《人文价值再思考》，《费孝通文集》第十四卷，群言出版社1999年版，第196页。

结 语

儒家思想源远流长，博大精深，作为中国传统文化的主流和主体，在漫长的历史发展中发挥了巨大作用，塑造了中华文明的基本模式和内在精神，与中华民族的命运息息相关。儒学又不仅仅是中国的，在历史上也走向世界，在东亚、东南亚形成了“儒家文化圈”，明末清初传播到西方，特别是20世纪以来向世界各地的广泛传播，对当今世界多元文明的发展产生了和正在产生着重要的影响，使世界各国的有识之士越来越认识到其价值和意义。联合国教科文组织干事泰勒博士曾经说：“如果人们思索一下孔子的思想对当代世界的意义，人们很快便会发现，人类社会的基本需要，在过去的二千五百多年里，其变化之小，是令人惊奇的。不管我们取得进步也好，或是缺乏进步也好，当今一个昌盛、成功的社会，在很大程度上，仍立足于孔子所确立和阐述的很多价值观念，这些价值观念属于中国，也属于世界，属于过去，也鉴照今天和未来。”① 如前所述的天人合一、保和太和、和而不同、中庸之道、忠恕之道、天下一家等思想观念就是这样。它们不仅属于中国，也属于世界；不仅在历史上发挥了巨大作用，也在今天和未来会发挥重要作用。正如费孝通先生所说：“在和西方世界保持接融、积极交流的过程中，把我们的好东西变成世界性的好东西。首先是本土化，然后是全球化。”② 这就是说，中华民族的伟大复兴不能再闭关锁国，应该保持与世界的接触、联系与交流，在重建中华文明的主体性的基础上，让儒家思想走出国门，走向世界，为世界文明新秩序的塑造提出我们中国人的主张、方案，并积极参与国际事务，付诸实践。

---

① 泰勒：《联合国教科文组织总干事代表泰勒博士的致词》，《孔子研究》1990年第1期。

② 费孝通：《从反思到文化自觉和交流》，《读书》1999年第11期。

比较视域下孔子治国理政思想的现代启示

刘丹忱

【摘要】轴心时代让人类开始拥有了精神觉醒的意识，并开始了理想治理模式的探索。孔子是东方的思想巨人，在治国理政方面都阐发过系统精湛且意义深远的论述。孔子以杰出的历史理性，将以修己为本、安百姓为旨归的仁学之道导入体现尊尊之制的君臣父子伦理关系之中，确立了以道德与政治的统一来治平天下的德治路径。西方的柏拉图则以卓越的逻辑理性，运用正义与善的理念构建了三个等级各司其职、互不僭越的理想城邦治理模式。通过较为深入的比较互鉴，为我们中华民族伟大复兴背景下的治国理政提供思想资源。

【关键词】孔子德治思想　柏拉图政治思想　比较互鉴　现代启示

【作者简介】刘丹忱，中国政法大学人文学院副教授。

问题的提出

从公元前6至公元前3世纪，彼此隔绝的古代中国、希腊和印度几乎同一时期出现了人类精神文明发展变化的重大突破性进展，三个地区的人们开始探究许多根本性的问题，出现了一批伟大的思想家，这就是雅斯贝斯（Karl Jaspers，1883—1969）所说的人类精神觉醒的所谓“轴心时代”（Axial Period），“这个时代产生了直至今天仍是我们思考范围的基本范畴，创立了人类仍赖以存活的世界宗教之源端”。西方哲学为我们今天研究中国古代先哲的思想提供了参照背景。杨国荣先生这样说：

> 西方哲学在某种意义上为今天理解以往经典提供了新的理论视野和背景。从这一事实看，“以中释中”或以单一的视野去理解自身的哲学传统，无疑既过于狭隘，也缺乏历史意识：在历史已经发展到中西彼此相遇之时却依然自限于某种单一传统，这显然是非历史的。①

在所谓的“前轴心”历史时期②，在彼此隔绝的世界各大文明圈（如两河流域、尼罗河流域、印度河流域及黄河流域），他们的发展进程具有惊人的相似之处。那便是他们的文化，包括政治意识中都具有浓郁的原始宗教意识。但是，随着这些国家在经历了独立的发展道路后，不约而同地呈现出一个思想理性的轴心时代，对人类所面临的许多共同问题进行了深刻的思考。正是由于在经历了被称为“哲学的突破”③ 之后，各国最初的文明发展模式便产生了巨大的分化，走上了不同的发展路径。

结合轴心时代中西方思想文化史及社会发展的历程，从比较的视域下来分析研究孔子的治国思想，为今天的治国理政提供思想资鉴。

一、孔子为政以德的治国策

（一）家国同构和身国共治

1. 古代中国的氏族制度遗存

在中国的早期文明与国家发展的过程中，因地处相对独立的自然地理

---

① 杨国荣：《中国哲学：内涵和走向》，《上海师范大学学报（哲学社会科学版）》2018 年第 5 期。

② ［德］雅斯贝斯：《历史的起源与目标》，华夏出版社 1989 年版，第 14 页。一般说来，公元前 11 世纪是“前轴心期”与“轴心期”的分界线；在中国，“前轴心期”是指西周建立之前的历史阶段，以商代历史为典型；在西方，“前轴心期”则是指古希腊哲学产生之前的历史时期。

③ 所谓“哲学的突破”最早是由德国思想家马克思 · 韦伯提出的，经帕森斯加以阐释，是指人们在更高的理性层面上对宇宙的本质、生活本质、人类生存境遇所产生的一种新的解释，并由于解释系统的不同，从而导致后来文化发展样式的巨大差异。

区域以及农业经济的稳定连续发展，使得以血缘关系为纽带的家族——宗族组织结构始终保持并演变着。这成为古代中国文明与古希腊文明的重大区别，并导致后来东西方文明不同的发展路向。在政治上，则形成了宗族组织与政治权力的同层同构。

以血缘为基础的氏族制是人类发展的必经阶段，一切民族都经历了这一历史阶段而进入文明。如前所述，古代中国是在未充分切断氏族血缘联系的情况下建立国家的。这一特点只要同古希腊（特别是雅典）城邦国家稍加比较，就可看清。

古希腊人曾经历过氏族制阶段，但是希腊地处欧、亚、非三大洲海上交通枢纽，海上贸易和殖民活动非常活跃。这促使希腊各氏族、部落的成员脱离其血缘母体，迁移散居到其他氏族、部落的聚居地，从而形成一个城邦中不同氏族成员混居杂处的局面。例如雅典，在英雄时代有 12 个胞族和由它们组成的 4 个部落。12 个胞族各有单独的居住地。在英雄时代后期，由于商品经济、海上贸易和殖民活动的发展，雅典各部落、氏族以及外来的移民很快混居在一起，这种情况势必引起汤因比所说的原始氏族制度的“萎缩”。不同氏族成员的混居以及新的经济利益集团的形成，使原来的氏族机构无法行使其管理职能，社会迫切需要一种新的机构代替原来的氏族各级机构。经过公元前 594 年的梭伦改革和公元前 509 年的克里斯提尼改革，雅典还是比较彻底抛弃了原有以氏族为基础的 4 个部落，代之以 10 个按地域划分的所谓“部落”；管理社会的机构，也不再是由氏族首领组成的氏族机构，而是新设置的由社会全体自由民选举产生的机构。后来亚里士多德在评论克里斯提尼改革时有过类似的记述。

中国社会的历史进程同古希腊大相径庭，因商品经济不发达，如果一个人想要抛开土地、脱离其血缘氏族而到其他氏族，就会变得难以生存。因此缺少氏族成员脱离血缘纽带的条件，聚族而居的格局长期存在，难以打破。这样在古代中国国家形成过程中，氏族的各级组织演变成了各级国家机关。

2. 西周分封、宗法、等级三位一体的政治结构

周初统治者文王、武王、周公等，在总结夏商两代执政经验、教训的

基础上，建立了所谓“立子立嫡”制度，从而使宗法制、分封制、等级制得到进一步的确立。分封、宗法、等级三位一体的政治结构和社会机构成为西周时代最显著的特征，并对其后两千多年的中国封建社会的上层建筑产生了不容忽视的影响。

首先来看分封制。关于分封制何时起源，学界存在着不同的观点。但对于分封制在西周时期最为典型这一点，还是基本达成共识的。武王伐纣，特别是周公东征之后，周王朝开始了大规模的封邦建国。受封者有文王之子、武王之子及弟弟、周公之子在曲阜建鲁国等，还分封了一些异姓诸侯，如太公望受封于今山东临淄，建齐国等。《荀子·儒效》中这样记述：“（周公）兼制天下，立七十一国，姬姓独居五十三人。”分宗建国从消极方面说，使失去王位继承权的诸王子分享了王室的部分权力，从而消弭他们的不满；从积极方面说，使同姓子弟掌握大部分领土“以藩屏周”（《左传·僖公二十四年》）。另一方面，实行同姓不通婚制，使周族与异姓贵族结成联姻关系，消除“异姓则异德”（《国语·晋语四》）的隐患。

可见通过周初的封邦建国，大大加强和巩固了周天子“天下共主”的地位。

其次来看宗法制。周天子在群子中立嫡长子作为群弟的首领和王位继承人，在政权组织中即为天子，在家族中是大宗，而他的群弟在家族中是小宗，在政权组织中则被封为公侯。公侯的嫡长子在诸侯国中又成为大宗，继承公侯之位，他的群弟则是小宗，被封为卿士。由于大小宗的不同，所以形成从天子到公侯到卿士的不同等级，产生从上到下的臣属关系。

因此，天下就成为一个由姬姓家族及异姓宗族共同行使统治权的周天下，宗统与君统合一，家族组织与国家政权组织合而为一，形成宗法封建等级制国家。基于封建土地关系，“事父”的意义还要解释到“事君”的意义上去。

最后看一下等级制，各诸侯也效法王室分宗和分封采邑，各诸侯国中形成了许多大夫的采邑，大夫之家也实行这种制度。如此层层分化，形成了等级制。《左传·昭公七年》有过这样的记述：“王臣公，公臣大夫，大夫臣士，士臣皂，皂臣舆，舆臣隶，隶臣僚，僚臣仆，仆臣台。马有圉，牛有牧。”周初统治者通过各种方式（包括制礼作乐）使等级制度固定化。最终形成了以血缘上的嫡庶、长幼以及与周天子血缘远近亲疏为标准的等级制，下一等级对上一等级的服从可以建立在子弟对父兄孝悌等血缘情感和宗法道德之上。因等级的差别所以要“尊尊”，又因血缘的纽带所以能够“亲亲”。在这种制度下，孝亲与忠君一致，我们把它叫作“家国同构”。

3. 孔子的身国共治之道

周平王东迁后，王室衰微，大国争霸，各诸侯国内部国君势力衰落，政治权力下移，形成了周王驾驭不了诸侯，诸侯控制不了卿大夫，卿大夫管不了自己的家臣的局面。关于春秋时期的历史背景，徐良高通过将传世文献与考古成果中的文化遗存现象对比研究，认为周代体制中的“明显的分权现象、王权受到制约和贵族世家大族共享权力”等特点，“不仅是西周分封制的社会基础，也是东周时期周王王权衰落，诸侯并争，诸雄争霸的历史原因”。① 在此需要说明的是，春秋时代王室的衰微绝非偶然。周初统治者建立的宗法分封制度，曾经起到过巩固王室、缓和社会矛盾的良好作用。但这一制度本身包含着削弱王权的因素，随着王室的代代繁衍，大部分的土地和人民被嫡长子以外的“别子”所占有，后果就是王室的经济和军事力量逐代削弱。这种造成王室衰微的原因，同时在各诸侯国发挥着作用，分封制度也逐代削弱着公室的势力，增强了大夫甚至陪臣的力量。这样的逐代积累，至春秋时期达到了礼崩乐坏的程度，分封制、宗法制日趋动摇瓦解。

然而，政治与血缘的关系并没有因此而被割裂。首先，因为宗法制度虽在解体过程中，但宗法的观念因周初以来的“制礼作乐”而深入人心。其次，作为社会基本单位的宗族并无根本性的改变，宗族仍然是社会政治中最主要的政治力量。

产生于春秋末年的孔子德治思想，其出发点正是西周以来的氏族宗法观念。孔子对于社会的观察是极其透辟的，正是基于对古代中国政治与血缘紧密相关的现实的深刻体会，孔子提出了以孝悌、正身为前提的德治之道。

---

① 徐良高：《由考古发现看商周政体之异同》，《南方文物》2017 年第 4 期。

生当春秋乱世的孔子，看到虽有周礼这样完备的典章制度，但诸侯争霸，民不聊生。他深感单纯依靠刑罚政令不足以为治，只有通过唤起人的道德自觉，用人伦道德精神去点化政治道德，才是有效治道。所谓："道之以政，齐之以刑，民免而无耻；道之以德，齐之以礼，有耻且格。"(《论语·为政》)那么德治该从哪里入手呢？孔子首先选择了孝悌。"有子曰：'其为人也孝弟，而好犯上作乱者鲜矣。……君子务本，本立而道生。孝弟也者，其为仁之本与？'"(《论语·学而》)

孔子一开始就将家族伦理与政治道德结合起来，在宗法社会里亲与尊在伦理关系中往往是二位一体的，孝父是忠君的基础，而忠君又是孝父的扩大。孔子甚至认为在家孝父、友弟就可以算成是为政了。"君君、臣臣、父父、子子"(《论语·颜渊》)更成为孔子治道的基本原则。两对关系从法律上看是权利、义务，从价值观上看是道德，人伦之德与政治道德相互重叠。这样就可以用亲亲之情维系礼乐文化的尊尊之制了。

其次，孔子要求"政者，正也"，为政者要先正己身。治者不是凭借权力来发号施令，而是修己正身，之后风行草偃。"季康子问政于孔子。孔子对曰：'政者，正也。子帅以正，孰敢不正？'"(《论语·颜渊》)"其身正，不令而行；其身不正，虽令不从。"(《论语·子路》)将"政"训为"正"，并非孔子的发明。《左传·桓公二年》载，师服曰："夫名以制义，义以出礼，礼以体政，政以正民。"这里说明政治是用来正人民的。孔子继承并超越了前人的思想，突出强调了作为正民手段的"正己"的重要作用，认为只要为政者以德修身，修己成为君子乃至圣人，天下自然便会大治。反之，其身不正，再多的政令也不能推行。

孔子将以修己为本、安百姓为旨归的仁学之道导入体现尊尊之制的君臣父子伦理关系之中，以建立符合人伦道德的政治伦常，使政治道德化，从而确立了孔子以道德改造政治的基本路径。

（二）内圣外王与忠君尊王

孔子的治道对周初确立的传统社会结构做了重大的修正。在宗法封建等级制度中，人与人之间的领属关系又是双重化的，天子和诸侯是一对君臣关系，诸侯与卿大夫又是一对君臣关系，而卿大夫与其家臣也是一定意义上的君臣关系。但在孔子理想的德治社会中，只有三个结构，人们的地位是由德行而非血缘来决定的，即圣人—君子—小人进而形成君—臣—民的彼此关系。这样君是唯一的，臣只是辅佐君的，民也是唯一的君之民，他们与臣不是领属关系。这一点正是被后来中央集权的君主专制制度所充分利用的。我们研究孔子的德治思想也是从这三个结构入手的，首先来看治道中作为“治人者”的君、臣以及君臣关系。

1. 法先王

谈到君道，我们首先要联系到孔子倡始的法先王学说。具体到中国上古时代的“有道盛世”来说，先王们的典范形象和贤明政治，是历史和传说糅合在一起的，许多是先秦时代的思想家为了托古改制而依据自己的理想夸饰的。孔子“法先王”的真实意图就是为了鉴今。

首先，先王是理想人格的化身。“巍巍乎，舜、禹之有天下也，而不与焉。”（《论语·泰伯》）“子曰：‘禹，吾无间然矣。菲饮食而致孝乎鬼神，恶衣服而致美乎黻冕，卑宫室而尽力乎沟洫。禹，吾无间然矣。’”（《论语·泰伯》）在孔子眼里，舜、禹德行高尚，能以礼让得天下；生活俭约，严格责己，但对于当时被认为关乎国家社稷的祭祀之礼，他们格外重视；对于关乎百姓生计的沟洫水利，他们也总是不遗余力。先王们的道德人格成为垂世的楷模和典范。

其次，先王更是理想政治的化身。“舜有臣五人而天下治。武王曰：‘予有乱臣十人’。孔子曰：‘才难，不其然乎！唐虞之际，于斯为盛。有妇人焉，九人而已。三分天下有其二，以服事殷。周之德，其可谓至德也已矣。’”（《论语·泰伯》）“尧曰：‘咨！尔舜！天之历数在尔躬，允执其中。四海困穷，天禄永终。’舜亦以命禹。”（《论语·尧曰》）“子夏曰：‘……舜有天下，选于众，举皋陶，不仁者远矣。汤有天下，选于众，举伊尹，不仁者远矣。’”（《论语·颜渊》）

以上的资料，值得我们注意的至少有两点。

（1）有关禅让。孔子提倡以德服民，不据天下为己有，主张在正常情况下政权的转移采取以德才为条件的禅让制。这也是儒家理想政治的基本原则。正如郭沫若先生所说："他（孔子）之所以称道尧、舜，事实上也就是讴歌禅让，讴歌选贤与能了。……明显的是对于奴隶制时代的君主继承权，即父子相承的家天下制，表示不满。故生出了对于古代原始公社的憧憬，作为理想。这动机，在当时是有充分的进步性的，无疑，孔子便是它的发动者。"① 同时，我们还要注意另一方面，那就是孔子赞颂文王"以服事殷"为"至德"。当殷纣王在位时，人民生活在苦难之中，文王有力量应当尽速推翻殷纣，才能算仁德。而孔子竟赞扬文王事殷为至德，说明在忠君和仁民发生矛盾的时候，孔子更主张选择前者。

（2）有关举贤。任用贤才辅佐作为先王为政的重要内容被多次提及，可见在孔子心目中，尚贤、举贤是其德治思想的重要组成部分。伊尹的身份是商汤妻子陪嫁的奴隶，孔子赞美汤举用伊尹，表明孔子主张可以打破等级界限，不拘一格降人才。

总之，孔子认为尧、舜、禹时代之所以是有道盛世，根本原因在于作为政治权力的最高统帅以身作则、正己正人，是道与势、圣与王的有机统一。孔子"法先王"学说既是对当时社会现实的道德批判，又是为理想的德治模式树立了"天下之权称"。通过先王的言行开启出德治的价值目标和精神方向，希望执政者能效法先王有利于人民的古道。

2. 内圣而外王

孔子的修己之道，安人是修己的自然延续，而仁民才是修己的真正归宿。那么君主应当如何践行仁政德治呢？"圣王"最早见于《左传·桓公六年》："圣王先成民而后致力于神。""内圣外王"一词出自《庄子·天下》篇。应该说庄子对"内圣外王"的概括较契合儒学的基本精神。梁启超作了如此的判断："儒家哲学，范围广博。概括说起来，其用功所在，可以《论语》'修己安人'一语括之。其学问最高目的，可以《庄子》'内圣外王'一语括之。"② 明确用"内圣外王"一词来概括儒学的精神实

① 郭沫若：《十批判书》，《中国古代社会研究（外二种）》，河北教育出版社2000年版，第694~695页。

② 梁启超：《清代学术概论　儒家哲学》，天津古籍出版社2004年版，第100~101页。

质。孔子认为君主的道德修养及人格力量决定了国家政治之前途及君民关系之命运。

“子贡曰：‘如有博施于民而能济众，何如？可谓仁乎？’子曰：‘何事于仁！必也圣乎？尧舜其犹病诸！’”（《论语·雍也》）《说文》：“圣，通也。从耳，呈声。”说明“圣”字最初是与非凡的听觉功能有关，所谓“闻其末而达其本者，圣也”（《韩诗外传》卷五）。有学者认为，“圣人”在远古文化中应当是能够闻声知情、天人相通的氏族首领。① 所以“圣人”虽具有超凡的才能和品格，却并非宗教意义上彼岸世界的神，在孔子那里更是人人可以通过道德修炼而能努力争取达到的境界。孔子的确是将统治者具有高尚道德当作为政的首要条件。在孔子的修己之道中，正身近则可成为君子，远则可成为圣人治平天下，因为圣君贤臣的思想行为本身就是民众所要奉行的法典，具有治平天下的政治功能。

同时我们还应注意，孔子认为圣比仁更难以做到，因为圣人政治可以说是完美无缺的，但孔子的意图并非将自己的圣王思想限于空想，而是在于确立对现实政治的批判标准，从而使对现实政治的批判保持永不消失的空间。牟宗三先生说：“在现实世界里，是不可能有圣人的，因为某人纵使在现实世界里最受推崇，一旦他自称为圣人，自命到达最高境界，那么他的境界便不是最高的，所以已不可算是圣人了。圣人的产生，必由于后人的推崇，便是这个道理。”② 当然，后来的历史，“实然”代替了“应然”，王天下者就是圣人。简言之，“圣人为王”变成了“王者必圣”，这些是孔子始料不及的。

在孔子的德治思想中，高悬着“圣王政治”作为绝对参照系统和终极目标，相对应的便是正人必先正己的需永远践行的内圣之道。孔子创立的仁学并不仅仅是一种关注个人成德成圣的道德哲学，也不仅仅是关怀如何建立一个合理的政治秩序的政治哲学，而是一种体现了个体与群体、个人与社会、道德与政治的高度统一，囊括了内在道德修养与外在政治功业的内圣外王之道。

---

① 赵明：《先秦儒家政治哲学引论》，北京大学出版社 2004 年版，第 93 页。

② 牟宗三：《中国哲学的特质》，台湾学生书局 1963 年版，第 27 页。

3. 忠君尊王的一统思想

（1）忠君尊王是孔子一贯的政治主张。在君臣关系上，孔子首先要正名。

齐景公问政于孔子，孔子对曰："君君，臣臣，父父，子子。"（《论语·颜渊》）孔子曰："天下有道，则礼乐征伐自天子出；天下无道，则礼乐征伐自诸侯出。自诸侯出，盖十世希不失矣；自大夫出，五世希不失矣；陪臣执国命，三世希不失矣。天下有道，则政不在大夫；天下有道，则庶人不议。"（《论语·季氏》）孔子对于春秋时期屡屡发生的僭越行为感到痛心疾首，他斥责季氏八佾舞于庭为"是可忍，孰不可忍！"（《论语·八佾》）他要求消灭名实不符的现象，认为正名可使天下恢复有道，老百姓安居乐业，就不用谋论政事了。

（2）孔子提倡的忠君并非愚忠。首先，孔子的君君、臣臣、父父、子子是双向相对的概念，即君要像君，臣要像臣。后来的君为臣纲，纲是原则，变成了单向绝对的概念。孔子一直是把事君、忠君的重心落在"道"上。"以道事君，不可则止。"（《论语·先进》）"子路问事君，子曰：'勿欺也，而犯之。'"（《论语·宪问》）"子路曰：'桓公杀公子纠，召忽死之，管仲不死。'曰：'未仁乎？'子曰：'桓公九合诸侯，不以兵车，管仲之力也。如其仁，如其仁。'（《论语·宪问》）孔子对于管仲的评价最具代表性。《论语正义》引郑玄注："重言'如其仁'者，九合诸侯，功齐天下，此仁为大，死节，仁小者也。"① 孔子认为管仲是以道事君，"相桓公，霸诸侯，一匡天下，民到于今受其赐"（《论语·宪问》）。这样做的结果是造福百姓，泽及后世，可称得上是仁人。由此可见，孔子以道事君的"道"应是以"仁民"为归宿的，而未以身殉主的失礼行为是可以不被责备的。孔子还鼓励人臣犯颜直谏"犯之"，也是对君的行为的一种约束。反观法家思想集大成者韩非的观点，他认为臣应当"顺上之为，从主之法，虚心以待令，而无是非也"（《韩非子·有度》），可见韩非与孔子的为臣之道完全不同。

但同时我们一定不要忽视"以道事君，不可则止"一句，这说明孔子

---

① ［清］刘宝楠：《论语正义》（下），中华书局1990年版，第577页。

在君臣关系上的政治态度是消极的、被动的。他的为臣之道是“用之则行，舍之则藏”（《论语·述而》），“天下有道则见，无道则隐”（《论语·泰伯》）。在孔子那里，绝不会听到有关用革命手段推翻旧政权（哪怕是昏君暴政）而使天下有道的言论。因为他视其为犯上作乱的大忌，也许正因如此，后来历代的统治者都尊崇他，长期奉之为圣人。孟子则进一步发展孔子的“君礼臣忠”思想，认为“君之视臣如手足，则臣视君如腹心；君之视臣如犬马，则臣视君如国人；君之视臣如土芥，则臣视君如寇仇”（《孟子·离娄下》）。对待像桀纣这样堕落为“残贼之人”的暴君独夫，孟子则主张“暴君放伐”，这显然比孔子的君臣观更为进步。

（3）孔子的一统思想。孔子忠君思想中还包含着对天下统一、中央集权的深切向往，以及对分裂割据状态的强烈不满。所谓“天下有道，则礼乐征伐自天子出；天下无道，则礼乐征伐自诸侯出”，这一点值得我们注意，孔子的德治思想从来都是以全天下为治平目标的，这与古希腊思想家们把政治当作处理城邦的事务有着根本区别。在夏、商、周三代，尽管小邦林立，处于分离状态，但其上是有一个共主或王朝的。这也就是天下一家思想赖以萌芽的最初土壤。而周公又在思想和实践两方面做了突破性的贡献，即他的天命取决于人心向背、以德为核心的天下一家思想，以及他所建立的封建、宗法制度，体现为姬周王朝一姓为核心的天下一家的实践。① 孔子是周公思想的继承和发扬者，自然会把礼乐征伐自天子的统一局面看成是有道的状态。

（三）正民之道与德主刑辅

孔子德治对“治于人”者又是如何安置的呢？

1. 以德化民，为政以德

孔子根据“治人”者的道德水准，将正民之道按其不同层次而分为两种方式，即第一，无为而治，以德化民；第二，有为而治，以德导民。

（1）无为而治，以德化民。“无为”是老子学说的重要内容，但在孔子德治思想中，“无为”也占有较重要的地位，这一点未受到人们足够的

① 参见刘家和：《先秦时期天下一家思想的萌生》，《史学 经学与思想》，北京师范大学出版社 2005 年版，第 309~311 页。

重视。德治理想是建立在道德感化的基础上的，孔子认为一个道德高尚的人，对于他周围的人以至于整个社会都具有强大的道德感化作用，为政者通过修身正己，而后风行草偃，达到德化正民的目的，不用发布法令，天下就可大治。这就是他的“无为而治”，也是德治的最高境界。

“子曰：‘为政以德，譬如北辰居其所，而众星共之。’”（《论语·为政》）“无为而治者其舜也与？夫何为哉？恭己正南面而已矣。”（《论语·卫灵公》）“无为”一词在《论语》中仅出现过一次，即孔子赞颂舜的话，可见“无为而治”的正民方式并不是可以轻易许人的。徐复观先生以独特的视角阐述了儒道两家“无为而治”的政治目的，给人启发良多。“儒家道家，认为人君之成其为人君，不在其才智之增加，而在将其才智转化为一种德量，才智在德量中作自我否定，好恶也在德量中作自我否定，使其才智与好恶不致与政治权力相结合，以构成强大的支配欲。并因此而凸显出天下的才智与好恶，以天下的才智来满足天下的好恶，这即是‘以天下治天下’……遂处于一种‘无为的状态’。”①

（2）有为而治，以德导民。“无为而治”对于一般的君主贤相来说只是一个为政追求的目标，而他们现实可以做到的应是如何以德导民、勤政爱民。

勤政爱民。

“子曰：‘道千乘之国，敬事而信，节用而爱人，使民以时。’”（《论语·学而》）“子张曰：‘何谓五美？’子曰：‘君子惠而不费，劳而不怨，欲而不贪，泰而不骄，威而不猛。’”“因民之所利而利之，斯不亦惠而不费乎？择可劳而劳之，又谁怨？欲仁而得仁，又焉贪？君子无众寡，无小大，无敢慢，斯不亦泰而不骄乎？君子正其衣冠，尊其瞻视，俨然人望而畏之，斯不亦威而不猛乎？”“子张曰：‘何谓四恶？’子曰：‘不教而杀谓之虐；不戒视成谓之暴；慢令致期谓之贼；犹之与人也，出纳之吝谓之有司。’”（《论语·尧曰》）“子路问政。子曰：‘先之，劳之。’请益。曰：‘无倦。’”（《论语·子路》）孔子治理一个国家的从政步骤，有“尊五美，屏四恶”的信条；须“因民之所利而利之”，谨慎从事，身体力行，不能

① 徐复观：《中国的治道》，《徐复观集》，群言出版社 1993 年版，第 124 页。

懈怠；爱护百姓，役使他们要避开农时。他认为为政者要体察百姓疾苦，取节用等利民措施，减轻民众负担。

取信于民。

子贡曾问政于孔子："子曰：'足食，足兵，民信之矣。'子贡曰：'必不得已而去，于斯三者何先？'曰：'去兵。'子贡曰：'必不得已而去，于斯二者何先？'曰：'去食。自古皆有死，民无信不立。'"（《论语·颜渊》）"子张问政。子曰：'居之无倦，行之以忠。'"（《论语·颜渊》）这是反映孔子政治思想、经济思想很重要的一段话。孔子认为，老百姓的信任对为政者至关重要，为政以德必先取信于民。孔子把"民信"看得比"足食，足兵"更重要，生死安危都可以不顾，但要留住最重要的信誉。取信于民，民用情，则政通人和，民富国强。

二程释忠、信曰："尽己之谓忠，以实之谓信。"（《河南程氏遗书》卷一一）在孔子看来，忠不仅是臣、民对君的事，信也不仅是同等身份的人之间的事，统治者对民也要忠、信，要尽己。君主对民的不忠、不信，便不能取得民的忠心和信任。

2. 德主刑辅，宽猛相济

孔子是在"为政以德"的总体治国原则下，继承和发展了西周"明德慎罚"的思想，系统提出了德主刑辅、宽猛相济的正民手段的。

第一，孔子重德礼，轻政刑。"子曰：'道之以政，齐之以刑，民免而无耻；道之以德，齐之以礼，有耻且格。'"（《论语·为政》）孔子洞悉道德教化的优越性及法律刑罚的局限性。他认为，道德与刑罚都可通过规范约束人们之思想行为以达到维护社会等级秩序之目的，但其不同之处在于：刑罚只能弭祸于已发，但不足以服民众之心，刑罚是依靠外在强力来维持，民众只是由于惧怕惩罚而暂时收敛自己的行为，并未收到治本之效果；而德治则能防患于未然，通过潜移默化式的道德情感唤起固有的羞耻之心，使人从内心深处产生避恶趋善之意识，使庶民有知耻向善之心，以达到"日迁善而不自知"的自觉自愿境界，其社会作用更为持久深远，在维护国家统治方面具有刑罚所不具有的社会教化功能。

第二，孔子并不排斥政刑，而是主张德主刑辅、宽猛相济。

对于孔子的法律思想，学术界是存在着分歧的。有人认为孔子只讲仁礼，不讲法律，主张德治，反对法治。其实不然，孔子主张的是德主刑辅，并非专用其一。对此我们应当进行具体辨析。

孔子注意到刑罚在保障人民幸福、维护社会秩序中的辅助作用，它至少可使“民免而无耻”。所以他说：“君子怀德，小人怀土；君子怀刑，小人怀惠。”（《论语·里仁》）“君子怀刑”一句，足见孔子认为在君子心目中应当是重视政刑的。只不过孔子反对单纯依靠政令、刑罚治理人民，而更强调培养民众的道德意识，使民众自觉维护既定的秩序。

孔子崇尚的是宽猛相济的正民方略。宽即指用德礼来治理国家，猛则是指用刑杀来治理国家。可孔子的德治并不是将人伦道德、礼乐制度与刑罚政令放在同一地位上的，而是以德礼为主，法刑为辅，即所谓的“德主刑辅”。

关于宽猛相济。《左传·昭公二十年》载：“仲尼曰：‘善哉！政宽则民慢，慢则纠之以猛；猛则民残，残则施之以宽。宽以济猛，猛以济宽，政是以和。’”宽猛相济思想的内涵是：宽、猛相互为用，做到宽不失法度，猛不失仁民之心。宽、猛两手交替使用，统治者可根据具体情况时宽时猛，即民慢则以猛纠之，民残则以宽施之。

第三，孔子德治的理想是以德去刑，以德息讼。“季康子问政于孔子曰：‘如杀无道，以就有道，何如？’孔子对曰：‘子为政，焉用杀？子欲善而民善矣。’”（《论语·颜渊》）“听讼，吾犹人也，必也使无讼乎！”（《论语·颜渊》）孔子反对用刑杀来禁人为非。他认为“不教而杀谓之虐”，是为政的“四恶”之一。这与法家的“以刑止刑”主张有根本区别。《商君书·画策》中说：“故以战去战，虽战可也；以杀去杀，虽杀可也；以刑去刑，虽重刑可也。”说明他“以刑止刑”的方法是“重刑”，即轻罪重判，轻罪重刑。从法理学角度看，“重刑轻罪”是反人道的，它使刑罪不相对应，陷入了重刑主义，危害是巨大的。

而孔子是希望用礼仪道德教化的方式作为预防犯罪的根本。首先，“子欲善而民善矣，君子之德风，小人之德草”（《论语·颜渊》），也就是“治人”者率先垂范，修己正身。其次，孔子还认为应重视贫富不均的问题，“不患寡而患不均，不患贫而患不安”（《论语·季氏》），才能使人民达到“有耻且格”的程度，防患于未然。贾谊说：“凡人之智，能见已然，不能见将然。夫礼者禁于将然之前，而法者禁于已然之后，是故法之所用易见，而礼之所为生难知也。……曰礼云礼云者，贵绝恶于未萌，而起教于微眇，使民日迁善远罪而不自知也。”（《汉书·贾谊传》）

事实上，犯罪是一种社会现象，产生的原因多种多样，道德教育可以起到预防犯罪、减少犯罪的作用，但从根本上消灭犯罪是不可能的。消灭诉讼更不现实，可以说孔子的“以德息讼”是犯了道德理想主义的错误。但另一方面，我们必须看到早在春秋时代，孔子就能提出以道德教化消弭犯罪的理想是充满人道主义精神的，还是具有巨大进步意义的。

二、孔子与柏拉图治国思想之异同

孔子与柏拉图在政治总目标上都是试图通过实现德治的贤人政治的方式，以巩固贵族统治、创立等级有序的社会作为基本方向的。他们的理想社会都是按照等级分工负责，互不僭越，和谐共处。

1. 治国的理论依据不同

孔子通过总结西周和春秋以来的历史经验，纳仁入礼、释礼归仁构建了德治的理论基础。他认为：“克己复礼为仁，一日克己复礼，天下归仁焉。”（《论语·颜渊》）孔子主张的基本要点是：仁是礼的内在根据，礼属于仁的外推规则，二者互为表里，相互渗透和制约，辩证统一，靠仁政德治去管理国家。仁和礼都是植根于现实社会人与人之间的关系之中的，正所谓道不远人。孔子好古敏求，述而不作，祖述尧舜，效法先王，以卓越的历史理性为中华民族开创了仁礼学说为基础的治国之道。

而柏拉图根据古希腊的现实和自己的哲学理念，以“正义”、“善”和美德为治国方略。简言之，“正义”即公道，“善”是和谐，美德即知识、智慧。他主张以“正义”统领各种美德，“善”是最高的理念，它独立于现实世界之外，具有绝对性。柏拉图苦心孤诣，孜孜以求，用杰出的逻辑理性建构了一个以正义为原则的理念世界中的理想国，并创立了西方客观唯心主义哲学体系。

思想方法上，他们都是依据理性思考来构建自己的治国思想体系，但他们的理性路径存在着历史理性与逻辑理性的差异，对中国与西方的政治思想史产生了深刻的影响。中国古代的改革者往往是“托古改制”，而政治制度的连续性大于断裂性，形成较持续稳定的社会结构。理论先于实践的思维方式则使得西方的政治思想创新不断。

2. 治国路径之不同

孔子强调治国先从修身齐家做起，先努力追求理想的人格和境界。采取由小到大，从个人到他人，先家庭后社会和国家的路径，应“入则孝，出则弟；谨而信，泛爱众，而亲仁”（《论语·学而》）。孔子的“圣王”思想，伦理观念浓厚，加上中国古代社会宗法制度强，使得政治与伦理、政治权威与宗法权威有机结合，以致政治伦理化，伦理政治化，伦理政治的表现浓厚。

柏拉图认为公民在公共决策方面缺乏必要的经验和知识，而且与权威、秩序和稳定之间存在着不协调。这会导致社会凝聚力下降，政治秩序因派系斗争而被打破。因此，他的政治哲学是以西方政治传统中的整体主义为特征的，就是少数精英统治的整体主义的政治秩序，这种政治秩序需要以个体利益消融在国家的整体利益的所谓“正义”观念为指导。因此，柏拉图治国的路径是由大到小，从宏观走向微观，先着眼于城邦、社会的“正义”，然后才涉及公民的利害，即先城邦后个人的顺序。他认为，国家的正义大于个人的正义。柏拉图强调建立理想国“这个国家的目标并不是为了某一个阶级的单独突出的幸福，而是为了全体公民的最大幸福，因为我们认为在一个这样的城邦里最有可能找到正义，而在一个建立得最糟的城邦里最有可能找到不正义”①。他强调，一般公民只是国家机器上的一个零件（尽管重要）而已。在柏拉图的政治观中，寻找的是不生不灭的理性世界和至高无上的“善”。哲学王侧重智慧（哲学）而不强调人伦。他关注的是理性的“正义”和城邦，并不太关心个人的品德、价值以及各种礼仪、举止和家庭的伦理。

---

① 柏拉图：《理想国》，郭斌和、张竹明译，商务印书馆 2002 年版，第 133 页。

在推进全面依法治国的今天，一定不能将道德教育与法律制度分隔开来，更不能将道德教化与法治相对立，现代意义上的法治必是主权在民的良法与普遍守法的统一。

3. 对“政治”的不同理解以及政体问题。孔子主张“政者，正也”（《论语·颜渊》）。他强调：“苟正其身矣，于从政乎何有？不能正其身，如正人何？”又说：“其身正，不令而行；其身不正，虽令不从。”（《论语·子路》）“古希腊人所说的‘政治’（Politike）一词，词根就是 Polis，其意是‘城邦的事务’。我们今天所讲的政治、经济、文化以及军事、宗教等等方面，对古希腊人来说，都在城邦的事务范围之内。故古希腊人的‘政治’范围很宽。”①

关于政体问题。

中国上古时代的孔子，深感于春秋时代社会转型期的各种社会矛盾加剧所造成的“礼崩乐坏”的政治局面，追忆黄金时代的尧、舜、禹三代的圣王。因古代中国长期都是君主政体，春秋时各诸侯国的政体仍是君主制，故国“不可一日无君”（《公羊传》卷一三）是孔子坚定的观念。在孔子的著述中，并没有涉及国家政体的优劣比较问题。古希腊奴隶制社会的发展比较充分，各种政体并存和嬗递。而柏拉图生活的时代正逢雅典民主制由盛转衰之际，这促使知识分子认真思考国家、社会的健康发展问题。贵族政治的代表柏拉图专门剖析了前述的希腊五种政体的利弊得失。他认为哲学王执政的贵族政体最有利于维护城邦的善和正义。古希腊以德谟克利特为代表的民主派思想家拥护雅典的民主政治，认为民主政治能保证城邦正义；亚里士多德则主张介于贵族专制政体与民主政体之间的由中等阶级统治的政体，最能实现城邦的正义。

4. “内圣外王”与“哲学王”之异

在塔型的等级社会中处于塔尖统治者的人选问题，是孔子和柏拉图最为关注的重点。他们两人都认为这个人选对于社稷的安危和人民的幸福至关重要。两人的共同点是认为握有最高权力的君主必须唯贤人莫属，即一

① 参见罗念生、水建馥编：《古希腊语汉语词典》，商务印书馆 2004 年版，第 700~701 页。

致主张实行贤人政治。从贵族中定出“人治”的贤人也无疑是二人的共识。但二人对合格君主——贤人的标准，各有不同。孔子把统治者（“圣王”）本身具有高尚的道德和人格且能教化民众作为为政的首要条件，并且认为只有圣人才可以成为真正的王，即在内圣有成的基础上，将内在的圣德推而广之，对外担当社会重任，致力于治国安民的功业，建立王道政治才是合格的君主，即“内圣外王”说。由人伦和道德超群的“圣人”“仁人”为君。孔子特别推崇上古传说中的帝王尧、舜、禹，他反对王位世袭的“传”，倡导继承方式应是让位于最贤能者的“禅”。而值得注意的是，孔子乃至其后的儒家却一直未提出保证这种继承方式的制度约束。

柏拉图虽不否认统治者应具有道德，但主张“哲学王”应具有最高理念，以是否具有智慧和知识作为统治民众的首要条件；而且明确宣告，只有哲学家能成为国王，或者国王能严肃认真地追求智慧、学懂哲学，掌握统治者的政治技艺，才能使政治权力与聪明才智合而为一。智慧（真理）与权力统一起来，知识与理性有机结合的哲学王是理想国中最完美的君主。在“理想国”中，哲学王作为一种职位，并非终身制，也不是世袭制，而有明确规定，实行轮换制。在柏氏晚年作品《法篇》中，他更明确指出应充分发挥议事会的作用，由议事会来推选五十岁以上称职的人做哲学王，而且连执法官甚至将军、主帅等也按制度分别由固定的选举人员推选。柏拉图称：“以这样的方式进行的选举会产生一个介乎君主制与民主制之间的体制，一种合理的制度必定要这样做。”① 尽管柏氏为哲学王理想设计的制度也未能落实，但毕竟表明柏拉图意识到必须用制度才能保障他理想的实现。

5. 天下与城邦之异

所谓“天下有道，则礼乐征伐自天子出；天下无道，则礼乐征伐自诸侯出”。这一点值得我们注意，孔子的德治思想从来都是以全天下为治平目标的。后期儒家孟子“定于一”的思想与荀子“四海之内若一家”的思想，都是由此引申的。有趣的是，墨家、法家的思想家也都力图改变当

① 柏拉图：《法篇》，《柏拉图全集》第三卷，王晓朝译，人民出版社 2003 年版，第 513 页。

时分裂的政治局面，可见在先秦时代的中国，天下一家的思想就已经深入人心了。

柏拉图的治国思想一直是以城邦作为研究对象的。古希腊的城邦都较小，长期处于不安全的与外部紧张的关系之中，城邦之间特别是希腊人与他们视之为“天生奴隶”（亚里士多德《政治学》）的非希腊人之间，常常要兵戎相见。但是像柏拉图、亚里士多德这样的大思想家不曾产生过针对全天下的政治构想，甚至连统一希腊各邦的思想都不曾表述过。

在漫长的人类历史长河中，轴心时代的伟大思想家孔子和柏拉图分别是屹立于东西方的两位思想巨人，他们在治国理政方面都有系统精湛的论述，对中国与西方的政治文明产生了深刻而久远的影响，直到今天仍是我们政治智慧的源泉。人类对理想社会的探索是永恒的，中国与西方经过百多年的对立和寻找，在21世纪伊始，人们似乎终于发现，通过各美其美、美人之美、美美与共地比较互鉴，人类把分头找到的真理加在一起，形成多元共处的“和”，可能才是未来全球化应有的状态。今天，我们需要以“自信、开放、多元”的观念，使本土传统、国家意志和外部文化资源得以协调统合。在比较互鉴中，建立一种立足于中国历史传统又能有效回应时代和中国发展的重大问题的本土思考框架，服务于中华民族复兴的伟大时代。

中国“天下统一观”与美国“民主统一观”的长期比较和竞争*

田飞龙

【摘要】国家统一是人类文明史的一条主要演进线索。东西方均在其文明史的最关键阶段提出和实践了典范性的国家统一观及其制度体系。其中，中国的“天下统一观”与美国的“民主统一观”最具代表性和竞争性。从中国经验来看，“国家”是作为宏大秩序理想的“天下”的最切近的范畴和制度准备。中国的国家秩序原理，从来都是将具体的国家放置于一套文明理想秩序中加以定位和建构，因此，中国的国家观念本质上是“文明国家”，其基本类型即为“天下统一观”，与西方建立在民族国家基础上的“民主统一观”及其国际法体系存在重要差异。中国的国家统一观追求的是一种文明论意义上的“大一统”，是整体主义的协调为一，是集权国家、民生主义与天下和谐的有机统一。从西方经验来看，柏拉图在《理想国》中孜孜以求的“哲学王城邦”是西方历史上的第一个政治“乌托邦”，是真理与权力完美结合的理想政治秩序。西方千年历史，政治秩序波动频繁，最终以民主形态稳定下来，而美国民主在其中起到了综合与典范的作用。美国的国家建构及其帝国化进程就依赖于西方千年政治秩序的思想和制度累积，并有显著的创新和突破，以“民主理由”实现超大规模的美式民主秩序的规

* 此文章为中央社会主义学院统一战线高端智库重点委托课题“中美国家统一观及其制度化路径比较研究”（项目批准号：ZK20180306）之阶段性成果。

范建构，可总称为“民主统一观”。与美国的“民主统一观”及其“共和国/帝国”二元架构的终极矛盾性和现实危机相比，中国国家秩序法理所立足的“天下统一观”，历经近现代的西方思想与制度冲击重构之后，反而日益走出了一条光明的历史道路，并将与美国体系展开长期竞争与复杂互动，从而深刻塑造了民族复兴前景与未来世界新秩序。

【关键词】大一统　天下主义　民族国家　民主　帝国

【作者简介】田飞龙，北京航空航天大学高研院/法学院副教授，中央社会主义学院统一战线高端智库驻站研究员，北京党内法规研究会常务理事。

引言：“天下统一观”对“民主统一观”

关于国家统一的政治思想和制度尝试，是人类文明史的一条关键线索。国家在其古典形态中，是家庭、部落、部落联盟等人类联合范畴不断扩展与系统化的结果。在亚里士多德的《政治学》中，作为西方古典国家代表形态的“城邦”是“至高而广涵的社会团体”①，是包含其他一切社团的至善共同体。当然，城邦并非“至善”，只是西方政治共同体秩序建构的早期典型，必然要被突破，但古典政治学理解和建构政治的基本概念和制度方法，是贯通和延续的。城邦之后出现了“世界主义”思潮及适应帝国秩序的政治思想②，而主权性的民族国家则诞生于中世纪后期王权与教权的法理斗争和权力博弈，以及世俗商业阶层的决定性崛起。③ 这昭示着近代民主秩序的开幕。当然，近代启蒙和民主时代不只是有民主共和国和威斯特伐利亚体系下的主权平等国际法，还有更具支配性的殖民帝国、

---

① 亚里士多德：《政治学》，吴寿彭译，商务印书馆1965年版，第3页。

② 参见［美］沃格林：《政治观念史稿·卷一：希腊化、罗马和早期基督教》，段保良译，华东师范大学出版社2019年版，第87~103页。

③ 参见［美］迈克尔·E. 泰格：《法律与资本主义兴起（增订版）》，纪琨译，上海辞书出版社2014年版。

民主帝国和列强国际法。纵观全球史，列强俱乐部作出的重大决策，往往比国际法原则和规则更有效和更具影响力。美国的国家建构及其帝国化进程就依赖于西方千年政治秩序的思想和制度累积，并有显著的创新和突破，以“民主理由”实现超大规模的美式民主秩序的规范建构。

从中国经验来看，“国家”是作为宏大秩序理想的“天下”的最切近的范畴和制度准备。中国的国家秩序原理，从来都是将具体的国家放置于一套文明理想秩序中加以定位和建构的，因此中国的国家观念本质上是“文明国家”①，而不是来自西方的“民族国家”。也因此，中国国家统一观本身是“天下”尺度的，是一种将具体国家秩序与超国家的天下秩序在基本价值和秩序理性上严密协调的观念体系，是所谓的“协和万邦”。中国的国家统一观，其基本类型即为“天下统一观”，与西方建立在民族国家基础上的“民主统一观”及其国际法体系存在重要差异。中国的国家统一观追求的是一种文明论意义上的“大一统”，是整体主义的协调为一，是集权国家、民生主义与天下和谐的有机统一。中国古典的政治思想体系为此进行了长时段的内在竞争、裂变与整合，最终落实于“儒法国家”的基本形态。② 而在当代，则更新为“中国特色社会主义国家”，其中“党的领导”是最本质的特征（2018 年修宪），一种新宪制秩序正在结构性生成。③

中国的国家统一观及其制度载体“儒法国家”经历过鸦片战争以来严重的西方挑战和冲击重构，但其根本的文明国家观念及其大一统原理并未消解，而是伴随着中国共产党革命、建设与改革的历史展开而重新获得理论生命力和制度建构力。④ 观察评判中国国家统一观及其制度变迁，最恰

---

① 有关论述可参考甘阳：《文明　国家　大学》，生活·读书·新知三联书店 2012 年版。

② 这一长时段的思想竞争和制度建构，可参考萧公权：《中国政治思想史》（上册），商务印书馆 2011 年版，第 25~53 页。

③ 对这一秩序的考察与分析，参见田飞龙：《中国宪制秩序变迁及其新时代愿景》，《东方学刊》2021 年春季号。

④ 可参考本书编写组：《中国共产党简史》，人民出版社、中共党史出版社 2021 年版。

当的立足点是1949年以来的新中国宪制建构，其内核性的党的领导、社会主义与人民主权元素，是对传统国家统一观及其制度形态的理性改革和普遍化改造，是一种关于中国宏观政治秩序的“通三统”① 式综合与超越建构。

中国1982年宪法序言首段对中国国家统一观及其历史传统进行了高度精炼化的概括：“中国是世界上历史最悠久的国家之一。中国各族人民共同创造了光辉灿烂的文化，具有光荣的革命传统。”这里可以解读出如下意涵：其一，历史合法性，即中国的国家历史是“最悠久”的，有着“超稳定”② 的连续史，国家持久性的历史事实构成了中国国家自豪感与制度优越性的关键来源，而从历史中寻求国家理念和制度智慧也是中国治道③的常用方法，无论是《春秋》《史记》《资治通鉴》还是《国史大纲》皆依此传统；其二，人民主权，即中国国家秩序的正当主体是“中国各族人民”，他们是中华文化的创造者和中国革命传统的承担者，是历史的主人，是国家的主人，也是制度的守护者，这里的“各族人民”是中华民族共同体秩序意义上的内部成员，是中国国家统一秩序的主体要素，而不是自决和分离的主体，不是西方式公投分离主义的适用对象，他们是不可分割的、统一的人民整体；其三，文化立国与革命建国并行，即“各族人民”建构中国国家统一秩序的方式，不是西方式的社会契约论及其选举机制，而是依据文化认同和革命合法性进行的国族建构和国家秩序塑造，本质上是一种“共同体宪制”模式，在本体意义上是“中华民族共同体”，而在扩展意义上则构成“人类命运共同体”。

在中国国家秩序的当代发展中，较为凸显的特征是：其一，全面从严治党与全面依法治国，将先进性政治的贤能内涵与代表性推至更高的规范性层次，并寻求更为严密的制度程序及其理性；其二，共同富裕的政策化

---

① 参见甘阳：《通三统》，生活·读书·新知三联书店2007年版。

② 参见金观涛、刘青峰：《兴盛与危机：论中国社会超稳定结构》，法律出版社2011年版。

③ 近来有学者从“治体”（治理的系统论，涵盖治道、治法和治人）角度深探中国古代宪制秩序与制度智慧，参见任锋：《立国思想家与治体代兴》，中国社会科学出版社2019年版。

和制度化，以及民生伦理的回归；其三，“一带一路”建设与人类命运共同体的战略成熟及其制度进展。这些凸显的面向都是在回应和展现中国国家统一观内涵的权力集中的理性、民生主义的原则以及天下主义的理想秩序追求。当 2017 年中共十九大提出“民族复兴”与“人类命运共同体”的双轨目标时，中国国家统一观的核心元素及其制度理性达到了全新的历史高度。正是在接续传统而不断更新的中国国家统一观的引导下，中国的国家建构与现代化道路逐步摆脱“全盘西化”的压力和诱惑，走上了一条立足自身文明与政治传统的光明道路，并可能以其自身经验和成就对全球治理与人类发展做出独特的中国文明贡献。中国的国家统一观及其制度更化，历经长期文明史的内部演化与近现代的西方冲击重构，最终回归到类似“通三统”的整合性范畴和道路上来，充分证明了中国国家理性的内在稳定性和国家秩序的政治成熟。

再回到西方经验来看，柏拉图在《理想国》中孜孜以求的“哲学王城邦”是西方历史上的第一个“乌托邦”，是真理与权力完美结合的理想政治秩序。“哲学王城邦”当然是不可能在世俗大地与人民之中完美实现的，但它昭示了追求政治统一秩序的真理，并为西方后世的政治思想与制度发展提供了参照系。西方千年历史，政治秩序波动频繁，最终以民主形态稳定下来，而美国民主在其中起到了综合与典范的作用。

美国 1787 宪法序言开宗明义：“We the people of the United States, in order to form a more perfect Union. . . ”这里奠定了美国国家秩序的根本原则和目标：其一，人民主权，以“我们人民”① 作为国家秩序建构的最终合法性基础，这是西方启蒙世界观的主要成果之一；其二，合众国的联邦基础，即联邦统一秩序建立在各州（States）的契约式联合基础之上，达成“合众为一”的国家建构目标；其三，联盟共同体（Union），即美国宪法通过其民主程序不断寻求建立一个更完善的、整体化的政治秩序，任何破坏或分离“联盟”的势力和活动都属于严重的违宪行为，这种“联盟主义”比联邦主义的政治整合性更强，是

① 对这一关键原则的宪法学阐释，参见［美］布鲁斯·阿克曼：《我们人民：奠基》，汪庆华译，中国政法大学出版社 2013 年版。

林肯国家统一观①的内核。美国的国家秩序，借助联邦党人的民主初建、林肯主义的系统整合以及“威尔逊-罗斯福主义”的自由帝国筹划，造成了美国民主的极度发达形态：自由帝国主义与美利坚和平。

如果说人类历史就是追求承认的历史，那么在美国民主架构下，人人得以自由平等，制度性歧视和不平等已经获得了道德清理和规范排斥，从而走向了“历史终结”（福山）。② 从柏拉图的“哲学王城邦”到美国的“自由民主国”，一种关于国家秩序的民主统一观终于落定。美国民主输出的原型也是以民主为方法，按照契约程序并循法治原理建立一个“类美国”的理想政治秩序。

然而，美国的国家秩序并非一直稳固，更不是“历史终结”，而是经常处于“危机—重建”的循环之中，并在每一次克服危机的过程中实现政治思想与制度理性的扩展。美国从1781年松松垮垮的“邦联”到1787年理性建构的“联邦”再到1864年经由林肯加固的、民有/民治/民享的民主共和国，最终通向威尔逊和罗斯福规划建设的“自由帝国主义”。美国的国家建构的民主成就及其帝国化扩展，是美国国家统一观及其制度理性在“共和国/帝国”二元层次的持续累积和释放。但这一美国国家理性遭遇了越来越多的挑战：有来自内部的，以特朗普主义及其问题框架为典型，暴露出美国帝国精英及其利益集体对民主责任的背离甚至背叛；也有来自外部的，以美国民主输出的接连失败（阿富汗撤军是最新一例）、民主全球化的政治挫折以及包括中国在内的不同政治秩序模式的规范性挑战为主。

就中美国家统一观及其制度样式而言，都具有某种“模范”或“帝国”的属性，是东西方政治秩序理想与实践的典范形态。中美关系是定义21世纪全球治理秩序的主轴关系，其相互承认、斗争、妥协与共识化的水准，将决定世界和平与发展的基本格局和命运。但中美对彼此的国家统一

---

① 林肯的立法者与国家统一思想辨析，参见田飞龙：《立法者林肯的神话尺度》，《读书》2016年第11期。

② 参见［美］弗朗西斯·福山：《历史的终结与最后的人》，陈高华译，广西师范大学出版社2014年版。

观及其制度走向的具体理解，存在不同程度的意识形态障碍和非对称的历史和制度认知：美国认为中国是“一党专政”的专制国家，甚至中国古代的大一统政制也是专制类型，中国的国家建构与政治现代化必须按照美国民主路径彻底改造，而中国这一东方大国的法治与政治的“美国化”将极大满足美国文化与政治精英的道德成就感和民主福音主义的普适规范，但美国在误解中国文明与政治自主性的条件下进行的所谓“民主中国”的长时段改造只能归于失败。① 中国认为美国民主在其内部存在相互掣肘、效能低下、种族歧视以及严重的社会不平等问题，而在其外部则显示出霸权主义与强权政治面向，不值得中国完全效仿，中国自身的文明、政治和全球化战略渐具自主性和整体性，中国特色民主政治道路以及“人类命运共同体”架构与美国民主的内外体系构成长期竞争关系。②

中国以大一统的文明国家立国，在其国家秩序外部以“天下”作为正当扩展形态，在当代实践中更新为“人类命运共同体”，可概称为“天下统一观”。美国以民主的政治共和国立国，在其国家秩序外部以“自由帝国”作为正当扩展形态，在当代实践中逐步演化为“制裁帝国主义”③，可概称为“民主统一观”。民主不仅是美国国内团结与政治重建的基本理由和方法④，也是维持盟友体系及巩固软实力霸权的基本立足点。中国的

---

① 对这一失败的系统检讨，可参考［美］邹谠：《美国在中国的失败（1941—1950年）》，王宁、周先进译，上海人民出版社2012年版；蓬佩奥于2020年7月在尼克松图书馆关于中美“脱钩”的历史性演讲，有关针对性的批评参见新华社：《蓬佩奥涉华演讲的满嘴谎言与事实真相》，http://www.xinhuanet.com/world/2020-08/25/c_1126407807.htm.

② 参见田飞龙：《制度变迁视角下的中美新冷战、西方缺失与世界秩序的重构》，《党政研究》2021年第2期。

③ 对这一帝国演变的揭露，可参考［法］阿里·拉伊迪：《隐秘战争：美国长臂管辖如何成为经济战的新武器》，法意译，中信出版集团2019年版。

④ 但这一方法不是灵丹妙药，选举不总是增进团结，在美国已日益造成分裂，尤其是2020年特朗普和拜登的选举闹剧，造成对美国民主信心的严重冲击。对美国民主理由和效用衰退的思想史分析，较有代表性的包括赵寻：《全盘保守主义与僭主政治——美国大选的思想观察》，（台湾）《思想》2021年总第42期；刘擎：《2020西方思想年度述评》，《学海》2021年第4期。

国家统一通过不断的共同体塑造来巩固，而美国的国家统一则标榜自由民主普适价值以及民主选举的程序验证功能。二者各有适应其历史文化背景和具体政治处境的优势与不足，存在长期的战略性竞争及相互学习借鉴的合理空间。

本课题即立足于对中美国家统一观的观念体系与制度化特征进行概括和比较，不追求历史细节和面面俱到，而以宏观视角与类型化方法呈现二者的核心元素和制度理性，以期对增强中国国家秩序体系的道路自信、深度理解及合理借鉴外来经验，提供合理的比较基础和智识方案。

一、天下统一观：大一统与中国国家秩序的法理

论及中国国家统一观，“大一统”是最高频与最核心的概念。杨向奎先生论及“大一统”时精辟概括到：“大一统义倡自《公羊》，汉末何休发扬光大之，千百年来此义深入人心，变成我国民族间之凝聚力，都是炎黄子孙，华夏文明，始终应当一统。”① 正因为中华文化传统中存在“大一统”的核心原则，地区分离主义无论是以暴力形式还是和平的公投形式，均不具有终极的文化合法性。这也构成了西方国家统一观与中国观念的极大冲突：西方的国家统一观念建立在契约自由和民主的基础上，国家因意志上的自由和民主程序而联合，也同样可以基于类似程序分离，故西方的地区分离问题最终多数是以地区居民公投的方式加以处理，如 1995 年的加拿大魁北克独立公投，2015 年的英国苏格兰独立公投，等等；西方国家看待中国的地区分离问题，如“港独”“台独”“藏独”“疆独”等，习惯于以自身的民主程序思维衡量合法性并推荐解决方案，而不能深入中国历史与文明的深层次结构理解“大一统”的实体性和原则性。

在中国的长期文明史中，以“大一统”为核心的天下统一观是逐步形成和巩固的，构成中国国家秩序的基本法理。“大一统”不是一种所谓的封建专制或法家主义，而是中华民族对政治秩序的圆满理解与坚定实践，是中华民族命运共同体的生命法则。这一源自文明基础和长期政治实践的生命法则，不可能被西方的民主范式所解构。西方民主所坚持的个体平等

① 杨向奎：《大一统与儒家思想·序言》，北京出版社 2016 年版，第 1 页。

和程序正义的基本价值，可以合理纳入“大一统”的秩序范畴，但不可能“反客为主”，引导中国走向一种“全盘西化”的、具有历史终结意义的民主化。中国的“大一统”国家秩序法理，可以有力地解释为什么要对“一国两制”的“全面管治权”进行积极的制度建构①，以及为什么“港独”和“台独”构成根本违宪，不可能如西方民主实践那样引入公投程序，而必然成为文明与民族之公敌。

“大一统”是一种理想主义的国家秩序法理，其核心要义在于两点：其一，“一统”的统一观，即在中国范畴及中国文明力量所及的范畴内，基本价值、制度和不同的力量应当是可协调与可统一的，这是一种政治文明的根本信念和根本追求，带有强烈的古典性、整体性和秩序本位的特征；其二，“大”的文明型统一，即“大一统”不是西方帝国式的武力征服，不是霸道秩序，而是以王道为根基的理想性和超越性的普遍秩序，充盈其间的不是政治主体的物质力量，而是根本的文明力量。

杨向奎先生将这种“大一统”解释为包含政治、经济、文化因素在内且以文化因素为凸显的一种“实体”，需要具有“发达的经济、理想的政治、崇高的文化水平”，是一种“大同”世界观与政治秩序论。② 比较而言，“大一统”是中华文明自身的充分发达与充盈的状态及其扩展，而绝对不是积贫积弱的王朝政治。没有强大的生产力，没有强健的政治制度，没有向心的文化体系，就绝不可能存在“大一统”的基础和愿景。在中国积贫积弱的时代，“大一统”于义理和制度上均难有伸展，不仅学者难以立论或偏移论证，君王及执政团体亦流于偏安割据思维而丧失进取意志。但“大一统”之义毕竟高悬，简单背弃于政治合法性极为不利，固有“大一统”向“正统”的转义和别称。这一转义于“弱宋”条件下宋儒欧阳修、朱熹等人的“正统说”建构而告完成，于理论逻辑上补上一环，以待未来蓄势再论。“正统说”的基本逻辑是：“两宋，尤其是南宋，迫于形势，实非一统而偏安，于是变大一统为正统，正统为大一统之别称，实不

① 参见陈端洪：《论港澳基本法的宪法性质》，《中外法学》2020 年第 1 期。

② 参见杨向奎：《大一统与儒家思想》，北京出版社 2016 年版，第 5 页。

能一统而文一统，遂倡正统，以为宋虽非大一统国家，实为正统。”①

如此，则“大一统”为中国国家秩序法理的“正义”，“正统”为其“别称”，二者因应国家的实际强弱而有不同的文明定位和政治治理策略。这种国家因时而守的辩证法，可概括为“达则协和万邦，穷则独守正统”，这与儒家君子人格的辩证法即“达则兼济天下，穷则独善其身”是高度吻合的，显示出中国国家秩序法理与君子人格的同构性质。也因此，“大一统”是至高而圆满的中国国家秩序法理，但并不要求中国历史的每时每刻均为“大一统”的名至实归，而是秉有一种面向现实的实践理性和实事求是的辩证法智慧，以“正统别称”的收缩形态既坚持理想又持守实际。强则为“大”，弱则为“正”，强弱有历史机运，有大局形势，有人力不可及的因素，而中国古代贤哲及政治家在长期的政治思考与实践中逐步稳定形成了一种因时而化、顺天应人的政治心智与人格。

就中国长时段的政治文明史而言，以天下为终端背景的“大一统”国家秩序法理至少包括如下核心要素，这些要素形塑了中华民族共同体的政治理想和国家统一观：

第一，完备的政治哲学系统。“大一统”是中国古典政治哲学关于国家秩序的精致思考与体系。春秋公羊学提出的“三世说”（据乱世、升平世、太平世）是将这一政治理想“历史哲学化”的理论范式，并可用来解释和评价后世政治秩序的进步或倒退。② 中国国家建构追求一种内外和谐的政治秩序，对霸道与霸权采取严格的思想和制度戒备立场，并加以道德上的贬抑，始终坚持弘扬一种合乎“王道”的正义秩序，在实践方法上推陈出新。面对实践中不同甚至冲突性的“政统”，春秋公羊学主张“通三统”，这也是“大一统”根本理论原则的逻辑运用。这一套政治哲学系统当然不允许中国“称霸”，也不允许中国停留于有限的“民族国家”范畴，更不允许中国依从西方民主程序法理开启“地方公投独立”之先例。

第二，国家与天下的协调秩序。中国之“大一统”立足于国家，但不

① 杨向奎：《大一统与儒家思想》，北京出版社 2016 年版，第 172 页。

② 关于公羊学的系统叙述，参见曾亦、郭晓东：《春秋公羊学史》，华东师范大学出版社 2017 年版。

限于国家。国家是政治秩序的最直观与最现实的制度范畴，但不是统一秩序的最高范畴。一国之自我治理与富足，不足以实现长治久安，因周边族群和文明若陷入冲突和混乱，必然有所殃及。故“大一统”有超越现实国家的“大同”之义，以天下秩序为终端的理想秩序，但以国家秩序的稳定与善治作为想象和塑造天下秩序的一个样本和基础，所谓中国内含于天下，而天下扩展自中国。无论是古代的“协和万邦”“天下大同”，还是当代的“一带一路”与人类命运共同体，中国的“国家”并不自满自足，而是为最理想的天下秩序生成和准备。在此意义上，优良的中国国家秩序正是预备好的天下模型。最大的优势和挑战在于，中国秩序的天下扩展并不带来“霸权”，不实行霸道，这是超出西方文明的要害之处，也是理解中国“天下统一观”的关键。

第三，以“士君子”及其扩展责任为中心的贤能政治理念。“大一统”及其天下秩序理想宏大而深远，但其成败仍取决于何种人格担当。显然，一个腐败或平庸的政治领导团体是无法承担这一宏大历史使命的。中国王朝历史上，当昏君无道、群臣贪腐或庸碌、民心浮动而思变时，不仅“天下”遥不可及，即便以“正统”自守的“国家”亦守无可守，政治领导团队的道德力量和制度力量遭到实质性背离和衰竭。中国古代政治秩序的担纲者，并非君主一人，而是以儒家“士君子”人格为基础的政治团体，其人格基准循着“修身、齐家、治国、平天下”而渐次完备，以“修身”为共同的基础和出发点，以实践能力与政治机缘为承担责任的客观条件，在“家、国、天下”的扩展制度层次上人格相通，协力共进，形成广至天下的超大规模政治秩序，而国家秩序在其中是检验士君子人格与政治责任的最重要范畴。

第四，以夷夏之辨和尊王攘夷为“大一统”秩序的文化政治边界。“天下统一观”并非空想或毫无标准，而是存在文化政治的规范边界。中国国家秩序的文明性质决定了，与中国存在远近不同距离的族群需要根据对中国文化的理解与认同进行区分对待，中国周边因此在文化意义上存在不同于“诸夏”的、多元和复数的“夷”人：东夷、西戎、南蛮、北狄。“夷夏之辨”不是种族或民族意义上的区分，而是文化政治意义上的区分。

以文化而非种族进行政治识别和分类，是中国国家秩序法理的早熟特征，但也因其早熟而可能被外族“钻空子”和政治利用，出现“夷夏”关系的易位甚至倒错，出现“以夷变夏”的文化和政治乱序。而“尊王攘夷”则是“夷夏之辨”在对外关系上的策略，显示了文化政治的边界效果。这一文化政治边界对于维系中国国族与国家的文化认同及政治秩序的稳定有一定的帮助，但在具体历史条件下也可能成为自我保守及外族利用的工具。

第五，以“儒法国家”和“王霸道杂之”作为国家架构的基础秩序，并因应“贵族社会”向“平民社会”的大转型而不断修正，形成中国古代国家秩序的超稳定结构。“天下统一观”作为一种国家秩序理念体系，始终需要落实到具体的国家形态上。对这一秩序观念的政治转化，曾有以周制为核心的“分封礼治”模式，也有战国时段具有一定僭越性质的“霸道天下”模式，均不够理想，不仅难以维系内在有机统一的政治秩序和民生福祉，甚至因周室衰微和诸侯列国争霸而礼崩乐坏，生灵涂炭。中国国家秩序未能在周制及战国时段获得确定而持久的制度形态，其学理尚有空缺，其制度体系漏洞显然。中国国家秩序的体系性奠基，有赖于在“天下统一观”的宏观指导下，以秦制法家的“一统”和汉承秦制的“王霸道杂之”作为一个全新的协调体系而稳定下来，其法理上的准备主要是商鞅、韩非的法家和董仲舒的整合性儒家。同时，因应当时中国社会逐步由“贵族社会”向“平民社会”的大转型，在立足统治者哲学的法家、儒家之外出现了代表底层平民立场及其利益和审美取向的墨家①，刺激形成中的“儒法国家”作出修正和进化，从而形成更为稳定的国家秩序体系。

第六，以“五族共和”、民族区域自治、中华民族共同体为核心的“新共和法理”，作为“大一统”的现代标准，并以人类命运共同体承载“天下”理想的当代转化使命。中国古代的“大一统”政治哲学及其国家秩序法理，是精致而体系化的中国文明体系的政治面向，维系了长达数千

---

① 关于墨家的政治哲学，参见任继愈：《墨子与墨家》，北京出版社 2012 年版，第 91~96 页；萧公权：《中国政治思想史》（上册），商务印书馆 2011 年版，第 125~160 页。

年的“儒法国家”之稳定形态。但近代西方列强入侵与殖民统治，造成了中国空前的主权危机和民族危机，中国文明的“天理世界观”被逆转为西方中心主义的“公理世界观”①，中国从天下秩序的中心地位被抛离到西方主导之全球化秩序的边缘地带。这一斗转星移的秩序大变局，被称为“三千年未有之大变局”。应对这一变局的是从洋务运动、戊戌变法、辛亥革命、“五四”新文化运动、国民大革命到新民主主义/社会主义革命在内的一系列思想剧变和制度重构，中国的国家秩序法理经历了极大的调整和变迁。但“大一统”的国家理性及其底层逻辑并未更易，而是以“五族共和”、民族区域自治、中华民族共同体为核心的“新共和法理”加以创造性转化，并以人类命运共同体为“新天下”。这些核心的国家秩序法理观念的更新与演化，是中国“天下统一观”的古今之变，其中根本的文明理想和政治观念保持不变，但具体的论述话语、制度方法与实践路线有了因应国情和世界体系的重要发展。

二、民主统一观：联邦党人、林肯革命与民主的帝国化

与中国相比，美国是一个非常“年轻”的国家，但并不是一个缺乏文明根基和制度传统的国家。美国在文明意义上不是一个美洲国家，而是一个欧洲国家，是欧洲文明在现代化与全球化进程中综合扬弃的一个结果。欧美关系的“大西洋主义”传统印证了这一点。就国家统一观而言，美国的国家建构相继经历了“邦联”（confederation）、“联邦”（federation）、“共和国”（republic）和“帝国”（empire）四个阶段，当然这是就其政体重心而言的，不同类型之间并非没有交叉和叠加，比如当代美国就是一个“共和国”与“帝国”的叠加形态。但美国建国之后的政治秩序与宪法框架又大体保持长期稳定，美国的成文宪法成为世界史上最持久的宪法，这种国家统一的制度成就必然依赖于国家统一观的成熟奠基及其制度的自我修正能力。

与中国数千年奉行的“天下统一观”不同，美国的国家统一观是以

① 参见汪晖：《公理世界观及其瓦解》，载爱思想网，http：//www. aisixiang. com/data/15295. html.

“民主”价值贯穿和演化的，可总称为“民主统一观”。这里的“民主”价值并非单纯指非常晚近的“一人一票”，而是一个融贯了保守价值、精英代表、选举程序、共和原则与帝国理想的综合性政治理念体系，美国国家的民主秩序在这些理念要素和现实政治的碰撞互动中不断自我修正、加固及更新。

在美国的“民主统一观”的理念展开与制度建构过程中，联邦党人的“国家主义”、林肯的“平等主义”以及威尔逊-罗斯福的“世界主义”为美国最终的“共和国/帝国”的民主秩序进行了价值奠基和制度塑造。理解美国宪法及其国家统一观的制度化，才能正确认识和应对中美政体精神和制度差异带来的冲突和挑战。

（一）美国国家建构的“四个阶段”

美国国家统一观的根本问题意识在《联邦党人文集》第一篇中由汉密尔顿清晰地揭示出来，即：“人类社会是否真正能够通过深思熟虑和自由选择来建立一个良好的政府，还是他们永远注定要靠机遇和强力来决定他们的政治组织。”① 联邦党人在这里提出了国家建构的两种路线：其一，“深思熟虑”+“自由选择”，前者为精英之事，后者为民主之事，故美国立宪理性中的根本原则即为人民主权下的精英责任制，即一种合理化的精英代表制，这是联邦党人推崇的“民主统一观”的核心要义，是区别于“旧欧洲”有缺陷的君主制、贵族制或民主制的新型民主制度；其二，“机遇”+“强力”，前者是依靠自然条件或运气而建立的政体，理性程度不高，后者则属于专制政体，缺乏道德基础与合法性。

美国的民主建国，在理念上需要实现两个层次的超越：其一，超越“泛东方”的专制主义政体和自然政体；其二，超越“旧欧洲”有缺陷的君主制、贵族制或民主制。美国的民主在其建构起点上即具有自我模范化和制度输出包括输出到欧洲的理想性因素。但美国的民主建国不是一蹴而就的，其经历了“一波四折”：从民主邦联到民主联邦，再到民主共和国，最后建成民主帝国。基辛格、拜登等人要竭力维护的就是最终的这个民主

① ［美］汉密尔顿、杰伊、麦迪逊：《联邦党人文集》，程逢如等译，商务印书馆1980年版，第3页。

帝国，而特朗普要撤退和修正的也是这个民主帝国。特朗普与拜登的路线分歧与政治斗争，其因缘早已潜伏于美国的国家统一观及其制度建构进程之中。

第一阶段：民主邦联（1776—1787）。美国的独立建国是英帝国全球殖民史的早期意外事件，也是英国古代宪法与近代宪法之间思想斗争的典型事件，更是美国民主走向独立自主道路的决定性开端。① 美国建国前只是英帝国在北美的十三个独立殖民地，相互之间并无紧密的制度联系，共同受治于英王及其帝国政府。美国的独立建国，在其《独立宣言》中的政治理想目标是“各州的高度自治和自由”，而不是在各州之上建立强大的联邦中央政府。美国一边独立革命，一边筹建新的国家，最终于 1781 年通过《邦联条例》并成立邦联政府。《独立宣言》只是美国的“建国大纲”，《邦联条例》才是美国的第一部宪法，但并不是完备和可持久的宪法，只是贯彻《独立宣言》之极其有限和高度节制之建国目标的产物，主旨在于保障各州的主权和高度自治。《邦联条例》建立的“民主邦联”事实上既不够“民主”，也缺乏实质性联合，不仅主权在各州，而且邦联机构缺乏固定经费和常设管治机构，缺乏制定和执行法律的国家暴力系统，缺乏支付战争债务和大陆军退役军人保障金的财政基础，缺乏对外缔结条约和维持稳定外交政策的基础性权力，缺乏对各州权力的合法节制和处置权力。各州的“自私”和“自重”严重削弱和限制了邦联的基础性国家能力，使得邦联虚弱不堪，只是满足了无力“侵犯”各州权力的防御权目标，但对于《独立宣言》及《邦联条例》自我宣扬的民主与共同福利目标根本无力追求。邦联不是严谨的民主国家体制，只是松散的“民主各州”的联合体，既无严格的“三权分立”，也没有联邦层次的民主选举，邦联大会代表主要的职责是代表各州利益，而不是整体邦联的利益。邦联体制的内忧外患，特别是 1786 年退伍老兵谢斯发动的跨州起义，最终证明了该体制彻底的政治失败，“民主邦联”的第一次建国告终，联邦党人登场。

---

① 可参考［美］麦基文：《美国革命的宪法观》，田飞龙译，北京大学出版社 2014 年版；［美］贝克尔：《论〈独立宣言〉》，彭刚译，商务印书馆 2018 年版。

第二阶段：民主联邦（1787—1864）。邦联的失败证明《独立宣言》提出的建国路线存在重大的政治缺陷，对自治和自由的热烈维护阻碍了各州对严谨的民主联邦体制的想象和追求，地方主义的自私自利妨害了美国的“建国大业”。这些第一次建国失败的遗产，当然是有坚持者和维护者的，他们后来被称为保守的“反联邦党人”（anti-federalist）①，他们珍惜“州权”超过联邦，缺乏在一个广土众民范畴内建立联邦民主政体的想象力和实践能力，但他们作为新宪法异议者的存在、参与和斗争是富有制度意义的，有力制衡了联邦党人的“国家主义”，成为美国民主政体的内在监督性力量及维护州权和自由的建设性力量。但“反联邦党人”显然不是美国新宪法和国家统一进程的主导性力量，历史选择了“联邦党人”（federalist）。1787 年的费城制宪，是联邦党人主导的美国第二次建国，也是最为稳定和持久的一次宪法建构。联邦党人属于美国真正的进步精英群体，学历高，资产雄厚，有游学、外交、外贸经历者居多，有超越各州范畴的开阔政治视野、国际知识和比较宪法知识，是美国的高级知识分子、资本家和大地产者的结合体。联邦党人理想中的美国显然不是一个“冒牌”而虚弱的美国，而是一个强大且富有进取理想的美国，强大的国家才能带来适合其最佳利益的国内统一市场、统一法治体系以及对外竞争甚至扩展能力。联邦党人为了打造一个强大的“民主联邦”，一方面钻研比较各种政体和宪法，创制一种“新政治科学”，另一方面痛批邦联体制的缺陷、罪恶及反联邦党人的自私自利、目光短浅。联邦党人的理论动员和政治批判取得了巨大的成功，其主要成果汇集于《联邦党人文集》。按照严谨的美国政治思想史的研究比对，联邦党人的政治本质是伪装成联邦主义的国家主义，但他们一方面受到反对者的强势对抗与制衡，不可能按照国家主义完整纲领制宪，另一方面则需要借助“联邦主义”的正面形象和名义掩饰和包装自身的宪法主张，并压制对手的批评和攻击。他们是成功的，1787 年制宪将美国的国家政体从“民主邦联”改造为“民主联邦”，建立了较为完整的符合启蒙主义政治宪法理想的新型政体——一种以联邦

① 参见［美］斯托林：《反联邦党人赞成什么——宪法反对者的政治思想》，汪庆华译，北京大学出版社 2006 年版。

权力为中心的三权分立的民主政体。但这个民主联邦仍是有制度缺陷的：其一，遗留了奴隶制问题和种族平等问题，这是潜伏在美国宪法体制内部的“政治核弹”；其二，南部种植园与北部工厂的“南北矛盾”问题，涉及生产方式、意识形态、自由公民权及外贸政策等；其三，联邦权力与州权的模糊边界和矛盾问题，出现了长期的“二元主权”的竞争冲突；其四，法治统一的问题，各州严格守护自身的司法权力，甚至出现过废止联邦法律的“废止理论”，由各州最高法院依据本州宪法对联邦法律进行“违宪审查”并宣布违宪无效，从而颠覆了联邦宪法确立的联邦法律至上性原则；其五，美国政党政治规范及其大众民主基础并不成熟，党争不断，但存在改进空间。以 1787 年宪法为界，美国的民主政体走上了制度化、规范化的发展轨道，尽管存在上述结构性难题，但总体上宪法秩序不断成熟。1829 年的“杰克逊革命”及杰克逊总统的开创性政治实践，开启了美国民主“大众化”的先河，为美国民主的“平等转向”（林肯范式）做了铺垫；同时美国国内的南北矛盾、西进运动中的法律秩序扩张的矛盾以及民间兴起的废奴运动，都在刺激挑战美国的 1787 宪法体制，推动美国宪法内部矛盾的张力集中。1835 年，法国政治思想家托克维尔以其《论美国的民主》为联邦党人的国家建构方案进行认证和背书，提出美国民主的环境、民情、法制等要素，提出“新英格兰自治”的民主制度渊源，当然也对美国民主的后续危机甚至美国与世界的冲突作出了惊人的预言。① 民主联邦体制在林肯时期的南北内战中分裂和重构，以战后宪法修正案的形式得到延续和扩展。②

第三阶段：民主共和国（1865—1916）。在民主联邦体制内，美国基于其国力和区域安全考虑，于 1823 年提出了著名的“门罗主义”③，一种立足美洲区域的、以大空间为概念的孤立主义，不干预欧洲和世界事务，

① 参见托克维尔：《论美国的民主》（上卷），董果良译，商务印书馆 1988 年版，第 4~19 页。

② 对这一宪法转型过程的分析，参见［美］布鲁斯·阿克曼：《我们人民：转型》，田雷译，中国政法大学出版社 2014 年版。

③ 批判性分析，参见刘小枫：《“门罗主义”与全球化纪元》，《学术前沿》2020 年第 3 期。

也禁止欧洲及其他外部势力干预美洲事务，但美国是可以干预和保护美洲各国的。前面提到的美国 1787 宪法体制内的“奴隶制”问题、南北矛盾问题、西进法律秩序失衡问题、外贸政策问题等，导致美国民主体制张力不断集中，各种解决方案纷至沓来，比如以“利比里亚方案”的整体遣送模式解决黑奴问题，以“密苏里妥协”解决西进法律秩序失衡问题，以“双总统制”解决南北矛盾问题，但基本没有取得成功和进展。在此背景下，托克维尔的美国民主“乐观主义”面临严峻考验。南方奴隶主的“第一思想家”、有“主子阶级的马克思”之称的卡尔霍恩提出了南方分离主义的宪法理论①，造成美国民主政体进一步的合法性危机。而这一时期著名的“林肯-道格拉斯”的“分裂之家”的政治辩论②，将美国的国家统一危机和宪法危机充分暴露出来。类似 1787 年的政治妥协机会最终丧失，南方叛乱，北方镇压，内战正式爆发。但内战并未完全打破美国 1787 宪法秩序，而是将其中蕴藏的张力集中释放，并将“平等”价值凸显和优先化。林肯决定性领导了美国国家体制从“民主联邦”向“民主共和国”的转型，其核心价值基础即为“平等”。林肯的宪法革命是一场平等革命，其凸显的制度价值与宪法成果体现在战后的“重建修正案”中，即废奴修正案（第 13 修正案）、平等保护修正案（第 14 修正案）和选举权修正案（第 15 修正案）。③ 作为林肯宪法革命的标志性文献，1862 年的《解放黑奴宣言》、1863 年的葛底斯堡演说，以及林肯倾注极大心力甚至付出生命代价的废奴修正案，成为美国民主政体进步性和自我革新的典范。解放黑奴并赋予宪法上的平等权，不仅解决了困扰美国国家体制的一个长期结构性问题，更是使得美国在西方及世界范畴内赢得了道德和人权领域的领先地位和示范地位。当然，林肯平等革命的成果要落到法律和政策的实处，

---

① 参见［美］理查德·霍夫施塔特：《美国政治传统及其缔造者》第四章《约翰·C. 卡尔霍恩：主子阶级的马克思》，崔永禄、王忠和译，商务印书馆 2010 年版。

② 参见［美］雅法：《分裂之家危机：对林肯-道格拉斯论辩中诸问题的阐释》，韩锐译，华东师范大学出版社 2007 年版。

③ 参见［美］弗莱彻：《隐藏的宪法：林肯如何重新铸定美国民主》，陈绪刚译，北京大学出版社 2009 年版。

尤其是在南方各州转化为制度现实，仍需要漫长的制度改革和民权斗争，而一百年后的20世纪60年代，黑人民权领袖马丁·路德·金仍在为黑人平权而斗争并付出生命代价，甚至在当代美国仍有以“弗洛伊德案”为代表的种族歧视现象及继续斗争的“黑命贵运动”（BLM）。但1864年以来的美国国家秩序确实有了道德性和原则性进步，“平等”获得了前所未有的宪法地位和制度化进展，并由此延续和增强了美国国家秩序的包容力和危机化解能力。当美国民权运动持续追求宪法秩序内的价值兑现时，社会运动演化为暴力革命的机会就已大大降低，宪法秩序的共识价值和政治吸纳能力就会在一次次冲突中得到确认和加强。以“平等”吸纳与整合原体制的冲突力量，是美国国家建构和国家统一观的结构性突破和进展。

第四阶段：民主帝国（1917— ）。美国的国家建构在19世纪的主题是民主巩固和平等价值的制度化，而在20世纪的主题是“民主帝国化”。“民主帝国”的理念早在古希腊伯里克利时代就已规范性展现，伯里克利在公元前431年雅典阵亡将士葬礼上的演讲堪称“雅典民主帝国主义”的模范宣言。① 孤立主义传统中的美国在20世纪头20年的“一战”秩序中终于觅寻到了建构“民主帝国”的世界历史机遇。“一战”造成欧洲主要帝国的崩解和主要列强的决定性衰落，而美国经过建国之后，总体上较为稳定和持续的经济发展与制度巩固之后，已具备走向世界的基本心智和实力。斯宾格勒的“西方衰落论”② 主要是欧洲的衰落，而美国正在决定性崛起并反向干预和主导欧洲秩序，伸展其联邦党人先辈的立宪民主理想。1917年的世界秩序出现了打破“欧洲和平”的两大事件：其一是俄国的十月革命，社会主义出现于“一战”打碎的世界秩序之中并带来全球历史的重大裂变；其二是美国参加欧战，威尔逊提出“十四点”原则，提出民族自决权和国际联盟倡议，在民主与国际法的双重层次批判和超越旧的欧洲法权。苏俄革命与美国参战，以及各自对世界新秩序的战略构想和实

---

① 参见［古希腊］修昔底德：《伯罗奔尼撒战争史》（上册），谢德风译，商务印书馆1985年版，第127~136页。

② 参见［德］斯宾格勒：《西方的没落》，吴琼译，四川人民出版社2020年版。

践，实质上已经开启了20世纪美苏两大体系竞争对抗的早期预演。从美国国家秩序的演变来看，威尔逊主义迈出了美国民主输出和建构全球秩序的决定性步骤，但欧洲列强权势仍在，美国国内的孤立主义势力仍然强健，威尔逊的民主帝国理想超前于美国民主政治的内部进化程度，二者碰撞的结果是威尔逊主义的“事倍功半”与暂时挫折。但威尔逊开启的民主帝国方向是正确的和不可逆的。威尔逊主义开启了美国国家建构的新纪元和民主帝国的新格局，并通过后来的罗斯福主义及“二战”后的国际新秩序而最终完成。罗斯福主义是美国内部“民主平等化”的进一步深化以及外部“民主帝国化”的结构定型。罗斯福宪法被称为“第二人权法案”①，以“平等”为内核，并进一步支持民权革命的宪法议程。罗斯福对“二战”后国际秩序的思考和推进，塑造了联合国框架以及美国主导的全球治理秩序，为“民主帝国化”奠定了坚实的价值基础和制度框架。美国的“民主帝国化”不是对孤立主义的简单背弃，而是联邦党人建国理想的极限发挥和价值兑现。但这一“民主帝国”遭遇到多重危机和挑战：其一，内部危机，即民主帝国化与超级全球化造成美国内部的“锈带危机”及阶层矛盾②。美国民主到底对谁负责的问题在内部不断积聚张力，最终于特朗普主义范畴内集中爆发，选票民主惩罚了美国的民主帝国精英及其利益体系；而拜登主义则属于民主帝国的“回光返照”，在阿富汗个案上窘态百出。其二，外部危机，包括来自中俄的全球权力挑战和来自盟友体系的内部不信任和不团结的挑战。中国的决定性崛起及其整体的政治经济模式和文明体系，造成美国民主帝国霸权的空前危机和恐慌，中美新冷战源此而生；俄罗斯的挑战则属于西方内部“二元裂变”（“拉丁-罗马传统”对“斯拉夫-希腊传统”）的长程对抗，是罗马帝国分裂与危机的历史遗产，也是西方现代性内部路线斗争的延续。而中俄的战略联盟取向更加重了美

① 美国著名宪法学家桑斯坦教授有专门的研究和分析，参见［美］桑斯坦：《罗斯福宪法：第二权利法案的历史与未来》，毕竞悦 、高瞰译，中国政法大学出版社2016年版。

② 这一危机的当代文学表现，可参考［美］J. D. 万斯：《乡下人的悲歌》，刘晓同、庄逸抒译，江苏凤凰文艺出版社2017年版。

国霸权落空的历史风险和现实困境，盟友体系内部的欧美矛盾及印太战略的权力和利益分配矛盾仍在发酵。至于来自伊斯兰世界的恐怖主义，美国民主输出的“失败国家”遗产以及地区性的伊朗、朝鲜危机，都是美式民主帝国的风险点和溃疡面。威尔逊主义的一百年，是美国国家建构的“民主帝国化”周期，美国踏着“一战”和“二战”的盟友尸骨及失败而登顶世界帝国，但因滥用帝国霸权而逐步走向衰落，如今面临民主帝国加速失败与战略撤退风险倍增的结构性困境。其帝国荣耀不再反哺而是反噬共和国的民主根基与美德风范，其选举政治也不再展现社会团结与合法性再生产的预期理性功能，而成为选民批判帝国及孤立主义再次降临、国内阶层深度分裂甚至种族主义空前回潮的政治风口和民主程序无力感的来源。

总之，美国国家建构，从 1776 年独立战争开启，到当代拜登主义的阿富汗败绩，其两百多年的国家建构与国家统一观的制度化进程，已历经“民主邦联”“民主联邦”“民主共和国”“民主帝国”四个主要阶段，彼此之间存在交叉重叠，而不是截然断裂的政体再造。当下美国的共和国体制面临内部分裂和族群冲突，而民主帝国体制则面临道义基础崩溃、统治成本高昂及盟友体系松散化的风险，并遭遇来自中俄的真正全球性权力主体的结构性挑战，出现了理性收缩及风险撤退的困境。这充分暴露出美国“民主统一观”在演进到当代的“共和国/帝国”二元层次并过于依赖民主帝国霸权阶段时的内外失衡、道德衰退与秩序理性瓦解的总体性危机征兆，“民主理由”在美国国家秩序的共和国和帝国层次已不够充分，缺乏协调能力，很难再次通过危机/重建提升规范吸引力，展示可欲前景。一种“失败主义”情绪开始如晚期罗马帝国光景一样笼罩在美国人之间。

（二）美国国家统一观的“三种主义”

美国国家统一观是一种“民主统一观”，以民主原则和方法贯穿其建国的“邦联”“联邦”“共和国”“帝国”的相关阶段，其民主机制超出简单的选举范畴，广泛触及国家建构、社会整合与帝国扩展的诸多层面。理解美国国家统一观及其内在要素的丰富性和发展性，需要以美国主要立法者及其政治思想为根据，并参照其政治事业的主题和成就展开。概言之，美国国家统一观，因应其建国的“四阶段”，主要表现为“三种主义”：其一，联邦党人的“国家主义”；其二，林肯的“平等主义”；其三，威尔逊-罗斯福的“世界主义”。当然，美国是一个根植于“新教自由”传统的国家，其自由主义的根本价值观贯穿于上述三种主义内部，而成为一种共享性、根基性的“公民宗教”（civic religion）。① 以下对美国国家统一观的这“三种主义”进行适当的理论阐述，以增进对美国国家秩序法理的深入理解。

第一，联邦党人的“国家主义”。联邦党人是一种“国家主义”，这在反联邦党人看来是一种政治常识，但对于1787年的美国向何处去的棘手问题而言，恰恰是联邦党人的制宪方案能够提供恰当的答案和出路。反联邦党人的州权主义和弱式邦联主义在1776年针对英帝国的殖民统治奋起反抗时是进步的和革命的，可用以团结各州首先破坏英国的殖民统治秩序，取得殖民地独立，但是当美国的政治主题转向建国时，他们的主张就逐步陷入保守、落伍和功能紊乱了。联邦党人的“国家主义”不是一种极权的国家主义，尽管并非所有的联邦党人都无此野心，但他们身处独立后的美国各州共享的自由与共和的意识形态氛围之中，有其政治思想的自由大原则和政治实践的制约条件。这种“国家主义”具有的进步性甚至突破性特征包括：其一，提供了适合美国民主建国的“新政治科学”，将启蒙时代的政治学成果与美国本土国情相结合，将崭新的政治原理与原则运用于制宪建国的具体实践，将民主代表制、三权分立、司法独立、联邦制、两院制、总统制等现代民主政体的典型要素加以制度性整合，构成美国民主政体的完整架构，而这一套崭新的政治科学不仅成功说服了美国各州的多数民众，而且令半个世纪后的法国政治思想家托克维尔叹为观止，艳羡不已；其二，政体建构优先的政治宪法学思维，即1787年制宪的关键不是权利法案，而是设计优良政体，从美国民主的整体政治存在类型和方式入手，体现的不是后世所谓的权利宪法学或宪法教义学，而是近代立宪主义的政治宪法学；其三，发掘罗马共和精神，将混合宪制②现代化，即联

① 参见［美］罗伯特·贝拉：《美国的公民宗教》，陈勇译，载陈明、朱汉民主编《原道》第十二辑，首都师范大学出版社2006年版。

② 混合宪制是典型的罗马遗产，参见波利比乌斯：《波利比乌斯论混合政体》，杨之涵译，《北大法律评论》2018年第1辑。

邦党人追慕罗马先贤“普布利乌斯”，推崇罗马式的混合宪制，通过充分的批判性经典阅读、比较宪法研究以及现实化的制度设计，提出了“新罗马”式的美国国家秩序法理和宪法方案；其四，政体平衡与政治妥协的理性精神，即新宪法注重国家权力的横向平衡（三权分立）和纵向平衡（联邦制），重视立法权的内部制衡（两院制），重视与宪法反对者的理性妥协，如在奴隶制与黑人代表权问题上的“3/5 条款”，对权利法案的“后置承诺”，在参议院各州席位上的州权平等原则等；其五，自由主义和国家主义的有机结合，他们没有也不可能追求完全的、极权化的国家主义，而是在宪法制定和论辩中达成自由主义的原则共识，在配置联邦国家权力及其制衡结构时吸纳和体现经典的启蒙自由主义原理。联邦党人的国家主义翻转了由《独立宣言》和《邦联条例》带来的、权力重心过度下沉的州权主义立场，追求一种立足“合众国”（United States）的国家统一观和宪法哲学。

第二，林肯的“平等主义”。自由和平等是西方启蒙政治学说提炼出来的一对基本价值范畴，但在古典自由主义内部，自由是优于平等的，保护财产自由和政治自由是近代立宪主义的头等目标，联邦党人的费城制宪也不例外。进步主义历史学家查尔斯·比尔德在其名著《美国宪法的经济观》中揭露过美国建国之父们的阶级利益状况及其隐秘的政治行动逻辑。① 因此，1787 宪法的伟大和妥协是一种延迟决断，不可避免地留有隐患，而这一隐患终于在美国南北内战中爆发。林肯的“平等主义”堵住了这一国家统一观及其制度层面的巨大缺口，实现了美国国家秩序和宪法架构的结构性扩展：其一，平等原则的革命初心，即林肯将美国宪法的“时间线”再次拉回 1776 年的《独立宣言》，但其发掘的不是州权主义的邦联宪法精神，而是平等主义的革命初心，其价值批判性直指 1787 宪法中的“奴隶制妥协”，从而为其解放奴隶、再造国家统一提供了法理正当性；其二，民有、民治、民享的平等民主观，这是林肯在著名的“葛底斯堡演说”中提出的对美国国家道德与宪法精神的全新理解，不仅最为明确地确

---

① 参见［美］查尔斯·比尔德：《美国宪法的经济观》，何希齐译，商务印书馆 2010 年版。

认了人民主权原则，而且开辟出民主参与和福利主义的新空间，丰富了对民主政治内涵与公民权利谱系的完整理解；其三，以公民平等权及其修正案体系改造、压制和重构州权的宪法规范内涵，将限制联邦权力和加诸联邦权力的各项义务扩展至州权和州政府，建立美国国家权力和法律与个体公民之间的直接法权互动，从而形成美国更严格的宪法爱国主义；其四，林肯的平等革命开启了美国长期的民权运动与国家法律改革的互动史，二者相互作用，以深入监督和改革各州歧视性法规和政策，推动美国社会更平等法律秩序的形成，使美国在一个日益大众化的民主时代走在各国宪法与权利进步的前列，避免了过分激烈的阶级斗争和颠覆性革命运动；其五，林肯平等革命的宪法与权利遗产具有全球化效应，不仅以美国宪法的增量元素而成为美国民主输出的特色成分，更是对林肯之后各国的革命与立宪产生原则性影响，对 20 世纪的全球宪法与人权进步产生指导性意义。林肯的“平等主义”使得美国国家秩序与宪法架构更加均衡及更具包容力，有助于将激烈的政治社会冲突转化为宪法权利和宪法程序问题，并通过制度性抑制州权而扩展美国宪法的规范效力和权威性。当然，我们也要客观看待林肯平等革命的长期性与复杂性，看到美国南方种族主义的根深蒂固的政治社会基础和反弹力，看到美国在由盛转衰过程中种族主义再次泛起的政治空间、土壤及其破坏性。

第三，威尔逊-罗斯福的“世界主义”。美国的国家观念中存在一种源自新教伦理的文明优越论和救赎主义，即所谓的“昭昭天命”（manifest destiny）。美国保守主义思想大师拉塞尔·柯克（Russell Kirk）在《美国秩序的根基》一书中考察和总结了美国秩序背后的普遍主义根基：英国中世纪习俗、新教伦理、拉丁文明中的“自然法”等。① 因此，美国绝非偏安北美一隅的自满型民族国家，而是立志于为世界立法的新罗马帝国。这种美国式的“世界主义”当然是雅典帝国主义（伯里克利）和罗马帝国范式的现代转移，也是英帝国清教革命与普通法精神的移植再造，更是基督教共同体理念与福音主义的规范召唤与使命推展。但美国需要寻找世界

---

① 参见［美］拉塞尔·柯克：《美国秩序的根基》，张大军译，江苏凤凰文艺出版社 2018 年版，第 2~9 页。

历史的时机和方式提出自身的世界主义理念和方案。“一战”中的威尔逊和“二战”中的罗斯福承担了将美国国家秩序“帝国化”的世界主义使命。威尔逊主义提供了“一战”后世界秩序重建的规范原则，而罗斯福主义完成了美国宪法内部平等的政策性深化和外部普遍主义价值和治理秩序的基础性建构。美国的世界主义哲学，其奠基性价值为民主和国际法，前者是美国国内民主的输出和普遍化，后者是美国霸权的国际制度化。美国的世界主义的基本信念是：每一个国家都应当像美国一样建立民主体制，而每一个民主国家组成的自由联盟应当由美国领导和执法，美国是唯一的全球性民主联盟的警察（police），美国所有的对外发展援助、军事占领与民主改造，都服务于这一“美国治下的和平”的普遍秩序建构目标。“二战”之后美国发展起来的“长臂管辖”① 的制裁帝国主义，是其世界主义秩序的警察权体系，尽管不符合威斯特伐利亚体系下的主权平等与不干预内政原则，但符合美国的世界主义秩序观念及其制度理想。美国的世界主义哲学及其帝国霸权，既是当下全球治理秩序的塑造力量，也是其破坏力量，因为这一霸权并不具有道义原则的一贯性和普遍同意的合法基础，而是建立在西方文化优越论和美国强制力的基础之上。强制可以产生暂时的服从与合作，但不能产生持久的权利与和平。美国的世界主义帝国秩序建构，是一种本质上的帝国霸权建构，其道德化修辞不能掩盖原理上的民主赤字、国际法赤字和道义对利益的习惯性屈从，最终还是循环展现了霸权浮沉的一般历史规律，即“追求霸权者凭借勇气和智慧实现霸权，凭借克制和仁爱增进霸权，凭借令人惊惧的恐怖维持霸权”（希腊历史学家狄奥多罗斯·西库卢斯）。②

总之，一种标榜自由民主并以规范国际法警察自我定位的美帝国，是威尔逊-罗斯福“世界主义”的基本架构，其主要展现、成形于“一战”和“二战”的全球观念危机和秩序危机的连续周期内，并在“二战”后

① 参见 Tonya L. Putnam, *Courts Without Borders: Law, Politics and US Extraterritoriality*, Cambridge University Press, 2016, pp. 3–8.

② 转引自［英］佩里·安德森：《原霸：霸权的演变》，李岩译，当代世界出版社 2020 年版，第 220 页。

塑造了人类历史上前所未有的自由帝国主义的全球秩序，但这一秩序面临的冷战冲突性、霸权等级性、共和国与帝国的二元矛盾性以及东方国家的全球化崛起挑战，都预示着它的自我矛盾性和必然瓦解的历史命运。美国一部分精英已判断出帝国霸权的决定性危机并产生了从帝国秩序“撤退”的战略思考和行动，从“帝国”退回“共和国”，甩掉帝国的道义负担和实际治理责任，独善其身“使美国再次伟大”。这是特朗普主义的政治本质，也是美国帝国霸权“和平衰退”的一种终结方式。但撤退远非那么自然而然和一帆风顺，不仅有内部全球化精英和帝国利益集团的强力阻挠，而且有盟友体系的规范性制约，更有撤退过程中安全、利益、秩序与权力快速终结的不确定风险。这是美国国家秩序法理的根本危机，美国的帝国霸权不再牢固，但美国的撤退过程也不会顺利，因为丧失权力和利益的过程不只是帝国霸权的自我消解，更可能累及美国国家的基本团结和民主秩序的制度安全。美国受帝国权力和利益的诱惑而走上世界舞台，又因帝国权力和利益的滥用而面临崩溃风险，证明了“民主帝国化”的世界主义道路存在内在价值缺陷和制度理性的不足，对其进行科学的历史分析和规范批判是非常重要的世界级社会科学研究课题。

（三）美国的“共和国/帝国”二元架构及其矛盾性

美国有理由自诩为“例外主义”国家，因其虽有民主政体的本国事实和规范形式，却不是普通的民主国家，而是包含着从其建国时刻即灌注其命运之中的普遍主义理想与使命，最终结晶于“自由帝国主义”的当代政治架构。

美国的国家统一进程及其连续性构造，覆盖了“民主统一观”的完整规范元素，相继经历了“民主邦联”“民主联邦”“民主共和国”“民主帝国”，并以“民主帝国”吸纳、改造与整合了美国国家建构的全部理想和制度元素。但这一巅峰性的最终帝国秩序与承载具体民主道德和责任的、作为民族国家的“美国”及其人民之间出现了二元化的对立和冲突。“共和国/帝国”的二元宪制架构本来存在内部协调关系，但最终由于内部民主的多元冲突、制度效能衰退以及外部帝国霸权的失衡与失败而陷入复杂的风险和斗争之中。

特朗普主义与拜登主义的冲突与叠合，是美国国家秩序之“共和国/帝国”二元矛盾性的最激烈爆发，其竞争性结局和命运直接关系到美国国家秩序的霸权稳定性和利益安全。美国建国以来，凭借“民主理由”、精英责任和公民美德，一次次化解危机，获得进步，这一次的帝国霸权与内部民主的总体性危机是否还能乐观期待缓和与化解，前景并不明朗。美国的政治精神日益陷入一种帝国夕阳的自我陶醉与霸权衰退的失败主义恐惧并存的复杂状态之中。帝国撤退不易，走出二元架构困境更不易。不只阿富汗是一个“帝国坟场”，美国本身也是一个精致无比、不易察觉但日益显露的“历史坟场”，就像晚期罗马帝国一样。曾经有一天，罗马人民还在，罗马法也在，甚至“条条大路通罗马”的帝国荣耀设施也在，但帝国已经不在了。美国会重蹈这一历史命运吗？俯视天下的福山式“历史终结论”逐渐烟消云散了，沉沦的美帝国霸权日薄西山，这是21世纪头20年最具震撼性的世界历史事件。

三、与世界和平有关：中美国家统一观的长期竞争与前景

实际上，美国已经战略性感知和判断出中国的“天下统一观”及其国家秩序与全球秩序的建构所具有的强大的文明和政治冲击力，从而启动了空前的国家安全危机机制，以“新冷战”和“战略竞争”的全副武装的理论和制度动员，实行针对中国的战略和体系遏制。中国没有按照美国的“民主帝国主义”划定的标准和方式进行民主转型和制度建设，中国学习了美国政治制度和法律制度的某些合理的治理性元素，但不可能照搬美国民主，这是中国的文明传统、政治体量和治理实际所不允许的。中国坚持和发展的是一种合乎自身文明和治理实际的“天下统一观”，其在规范基础上并不完全排斥西方民主的核心价值，但也不将西方民主作为本体性方案加以膜拜和模仿，西方民主是可分析和借鉴的对象，但不是全盘移植的样本。

中美国家统一观将在内部政治秩序和外部全球秩序的所有层面继续展开长期的竞争和斗争，但也有适当条件与场合下的利益交叠及合作。中国每进一步，美国的霸权每退一步，中美合作的意愿和区间反而会相应扩

大，世界和平与发展的前景也会相应开阔。阻挠中美战略合作的不是中国的自主崛起和正当发展，而是美国的民主帝国霸权。

（一）贸易摩擦的继续与中美关系的四个隐喻

拜登时代，由特朗普开启的中美贸易摩擦仍将在一定范围和强度内持续下去，但极端升级的风险性可以得到管控。这是中国塑造新世界秩序的历史契机：其一，通过与美国的正当抗衡，给全世界一个正面印象，即中国坚持自由贸易、WTO规则及共享性发展伦理，破坏规则及造成各国利益损失的麻烦制造者是美国；其二，借助贸易摩擦契机重新布局国内产业及充实“一带一路”经济合作，加快推进“非美经济共同体”的新全球化体系建构；其三，以中国经验为基础，真正探索出一条“人类命运共同体”的新路，真正解决康德提出的“永久和平”难题，逐步超越1500年以来西方主导的“地理大发现秩序”，塑造一种陆海统筹、南北贯通、内外协调的新世界秩序；其四，贸易摩擦及相关的后续危机应对，正好是对2018修宪新体制正当性的一种间接证明，也是对其实际的制度效能的一种历史检验。

从形象比拟的角度，中美关系在贸易摩擦格局下呈现出四种有所差异又相互关联的隐喻模式：

其一，修昔底德陷阱模式。艾利森的这一隐喻具有非常形象化和历史化的冲击力，在学界和舆论场域成功制造了“热点”效应，吸引了众多无论具体立场如何的知识分子甚至政治家来蹭热点，竞相表达立场和存在感。但这一隐喻似是而非，并不确切，因为所谓修昔底德陷阱描述的是雅典和斯巴达对抗这样的希腊文明的“内战”现象，而中美对抗则不能简单归于同一文明的内战，其更像是塞缪尔·亨廷顿所谓的“文明冲突”。艾利森的模型只是简单移用西方自身历史经验，缺乏文明间的横向比较和互动理解，因而只具有形式化和比拟性的表面分析意义。

其二，G2与中美国（Chimerica）共治模式。这也是一种关于未来中美关系的想象结构，基于对中美实力接近后如何和平相处的创造性设计，有点类似美国为“主”，中国为“副”，中国越来越多承担美国卸载的全球治理责任和沉重的秩序负担，也在一定程度上满足中国民族复兴和参与全球治理的国家心理。但这一隐喻模式一方面很难为美国所和平接受，因为卧榻之侧岂容他人酣睡；另一方面也不容易说服中国接受，因为中国不愿意在自身未充分发展及权利未充分得到肯定的条件下就以国家名义承担过重的全球治理责任，过大消耗国力，并可能与美国一起成为众矢之的。中国希望以自身的道路和节奏走一条独立自主的全球化道路，可以慢一点，但需要稳健和安全。

其三，藤树关系模式。这是中国战略学界某些学者提出的隐喻模式，以自然生态的共存演化模式推演中美的可能关系结构，以美国为全球化的树干，坚挺而有序，是周边元素的坐标和成长依托，恰似一个全球共同体中的“霸主”，而中国属于后发的攀附者，是一种缠绕在树干上的“藤”。在通常情况下的藤树共生是双赢的，但随着树干的营养枯竭和生命力衰退，以及藤的自我成长和自我挺拔之生命意志的展现，藤树关系开始产生紧张，树感到安全威胁而急切希望甩掉藤，但藤以柔性缠绕方式不断延迟双方的脱钩，争取最大化的发展机遇。藤树关系通常会经历“攀附”、“竞争”和“超越”三个阶段，目前的中美关系处于从“攀附”向“竞争”的转型发展阶段，因而充满高风险和不确定性。这种关系模式非常形象和生动，也包含了中国应对美国刚性脱钩的理性智慧。

其四，半脱钩模式。这是美国战略学者在其分析报告中提出的模式，中国部分学者加以改造使用，应用于描述和分析中美逐步脱钩与对抗的过程状态。这一模式具有较强的描述功能，且有助于中美双方理解彼此的动态关系和风险状态。在这一进程中，可能发生的风险点包括但不限于“一国两制”香港平台的半塌陷状态、台湾牌与两岸关系的“僵尸”状态、高科技领域的严格封锁、美国盟友体系的两面派立场及金融安全危机与系统化风险等。笔者在进一步的思考中将使用“软脱钩”的概念以确立中国为主体和主场的战略思维架构。

这四种关于中美关系的隐喻模式并非完全成熟的理论模型和分析框架，而是一个大致具有一定解释力和理论化前景的思考方向，值得我们在深入研究中美关系时借用来激发理论想象力和作为成熟理论的可参考起点。

总之，贸易摩擦是对中国改革40多年全体系成就与发展潜力的客观肯定，也是一种关键性的能力检验与历史考验。这是民族复兴必须要爬过的坎和坡，每一个中国人都不可能置身事外。贸易摩擦还意味着被压抑数百年的“东方秩序”开始实质性复兴及引领新全球化进程，而中国正处于这一历史大转型的枢纽位置。“新时代”是一个“大时代”，一个民族复兴与人类命运共同体并轨推进的“新轴心时代”。贸易摩擦是这一大时代秩序形成中无可回避的“分娩之痛”，却也是“新生之啼”。接续贸易摩擦的，是中美新冷战更加严格的战略和制度斗争的考验，美国具体的大选结果不能改变这一日益尖锐化的大国关系模式及其不确定性的发展前景。

（二）世界历史的王霸之争与全球秩序的裂变

在中国的长期文明史上，“王道”与“霸道”成为激烈竞争的治理哲学与施政路线。“王道”确定了“天下有道”，而“霸道”则标志着“天下无道”。故天下之理想治道，在于“王者兴”，在于“王道”规范的认同与多元力量的整合。王道秩序因而成为“协和万邦”的理想性秩序，其中融贯的是和平、共生、安全及相互尊重、共同发展的理性秩序思维与国际法精神。“霸道”在中国文明秩序中尽管并未完全退场，甚至以“法家”形式得以合法存留，或者转化为“霸王道杂之”的中国式君主论与君主心术，但整体而言，中国的治道原理与具体秩序是以“王道”规范及其制度化为根本的。“王道”内含的普遍价值论与和谐秩序论，虽经惨烈的近现代革命与激进变革，其道德内涵与实践方式大有更新，但道义立场和理想政治追求仍居主导。“一带一路”倡议和人类命运共同体命题，仍有“王道政治”的道义和理想根基。

“中国永远不称霸”是中国当代外交政策与国际关系的重要指导原则。这一反复宣示的国策基准，不是虚伪的战略掩饰，而是基于自身文明传统和国际秩序观的真诚表白与追求。但“国强必霸”似乎又是西方国际政治学的常态规律，对霸权的竞争及追求权力地位的承认，构成西方历史与文明进步的关键动力。西方“以己度人”，以其主观历史眼光评断中国国家行为性质与走向，必然以“中国威胁论”告终，必然牵引向“新冷战”深渊。

西方对中国“霸权”再次降临的想象、恐惧和维护自身霸权的本能反制意识，造成了中国与西方尤其是美国之间所谓的“修昔底德陷阱”。这一“陷阱”典故的原型思想家是著有《伯罗奔尼撒战争史》的修昔底德，他正确评断和总结了斯巴达和雅典“两强相争”的冲突必然性和霸权竞争的基本规律，作为西方历史的“通鉴”。美国自己相信中国的霸权意图并游说其盟友、准盟友甚至中间地带国家采取相同立场，建立所谓的反华统一战线。这一貌似反制“中国霸权”的统一战线，有两个核心支点：其一，民主价值观；其二，基于规则的国际秩序。这就必然引出了中美的“文明冲突论”以及王霸竞争的“持久战”。中美相互指责对方的霸权非法性。

从中方立场来看，整个近现代史的民族解放与国家建构的正当性来源即为“反帝反封建”，其中“反帝”是革命主体的对外批判，以主权自立，实质是以文明自立，而“反封建”则是革命主体的自我批判，要对自身文明历史中的“糟粕”加以剔除，追求自我的文明守护、净化和创造性转化。在“反帝”的谱系中，历来侵害中国主权、安全与发展利益的皆为斗争对象，包括英帝国、日本帝国、苏修、美帝等。就当代斗争语境而言，反制美帝国主义的“霸道”成为中国自我维权与伸张国际正义的关键课题。

2021年6月10日，全国人大常委会第二十九次会议通过《反外国制裁法》，其中第三条明确规定“反对霸权主义和强权政治”。在中国方面看来，美国的霸权主义有许多劣迹斑斑的体现，是有其文化根基和行为习惯的，甚至是以其“同盟体系”进行的集团化“犯罪”。2021年8月3日，新华社发布了《美国同盟体系“七宗罪”》一文，揭露美国“霸道”的具体表现：暴力、掠夺、侵权、破坏、撒谎、包庇、内讧。这些以“民主”名义自诩并理直气壮干预外国内政的“霸道”行为，败坏了民主应有的美德内涵，也践踏了人类文明多样性的自然生态，造成西方民主输出的诸多悲剧及其“失败国家”的严重后果，阿富汗就是最新的一例。至于“基于规则的国际秩序”，似乎要宣扬西方的“王道”以及国际法的正义代表资格，却遗漏了这一套秩序及其解释和变迁背后的“霸道”逻辑。完整的修辞格式应当是“基于霸道规则的国际秩序”。有意思的是，中国在《反外国制裁法》第二条明确宣称“维护以联合国为核心的国际体系和以国际法为基础的国际秩序”，这就造成了中西之间关于国际法的两种对立性的理解：中国的“以国际法为基础的国际秩序”对美国的“基于规则的国际秩序”。中国对国际法的接受，是以其“王道”观念与天下主义为文明基准的，其解释与践行亦受到自身文明的规范限定，其所着力挖掘与维护的是国际法中真正体现主权平等与和平发展的规范价值。而美国将国际法工具化和政治化，作为谋求和巩固帝国霸权的手段，但缺乏真诚信守国际法规范及平等尊重其他国际法主体的行为习惯。美国因超强的霸权地位，导致其践踏国际法的不法行为基本不会遭受严格的制裁，这就造成了美国“霸道”观念与行为在道德上的毫无节制与实践上的滥用致害。无制裁则无法律，美国的不法行为不受制裁，期待其遵守国际法只能是道德上的一厢情愿，且一次次被现实证伪。国际法“驯服”了许多无权染指霸权的国家，但至少美国仍在“丛林”，且成为“丛林霸王”，这是当代国际法秩序的最大软肋。

从美国立场来看，“民主”成了一种帝国霸权理由，而“基于规则的国际秩序”成为其全球治理行为的虚伪宣示。美式民主何以异化为霸道的治术呢？其一，文明论的理由，即西方基督教文明总体上是一种以“文明/野蛮”“主体/客体”二分为基础的文明，内含一种深刻的异教斗争哲学和文明征服论，民主不过是其文明演化、综合而成的一种斗争性、征服性的霸权符号而已，“民主霸权”由此成立；其二，历史实践的理由，即美国分享和继承了西方历史中“国强必霸”的霸权法理，以霸权竞争为历史发展的常态和法则，美国所谓的“战略竞争”就是全方位的霸权竞争，美国无法摆脱来自西方文明历史脉络的典范理解；其三，建国之父的理由，即相比欧洲的西方文明故土及其霸权与国际法观念，美国的建国之父们在道德和帝国理想上更上层楼，在 1787 年的《联邦党人文集》开篇即宣示了美国民主要成为人类政治典范，美国要超越欧洲探索一种新的政治科学和新的民主形态，其后的美国史就是美国民主“回传”欧洲及走向世界的历史，法国人托克维尔在其中充当了接力棒角色；其四，全球垄断资本的理由，即美帝国的超强地位来自西方全球化资本的长期塑造，而美帝国又反过来保护和推动全球化资本在世界各地“攻城掠地”，掌控利润丰厚的战略资源和庞大市场，帝国军队与帝国资本总是如影随形，而民主同时充当了二者的遮羞布。在以“民主”名义颠覆外国政权、大搞“颜色革命”的过程中，“民主”丧失了扎根本地文明及沟通本地人民的自然政治功能与美德内涵，成为美国占领军、美国资本与本地腐败精英层的选举、分赃、镇压与洗脑的标准化游戏。民主输出的结果不必成功，也鲜有成功，而输出的过程暴利滚滚，难民遍野。

与“民主霸道化”相伴随的是美帝国的另外一重更加日常化的霸道异化：制裁帝国主义。美国自诩为“自由帝国主义”，但其最主要的国际法实践不是维护真正的“自由”，而是以其他国家的“不自由”与“不平等”为代价滥用制裁，以致人们逐渐将美帝国与“制裁”等同。“治外法权”（extraterritoriality）本是过时的殖民主义产物，中国就曾饱受其害，司法主权遭受严重侵蚀。但“二战”之后，美国在国际法实践中复兴了这一落后遗产，将其堂而皇之地纳入国内法部门的“对外关系法”（Foreign Relations Law）范畴，以国内法直接制裁外国国家、外国企业和外国国民，此即所谓的“长臂管辖”，属于缺乏国际法授权与正当性的不法行为。国际法上受到严格限制的域外管辖理论无法为其正当化。而美国将其滥用制裁的国际法实践也称为“基于规则的国际秩序”，并对国际法原则与制度进行一种“美国中心主义”的解释和利用，而在缺乏国际法明确规范的地方或者虽有规范但不合美国利益的地方，美国就直接以国内法形式“制定”国际法，从而成为“二战”后国际法秩序最大的破坏者，其全球治理的“霸道”逻辑与行为昭然若揭。

总之，中国与西方尤其是美国的“王霸竞争”已经展开，日益深化和激烈化，具有文明冲突和权力竞争的多重意涵。“两个体系”的全球治理裂变，并非虚言。美国的民主全球化和基于规则的国际秩序，是西方“地理大发现秩序”在道德与制度上的巅峰，也是其霸道治理的极限。实践是检验真理的唯一标准，美式民主的霸道异化以及“长臂管辖”的规则悖反，暴露了西方整体治理的道德虚弱性和实践矛盾性，帝国的“丰厚遗产”日渐消磨。而中国之“王道”及其当代转化，代表了来自东方的和合智慧、天下秩序及人类命运共同体的超级规模治理理想，或可成为西方民主霸权及其国际法秩序异化的对治方案与替代性愿景。

（三）结语：未来十年全球秩序与中国国家理性的定型化

特朗普败选，特朗普主义在整体上无法“连任”及体系化，但其核心遗产将对共和党未来议程及美国政治与外交走向产生重要的结构性塑造作用。在特朗普执政四年中，涉及中美关系的一系列法案与政策制定中的“全票通过”现象表明了两党对华认知与战略上存在相当程度的重叠共识。因此，2020年之后的中美关系与世界秩序，固然有了拜登时代作为短暂的过渡与缓和，但绝不可能彻底回到奥巴马时代及传统民主党的规范框架之内。美国已变，这是其帝国霸权高蹈与国家实力下降、全球化扩张与本土利益受损、全球普适主义与民族民粹主义等结构性张力和斗争造成的必然结果。特朗普捕捉和利用了这一变化趋势，但其煽动民粹、种族及冷战对抗的走钢丝行为对美国和世界造成了更加严重的动荡和不安，由此引发美国内部民主政治和外部盟友体系及包括中国在内的国际社会的多层次反弹，美国2020大选结果就是其民主政治对特朗普主义的规范性批判。但普选票如此接近以及选举诉讼的纠缠不清，显示了经过特朗普四年，美国的结构性矛盾和分裂态势不是缓和了，而是加深了。

不能简单批评特朗普带来了美国与世界的多重分裂，他只是既定分裂的发现者和解决方案的提供者，然而他的“商业心智政治化”与保守主义道德激情未能浇灭分裂之火，反而是煽风点火，火上浇油，导致美国利益和民主规范都不能再允许特朗普按照特朗普主义极端运作下去。大法官们不可能是特朗普的简单政治工具，理念上的某些重叠共识不可能成为大法官背弃宪法信仰和职业声誉的决定性理由。美国民主秩序有其自我调整和巩固的理性机制，但整体上的结构性衰退和制度失衡无法补救。

未来十年之全球秩序，将面临真正的百年未有之大变局，其判断理据在于：其一，“二战”以来建立的“美国治下的和平”已出现道德和制度的崩解，美国的逆全球化和民主民粹化破坏了全球制度的规范根基和可依赖性，全球化进入一个新的秩序建构周期；其二，中美关系的“和平红利”基本结束，“新冷战”及西方的重新封锁政策严重挑战着中国政治安全和发展利益，中国必须走出一条自主现代化和国际化道路；其三，中国的“一带一路”和人类命运共同体是中国文明与经验基础上的全球化构想，遭遇到来自西方及周边的严重地缘政治和利益挑战，需要中国反思调整，稳健管控风险和有序推进；其四，全球秩序出现了伴随“新冷战”的重新结盟化、帝国化和局部战争风险，中国应当加强多风险整合分析和应对能力；其五，中国内部的经济内循环、治理现代化、社会创新发展与个人自由保护应当形成一个观念和制度的协调体系，以此作为国民认同、斗争和进取的可靠基础；其六，从中国与世界的互动关系来看，2020—2030年是中国决定性打破西方封锁并形成初步的内外秩序布局的关键时间段，中国2049总目标在很大程度上取决于这十年的结构转型与自主发展。

因此，中国必须始终保持自身的战略定力、国家统一与治理观及其全球化路线，在与美国“斗争为主，斗而不破”的持久博弈过程中，走出一条内循环为主、内外循环相互促进的民族复兴与人类命运共同体理性整合的历史发展道路。① 面对拜登时代的特朗普主义遗产及民主党“自由帝国主义”的有限回调，中国应当具有斗争与合作的两方面经验与之进行精准的复杂互动，有缓和，有斗争，以自身利益和清醒的战略为根据，对国家民族负责，对全球和平发展负责。在中国“天下统一观”与美国“民主统一观”的长期竞争中，中国国家理性及其制度体系将逐步成熟和定型，与中国相关的“新天下秩序”也将获得日益开阔及可接受的共同价值基础和制度发展空间。

① 中共中央宣传部：《中国共产党的历史使命与行动价值》，中国网，https：//news. china. com/zw/news/13000776/20210826/39927562. html，最后访问时间：2021年8月27日。

和而不同与人类文明多样性发展

申圣超

【摘要】“和”“同”是先秦时期两个非常重要的哲学概念。自西周末年史伯第一次提出“和实生物，同则不继”的观点，中国历史上便开始了“和”“同”问题的讨论。“和”则产生、发展事物，“同”则“不继”“乃弃”。晏婴将其引入政治领域，认为君臣相济，则“和”。孔子在此基础上，提出了“和而不同”的理念，同时将其作为区分君子、小人的重要标准之一。当今世界，多种文明并存，中国古代圣贤提出的“和而不同”，为维护人类文明多样性提供了中国智慧、中国方案。

【关键词】和　同　和而不同　人类文明多样性

【作者简介】申圣超，河北邯郸人，四川大学马克思主义学院副教授，研究方向为儒家哲学。

“和”“同”是先秦时期两个非常重要的哲学概念。西周末年史伯和春秋时期齐国大夫晏婴分别就“和”“同”问题进行了辨析和讨论，堪称“和同之辩”。孔子对此予以继承和发展，提出了“和而不同”的理念，并将其作为区分君子、小人的重要标准之一。

一、和、同的提出及其内涵

在传世文献中，首次提出“和”“同”概念并做区分讨论的，是西周末年的史伯。《国语·郑语》载：史伯在回答郑桓公有关周朝兴衰的问题时说：“夫和实生物，同则不继。以它平它谓之和，故能丰长而物归之；若以同裨同，尽乃弃矣。”“和”与“同”相对，“生物”与“不继”相对。强调了不同的事物加以协调平衡，使之彼此和谐，才能产生、发展万物。可见，“平衡”是和谐的重要因素。相反，去和取同，结果只能是“不继”“乃弃”。史伯主张多样性的和谐，反对单一性的剸同。他从对两种自然状态的描述推广开来，从自然事物扩展到社会现象，上升到了哲学高度，使其具有哲学意蕴。他分析说，周朝之所以会衰败，原因就在于周王“去和而取同”。春秋末年，齐国大夫晏婴与齐景公讨论君臣关系时再一次阐释了“和”“同”的区别。他以做汤为例，说明了“和”与“同”是表面相似、实则不同的两个概念。《左传·昭公二十年》载：齐景公认为，只有他的宠臣梁丘据跟他“和”。晏婴反驳说，那是“同”而不是“和”。他指出，“和如羹焉”，宰夫通过“和之，齐之以味，济其不及，以泄其过”来实现“和羹”。这里体现了“中”的理念，即处于不及与过之间。晏婴将“和羹”与君臣关系作比，引“和”“同”入政治领域，指出臣对君不应盲目附和，而应根据实际情况，可以提出不同甚至相反的意见，帮助君主做出正确的选择，即《中庸》所谓“和而不流”，孔子所说“勿欺也，而犯之”（《论语·宪问》），做到可否相济，才能“政平而不干，民无争心”。晏婴批评梁丘据君可亦可，君否亦否，毫无原则地一味迎合，是“同”而非“和”，强调了事物差异性和多样化的重要性。同理，将“和”“同”推扩到其他事物上，亦是“和”则益，“同”则害。所以，孔子在此基础上，对“和”“同”问题进行理论升华，提出“君子和而不同，小人同而不和”（《论语·子路》）的理念，并将其作为区分君子、小人的重要标准之一。“君子”与“小人”相对，“和而不同”与“同而不和”相对。孔子赞同坚持各自立场的君子之和，反对表面一致、实际矛盾冲突的小人之和。何晏在《论语集解》中注说：“君子心和，然其所见各异，故曰不同。小人所嗜好者同，然各争其利，故曰不和也。”可见，是否承认差异，是“和”“同”的重要区别。当代著名哲学家冯友兰先生对其作了区分，对我们理解“和而不同”有很好的指导作用。他说："在中国古典哲学中，'和'与'同'不一样。'同'不能容'异'；'和'不但能容'异'，而且必须有'异'，才能称其为'和'。譬如一道好菜，必须把许多不同的味道调和起来，成为一种统一的、新的味道；一首好乐章，必须把许多不同的声音综合起来，成为一个新的统一体。只有一种味道、一个声音，那是'同'；各种味道，不同声音，配合起来，那是'和'。"① 可见，"和"不是完全没有矛盾，而是在矛盾不激化状态下的一种多元并存的状态。当然，"和"不只是一种状态，更重要的是一个过程。在实现和谐的过程中，必然存在不和谐。和谐就是从不和谐到和谐的一个过程。

综上，"和"是有差异的事物之间的协调与平衡，既非"过"亦非"不及"；"同"则是相同事物的简单叠加。我们倡导，承认不同，允许差异，通过调和而达到"和"；反对毫无原则、苟且的"同"。

二、和的作用机理

和、同其实是事物的两种存在形式。不同的存在形式决定了事物的性质及其发展方向。和是不同事物按某种结构和秩序集合在一起，和的存在形式决定了它是事物产生、发展的内在规律。这是和的两大作用机理。就前者而言，可称之为"和实生物"；就后者而言，可称之为"和能丰长"。

第一，和实生物。

史伯曰："和实生物，同则不继。"（《国语·郑语》）"和"不需要消除甚至减少差异，相反，它以差异为前提，并且通过差异来实现；"同"则是就单一的事物而论，如声一、物一、味一等。那么，新事物是如何产生的呢？将不同的东西按照一定的秩序和规律结合在一起，当它们达到"平衡"即"和"的时候，新的事物就会产生。如"以土与金木水火杂，以成百物"，正所谓"和实生物"。同理，酸甜苦辣咸五味相互调和，制成了美味的食物；宫商角徵羽五音相互配合，奏出了美妙的音乐。可见，"和"是手段，它没有抹杀任何一方特性，又使各方能够接受彼此。相反，如果相同的事物混合在一起，则无法产生新事物，如以水加水仍是水，以

① 冯友兰：《中国现代哲学史》，广东人民出版社 2019 年版，第 270 页。

火添火还是火。所以，我们应尊重事物的多样性和差异性，使其保持各自的特性，让彼此和谐共存。

第二，和能丰长。

“以它平它谓之和，故能丰长而物归之；若以同裨同，尽乃弃矣。”（《国语·郑语》）只有实现不同事物的和谐，才能促进事物的发展。和谐不是一方消灭一方，也不是一方同化另一方，而是在不同事物之间寻找平衡点，在此基础上不断推动事物的共同发展。

以“和”来促进事物的发展：一方面，通过转化，由不和谐转化为和谐；另一方面，通过调和，事物的双方彼此协调和相互适应，使其各得其所。可见，和谐是通过相互作用、彼此适应而促进事物不断发展的。

事物不断生成、丰富和发展的过程，就是“和”的体现。正是在和而不同、和实生物、和能丰长等“和”的思想的指导下，中华文明形成了不仅包括以儒、道、墨、法为代表的本土文明，同时吸收佛教、基督教、伊斯兰教等外来文明，是一种开放包容的文明。本土文明吸收其他文明形成新的文明，就是不同文明在“和而不同”原则下沟通交流的结果。在此过程中，本土文明不但没有失去其本身的特色，反而丰富了自身的内涵。例如，中华文明吸收印度佛教文明，并使其中国化，丰富了中华文明，而中华文明并没有成为印度文明。所以说，人类文明多样性要想得到更好的发展，就必须遵循“和而不同”的原则。

三、和而不同的价值

“夫物之不齐，物之情也。”（《孟子·滕文公上》）由于地理环境、文化传统、风俗习惯、经济状况等方面的差异，不同国家在漫长的历史发展进程中形成了各具特色的文明类型。文明多样性是世界文明的基本特征。然而，不同文明之间由于价值观念、宗教信仰、思维方式等的不同，可能引起冲突甚至战争。如何解决这些矛盾冲突呢？儒家“和而不同”为此提供了中国智慧、中国方案，即承认不同文明的差异性和多样化，促进不同文明之间的对话与交流，让不同文明平等相待、和谐共生。

随着人类交往的全球化，各种文明不可能独立地发展。相反，它们之间的交流越来越频繁。不同文明在交流过程中，使各文明创造的成果为人类所共享，而无需重新发现，会大大加快人类文明前进的步伐。正如罗素在《中西文明比较》中所说："不同文明之间的交流，过去常常被证明是人类文明进步的里程碑。"相反，那种出于一己之偏，将自己的价值观强加给他人的做法，追求"同而不和"，则会影响人类文明发展的进程。

实际上，人类文明自古就有相互交流、互通有无的传统。如东亚文明，渊源于古代中国文明圈，包括中国、日本、朝鲜半岛和越南等文明。日本、朝鲜半岛和越南等都曾深受中华文明的影响，借"地利"之便，纷纷到中国学习，将中华文明尤其儒家文明带回本国，形成其具有本国特色的文明。他们与中华文明和谐而不千篇一律，不同而又不彼此冲突，正体现了东亚文明遵循和而不同的原则。

再如，地中海是多种文明的集合地，有埃及文明、犹太文明、爱琴文明、克里特文明、希腊城邦文明、罗马文明、阿拉伯文明、波斯文明、亚述文明，等等。多种文明相互碰撞、交融、吸收，促进了彼此的发展，同时也为世界文明增添了活力。它们之间的交流也反映了和而不同。

需要注意的是，促进不同文明的对话与交流，首先要维护本民族文明。法国学者弗朗索瓦·于连在《为什么西方人研究哲学不能绕过中国》中指出："我们这样穿越中国也是为了更好地阅读希腊：尽管我们对希腊思想有认识上的断层，但由于遗传的缘故，我们与它还是有某种与生俱来的熟悉，所以要想了解它，发现它，我们不得不割断这种熟悉，构成一种外在观点。"① 通过其他文明来了解本土文明，目的是使自己的文明得到更好的发展。在这种情况下，保持自身文明的独特性，就显得尤为重要。也就是说，在吸收、融合外来文明的同时，要保护好自身文明的根基。

"和而不同"是中国古代圣贤提出的，但它跨越时空，超越国度，富有永恒魅力，是全人类的共同价值。"和而不同"是事物产生、发展的内在规律，也是不同文明之间相处所应遵循的重要原则。我们主张，用"和

① ［法］弗朗索瓦·于连：《为什么西方人研究哲学不能绕过中国》，载乐黛云、李比雄主编《跨文化对话》第5辑，上海文化出版社2001年版，第146页。

而不同”的观点去对待人类文明多样性，尊重和保护多样文明，在求同存异中和谐共处，推动人类文明不断向前发展。

参考文献

［1］马克垚主编：《世界文明史》（第二版），北京大学出版社 2016 年版。

［2］Chenyang Li. *The Confucian Philosophy of Harmony*. Routledge, 2013.

儒家治道：预设与原理

方朝晖

【摘要】本文试图站在局外人立场来分析儒家治道的预设、原理、原则及其关系结构，认为儒家治道建立在中国文化的此岸取向这一基本预设之上，其最高价值原理可概括为天下原理、文明原理和大同原理，在此基础上形成了德治原则、贤能原则、人伦原则、礼法原则、风化原则、义利原则、民本原则七条原则，儒家治道的一系列具体措施，皆可视为此七原则的产物。总体上看，儒家治道有三大特色：治人主义、统合主义和心理主义。

【关键词】治道　预设　原理

【作者简介】方朝晖，清华大学人文学院教授，山东省泰山学者，尼山世界儒学中心孔子研究院特聘专家。

本文以先秦文献为基础，用现代语言来总结过去两千多年儒家治道思想。在方法上，我试图尽量站在局外人即第三者的角度，力图避免站在儒家话语体系内部自说自话。

本文对于儒家治道的研究，包括所提出来的儒家治道的预设、原理、原则等，并不是出于建构现代儒家治道理论或出于挖掘儒家治道的现代意义这样一些实用的目的，尽管我从不否认后者的重要意义。本文的思路是：能不能作为第三者、站在现代人立场、用现代人的思维逻辑给儒家几千年的治道一个合理的解释？比如，儒家这一整套治道思想究竟建立在什么样的最高预设或终极根据上？儒家的很多治道原理，比如大同思想、王道思想、民本思想与风俗思想、义利思想等，如果归结起来，是不是可以理出其间的头绪，找到其内在的关系和逻辑，特别是找出其最高原理？

如果我们能找到这些问题的答案，也许能给现代人提供一个好的视角，至少让我们站在现代立场来更好地理解古人。这对于理解儒家思想的现代意义，或许有更大帮助。总之，我的最终落脚点是解释，而不是为了某种现代需要而建构一套新的理论，更不是为了倡导某种方案或理论。

方　法

我们首先遇到的一个问题是，儒家治道在不同儒家学者那里含义并不一致，千百年来，在不同时期、不同学派那里，它的含义一直有变。为此，我尝试借用马克斯·韦伯的“理想型”① 概念，或者更准确地说，借用库恩的“范式”（paradigm）概念来研究。这并不是说我自己自觉地采取某种范式来研究古人，而是像库恩总结历史上的科学家群体一样，发现古人的治道思想和实践中所实际存在的某种思维范式。我的思路是，虽然儒家治道思想有历史演变，但在所有这些演变背后，是否存在一些共同的基本假定，预设了一些共同的原理和原则，支撑着一系列治道措施的提出和实施。这些预设、原理、原则等合在一起，构成一个像思想模型一样的东西，成为后世各种不同观点或思想的基础或模板；它所蕴含着的治道理想及其代表的思维方式，成为激活后世各种观点或思想的原动力。这也许更类似于库恩的“范式”，不过是今人为古人总结出来的、指古人治道思想贯穿数千年的思想范式。

① “理想型”，德文为 Idealtypus，英文为 Ideal Type，中译“理想型”“理想类型”“理念类型”等。韦伯本人的论述可参见［德］马克斯·韦伯：《社会科学方法论》，韩水法、莫茜译，中央编译出版社 2005 年版，第 1~61 页（中译为“理想类型”或“理想图像”）；Max Weber, *Economy and Society: An Outline of Interpretative Sociology*, eds. Guenther Roth and Claus Wittich, Berkeley and Los Angeles, California: University of California Press, 1978, pp. 20-22, etc.；［德］马克斯·韦伯：《经济与社会（全二册）》（上册），约翰内斯·温克尔曼整理，林荣远译，商务印书馆 1997 年版，第 39~84 页（重点看第 39~42、52~54 页等处分析）。英文介绍参《维基百科》（en. wikipedia. org）“Ideal type”词条。

在提出儒家治道范式的过程中，我尽力把它放在西方文化乃至全球文化的大背景下来思考，我希望用一种能够对人类其他文化中人解说的语言，而不是一套自说自话、只有中国人或只有儒家学者才能读懂的语言。它试图说明，如果在其他文化中没有形成这套治道理论，部分原因可能是因为后者没有在儒家治道那样的预设和原理，或者没有儒家治道原则赖以产生的文化心理土壤。接下来，我也愿意邀请所有学者与我一起来探讨：我所总结的儒家治道的预设、原理、原则及其关系，是不是真的成立？

预　设

首先，我认为，儒家治道思想（当然也包括多数先秦诸子的治道思想）建立在如下一些最高预设之上：

（1）此世界（this-world）是人类无可逃避的惟一归宿。

（2）人间问题的根本解决之道就在此岸（this-world），而不在彼岸（another world）或超验世界（the transcendent world）。所谓“超验世界”，主要指超越于此世界之外的其他世界，比如死后、上帝之城、“三千大千世界”、康德意义上的“物自体”等。

（3）人间问题的根本解决是可能的，确实存在一种可能意义上的完美的理想人间世界。

具体来说，儒家预设了理想社会可以通过人为的努力——学习——来实现。这与西方社会科学的努力方向是迥然不同的。后者视社会为一与自然类似的客观对象，社会科学的主要工作是尽可能研究其中的客观规律。当然，19世纪下半叶以来，越来越多的学者强调对人类社会不能像自然界一样客观地研究，人文社会科学遵循与自然科学不同的法则。尽管如此，今天整个社会科学领域所盛行的方法仍然体现了认知主义（intellectualism）的特点，其主要意图在于探索人间世界的各种规则或规律，而不把寻求解决方案、指导原理当作直接和首要的任务。相反，如果一项研究直接以现实解决方案或指导原理为目标，这很容易被理解为不是学术研究，违反了学术规则。

这与儒家传统完全不同，儒家传统的主要任务是提供人间世界问题之全面、彻底、根本的解决方案或指导原理，因此它虽然可能包含或吸收认知主义的成果，但本质上绝对不是认知主义的。它所崇尚的研究世界的方式，对于西方社会科学严格来说是非常陌生甚至无法想象的。大概没有哪位西方社会科学家认为自己的任务是寻求人间世界之全面、彻底、根本的解决方案，他们一方面不敢想象学问有如此巨大的功能，另一方面也甚至可能认为那是莫名其妙、违反学理的，即使他们也有很多人会对诸多现实问题展开了全面而根本的探索或研究，并在某些领域提出了自己的方案或对策。柏拉图的《理想国》，马克思的共产主义，似乎对于人间世界提供了某种全面的图景。不过，柏拉图只是针对现实问题提出了一套对策，但他同时并不认为现实世界是人类的终极归宿，他所描绘的理想国家图景只是人类国家形态（而非人类存在形态）的较好方式；马克思的共产主义理想，是基于对人类历史发展规律的认识和发现，是 18 世纪历史进化论的杰作，也是当时盛行的以社会为“严格的科学对象”这一思维的产物；共产主义社会代表了马克思心目中人类历史的“最高形态”，但不能说成是马克思对人间全部问题的终极方案，尽管马克思本人对于它有着极其乐观的期待。无论是柏拉图的“理想国”学说，还是马克思的共产主义，都不代表西方人文社会科学的主流范式，这一点恰恰也与我们在儒家学说中看到的不一样。

需要指出的是，儒家之所以认为可以用学习来实现人世的终极理想，是中国文化此岸取向（this-worldliness）使然。即中国文化中以此世界为真实且唯一的世界。这与其他希腊文化、印度文化以及一神教等预设此世界为虚幻、以超越此世界为人间世界的终极目标迥然不同。正因为中国文化预设此世间为唯一真实，因此它逼使中国人相信人间世界的出路——如果存在的话——不在于死后，不在于上帝之城，不在“三千大千世界”，而只能在此世间。

原　理

此处所谓原理，我指儒家一切治道思想的最高价值准则，也可以说是儒家治道所追求的终极理想。这些最高准则，我称为治道的最高原理。不过称为原理，决不是说儒家所提出的一切现实治理原则或方案，都是从这些原理中推导出来的，而是说都是为了实现这些原理蕴含着治理的最高理想或目标。换言之，我在这里试图提炼出，作为后世所有儒家的治道原理都以之作为最高价值准则的最高原理是什么？

下面我提出儒家治道有三个最高原理，任何人都可以根据我上面所说的标准来验证、批评或反驳我，或者提出其他原理。这三条原理是：天下原理、文明原理和大同原理。反驳它们的最好方式就是举出任何一个儒家治道思想，不是基于这几个原理作为价值准则，或者这几个原理中的某一个不是后世儒家学者所共同接受的。比如，有人可能认为民本主义是儒家治道的最高原理之一。但事实上，并不是所有儒家治道措施都以民本主义为最高价值准则，儒家的贤能原则就是与民本原则并列而同样有效的。如果说民本原则以人民为本，贤能原则就是以贤能为本。虽然古人有“天听民听”（《尚书·泰誓中》）之说，但整体上天的位置还是比民高一些，至少是更远的源头或更深的决定者。故民本主义不符合这里最高价值准则的条件，而只能作为次一级治道原则，与贤能原则并列。

1. 天下原理

所谓天下原理，我指儒家试图为一切可能意义上的人间世界寻找秩序。因此，它至少在理论上不能排斥任何一种人，不能把世界上任何地域、任何人种、任何宗教信徒当作“非人”、排斥出治理范围之外，此即所谓“王者无外”（《春秋公羊传》之隐公元年、桓公八年、僖公二十四年、成公十二年）。据此，儒家必须寻找一切可能意义上的人的世界的秩序。它的终极目的不是为某个国家、某个民族或某个人群的荣耀或世俗目标服务。

千百年来，无数儒家学者在精神方面无上的神圣感和优越感，正是基于天下原理所代表的天下主义精神，这表现为他们相信自己能“为万世法”（贾谊《新书·数宁》），或“为万世开太平”（张载《张子全书》卷一四《性理拾遗》）。在更高的层次上，他们认为自己能“赞天地之化育”（《中庸》）、“参于天地”（《荀子·不苟》），“为天地立心”（张载《张子全书》卷一四《性理拾遗》），这是何等崇高的事业！当儒学堕入民族主义怀抱后，变成了为某国争光，为民族自豪感或民族复兴服务后，这种神圣感又是另外一个层面的了。

这一天下原理来源于古人的天下观，它的形成也是一个历史过程。① 早在20世纪初，学者们通过甲骨文、金文研究已经揭示，中国人本来信奉的是帝而不是天，天在商代远不如帝重要。尽管学者们对于帝的含义理解还有分歧，但有一点认识是共同的，帝的信仰在周初被天所代替。在先秦诸子的论著中，我们发现“天”“天下”的用法相对于“帝”居于压倒优势。②

不过先秦“天”的含义也很多，冯友兰称述天之五义③，其实他所谓物质之天与自然之天可合而为一（中国人从来没有西方那样完全脱离精神生命的物质概念），他所谓运命之天与主宰之天也可合而为一（运命就是神秘的最高主宰的产物）；而他所谓义理之天，实包括法则之天与道德之天这两个方面（英文即将其“义理之天”译作 an ethical T’ ien，即道德之天④）。我在冯友兰的基础上，概括天之义为如下四种：自然义、主宰义、法则义和道德义。所谓自然义，指天代表大自然或称整个宇宙；所谓主宰义，指天主宰万物生长及人事祸福；所谓法则义，指天具有内在的规律或法则；所谓道德义，指天的行为体现了哺育、生养、怜爱万有的美德。

需要指出的是，天的这几种不同的含义往往同时并存，边界模糊。这主要可能因为它们是历史地形成的，而不是哲学家界定出来的。虽然在周代文献，包括金文、《尚书·周书》、《左传》、《国语》、《诗经》乃至诸子经典（特别是《墨子》）中，天依然保留了接近于人格神之义，但也指向

---

① 关于古代的天下及天下观，近年来讨论甚多。参邢义田：《天下一家：皇帝、官僚与社会》，中华书局2011年版，第85~109页。

② 帝、天的早期含义，参陈梦家：《殷虚卜辞综述》，中华书局1988年版，第561~603页；郭沫若：《先秦天道观之进展》，商务印书馆1936年版（后收入其作《青铜时代》，参《郭沫若全集·历史编》第一卷）。

③ 冯友兰：《中国哲学史（全二册）》（上册），中华书局1947/1961年版，第55页。

④ Fung Yu-lan, *A History of Chinese Philosophy*, vol. 1, the period of the philosophers (from the beginnings to circa 100 B. C.), translated by Derk Bodde, Princeton: Princeton University Press, 1952, p. 31.

人所生活于其中的世界整体。在天的多种含义中，有两个要素值得特别注意：首先，它常常指包括地在内的、代表整个世界的宇宙总体，它至大无外，无所不包，即代表“日月所照，霜露所队”（《中庸》）范围内的一切所构成的整体。其次，作为这个世界整体的天又同时被人们赋予一系列神奇、神圣的内涵，人们认为它主宰着万物的生长，蕴含着万事的法则；它主导了朝代的更替，决定了人生的祸福。“维天之命，於穆不已”（《诗经·维天之命》），“唯天为大”（《论语·泰伯》），天乃人间秩序的最高来源和最高依据。这一切，导致敬天的流行。

《论语·阳货》记载孔子曰“予欲无言”，子贡问：“子如不言，则小子何述焉？”子曰：“天何言哉？四时行焉，百物生焉，天何言哉？”这里可以看出，孔子心目中的天是一切道理的终极依据。《孟子·尽心》说“知其性则知天矣”，此中的天可能同时包含前述所谓主宰义、道德义和法则义。《荀子·天论》强调政之本在天，而有所谓“天职、天功、天情、天官、天君、天养”之说，其所谓天也应同时有主宰义、法则义和道德义。《春秋繁露》极论王者察天心而行，逆则天以灾害警示之，或至于夺其位、灭其朝，这显然主要从主宰义论天。但同时，他又强调天作为世界整体特征，即天不偏爱一人，不偏弃一国，故王者代天行事，要为全天下立法，而不能偏于一国或一族。借用《吕氏春秋·贵公》的说法：“天下，非一人之天下也，天下之天下也。”

天下原理表明儒家治道所尊崇的最高价值是适用于全天下的道理，而不是权力，由此自然引入儒家另一最高原理——文明原理。

2. 文明原理

从天下原理出发，形成天道主义思想是自然而然的。梁启超在其所著《先秦政治思想史》一书中总结儒家政治思想史，曾以天道主义作为儒家政治思想的首要原理。事实上，不仅儒家，先秦诸子几乎都认为，这个世界有其自身固有的道，找到了道就找到了世界的根本出路。① 因此，儒家

① 《老子·第六十章》：“以道莅天下。”《文子·自然》：“以道治天下。”《墨子·尚同下》：“大用之，治天下不窕，小用之，治一国一家而不横者，若道之谓也。”《韩非子·饰邪》：“先王以道为常，以法为本。”

治道思想在理论上是求得世界之道，在实践中则试图实现“以道治”（《新论·王霸》）。由于道是不限于地域、人群的，潜含着突破地方势力、地域限制的普遍意义，因此求道可视为对天下主义精神的落实。董仲舒《贤良对策》云：

> 道者，所繇适于治之路也，仁义礼乐皆其具也。（《汉书·董仲舒传》）

这里的道，有引导义，指合理途径，引申为指道义、道理。在中国文化的基本预设即“一个世界”（李泽厚语）预设下，儒家追求这个世界整体上合道，即《论语》中孔子屡称“天下有道”（《泰伯》《季氏》《微子》诸篇），《荀子·王制》称“道不过三代”，《资治通鉴·周纪中》载“人主不务得道而广有其势，是其所以危也”，故而形成了所谓“道尊于势”（陆象山语）或“道统高于政统”（韩愈、朱熹等三代道统论）的思维模式。

钱穆先生曾指出，儒家千百年来追求的是道义的政治，并与强力的政治相对立。可以说，儒家治道的另一最高理想或最高价值准则，就是建立一个不是建立在强力而是建立在道义基础上的社会。我称这一理想为文明原理。文明理想超越国族主义，是要在全天下建立理想世界，是天下主义的自然延伸。文明原理源于儒家的夷夏之辨。虽然夷夏之辨最初源于中原与外族的区分，但演变成儒家对于文明与野蛮的界定，进一步结合到儒家治道实践中，成为以王道为核心的儒家治道思想，本文称为儒家治道的文明原理。

如果说在《尚书·洪范》等经典中，王道主要是指先王之道，包括尧、舜、禹、汤、文、武、周公等，但在孟子、荀子及董仲舒等人的语境中，它已经变成了一种与以力服人相对立的理想统治方式。当然，王道的含义在历史上有演变过程，特别是到了宋明理学家那里，它演变成以内圣为主要特征。我想，王道的含义虽有变，但儒家治道预设最理想的治理不是建立在以力服人的基础上，而是建立在以道义为基础、让人心悦诚服的基础上这一点没变。因此，我把以道义治理、追求人民心悦诚服、反对以力服人与霸道相对立的王道精神称为儒家治道的文明原理。

首先，王道思想反对以力服人。孔子也许是对这一治道原理有鲜明自觉的第一人，《论语・季氏》记载孔子说："远人不服，则修文德以来之。"孟子对这一治道原理阐发得最为清楚，《孟子・公孙丑上》称"以德行仁者王""以力假仁者霸"；《孟子・离娄下》甚至进一步否定一切试图"服人"的统治方式，哪怕是出于善意，故主张"以善养人"，取代"以善服人"。

其次，王道思想主张以道义治天下。孟子为王道作为治道原理提供的一个理由就是"得道者多助，失道者寡助"（《孟子・公孙丑下》）。跟孟子一样，荀子也说："行一不义，杀一无罪，而得天下，仁者不为也。"（《荀子・王霸》）①

这两条我认为可算儒家文明原理的最高原则。在这两个原则下，儒家学者也从不同角度描述了儒家的文明社会理想。比如《孟子・梁惠王上》从民生和人伦来描述这种理想社会状态："省刑罚，薄税敛，深耕易耨；壮者以暇日修其孝悌忠信，入以事其父兄，出以事其长上，可使制梃以挞秦楚之坚甲利兵矣。"

董仲舒对理想社会的描述更多体现公平、公正，特别是弱者得到保护，他称五帝三王之世"什一而税，教以爱，使以忠，敬长老，亲亲而尊尊，不夺民时，使民不过岁三日，民家给人足，无怨望忿怒之患、强弱之难，无谗贼妒疾之人，民修德而美好，被发衔哺而游，不慕富贵，耻恶不

① 孟子、荀子对王道的表述略有差别，如果说孟子更重视仁，荀子则更重视义。所谓"义立而王，信立而霸，权谋立而亡"（《荀子・王霸》），荀子似乎区分了王、霸和强三个不同层次的统治方式（《荀子・王制》）。荀子也说：王者"仁眇天下，义眇天下，威眇天下"（《荀子・王制》）。到汉代学者桓谭，则明确地统合仁义来理解王霸之别，他所谓"三王由仁义，五霸用权智"（《新论・王霸》）含义更加全面。此外，王道还有一些其他的含义，比如贯通天地人（《春秋繁露・王道通三》）、实施礼乐政刑（《礼记・乐记》）、"养生丧死无憾"（《孟子・梁惠王上》）、贵贱亲疏有序（《白虎通・礼乐》）、任贤惩奸赏罚分明（《荀子・王制》），等等。参方朝晖：《"王道"考义》，《学灯》2020 年第 3 期。

犯，父不哭子，兄不哭弟，毒虫不螫，猛兽不搏，抵虫不触”（《春秋繁露·王道》）。

更多的学者从人与人、下与上相亲爱来描述理想社会。《乐记》说：“四海之内，合敬同爱矣。礼者，殊事合敬者也；乐者，异文合爱者也。”《孔子家语·王言解第三》的描述是：“上之亲下也，如手足之于腹心；下之亲上也，如幼子之于慈母矣。上下相亲如此，故令则从，施则行，民怀其德，近者悦服，远者来附。”

最有名的也许是《礼运》篇，称理想社会为“大道之行也，天下为公”的世界，其内容则更多地体现了礼让、尊贤、自觉、有序等，如“尚辞让，去争夺”“选贤与能，讲信修睦，故人不独亲其亲，不独子其子……货恶其弃于地也，不必藏于己；力恶其不出于身也，不必为己。是故谋闭而不兴，盗窃乱贼而不作，故外户而不闭”，与其说是大同理想，不如说是文明理想。①

也许我们可以用今人语言，这样来表述儒家的文明社会理想：社会道德进步，社会风气良好，人伦关系正常，社会秩序良好，人人相亲相爱，个人安全感强。从细节上讲，具体还有如：拾金不昧，夜不闭户，老吾老以及人之老、幼吾幼以及人之幼，“无讼”（如成康之世刑措四十年不用），欺诈、盗窃、谋杀、害人等现象的大幅减少。这些思想在儒家文献中还可以找到大量表述，我想其核心精神就是：一种不是靠强制而是靠德化形成的良好秩序社会，其中社会公正得到了最全面彻底的贯彻，人与人之间的关系（包括上下关系）以敬礼亲爱为主，人们的道德自觉空前高涨，成为维护社会秩序的庞大资源。

3. 大同原理

钱穆先生在论述中国历史发展的特点时说：

> ……于整块中为团聚，为相协，故常务于“情”的融和，而专为

① 《礼运》篇，朱熹等人曾怀疑是道家作品，主要原因可能是未强调爱有差等的原则，我想至少就其所代表的文明秩序而言，一直是儒家甚至百家的共同社会生活理想。如果诸子在这方面没有区别，那么朱熹那样说的原因就是他重视的是与各家相区别的、儒家在具体方案方面的差等原则等。

中心之翕。……我民族国家精神命脉所系，固不在一种力之向外冲击，而在一种情之内在融和也。盖西方制为列国争存之局，东方常抱天下一统之想。①

钱穆先生概括中国历史发展之务于和谐统一（今人亦称为“和合”②），极为精辟。此思维方式本文称为大同原理，我认为也可称为统合原理。③

台湾大学佐藤将之认为，在“荀子论理的脉络中，‘一’和‘统’概念便在此方面扮演着主要角色”④。其实，这种观念早在荀子之前就为儒家所倡导。《孟子·梁惠王上》记载孟子回答梁襄王“天下恶乎定”时，就明确地说“定于一”。《春秋公羊传·隐公元年》以“大一统”释“王正月”，并在成公十五年提出“王者欲一乎天下”。后来荀子、董仲舒均对“一”“统”的含义作了进一步阐释。《春秋繁露·玉英》云：

《春秋》之道，以元之深，正天之端，以天之端，正王之政，以王之政，正诸侯之即位，以诸侯之即位，正竟内之治。五者俱正，而化大行。

其中所谓“元”，即天地之始，化生万物者。董仲舒解释道：“元者，始也，言本正也。”（《春秋繁露·王道》）这个“元”，就是“大一统”的“一”。这段话阐释《春秋》的“正始”之道，其精神是，天下安定系于“元”，即系于“一”。“大一统”思想体现了儒家治道鲜明的统合主义精神。

---

① 钱穆：《国史大纲》（上），载《钱穆先生全集（新校本）》，九州出版社2011年版，第21~22页。着重号为引者加。

② 张立文：《和合学：21世纪文化战略的构想》，中国人民大学出版社2006年版；张立文：《和合哲学论》，人民出版社2004年版。

③ 《礼运》论“大同”一段，一般认为是儒家大同理想的经典描述，不过其内容更接近于前面所讲的文明理想，因为它讲的重心并不是本文所讲的统合。

④ 佐藤将之：《参于天地之治：荀子礼治政治思想的起源与构造》，台湾大学出版中心2016年版，第322页。

不过，古人所谓“大一统”并不等于今人所谓大统一，因为它强调的是在道义治理下所自然实现的融合，而不是武力征服和野蛮强制的统一。衡量统合是否成功的标志是和谐，故大同原理的另一重要含义是和。我们知道，儒家治道的使命是“保合大和”（《易·乾·彖》），故“德莫大于和”（《春秋繁露·循天之道》）。所谓和，并不单纯是功能上的配合默契，而包含心理感应、心心相应的意思。所谓“圣人感人心而天下和平”（《易·咸·彖》），和谐与统一相结合，“爱敬尽于事亲，而德教加于百姓，刑于四海”（《孝经·天子章》），“以天下为一家，中国为一人”（《礼记·礼运》），惟此方可造就一大同世界。故梁启超比较中西方政治思想差异说：“彼辈奖励人情之析类而相嫉，吾侪利导人性之合类而相亲。”①

佐藤将之认为荀子的“统合世界观”包括：（1）身体、自然世界以及社会的推类整合；（2）时间、空间、万物以及人类的统合。② 儒家治道的理想目标在于实现人群内部的和谐、统一，次及整个国家、整个天下的和谐、统一，最高理想则是人与天地宇宙的和谐、统一，即“天人合一”。可以发现，虽然百家皆有统合思想，但儒家在实践中主张由近及远的过程：先是人间世界各个部门、各个阶层（君臣上下之间）乃至各个邦国（如协和万邦）之间的协和。然后是人与自然的协和。如果从历史的角度看，也要实现人与过去历史时代的协和；再后是整个宇宙的大统一，其最高理想是天人和合，即“天人合一”。具体说来，大同原理有如下目标③：

（1）整体生命的和谐、统一，可理解为针对个体生命内部各器官、各

① 梁启超：《先秦政治思想史》，第 71 页，载《饮冰室合集（典藏版）》之《专集》五十，第十三册，中华书局 2015 年版，总第 7725 页。

② 佐藤将之：《参于天地之治：荀子礼治政治思想的起源与构造》，第 295 页以下。

③ 佐藤将之强调荀子的“统合世界观”，包括：（1）身体、自然世界以及社会的推类整合；（2）时间、空间、万物以及人类的统合。“荀子论理的脉络中，‘一’和‘统’概念便在此方面扮演着主要角色。”其次还有“参”，即参与天地（方：指与天地和合）。参佐藤将之：《参于天地之治：荀子礼治政治思想的起源与构造》，台湾大学出版中心 2016 年版，第 295~319 页。

方面甚至各阶段而言，有所谓“和实生物”（《国语·郑语》），“和故百物不失”“和故百物皆化”（《礼记·乐记》）。

（2）整体国家的和谐、统一。董仲舒曾以心脏比喻国君，以眼睛比喻上士，以四肢比喻群臣，以肝肺脾肾比喻辅佐；从人体的心、眼、四肢、内脏、血气之间的和谐无间及融合统一来说明一国内部上下之间的理想关系（《春秋繁露·天地之行》）。《春秋繁露·奉本》称“海内之心，悬于天子；疆内之民，统于诸侯”。荀悦也有类似的说法，称“天下国家一体也，君为元首，臣为股肱，民为手足”（《申鉴·政体》）。

（3）整个人世的和谐、统一，即“协和万邦”（《尚书·尧典》）。司马迁认为，天子的职责就是“总一海内而整齐万民”（《史记·礼书》）；董仲舒认为，天子之所以有此职责，是因为“海内之心，悬于天子；疆内之民，统于诸侯”（《春秋繁露·奉本》）。总之，“王者欲一乎天下”（《公羊传·成公十五年》），或者说，要使“天下”“定于一”（《孟子·梁惠王上》）。

（4）整个宇宙的和谐、统一，即所谓“保合大和”（《易·乾·彖》），也可以说“八音克谐，无相夺伦，神人以和”（《尚书·舜典》）。如何实现？荀子重视规则，主张“上取象于天，下取象于地，中取则于人”，则“群居和一之理尽矣”（《荀子·礼论》）；董仲舒重视圣贤，认为“惟圣人能属万物于一，而系之元也”（《春秋繁露·重政》）。

和谐、统一的统合思想，古人常表述为“大和”“和一”“和同”“合同”“合和”“和合”“协和”等。《尚书大传》有“合和四海”，《春秋繁露·楚庄王》“天下未遍合和”，皆用“合和”。而《尚书大传》《韩诗外传》《孔丛子》称“阴阳和合”，陆贾《新语》称“乾坤以仁和合”，皆用“和合”。《礼记·郊特牲》讲“天地合而后万物兴焉”“阴阳和而万物得”，乃是合、和并用。此外，“和同”（《礼记·月令》）、“大和”（《易象传》）、“和一”（《荀子·礼论》）也与“和合”“合和”等含义相通。

和谐统一思想使得中国人自古追求大同主义、天下一家及大一统，这些思想实包含以全世界为一总体的和谐安宁为最高理想。所谓天下一家、九州大同、四海之内皆兄弟，皆是此理想之体现。从上面也可看出，统合思想非儒家独有，百家往往认同。①

和谐统一思想略近于怀特海所谓有机体的世界观，也与涂尔干所谓“有机整合”（organic integration）概念沾点边（不过涂尔干有机整合是针对分工发达的现代社会而言的）。此外，莱布尼茨的“前定和谐说”、斯宾诺莎的实体自因说，费希特、谢林、黑格尔的唯心主义哲学，就其设定世界按照预定规则统合于绝对者而言，皆有与儒家统合原理存在思维方式上的相近之处。一大区别是后者没有心理感应成分，且德国先验唯心论中的整体主义是以超验世界为基础的，在中国文化中不存在一个完全独立于此岸世界的超验的有机整体。另外，这些西方哲学家的思想体系，绝非为治道发明，没有强烈的救世目的和治平理想。

原　则

儒家治道的最高理想如果说是建立一个天下一家、人人爱敬的大同世界，这一理想世界如何实现则是另一回事。可以说，前面所说的儒家治道的三大原理，并未预设具体实现它们的途径是什么，我说过它们只代表中国人所追求的最高理想，或者说治道方面的最高价值准则。事实上，这几个原理为多数先秦诸子所共同接受，但是各家后来提出来的方案大不一样。各家的治道原则和措施只能在各家学说中来总结，而这些原则、措施的深层根源，则需要结合人类政治的普遍性与中国文化的特殊习性来分析。

现在我们来看儒家治道的其他原理，我们称为次级原理或分原理，以及具体方案。让我先把儒家治道理论分成如下几个层次：

· 第一层：预设。

· 第二层：原理。

· 第三层：分原理（即次级原理，本文接下来称原则）。

· 第四层：措施。

---

① 《鬼谷子 · 忤合》：“古之善背向者，乃协四海，包诸侯，忤合之地，而化转之，然后求合。”此外，墨子讲兼爱，实亦欲建立一人人相亲相爱之大同社会。类似的文献也可找到不少。

所谓措施，我指儒家提出来的具体的治理措施，比如任贤、去谗、远色、明察、修己、刑赏、风化、均平之类。其详细内容下面探讨。最重要的是所谓分原理，指其作为指导原理的地位不及最高原理，但相对于方案来说，它们又处于更高层次的指导位置。这一类分原理，初步有至少如下几个（区别起见，我不称它们为原理，而称为原则）：

· 德治原则。

· 贤能原则。

· 人伦原则。

· 礼法原则。

· 风化原则。

· 义利原则。

· 民本原则。

这样，我一共概括出7条儒家治道的分原理，本文称为治道原则。具体来说：

（1）“为政以德”（《论语·为政》），“以德化民”（《史记·孝文帝本纪》），“明明德于天下”（《大学》），故有德治原则。

（2）“尊贤使能，俊杰在位”（《孟子·公孙丑上》），“论德而定次，量能而授官，皆使人载其事，而各得其所宜”（《荀子·君道》），即贤能原则。

（3）“纪人伦，序万物”（《新书·修政语上》），“原父子之亲，立君臣之义”（《礼记·王制》），即人伦原则。

（4）“明贵贱，辨等列”（《左传·隐公五年》），“定亲疏”“别同异”（《礼记·曲礼》），即礼法原则。

（5）“风以动之，教以化之”“经夫妇，成孝敬，厚人伦，美教化，移风俗”（《毛诗序》），即风化原则。

（6）“国不以利为利，以义为利也”（《大学》），“明仁、爱、德、让，王道之本也”（《汉书·刑法志》），即义利原则。

（7）“天视自我民视，天听自我民听”（《尚书·泰誓中》①），“省刑

① 见引于《孟子·万章上》。

罚，薄税敛”“制民之产，必使仰足以事父母，俯足以畜妻子；乐岁终身饱，凶年免于死亡”（《孟子·梁惠王上》），即民本原则。

这些被作为治道原则提出的理据主要是：它们每一个都表现为一系列治理措施，至少有下面罗列的35个不同的治理措施，同时又算不上最高原理；另外，能称为原则的条目，都具有跨时代、跨学派的普遍意义。比如说民本原则在不同时代、不同学者那里含义是有所不同的，但作为一个基本原则是历朝历代儒家所共同普遍尊奉的。或者如果我们作一个统计性分析的话，应当能发现从这些原则出发来阐发儒家治道的频率应当最高。也就是说，能称为治理原则的，是儒家治道学说中除最高原理之外最有代表性、最能体现儒家治道基本特征的治理原则。

当然，这些原则之间有一定的重叠性。比如贤能原则体现了德治原则，但差别在于：前者重领导者自身的德性，后者重领导者任人之方。又如人伦原则与礼法原则具有深刻的内在关联，在一定程度上礼法原则（即礼大于法的原则，或者礼治原则）乃是对人伦原则的贯彻，但人伦原则偏重伦理道德，而礼法原则偏重制度规范。风化原则重视风俗、风气，但也与德治原则、义利原则有关，因为后者涉及风俗形成的机制。

今以梁启超《先秦政治思想史》、萧公权《中国政治思想史》、徐复观《学术与政治之间》、牟宗三《政道与治道》等书所论儒家治道思想条目，验之以先秦、两汉儒家文献（如《尚书》之《尧典》《洪范》、《论语》之《为政》《尧曰》、《孟子·梁惠王》、《荀子》之《王制》《王霸》、《春秋繁露》之《王道》《王道通三》，等等），得儒家治道思想十余条，曰：敬天、明德、修己、正始（大一统）、任贤、明察、黜陟、刑罚、风俗、礼乐、正名、五伦、孝悌、纲纪、井田、重农、养民、薄赋、轻徭、开言、纳谏、去谗、王霸、重义、重农、学校，等等。这些条目大体皆可纳入前述三原理、七原则，今以下表来显示儒家治道的关系结构：

<table>
<tr><th colspan="8">儒家治道层次图</th></tr>
<tr><td>预设</td><td colspan="7">此世界真实且唯一，它的理想目标可以人为达到</td></tr>
<tr><td>原理</td><td colspan="2">天下原理</td><td colspan="2">文明原理</td><td colspan="3">大同原理</td></tr>
<tr><td>原则</td><td>德治原则</td><td>贤能原则</td><td>人伦原则</td><td>礼法原则</td><td>风化原则</td><td>义利原则</td><td>民本原则</td></tr>
<tr><td>措施</td><td colspan="7">敬天、王道、明德、修身、正己、正始、大一统、明察、赏罚、均寡、黜陟、礼乐、正名、五伦、亲亲、孝悌、纲纪、养民、重农、薄赋、轻徭、开言、纳谏、尊贤、去谗、杜奸、重义、五常、三纲、君道、臣道、皇极、移风、易俗，等等</td></tr>
</table>

我说过，原理只是一些最高价值准则或理想，不能直接从中推出后面的原则，但是后面这些原则和措施是实现这些理想的必由之路。而在原理/原则与措施之间，有一定的对应关系。措施从某种意义上讲是原则的具体化或落实。原则高于措施的地方正在于它，同一条原则可以衍生出多个措施来。比如从德治原则出发，可以衍生出明德、修身、正己、正始、大一统，德治原则也与三纲（主要为君为臣纲）、君道、正名、均平、重义等相关；尊贤、明察、赏罚、黜陟主要体现了贤能原则，同时亦与义利原则有关；从人伦原则可以衍生出五伦、三纲、六纪、亲亲、孝悌等措施；而开言、纳谏、去谗、杜奸是君道，亦属于贤能原则，但也与德治原则和人伦原则有关；皇极是君德，涉及德治原则，但从《洪范》上看与风化原则更相关。就是说，同一条措施可以同时与几个原则有关。而敬天、王道一类措施当然直接与前面所说的三条原则有关，但敬天涉及礼治，王道也属于德治原则范畴。五常、重义、均寡等措施涉及义利原则，但也与风化原则间接有关。民生、重农显然属于民本原则。

特　色

接下来，我想重点论述，通过对儒家治道的预设、原理、原则和措施的层次关系的梳理，我们似乎就可以对儒家治道所体现出来的特色有更好的把握。本文认为，儒家治道有三个重要特色，这些特色尤其体现了中国文化的习性，也可以说它们有一部分是我曾经说过的此岸取向、关系本位和团体主义这一文化无意识的产物。下面我将逐一论述儒家治道的三个特色：治人主义、统合主义和心理主义。这些特色可进一步帮助我们理解为什么中国传统学问中以治道为中心，为什么中国传统学问中没有出现强烈的认知主义精神，没有出现以法治、人权、自由以及民主等概念为核心的治理思想。

1. 治人主义

儒家治道的一个最重要的特点，在我看来就是治人（本文称为治人主义）。这里所谓治人，不是整人，更不是人治。“治人”一词，较早出现于《左传·襄公二十一年》《谷梁传·僖公二十二年》《中庸》《孟子·滕文公》、《礼记》之《祭统》《冠义》、《荀子》之《君道》《乐论》《礼论》《解蔽》等先秦文献中。正式作为一术语出现可能是《荀子·君道》“有治人，无治法”之说。①

梁启超曾称儒家政治思想为人治主义，其所谓“人治主义”是指“希望有圣君贤相在上，方能实行”②。然而梁启超又指出，“儒家所谓人治主义者，绝非仅恃一二圣贤在位以为治，而实欲将政治植基于‘全民’之

① “治人”之“治”本义为“理”。我考证得出，此字在六国文字中常写作辞、嗣、乿等，三字皆从𤔔而来，后者本义为“理乱丝”。《荀子·修身》“少而理曰治”，《类篇》“治，亦理也”，《广韵·至韵》“治，理也”，朱熹《诗集传·绿衣》“治，谓理而织之也”，《孟子·滕文公上》“劳心者治人，劳力者治于人”，《说文解字·一部》“吏，治人者也”，此几处“治”均指管理。《春秋谷梁传·僖公二十二年》“治人而不治则反其知”，《礼记·冠义》“可以为人，而后可以治人也”，此两处“治”指领导；《春秋繁露·玉杯》“春秋正是非，故长于治人”，此处“治”指校理；《礼记·礼运》“圣人所以治人七情”，此处“治”指调理；《春秋繁露·仁义法》“所以治人与我者，仁与义也”，此处“治”指教理（教化）。又：《左传·襄公二十一年》“轨度其信，可明征也，而后可以治人”，《中庸》“知所以修身，则知所以治人”，《礼记·祭统》“治人之道莫急于礼”，《荀子·乐论》“乐也者，治人之盛者也”，此数处“治”皆指政治统治。据《四部丛刊》电子版等统计，“治人”一词在《左传》《谷梁传》中各出现1次，《孟子》3次，《礼记》5次（除异义3次），《荀子》6次（除异义2次），《韩诗外传》1次，《春秋繁露》8次，《孔子家语》2次，《史记》5次。由此可见，“治人”一词在先秦及汉初文献中已较频繁出现。

② 梁启超：《先秦政治思想史》，载《饮冰室合集（典藏版）》之《专集》五十，第十三册，中华书局2015年版，第78页。

上。荀子所谓‘有治人无治法’，其义并不谬，实即孔子‘人能弘道，非道弘人’之旨耳”①，“要而论之，儒家之言政治，其唯一目的与唯一手段，不外将国民人格提高。以目的言，则政治即道德，道德即政治。以手段言，则政治即教育，教育即政治”②。据此，则梁氏之人治主义与本文治人主义含义有同有异。梁氏虽亦从正名、风化、礼治、仁政等不同角度论述其人治主义，但与本文区别在于：从语义看，梁氏从施政主体着眼（但亦注意到施政对象），治人主义主要从施政对象着眼。本文所以不称“人治主义”者，亦因为流俗已将其等同于独裁主义矣。此外，萧公权先生也曾将儒家与墨家同称为“人治派”，与梁启超相似，他的理由也是儒、墨以君子或贤人为政治主体。③ 萧氏人治概念与本文治人主义虽有重叠，但基本含义不类，因本文治人主义主要是就对人的塑造与影响而言的。

我所谓“治人”，指对于人、人心、人伦的塑造或影响。所谓治人主义，指儒家通过改变人来实现理想的治理，就是理顺人心和人伦，具体包括修己安人，理人伦，重贤能，化风俗，顺民心，等等。以前面所概括儒家治道的 7 条原则来说，至少有 5 条明显地体现了治人的特点，即德治原则、贤能原则、人伦原则、礼法原则、风化原则，均体现从改变人入手来施治。

治人的含义应当联系治法来理解，其中的治均为动词。治人与治法相对。“有治人，无治法。”“法不能独立，类不能自行；得其人则存，失其人则亡。”（《荀子·君道》）法家重于治法，儒家重于治人。这不是说儒家不要法，而是以法为辅。本文在狭义上使用“法”一词，主要指书面硬性的法律和制度。④

---

① 梁启超：《先秦政治思想史》，第 82 页。

② 梁启超：《先秦政治思想史》，第 83 页。

③ 萧公权：《中国政治思想史》（全二册），台湾联经出版事业股份有限公司 1982/2004 年版，第 23～24 页。萧氏说，“儒家政治，以君子为主体”“墨子论政，亦注重贤人”；儒墨共同之处被认为是“治乱之关键，系于从政治国者之品性”。（第 23 页）

④ 《韩非子·难三》：“法者，编著之国籍，设之于官府，而布之于百姓者也。”《周礼·天官·大宰》“以八法治官府”孙诒让疏：“法本为刑法，引申之，凡典礼文制通谓之法。”［孙诒让：《周礼正义（全十四册）》，王文锦等点校，中华书局 1987 年版，2000 年重印，第 63 页］。

中国历史上有治人与治法关系的大量讨论。尽管明末黄宗羲《明夷待访录》提出“治法重于治人”的观点，但这似乎更多地出于亡国之痛的愤激之言，有矫枉过正之嫌，并不反映儒家的一贯传统。从清人贺长龄所编《皇朝经世文编》中所录有关“治人”与“治法”的大量言论可以看出①，黄宗羲的观点并没有被后世多数学者所接受。

我们可以把古人的法粗略地理解为制度，治人主义的精神实质就是相信人而制度，才是改变现实的最主要因素。但是治人主义这一术语千万不要误解为整人，那就不是儒家治道了，甚至让人联想到法家的治术了。

儒家为什么选择了治人主义路线？我认为，治人主义体现了儒家对中国文化习性的认识：中国治理的根本在于人。一切问题归根结蒂都是人的问题。只要人的问题不解决，一切政策、法律、制度都是空谈。如果说儒家在历史上比法、墨、道更成功，原因和秘密也在于此。从根本上说，治人主义的治道路线充分体现了中国文化的关系本位习性。

现代学者或欲据此认为儒家治道悖离现代法治思想，然而也是不了解中国文化的习性所致。他们没有认识到，治人之所以重于治法，是因为中国文化是建立在此岸取向和关系本位上的文化，人、人心、人情、人脉、人群因素永远是影响中国政治最强大的力量。中国人自古相信“制度是死的，人是活的”，在现实中对他们真正有效的治理必须从人情和人心出发，而不能只靠抽象的法律或一刀切的制度来解决问题。早在西周青铜器铭文中即已反映出来的“明德慎罚”思想，以及我们在下面所罗列的儒家治道的基本纲领，包括德治、礼治、任贤、人伦、义利、风化等治道范畴，皆鲜明地体现了治人的特点。

2. 统合主义

统合主义在前述儒家治道的大同原理中得到了鲜明的表达。统合精神

---

① 贺长龄《皇朝经世文编》卷一一《治体五・治法上》、卷一二《治体六・治法下》，此书有清道光刻本、光绪刻本等，藏于国内各地图书馆等。今人翻印本有台湾《近代中国史料丛刊》第七十四辑本（沈云龙主编，台湾文海出版社 1966 年版），以及台湾大学出版中心 1980 年版、学苑出版社 2010 年版、广陵书社 2011 年版等。电子检索，《国学大师网》提供的书中（http：//www. guoxuedashi. com/search/？shu=6388e&l=1），以“治法”为检索词，即可发现其中多数观点。

背后深层的寓意是，只有全世界合为一个和谐整体才算找到真正归宿，即所谓“以天下为一家，以中国为一人”（《礼记·礼运》）。如何理解统合主义成为儒家治道的鲜明特色呢？

美国著名汉学家白鲁恂（Lucian W. Pye，1921—2008）认为，中国文化有强烈的集权和专制倾向，不能容忍多个权力中心并存并处于竞争状态；在中国人看来，分权会导致帮派之争（factionalism），破坏和谐秩序。① 白氏点出了数千年来中国历史的内在张力，即分与合的矛盾。我们可能从小就听说过，中国古代历史上有所谓“分久必合，合久必分”。所谓合，指统一的中央集权政治；所谓分，指社会和地方的独立分治。合的极端而典型的体现，就是秦朝为代表的集权与专制。它不顾人民死活，不许行业自治，不给社会以空间，不让思想有自由。它对于地方的管理，主要靠行政命令和武力镇压。这种高度集权和专制的政体，为人们深恶痛绝，往往不能长久。分的极端而典型的体现，则是以春秋战国所代表的分裂与混战，在中国历史上出现了不止一次。它的最大特点是中央权威丧失殆尽，地方势力各行其是；诸侯争霸，国无宁日，生灵涂炭。它的另一特点是利和力成为社会生活中的主导力量，由于道德价值为人不耻，人心个个唯利是图，社会秩序彻底崩溃，社会信任和安全感普遍丧失。这种状态，被儒家称为礼崩乐坏。如果说主张合的主要理论代表是法家，主张分的理论代表也许道家会接近些。

无论是分，还是合，哪一个走到极端，都会造成巨大的破坏和悲剧，也是任何中国统治者必须严肃面对和绝力避免的。但是分、合虽相互对立，又共同需要。道理很简单，只有分没有合，就变成了分裂与混乱；只有合没有分，就变成了极权与专制。分与合这种既共同需

① Lucian W. Pye, *Asian Power and Politics, the Cultural Dimensions of Authority*, with Mary W. Pye, Cambridge, Massachusetts and London, England: the Belknap Press of Harvard University Press, 1985, pp. 183~191. 白氏认为，相比之下，日本长期的封建传统，使得多个权力中心并存得以容忍。幕府将军只是多个大名中最大的那一个。另一方面，日本人的多权力中心观也与其家庭结构有关。日本的长子继承全部财产制度与中国诸子均分财产不同，导致了别子为宗普遍；在日本家庭中，父权与母权并存，并相互竞争。

要又相互矛盾的关系，决定了它们对于中国社会发展的特殊重要性，处理不好容易导致一统就死，一放就乱。可以说，分与合的矛盾主导了中国历史几千年。①

研究过欧洲历史的人知道，希腊人喜欢分裂和自治，安于分裂和自治。古希腊同一民族至少有一百五十多个城邦（有人说甚至有近千个城邦），小的只有几千人，大的也不过几十万人（其中公民只有数万人），即可自称为一个“国家”，享有充分的主权，不受外人统治。希腊人并不认为国家越大越好。亚里士多德曾在《政治学》第 7 卷探讨了一个理想的城邦人口和疆域的限制，以能在物质上自给自足、人际上相互熟识为原则，超过了这个限度将不利于建立理想城邦。吴寿彭考证认为，在亚氏心目中，“一邦公民人数不能超过万人”“等于一近代国家一个小城市或一乡镇的境界和人口”。② 这种把“分”发展到极致的传统，在罗马帝国崩溃后的西欧再次出现过。③ 金观涛、刘青峰曾用“马铃薯”与“混凝土”来形

---

① 对于中国古代中分与合的变奏规律的研究，参葛剑雄：《统一与分裂：中国历史的启示（增订版）》，中华书局 2008 年版。金观涛、刘青峰研究了中国历史的“超稳定结构”问题，侧重于社会子系统（包括政治的、经济的和文化的）之间的相互配合，试图从这个角度来解释中国古代社会结构的“大一统”之谜。参氏著：《兴盛与危机：论中国社会超稳定结构（增订本）》，香港中文大学出版社 1992 年版。

② 亚里士多德：《政治学》，吴寿彭译，商务印书馆 1965 年版，第 356 页“脚注”。关于古代希腊城邦世界的“多中心”特点，参顾准：《希腊城邦制度——读希腊史笔记》，中国社会科学出版社 1982 年版，第 3~7 页。

③ 萧功秦比较中西方文明历史的差异，认为欧洲文明的演化方式具有“小规模、多元性与竞争性”特点，是“由于欧洲地理的多样性，有利于形成具有独立的小国家或小共同体”；而中国的地理环境及农耕文明，造就了中国文明的“大一统”趋势。“秦汉大一统是同质共同体互动的必然趋势，另一方面，大一统专政帝国反过来又运用国家高度的权威进一步采取同化政策。”他认为中国文化从同质个体凝聚成一个整体，主要靠的是“分”的方式。“分”指各得其分、定分止争，并从“礼”的角度把它制度化，从而“有效地避免无休止地对稀缺资源如财富、名誉、地位、权力的争夺，整个秩序的平衡也就得以保证”。相比之下，日本社会宏观结构具有与欧洲类似的“小规模、多元性、分散性的结构特点”，这是日本比中国更能适应西方挑战，成功现代化的原因。参萧功秦：《从千年史看百年史——从中西文明路径比较看当代中国转型的意义》，《社会科学论坛》2007 年第 1 期，第 5~31 页。

容西方和中国古代社会结构之别。① 然而，这种希腊式的分而不合的传统，在中国文化中似乎走不通。春秋战国就是与希腊类似的分而不合，但由于长期战乱，人心思定，最终走上了合的道路。

既然中国文化不适合走希腊式分而不合的道路，又不适合秦朝式合而不分的道路，那么它是如何摆脱分与合的张力的呢？如果说，在现实中，中国历史上的多数王朝走的是一条寓分于合的中道的话，那么可以说，在理论上，儒家的王道学说提供的就是试图提供彻底解决分合矛盾的方案。我们都知道，儒家坚决反对无止境的分。孔子的《春秋》讲尊王、正名分，后世的“三纲”提倡“君为臣纲”、事君以忠，讲的皆是此理。孔子说：“天下有道，则礼乐征伐自天子出；天下无道，则礼乐征伐自诸侯出。”（《论语·季氏》）“八佾舞于庭，是可忍也，孰不可忍也？”（《论语·八佾》）尊王是《春秋》的核心宗旨之一。可以说，儒家治道一方面旗帜鲜明地反对分裂，整个儒家的《春秋》学，讲的正是此道；另一方面认为可用王道来克服分裂的危机，前面所讲的文明原理以及德治原则、贤能原则、礼法原则、风化原则、民本原则、义利原则等，反映的正是这种思想。

为什么儒家治道的统合主义长期在中国历史上受欢迎，甚至可以说长盛不衰呢？我认为统合主义受欢迎的真正根源，是中国文化的此岸取向和关系本位。此岸取向导致人们对世界不安宁的担心超乎一切，关系本位导致对关系不和谐的忧虑超乎一切。近年来大陆学界“和合论”“和合哲学”等多个类似学说的提出，反映了一批当代中国学者自觉吸取传统资源重建现代中国政治合法性基础的努力，也许可看作古代治道传统的现代回声。

3. 心理主义

美籍华裔学者孙隆基先生站在文化心理学的角度试图说明，中国文化

---

① 西方古代社会小国林立，缺乏足够的通讯联系，彼此分散而不相属，类似于一袋马铃薯；中国古代社会则政治、经济、文化各子系统相互交融，呈“一体化”面貌，故形成稳定的大一统格局，类似于一堆混凝土。参金观涛、刘青峰：《兴盛与危机：论中国社会超稳定结构（增订本）》，香港中文大学出版社 1992 年版，第 21~22 页。

对于人的设计与西方文化迥然不同，即中国文化把人设计成身—心的联动结构，而西方文化是把人设计成灵（魂）—肉（体）的分裂结构。我试以下表示之①：

	外	内	深层结构
中国“人”	身	心	安心安身
西方“人”	肉（体）	灵（魂）	动态超越

从这张表可以看出，心在中国文化中有独特含义。表面上中国人的心与西方人的灵魂对应，但灵魂在希腊以来西方文化中是不死的，可以脱离肉体以及整个世俗世界存在。然而，中国人的心绝对不是什么不死的灵魂，更可能脱离肉体和世俗世界独存。中国人的心的另一最大特点是无法在西方语言及人类多数语言中翻译，因为它是理性和感性不分的，在英文中常常不得不译为 heart-mind。即在许多语言中分别代表大脑和心脏的两种功能，统一在汉语中的心这一个词汇上。也就是说，在中国人看来，一方面，心既是感性的，它外部世界的感应直接导致内心的感受（feeling，emotions）；心与外界的密切感应，导致中国人把安心当作生命存在的理想方式，中国人的一切幸福似乎依赖于或体现为心满意足、心安理得、心神安逸。但是另一方面，心又是理性的，古人云“心之官则思”（孟子语）；有心还是无心、用心还是不用心，是衡量一个人是否负责任的关键。

心既是被动感受又是理性主宰，既有道德意志又有幸福追求的两面性，意味着它是生命中最强大、最重要的力量（朱子“心统性情”说也体现了这一点），因此对个人来说，可以说中国人因心而活着，西方人则因灵魂而活着。也因此，掌握了一个人的心，就是掌握了这个人。换言之，掌握一个人的最佳方式是令其交心，使其用心，拿出真心；而一个统治的成功与否，并不完全取决于今人所谓政绩、程序合理等因素，而主要体现为“得民心”。我曾论证，这说明了中国政治的合法性，未必如西方政治

① ［美］孙隆基：《中国文化的深层结构》，广西师范大学出版社 2004 年版。

那样，可以政绩合法性、程序合法性以及意识形态合法性为主①，而是以民心合法性为主。从治道来讲，最成功的政治从来都是让人心悦诚服的，即所谓“天下之民归心”（《论语·尧曰》）。孟子则曰：“天下不心服而王者，未之有也。”（《孟子·离娄下》）前面我们所说的王道政治（文明原理），其所谓文明与野蛮区别的标准之一，就是天下心服，四海归心。孟子之所以说“善政得民财，善教得民心”（《孟子·尽心上》），正是基于对中国文化中“心的逻辑”的领悟。

最后，由于心既有感性又有理性，自古以来中国政治都以感动人心来建立其统治基础。心的感性特征使人易受感动，心的理性特征使人能作出行动。《易·咸·彖》曰：

> 圣人感人心而天下和平。观其所感，而天地万物之情可见矣！

圣人之治的最大成效之一在于能感动人心，“天地万物之情”均是衡量所感成效的依据。这段强调圣人、圣王对天下人感召，要能感动千千万万人的心。儒家强调，一旦这种感动成功，就能立即转化为无比强大的社会力量和不可估量的道德资源，成为衡量政治治理成败的关键标志，出现人人“可使制梃以挞秦楚之坚甲利兵”（《孟子·梁惠王上》）的奇迹。《论语》亦屡言为政者“恭己正南面”“譬如北辰，居其所而众星拱之”，《中庸》称“君子不动而敬，不言而信”“不赏而民劝，不怒而民威于铁钺”，亦反映中国人一旦心服，便立即转化成无穷无尽的政治合法性力量。

另一方面，中国文化的关系本位还导致人心与人心相互感应，而产生强大的“风动”效应，出现天下人闻风而动、风起云涌地追随的场面，即我们今天常讲的万众一心、众志成城、同心同德的理想社会。孔子说，“德之流行，速于置邮而传命”（《孟子·公孙丑上》），讲的

---

① 赵鼎新总结了三种合法性，即意识形态合法性、绩效合法性和程序合法性。参赵鼎新：《当今中国会不会发生革命?》，《二十一世纪》2012 年第 134 期，第 4~16 页；赵鼎新：《“天命观”及政绩合法性在古代和当代中国的体现》，《经济社会体制比较》2012 年第 1 期，第 116~121、164 页。

正是这种风效应。孟子也说：

> 今王发政施仁，使天下仕者皆欲立于王之朝，耕者皆欲耕于王之野，商贾皆欲藏于王之市，行旅皆欲出于王之涂，天下之欲疾其君者，皆欲赴诉于王。其若是，孰能御之？（《孟子·梁惠王上》）

孟子告诉齐宣王，让天下臣服的方法很简单。只要你“发政施仁”，即可以让天下人都来归顺。按照我们今天的正常思维，任何政治也不可能没有完美无缺，怎么可能做到“使天下仕者皆欲立于王之朝，耕者皆欲耕于王之野，商贾皆欲藏于王之市，行旅皆欲出于王之涂，天下之欲疾其君者，皆欲赴诉于王”呢？孟子凭什么如此信心满满呢？这和他在告诉梁惠王“地方百里，而可以王”（《孟子·梁惠王上》）的自信来源是一样的，因为他洞察出了中国文化中人心的逻辑，那就是“乐民之乐者，民亦乐其乐；忧民之忧者，民亦忧其忧”（《孟子·梁惠王下》）。只要统治者能“举斯心加诸彼”（《孟子·梁惠王上》），则人民虽无“恒心”，但其心亦很容易被感动，结果就是人民对你归心。文王之所以能“一怒而安天下之民”（《孟子·梁惠王下》），其真正秘密也在于此。

现在我们可以理解，为什么儒家那么重视风化，其原因之一当然也与人心之感应作用大有关。好的治理要善于运用中国文化中上述心的逻辑，运用得好，立即创造出神奇的效应。东汉学者荀悦在论治道时，提出“惟察九风以定国常”，主张国君要“原心”以“绥民中”（《申鉴·政体》），并提出“治世之臣，所贵乎顺者三，一曰心顺，二曰职顺，三曰道顺”，以“心顺”为首。王符《潜夫论·本政》则进一步提出“天以民为心，民安乐则天心顺，民愁苦则天心逆”的观点。这些说明他们深知惟有以君心感民心，创造良好的风气，才能实现大治。这与《论语·尧曰》“兴灭国，继绝世，举逸民，天下之民归心焉”的思维逻辑是一样的，区别只在于得民心的具体措施上。当然，风俗的政治意义有超越于具体文化的普遍价值，孟德斯鸠、托克维尔等西方政治理论家也重视风俗的作用，区别在于他们并没有将理想政治状况的基础建立在风化上。

由上我们试图说明，儒家治道的心理主义特点，认为这要从中国文化的此岸取向、关系本位及与之相应的身心观有关。这里，我所谓“心理主义”之“理”作动词，故心理主义也可称理心主义。要说明的是，我所用的心理主义一词切不可用英文 psychologism 或其他以 psyche-为词首的单词来翻译，因为英文中 psychology 主要研究人的非理性的情绪因素，与古汉语中的“心”具有强烈的理性思维和道德责任的含义大别。

小　结

本文从预设、原理、原则、措施、特色五个方面及其关系结构出发，总结了我所认识到的儒家治道的范式。对于我所概括总结出来的原理和原则，任何人都可以根据我的标准来质疑和讨论。我在这里强调的不是某种观点或立场，而是可不可以这样来概括儒家治道，这样来理解它。

在我看来，儒家治道在千百年历史上存在一种内在的“范式”或“理想型”，它并不涵盖所有人、所有观点，而只是一种“范式”。它像一块模板，虽非各家共守，却激活了后世千百年的治道追求；它是一种范式，虽经岁月冲洗，仍昭示出某种共同的背景预设；它是一套理想，虽常隐而不宣，却成为各种治道的活力之源。在我看来，这套治道范式对古人的支配带有无意识的特点。

另一个值得深入分析、也是我计划下一步要做的工作是，如何从文化习性的角度来解释中国文化中盛行的治道原则，包括前面所讲的七原则。我相信，中国文化中盛行的治道原则及治道原理，甚至从总体上讲中国文化中盛行治道这一现象（今天中国学界依然如此），均与中国文化的三个预设——此岸取向、关系本位和团体主义有关。

我们能从本文总结的儒家治道原理和原则引申出对当代治理有意义的启发吗？启发总是有的，但如果认为这里面包含彻底解决当代国家治道问题的方案，也许是奢望了。不过，我相信，儒家的这套治道原理及其精神，包括德治、贤能、礼法、风化之类，一定会深深印在当代及未来中国治理的政治实践中，而儒家治道的最高原理，即至少其中的文明原理和大同原理，至今仍然为中国人深信不疑。我曾探讨儒家孝治思想与当代社会建设的一致性，不过孝治属于儒家治道的人伦原则，而当代社会市民社会的自治并不完全是人伦关系问题。但是如果回溯到文明原理，即以道义治天下，则可以说，当代社会空间的自治与理性化是合乎儒家的道义原理的。

总之，我希望自己提出的儒家治道体系代表儒家思想传统中最有活力的思想原型（或称理想型），对于今天理解历代儒家治道及其演变有所帮助。

北宋“图书”之学的形成及其符号学意义[①]

林忠军

【摘要】北宋易学家，在新的历史背景下，以恢复儒家道统为宗旨，凭借新的话语系统，通过对包括《周易》在内的儒家经典进行注释、阐发和对佛道两派思想的批判和吸收，形成了以探讨“心性”为核心的、融儒道释为一体、高度哲理化的理论形态的“宋易”。就象数易学而言，经王弼尽扫两汉象数，象数之学浸微，图书之学作为象数易学的新形式，正是适应了易学这一发展而产生。宋代图书之学起自陈抟，由陈抟几传而至周敦颐、邵雍和刘牧，图书之学始显现，成为宋代易学的重要特征。刘牧据《系辞传》画出河图洛书，周敦颐改造了道教《无极图》而成《太极图》，邵雍通过对《易传》解读，推演出“先天之学”和“后天之学”。经过朱熹等人倡导和阐发，确立了图书之学在学术上合法的地位。宋代的图书之学，是以清新直观、内涵数理的图式复活汉代象数易学的一种方式，也是立足于象数探索易学源头和解释文本意义所做的新的尝试。宋代图书之学蕴含深刻的哲学思维，富有现代符号哲学的意味。宋代易学家为了追溯易学源头、解读易学文本，以《易传》为据，通过符号图式的推演与转换，形成了一套完整的、有一定秩序的、与“外在世界”高度相似的符号系统。图书之学作为符号学，其意义“再现”了客观世界的形成、存在与发展变化，是宋人思考与探讨自然哲学的一种新的形式。

① 本文为国家社会科学基金重大课题阶段性成果（17ZDA0211），泰山学者工程专项资金资助。

【关键词】河图　洛书　太极图　先天图　后天图　符号学

【作者简介】林忠军，山东大学易学与中国古代哲学研究中心副主任、学术委员会委员，教授，博士生导师，《周易研究》编辑部主任。

一、图书之学兴起经学语境

宋初统治者为了高扬和强化皇权意识，重建大一统的王权和巩固新建立的社会秩序，彰显新建立王朝的合法性与合理性，通过实行一系列举措，大力提倡经术，发挥儒家事功之用。如宋初统治者重新调整官制，高度重视文臣治国的方略，有意削弱武官实力，旨在突显文治在管理国家中的地位，尽快消除宋以前崇尚武力造成王权削弱和朝代频繁交替的阴影，摆脱唐末和五代“三纲不立”、礼崩乐坏而使社会上下无序的负面影响。而经过历代解释和阐发所形成的源远流长的经学，以其丰富的礼乐文化和伦理纲常思想及明道崇实的经世意识，再次成为当时统治者和士人在探寻治国与文化系统关系过程中所关注的对象，充当了北宋初期崇尚以文治国的主要角色。为了抬高经学在官学中的地位，极大限度地发挥儒家治世的作用，北宋统治者身体力行，尊孔崇经，积极推动儒学研究。如宋太祖三谒文庙祭孔，并撰有《先圣亚圣传》，下令增修国子监学舍，画先圣十哲像、七十二贤及先儒二十一像于东西廊之板壁，选儒臣“分治大藩”；宋真宗下诏访孔子嫡孙，亲临曲阜，追封孔子为玄圣文宣王。设置官员，讲解儒家经典，则是北宋帝王尊崇儒学的又一举措。如太宗、真宗多次重用擢拔邢昺（932—1010）为经学家代表，命其校订经学典籍，著书立说，为帝王讲授经学。与之相关，统治者筑建图书馆阁，设官总理，搜访补辑，汇集天下佚散经学图书，编订书目，汇集成册。其经学数量之大，令人赞叹。按照《宋史·艺文志》记载，北宋初，经学藏书仅有万余卷。历太祖、太宗、真宗三朝，达至三千三百二十七部，三万九千一百四十二卷。至宋末，经学藏书达到九千八百十九部，十一万九千九百七十二卷。[①] 不仅如此，北宋统治者本着儒家“学而优则仕”

① 《宋史·艺文志》卷二〇二，中华书局2014年版，第5032~5034页。

的精神选拔人才，积极改革诗赋、帖经、墨义的取士的科举制，以“更通经旨”为要，彰显儒家经学在科举制度中的地位。在统治者的倡导下，宋代以儒家经学施政，蔚然成风。“宋有天下，先后三百余年，考其治化之污隆，风气之离合，虽不足以拟伦三代，然其时君汲汲于道艺，辅治之臣莫不以经术为先务，学士搢绅先生，谈道德性命之学，不绝于口，岂不彬彬乎进于周之文哉。”（《宋史·艺文志》）同时，宋代官学和私人书院兴盛，尤其以私学讲学为目的的书院出现，冲破了官学的束缚，以活跃的、自由的学术风气，迅速推进宋代儒学传播和鲜活学术品格的形成。

然而，宋初统治者这些以文治国、遵崇儒学的举措，本质上是延用了汉唐经学。“经学自唐以至宋初，已陵夷衰微矣。然笃守古义，无取新奇，各承师传，不凭胸臆，犹汉、唐注疏之遗也。”① 汉唐以来以训诂为方法、笺注为主要形式的经学，具有承师传、守古义、排异端等特点，对于正统的儒学经典整理与传播及思想系统的传承，具有重要意义，但是又窒息了自身学术扩张和繁荣发展。尤其面对急剧变化的社会和日益兴盛的佛学、道学，无法强有力地反击佛学和道学的侵蚀与冲击，更无法真正从理论高度担当新建立的北宋王朝至高无上的具有统摄意义的管理角色，故儒学复兴和儒学重建，再次成为当时历史发展的必然选择。北宋经学家和思想家大胆地秉承了唐末以来经学的“疑古惑经”之风，通过全面检讨和反思汉唐经学，经历了疑经改经到以己意注经之学风之变的过程，形成一种由“发明经旨”“明体达用”转变为心性道德、体贴天理为主要内容的全新的儒学。新儒学之新在于“对先秦之庞杂集团、齐头并列，并无一确定之传法统系，而确定出一个统系，藉以决定儒家生命智慧之基本方向，因而为新”②。因为这种新儒学，由宋初发明经义发展到后来专门研究心性道德，故又称为理学。而《宋史》称这种上承孔孟之遗言、整合魏晋汉唐经典“焕然而大明、秩然而各得其所”之儒学，为“道学”。

以恢复儒家道统为总宗旨的理学，发端于唐代韩愈。韩愈“排释老而

① 皮锡瑞：《经学历史》，台湾艺文印书馆 2004 年版，第 237 页。
② 牟宗三：《心体与性体》，上海古籍出版社 1999 年版，第 12 页。

反之儒，昌言师道，确立道统，则皆宋儒之所滥觞也”①。宋初胡瑗、孙复、石介三先生“始以师道明正学”，开理学之先河。经周敦颐、张载、邵雍、程颢程颐兄弟等人著述立说，理学开始形成。周敦颐是宋代理学的鼻祖，“至宋中叶，周敦颐出于舂陵，乃得圣贤不传之学。作《太极图说》《通书》，推明阴阳五行之理，命于天而性于人者，了若指掌。张载作《西铭》，又极言‘理一分殊’之旨，然后道之大原出于天者，灼然而无疑焉。仁宗明道初年，程颢及弟颐寔生，及长，受业周氏，已乃扩大其所闻，表章《大学》《中庸》二篇，与《语》《孟》并行，于是上自帝王传心之奥，下至初学入德之门，融会贯通，无复余蕴”②。从经学史看，从汉唐经学转入宋代经学，被清儒皮锡瑞称为“经学变古时代”。所谓“变古时代”，是改变汉唐之风，返回先秦之古。就治学方法而言，汉人治经，崇尚文本，守师说，重训诂，释辞意。宋人看来，汉唐以此解经“鲜复关于道，甚者害道”，故治经一反汉唐训诂义疏传统，疑经改经，尊四书，明道统，阐义理，标举新奇，达到通经之目的。如王应麟所言：“自汉儒至于庆历间，谈经者守训故而不凿，《七经小传》出而稍尚新奇矣。至《三经义》行，视汉儒之学若土梗。”③ 此是说，自宋庆历始经学一大变，刘敞作《七经小传》，王安石作《三经义》，程颐作《易传》，东坡作《书传》等，各立新学，学风转向。宋初虽然诸位学者标新立异，学风大变，提倡新学，言义理之学，但不是理学。自程氏始，以理或天理作为思想最核心的概念，经学开始理学化，即经学理学合而为一。④宋易的形成与发展，与儒学复兴和道教的兴盛是分不开的。

二、宋代图书之学形成

作为经学重要组成成分，宋代易学也是一个“变古”创新的时期。易

① 钱穆：《中国近三百年学术史》，九州出版社 2011 年版，第 1~2 页。

② 《宋史 · 道学一》卷四二七，中华书局 2014 年版，第 12709~12710 页。

③ 王应麟：《困学纪闻》卷八《经说》，上海古籍出版社 2008 年版，第 1094 页。

④ 姜广辉：《中国经学思想史》第三卷（上），中国社会科学出版社 2010 年版，第 15~21 页。

学家与其他经学家一起，在新的历史背景下，以恢复儒家道统为宗旨，凭借新的话语系统，通过对包括《周易》在内的儒家经典进行整理、注释、阐发和对佛道两派思想的批判和吸收，建立了以别于汉唐经学、以探讨“心性”为核心、融儒道释为一体、高度哲理化的理论形态的“宋易”，从而否定了两汉易学和晋唐易学。他们以易学为框架，融合先秦儒家经典，运用“穷理尽性以至于命”的内在逻辑理路，建构起一套贯通天人哲学新体系及“精义入神以致用”的经世之学，迎合了当时社会学术理论建构的需求。如余敦康先生所言：“宋代易学的发展是和儒学复兴运动紧密联系在一起的。这种儒学复兴运动的主要目的，一方面在于排斥佛老，承接道统，站在理论的高度来论证儒家的仁义礼乐的文化理想，建立一个取代佛老特别是佛教的新儒家哲学；另一方面在于力图从这种哲学中引申出一套经世之学和心性之学，培养一批以天下为己任的人才。胡瑗对此做了很好的概括，称之为‘明体达用’之学。因而‘明体达用’四个字可以看做是儒学复兴运动的纲领。当时具有不同倾向的思想家围绕着‘明体达用’进行探索，不约而同地都选择了《周易》作为主要的经典依据，易学的繁荣就是由于这种具体的历史动因而促成的。”① 宋代之所以是一个“变古”易学创新时期，在于有其独特的特征。汉人治《易》，偏于天道，长于以训诂释义与象数证经，而宋人治《易》，颠覆了汉学易的学风，关注人事，精于义理。这就形成了经学史上汉学与宋学之别、易学史上汉易与宋易之分。

宋易的形成与发展，与道教的兴盛是分不开的。道教作为以修真悟道、羽化登仙为目的的一种宗教，与入世的儒学、出世的佛学相比，对于大多留恋生命的人来说，更具有诱惑力。自道教产生起，历代的统治者出于政治的需要和长生不老的追求，对道教采取了大肆扶植政策。宋代赵匡胤曾借助于道教的符命之说夺取了后周政权，称帝后不仅屡次召见道士，而且也常行幸北岳庙和太清观，下诏在京城修建隆观，在华山建西岳庙，赐紫衣与道人苏澄隐等。宋太宗即位后，与其兄相比，有过之而无不及。自 995 年始，他三次派遣使者前往华山宣诏陈抟进京，并赐号“希夷先

① 余敦康：《汉宋易学解读》，华夏出版社 2006 年版，第 135 页。

生”。由于统治者的嗜好和扶植，道教在宋初盛行。而道教的理论则是以《周易》为基础建立起来的。自东汉魏伯阳的《周易参同契》到宋初陈抟等人撰写的《龙图》皆以《易》证道，以道发《易》。正是因为易学与道教有着这种特殊的关系，二者随着历史的发展，时代的变迁，以各种方式相互吸收，相互促进，共同发展。因而宋初道教兴起，与道教相关的融修炼与易学为一体的图书之学也流行开来。

同时，宋代象数易学兴起，也是易学发展的需要。两汉易学家以象数为工具揭证易辞，应该说符合“观象系辞”之旨，但是，他们夸大了象数的作用，把象数易学置于登峰造极之地，从而远离了《周易》本义。魏晋王弼为纠其偏，以老庄注《易》尽扫象数，唐孔颖达撰《周易正义》取王弼注而为之疏，玄学易被定为官学，自此易学只崇尚玄理，象数之学浸微，易学走向另一偏。在这种情况下，易学发展迫切需要以新的形式复活象数易学，以修正两汉象数易学，补充玄学易之不足。图书之学正是适应易学这一发展而产生了。

宋代图书之学承传起自陈抟，由陈抟几传而至周敦颐、邵雍和刘牧，图书之学始具规模，且很快发展开来。南宋初的朱震对此作了详细的描述：

> 陈抟以先天图传种放，放传穆修，修传李之才，之才传邵雍。放以河图、洛书传李溉，溉传许坚，坚传范谔昌，谔昌传刘牧。修以太极图传周敦颐，敦颐传程颢、程颐。是时，张载讲学于二程、邵雍之间，故雍著《皇极经世》之书，牧陈天地五十有五之数，敦颐作《通书》，程颐述《易传》，载造《太和》《三两》等篇。或明其象，或论其数，或传其辞，或兼而明之，更唱迭和，相为表里。(《汉上易传·汉上易传表》)

宋人王称在《东都事略》中也有类似的记载。这里朱震把陈抟视为象数易的创始人，从陈抟分化周敦颐以太极图为主要形式的象学、邵雍先天之数学，刘牧河洛之学，而且把二程的义理之学也视为源于陈抟的太极图，虽然学界有人对此图书之学传承系统提出疑议，但朱震的记载图书之学传承系统基本可信。按照朱震的说法，北宋易学由道教发展而来，由象数到义理，然后象数义理并存，即形成了“或明其象，或论其数，或传其辞，或兼而明之，更唱迭和，相为表里”的局面。也就是说，北宋时期易学分象数与义理。如周敦颐太极图是“明其象”者，然后由象而言理；邵雍先、后天之学是“论其数”者，刘牧河洛之学是谈象与数者；胡瑗、张载、程颐等是“传其辞”言其理者。这里所说的象数，已不是汉人的象数，而是宋人的河洛之学和先后天之学。当然，宋代易学除了与道教内在联系外，还另有思想渊源，即王弼等人的易学。宋初大部分易学家推崇王弼，如胡瑗、石介、李觏、苏轼易学等皆援王弼易学解《易》。

陈抟撰有《易龙图》和《正易心法注》等易学著作，但是皆逸失，目前只保留《龙图序》一文。从已有资料记载看，对于陈抟所传授的图书之学的真实情况不得而知，有待于深入考察。作为陈抟传人的刘牧作《易数钩隐图》，结合《易传》“河出图洛出书”“天地之数”和汉人五行生成之数、九宫数等已有的数理，排列出新的易学图式——河图洛书，以河图洛书解释了八卦起源及大衍之数等易学问题。其认为河图洛书是易学源头，伏羲据河图洛书画八卦及六十四卦。他的“河图”，是指以黑白点符示“天地之数”一至九数而构成的图式，一至九自然数之合“唯四十五”为河图。此图本之于秦汉流行九宫数。《黄帝内经·灵枢经》《易纬》《大戴礼记》等典籍中有关于“九宫”说法。如《易纬》：“太一取其数以行九宫，四正四维皆合于十五。”①《大戴礼记·明堂》也指出法九宫的建筑横列数字：“明堂月令，赤缀户也，白缀牖也。二九四，七五三，六一八。”② 此即刘牧所说“戴九履一，左三右七，二四为肩，六八为足，五为腹心，从横数皆十五”③。其“洛书”，是以黑白点符示“天地之数”

---

① 《易纬乾凿度》卷下，参拙作：《易纬导读》，齐鲁书社 2002 年版，第 94 页。

② 王聘珍：《大戴礼记解诂》，中华书局 1998 年版，第 150 页。

③ 刘牧：《易数钩隐图遗论九事》，载郭彧《易数钩隐图导读》，华龄出版社 2019 年版，第 107 页。

一至十数而构成的图书，一至十自然数之合“五十有五”为洛书，此图本之于汉代五行生成数结构图式。如郑玄《系辞》注：“天一生水于北，地二生火于南，天三生木于东，地四生金于西，天五生土于中。阳无耦阴无配，未得相成。地六成水于北，与天一并；天七成火于南，与地二并；地八成木于东，与天三并；天九成金于西，与地四并；地十成土于中，与天五并也。”（《礼记正义·月令》）①扬雄也有此论。即古人所谓“图九书十”。刘牧河洛之学，是目前能见到的最早的河洛图式。

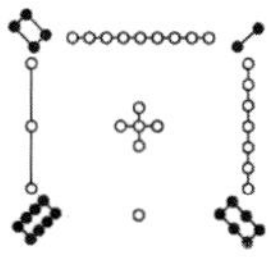
洛书

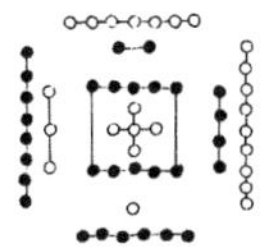
河图

经朱熹、蔡元定考订，则是以九数图为洛书，以十数图为河图，后世言河图洛书，皆以此为准（见上图《洛书》《河图》）。周敦颐曾作《太极图》，并以《太极图说》对此图加以解说。周氏《太极图》，自无极而太极，阴阳未分为太极，太极之上加“无极”，无极寂然不动，是“无阴无阳”。太极动生阳，静生阴，阴阳互根，由阴阳生五行，化万物。他以图式形式推演宇宙由简单到复杂的演化过程，建构了儒家的形上宇宙图。《太极图》渊源问题是易学家探讨的问题，南宋朱震等人主张周氏《太极图》源于道家，是改造了道家图式而成。潘兴嗣等人则主张《太极图》为周敦颐自作。后世学界争议比较大。② 考《道藏》，道家《无极图》早于周敦颐《太极图》，道学是周氏学术渊源之一，故其《太极图》是改造了道学《无极图》而成（见下图）。③

① 惠栋辑：《郑氏周易》卷下，参拙作：《周易郑注导读》，华龄出版社 2019 年版，第 225 页。

② 详见李申：《易图考》第一章《〈周氏太极图〉源流考》，北京大学出版社 2001 年版。

③ 详见拙作：《象数易学发展史》第二卷，齐鲁书社 1998 年版，第 190～196 页。

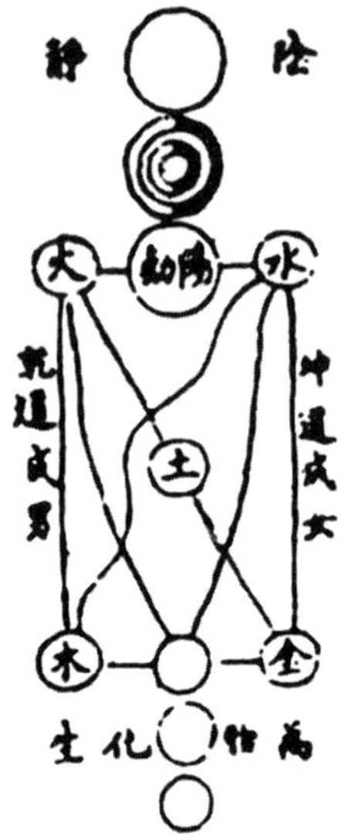

道教《无极图》

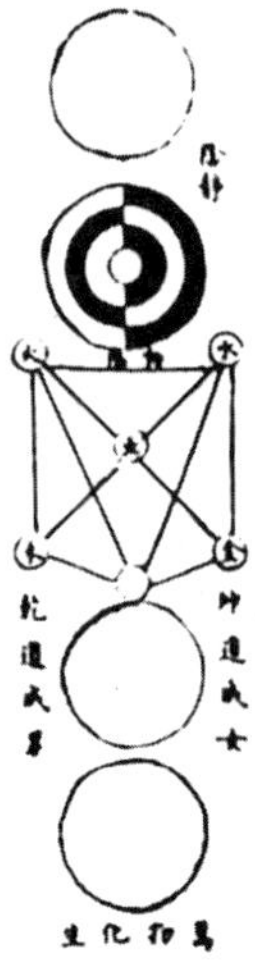

周氏《太极图》

周氏太极图属易学中的象学，其《太极图说》通过解释《太极图》，阐发出“立人极”的人文思想。

邵雍通过《系辞传》“易有太极”一节解读，悟出“加一倍法”：阴阳符号自下而上叠加，太极是一，由太极分为阴⚋阳⚊，为两仪，此为“太极生两仪”；两仪之上各生一阴一阳，为太阳⚌、少阴⚍、少阳⚎、太阴⚏，此为“两仪生四象”；四象之上各生一阴一阳，成三画之象，为乾☰、兑☱、离☲、震☳、巽☴、坎☵、艮☶、坤☷。此为四象生八卦，故形成《伏羲先天八卦次序图》，其次序数“乾一兑二离三震四巽五坎六艮七坤八”，为先天八卦数（见下图《伏羲先天八卦次序图》）。以此法自下而上再叠加，由三画、四画、五画至六画，形成《伏羲先天六十四卦次序图》。先天六十四卦次序为：乾、夬、大有、大壮、小畜、需、大畜、泰、履、兑、睽、归妹、中孚、节、损、临、同人，革、离、丰、家人、既济、贲、明夷、无妄、随、噬嗑、震、益、屯、颐、复、姤、大过、鼎、恒、巽、井、蛊、升、讼、困、未济、解、涣、坎、蒙、师，遁、咸、旅、小过、渐、蹇、艮、谦，否、萃、晋、豫、观、比、剥、坤。自乾一至复三十二卦左转（逆时），自姤三十三卦至坤六十四卦右转（顺时），首尾相接是伏羲六十四卦圆图。又以先天六十四卦次序，自乾卦至坤卦，依次分为八组，自下而上、由右而左横排，则为伏羲六十四卦方图（见下图《伏羲六十四卦次序图》）。邵氏从《说卦传》“天地定位”一节画出“伏羲八卦方位”，从“帝出乎震”一节推出“文王八卦方位”，其主旨是解决伏羲如何画八卦、六十四卦及其排列等易学史重大问题；进而提出了伏羲先天易为“心”，文王后天易为“迹”，以此建立了先天之学。但邵氏《皇极经世书》中未载先后天图，有人怀疑邵氏先后天图的存在。不过他明确说过：“图虽无文，吾终日言未尝离乎是，盖天地万物之理尽在其中矣。”（《皇极经世书·观物外篇》）“先天学，心法也，故图皆自中起，万化万事生乎心也。”（《皇极经世书·观物外篇》）从其论述看，印证邵氏易学确有先后天图。邵雍用数计算和推衍，阐明了易学文本符号的形成，解释了大衍筮法，其对易学起源和易学文本形成的理解，成为一家之说。

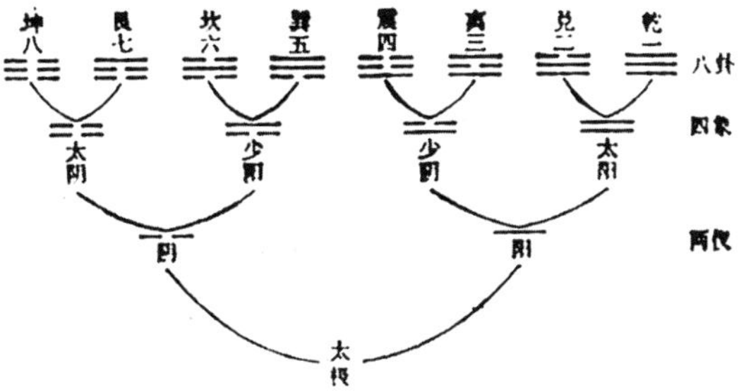

伏羲先天八卦次序图

北宋图书之学，深深影响了后世易学。刘牧河洛之学盛于仁宗时，黄黎献作《略例隐诀》、吴秘作《通神》、程大昌作《易原》，皆发明刘牧河洛思想。邵雍先天之学也传于后世，邵伯温撰《皇极系述》《观物内外篇解》、郑夬撰《周易传》、王湜撰《易学》、张行成撰《皇极经世索隐》《易通变》《观物外篇衍义》等，皆传承和阐发其学，使其学显明于世。南宋朱震撰《周易卦图》载有周敦颐《太极图》、刘牧河洛之图、邵雍先后天之图等。朱熹坚信图书之学是易之本，故于《周易本义》卷首，列河图洛书、邵雍先后天图，又作《太极图说解》，解说周敦颐的《太极图》，从而确立了图书之学在易学史上的合法地位。于是宋、元、明言《易》者，开卷多言《太极图》、河图洛书、先天图后天图，图书之学成为宋以后易学研究的重要标志。

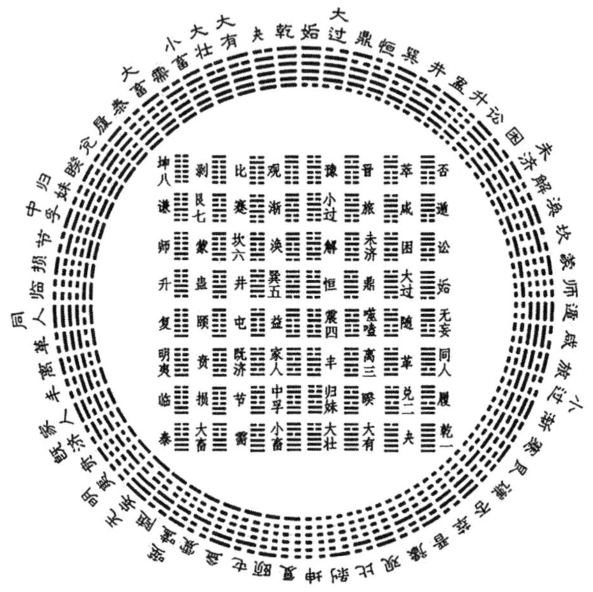

伏羲六十四卦次序图

当然，图书之学也遭到后世学者的诟病，如宋李觏、宋咸、叶昌龄、陈希亮等人多提出批评。欧阳修作《易童子问》，以河图洛书为“怪妄”；李觏作《删定易图序论》视刘牧河图洛书“穿凿以从傀异”“考之破碎，鲜可信用”，故删去了刘牧重复五十二图。宋咸作《刘牧王弼易辨》①、叶昌龄传《周易图义》、陈希亮撰《钩易图辩》，证刘牧河洛学之失。尤其至清代，图书之学成为学者清算的对象。清儒从文本角度，否定了宋代以来流行的图书之学的真实性。

宋代图书之学是理学思想的表达形式，理学家依据易学经典解读，而作河洛图与先后天易图，并假借河洛、先后天之图式阐发了自己的思想。在此意义上说，图书之学是理学思想之根。它是以符号和图式的形式反映了宋代的理学思想体系，使理学思想符号化、图式化。虽然图书之学的主要观点、论据和符号的推演及其论证过程存有种种不合理的因素，其解释未必符合易学文本意义，但它是宋代易学家在新语境下力图改变汉唐笺注之学形式而重新寻找新的解易方式所做的努力，是以清新直观、内涵数理的图式复活汉代象数易学的一种方式，也是立足于象数探索易学源头和解

① 一说石介撰。

释文本意义所做的新的尝试，因而，图书之学开启了经学解释创新之先河。其价值在融合汉以来象数之学的基础上，创建一种新的象数解易方法和一种内涵数理的宇宙图式，反映了宋人对于易学的一种独到理解和具有创新意义的易学观。正因为如此，它不仅以新形式复兴象数之学，更为重要的是，纠正了义理之学之不足，使从偏于义理易学向象数义理融合之易学过渡，推动了易学发展。

三、图书之学符号学意义

宋代易学的独特之处，除了以儒理解《易》、彰显儒家之理外，更重要的是发明了一套内涵数理的图书之学。按照西方符号学，图书之学是相似符号学。学界对于宋代图书符号哲学言之甚少①，因此，宋代图书符号学研究成为学界研究的重要课题。

宋代的图书之学，是在《周易》文本符号和汉代象数之学的基础上形成的，蕴含深刻的哲学思维，富有现代哲学的意味。众所周知，由卦爻象和与之相关的文辞构成了《周易》文本，模拟了自然世界而形成，即作者“观变于阴阳而立卦”和“观象系辞”撰成《周易》文本。《周易》文本形式上是卜筮话语下具有普遍意义的符号系统，是圣人仰观俯察、近取远观诸物，故它与客观世界有某种联系，却不等同现实客观世界。当用它来预测事物和解释事物时，才具有现实的意义。

《周易》文本最基本的元素是“--”“—”，是阴、阳符号，由阴阳构成的三画之八卦是符号，八卦相重而成六十四卦是符号，依据卦爻符号而作文辞，表达卦爻符号的意义，其本身，按照索绪尔的说法，也是包含“能指”和“所指”二元素的语言符号。② 无论是阴阳符号和由阴阳符号构成八卦符号及六十四卦符号，皆具有普遍性、抽象性和多变性的特点，具有西方所谓的符号学特征。

就其《周易》文本卦爻象符号形成而言，八卦是中国早期的象形文字

① 专门言易学符号的著作，大陆学界仅见徐瑞《周易符号学概论》（上海科学技术文献出版社 2013 年版），涉及宋代图书之学。

② ［瑞士］索绪尔：《普通语言学教程》，商务印书馆 2014 年版，第 93~95 页。

或图画。① 此即美国哲学家皮尔斯所说的“像似符”（或图像符），“所有的原始文字都存在非逻辑类的像似符，也即表意文字”。② 而当这些像似符号成为《周易》文本后，卦爻象符号的象征意义和抽象意义更为明显。如有的学者所言：“从《周易》的主体看，大部分卦画主要具有象征性符号的性质，是设卦者的约定。”③ 而在卜筮话语下，表达卦爻的符号意义的文辞，多是普遍和抽象意义的符号，即使偶有具体的事件，也是比喻而已。如宋代朱熹所言：“盖文王虽是有定象，有定辞，皆是虚说此个地头，合是如此处置，初不黏著物上。故一卦一爻。足以包无穷之事，不可只以一事指定说。他里面也有指一事说处，如‘利建侯’‘利用祭祀’之类。其他皆不是指一事说。此所以见易之为用，无所不该，无所不遍，但看人如何用之耳。”④以朱熹之见，《周易》符号系统是具有普遍意义和抽象意义的“理”或称为“空底物事”，在筮占过程中，如同一面镜子，可以照所有事物。⑤ 从符号学言之，卦爻符号自成体系，由能指（符形）与所指（概念）、意义（解释项）三元素构成；与卦爻符号相关的文辞也自成体系，也是由能指（符形）与所指（概念）、解释项（意义）三元素构成。

与西方符号学不同的是，卦爻符号和文辞语言符号是两种不同的符号，这两种不同符号的有机结合构成新的符号系统。前者是能指、所指，后者是解释项，即意义。然而在卜筮活动中，通过推演蓍数求得卦爻符号形体为能指，某卦为所指。代表卦爻符号意义的卦爻辞则是解释项。在卜筮活动中，行蓍过程是符号推演转换的过程（数字符号转换阴阳符号构成卦爻符号），卦爻象形体是能指，卦爻象是所指，卦爻辞是解释项。

因《周易》文本整齐的卦爻符号和语言系统，是对客观事物的模拟和抽象，又被称为中国古代的一种形式“逻辑学”或“数学”。大衍筮

① 汉代《易纬乾坤凿度》最早将八卦符号视为古文字，参拙作：《易纬导读》，齐鲁书社 2002 年版，第 118~119 页。

② ［美］皮尔斯：《皮尔斯：论符号》，四川大学出版社 2014 年版，第 54 页。

③ 黄华新、陈宗明主编：《符号学导论》，东方出版中心 2016 年版，第 284 页。

④ 黎靖德：《朱子语类》，中华书局 2007 年版，第 1647 页。

⑤ 黎靖德：《朱子语类》，中华书局 2007 年版，第 1647 页。

法所用的“神物”——蓍草和行蓍过程中运用蓍草计算所作的记号、数字及由数字转换的阴阳是符号，运用蓍草运算是数学，这个蓍数推演的过程是符号逻辑推演。如法国学者皮埃尔·吉罗所言，在这些占卜系统中，“最完善而且在结构上最有逻辑和最抽象的一个系统，是中国人的易经”①。著名哲学家冯友兰先生较早用逻辑学解释了《周易》文本符号逻辑：“象就是客观世界的形象，但是这个摹拟和形象并不是如照像那样照下来，如画像那样画下来。它是一种符号，以符号表示事物的‘道’或‘理’。六十四卦和三百八十四爻都是这样的符号。它们是逻辑中所谓的变项，一变项，可以代入一类或许多类事物，不论甚么类事物，只要合乎某种条件，都可以代入某一变项。”② 其晚年则提出“周易是宇宙代数学”。

汉代易学家依据当时的天文、历法、数学，重构易学象数体系，以独特的符号形式表达对象的思想意义，再现“客观世界”，如孟喜卦气说、京房八宫说、郑玄爻辰说、荀爽升降说、虞翻月体纳甲与卦变说等。其符号系统均有逻辑性、抽象性，可以脱离“外在世界”，按照自己的特定原则，周而复始地变化。其余内含阴阳变化的客观世界具有一定的“相似性”，是西方符号学中的“相似符”。与其说汉代象数学是内含天文、历法、数学的象数符号体系，不如说是具有易学特色的天文、历法、数学符号体系。这种象数符号体系被牟宗三称为“大宇宙图像”或“大宇宙公式”，是汉代特有的“自然哲学”。③ 方东美视《周易》六十四卦为逻辑学“演绎系统”和“归纳系统”，并深入探讨了京房、荀爽、虞翻等人汉易逻辑系统问题。④

---

① ［法］皮埃尔·吉罗著，怀宇译：《符号学概论》，四川人民出版社 1988 年版，第 77 页。

② 冯友兰：《中国哲学史新编》（上），人民出版社 1998 年版，第 647~648 页。

③ 牟宗三：《周易的自然哲学与道德函义》，台湾文津出版社 1988 年版，第 52~55 页。

④ 方东美：《易之逻辑问题》，《生生之德：哲学论文集》，中华书局 2013 年版，第 1~22 页。

然而，《周易》文本符号系统，其指代意义、象征意义更浓厚一些。汉代的易学符号学主要是通过注经展现出来的，虽然这些符号化繁为简，再现自然界的复杂变化，与外在的客观世界具有一定的“像似性”，却仅仅停留在理论论述的层面上，还未以直观的图像的形式呈现。宋代的图书之学，整合了《周易》文本与汉代象数符号学的要素（如天地之数、太极、八卦、五行数、九宫数等），以更为直接的、可观的图式展示其符号体系。这个符号体系除了与《周易》文本符号和汉代象数符号有相同的元素构成外，是数字、图象、语言符号的混合符号。

这个符号体系具有解释的功能，可以解释或翻译成另外一种符号，解释文本语言符号的意义，如郑吉雄教授所言：“图象的思维则不同，它是非文字的、直观的、可以更容易地超越文本的文字内容的。因此，图象作为一种诠释方法，更宜于演绎发挥，更容易从文本‘原义’中飞耀出来，跳脱到另外一个意义层次。”① 其实，它不仅是一种解《易》方法，也是独立于文本之外、自成系统、直接表达和感知世界的符号。“图书易学是极为特殊的一套易学研究系统：一则秉承《周易》卦象的符号化体系，作为思想性的延伸，将抽象的概念化思想，予以具象化。另一则是东方思维和生命哲学的探求，将宇宙万象生命，藉由形式化的图象，使其简单完整地呈现，显现周延的思维模式。”② 宋代易学家为了追溯易学源头，解读易学文本，以《易传》为据，通过符号图式的推演与转换，形成了一套完整的、有一定秩序、自成体系的、与“外在世界”高度相似的符号系统。作为以形式为研究对象的符号学是哲学，因为“哲学是有关显现事物的形式科学（即皮尔斯称作的现象学），它研究的是应然的状况（即皮尔斯所谓的规范科学）”③。而图书之学作为图画式的符号学，其意义直观地“再现”了客观世界的形成、存在与发展变化，是宋人的思考与探讨自然

① 郑吉雄：《易图象与易诠释》，台湾喜马拉雅基金会，2002 年，第 197 页。

② 赵中伟：《易经图书大观·序》，《易经图书大观》，台湾洪叶文化事业有限公司 1999 年，第 1 页。

③ ［美］李斯卡《李斯卡：皮尔斯符号学导论》，《皮尔斯：论符号》，四川大学出版社 2014 年版，第 146 页。

哲学的一种新的思维形式。如周敦颐《太极图》，反映了从虚无的无极到内含阴阳的太极、阴阳动静变化，生生不息，化生五行，乃至活生生的具有两类不同性质万物的过程，既有无声无息的无极之本体，又有体现无极本性的具体的可见的万物及其演化过程，是内含生机勃勃、充满活力的宇宙图式。刘牧的河洛图，是以十自然数和阴阳黑白点为基石，描绘出阴阳未分、无数无象的太极，是为宇宙之本的太极图式。由内含十个自然数的太极，据“天左旋、地右动”的特点，以一、三为天，二、四为地，以示：太极者一气也，天地未分之前，元气混而为一，一气所判是两仪。此为太极生两仪图。以天一居下，地二居上，天三居右，地四居左，天五居中，生成六、七、八、九四象图。此为两仪四象图。由四象六、七、八、九依次分出三、六、四、五数，分居西北、西南、东南、东北四方。四方和四隅为八卦，是为四象生八卦图。刘牧十个自然数排列推出八卦符号，虽有些牵强，却以内含数理的图式形式表达了宇宙演化过程和宇宙形成后所展现的时空一体大化流行的变化图式。他由太极生八卦过程，推演出“洛书”“河图”。河图洛书表达的是宇宙有序的结构图式。邵雍先天图和后天图，以数分裂增值而成，由是一而二、而四、而八、而十六、而三十二，而六十四。随着数的加一倍，形成所谓的伏羲八卦和伏羲六十四卦图，故伏羲八卦图和六十卦图，是宇宙生成符号图，而伏羲六十四卦圆体与方图是天地自然“真实”写照。如伏羲六十四卦方圆图，“圆于外者为阳，方于中者为阴，圆者动而为天，方者静而为地者也”①（朱熹语）。伏羲六十四卦圆图，左三十二卦为阳，右三十二卦为阴，中间虚空为太极，乾、姤之间，阴将至而未至，为“月窟”，坤、复之间，阳将至而未至，为“天根”。阴阳转换，循环往复，即邵雍所说“天根月窟间往来”。又如伏羲先天八卦方位图，是阴阳对待宇宙符号图式；文王后天图，是阴阳流行符号图式。先天图和后天图再现了宇宙流行普遍原则。邵氏以先后天图诠释了宇宙生成是和谐的、律动的、有序的渐进过程及宇宙形成后时空流转，生生不息，充满活力。

总之，宋代图书之学作为“像似性”符号，有中国独特的哲学意义，

---

① 朱熹：《周易本义·卷首》，《文渊阁四库全书》本。

是宋代理学思想的表达形式。其最大的特点是整齐的、动态的，富有较强的逻辑性。更为重要的是符号混合体，即数字、图象、语言的混合构成。宋代图书之学的符号意义是复杂的：不同符号表达相同的意义，如刘牧《太极图》、周敦颐《太极图》不同，其意义相同；同一符号表达不同的意义，如道家《太极图》与儒家《太极图》符号相同，其意义不同。宋代图书之学作为一种符号并非完全杜撰，有一定依据，即以《周易》文本符号和汉代象数符号为依据，反映外在客观世界，与真实世界“像似”或“近似”。

研读马克思主义经典，总结中华文明规律

江林昌

【摘要】马克思主义基本原理是在动态发展变化的过程中逐渐建立起来的。这个动态变化过程体现在马克思主义经典著作中。我们首先要认真研读经典著作，全面准确把握相关原理。此其一。中华文明从五千多年前独立起源后，绵延发展至今，始终体现独特的规律性；在此基础上形成的中华优秀传统文化，始终体现出内涵的民族性。此其二。因此，必须在马克思主义基本原理指导下，总结中华文明与中华文化的特殊性，从而实现马克思主义中国化，最终做到“两个相结合”。此其三。

【关键词】马克思主义原理　中华文明　中华文化　两个相结合

【作者简介】江林昌，山东大学历史文化学院东西方文明研究中心主任，教授，博士生导师。

1938 年，毛泽东在《中国共产党在民族战争中的地位》中指出：“马克思主义必须和我国的具体特点相结合，并通过一定的民族形式才能实现。”1982 年，邓小平在党的十二大《开幕词》中继续强调：“把马克思主义的普遍真理同我国的具体实际结合起来，走自己的道路，建设有中国特色的社会主义”。2021 年 7 月 1 日，习近平总书记在庆祝中国共产党成立 100 周年大会上的讲话，发展了毛泽东思想、邓小平理论，把马克思主义中国化的“一个相结合”拓展为“两个相结合”：

> 坚持把马克思主义基本原理同中国具体实际相结合、同中华优秀传统文化相结合。

这是对马克思主义中国化基本思想的进一步丰富和创新性发展，是习近平新时代中国特色社会主义思想的重要内涵，对于“继续发展当代中国马克思主义、二十一世纪马克思主义”具有重要意义。

如何使马克思主义基本原理同中华优秀传统文化相结合，这是一个重大的时代课题，需要广大哲学社会科学工作者创新方法，潜心研究，提供答案。党的十八大报告与十九大报告都明确指出：中国特色社会主义文化，源自中华民族五千多年文明历史所孕育的中华优秀传统文化。也就是说，中华文明是产生中华文化的背景基础。因此，坚持马克思主义基本原理与中华文化相结合，也就是与中华文明相结合。

一、研读马克思主义经典著作，把握马克思主义基本原理

坚持“两个相结合”，首先需要准确理解什么是马克思主义的基本原理，而要做到这一点并不容易。恩格斯于 1890 年 9 月 21—22 日《致约·布洛赫》的信中曾担心：“可惜人们往往认为，只要掌握了主要原理，而且还不总是掌握得正确，那就算已经充分理解了新理论，并且立刻就能够应用它了。在这方面，我是可以责备许多最新的‘马克思主义者’的。这的确也引起过惊人混乱。”马克思主义基本原理博大精深，其丰富多彩的内容，体现在马克思、恩格斯的一系列著作之中。因此，我们必须认真研究马克思主义经典著作，而不是到一般的教科书上去照搬照抄。正如恩格斯在该信中所教导：“我请你根据原著来研究这个理论，而不是根据第二手的材料来进行研究。”恩格斯还举例指出，马克思主义的历史唯物主义就“十分突出”地体现在他的《路易·波拿巴的雾月十八日》和《资本论》中；“其次，我也可以向你指出我的《欧根、杜林先生在科学中实行的变革》和《路德维希·费尔巴哈和德国古典哲学的终结》。我在这两部书里对历史唯物主义作了就我所知是目前最为详尽的阐述”。由此可见，研究马克思主义的经典著作是多么重要，这是准确把握马克思主义基本原

理的前提基础。那么，又如何研读马克思主义的经典著作呢？这又是一个需要进一步讨论的问题。如下两点体会，可供参考。

其一，以问题为导向，将马克思、恩格斯就某一原理在不同经典著作中的不同层面的论述贯穿起来，作综合理解，从而获得全面的把握。

例如，马克思在《〈政治经济学批判〉导言》《资本论》《路易·波拿巴的雾月十八日》，恩格斯在《反杜林论》《路德维希·费尔巴哈和德国古典哲学的终结》，以及马恩合作的《德意志意识形态》里，系统阐释了他们的历史唯物主义，提出了著名的“生产力决定生产关系，经济基础决定上层建筑”的基本原理。到 1890 年，马克思去世近十年之后，恩格斯还在《致约·布洛赫》的信中继续强调：“根据唯物史观，历史过程中的决定性因素归根到底是现实生活中的生产和再生产。无论马克思和我，都从来没有肯定过比这更多的东西。”

但是，到 1893 年，恩格斯在《致弗·梅林》的信中，对这一基本原理作了修订说明：“被忽略的还有一点。这一点在马克思和我的著作中通常也强调得不够。在这方面我们两人都有同样的过错。这就是说，我们最初是把重点放在从作为基础的经济事实中探索出政治观念、法权观念和其他思想观念，以及由这些观念所制约的行动，而当时是应该这样做的。但是，我们这样做的时候，为了内容而忽略了形式方面，即这些观念是由什么样的方式和方法产生的。”接着，恩格斯对思想文化的历史发展连续性问题作出了深刻阐述：

> 历史思想家在每一科学部门中，都有一定的材料。这些材料是从以前的各代人的思维中独立形成的。并且，在这些世代相继的人们的头脑中，经过了自己的独立的发展道路。

这里，恩格斯强调了思想文化的继承连续性，因而具有“自己的独立的发展道路”。1894 年，恩格斯在《致符·博尔吉乌斯》的信中，还指出了思想文化对经济基础的反作用：

> 政治、法律、哲学、宗教、文学、艺术等的发展，是以经济发展为基础的。但是，它们又都互相影响，并对经济基础发生影响。并不是只有经济状况才是原因，才是积极的。

恩格斯的这些论断，对我们理解中华优秀传统文化是有积极指导意义的。中华文明是世界上少数几个在五千多年前就独立起源的原生态古文明之一，而且又是唯一没有中断、绵延发展至今的古文明。因此，中华文明所孕育的中华优秀传统文化，自然会比世界上其他任何一种古文化都更具有“自己的独立的发展道路”，而且还会对各个历史阶段的社会发展起到积极的推动作用。正如习近平总书记所指出：“世世代代的中华儿女培育和发展了独具特色、博大精深的中华文化，为中华民族克服困难、生生不息提供了强大精神支撑。”“一个民族的复兴需要强大的物质力量，也需要强大的精神力量。”（习近平 2014 年 10 月 15 日在全国文艺工作座谈会上的讲话）

坚持马克思主义基本原理同中华优秀传统文化相结合，就是要给古老的中华传统文化注入马克思主义唯物史观的科学灵魂，使其在中国特色社会主义现代化新时代作出创造性转化、创新性发展。这样，经过“双创”的中华优秀传统文化，就具有新时代的精神面貌；而这具有新面貌的传统文化又可以为马克思主义基本原理输入中国的新鲜血液。所以说，“两个相结合”，可以发展当代马克思主义，发展 21 世纪马克思主义。

其二，以动态发展的眼光，追踪马克思主义经典著作中有关原理的变化、调整、完善的过程，深刻领会马克思主义精髓。

马克思与恩格斯于 1844 年在法国巴黎相遇并开始了终生的合作战斗。马克思于 1883 年去世之后，恩格斯着手整理马克思的遗著，直到 1895 年去世。也就是说，马克思与恩格斯共同创立的马克思主义，前后经历了五十年左右的时间。在这五十年中，马克思主义随着世界科学技术与哲学社会科学的发展而发展。通读马克思、恩格斯的经典著作，我们会发现，马克思、恩格斯对许多问题的认识有个动态发展的过程。有些问题，他们开始不认识；有些问题，他们后来作了修订。

例如，在19世纪40年代，世界历史学界对原始氏族社会的基本情况还不了解。所以1847年马克思、恩格斯合著的《共产党宣言》只能从资本主义社会上溯到封建社会、奴隶社会。再往上的原始社会只能留下空白。

但从19世纪50年代之后，世界历史学对原始氏族社会的研究有了突破性的进展。其中，哈克斯特豪森发现了俄国的公社土地所有制；毛勒用溯源法将日耳曼公社的残迹还原成它的原型，便是俄国型的农村公社。到了19世纪60年代，巴霍芬发现了母系社会。19世纪70年代，摩尔根又发现了父系社会以及氏族、部族、部落联盟等社会结构。19世纪80年代，柯瓦列夫斯基又发现了家长制家庭公社。

马克思、恩格斯及时跟踪这些最新研究成果，并充分体现在他们相继出版的著作里，从而不断完善了他们的理论，丰富了他们的理论。有关这些发展过程，我们应该悉心研读马克思、恩格斯的相关原著，尤其是恩格斯晚年在马恩著作再版时所作的有关注解说明。例如：1883年，恩格斯给《资本论》第一卷第三版所加的注，1888年给《共产党宣言》英文版所加的注，1891年给《家庭、私有制和国家的起源》第四版所加的注。这些注对相关理论问题的学术发展过程作了详细梳理，可以说每个注解都是一篇精彩的学术史。

马克思主义的五种社会形态发展理论，就是在这样的动态发展过程中逐步建立起来的，我们必须要用发展的眼光领会马克思主义的唯物史观，从而结合中国古代社会实际情况作出科学分析。例如，恩格斯1884年版的《家庭、私有制和国家的起源》第二章《家庭》部分，将家庭的发展分为血缘家庭—普那鲁亚家庭—对偶家庭——一夫一妻制家庭，共四个发展阶段。而1891年第四版《家庭、私有制和国家的起源》里，恩格斯在“对偶家庭”与“一夫一妻制家庭”之间增加了“家长制家庭”的内容。由于这个增加的内容只以注解的方式表达，而原来的标题没有变动，所以粗心的读者就容易忽略过去。而实际上，这增加的“家长制家庭”的内容，恰好能够揭开中国夏、商、周三代所存在的“家族奴隶制”现象的谜底，十分精彩，相当重要。

又如，马克思关于亚细亚的理论也有个认识发展的过程。在《〈政治经济学批判〉序言》里，马克思讲的亚细亚生产方式显然是指东方的原始社会而言的；而在《资本主义生产以前的各种形式》里，马克思所说的亚细亚生产方式又是指东方的奴隶社会了；再根据马克思晚年《给查苏里奇的复信草稿》、恩格斯的《马尔克》等论著所叙述的亚细亚生产方式分析，对照中国古代的封建社会也有许多相合之处。因此，在过去，历史学界往往用马克思、恩格斯不同历史阶段著作中的亚细亚理论分析中国古代社会，自然出现了中国亚细亚方式的“原始社会说”“奴隶社会说”“封建社会说”三种截然不同的意见。现在看来，要全面解决亚细亚理论的中国分期问题，首先必须以动态发展的眼光，科学地梳理马克思、恩格斯著作里的相关论述。

二、充分利用新旧资料，深入研究中华文明

从先秦“六经”、诸子百家著作，到西汉、东汉的“六艺略”“诸子略”“诗赋略”“兵书略”“术数略”“方技略”，再到隋唐以后的经、史、子、集，直到清代的《四库全书》，中国有连续记载中华文明史的丰富典籍。但这些典籍记载较详尽的历史还是有关西周以后的。夏商以前直至五帝时代的历史，由于时代久远，大多以神话传说的形式表达，往往不被世人所取信。五千多年中华文明史的前面两千多年，在 19 世纪以前，没有得到科学证明。

自从 1921 年现代考古学揭开了沉睡在黄河中游的仰韶村底下的新石器文化遗址之后，一百年来的考古大发现所提供的新资料，使得夏商以前两千多年文明史的科学证明成为可能。到了当今新时代，中国古史的重建工作，使得灿烂辉煌的五千多年中华文明史的生动图景，终于完整地展现在世人面前。

我们现在要做的工作是在已有成果的基础上，以马克思主义唯物史观为指导，借鉴世界先进的理论方法，充分利用传世文献旧资料与考古发现新资料，全面深入而系统地研究五千多年中华文明史的真实面貌，并通过具体的考古之“物”，分析古人的精神文化，所谓“透

物见人”。正如恩格斯 1890 年《致康·施米特》的信中指出：“必须重新研究全部历史，必须详细研究各种社会形态存在的条件，然后设法从这些条件中找出相应的政治、私法、美学、哲学、宗教等的观点。在这方面，到现在为止只做出了很少的一点成绩，因为只有很少的人认真地这样做过。”恩格斯的提醒，对当今的中国学术界仍然是十分及时的。

其一，要在中国百万年的人类史、一万年的文化史背景下揭示中华文明起源的远古文化基因。这方面，我们要特别重视利用考古资料，分析把握在一万年以前旧石器时代先民的具体活动状况及其文化内涵。例如，当时的先民如何进行食物的采集，如何进行动物的狩猎。在此基础上，再研究距今一万年左右我国先民是如何实现由食物的采集者变为食物的生产者、由动物的狩猎者变为动物的畜养者，从而完成英国考古学家柴尔德《远古文化史》所说的人类发展史上出现的以“农业革命”为特征的第一次飞跃。

其二，具体分析一万年以来黄河流域以黄土粟作为代表、长江流域以水田稻作为代表的两大内陆农业区，以及由西南藏、青、甘到北方贺兰山、大青山直至东北大兴安岭一线以“半月形文化带”为界的西北草原游牧区。在这三大区域的背景下，具体分析中华文明在怎样的时间阶段上、怎样的区域范围内、以怎样的特征方式起源的。柴尔德《远古文化史》以城市、青铜器、文字作为文明起源的物质标志，称这是人类发展史上以“城市革命”为特征的第二次飞跃。中华文明的起源，除城市、青铜器、文字等特征要素之外，是否还有别的特征要素，又有哪些特征要素？譬如，高贵的玉礼器、精品的陶礼器等，都是中华文明起源的标志性器物，需要深入研究。

其三，夏、商、周三代，在众多的部族集团中，即在所谓“天下万国”的情况下，是以何种方式“协和万邦”而成为“天下共主”的？又因何种原因的驱动而使他们辗转迁徙，先后定都中原的？西周王朝又是以何种方式而实现“溥天之下，莫非王土；率土之滨，莫非王臣”的理想蓝图的？

其四，在前面三项基础上，再具体分析在西周、东周时期中华民族经典的生成过程，民族经典的内涵特色，民族经典的传播方式。中华民族精神、中华民族思维、中华民族文化都体现在民族经典之中。中国的轴心文明因这些民族经典而灿烂辉煌，并成为与希腊古典文明，印度吠陀、佛教文明，阿拉伯先知、“圣经”文明相并列的世界四座思想文化的高峰。

其五，经过春秋战国时代的社会大变革、诸侯大征战、文化大繁荣，完成了秦汉开始以汉族为主体的多民族相融合的多元一统大格局，从而开启了中华民族命运共同体的新征程。就这样，五千多年中华文明史经历了五帝时代一千多年的“文明起源”、夏商周三代两千年的“早期文明发展”之后，又开始了秦汉以后两千多年“成熟文明”的繁荣发展。

以上所举，只是粗浅的线索，具体分析研究，还有待于考古学、历史学、哲学等多学科专家们的共同努力。这是将马克思主义基本原理与中华优秀传统文化相结合的又一个前提基础工作。

三、创新“两个相结合”，发展马克思主义

当我们准确理解了马克思主义经典著作中的基本原理，又全面梳理了中华文明的基因与起源，中华文明的早期发展与成熟发展的基本线索之后，再来落实习近平总书记“七一”讲话中所指出的“两个相结合”，就有望能达到预期效果。

马克思主义产生于19世纪的欧洲，马克思、恩格斯研究人类社会发展规律时所用的材料主要来自欧洲，中国的材料很少。埃及古文明与两河流域古文明的考古资料、中华古文明的考古资料，大多是在马克思、恩格斯之后才科学发掘的。至于现当代的西方文明理论，不仅材料主要是西方的，而且其指导思想又往往以西方文化为中心。因此，我们必须“按照立足中国、借鉴国外，挖掘历史、把握当代，关怀人类、面向未来的思路，着力构建中国特色哲学社会科学，在指导思想、学科体系、学术体系、话语体系等方面充分体现中国特色、中国风格、中国气派”（习近平2016年5月17日在哲学社会科学工作座谈会上的讲话）。

在坚持“两个相结合”的过程中，我们要在世界文明史的背景下，分析东西方文明的异同，总结中华文明的规律，将马克思主义基本原理的“一般性”与中华文明具体实际的“特殊性”相结合。这方面，马克思已在 1877 年《给〈祖国纪事〉杂志编辑部的信》中给我们以深刻指导了：

> 一定要把我关于西欧资本主义起源的历史概述，彻底变成一般发展道路的历史哲学理论……但是我要请他原谅。他这样做，会给我过多的荣誉，同时也会给我过多的侮辱。……
>
> 极为相似的事情，但在不同的历史环境中出现，就引起了完全不同的结果。如果把这些发展过程中的每一个都分别加以研究，然后再把它们加以比较，我们就会很容易地找到理解这种现象的钥匙。但是，使用一般历史哲学理论这一把万能钥匙，那是永远达不到这种目的的。

中华古文明在特定的地理环境下产生与发展，因而就必然有许多自己的特点。

例一，西方文明起源后，人与自然的关系分离。具体表现为城市与乡村的对立，青铜技术用于生产，商品贸易往来于不同地区，文字的发明也是为商品贸易服务，等等。中华文明起源后，人与自然的关系依然紧密结合在一起。因而，虽然城市出现了，却与乡村相统一；青铜器出现了，却没有用于生产，而是用于宗教与政治；手工业出现了，但由于手工业者世代为贵族阶层的家族奴隶，手工业产品为贵族阶层所有，因而没有出现手工业者的流动与商品的市场交换，这就是《国语 · 晋语》所说的“工商食官”；中国早期文字的出现，也不是用于世俗生活，而是用于宗教祭祀与社会治理，无论是史前陶文还是商周甲骨文、青铜铭文，都具有神圣崇高的权威。

例二，西方文明起源后，原始氏族社会的血缘管理转变为地缘管理，原始宗教仪式、神话史诗被法律制度、逻辑哲学所取代。而中华文明起源后，原始氏族社会的部族血缘管理继续延续下来，并发展为宗族血缘管理；原始宗教仪式也被继承下来并转化为贵族阶层的政治礼仪制度；原始神话史诗的精神内涵与原始思维方式也被延续下来，而创新为战国骚体赋、两汉乐府诗、魏晋山水诗、唐诗、宋词与南北朝志怪小说、唐宋传奇、宋元戏曲、明清小说等为代表的浓厚的形象思维传统，中国因“诗国文化”特征而享誉全世界。

例三，按照马克思主义的社会形态发展理论，奴隶社会、封建社会、资本主义社会是以私有制为特征的阶级社会，而之前的原始社会与之后的共产主义社会则是以公有制为特征的平等社会。因而这是一个公—私—公的过程。马克思、恩格斯在研究中，发现这个由“公有”到“私有”的过程在东西方表现出明显的不同。亚洲东方的各古代国家都存在私有化不充分而“公社”却长期延续的现象。因此，在《资本主义生产以前的各种形式》里，马克思将这种现象称为“亚细亚形态”，而与“古典的”“日耳曼的”形态并列为三种不同类型。

后来，苏联学者又将“亚细亚形态”的特征概括为土地公有、农村公社、地租与赋税合一、水利灌溉、权力集中五个方面。但我们具体分析中国的情况后发现，这“亚细亚形态”的五种特征与中国古代并不能完全对照。其中，“水利灌溉”这一特征在印度很普遍，而在中国古代并不明显；“权力集中”在夏商周三代也不突出；而且，从西周到秦、西汉、东汉，还往往表现为奴隶制与封建制的粘连叠合。这些都说明，“亚细亚形态”在中国古代表现得既特殊又复杂。因此我们可以说，马克思主义的亚细亚理论是古代世界文明史上的“东方亚洲模式”，而中国古代文明的发展道路体现的是“亚细亚模式的中国类型”。

总之，由以上三例比较可知，中华文明有自己的发展规律，中华优秀文化有自己的内涵特色。而这些正是当今中国特色社会主义道路的历史依据。正如习近平总书记所指出：“中国有着5000多年连续发展的文明史，观察历史的中国是观察当代的中国的一个重要角度。不了解中国历史和文化……就很难全面把握当代中国的社会状况，很难全面把握当代中国人民的抱负和梦想，很难全面把握中国人民选择的发展道路。”（2015年8月23日习近平《致第二十二届国际历史科学大会的贺信》）

今天，我们坚持“两个相结合”，不是一句简单的口号，而是需要我们深入探索马克思主义基本原理的“世界一般”与中国古代“个别特殊”之间的辩证关系，从而阐明习近平新时代中国特色社会主义思想的民族内生性、当代原创性与世界样板性。这才是真正丰富马克思主义，发展马克思主义，进而实现马克思主义的中国化。

从《史记·五帝本纪》看人类社会发展规律

隋云鹏

【摘要】《史记·五帝本纪》记载的史料体现了社会进步、国家形成、文明发展、制度完善、文字成熟的基本过程，贯穿着人类社会发展规律。五帝时代，手工业繁盛，社会分工深化，城乡差别扩大，大城市开始兴起。五帝时代的国家管理职能是一个逐步完善的过程，军事职能是国家职能的重要组成部分。执“中”是中国农业社会最核心、最重要、最宝贵的知识与科技，“中”字作为中华文化的核心密码与基因，成为“中”央、“中”国、“中”华、“中”庸等词语的来源。至迟到黄帝时代，中国的主要文化中心已经进入农业社会、父权制社会。文字考古提供了一些涉及上古帝王的文献支撑和线索。

【关键词】五帝本纪　上古帝王　天文考古学　文字考古

【作者简介】隋云鹏，山东省文化和旅游厅对外交流与合作处副处长，研究方向为中华文化、马克思主义中国化。

《史记》是二十四正史之首，《五帝本纪》又居《史记》之首，因此，《五帝本纪》对中国历史、中华文化、中华文明、中华民族来说意义重大。近年来的考古学证据充分显示，《史记·五帝本纪》不仅有着坚实的考古学基础，而且其记载的史料体现了社会进步、国家形成、文明发展、制度完善、文字成熟的基本过程，贯穿着人类社会发展规律。所以《史记·五帝本纪》绝非虚妄之作，司马迁在考辨、采用史料时确实博综兼览、实事求是。

一、社会分工不断深化

从《史记·五帝本纪》记载的社会分工的发展情况看，《史记·五帝本纪》通篇贯穿着人类社会发展规律："除打猎和畜牧外，又有了农业，农业以后又有了纺纱、织布、冶金、制陶器和航行。伴随着商业和手工业，最后出现了艺术和科学；从部落发展成了民族和国家。法和政治发展起来了，而且和它们一起，人间事物在人的头脑中的虚幻的反映——宗教，也发展起来了。"① 值得注意的是，《周易·系辞下》也简要记载了五帝时代生产力、科学技术和社会发展的巨大变化，可以与《史记·五帝本纪》相互补证。

《史记》以《五帝本纪》为主，《夏本纪》《殷本纪》《周本纪》《历书》《天官书》《封禅书》等为辅，记载了七位上古帝王的事迹，在黄帝、颛顼、帝喾、尧、舜之外，还有神农氏和大禹。《周易·系辞下》则认为在神农氏之前，还有一位上古帝王——包牺氏，包牺氏不仅始作八卦，而且"作结绳而为罔罟，以佃以渔，盖取诸《离》"（《周易·系辞下》）。可见，包牺氏是从事渔猎的部族，包牺氏时代是渔猎社会。包牺氏属于东夷一系，而"东北地区在旧、新石器时代过渡期通过依赖水生资源，发展出来一种定居的狩猎采集经济，又称为'渔猎新石器文化'。以之为经济基础，形成较为复杂的社会组织形态"②。后世的鲧、禹一系从名字看，应是保留渔业传统的部族，由于通晓水性而负责治理洪水。所以，中华传统文化中的"渔夫"意象有着源远流长的社会因素和文化基因。由于神农氏衰落，黄帝取代神农氏成为天下共主。神农氏之名凸显了农业的重要性，而农业是国家形成的经济基础。《周易·系辞下》也认为神农氏时代已经进入农业社会，"包牺氏没，神农氏作，斫木为耜，揉木为耒，耒耨之利，以教天下，盖取诸《益》"。商业也是在神农氏时代发展起来的，

① 恩格斯：《自然辩证法（节选）》，《马克思恩格斯选集》第三卷，人民出版社 2012 年版，第 995 页。

② 陈胜前：《从四大板块看史前中国文明的演进与互动》，《光明日报》2021 年 9 月 8 日第 11 版。

"日中为市，致天下之民，聚天下之货，交易而退，各得其所，盖取诸《噬嗑》"（《周易·系辞下》）。黄帝时代，采铜业、铸造业等取得长足进步，《史记·封禅书》《史记·孝武本纪》均记载黄帝采铜铸鼎的事迹。在旧石器时代，砾石——石片工业在人们生产生活中占主导地位；一万年前，制陶业兴起；从公元前3500年开始，中原核心区进入铜石并用时代①，黄帝采铜铸鼎的事迹有着真实的历史背景；帝舜时代，手工业十分繁盛，出现了"倕主工师，百工致功"的现象，与此相对应，山西陶寺遗址发现铜铃、陶鼓、石磬、特磬、鼍鼓、玉圭、玉璧、玉琮、玉钺、彩绘龙盘等大量具有王者之气的精美工业产品。《周易·系辞下》也认为五帝时代手工业发达："神农氏没，黄帝、尧、舜氏作……刳木为舟，剡木为楫，舟楫之利，以济不通，致远以利天下，盖取诸《涣》。服牛乘马，引重致远，以利天下，盖取诸《随》。重门击柝，以待暴客，盖取诸《豫》。断木为杵，掘地为臼，杵臼之利，万民以济，盖取诸《小过》。弦木为弧，剡木为矢，弧矢之利，以威天下，盖取诸《睽》。"

在社会分工深化的基础上，城乡差别进一步扩大，大城市开始兴起，"一年而所居成聚，二年成邑，三年成都"（《史记·五帝本纪》）。距今5300年左右的河南双槐树遗址（河洛古国），都邑规模巨大，布局结构完备，设计规划科学："双槐树遗址东西长约1500米，南北宽约780米，残存面积达117万平方米。发现有仰韶文化中晚阶段三重大型环壕、具有最早瓮城结构的围墙、封闭式排状布局的大型中心居址、大型夯土基址、采用版筑法夯筑而成的大型连片块状夯土遗迹、3处共1700余座经过严格规划的大型公共墓地、3处夯土祭祀台遗迹、围绕中心夯土祭台周边的大型墓葬、与重要人物居住的大型建筑融合的用9个陶罐模拟的北斗九星天文遗迹、与丝绸起源有重要关联的最早家蚕牙雕艺术品、20多处人祭或动物祭的礼祀遗迹以及制陶作坊区、储水区、道路系统等。"② 距今5000多年

① 韩建业：《最早中国：多元一体早期中国的形成》，《中原文物》2019年第5期，第62页。

② 《河南郑州巩义双槐树古国时代都邑遗址考古获重大发现 揭开五千年前"河洛古国"神秘面纱》，《光明日报》2020年5月8日第1版。

的焦家遗址、岗上遗址、良渚遗址等也均为都邑性遗址；距今 4000 多年的龙山文化时代，各地诸城林立。

二、国家管理职能逐步健全

五帝时代，各地先后进入早期国家阶段。根据《史记·五帝本纪》记载，五帝时代的国家管理职能是一个逐步健全的过程。《史记·五帝本纪》记载“禹、皋陶、契、后稷、伯夷、夔、龙、倕、益、彭祖，自尧时而皆举用，未有分职”，说明当时国家机器相对简单。随着生产力的进步和经济社会的发展，国家机器承担的管理事务愈益繁重，帝舜顺应时代发展，对国家机器进行了分工，国家管理职能进一步健全，“皋陶为大理，平，民各伏得其实；伯夷主礼，上下咸让；倕主工师，百工致功；益主虞，山泽辟；弃主稷，百谷时茂；契主司徒，百姓亲和；龙主宾客，远人至；十二牧行而九州莫敢辟违”（《史记·五帝本纪》）。帝舜还对国家管理人员进行考核，“三岁一考功，三考绌陟，远近众功咸兴”（《史记·五帝本纪》）。

五帝时代，战争日益频仍，军事职能是国家管理职能的重要组成部分。河南西部三门峡市灵宝铸鼎原遗址群距今 6000 年至 5500 年，在公共墓地发现了“其中一座墓葬规模比一般墓葬大数倍。墓主人是一青年男性，身旁随葬一件制作较为精良的武器——玉钺”①。玉钺是军权的象征，说明黄帝时代军事职能的重要性，“我们曾经推测东庄—庙底沟类型向陕甘地区的强烈影响，可能对应黄帝战败炎帝的‘阪泉之战’，‘鹳鱼钺’图或许就是传说中黄帝打败炎帝的‘纪念碑’；而庙底沟时代河北平原后岗类型的衰亡，可能对应黄帝战败蚩尤的‘涿鹿之战’”②。值得注意的是，考古学证据显示，仰韶文化庙底沟时期的“大房子”和多人合葬墓，表明“集体权力的行使是仰韶文化社会组织活动的一个重要特征”。③ 从

① 王巍：《中华 5000 多年文明的考古实证》，《求是》2020 年第 2 期，第 74 页。

② 韩建业：《最早中国：多元一体早期中国的形成》，《中原文物》2019 年第 5 期，第 62 页。

③ 张海：《仰韶文化与华夏文明——从农业起源到城市革命》，《中国文物报》2021 年 10 月 1 日第 6 版。

众多遗址的“大房子”的规制、功能与位置来看，这一类“大房子”很可能是后世所谓的“明堂”。帝舜则“流共工于幽陵，以变北狄；放驩兜于崇山，以变南蛮；迁三苗于三危，以变西戎；殛鲧于羽山，以变东夷”（《史记·五帝本纪》），从而为统一国家的出现奠定基础。通过禹征三苗等军事行动，夏朝建立时，已经是幅员辽阔的统一王朝，“《尚书·禹贡》《史记·夏本纪》等文献所记夏初历史应当基本属实，‘九州’确可基本等同于夏初疆域”①。

宗亲制、分封制进一步发展。《史记·五帝本纪》曰，“自黄帝至舜、禹，皆同姓而异其国号，以章明德”，显示国家政权在以血缘为纽带的统治集团内部传袭。而世家大族也世代享有特殊地位，“昔高阳氏有才子八人，世得其利，谓之‘八恺’。高辛氏有才子八人，世谓之‘八元’。此十六族者，世济其美，不陨其名”（《史记·五帝本纪》）。帝舜、大禹均实行过分封，“尧子丹朱，舜子商均，皆有疆土，以奉先祀”（《史记·五帝本纪》），“封皋陶之后于英、六，或在许”（《史记·夏本纪》），“封弃于郃，号曰后稷，别姓姬氏”（《史记·周本纪》）。宗亲制、分封制的发展不仅深刻影响了后世国家管理制度、管理体制和管理方式，而且进一步巩固了黄帝等上古帝王的深远历史影响，“在《史记·五帝本纪》以及《大戴礼记》的《五帝德》和《帝系》所记载的古史体系中，五帝一脉且以黄帝为宗，传说中甚至连北狄也属于黄帝族系，正与东庄—庙底沟类型的深远影响吻合。……换一句话说，中华民族各区域关于黄帝的记忆，可能很大程度上是真实历史背景的投影”②。李伯谦先生根据五帝传说之年推定黄帝时代开始之年为4490年，或者“据文献从神农到黄帝社会发生重大转型的记载与考古学文化在仰韶文化半坡类型到庙底沟类型之间的显著变化相对应，参考碳十四测年结果，推定这一社会重大转型的年代应在距今5500年至4300年范围内，取其中值为距今4900年，与从口耳相传到

---

① 韩建业：《从考古发现看夏朝初年的疆域》，《中华读书报》2021年6月30日第13版。

② 韩建业：《最早中国：多元一体早期中国的形成》，《中原文物》2019年第5期，第63页。

文献史学推定的年代较为接近”①。宗亲制、分封制尤其是国家政权在统治集团内部的传袭，最终导致“家天下”局面的出现，“于是启遂即天子之位，是为夏后帝启”（《史记·夏本纪》）。

三、社会文明程度发展提升

《史记·五帝本纪》认为“天下明德皆自虞帝始”，而帝舜以孝悌闻名于世。《史记·五帝本纪》在篇幅不多的情况下，详细记载了帝舜面对父顽、母嚚、弟傲以及帝尧种种考验时的应对，彰显了以“孝悌”为核心的“父义、母慈、兄友、弟恭、子孝、臣忠”的价值观。这些价值观是农业社会的产物、农业文明的结晶，成为后世儒家学说的源流，并被发扬光大，尧舜禹也因此成为孔子、儒家、中国传统社会最为推崇的上古圣王。帝舜的父亲是“瞽叟”，而“瞽则是一种患先天性眼疾而失明的乐官，其名亦取义于鼓”②，说明有虞氏与礼乐有着密切关系。上古，瞽与史、巫密不可分，负责听风制历、教授农时等天文活动以及祷祝、歌舞、医疗等巫术、宗教活动③，说明有虞氏的文化发展程度较高。

农业社会毫无例外都是父权制社会，而杨向奎认为有虞氏已经确立了父系家长制，因为“有虞氏（舜）和他前面的尧、帝喾、颛顼、黄帝四代不同，有虞氏是有世系的”④，前面四帝的世系则存有很多漏洞。很明显，五帝各自世系存在的漏洞是由于文献资料和文字考古不足造成的。因为从考古学证据来看，五帝背后都各自存在着源远流长的部族发展历史和深厚文化渊源。例如，河南双槐树遗址（河洛古国）发现3处共1700余座经过严格规划的大型公共墓地，说明这一遗址源流久远，兴旺繁盛。位于东

---

① 李伯谦：《黄帝时代的开始——黄帝文化与中国古代文明起源研究》，《光明日报》2017年8月26日第11版。

② 林训涛：《先秦史官文史职守的形成》，《光明日报》2021年8月16日第13版。

③ 林训涛：《先秦史官文史职守的形成》，《光明日报》2021年8月16日第13版。

④ 杨向奎：《夏商西周讲稿》，《中国历史评论》第十四辑，上海文化出版社2019年版，第138页。

夷核心区域的焦家先民与城子崖先民也属于同一部族，他们在山东省济南市章丘区这片土地上繁衍生息数千年，创造了极具影响力的大汶口文化、龙山文化。考古学证据显示，中国北方地区至迟到距今5500年左右的仰韶文化中期（庙底沟时期）已进入农业社会阶段，中国南方地区则至迟在良渚文化时期进入农业社会阶段。因此，至迟到黄帝时代，中国的主要文化中心已经进入农业社会、父权制社会，“这一时期各地代表性文化的农业都较为发达”①，《史记·五帝本纪》为包括帝舜在内的五帝记录世系是符合人类社会发展规律的。当然，《史记·五帝本纪》认为五帝之间存在的直接世系关系，有可能是直接血缘关系，也有可能是联盟继承关系，或者是政权更替承继关系。这些关系在中国传统社会都是可以接受、认可，并编入世系的。

清末民初以来，尤其是20世纪上半叶，在西方考古学理论的冲击下，中国学术界出现了所谓的疑古思潮，《史记·五帝本纪》以及黄帝等上古帝王遭到批判甚至彻底否定。目前来看，无论是当时的疑古派还是信古派，其理论、方法、证据等都存在不足之处。近年来，一大批富于生命力、想象力、震撼力的新石器时代重大考古发现，与古文献相印证，有力地证明了《史记·五帝本纪》《尚书》《周易》等绝非伪书，这些古代文献的确保存有大量上古时期的知识、文化、思想、科学和制度，也充分显示出司马迁、孔子等治史、治学的严谨态度和科学精神。例如，河南双槐树遗址（河洛古国）发现的巨大城址、宏大建筑、天文礼制、圜丘天坛、王陵兆域、北斗九星、丝绸农桑、世俗社会等，反映了当时先民创造的令人惊叹不已的社会文明，远远超出了司马迁对黄帝时代“时播百谷草木，淳化鸟兽虫蛾，旁罗日月星辰水波土石金玉”（《史记·五帝本纪》）的描绘。在考古学证据的支撑下，上古历史尤其是上古文化史、文明史、科技史、制度史等需要全面重构，夏商周“旧三代”需要往前推至查海时代、仰韶时代、龙山时代等“新三代”；黄帝作为中国历史第一人也已经满足不了上古历史研究的需要，神农、伏羲、女娲等有必要引入上古历史研究。

---

① 《河南郑州巩义双槐树古国时代都邑遗址考古获重大发现　揭开五千年前“河洛古国”神秘面纱》，《光明日报》2020年5月8日第1版。

四、天文学与历法日趋完善

在农业社会，天文学和历法是最主要的科学技术。关于上古时期天文学和历法的发展，《史记·历书》认为“盖黄帝考定星历，建立五行，起消息，正闰余”；由于九黎乱德，民神杂糅，颛顼帝绝地天通，“命南正重司天以属神，命火正黎司地以属民”；其后，由于“闰余乖次，孟陬殄灭，摄提无纪，历数失序”，帝尧“复遂重黎之后，不忘旧者，使复典之，而立羲和之官。明时正度，则阴阳调，风雨节”。“黄帝考定星历”有着坚实的历史背景，河南双槐树遗址（河洛古国）发现“有 9 个有意埋放呈北斗星形状的陶罐。在同时期的青台遗址，也发现类似的由 9 个埋放呈北斗星形状的陶罐”①。帝尧时期的天文历法的确已经达到了前所未有的高度，“陶寺遗址的位置、年代、文化面貌和观测天象的设施，都与文献记载中尧的都城——平阳十分吻合”②，出现了“观测天象、决定农时节气的观象台，是世界上能够确认的年代最早的观象台”③。

在中国，文化、文明的起源发展与天文历法密切相关。例如，中国的“中”字来源于天文学的科学测向④，这一科学技术通过圭尺把制定历法、观象授时、测定方位、测量版图、判定地中、居中而治等紧密联结在一起，是中国农业社会最核心、最重要、最宝贵的知识与科技。因此，《论语·尧曰第二十》的“允执其中”与《尚书·虞书·大禹谟》的“允执厥中”有着坚实的考古学支撑，两个词语里“中”字的本义即指圭尺。所以，尧舜禹高度重视并叮咛传授执“中”这一事关国家统治的核心知识与科技有着真实的历史背景，“中也者，天下之大本也”（《中庸·第一

① 王巍：《中华 5000 多年文明的考古实证》，《求是》2020 年第 2 期，第 75 页。

② 王巍：《新中国 70 年考古学回顾与思考》，《光明日报》2019 年 8 月 19 日第 14 版。

③ 王巍：《新中国 70 年考古学回顾与思考》，《光明日报》2019 年 8 月 19 日第 14 版。

④ 曹慧奇：《曙光之城——从天文考古学看陶寺城址的择向与历法》，《南方文物》2021 年第 3 期，第 8 页。

章》)。“中”字作为中华文化的核心密码与基因，成为“中”央、“中”国、“中”华、“中”庸等词语的来源。及至后世，《尚书·虞书·大禹谟》的“人心惟危，道心惟微，惟精惟一，允执厥中”被儒家奉为十六字心法，成为心性之学的源头和最高境界，并启发了儒家道统的构建。在心性之学的范畴里，“人心惟危”是指普通人的精神境界在善恶之间不停摆荡；“道心惟微”是指君子或者圣人的精神境界止于至善且慎微慎独；“七十而从心所欲不逾矩”（《论语·为政》）描述的就是圣人所思所虑止于至善不逾矩的精神境界，而精一执中是从人心达到道心的方法。

天文历法对中国城市文明的发展也有着深远的影响，“陶寺城址从早期到中期前后延续几百年间，城址布局以及城内大型建筑的方位都能保持惊人的一致，这种一致性应当与天文测量（太阳的立杆测影）有关”①。不仅如此，居中而治天下是中国传统社会的政治理想，而陶寺位居当时天下之中的范围内，是名副其实的中央邦国——最早的中国，“以濮阳与襄汾为中心的纬度地区其实就是先民所了解的天地之中。而濮阳地区作为世传舜求地中的历山所在，其地近雷夏泽”②。《史记·五帝本纪》《孟子·万章上》记载帝舜在尧崩三年之丧毕后“之中国践天子位”，也认为尧舜之都是天下之中——中国。

五、文字逐渐成熟

由于甲骨文之前的文字尚未有系统的考古发现，缺乏详尽而有力的史料、文献、文物等，缺少确认五帝等上古帝王真实性的直接证据。尽管如此，文字考古还是提供了一些涉及上古帝王的文献支撑和线索。从文字考古看，迄今为止，最早明确出现上古帝王的出土文献是西周中晚期的豳公盨，但其溯及的上古帝王仅有大禹，即豳公盨铭曰“天命禹尃土，隓山浚川”；芈加编钟铭文“帅禹之堵”“以长辝夏”，秦公簋铭文“鼏宅禹责”

① 曹慧奇：《曙光之城——从天文考古学看陶寺城址的择向与历法》，《南方文物》2021年第3期，第3页。

② 冯时：《文明以止：上古的天文、思想与制度》，中国社会科学出版社2018年版，第192页。

“虢事蛮夏”，叔夷镈铭文“处禹之堵”，则均为春秋中晚期涉及“禹”“夏”的铭文①；战国初期铜器陈侯因兹敦铭文出现“高祖黄帝”的文字；陶寺遗址出土的约4000年前的陶扁壶上发现了两个朱书文字，其中一个学术界公认为“文”，另一个被释读为“昜”“尧”“邑”“命”“唐”等，当与帝尧或大禹有密切的关系。

考古发现，文字“”与太昊氏、少昊氏可能有着密切的关系。山东莒县陵阳河及大朱家村大口尊、安徽蒙城尉迟寺大口尊都出现了相同的文字“”。对此，中国社会科学院学部委员冯时认为：“考古资料显示，位于蚌埠西北涡水流域的蒙城尉迟寺已经发现大汶口文化遗存，其中契刻于大口尊上的文字不仅可以追溯到双墩新石器时代文化（图5-37，5，6；图5-38，11-14），而且与在山东莒县陵阳河及大朱家村同类陶尊上发现的文字也完全相同（图5-51）。这一事实不仅暗示两地先民使用着同一种文字，甚至关系到他们可能具有着相同的思想和传统，或者属于相同的族群。”② 近年来，山东宁阳于庄东南遗址再次发现大汶口文化时期的大口尊，上面刻有同样的文字“”，而这个文字被释读为“昊”，与东夷上古帝王太昊氏、少昊氏可能有着密切关系。“唐兰先生首先提出大汶口文化属于少昊氏的文化，并把‘’符号解释为‘炅’字，后来学术界进一步释为‘昊’。有学者根据‘太昊氏都陈’的文献记载把太昊氏界定在大汶口文化晚期的豫东皖北一带，这一观点为尉迟寺遗址发现的同类符号所证实。于庄东南遗址东南距曲阜约30公里，此次发现为考证‘曲阜为少昊之都’的文献记载提供了帮助。”③

甲骨文已是非常成熟的文字，因此，在它之前，文字一定还有一个漫长的发展时期。“在淮河上游的贾湖遗址出土的龟甲、石器、陶器上发现有一些刻画符号，这些符号很像后来的汉字目、九、乙、甲、八、日、永

① 陈民镇：《新出芈加编钟所见“禹”与“夏”》，《中华读书报》2019年9月25日第15版。

② 冯时：《文明以止：上古的天文、思想与制度》，中国社会科学出版社2018年版，第504页。

③ 《山东宁阳于庄东南遗址发现刻符大口尊》，《中国文物报》2020年3月6日第8版。

等；在淮河中游的安徽蚌埠双墩遗址发现了数量更多的刻画符号，这些符号大多数是刻画在陶碗的外圈足内，也有少数在外腹部和器物的圈足内，它是一套刻画讲究、应用范围较广、表意较为成熟的系统符号；在淮河下游的大汶口文化圈中，也发现日、月、山、斤、斧、锛、炅、戌、旦、封、皇、凡、南等文字符号。”① 距今约6000年左右的大汶口文化以及距今5000年左右的马家窑文化、良渚文化等出现的大量陶器刻符，在结体和书写风格上与商周古文字的风格很接近。

从文字发展规律看，随着文字逐步积累，语言逐步复杂，史料也会逐步增多。由此，我们可以注意到，《史记·五帝本纪》到了帝尧时期，记载的篇幅已经有了很大的增加，而《尚书》也是从《尧典》开始。《尚书》从《尧典》开始，意味着《尚书》的编订者——孔子认为《尧典》是信史。同时，《论语》专门设有《尧曰》篇，而孔子认为帝尧时期已经“焕乎其有文章”（《论语·泰伯》）。及至后世，史料已经越来越丰富，《史记》为夏、殷、周三代专门设立了本纪，而《尚书·周书·多士》认为：“惟殷先人有册有典。”殷卜辞不仅证明殷人有册有典，而且证明了《史记·殷本纪》关于殷王世系基本可靠，从而为《史记》关于夏代及之前相关史料记载的可信性提供了有力支撑。至晚于西周初年，五帝等上古帝王已经被公认为华夏始祖，并形成了完整谱系，“武王追思先圣王，乃褒封神农之后于焦，黄帝之后于祝，帝尧之后于蓟，帝舜之后于陈，大禹之后于杞”（《史记·周本纪》）。

① 金荣权：《先秦淮河文明的历史地位》，《光明日报》2020年2月8日第11版。

儒家文明视域下的中国古代经济理念

——以《孔门理财学》为例

路则权

【摘要】经济活动是人类社会最基本、最重要的活动之一，不同的文明对经济理念的认识是有差别的。虽然现代经济学是以西方经济学为主干，但以儒家文明为主干的中华文明也有丰富、完善的经济理论，具有东方经济观的独特视角。本文以陈焕章《孔门理财学》为例，分析了儒家对财富的基本认识，以及对经济运行过程的基本理论。儒家对经济活动的基本认识包括三方面：文明发展的动力是理财；儒家理财的基本方式是计划和市场；儒家的德财轻重取决于对象的不同。在经济运行过程方面，儒家认为生产三要素是人、土地和资本；儒家的商业观是职业分工的结果；儒家有三种财富分配观：平均分配、按劳分配、按需分配；儒家的消费观走在奢、俭之间。

【关键词】儒家文明　古代经济理念　《孔门理财学》

【作者简介】路则权，尼山世界儒学中心孔子研究院副研究员，济宁市尼山学者，孔子研究院学术交流部副部长，海外儒学研究与传播中心副主任。

当代的经济理论是建立在西方经济学基础之上的。中国有着五千年的文明发展史，无疑也建立了自己的经济理念，特别是儒家文明中的经济理念。虽以西方文明为观照，仍有自己的独特之处。一百多年前陈焕章的《孔门理财学》就是其中的名著。

一、陈焕章及《孔门理财学》的影响力

陈焕章，字重远，广东高要人。其在广州长兴里康有为的万木草堂读书时，与梁启超为同学。23 岁中举人，24 岁考中“恩科联捷进士”，保和殿复试朝考“钦点内阁中书”，入进士馆。后申请出洋留学。光绪三十一年（1905）奉派为留美学员，入库克学院学习英语，光绪三十三年（1907）考入美国纽约哥伦比亚大学经济系学习政治经济学，宣统三年（1911）获哥伦比亚大学哲学博士学位。其博士论文《孔门理财学》当年即收入由哥伦比亚大学政治学教师编辑的“历史、经济和公共法律研究”丛书，由哥大分两册精装出版。1912 年归国。1913 年被聘为袁世凯总统府顾问。1933 年 10 月，陈焕章在香港病逝。

《孔门理财学》按照西方经济学原理，分别讨论了孔子及其儒家学派的一般经济学说及其在消费、生产、公共财产方面的思想。陈焕章是按照西方经济学的模式来安排该书的结构和体例的，在西方经济学的观照下，思考中国古代经济理念。

陈焕章的著作给美国学者留下了深刻印象，是“具有中国特色的古代经济思想”，在西方产生了“独特的影响”。据胡寄窗先生说《美国历史评论》称之为“破天荒的成绩”，各种英文报刊对其倍加颂扬。此后哥伦比亚大学著名的政治经济学教授、财政学专家兼经济思想史学术权威塞利格曼在主持中国留学生博士论文答辩时常以此书中的观点提问。

《孔门理财学》出版的第二年，权威的《美国经济评论》上出现了一篇由威斯康星大学的学者罗斯撰写的书评。文章认为陈焕章打通了中西经济传统，为西方的政治经济学接上了孔子以降的中国伦理学和社会学资源，二者相互补充，使得《孔门理财学》在西方政治经济学文献中占据一个独特的位置。

另一篇重要的书评则是后来成为经济学巨匠的凯恩斯所写，1921 年发表在影响很大的《经济学杂志》（*The Economic Journal*）上。凯恩斯当时在

剑桥经济学圈中崭露头角，刚刚当上《经济学杂志》的主编。他对此书甚为推崇，认为这本书“基本内容一部分属于中国经济史；一部分是世代相传的诗篇和格言，其所涉话题只与最广义理解的‘经济’有关。其章节标题虽为‘生产要素’‘分配’‘公共财政’等，但装入这一牵强框架的是大量讨人喜欢的教诲性内容”。凯恩斯不懂“四书五经”，也不了解陈焕章师承的今文经学的学术背景，但他能从陈焕章的书里读出传统中国社会对妇女地位的尊重、对老年人的保障，读出中国货币制度的变迁和发展、人口理论的特点、土地制度的类型等。他还指出中国学者很早就懂得“格雷欣法则”（劣币驱逐良币）和“货币数量说”。为什么凯恩斯推崇这部书？大概是因为凯恩斯是西方把经济学同道德伦理相结合的一位经济理论大师。

许多年以后，1915 年出版的马克斯·韦伯的名作《儒教与道教》就已把陈焕章的《孔门理财学》列为了解儒教的重要参考文献，他在其他论及中国经济制度的地方也大量参考这本书。熊彼特在他的《经济分析史》中特意指出了《孔门理财学》的重要性。华莱士常平仓思想渊源也来自陈焕章。在 30 年代美国为对付经济大萧条而推行“新政”期间，时任农业部长的亨利·A. 华莱士（后任副总统）曾提出“农业调整法”，其指导思想，据他自己说，是为了“把中国古代农业政治家的实践‘常平仓’引入美国农业立法中”，而“常平仓”的名称，便是从陈焕章的书中得来的。一本由中国人用英文写的经济学著作能够引起西方学者的重视与关注，的确是一个奇迹。

二、儒家对财富的基本看法

（一）理财：文明发展的基本动力

中国传统文化重视物质在社会发展中的决定作用，儒学尤甚。《易经·系辞》说：“何以聚人？曰财。理财正辞，禁民为非，曰义。”“理财”即我们今天说的“经济”，但在传统中国，“经济”是经邦济世的概括。中国原生话语中，以“理财”概括物质财富发展更为妥当。《系辞》在此后的十三段里，简单叙述了中国理财进化的历史，如服制、航海运输、城市保护、食物制作、弓箭、住房等在推动社会进步中的作用，论证了理财变革才是文明进步的根本力量。不仅如此，《系辞》还重视科技力量，重视发明创造。

尽管《易经·系辞》为宋代儒家所倚重，也因此推动了理学的发展。但宋代学者并未意识到理财在文明发展的重要作用，更没意识到这才是《系辞》作者留给后代的宝贵财富。这也说明了中华优秀传统文化基因中早就孕育着历史唯物主义的因子。

（二）理财的基本方式：计划和市场

儒家认为，理财活动是人类社会最重要的活动之一，是社会进步的基本动力。但在理财活动中，政府干预是必须的，市场自由竞争必须得以调控。儒家认为，绝对的市场自由竞争只能有益于少数强者，因此，人为地进行调节是必须的。《易经》说："后以财成天地之道，辅相天地之宜，以左右民。"因为儒家意识到强者是永远不会满足的。何休说："贫富兼并，虽皋陶制法，不能使强不凌弱。"因此，儒家在提倡自由竞争的前提下，提出政府调节机制。

《尚书·洪范》对君主的两项职责是分配财富和选拔人才。在儒家看来，政府尽可能地减少干预民众理财的活动，但在分配财富上要尽量公平。财富是五福之首，作为民之父母的君主就要将理财活动凌驾于其他事务之上。五福既然以富为开始，君主又掌管了民众"五福"的来源，就要将其平等地发放给民众。

司马迁在《史记·货殖列传》中提倡理财活动应当是市场自由竞争，主要是担心政府干预会使自由竞争因此中断。他说："农不出则乏其食，工不出则乏其事，商不出则三宝绝，虞不出则财匮少。"但最后还是走到儒家的中庸之道上，他认为过分的市场自由竞争是导致贫富差距的原因，应当给予否定。

事实上，儒家思想是一个包括理财活动在内的整体设计。民众由于受到儒家思想的伦理、道德的影响，比较尊重社会秩序与公共利益，传统中国理财竞争并不是十分激烈。或者这种思维方式影响了传统社会对财富追求的最大化，但由于财富分配得相对公平，使得中国人在两千多年里较为幸福、和谐、文明地生活在东亚世界。

（三）德财关系：因对象而不同

谈到道德与理财的关系，我们很容易会想起孔子说过的“君子喻于利，小人喻于义”，大多数人的理解是儒家更重道德，这种理解不能说错，但过于泛化，有似是而非的嫌疑，若不明晰，甚至对个人或社会都有一定的消极影响。

其实，这是孔子为不同的人群设定的不同原则：对于君子，道德优先于理财；对于老百姓，理财优先于道德。一个社会的管理者，天天去想着如何自己赚钱，肯定不是一个好的社会状态。《大学》里明确指出好政府的目标：“小人乐其乐而利其利。”从孔子到秦汉时期的儒家如孟子、董仲舒从没有说过不让老百姓追求理财的话。只是从宋代儒家开始，逐渐走上了道德主义。

这一点，我们还可以从孔子思想的某些核心概念加以说明。如“仁”与“义”，“仁者爱人”，“仁”侧重于处理人与人的关系。“义”从词源学上有反身指自己的“我”。这两者是一体两面的。因为我们仁爱他人的前提，是要证明自己是正当的或有道德的。孔子强调，“是故君子议道自己，而置法以民”，一个君子要知道严格要求自己。孔子还说“君子之德风，小人之德草，草上之风必偃”。君子自我道德管理好了，做好了对老百姓的道德引导，就不用担心那些侧重考虑经济发展的民众会出现道德问题了。

三、儒家对经济运行过程的基本认识

（一）生产过程：人、土地和资本三要素

《大学》载：“是故君子先慎乎德。有德此有人，有人此有土，有土此有财，有财此有用。德者，本也；财者，末也。”这里最初的意思是告诉管理者，一个有德性的人，拥有土地，才能聚集财富。这种原则后来适用于各个行业。这就是儒家所涉及的生产三要素。

严格说，土地属于资本。也就是说，生产要素严格说是两个：人与生产资料。但从孔子以来，土地在生产资料中扮演着最重要的角色。加上土地与其他商品不同，从某种程度上不会被制造，也不会轻易失去生产能力。所以，儒家将其单独列出。这种划分更符合今天的实际。

儒家把人排在生产三要素的首位，这对中国人的理财观念产生了深刻的影响。这也可以解释为什么中国自古以来人口众多，为什么中国人愿意生育或超出其财富支撑能力去生育更多的孩子？为什么传统中国没有思考限制人口的问题？这种观念有很大影响。我们会在日常生活中常听到“钱由人挣”“添丁积财”“人财两旺”等，这不仅仅是为了社会的和谐，更多还是为了理财生产。

这种观念一直为历代管理者所认同，如唐代杜佑在《通典》中说：“谷者，人之司命也；地者，谷之所生也；人者，君之所治也。有其谷则国用备，辨其地则人食足，察其人则徭役均。知此三者，谓之治政。”“谷”即资本的代表。杜佑的论说顺序虽然与《大学》不同，但两者本质上所表达的意思是一致的。

（二）流通过程：商业是劳动分工的结果

孔子从未轻视过商人，在汉朝之前，没有儒家提倡过重农抑商的政策。《春秋谷梁传》中商人仅排在士人之后。农业和商业的相对重要性是随着时代变化而变化的。

在孔子的影响下，中国很早就有了以劳动分工为基础的士农工商观念，这种分工只是职业上的区分，没有高低之别，而且排序也并非完全一致。《春秋谷梁传》记载：“古者有四民：有士民，有商民，有农民，有工民。”何休给四民的定义是：“古者有四民，一曰德能居位曰士；二曰辟土殖谷曰农；三曰巧心劳手人以成器物曰工；四曰通财鬻货曰商。”

也就是说，儒家的士农工商是平等的，这种以劳动分工为原则的划分，只是为了更好地生产，所以四民具有生产性质。而且，民众也没有被固定在某个职业范围之内，四民之间是自由流动的。当然，从另外一方面，古人也指出，民众不改变职业，可以表现为对职业的忠诚，“父兄世业”有利于职业化发展，这也是有益于社会的。但儒家也绝没有固化职业的要求。

孔子对任何职业都没有轻视之情。他认为劳动是必须的、正义的、可敬的。对于那些懒惰之人，孔子曾说：“饱食终日，无所用心，难矣哉！不有博弈者乎？为之，犹贤乎已。”孔子绝不是教育人们成为博弈者，只是强调，哪怕是成为博弈者，也比无所事事的懒惰者要好。孔子自己就是一个优秀的劳动者："尝为委吏矣，曰会计当而已矣；尝为乘田矣，曰牛羊茁壮长而已矣。"在孔子回忆往事时，说到"吾少也贱，故多能鄙事"，无疑这种自谦之中透着劳动光荣的观念。

有助于商业发展的重要因素是通讯、运输。在孔子时代，通讯依赖于马的力量与人的速度、耐力。所以孔子说："德之流行，速于置邮而传命。"孔子时代路上运输肯定比水上运输更方便，所以车更重要，牛车比马车更重要。在运输系统中，统一性是极其重要的原则。《中庸》说："今天下车同轨。"也就是要求道路整齐划一。而且根据《礼记・王制》："道路，男子由右，妇人由左，车从中央。"水路运输最早可以追溯到《尚书・禹贡》中九州向国都进贡经过的各类水道。其中，人造水上运作的运河体系是中国的特色。

在商业领域，计量制是十分重要的。古代中国，是根据黄钟律管制定度量衡的。为了防止商业欺诈活动，官府关注各类度量衡。孔子说："谨权量，审法度，修废官，四方之政行焉。"统一度量衡，不仅有益于商业，也有利于政治。

（三）分配过程：平均、按劳、按需三者并重

孔子重视财富分配，甚至超过了对财富生产的关注。他设计了三种类型的财富分配形式：平均分配、按劳分配、按需分配。

平均分配。我们都熟悉孔子说过的"不患寡而患不均"。这句话是在季孙氏准备攻打鲁国的附属国颛臾时提出的，孔子强调这一原则主要针对"有国有家者"。财富应该进行平均分配，但这里的平均分配，不是说人人应获得同等收入，是说人人应获得同等收入的同等机会。孔子的平均分配是强调上层人不能与老百姓竞争，去从事有利可图的事业。不仅如此，孔子还担心"贫斯约，富斯骄"。董仲舒在《春秋繁露》中也说，孔子之所以强调这一点，是担心"大富则骄，大贫则忧"。平均分配财富就是要保持富人与穷人的本性处于仁爱敦厚，达到社会和谐。孔子的平均原则甚至是世界性的，所以在《大学》里才有"平天下"一章。

按劳分配。孔子还意识到，每个人的生产能力不同，依据"先劳而后

禄”的实际进行产品分配，也是社会所必需的一种分配方式。“事君，大言入则望大利，小言入则望小利。”

按需分配。《春秋》记载：隐公元年，“天王使宰咺来归惠公、仲子之赗”。这里的“归”是想说明隐公应该与天子共享所赠财务的所有权。也就是说，拥有财富较多的人，有义务帮助别人。孔子所强调的“君子周急不济富”也含有这种分配原则。

（四）消费过程：在奢与俭之间

孔子推崇中庸之道，在消费观上也是如此。他在评价管仲和晏平仲时说：“管仲镂簋而朱纮，旅树而反坫，山节而藻棁，贤大夫也，而难为上也。晏平仲祀其先人，豚肩不掩豆，贤大夫也，而难为下也。君子上不僭上，下不逼下。”无论是奢侈的管仲，还是过度节俭的晏平仲，孔子都是不赞成的，他说：“礼不可不省也。礼不同，不丰，不杀。”也就是说这均不符合礼制。

孔子心目中正确的消费观是什么呢？他说：“禹，吾无间然矣。菲饮食，而致孝乎鬼神；恶衣服，而致美乎黻冕；卑宫室，而尽力乎沟洫。禹，吾无间然矣。”一个人要做到为了个人消费而节俭，为了社会利益而慷慨。孔子认为这样的人是值得称赞的。

在《春秋》中，孔子常常谴责那些奢侈行为，特别是大兴土木的工程。因为这些行为不仅是花费昂贵，还会给民众造成沉重负担。批评奢侈，我们容易理解。但对过度节俭，孔子同样不赞同。在《诗经·魏风》的第一首诗，就是谴责上层极端吝啬行为：“蟋蟀在堂，岁聿其莫。今我不乐，日月其除。无已大康，职思其居。好乐无荒，良士瞿瞿。”孔子深知，消费是理财的目的，生产是理财的手段。如不进行适当消费，就会摧毁生产目标，也不可能带来理财的进步。如果一个国家的民族精神里有极端吝啬的成分，还会造成民族思想狭隘，毫无志向等伦理问题。

因此，孔子在强调道德责任的同时，也强调消费的美学原则。《论语·乡党》中记载孔子对所吃食物、所穿服制都有仔细的划分，原因就在于此。当然，孔子也注意到，如果要我们不得不在节俭与奢侈之间作出选择的话，他是赞同节俭的。当林放问孔子关于礼的本质时，他说：“礼，与其奢也，宁俭。”还有一次，他强调：“奢则不孙，俭则固。与其不孙也，宁固。”但我们不得不提醒大家，这是在不得不选择之际，并非生活的常态，也不是孔子消费观的全部。孔子是走在奢侈与节俭之间的中庸消费者。

结　语

按照一般观点，儒家是道德学说，对于经济理论并不看重，尤其是关于义利之辨的影响很广泛，例如董仲舒所说的“正其义不谋其利，明其道不计其功”。其实这是一种片面的认识。儒家不仅仅是一种道德学说，更是一种经世致用、治国平天下的学说，所谓道德，也只是为治国平天下服务的，作为其前提而已。经济活动作为社会活动最重要的组成部分，自然不可能被儒家所忽略，经世之学、实学、事功之学一直都是儒家思想和文化中不可忽略的组成部分。陈焕章的《孔门理财学》可以说在发掘儒家经济理论和经济学说方面有开创之功，它以严谨、充实的研究告诉我们，儒家有丰富的、符合现代经济学认知和人类社会发展规律的经济理论，而且很多可以补现代经济学之不足，值得我们深入探讨。

参考文献

［1］陈焕章：《孔门理财学》，商务印书馆 2015 年版。

［2］陈焕章：《陈焕章文录》，岳麓书社 2015 年版。

［3］［美］陆寿筠：《孔门理财学——孔子及其学派的经济思想》，翟玉忠译，中央编译出版社 2009 年版。

［4］［德］马克斯·韦伯：《儒教与道教》，洪天富译，江苏人民出版社 1995 年版。

美身·美俗·美政

——论儒学价值呈现的三个面向

常 樯

【摘要】受“内圣外王”说之影响，以往我们多以“二分”法来理解、阐释儒学价值之呈现方式。事实上，以“三分”法思维来探索儒学价值，亦无不可。我们通过对孔门师徒的一则对话的分析可知，儒学价值可呈现为“美身”“美俗”“美政”三个面向，分别对应孔子之语“修己以敬”“修己以安人”“修己以安百姓”。“美身”“美俗”“美政”三者可为主辅关系、递进关系，亦可为并列关系。就并列关系的角度来看，三者皆可“独立”，哪一个面向都可供人们终身奉行之。“美身”是修身学，功夫的极致在“内圣”上；“美政”是政治学，功夫的极致在“外王”上。但也不可忽视，“美俗”是伦理学，功夫的极致在“内圣”与“外王”之间。以往我们多把“美俗”面向当成一种由“内圣”到“外王”的过渡，或直接将其忽略掉，这有失偏颇。于今人而言，“美身”“美俗”才是大众事业，是一片面向绝大多数人敞开的“新”天地，身处其中，我们大有可为。

【关键词】儒学价值呈现　三分　并列关系　美身　美俗　美政

【作者简介】常樯，本名常强，山东大学儒学高等研究院博士研究生。研究方向为儒家哲学、儒学普及应用。

儒学对于弘扬全人类共同价值、推动不同文明交流互鉴、促进建构人类命运共同体，具有重要作用。时至今日，我们有必要突破传统的思维窠臼，对儒学价值的呈现方式作一重新审视。源自《庄子·天下》的“内圣外王”说，多被当作是对以孔子为代表的儒家思想之高度概括。人们普遍认为，孔子之学就是“内圣外王”之学。孔子之后，两位大儒孟子和荀子分别承继了孔子之学的一个方面：孟子光大了“内圣”学，荀子发扬了“外王学”。“内圣”侧重“做人”，强调通过心性修炼而安身立命，涵育美好道德，成就理想人格；“外王”侧重“做事”，强调通过精进有为而建功立业，造福社会大众，推动历史进步。儒学为天下一切人都铺就了一条“内圣外王”之路，儒学的价值亦是通过“内圣外王”来实现。以上这些“普遍共识”属于典型的“二分”法思维，当然有很大的合理性。但我们认为，若引入“三分”法，可能更有助于我们从整体上理解儒学价值呈现的真正面向，更有利于我们走好由孔子为我们设定的人生之路。

一、从“二分”到“三分”：关于儒学价值的探讨

儒学的价值，当然是通过儒者的作为体现出来。儒者，人人可做；儒行，人人可为。按照孔子所提出的价值标准、人文理念、道德规范去行动，当然就属于儒行，这么做的人就是儒者，而其所呈现出来的价值、表现出来的意义，当然也就是儒学的价值和意义。对于儒学价值、儒家风范、儒者作为，古今学者不乏精彩表述；但择其要者可见，大多采用“二分”或“三分”的方式呈现。总之，都极其简约而又不乏道理。但我们也要看到，好些时候，“二分”与“三分”的功能是不同的，对儒学价值呈现的探讨，由“二分”走向“三分”，很有必要。

荀子曾以“二分”法表达了两个非常重要的观点：“圣也者，尽伦者也；王也者，尽制者也。”① “儒者在本朝则美政，在下位则美俗。”② 荀子分别以“尽伦者”和“尽制者”对“圣”和“王”作出区分。

① 《荀子·解蔽》。

② 《荀子·儒效》。

“圣”与“王”，分别是儒者的两个不同面向，更是儒者努力的两个最高境界，对此我们不难理解，这为我们把握“内圣”“外王”提供了极大便利。第二句话，则是从在朝与在野的角度而言，其前半句可谓政治学范畴，主体为“尽制”的儒者；其后半句可谓社会学范畴，主体为“尽伦”的儒者。“尽伦”与“尽制”，“美政”与“美俗”，大道同源，亦殊途同归。

近代以来，学人亦有“二分”法式的精辟言论。梁启超曾这样表达他对儒家哲学的理解：“儒家哲学，范围广博。概括说起来，其用功所在，可以《论语》‘修己安人’一语括之。其学问最高目的，可以《庄子》‘内圣外王’一语括之。做修己的功夫，做到极处，就是内圣；做安人的功夫，做到极处，就是外王。”① 钱穆先生曾依“二分”法，把“人生”分为两部分，即“物生活”和“心生活”。他指出：“历史一本于人生，人生亦有此两项，一是内生活，一是外生活。内生活注重在生命本身与其内在德性之完成。外生活注重物质利用与其外面事业之放大。也可说一是偏向在‘心生活’，一是偏向在‘物生活’。”“人生当以‘身生活’来完成‘心生活’，不当以‘心生活’来完成‘身生活’。”② “每一人生，总有两方面，一方面是我们的生活，一方面是我们的事业。事业是外在，生活是内在。内在生活满足稳定，外在事业自可有进步。”③ 他还把中国传统学术分为两部分，即“心性之学”和“治平之学”，指出：“我认为中国传统学术可分两大纲：一是心性之学，一是治平之学。心性之学亦可说是德性之学，即正心、诚意之学。”“中国学术传统主要在如何做人，如何做事。心学是做人大宗纲，史学则为做事大原本。”④ 徐复观先生曾言：

---

① 梁启超：《儒家哲学》，中华书局2015年版，第3页。

② 钱穆讲授，叶龙记录整理：《中国历史上的人物》，《中国学术文化九讲》，天地出版社，2018年，第88、93页。钱穆先生所说的“身生活”，其实与前面提到的“物生活”同义。

③ 钱穆讲授，叶龙记录整理：《中国历史上的人物》，《中国学术文化九讲》，第91页。

④ 钱穆讲授，叶龙记录整理：《中国学术传统的精神》，《中国学术文化九讲》，第124、132页。

"儒家所提出的问题，总是'修己'、'治人'的问题。而修己治人，在儒家是看作一件事情的两面，即是所谓一件事情的'终始'、'本末'。因之儒家治人必本之修己，而修己亦归结于治人。内圣与外王，是一事的表里。所以儒家思想，从某一角度看，主要的是伦理思想；而从另一角度看，则亦是政治思想。伦理与政治不分，正是儒家思想的特色。"① 庞朴先生这样论儒学："儒家学说基本上是一种政治伦理学说，儒学的范畴主要是政治学和伦理学的范畴，历来都这样认为，事实也正是如此。这是没有争议的。"② 这里提出了政治学和伦理学，为后面我们从"三分"法角度理解儒学价值提供了有益启发。姚中秋先生认为儒学有两大核心议题，分别是"重建秩序之次第"和"儒家士君子之养成"。③ 凡此等等。

许多人都认为，我们的"二分"法思维受到辩证法的影响，此说不无道理，《周易》中的"一阴一阳之谓道"及太极理论，都是从正与反、黑与白、阴与阳、柔与刚、仁与义等两个对立统一的方面来帮助人们认识世界万物的。不论是古代朴素辩证法，抑或是今日的马克思主义辩证法，都令人们在不知不觉中受到这种思维方式的深刻影响，对此已日用而不知。但我们说，世界是多元的，我们对世间万物的认识也可以是多元的，一分为二看世界是一种路径，一分为三、一分为多同样是另外的路径。"三分"法思维古已有之，我们自古便以"三教"并称，明清之际重要思想家方以智提出"举一明三"的方法论等。这些思维方式都为我们接触、了解、利用"三分"法奠定了重要的思想基础和学理基础。

当代哲人中，力推"三分"法之执牛耳者，无疑当属庞朴先生。他在对儒家"中庸"观念进行深入研究的基础上，提出"中庸的所谓中，就是第三者；承认二分又承认中庸，也就在事实上承认了一分为三。世

---

① 徐复观：《学术与政治之间》，九州出版社 2014 年版，第 46 页。这里徐复观先生提出的"治人"，其实就是"安百姓"。但从这句话可知，他是把"修己"当成了"伦理思想"。这与本文的理解还是有所不同的，本文是把"修己"界定为"修身学"，而把"安人"界定为"伦理学"。

② 庞朴著，冯建国编选：《儒家精神：听庞朴讲传统文化》，中国华侨出版社 2014 年版，第 50 页。

③ 姚中秋：《论学统复建》，上海三联书店 2020 年版，第 122 页。

界本来便是三分的。由于二分法的先入为主，人们总习惯于称‘中’为‘中介’，视之为两极之间起联系作用的居间环节，或者是事物变化过程的中间阶段；还相信中介环节是暂时的，必将向两极分化而最终归结为二元的天下。待到二分法不足以解释一切现象时，亦有人主张一分为多。其实三就是多，多必归于三。三分法有一维、二维、三维的形态。”① 在另一篇文章中，他也说：“‘物极则反’的两端是‘极’，它们的中介也是一极，而且是更重要的一极；‘三极之道’有相赞、相克和相生三种状态，生、克分列两端，它们的中和便是赞；世界并不仅仅是‘两生’，人用慧眼看到对立之间的中介、最佳关系，便是‘参视’。”② 颜炳罡先生同样有“三分”式妙论，他曾这样论儒家意义上的“士”。我们知道，“士”经孔子改造后，已变成承载儒家道德观念的核心力量，“士”最有资格代表儒家。颜先生从“三分”的角度谈及“士”：“士的存在与价值有三：政治价值，安富尊荣；道德价值，入孝出悌；文化价值，民族精神的载体，守先王之道，以待后世学者。……孔子所开创的文士阶层，所事不过三途：出仕、教书、相礼。出仕是为政，教书是传道，相礼是司仪。”“士之所事不仅仅是自我修养，还有社会事功及文化传承。”③ 凡此等等。

当然，“二分”法与“三分”法（或“多分”法）之间亦没有绝对之界限，有学者就曾在泛论儒家思想及中国文化时将其“混”用。如：庞朴先生说过：“儒家的经书，说的多是修身齐家治国平天下的经世致用之道，所以人们总把儒家学说当作社会政治理论和伦理道德思想来看。”④ 这看似是把“儒家学说”分作“社会政治理论”和“伦理道德思想”两部分，事实上，依照后面的论述，我们认为，“社会政治理论”亦可分为“社会理论”和“政治理论”，“伦理道德思想”同样可分为反求诸己和推己及人两个层面。牟宗三先生在论及“中国文化生命”时，有言曰：“《尚

---

① 庞朴：《中庸与三分》，《文史哲》2000 年第 4 期。

② 庞朴：《对立与三分》，《中国社会科学》1993 年第 2 期。

③ 颜炳罡：《人伦日用即道：颜炳罡说儒》，孔学堂书局 2014 年版，第 63、66 页。

④ 庞朴著，冯建国编选：《儒家精神：听庞朴讲传统文化》，中国华侨出版社 2014 年版，第 42、43 页。

书·大禹谟》说：‘正德利用厚生。’这是中国文化生命里最根源的一个观念形态。这一观念形态即表示中华民族首先是向生命处用心。因为向生命处用心，所以对自己就要正德，对人民就要利用厚生。正德、利用、厚生这三事实在就是修己以安百姓这两事。”“正德是道德的，利用厚生是政治的。”① “正德、利用、厚生”属“三分”法逻辑，“修己以安百姓”属“二分”法逻辑，但牟先生在它们之间画上了等号。

以上所引述部分观点，都极具代表性，无不有利于我们从整体上把握儒学价值的呈现方式。特别值得一提的是，梁启超先生提到的“修己安人”和牟宗三先生提到的“修己以安百姓”，尽管都是在试图以“一言以蔽之”的凝练表述，来概括儒家乃至中国文化的价值观、人生观、实践论，但一为“安人”，一为“安百姓”，可见他们思考的立足点和言论的落脚点还是不同的。在本文第二部分，我们将回到孔子那里，围绕“修己以安人”和“修己以安百姓”的话题，展开发掘儒学价值呈现方式的新探索。

二、“修己以敬”“修己以安人”“修己以安百姓”：主辅，递进，抑或并列之关系

在《论语·宪问》中，记载着这么一段重要对话：

> 子路问君子。子曰：“修己以敬。”曰：“如斯而已乎？”曰：“修己以安人。”曰：“如斯而已乎？”曰：“修己以安百姓。修己以安百姓，尧舜其犹病诸！”

关于上面这段话，历来都有不同的解释。陈立胜先生以“敬”字为中心，把“修己以敬”称作是“儒家修身传统的‘孔子时刻’”。他认为“‘敬’是修己、行己、对待自己的一种基本态度，是儒家文化传统中‘关心自己’（‘为己之学’）的一个关键词”“‘修己以敬’是儒家

① 牟宗三撰，罗义俊编：《中国哲学的特质》，上海古籍出版社2008年版，第139、140页。

‘关心自己’的一个基本命题，它将敬天、敬人、敬事的‘敬’的精神彻底安顿在个己德性生命的自觉上面，因而也是对孔子之前‘敬’文化的哲学上的升华”。① 这就是说，“修己以敬”在本质上乃是一种为己之学、成己之学、个人修身之学、“躬自厚”之学、反躬自省之学，“修己”是目的，“敬”是路径。林国敬从仁道展开的角度出发，根据“修己以敬”又提出了“修己”以“安己”的说法，以“安己”来与后面的“安人”“安百姓”相呼应。② 在对“修己以敬”这个问题的理解上，陈、林二人之说是一致的，都把儒家修养功夫指向了人之本身。由“修己以敬”出发，我们再探讨对整段对话的认识。

朱熹对这段话的解读颇有代表性，他说：“修己以敬，夫子之言至矣尽矣。而子路少之，故再以其充积之盛，自然及物者告之，无他道也。人者，对己而言。百姓，则尽乎人矣。尧、舜犹病，言不可以有加于此。以抑子路，使反求诸近也。”③ 按照这个理解，当孔子对子路讲出“修己以敬”时，其中心思想（或曰核心观念）就已经明确出来了，后面的话，不过是对“修己以敬”的补充说明而已。“这说明在朱子看来，在‘安人’‘安百姓’与‘修己以敬’之间，并不构成层次低进的关系，儒家精神的终极关怀不是外王层面上人间秩序的重建，而是内圣层面上的成圣成贤。”④ 由此可见，朱熹把孔子与子路的这段对话，当作是一种主辅关系，

---

① 陈立胜：《“修己以敬”：儒家修身传统的“孔子时刻”》，《学术研究》2020 年第 8 期。

② 林国敬：《论孔子仁之“安”及其内生性现代转化》，《科学 · 经济 · 社会》2018 年第 1 期。

③ 朱熹：《四书章句集注》，中华书局 2019 年版，第 149 页。在《朱子语类》卷一二中，朱熹亦有同义表述。

④ 曾海军：《内圣与外王，或心性与政治——从“修己以安百姓”论起》，载曾海军主编《切磋二集：四川大学哲学系儒家哲学合集》，四川人民出版社 2012 年版，第 64 页。这样说，其实是有一个前提的。那就是“修己以敬”“修己以安百姓”“修己以安百姓”是与“内圣外王”有着对应关系的。如曾文中所说，如果将“修己”对应于一种内圣的功夫，那么“安百姓”就是外王方面的事情了。对此，笔者认为，引出“内圣外王”自然没问题。但“修己”不对应内圣，“修己以敬”才对应；“安百姓”不对应外王，“修己以安百姓”才对应。

“修己以敬”是主，“修己以安人”“修己以安百姓”是辅。但我们认为，这不过是对这段话逻辑层次的一种理解而已。

第二种理解，是递进关系。刘宝楠对这段话的解读是：“‘君子’，谓在位者也。‘修己’者，修身也。‘以敬’者，礼无不敬也。‘安人’者，齐家也。‘安百姓’，则治国平天下也。”① 刘氏把君子称作“在位者”，似可商榷，这里不作探讨。他借鉴了《大学》的修齐治平思路，把“修己”解释为“修身”，“安人”解释为“齐家”，“安百姓”解释为“治国平天下”，所展现出的明确是一种递进关系。② 就递进关系而言，孔子的“修己以安人”应为“修己以敬以安人”的略述，“修己以安天下”应为“修己以敬以安人以安天下”的略述。但刘伯谷先生在依据其曾祖、清儒刘沅《大学恒解》解释“修齐治平”时，结合《大学》本经部分中“自天子以至于庶人，壹是皆以修身为本”和“物有本末”之说，认为“修身”为本，“齐家、治国、平天下”为末。③ 如此一来，再结合刘宝楠的观点，就又得出“修己”为本、“安人”“安百姓”为末的结论了。这样来看，孔子子路师徒这段对话的逻辑层次，就又变成主辅关系了。

以往关于孔门师徒这段对话的有关研讨，不外乎以上两种说法，不论是总分关系，还是递进关系，皆见仁见智，且彼此之间存在着很大的互通性和共融性。④ 这对于我们把握孔子真义，具有很大作用。但在这里，我们提出第三种逻辑关系——并列关系，并认为由此出发来探讨儒学价值呈现，可能更具现实意义。

“修己以敬”，这是一个“美身”的话题，可谓之曰“修身学”，关乎个人精神家园建构，属于个人品德的范畴，其功夫在“内圣”上；“修己

---

① 刘宝楠：《论语正义》，中华书局 2020 年版，第 605 页。

② 曾海军：《内圣与外王，或心性与政治——从“修己以安百姓”论起》，载曾海军主编《切磋二集：四川大学哲学系儒家哲学合集》，第 63 页。

③ 刘伯谷：《祖述槐轩：刘伯谷先生讲〈大学〉〈中庸〉》，上海科学技术文献出版社 2020 年版，第 32 页。

④ 还有人提出，“修己”是手段，“安人”“安百姓”才是目的。这种观点，归到总分关系或递进关系中，都是可以的。参见刘旭芳、孙景龙：《修己以安百姓：孔子的人生理想》，《承德民族师专学报》2009 年第 3 期。

以安人”，这是一个“美俗”的话题，可谓之曰“伦理学”（包括家庭伦理学和社会伦理学），关乎社会和谐秩序确立，属于家庭美德、社会公德的范畴，其功夫在“内圣”与“外王”之间；“修己以安百姓”，这是一个“美政”的话题，可谓之曰“政治学”，关乎天下大同理想实现，属于政治家职业道德的范畴，其功夫在“外王”上。从“三分”法的思维和并列关系的视角来看，儒学价值呈现无外乎“美身”（“修己以敬”）、“美俗”（“修己以安人”）、“美政”（“修己以安百姓”）三个面向。这里，我们特别强调儒学价值之呈现分这三个“面向”，“面向”即“方面”。① 也就是说，对于一个认同儒学价值理念、矢志践行儒学精神的人而言，他完全可以终其一生只把“美身”当作最高理想和终极追求，而不涉及“美俗”和“美政”；也可以终其一生把“美俗”当作最高理想和终极追求，但这只需要以“美身”为前提，可以不涉及“美政”；也可以终其一生把“美政”当作最高理想和终极追求，但这需要以“美身”“美俗”为前提。之所以这样讲，意在强调“美身”“美俗”“美政”三者之间的相对独立性。并列关系，与主辅关系、递进关系大不一样。主辅关系，把儒学价值呈现之目标，概括为一个“主”，而把“辅”当作了实现“主”的路径方法；递进关系，把儒学价值呈现分成了“三步走”，强调先由第一步到第二步、再由第二步到第三步的逻辑顺序。如此来看，儒学价值实现起来，实在太“累”太“复杂”！而并列关系则不然，重在强调“独立”二字，有利于指导人们“轻松”实现儒学价值！

但在这里，我们还有必要对由此而引发出的几个问题作出解释：

其一，由子路“如斯而已乎”引出来的对“美身”“美俗”“美政”三方面之独立性的理解问题。在孔子与子路的对话中，子路两次问道“如斯而已乎”，每次孔子都给子路作了回答，这可能会让人感觉到，“美身”“美俗”“美政”三者之间，应当是一种递进关系。但我们要说，这其实并不妨碍我们将三者视作相对独立的并列关系。当孔子回答出“修己以敬”之后，他认为这只是儒学价值呈现的一个方面，故而要借着子路的发问，继续回答；从子路一方来说，当老师回答出“修己以敬”之后，他应

① 不是高下有别、轻重不一的“层次”。

当也感觉到老师说的还不全面，故而要继续发问。把三者视作独立的并列关系，或许“美身”说最容易令人生疑，可能有人会认为“美身”难以单独作为人终身为之的儒行。要认识到，与“美身”相比，“美俗”“美政”的实现①，除主观条件外，需要更多依赖外界的客观条件，毕竟不是所有人都有这样的客观条件，故而我们认为人只做好“美身”，完全可行。比如，孔子最钟爱的弟子颜回，就是一辈子只把“美身”做到了极致。之于颜回，其一，他穷得一贫如洗，不具备“美俗”的能力；其二，他也不曾谋得一官半职，更不具备“美政”的条件，一生只能从事“美身”功夫。但这丝毫不妨碍他位列儒家圣人行列，我们也没有因为他在“美俗”“美政”上乏善可陈而把他剔除出儒家典范人物。

其二，关于“安人”与“安百姓”之关系问题，即“美俗”与“美政”之关系问题。就“美政”而言，需要以“美俗”为前提和基础②，但并不能把“美政”看作“美俗”的最高表现或最高形态。也就是说，我们不能把“安人”的极致说成是“安百姓”，如果那样理解，就等于是把“安百姓”当成了“安人”的一个部分、一种表现。若是那样，孔子只提“修己以敬”“修己以安人”便可以了，“三分”法便无意义。③ 如对于一个一辈子没有获得政治权力的人而言，他不会有“美政”的机会，只能在“美俗”上不断提升功夫，如果他把亲情、友情等社会伦理关系都处理到完美的地步，把“美俗”功夫做到极致，难道我们还会因他未曾“美政”而为他感到遗憾吗？古今中外，受到万世敬仰的“在下位则美俗”之儒者，并不在少数。

其三，关于对“安百姓”的理解问题。首先需要说明，以上我们的探讨，都是立足孔子时代、循着孔子本义而展开的。在孔子生活的年代里，职业分化不如今日如此多元，所以孔子认为从政才是儒者造福苍生、实现

---

① 特别是“美政”的实现，绝非易事，有人没有政治地位，当然也就没有“美政”的机会。

② 当然也需要以“美身”为前提和基础。

③ 有学者就认为，“安百姓”是“安人”功夫的极致，是仁作为至德的必然要求。参见林国敬：《论孔子仁之“安”及其内生性现代转化》，《科学·经济·社会》2018 年第 1 期。对此，我们不予认同。

自身理想的第一选择，他对“安百姓”的理解，当然就是以政治家的身份，通过自身权势来达至治国平天下的目标。故而，我们把“修己以安百姓”说成是“美政”，说成是政治家职业道德的范畴。但在今天，“安百姓”就不限于“美政”、做政治家一途了，如做大企业家，同样可以“安百姓”。经商兴国，同样属于广义的“美政”范畴。有学者曾发出在当代儒商中开出“新外王”的期待，便是主动把“安百姓”的主体进行了扩大。

三、个人、社会、天下（国家）：儒学价值呈现的三个面向

如果我们把“美身”“修己以敬”看作是“内圣”功夫，把“美政”“修己以安百姓”看作是“外王”功夫，那么前者便是关乎个人精神家园建构的修身学，后者便是关乎天下大同理想实现的政治学，那么，“修己以安人”便是处在“内圣”与“外王”之间的一种功夫，当然就是关乎社会和谐秩序确立的伦理学了。如此一来，以“三分”法思维切入，且从并列关系视角来看，儒学价值就呈现为三个面向：个人面向、社会面向、天下（国家）面向。① 如下所示：

儒学价值呈现的三个面向
↗“内圣”（“美身”）：“修己以敬”
→“内圣”与“外王”之间（“美俗”）：“修己以安人”
↘“外王”（“美政”）：“修己以安百姓”

有了这样的认识，我们便可以把本文第一部分所引述的代表性观点，几乎全部归入这个体系当中了。如：荀子所言“尽伦”可对应“美身”与“美俗”，“尽制”可对应“美政”；钱穆先生所言“心生活”可对应“美身”，“物生活”可对应“美俗”“美政”；姚中秋先生所言“重建秩序之次第”可对应“美俗”“美政”，“儒家士君子之养成”可对应“美身”；等等。

我们认为，儒学价值呈现之个人面向、社会面向、天下面向，三者彼此

① 孔子时代所谓的天下，在事实上相当于今天我们政治学意义上的国家。

之间既有极为密切之关联，更可“独立”存在——这里突出“独立”，就是指，每个人都可以三中择一，在一方面付出全身功夫、终身功夫，达至儒学价值呈现之最高境界，也可以三中择二、择三，对此不应强求。我们不能认为一个人专修“美身”，便认为他不能成为一个典范的儒家人物，不能达到“内圣”的最理想境界；不能认为一个人专修“美俗”，便认为他不能成为一个典范的儒家人物，更不能因他“徘徊”在“内圣”与“外王”之间而对其小视或忽视；也不能认为一个人专修“美政”，便认为他不能成为一个典范的儒家人物，不能达到“外王”的理想境界。曾海军说，“也许可以说儒家的‘内圣’可以成就‘外王’事业，却并不意味着‘内圣’就是为了‘外王’的事业”；只有确保把“内圣外王”作为一个连续而不间断的活动历程，并且言明这个活动历程最终成就的还是“内圣”之学，“内圣”层面的成圣成贤才是儒家的终极关怀，才算是对儒家“内圣外王”原义的理解大致不差。① 这种论说虽然是站在主辅关系的立场上，却也道明了“内圣”之独立性。推而论之，既然“内圣”可以“独立”，那么“外王”和在“内圣”与“外王”之间的功夫同样可以“独立”。②

从并列关系的角度来理解儒学价值呈现，对于我们正确认识和把握所谓“在‘内圣’与‘外王’之间的功夫”，具有特别重要的现实意义。“内圣”—“美身”—“修己以敬”，这一组概念构成了儒家修身学的核心理念，钱穆先生谓之“心性之学”，它鼓舞人们像颜回那样，在个人道德涵养上，做到极致；“外王”—“美政”—“修己以安百姓”，这一组概念构成了儒家政治学的核心理念，钱穆先生谓之“治平之学”，它勉励富贵之人在推动国家繁荣进步上，做到最佳。而“内圣”与“外王”之间—“美俗”—“修己以安人”，这一组概念虽构成了“伦理学”的核心理念，却由于一直在“内圣”与“外王”

① 曾海军：《内圣与外王，或心性与政治——从“修己以安百姓”论起》，载曾海军主编《切磋二集：四川大学哲学系儒家哲学合集》，第69、70页。

② “修己以安人”所对应的儒家功夫，非“内圣”，非“外王”，但一时又找不到更合适的词，我们只得将其称为——“内圣”与“外王”之间或在“内圣”与“外王”之间的功夫。

之间“游离”“徘徊”，往往不被人看好，或被人忽略，仅将其视作一种由“内圣”到“外王”的过渡，我们认为，这是极为不恰当的。我们必须要为“‘内圣’与‘外王’之间”谋得在儒学价值呈现方式中“三分天下有其一”的位置。我们还要特别强调，现在来看，唯有“达则兼善天下”之“王”，才是小众事业，这个社会也不需要太多的“美政”家。对于今日社会中的绝大多数人而言，除“美政”外，在“美身”和“美俗”上皆大有可为，并且同样可以将其作为终身为之且完全可以做到极致的儒家功夫！在这个生活世俗化、思想多元化、全球一体化的时代里，我们需要的是越来越多的“美身”家、“美俗”家，二者才是大众事业，简直人人可为，人人当为！换言之，对于绝大多数的所谓“芸芸众生”而言，一生做到“修己以敬”“修己以安人”便足矣，我们当努力去争做一个对家人对朋友有情有义、对社会有爱有功的儒家真君子。①

如果我们高度认同以上关于“美身”“美俗”的认识，那么，另一个问题又来了：对于这种大众事业，该由谁带头为之呢？对于这一问题，时贤已基本形成共识，那便是——对儒学价值理解最深最透最全面的儒者，或曰人文学者。韦政通先生曾说：“在今日社会里，千万不要再把‘君子’朝‘圣人’方面去联想。人间并无圣人，‘君子’却是人人可欲的理想。孔子所说‘君子’，一点也不玄虚，本来就是属于庸言庸行的层次，人人可学可行，只是今日社会流行的价值观中，不是很鼓励人朝这方面去努力。”“丰富社会大众的精神生活，改善社会大众的生活品质，人文学者责无旁贷。”② 蒋国保先生亦曾言，今天是一个高度世俗化

① 有学者甚至还认为，于今人而言，只有“美身”才是最重要的，我们应更多关注个人道德建设。楼宇烈先生就持这个观点。他说道：“儒学最重要的作用不是在社会政治层面上，而是在个人修养、道德提升层面。今天我们应该更关注个人的人生修养、道德建构。社会政治与道德修养两方面内容既不能混淆，也不能以儒学来重建整个社会，把社会政治都纳入到儒学的系统中，也是不现实的。”楼宇烈：《体悟力：楼宇烈的北大哲学课》，中华书局 2020 年版，第 252 页。

② 韦政通：《人文主义的力量》，中华书局 2011 年版，第 43、44 页。

的社会，“面对这样高度世俗化的社会，儒学若一如既往地坚持神圣化的发展方向，以‘成圣成贤’约束世人，又怎么能赢得世人的真诚认同?!”① 颜炳罡先生也以提醒当代儒者的口吻说道：“当代社会，儒者应该放弃帝王师或者天下万世师的空想，踏踏实实做一名志工，视宣道、弘道为第一天职。”②

四、结语

梁启超曾把中国学问概括为“人生哲学”。③ 儒学具有知行合一、经世致用、通权达变的理论品格，既教导人们行健不息，又提醒人们与时偕行，既鼓励人们积极入世，又奉劝人们进退有度，言说以人为本、质朴务实、系统严密、圆融理性，对生命提升、人生进步具有重要的指导意义，不失为“人学”“人文教”。笔者也曾提出一个说法：儒学是精神的武学。④ 这当然也是立足于儒学围绕人生之精神安顿，在个人面向、社会面向、天下（国家）面向上皆作出了科学规划而言的。

儒学价值呈现，应是“三分”的，我们可“美身”，可“美俗”，可“美政”，还可兼而为之，关键看主客观条件是否完全具备。当我们专事“美身”事业时，儒学可为我们提供强大的精神支撑；当我们专事“美俗”事业时，儒学也可为我们提供强大的精神支撑；当我们专事“美政”事业时，儒学仍可为我们提供强大的精神支撑！这种以并列关系的视角来研讨儒学价值的做法，不仅不违背孔子思想的本义，更是体现出儒学实事求是、因人而异、因时而异的理论品格。我们认为，“美身”“美俗”都是相对独立的大众事业，值得终身为之，并完全可做到极致。尤其是“美俗”，这条路径古已有之，只是因我们长

① 蒋国保：《化士学为民学：蒋国保说儒》，孔学堂书局2015年版，第181页。

② 颜炳罡：《人伦日用即道：颜炳罡说儒》，第167页。

③ 梁启超：《儒家哲学》，第2页。

④ 常樯：《做儒学传承发展事业的引领者——新时代中国儒学机构发展建设碎思（二）》，《衡水学院学报》2021年第3期。

期囿于固有的“内圣外王”这种“二分”法之说，而将其普遍忽视。强调“美俗”，也就为今人开辟出了一条“新”的、不同于“内圣”“外王”的功夫路径。今天来看，“美俗”是践行儒学价值理念的一大片“新”天地，身处其中，我们可齐家、睦邻、敬友、尊师、助人为乐、成人之美……这真可谓是儒学价值呈现之“新”的增长点所在！

躬稼与天下

——《论语》稼圃问答发微

董成龙

【摘要】《论语》有两处躬稼问答，樊迟问稼被斥为小人，南宫适提及躬稼却被褒为君子。针对这两处问答，方家注疏者众，往往以分工论释义樊迟问稼，认为人分君野、事有大小，故有耕读之别；以德力之辨释义南宫适对举的羿、奡和禹、稷。所以前者不得善终，后者终得天下。然而若将两处问答并案处理，则发现关于躬稼与否的判定似乎前后不一。经文本互勘，两处问答实际由躬稼与天下切入，探讨志与致的整体问题：志有大小（始），致分德力（中）。不在于职业是耕者还是学者，禹、稷因其志大而致于德，终得天下。后世儒者若执着教条，遗忘躬耕心田以化成天下的初衷，便会撕裂孔子心系之天下，沦为小人儒。

【关键词】躬稼　天下　樊迟　南宫适　分工论　德力之辨

【作者简介】董成龙，北京外国语大学历史学院副教授、中国史教研室主任，北京中外文化交流研究基地研究员。

子夏曰："虽曰未学，吾必谓之学矣。"（《论语·学而》）

外面作犹太人的，不是真犹太人；外面肉身的割礼，也不是真割礼。惟有里面作的，才是真犹太人；真割礼也是心里的，在乎灵，不在乎仪文。(《新约·罗马书》2：28-29)

一、樊迟请学稼圃

《论语·微子》中，是《论语》中最后一篇以孔子言行为中心的，全篇11节，在最中间的3节，接舆、长沮、桀溺和荷蓧丈人主张自然躬耕，发起对政治世界的批评，孔子、子路予以辩护。① 农家的主张与道家的自然躬耕之论接近，儒家之中亦有倾心于此者，如樊迟便曾表露心迹。其事见于《论语·子路》：

> 樊迟请学稼。子曰："吾不如老农。"请学为圃。曰："吾不如老圃。"樊迟出。子曰："小人哉，樊须也！上好礼，则民莫敢不敬；上好义，则民莫敢不服；上好信，则民莫敢不用情。夫如是，则四方之民襁负其子而至矣，焉用稼？"（《论语·子路》）

樊迟单刀直入，求问播种粮食或蔬菜瓜果的农事技艺（田园技艺），有弃文事农之嫌。孔子直言不掌握这两种技艺，终止问答；事后点评，三言上有所好，下必有成，何必躬耕。这是说樊迟以为在走治民的捷径，其实恰恰绕了路；同时暗中批评"君民并耕"的农家主张。

陈相曾师从儒者陈良，听闻许行学说后竟"尽弃其学而学焉"，由儒学转向农学，有点樊迟的影子；见到孟子后，更以许行之学与之论辩，以示弃暗投明。

> 陈相见孟子，道许行之言曰："滕君则诚贤君也；虽然，未闻道也。贤者与民并耕而食，饔飧［yōng sūn］而治。今也滕有仓廪府库，则是厉民而以自养也，恶得贤？"（《孟子·滕文公上》）

在农家看来，君民若不并耕，则在位者剥削耕农，不可谓"贤君"。

① 李长春：《政治生活：批评与辩护——〈论语·微子〉篇臆解》，陈少明主编：《思史之间："论语"的观念史释读》，上海三联书店2009年版，第210～224页。

孟子反诘，既然要吃食，便须自种；那是否要穿自织的布、戴自织的帽呢？陈相答曰：“百工之事固不可耕且为也。”言下之意，“百工”尽是特殊的专门技艺，人们无法既“工”又“农”。孟子见此回答，不禁哑然失笑——难道“士”不也是一种技艺吗？

> 然则治天下独可耕且为与？有大人之事，有小人之事。且一人之身，而百工之所为备，如必自为而后用之，是率天下而路也。故曰，或劳心，或劳力；劳心者治人，劳力者治于人；治于人者食人，治人者食于人，天下之通义也……圣人之忧民如此，而暇耕乎？（《孟子·滕文公上》）

孟子将人与事划分为两类：劳心者—治人—大人之事—食于人，劳力者—治于人—小人之事—食人。“物之不齐，物之情也……比而同之，是乱天下。”人分君野、事有大小，治天下与耕种不仅是两种职业，更是截然两端的志业。如此一来，治天下的大人怎有闲暇事农？若以分工论切入樊迟问稼，则樊迟定为小人无疑。历代方家多持此论，至晚清留美博士陈焕章（1880—1933）仍如是伸张。①

儒家与农家之别属于南北学术之辨，南朝刘勰（约465—520）记述了战国的南北两个学问中心：

> 春秋以后，角战英雄，六经泥蟠，百家飙骇……唯齐楚两国，颇有文学：齐开庄衢之第，楚广兰台之宫。（《文心雕龙·时序》）

---

① 汉儒以为樊迟深知以农为本，“一返后稷教民之始，其志甚大”。元人朱公迁《四书通旨》将樊迟列入异端，与许行一同讥讽。参见程树德：《论语集释》，中华书局2013年版，第1033、1036页。陈焕章：《孔门理财学》，第243~244页。陈焕章一书似是挖掘中华传统资源与西方经济学匹配之处，樊迟问稼一段则揭示孔孟一系均有社会分工论，恰可与西学暗合。正因此番努力，该书甫一问世便获经济学名家凯恩斯（John Maynard Keynes，1883—1946）和熊彼特（Joseph Alois Schumpeter，1883—1950）的关注。

滕国居于齐楚之间，师法南北何种学说，也关乎本国政制何去何从，进而引申出诸侯结盟之事，不可小觑。齐鲁之地的北方之学主张礼制的分工与秩序，与农家“君臣并耕”之论不同：

> 制君臣之义，父子之亲，夫妇之辨，长幼之序，朋友之际，此之谓五。乃裂地而州之，分职而治之，筑城而居之，割宅而异之，分财而衣食之，立大学而教诲之，夙兴夜寐而劳力之。此治之纲纪也。（《淮南子·泰族训》）
>
> 农家者流，盖出于农稷之官。播百谷，劝耕桑，以足衣食。故八政，一曰食，二曰货。孔子曰“所重民食”，此其所长也。及鄙者为之，以为无所事圣王，欲使君臣并耕，悖上下之序。（《汉书·艺文志》）

若仅停留在解释樊迟问稼，分工论已足够。但孔门另一弟子南宫适直指“禹、稷躬稼而有天下”，似已超出分工论的解释范围——若人与事俱有小大之辨，耕稼事小，作文事大，缘何樊迟问稼是小人，南宫适问稼竟是君子，而禹、稷躬稼终得天下？

二、南宫适评点羿奡

《论语》中，《宪问》紧邻《子路》之后，记载了南宫适问稼之事：

> 南宫适问于孔子曰：“羿善射，奡荡舟，俱不得其死然；禹、稷躬稼而有天下。”夫子不答。南宫适出，子曰：“君子哉若人！尚德哉若人！”（《论语·宪问》）

南宫适问稼，显然不是要像樊迟那样追随农家。他比较了两组人与技艺，羿善于射箭，奡善于水战，足见擅长战争的技艺，二人均是力大于德者，可谓傲王（Superbus）；而禹、稷躬稼，扎根于水土，可谓懂得和平的技艺。同在《宪问》篇，孔子讲“骥不称其力，称其德也”，由此观之，果然称赞南宫适“尚德”。

与南宫适问稼紧邻的前一节，孔子指出“仁者必有勇，勇者不必有仁”。仁勇之别，恰恰对应南宫适列举的两种技艺。紧邻的后一节，孔子讲“君子而不仁者有矣夫，未有小人而仁者也”。再次提示，纵然南宫适未必能达到仁人的标准（《论语·宪问》开篇的对话指明，能够做到不克、伐、怨、欲，已很难得，但仍不及仁人），也已意识到仁与不仁之别。

不仁的羿不得好死，《孟子·离娄下》讲述了其中原委，逢蒙跟随羿学习射箭，无可匹敌，唯一不敌乃师羿，遂将其暗害。孟子判定，羿虽横死，却也有罪，反证以子濯孺子的故事。他受命攻击卫国，卫国派庾公之斯反杀。庾公之斯是“善射者”，师祖正是子濯孺子，因其疾病发作，不能持弓，庾公之斯“不忍以夫子之道反害夫子”，子濯孺子得以幸免。这是说，羿固然善于射箭之法（技艺），懂得教授徒弟将弓拉满的“规矩”（《孟子·告子上》），却不懂得这门技艺的大限（矫正以德），单纯以勇授受，反受其乱。奡也有浪遏飞舟之力，名噪一时，最终也不过重演羿的悲剧。

> 羿、敖以巧力不得其死。（《盐铁论·论灾》）
>
> 羿恃己射也，不修民事，而淫于原兽；弃武罗、伯因、熊髡、龙圉，而用寒浞……浇才力盖众，骤其勇武而卒以亡。故南宫括曰：“羿善射，奡荡舟，俱不得其死也。”（《潜夫论·五德志》）

除南宫问稼一节外，《论语》中仅见的另一处“不得其死然”，主人公正是樊迟问稼所在篇的篇首提问者（从而是篇名命名者）子路。孔门“受业身通者七十有七人”（《史记·仲尼弟子列传》），子路在《论语》中出现次数之多，仅次于孔子。孔子教诲“见义不为，无勇也”（《论语·为政》），子路以为“不仕无义”（《论语·微子》），显然也是无勇了，却觉得孔子为政“必先正名”是迂远而阔于事情（《论语·子路》）。所以，孔子批评子路“行行如也”，刚强又鲁莽（“由也喭”），进取太过，怕是不得好死（《论语·先进》）。

> 子路性鄙，好勇力，志伉直，冠雄鸡，佩豭豚。陵暴孔子。孔子设礼稍诱子路，子路后儒服委质，因门人请为弟子。(《史记·仲尼弟子列传》)
>
> 子路曰："君子尚勇乎?"子曰："君子义以为上。君子有勇而无义为乱，小人有勇而无义为盗。"(《论语·阳货》)
>
> 季路问事鬼神。子曰："未能事人，焉能事鬼?"曰："敢问死。"曰："未知生，焉知死?"(《论语·先进》)

子路以勇士形象示人，却追问乃师"死"为何物，还问及其他同门未曾提过的鬼神之事（"不问苍生问鬼神"）。勇士问（畏）死，却不得好死，岂不反讽？忆往昔，颜回也曾为子路分说德力之辨："力猛于德，而得其死者，鲜矣！盍慎诸焉。"(《孔子家语·颜回》)透过《论语》仅见的两处"不得其死然"，颜回与南宫适所识，其义一也。

三、禹、稷、颜回同道

南宫适识见禹、稷"起初虽微小，终究必发达"（禹自身成王，稷乃周之始祖)，而颜回又与南宫适所见略同，则"禹、稷、颜回同道"水到渠成：

> 禹、稷当平世，三过其门而不入，孔子贤之。颜子当乱世，居于陋巷。一箪食，一瓢饮。人不堪其忧，颜子不改其乐，孔子贤之。孟子曰："禹、稷、颜回同道。禹思天下有溺者，由己溺之也；稷思天下有饥者，由己饥之也，是以如是其急也。禹、稷、颜子易地则皆然。"(《孟子·离娄下》)

南宫适所言"禹、稷躬稼而有天下"，其中"躬稼本稷事而亦称禹"，此处孟子言"三过不入""本禹事而亦称稷"①，亦可证于斯文：

---

① 杨树达编著：《汉文文言修辞学》，中华书局1984年版，第163页。

禹八年于外，三过其门而不入……后稷教民稼穑。树艺五谷，五谷熟而民人育。(《孟子·滕文公上》)

禹凿龙门，辟伊阙，决江浚河，东注之海，因水之流也。后稷垦草发菑，粪土树谷，使五种各得其宜，因地之势也。(《淮南子·泰族训》)

对于禹、稷而言，无论治水，还是躬稼，其道一也。“禹之治水，水之道也”（《孟子·告子下》），按照水的自然本性疏通，而不是刻意管制，恰如舜“由仁义行，非行仁义”（《孟子·离娄下》）。禹、稷在《论语》《孟子》中的并称，揭示出二人的水土之功。相较而言，羿在陆上善射，奡在水中善战，不可谓没有掌握屹立于水土之上的技艺，却因为不懂得规范技艺的德性，不得善终。羿、奡、子路不得其死，颜回虽“不幸”早逝，却不可归为一类。

天下日久，“一治一乱”，有“平世”，有“乱世”。禹稷当平世，“兼济天下”；颜回当乱世，“独善其身”。却都心系天下，可谓“同道”中人（《孟子·滕文公下》《孟子·离娄下》《孟子·尽心上》）。① 孔子亦称赞南宫适“邦有道，不废；邦无道，免于刑戮”（《论语·公冶长》）。②

高徒颜回尚且与禹、稷“同道”，何况夫子？无怪乎马融（79—166）、皇侃（488—545）、朱熹（1130—1200）都认为南宫适躬稼之问实际暗中

① 《孟子》中有两处“达”需要辨析，俱在《尽心上》。一次指出，“穷则独善其身，达则兼善天下”。另一次讲，“独孤臣孽子，其操心也危，其虑患也深，故达”。前者是外在的显达，后者是内在的贤达。对照《论语·颜渊》，子张问“达”，孔子区分“闻”与“达”；亦勘《论语·宪问》，“君子上达，小人下达”。《孟子·离娄下》提及仲尼称水，“盈科而后进”，参照《法言·学行卷第一》问“进”，刘宝楠解《论语·子罕》云“《法言》所谓进，与夫子言逝义同”。《说苑·杂言》：“舜耕之时不能利其邻人，及为天子，天下戴之。故君子穷则善其身，达则利于天下。”

② 在《论语》中，南宫适此问（见于《论语·宪问》）与孔子对南宫适居国处境的判定（见于《论语·公冶长》）并非紧贴，然而收入《史记·仲尼弟子列传》时被紧贴处理，更见其内在关联。

以孔子比附禹稷，至晚清康有为（1858—1927）亦主此说：

> 羿奡有力者终死，禹稷有德者终王。不于其身，必于其子孙。适以孔子盛德无位，借以重孔子者，故孔子不答。而适识见如此其远，故称其君子，美其尚德。孔子卒为教主，天下归之，真有天下，果如适言。盖德与力，自古分疆，而有力者终不如有德。嬴政、亚历山大、成吉斯、拿破仑之声灵，必不如孔子及佛与耶稣也，此为万古德力之判案也。①

有关南宫适将羿、奡和禹、稷对比，历代方家多以德力之辨注解，如果尚力甚于尚德，无法善终。德力之辨固然足以解析羿、奡和禹、稷对比，却无法回应《论语》两处问稼的张力。《论语》两处问稼，按照大小分工之论，“君子谋道不谋食”“君子忧道不忧贫”（《论语·卫灵公》），则君子“不耕而食”没有问题；但又强调禹、稷由躬稼而终获天下，似乎前后矛盾。

四、志与致

樊迟问稼所在《子路》篇首，子路问政，孔子答曰：“先之劳之。”据《大戴礼·子张问入官》：“躬行者，政之始也。”周公也知道王者“先知稼穑之艰难，乃逸，则知小人之依”（《尚书·无逸》）。刘向《七录》释义“九主”，其中“劳君”指称禹、稷，勤劳天下。由此释义“禹、稷躬稼而有天下”，正是“下学而上达”无疑（《论语·宪问》）。

两处问稼并案处理，则可知：

---

① 康有为：《论语注》，楼宇烈整理，中华书局1984年版，第208页。关于“力”与“德”，西方世界的“现代人”马基雅维利曾有极其深刻的判断：武装的先知都成功了（摩西），而非武装的先知都失败了（耶稣）。而施特劳斯则发现，耶稣身死而教存，恰恰取得了巨大成功。另据蒙文通所识，素王说法是援法入儒而来，这本身就是德力关系的辩证处理。参见蒙文通：《儒家法夏法殷义》，载氏著《儒学五论》，广西师范大学出版社2007年版，第82~84页。

1	不为太过	长沮、桀溺	樊迟	志（大，小）	特殊论（躬稼）
2	进取太过	羿、奡	子路	致（德，力）	普遍论（天下）
3	君子儒	禹、稷	颜回/南宫适	志与致	普遍论（天下）

三代之末，“大道既隐，天下为家，各亲其亲，各子其子”“谋用是作，而兵由此起”（《礼记·礼运》）。当此“道术将为天下裂”之际，针对时弊，诸种学说迭起。依其时空视域而论，庶几可分为着眼于自我处境的特殊论和倾心于大道之行的普遍论。道家讲人依自然，以求自保，极端则是杨朱，专注利己，属于特殊论；法家讲万国天下，以成霸业，极端则是墨家，天下为公，属于普遍论。孟子讲“天下之言，不归杨，则归墨”“逃墨必归于杨，逃杨必归于儒”（《孟子·滕文公下》《孟子·尽心下》），对特殊论与普遍论俱有批评。儒家学问“致广大而尽精微”，或可从躬稼问答中窥见其有关特殊论与普遍论的思考。

孔子“十五而有志于学”（《论语·为政》），回首三代陈迹，“未之逮也，而有志焉”（《礼记·礼运》），足见以立志为始。樊迟目睹天下大乱，一心想退守躬稼，自给自足，先守本分，静待天下平，局限于自我处境，仍系特殊论视域。固然无碍于他人，比之作恶者不可谓不善，然而终究器小，只能解决一己之私。但若天下皆乱，又怎可能独得保全？除非天下人都得以走出乱局，否则无人可以逃脱。换言之，忽略了天下问题，并不能拆分为个体问题或万国竞争的逐个解决，若将修身、齐家、治国、平天下理解为先后顺序，则前者必定内在包含对后者的反叛——通过考虑“利吾国”，必定催生而不是平定万国竞争的局面（《孟子》开篇）。因此，由乱而治，无法通过个体的逐个解决达成。① 此种天下关怀，今人观之，以为纯是理想期许，实际亦是深刻的现实，因此，儒法两家均有强国问鼎之论。

① 参阅马克思的提示。马克思：《论犹太人问题》，载《马克思恩格斯全集》（第3卷），人民出版社2002年版，第163~198页。马克思意在世界历史之中处置犹太人问题，深刻指出除非所有人都解放，否则犹太人无法作为特殊群体真正获得解放（共产主义运动必为“国际”运动自不待言）。19世纪以来中国问题（民族解放、现代建国与中国在世界之身位），亦须放在世界历史中把握，非只单纯国内问题。

由樊迟之不足，可以用分工论体察躬稼与天下的小大之辨。论人，有治人者和治于人者；论事，有大人之事和小人之事。南宫适则进而追问，纵然志在天下，还有尚力与尚德的德力之辨，其论说结尾是禹稷躬稼而有天下。躬行（躬耕）考虑的也不是特殊的技艺，超越大小分工之论，而是超乎特殊职业或技艺的普遍德性，在这一意义上，"耕稼便是赞化育"①。反过来，其补充了樊迟问稼所未曾揭示的一点：农艺之类的小人之事，同样可以拥有某种跃升的德性；所谓分工不过是一种表面上的职业划分，躬耕心田、修养德性才是大人之事。

樊迟问稼，关乎志；南宫适之问，关乎致。孔子教人，不仅要志在天下，更要懂得由何以致。道家同样看到南宫适看到的尚力人世的腐朽，却选择退回到自然状态，而孔子高呼"吾非斯人之徒与而谁与"（《论语·微子》），力图在此世寻求出路。由此，《论语·子路》中的樊迟问稼、《论语·宪问》中的南宫适问稼和《论语·微子》中的儒道之辩，构成一个完整的辨析，清理了农家（志在一己，小人之事）、法家（虽有志于天下，却以力致，"虽得之，必失之"）和道家（知天下而退守）。

道家与农家俱事农业，以求自足，若人人反躬自足，自然天下无争。然而，一旦由野人而进入文明，社会分工，通功易事，势不可当。道家、农家俱出于南楚，足见南方之学与齐鲁之学颇为不同。以后历代，大多以北方为基南下一统，而反叛革命，大多以南方肇事，固然有政治军事之势，亦见其南北学风民俗差异之基。

农家志小，使人拘泥于某种特殊技艺；儒家志大，以"君子不器"使人的德性超越具体技艺的限制：

> 君子之道，造端乎夫妇，及其至也，察乎天地。（《礼记·中庸》）
>
> 夫礼，先王以承天之道，以治人之情。……人情者，圣王之田也。修礼以耕之，陈义以种之，讲学以耨之，本仁以聚之，播乐以安之。（《礼记·礼运》）

---

① 钱穆：《双溪独语》，九州出版社2011年版，第66页。

人情如田，情深即深耕，文明即收获。稼穑于自然之春秋（土地），不夺农时，是老圃所为；稼穑于义理之春秋（以当王法），是孔子所为。后世倡言天子亲耕籍田之礼，直至晚近的植树节，亦暗合此种道理。①

法家志大，却以力致，不能尚德，“虽小道必有可观者焉，致远恐泥”（子夏语，《论语·子张》），“虽得之，必失之”（《论语·卫灵公》）。所以，针对樊迟的农家倾向，孔子意在“进取”；针对南宫适提到的羿、奡和禹、稷，孔子则指向“有所不为”（亦见于射御之辨）。无论太过进取，还是太过不为，两种极端都过分“切近”（“近己而俗变相类”，庶几可以对译为“low but solid ground”），不能骛远。

“君子之守，修其身而天下平”（《孟子·尽心下》），所以“有终身之忧，无一朝之患”（《孟子·离娄下》），重新思量孔子“不为鲁国而为天下，不为一时而为万世”，夫子大德，岂不正是着眼于普世而永恒的人世图景？

① 陈蕴茜：《植树节与孙中山崇拜》，《南京大学学报（哲学·人文科学·社会科学版）》2006年第5期，第76~90页。

由倡导“华服”与“国潮风”引起的思考

李超德

【摘要】 服饰是文明的缩影。当今“国潮风”流行，“华服”概念的提出引发了更深层次服饰所蕴含的政治、经济、文化和社会学意义的讨论。人类服饰文化史是一部多元互动的流变史，倡导“华服”和“国潮风”不能理解为是和西方设计潮流相对抗，“华服”应在流行潮流中印刻中华传统文化的意蕴，将中华民族的优秀传统元素与精神进行现代设计转化。在设计思潮全球化的今天，应用发展的眼光看待民族服饰的传承与传统服饰的时尚化，增强民族文化自信。

【关键词】 “华服”　“国潮风”　多元互动　民族文化自信

【作者简介】 李超德，苏州大学艺术学院二级教授、博士生导师，苏州大学特聘教授、博物馆馆长。国家哲学社会科学（艺术学）重大项目“设计美学研究”首席专家。

人类服饰文化史其实就是一部多元互动的流变史。沧海桑田，斗转星移，五千年文明积淀孕育了华夏文化。服装其实是人类生活的一面镜子，更是时代发展和社会风貌的缩影。服饰之礼在中国古代本是国之重典，君与臣、官与民、重大礼仪和婚丧嫁娶如何穿着，都有严格的规定，不可僭越。所以，服饰文化也是文明的表征。当原始人自从有羞耻感并开始穿衣的那天起，人类文明才真正诞生。改革开放四十余年，反映在人们的服饰穿着上，当今“国潮风”的流行，提出中国服饰的民族化与时尚化概念，本身是巨大的进步。这恰好说明了民族文化自觉和民族文化价值迫切需要得到确认。面对当今西方化时尚设计潮流的影响，中国服装设计应该呈现出一个什么状态？服饰的“民族化”“中国风”概念被一次次提及，由穿着“旗袍”、倡导“华服”而带来的“国潮风”一阵阵刮起，恰好映证了时代的进步，说明了中华民族文化自信与文化自觉的显现。

一、倡导“华服”和“国潮风”不能理解为是和西方设计潮流的对抗

服饰某种样式的流行，既是物质文化的表现，也是精神特质的彰显。大可以涉及国家政治、意识形态、社会风俗，小可以说到群体审美和个人趣味。服装的演变发展可以说是文明史的一部分，它随着经济发展，由高到低、至上而下，影响着人们的价值观念，进而影响人的生活方式和穿着习惯。

究竟什么是“华服”？从媒体上得知前不久专门开过研讨会，许多熟识的权威专家给予了很好的阐述。但是，关于“华服”定义有许多，以我自己的看法，其实没有必要这么早下定义。身体力行弘扬民族服饰文化传统、倡导显示新时代有民族意味和新气象的“华服”概念，应该给予积极肯定。应该肯定关于“华服”的倡导，比一般性的、抽象的概念表述更具有现实指导意义。然而，我们应该清楚地认识到，面对博大精深“衣冠王国”的历史财富，既不能妄自菲薄，对此视而不见，也不能盲目乐观，臆断出西方人也能人人对来自中国的服饰流行产生回归故国家园之感。改革开放以来，中国服装设计走过了从模仿到自省、自觉、自立的过程。在“国风”潮流影响下，“华服”概念的诞生，有其历史的必然性和现实的可能性。然而，潮流之外，究竟是什么在起着推动力？既然倡导“华服”流行，就必须找出服饰流行之外的“道理”。

面对西方把控的时尚流行信息和服装设计话语权，我理解在强调文化自信和民族传统的同时，不能将其理解为对抗，而应该理解为融合。工业革命以后，欧美文化占领了世界主流文化的前沿，服饰作为社会发展的一面镜子，客观地反映了这一现实。然而，进入 20 世纪 90 年代以后，非发达国家经济的高速发展，民族文化元素的融合正成为一种设计现实。或

许，这种文化影响和流行体系还不够完备，有的甚至很残酷。譬如，局部战争促使区域文明遭受毁灭性打击，以及全球化文化信息共享的事实，又迫使世界文化多样性逐渐消失。但是，应该看到一种全新的属于全世界的世界性文化又正在形成中，而世界性文化中必然包含了多民族的流行元素。20世纪60年代日本和20世纪80年代韩国的崛起，改变了国际时尚流行的线路。21世纪开始，新兴国际大都市上海、孟买等地，甚至是南非、波兰、北欧、南美等国家和区域的创意产业发展正成为国家新经济的引擎，同时改变着人们的生活方式，影响着人的审美观念。因此，强调民族性不代表丧失世界性，而世界性流行中必然渗透着地域性的民族审美。这已经可以从工业设计、环境景观设计乃至服装设计的国际性大师的作品中得到充分体现。我们将服饰置于文明史研究的视域中，既要摈弃狭隘的民族本位主义，又要避免囿于抽象民族虚无主义的歧义，这就要求研究者拥有宽阔的学术视野、文化胸怀，化对抗东西的弱势心理为相互融合的自信心理。

关于“华服”概念的提出，引申出不仅仅是一般意义上对传统服饰民族化和时尚化的思考，而且会引发更深层次服饰所蕴含的政治、经济、文化和社会学意义的讨论，这也就是所谓的“服饰之道”，这也是我来“第七界尼山世界文明论坛”，想用服饰文化的一个小侧面解读文明大道理的初衷。服饰设计实则上在其物质外表下，蕴含着至深的设计“道”“器”理论。宋代理学大师程颐、朱熹等认为“道”超越于“器”之上。朱熹曾说：“理也者，形而上之道也，生物之本也；气也者，形而下之器也，生物之具也。”（《朱文公文集》卷五八《答黄道夫》）“道”与“器”相对，所谓“道器”；“道”亦与“德”相对，所谓“道德”，意指法则。《老子》曰：“有物混成，先天地生……可以为天下母。吾不知其名，字之曰道。”道又成了宇宙万物的本源和本体。道还与一定的人生观、世界观、政治主张和思想体系联系在一起。《论语·公冶长》曰：“道不行，乘桴浮于海。”《论语·卫灵公》曰：“道不同，不相为谋。”指的是道义。当然，所谓“道”，还兼有方法、区域、道路、治理、说词等含义。所以说服饰的话题，是非常严肃的文化话题，并不是简单的花花草草，服饰文化和时尚流行的背后蕴含着很深的学术意义。这让我想起有一年全国“两会”期间，中国美术学院吴海燕教授和中国丝绸博物馆馆长赵丰教授提议：在开幕式当天，浙江省的20多位女代表和女委员集体穿着旗袍走进人民大会堂，演绎一场“旗袍秀”，其所引发的更为深入的讨论。

二“旗袍秀”事件是“国潮风”掀起的前奏

当今世界似乎都在刮“中国风”，政治的、经济的、文化的，倡导“华服”和设计流行中的“国潮风”，只不过是这一现象在服饰上的具体体现。尽管已经时过境迁十多年了，那场由吴海燕、赵丰委员提议的“旗袍秀”，实则上承载着深刻的时代背景和设计史价值。他们的提议迅速得到了女委员们的响应，为此做了比较充分的准备，吴海燕还亲自操刀在自己的工作室完成了旗袍的制作。但是，消息一经披露，各种赞扬与批评之声相持不下，最后由于种种原因，“旗袍秀”没有能够在人民大会堂与大家见面。由此，引起诸多猜想，增加了“旗袍秀”的几许神秘。

社会舆论焦点主要集中到了浙江省的20多位女政协委员和女代表进行“旗袍秀”表演是不是不务正业？在人民大会堂这样庄严肃穆的场合，“旗袍秀”算不算是挑战政治开明和社会包容性与幽默感的底线？其实，吴海燕作为一名中国美术学院的设计学教授和著名设计师，她被选为全国政协委员，固然有参与国家政治事务的严肃任务，但是，以我个人的意见看，她身为政协委员，有责任为全民族的服饰审美奔走呼吁。同时，美化民众的生活既是她的工作职责，又是作为设计师的道德责任。她和赵丰选择“两会”期间做这件事，或许在时间和地点上有待商榷。如果避开许多商业因素，利用这样的场合积极倡导优雅服饰也不能说不严肃。因为，他们展示的是我国妇女的国家形象。更何况，服饰制度历来是中国古代统治阶层兴邦治国的国之重典，建立在宗法礼制基础上的古代服饰之礼，维系着整个社会的“和谐”，在稳定宗法人伦关系方面的功能，更是刑或法所无法替代的。

服饰重典在封建社会何以深得人心，值得关注的是，它是以“礼”的面貌出现的。礼不仅在于它被蒙上一层血缘亲情的温情面纱，还在于它具有一定的与艺术相类似的潜移默化、影响人们心理情感的审美属性。不用讳言，我们国家在服饰礼仪方面面临的问题是比较多，许多人穿着粗陋，不分场合，品位低下，确实已经严重影响了国家的整体形象。虽然，我在国内许多场合表达过在现行人民代表大会体制下不赞成搞什么“国服”，但作为能够展示中华民族服饰文化精髓的“华服”，还是比较宽泛的概念，值得提倡和探讨。能够展现中国妇女优雅形象的旗袍，当然可以包含在“华服”的概念之中。因此，所谓的“旗袍秀”实则上已经超越了服饰本身，上升为民族文化自觉与自省的讨论。所以，我在第一时间给予吴海燕以道义上的支持。然而，围绕“旗袍秀”的争论，最终演变成为网络人身攻击，甚至发展为谩骂，这是我始料未及的。这也反映出公民社会任何事物的出现，一定会有不同观点，也衍生出在互联网时代面对不同意见，民众言论如何自律与宽容。

据说“旗袍秀”被阻止的理由是：按有关规定，人大代表和政协委员出席“两会”应该以正装出席。通常意义上的所谓“正装”，是指适用于正式场合的正式服装，正装就是正式场合的装束，而非娱乐、运动、休闲和居家环境的装束。一般意义上的正装，在当下，可以看成是诸如西服、中山装、西装套裙、民族服饰等服装。旗袍作为民族化的服饰，在民国时期和1949年以后的相当长一段时间，都是作为体现中国妇女形象的装束而得到公认的正装。只有“文化大革命”十年中人们日常生活审美情趣被扭曲的情况下，旗袍才被看成是封、资、修的东西而禁止穿着。改革开放以后，在重要的国际场合，我国的许多女官员、女学者、女艺术家都以穿旗袍为荣。如果按所谓正装是特指男性以穿西装打领带为佳，女性则以西装套裙为妥。整齐划一的装束不仅不能够给人以庄重之感，相反显得刻板而没有生气，更像银行和公司职员，缺乏新时期“两会”代表的风采。面对日益发展的信息技术，促使卫星电视能够将巴黎、米兰、纽约等时尚都市的最新流行时尚快速传递到城市的每一个角落。然而，人们在快节奏工作之余，为消除激烈竞争带来的紧张心理，避免高层公寓、写字楼给人造成的心理抑郁，往往容易勾起对古典情怀的向往与追寻。我想，今天提出“华服”概念和倡导穿着民族意味的现代时装，恰好是这种情绪凝冻的载体。

20世纪60年代至90年代，世界服饰时尚潮流一直以简约主义风格为主流，即便偶有变异，也冠以“奢华的简约”之名。从而高级时装日益萎缩，许多国际大牌时装转向二线品牌运作，使服装更贴近平民，更年轻化、大众化。当历史的巨轮进入新世纪之时，人们在高楼铸就的城市森林中，面对冰冷的金属构件和混凝土构筑的环境，不满足于西方的全球化流行风尚，追求古典情怀的审美趣味。国际设计大师的时装秀中，古典风尚的作品大行其道。旗袍等民族服装流行可说是顺应了人们古典主义的审美趋向。同时又是国内经济发展以后，民族文化价值急需自我确认的表现方式。在重要场合，我国妇女究竟应该穿什么样的衣服？似乎没有定论，中西皆可。有一位画家说：有品位的人是古典的。或许这句话有失偏颇，但对古典情怀的欣赏和实践正被越来越多的人所理解与追随。因此，今天看来，“华服”以比较宽泛的大概念，为具有民族审美意味的服饰留下想象空间，不失为一种折中的审美倡导。“旗袍秀”作为当今服饰文化事件的一个插曲，其实正是当今服装设计界“国潮风”掀起的前奏。

三、民族服饰文化发展史本身是一部多元互动的流变史

2009年全国政协十一届二次会议上，全国政协委员李延声向会议提交了关于“国服”的提案，指出在我国对外交往空前频繁的今天，国服问题的重要性日益凸显，并建议设计一种“中华服”作为国服。“中华服”是否为“华服”？无法定论，中国是否一定要以国家制度的方式规定穿着“国服”？有人说，日本有和服，韩国有韩服，越南有奥黛，印度有纱丽……在不少国家，富有浓郁民族风韵的国服成为一大亮点；而在当下的中国，设计新时代国服的呼声似乎也日益高涨。如何看待“国服热”？中国究竟需要怎样的“国服”？实则上，这是一个无休止争论而肯定没有结果的伪命题。

中国是56个民族的大国，国服应该什么样？中国人参与重大国际交流活动、重大节事活动日渐频繁，大众的着装要求、品位逐渐提高，希望通过服装突出国家身份的人越来越多。讨论国服对提升国人文明素养确实具有正面意义，而且对国家建设和谐社会也具有积极的意义。但建议好

提，进入款式设计阶段，问题就来了。我们讨论“国服”和“华服”，实则是讨论民族穿着样式的差别化。所谓中西服饰文化的差别，实质上是传统的地域性服饰文化与服饰审美同世界性的服饰文化与时尚潮流之间的差别。往往由于文化历史、意识形态等问题，在差别化中又承载了过多的历史责任和民族振兴的含义，衍生出的许多问题，我们常常感到困惑。

我们谈论服饰文化的时候，一直讲继承传统，就会想到汉服、唐装，进入民国有中山装、旗袍。但我们也看到，中国服饰文化史发展也是多元互动的历史，从胡服骑射，剪辫易服，服饰一直在变化中。我们的传统是什么？隋唐以前，我们都是席地而坐，宋以后高坐具流行，室内陈设的关系彻底改变了，建筑和器皿的尺度改变了。那么，我们要问，传统究竟是什么？我在许多学术场合一再说，中华文明史历来是多元互动的。中国科学院有一位院士叫干福熹，他是光学科学家，70 岁以后研究科技考古，他在仰韶文化遗址里发现了“青金石”。青金石大家知道，产于阿富汗、贝加尔湖地区，还有南美。根据相关科学测试，这个“青金石”来自阿富汗。由此说明，距今四五千年，是有一条通道通过物物交换的方式来到中原的。仰韶文化遗址里发现“青金石”，至少说明在新石器中晚期，中西方的大门已经打开了，中原的先民已经和西域有交流，这当然是文化的交流，也是文明的交流。而且，在仰韶文化遗址里发现“青金石”，直接将中西文化交流自张骞出使西域开始，向前推了两千年。这种文化交流和文明相互影响的事例还很多，20 世纪 20 年代李济博士在仰韶文化遗址里发现半个蚕茧壳，尽管众说纷纭，但比较一致地认为那时已有缫丝、养蚕，嫘祖“教民育蚕”、“黄帝……垂衣裳而治天下”不是凭空来的。夏鼐先生曾经在 20 世纪 70 年代初写文章说，在商周遗址里发现包裹兵器的丝绸残片上有提花痕迹，至少在商周时期我们已发明了提花装置。但是，阿拉伯的纺织技术也非常发达，他们早已经发明提花装置。我刚刚进会议厅，看到墙上挂着民族乐器琵琶和中阮的图片，这些其实都是来自西域的胡乐。还有我们在农村和戏剧舞台上常见的唢呐，现在没有人认为它们不是我们自己的民族乐器。大家现在还认为这是胡乐吗？唢呐在克孜尔洞窟中第一次有形象出现，直到清代中期我们还将唢呐归为回部乐。缂丝也是中国的传统工艺，但它来自汉代以前西域的缂毛，通经断纬，这是很高超的纺织工艺，唐以后在中原大地生根开花，到宋代已经出现朱克柔等缂丝高手，再后来缂丝成为皇家御用的纺织技术，如有缂织龙袍等物。由于费工巨万，所以有“一寸缂丝一寸金”之说。

在世界文明史的版图上，各个民族、各个地域和国家，同样经历了三个时期：孤立发展时期、多中心交流时期、全球化时期。服饰流行变化是随着时代变化而变化的。从赵武灵王的胡服骑射到西风东渐的剪辫易服，从席地而坐到高坐具的诞生，从船行、马车到高速火车，衣、食、住、行发展变化的历史，实则上就是中华文明不断发展、民族心智不断成熟和心灵成长的历史。回顾整个人类服饰文明史，可以说是多元互动的流变史，近代服饰中的旗袍就融合了西式裁剪，成为民国时期女性的代表性服饰。现今服饰文化现象就是以信息技术发展为基础，带来时尚信息资源共享与生活方式大同的趋势，经济发展促进文化发展，强势经济发展下的设计话语权又促使服饰设计思潮全球化的形成。应该看到，无论是“国服”还是“华服”的倡导，从正面理解是我们国家强大了，是人民群众文化自信的一种自觉表达。设计问题本质上就是文化的问题。设计在形式表象的外显之中，内含的是设计的“文化之道”。服饰是精神文化和物质文化的集中反映，服饰的变革是时代的必然。

从“旗袍秀”事件到围绕“华服”大概念的讨论，服饰又不仅仅是设计形式、材料和功能话题，更是深层次的文化问题。服分华、夷，倡导中国服饰审美和服饰礼仪，这既是设计话语权表达的文化自觉，又是国内经济发展和国际时尚界地位的象征。针对推行“国服”问题，我是坚定的反对者，反对要求国家推行所谓“国服”制度，以此来推动民族化服饰的穿着。我向来主张国际化不能以民族文化多样性的消失为前提，民族化服饰可以维护中华文明和传统文化的传承，增强民族的凝聚力，“华服”可以说也是设计美学品格与设计话语权的彰显。但是，如果以某种严格的民族化服饰来确定国家服饰制度，离开现今我们国家人民代表大会的民主体制和社会价值倾向，无法从本质上确立“国服”论证的逻辑基点。将服饰制度上升到捍卫民族文化精神的高度，又使得服饰的学术命题具有历史沉重感。

民族化服饰一旦脱离了一定的时代背景，古典的具象形式只能是僵硬和拼贴痕迹很重的文化图解。讨论“国服”和“华服”的初衷是对民族优秀文化的认同。然而，将服饰文化作为一种制度来讨论的时候，又带有明显的宗法色彩。作为拥有56个民族的大家庭，用一种服制来集中意志，将是一种浪漫主义的思考方式，从而不可能适应现代社会人的主观要求。如果我们不能认清全球化语境下文化价值观趋同的这一趋势，生搬硬套出一个“国服”制度和样式；如果我们不能认清今天的服饰文化作为流行世俗文化所持有的性质，是依随经济发展由高到低、至上而下产生影响，凭着扭曲的民族自尊心和文化本位主义而建立起学究们心中的服饰体系的话：那将是对服饰民族化的极大误解。因此，我认为倡导“华服”，找到了某种折中的表述。然而，“华服”的概念，又确实存在着进一步进行设计提升的问题。社会生活方式的潮流受到经济发展的制约，最终影响人们的审美价值观。以我个人的观点而言，尽管传统服饰中许多重要礼仪服饰都有繁复和累赘的装饰，一般传统中式服装却有其休闲、舒适的一面，有时也能满足一时标新立异的兴趣。但是，现代服饰时尚仍然是欧美设计流行占主导地位，中式意味的服装作为时装化的服饰，在全球化时代还不可能大面积流行。对襟、盘扣、立领加缎面的中式服装所抒发的古典情怀，只能满足部分人的审美心理和生活品位。社会发展和审美趣味是多样化的，人的审美意识的主观性促使服饰时尚跟随着时代的大潮流，也会呈现出多样化的状态。“华服”不应该简单看着是中式服装，“华服”的设计应该契合于年轻人的服饰文化流行，在流行潮流中印刻着中华传统文化的意蕴，将中华民族优秀的传统元素和精神进行现代设计转化，这才是我们当今真正需要的“华服”。

所以，又不得不反思并得出这样的悖论：古典情怀和民族形式只有融入时代的精神，方为大多数人所接受，“国潮风”的服饰，可以是抽离了某些具象的形态，真正表达中华民族内在精神，又能契合时代审美要求的合理倡导。其实，西方设计师早已尝试用西方民族和东方元素转换设计成现代时装，加里亚诺和瓦伦蒂诺都是高级女装的设计大师，他们阐释的古典主义透露着现代气息，是一种古典情怀的精神内核，而不是某一种样式的具象形态。只有汲取民族服饰的某些元素，抽离某些不适应现代生活的具象形态，而着重体现“华服”精神的服饰，才可能为现今的人们所接受。

四、用发展的眼光看民族服饰传承与传统服饰的时尚化

马克思和恩格斯早在一百多年前的《共产党宣言》中就有所预言：在现代社会，不仅物质的生产成为世界性的，精神的生产也是如此；由许多种地方的和民族的文化形成了一种世界性的文化。在这个时代，任何民族的和地方的片面性和局限性都将成为不可能。

十多年前，曾经有友人送我一本法国高级时装公会主席迪迪埃·戈巴克（Didier Grumbach）所著的《亲临风尚》。这本有着473页的著作，想不到出自一位曾任法国高级时装公会主席的时装设计师之手。讲服装和时尚流行，大家都喜欢拿巴黎说事，对高级时装之都的巴黎，人们更多关注的是它的流行，仿佛走过的都是香榭丽舍大街，吹来的都是塞纳河的香风。我们有一种习惯性的认知，能够一针一线做出高级的服装才是最大的设计之“道”，又似乎法国人生性浪漫，从来不讲玄而又玄的“道”，只讲风花雪月的“艺”。戈巴克完全有理由和资格来担负领导法国高级时装公会的工作，这不仅因为他曾长期主持国际时装名校“法国时尚学院”，还因为他亲手编撰了《亲临风尚》。这本专著1993年出版以来，长期作为法国高等服装教育的必修教材，一直享有至高无上的盛誉。戈巴克在《序言》中说：“作为社会变革与审美观变迁的忠实预报器——时尚，以它全然不带偏见的视角将抽象的变革具体化。社会的政治变迁总是试图用自己的强权将时尚这一维持权力形象的最优雅的象征占为已有，而时尚总是会适时挺身而出，表达出对于人性个体的充分尊重。”他接着说：“时尚是社会生活的通俗化身，它并不是人们臆想产生的，一旦流行的东西便意味着它随即将要消亡，其实一直在与日常生活并肩而行，这就是为什么时尚脉搏的跳动总是能引来最大范围的公众关注。”（《亲临风尚》，湖南美术出版社2007年版，第10页）他的一席言语不正揭示出时尚流行（器与艺）背后的义理之道？中国纺织工业联合会原会长杜钰洲先生在为《亲临风

尚》所撰写的《跋》中说："戈巴克以史学者的严谨、经济学者的思维以及在服装界奋斗近半个世纪的亲身经历和感悟，又以客观流畅的笔调将发生在法国高级时装业和高级成衣业历史长卷中的那些叱咤风云的品牌和人物众多鲜为人知的探索历程和思维变迁巧妙地融入清晰的历史脉络中，进而从发生在各时代真实生活中的那些纷繁复杂深层矛盾中揭示出纵横时尚历史的发展主线和演进规律。"

设计关乎历史、哲学、批评和设计教育理想。围绕"华服"的讨论，我们究竟需要什么样既能彰显民族意味，又能契合于时尚潮流和现代人能够穿着的服饰？这绝对是服装设计的"道"中之"道"。在设计思潮全球化的今天，在国际创意产业迅猛发展的背景下，"华服"的倡导与设计，如果仅仅停留在用中国传统儒、道、禅的义理进行抽象解释，反复图解和注释中式传统服饰形式的固有样式，就无法实现"华服"和"国潮风"的真正改良与革新。在长期研究中国当代服装设计发展并关注设计流行的同时，我深刻认识到服装设计面对"华服"倡导和"国潮风"的流行，既不能为拼贴而流行显得浅薄，又不能空泛抽象讲文化自信假装深刻。优秀设计师找不到直指人心的好设计，说明自身还是读书少，对文化的理解还不深入。

服饰的时代潮流和变化，应该置身于文化和文明发展的大背景中去考察。汤因比的文明交融论和亨廷顿的文明冲突论是两种文明观，如果再将赛义德的东方学相关理论加入进来，我们从高处讲，通过研究服饰文化和倡导"华服"，推进"国潮风"这一载体，用以抵御把控西方设计话语权的文化霸权，倡导民族化设计的文化自信。从小处看，在全球化时代，民族文化多样性必须得到尊重，个人趣味和民族审美风格需要生存土壤。服饰民族化只有融入了时代精神和切合时代生活方式，将具象的传统图案形态抽离成某种符号与精神，实现中国传统服饰文化全面的蜕变与更新，才能实现中国民族服饰新文化的重建。中国设计如何将传统活化？需要东方文明集聚的设计智慧，需要凝练成某种国家的设计美学品格。全球化的结果将是世界文化多样性逐渐消失，而对非发达国家的民族文化的自觉尊重，又成为一种新的潮流，影响着主流设计文化。

综上所述，服饰艺术史实际上也是人类心灵的成长史，文明与文明，文化与文化，不管是汤因比的文明交融论，还是亨廷顿的文明冲突论，以及抗赛义德的东方学。对文明的尊重和发展认知，服饰就是文明的缩影。我无非是想从一个小载体上说明服饰不管是今天还是未来，都是多元互动的。我们倡导“华服”和“国潮风”，不应该仅仅单纯地讲回归传统。在重大礼仪场合倡导穿“华服”，提倡穿一种抽离具象形态，表达内在文化精神，并已经进行结构性改良的服饰，从而真正体现出中华文化和国家美学品格。让更多设计师不是以那种程式化的样式出现在人们面前，而是呈现出多样化的设计，能够设计出既能体现中华民族服饰意蕴，又能完成现代设计转换并体现时尚意识的现代“华服”，形成时尚潮流的“国潮风”。

中国传统服饰文化及其当代传承

卞向阳

【摘要】中国服饰文化是中华优秀传统文化的重要组成部分和杰出代表。中国传统服饰文化当代传承是新时代文化建设赋予的新命题。本文首先从物质文化、制度文化和心理文化三个层次，对中国传统服饰文化的特征加以归纳总结；然后，就中国传统服饰文化当代传承的表现形式加以分析；最后，从文化自知和文化自立的角度，就中国服饰文化当代传承的设计问题加以讨论。

【关键词】服饰　文化　历史　传承　当代　中国

【作者简介】卞向阳，东华大学服装与艺术设计学院教授、博士生导师。上海纺织服饰博物馆馆长。

着装是人类特有的行为。北京周口店山顶洞遗址出土的骨针表明，早在约一万八千年前，我们的祖先已经有了缝纫行为。中国服饰作为中华优秀传统文化中的璀璨明珠，拥有五千年的文明历史，具有鲜明的文化特征。党的十八大以来，民众的文化自信日益牢固，对中国特色服饰时尚的需求不断高涨，“国风”服饰逐渐成为新时代的新风貌，而如何进一步推进中国服饰文化的当代传承，也成为社会、产业和理论界普遍关心的话题。

一、中国传统服饰文化的基本特征

就“文化”的概念而言，含义十分丰富，广义指人类在社会实践过程中所获得的物质、精神的生产能力和创造的物质、精神财富的总和。① 文化可以分为三个层面：一是物质文化，二是制度文化，三是心理文化，后两者均属于精神文化范畴。

服饰是人类的创造物，必然具有鲜明的物质文化特点；同时，服饰是不同时期社会政治、经济、文化等的综合体现，不仅是制度文化的典型代表，也具有鲜明的心理文化特征。现就中国传统服饰文化的基本特征从三个层面总结如下：

（一）中国传统服饰的物质文化特征

中国传统服饰作为一种物质文化，是伴随人类征服自然、改造自然，创造物质财富的能力的提升而变化的。

在早期生产力极其低下的时代，服饰之于人类，主要发挥抵御寒冷的作用，因此有服饰起源的“御寒说”。屈原的《九歌·山鬼》有“若有人兮山之阿，披薜荔兮带女萝”，可以从中想象出以树叶蔓草遮身的早期服装形式。

图 1　晚清三篮绣蝴蝶花卉对襟女袍，上海纺织服饰博物馆藏

随着狩猎经济的发展，人们开始使用兽皮羽毛作为服饰材料。《魏台访议》称“黄帝始去皮服布”，《礼记·礼运》载“先王……未有麻丝，衣其羽皮。后圣有作……治其麻丝，以为布帛”；又有传说，黄帝元妃嫘祖“始教民育蚕，治丝茧以供衣服”。中国人开始进入以葛麻、丝绸为主要材料制作服装的时代。中国的纺织技术长期以来领先世界，尤其是丝绸技术，再加上蚕茧在古代很长时间内为中国的特有物种，使得中国丝绸成为对外贸易和文化交流的重要载体，并构建了举世闻名的丝绸之路。至元末之后，棉花的种植和纺织技术逐渐传到中原，并成为最为常见的服装材料。中国丰富多样的染织绣技术，为中国服饰提供了多姿多彩的

① 夏征农、陈至立主编：《辞海》（第六版缩印本），上海辞书出版社 2010 年版，第 1975 页。

纺织面料和装饰手段，典型如现在作为纺织服饰非遗的云锦、宋锦、蜀锦、壮锦的“四大锦”和苏绣、蜀绣、湘绣、粤绣的“四大绣”。

服装的式样到商周时期已经形成了衣裳连属和上衣下裳两大类型，并在不同朝代各有典型，如秦汉的深衣，隋唐的男子圆领衫袍、女装冠服及半臂，宋代的男子衫袍和女装中的褙子，元代男子的辫线袄子和女子的顾姑冠，明清补子、凤冠霞帔、衫袄比甲等。在服装结构上基本采用二维平面裁剪，大小宽窄随时尚而变化。图 1 所示为晚清三篮绣蝴蝶花卉对襟女袍，从中可见中国传统服饰物质文化的精妙之处。

（二）中国传统服饰的制度文化特征

在中国传统服饰之中，最能反映制度文化特征的是延绵数千年的礼仪服饰制度。其起始于原始巫风和图腾崇拜的祭祀活动中所使用的礼仪服饰。至周代，冠服制度已经相对完备，《周礼》称“享先王则衮冕”，而冠服形式则按仪式内容而定，各有不同。孔子曰“服周之冕”，就是认为周代冕服堪称仪范。典型的冕服包括冕冠、上衣下裳、腰间束带，前系蔽膝，足登舄履。在隆重场合的玄衣纁裳之上，绘绣有十二章纹样，不同纹样各有寓意。其中，日、月、星辰，取其照临；山，取其稳重；龙，取其变化；华虫（雉鸟），取其文丽；宗彝，取其忠孝；藻，取其洁净；火，取其光明；粉米（白米），取其滋养；黼（斧形），取其决断；黻（亚形），取其明辨。

图 2　清代紫色妆花纱龙袍，上海纺织服饰博物馆藏

冕服等礼仪服饰制度在历代均有增减，自汉代之后，逐渐成为“礼乐文化”的物化形式。其作为封建社会等级制度的鲜明标志，使得社会“贵贱有级、服位有等”，至清代达到极致，随 1911 年“皇帝倒了，辫子剪了”而结束。图 2 所示为清代紫色妆花纱龙袍。1912 年民国首部服饰条例，彻底废除了封建等级制的服饰制度，不分人群身份均可穿用类似的礼服。

（三）中国传统服饰的心理文化特征

中国传统服饰具有独特的审美特征，即将服饰作为天地人同构共感的“天人合一”宇宙观的感性体现，是“象法天地”的天地之法的物化形态。① 比如以“玄衣纁裳”对应“天地玄黄”，“戴圆履方”对应天圆地方，深衣的十二幅对应十二月以应天时，以五行方位对应颜色等。

中国传统服饰是诸多社会思潮和习俗兼收并蓄、融会贯通、各美其美的文化载体。在春秋战国时期，诸子百家中有很多均涉及服饰美学思想。比如，儒家提倡“宪章文武”“约之以礼”；老子“甘其食，美其服”强调的是一种纯任自然的服饰审美；墨家提倡“节用”“尚用”，所谓“衣必常暖，然后求丽”。在不同诸侯国，服饰制度各有特色，呈现出显著的地域审美偏好。《墨子·公孟》曰：“昔者齐桓公，高冠博带，金剑木盾，以治其国，其国治。昔者晋文公，大布之衣，牂羊之裘，以治其国，其国治。昔者楚庄王，鲜冠组缨，绛衣博袍，以治其国，其国治。昔者越王勾践，剪发文身，以治其国，其国治。”宋代的程朱理学，使得服饰审美一改唐代的丰腴之美而转为儒雅秀丽。明代则偏好世俗之美，清代则趋向繁复之美。到民国时期，中西交融之下是西装革履、长衫旗袍共存的景象（图 3）。

图 3　民国湖绿色云肩花边装饰旗袍，上海纺织服饰博物馆藏

正是因为不同时期、不同区域的中国服饰具有强烈的心理文化定式，因此每次大规模服饰变化必然与社

① 蔡子谔：《中国服饰美学史》，河北美术出版社 2001 年版，第 12 页。

会变革有强烈的关联，比如赵武灵王“胡服骑射”、北魏孝文帝的服饰改制。而清初的“剃发易服”则演变成为满汉民族之争。

当然，中国传统服饰的物质文化、制度文化和心理文化本身就密不可分，互为表里。另外，中国作为56个民族的大家庭，各民族的服饰文化也具有各自的特色，共同构成丰富多彩的中华传统服饰文化。

二、中国服饰文化当代传承的表现形式

中国五千年的服饰历史表明，中国的服饰文化一脉相承、兼容并蓄，并一直是社会主流文化观念的具象体现。即使在近现代的历史背景下，中国民众逐渐转向以西式服饰体系为主要形式，但是传统的着装理念依然随着文化的延续而存在。

随着新时代文化建设的加速推进，中华优秀服饰文化当代传承进入了一个新阶段，以汉服、旗袍、国潮为主要表现形式的“国风”服饰已经成为社会的新风尚。

（一）汉服

汉服，是21世纪初期兴起的概念，源自2003年兴起的“汉服运动”。其主要指汉民族从黄帝时期开始，一直延续至明朝所穿用的服饰。

关于“汉服”一词，早在东汉蔡邕《独断》就有所见：“通天冠：天子常服，汉服受之秦，《礼》无文。”此处所言汉服，指的是汉代服饰。正史中关于“汉服”的记载，较早见于东汉班固《汉书·西域传下·渠犁》：“（龟兹王）后数来朝贺，乐汉衣服制度，归其国，治宫室，作徼道周卫，出入传呼，撞钟鼓，如汉家仪。”此处所说的汉服，指汉代的汉族服饰。文物中关于“汉服”一词，较早见于《马王堆三号墓遣册》之简四四：“美人四人，其二人楚服，二人汉服。”此处所提的汉服，比照楚地、楚人，指中原的汉族服饰。从服饰史的专业角度考察，在中国古代，“汉服”并非一个意义明确的专用词汇，尽管这并不妨碍当代人以“汉服”去指称历史上的汉族服装。

如今，汉服已经成为中国服饰文化当代传承的重要表现形式。与汉服

相关的群体活动已经成为有组织、有纲领、有行为的“运动”，各地的汉服社不断出现，各种“汉服日”已经成为汉服迷期盼的活动；同时，汉服也逐渐出现在街头时尚图景之中，开始进入民众的时尚生活。

经过汉服设计师和汉服社群的共同努力，汉服以中国不同历史时期为主题，形成秦制、汉制、唐制、宋制、明制等基本形式，并处于不断的变化之中。其着装形式和情境，也由过去类似 Costume Play（古装游戏），逐步走向和当代社会背景相互融合。同时，其逐渐形成了自身独到的审美观，并快速产业化。

（二）旗袍

旗袍本身的发展历史，就是中国传统服饰文化在民国时期西风东渐背景下的创新性传承范例。其作为一个专用名词，指民国以来的一类衣裳连属的一件制女装。它具有清代旗装中女式袍服的外形，但是放弃了传统的袍内穿裤的配伍而类似西式连衣裙的穿法。在 1925 年流行风潮初起时，是旗袍马甲、倒大袖上装加上西式连衣裙配伍的有机综合。从 20 世纪 30 年代开始，又结合了西式裁剪方法，从平面结构趋向立体。旗袍逐渐成为中国女装的标志。

尽管旗袍由于历史的原因，曾经短暂远离民众的日常生活，但是在当下，旗袍已经成为具有强烈仪式感和中式美学特色的女士礼服重要品类；同时，经过诸多改进和创新，它也逐渐重新得到各阶层民众的青睐而回到日常时尚着装行列。

（三）“国潮”服饰

近年来，“国潮”是一个在互联网上出现频率很高的关于服饰潮流的形容词，指具有典型中国特色元素的流行服装。

该类服装最大的特征，是以民众期待传承中国文化、拥有显著中国特色时装的审美心态为取向，以国际时尚流行为基础，以包括传统服饰在内的中国特色元素构建显著的视觉特征，满足民众文化自信的心理诉求。其对于中国要素的取材来源广泛，从服装到茶饮、国画乃至“小杨生煎”等均有涉及，诸多的品牌和设计师均在此方面进行了创新和尝试，极大地推动了中国服饰文化的创造性转换和创新性发展。

三、中国服饰文化当代传承的设计思考

尽管中国服装文化当代传承已经以“国风”的形式成为一种时尚潮流，但是无须讳言，其距离民众高涨的文化自信所带来的新需求以及在国际时尚中拥有顶层话语权还有很大的提升空间，这就需要中国服装设计界从理论高度加以总结和提高。

（一）对于中国传统服饰文化的文化自知

中国的传统服饰文化历史悠久、博大精深，外在多变、内涵丰富，而目前无论是社会还是设计界，对于中国传统文化的认知存在明显的碎片化现象，甚至存在一定的错识，这就需要我们首先要系统地认识中国传统服饰文化，以达到文化自知。

文化的传承，必然是观念的继承和发展。因此，有必要引入观念史的理论和方法，对于中国五千年传统服饰历史进行再梳理，寻找中国服饰文化世代相传的“元观念”；考察不同历史背景下，服饰文化中以“元观念”为核心的观念组合，分析观念在服饰中的具体呈现，以及观念与表现之间的内在联系途径，以正确把握中国服饰文化的精华所在。比如，在当今“汉服”约定俗成的理念中，并不包括清代汉族人的服饰，但是，除清代汉族男性着装因为统治者的需要体现出很多满族传统衣着特征外，汉族女性的服装基本上继承了明代女子服饰的主要特点并有所发展。事实上，在中国服饰历史中，从赵武灵王“胡服骑射”到隋唐男装的圆领缺胯袍，汉族服饰在历史上多次汲取了外族服饰的相关特性并加以改造和同化，这才有不同朝代传统服饰的精彩纷呈。因此，需要以历史发展观去看待中国服饰文化的一脉相承，以文化自知为基础，寻求中国服饰的时代发展。

（二）构建新时代中国服饰文化的文化自立

中国传统服饰文化的当代传承，并非对于传统的复古，其立足点在于以设计为手段，以人类命运共同体的跨文化时尚为背景，在延续中华文脉的同时，强调通过创造性转换和创新性发展塑造中国服装的时代精神，以达到文化自立。

从物质文化当代传承的角度，可以进一步结合中国纺织服饰非遗的保

护和利用，充分利用传统技术以继承和创新中国特色服饰的物质文化。在目前已经公布的国家级“非遗”中，仅纺织服饰就有接近200项，其经历时间的涤荡留存至今，是中国纺织服饰技艺的精华所在，在充分保留传统特色的基础上，可以充分利用现代理念和技术，加以进一步发展。在20世纪中国纺织业逐步迈入大机器生产的时代，中国的工程师借鉴传统织锦技艺，成功创造出来的织锦缎和古香缎，为我们树立了出色的榜样。

从制度文化的当代传承角度，尽管在民国建立之初就废除了封建等级制的服饰制度，但是，中国作为礼仪之邦，以着装作为礼仪标志的文化传统依然存在。可以结合节庆礼仪和生活礼仪，建立既能体现中国服饰传统，又具有时代特色的服饰礼仪体系，在学生校服、涉外礼仪服饰以及特定团体的制服性服饰中，构建既有传统意蕴，又符合现代生活方式，并体现特定组织制度的着装标准。

从心理文化传承角度，中国传统的天人合一和象法天地的理念，和当下可持续发展的时尚浪潮十分吻合，儒道释的相关观点也逐步影响到当代人的心态和审美，服饰流行已经成为当代生活中不可或缺的内容。因此，我们需要在跨文化语境之下，更加注重传统文化在当代服饰中的内涵传承，并通过设计创造进行符号化体现。

四、结语

中国服饰文化经历五千年发展，已经在物质文化、制度文化和心理文化上具有鲜明的特色。在当下“国风”服饰浪潮中，主要有汉服、旗袍和“国潮”服饰三种文化传承形式。中国服饰文化的当代传承，首先必须要加强文化自知，开展观念史视野下的中国历代服饰的再梳理和再认识；其次是以文化自立为导向，运用恰当的设计手段，在文化的三个层面上各有作为，推进中国传统服饰文化的继承、转化和发展，建设具有时代精神的中国特色时尚风貌。

（感谢博士研究生马玉儒为本文提供图片整理和编辑）

国风时尚文化可持续发展评价指标体系构建

王永进　苗　雪

【摘要】 国风时尚作为城市特色文化的重要组成部分，建立可持续发展评价体系尤为重要。通过对国风时尚文化及可持续发展的深入理解，基于评价指标体系构建原则与方法的指导，通过分析识别国风时尚文化形成与发展的组成及影响因素，最终筛选并构建出总目标、子目标与两级因子组成的评价指标体系，并以此评价来进一步持续改进，实现最终的可持续发展并服务国家文化自信塑造及社会主义核心价值观的构建。

【关键词】 国风　时尚文化　可持续发展　评价指标

【作者简介】 王永进，北京服装学院教授，主要研究方向为产业及功能服装设计研发。苗雪，北京服装学院硕士研究生，专业为产业及功能服装技术应用。

时尚文化是每一个城市特色文化的重要组成部分，其随着时代的变迁呈现出不同时期的特点，并且受到社会、人以及环境等不同内外部因素的影响而形成周期化。随着国家对于中国文化自信与核心价值观的大力建设与推广，各个领域对于中国传统文化的传承创新与传播取得了一定的积极影响和成果，如中国非遗文化传承与创新设计、国潮服饰时尚、国风音乐舞蹈等，涌现出一大批优秀作品以及受到关注的代表性人物与物品，正在成为社会与城市文化当下的一种流行趋势。面对国风时尚文化这一趋势和事物，如何通过评价进而发现问题、分析问题并解决问题，形成可持续发展，就成为当下研究的热点。

一、国风时尚文化与可持续发展的概念及其特征

“国风”原指中国最早的诗歌总集《诗经》的组成部分。国风时尚文化是以中国元素为表现形式，建立在中国文化和东方文化的基础上，将时尚与中国元素相结合，适应全球经济发展趋势的民族时尚服饰，自身有着独特魅力和个性特征的文化。国风时尚文化不仅仅是某个或某一类的产品，更是一种新鲜的文化潮流与新生活方式，它意味着中国元素正通过各种途径实现回归并与当下的生活相互相融。①

在新时代下，国风时尚的文化表达是建立在物质文化与精神文化、传统文化与现代文化、中国文化与世界文化的跨文化情境下的设计创作。国风文化的盛行，既是群众以行动或方式来体现发自内心对中国文化的喜爱，也是社会适应时代而自我发展的表现，更是中国文化软实力提升并形成国际文化话语权的重要途径。②

而可持续发展的概念的明确提出，最早可以追溯到1980年由世界自然保护联盟（IUCN）、联合国环境规划署（UNEP）、野生动物基金会（WWF）共同发表的《世界自然保护大纲》。1987年以布伦特兰夫人为首的世界环境与发展委员会（WCED）发表了报告《我们共同的未来》。该报告正式使用了可持续发展概念，并对之做出了比较系统的阐述，形成广泛的影响并得到认可。目前被广泛认可的概念是：能满足当代人的需要，又不对后代人满足其需要的能力构成危害的发展，其包含需要与限制两大概念，并具备公平、持续性及共同性三大原则。总体上讲，发展是可持续发展的前提，人是可持续发展的主体，可持续的发展才是真正的发展。③

---

① 卞向阳、李林臻：《新时代中国服饰中的“新国风”时尚》，《美术观察》2021年第2期，第23~25页。

② 卞向阳：《论当代中国风格服饰设计的文化逻辑与设计思维》，《服装设计师》2020年第2期，第92~99页。

③ 李天星：《国内外可持续发展指标体系研究进展》，《生态环境学报》2013年第6期，第1085~1092页。

对于时尚文化，它是特殊阶段人类生活深层的、内在的程序与取向，也是内化于人的活动之中并特定凝结成的生活和发展方式，其作用就是程序与特色化某一阶段的社会生活。时尚文化有着起源、发展以及衰退、再兴起的特色，是一个动态创造的周期过程，同时由于其与人和环境具有紧密的关系，因此时尚文化具备鲜明的可持续发展特征。①

二、评价指标体系及其构建原则与方法

评价指标体系是由能够覆盖评价对象各类影响因素信息的众多指标依照预期目标所建立起来的指标集合体，其构建是评价工作的基础，体系结构的合理与科学性直接影响到最终评估结果的准确性与有效性。② 通常评价指标体系的构建需要遵循四个原则：

首先是强调科学性与实用性的结合，构建过程应以管理学、统计学、社会学等科学理论为指导，选取能够真实、客观、准确地反映出国风时尚文化对象特点的指标，同时选取指标应考虑到可行性以及可操作性，并且评价内容应具有普遍性，评价结果要简单、易懂和易使用；其次突出全面性与时代性相结合，体系理应涵盖对象的各个方面，构造整体评估框架，全面有效地描述和反映国风时尚文化可持续发展状况，同时突出重点，遵循以最少、最适合指标表征最多的评价信息原则，实现评价的合理性与适度性；再次就是应体现系统性与层次性相结合，时尚文化的可持续发展不仅与人、地域、城市、社会环境等不同层面诸多因素有关，同时各要素之间既独立，又有着密切的关联和依赖关系，因此其评价指标体系一定具有系统性和层次性的显著特点，这就需要在评价体系构建时候充分考虑到围绕总体目标，层级构建评价内容，形成多层级、一体化的指标体系③；最后就是应该构建定

① 郭湛、田建华：《理解文化及其可持续发展》，《中国人民大学学报》2002年第5期，第20~25页。

② 赵殿平：《城市配电网运行水平和供电能力综合评价方法研究 》，东北电力大学2018年硕士学位论文。

③ 沈滢：《现代技术评价理论与方法研究》，吉林大学2007年博士学位论文。

量与定性型相结合的指标，从“量”和“质”双重角度对评价对象做出更加科学、全面的评价。

评价体系构建的方法有很多，归纳起来有四种模式：第一种是调查研究法，是基于资料调查和专家咨询来确立指标体系的一种简单模式，但是其具备指标筛选主观性强，指标项较多，优选结果公认度差的不足；第二种是多元统计法，基于多元统计分布来筛选和处理评价指标的一种方法，其需要数据多，计算过程复杂，体系构建过程也比较繁琐；第三种是指标属性分组法，根据指标本身的属性和表现形式来对其进行分组选择的方法，通常依据总目标将指标分为动态和静态两类，进而从不同角度（如平均数、绝对数、相对数等）来构思指标元素。第四种是目标分解法，是基于对研究主体目标或任务的分析和解构，来构建评价指标体系的方法，采用该方法构造的指标体系层次结构清晰，各指标间的隶属关系简单明确，并且不需要具体的指标数据，是综合评价研究中最为常用的方法之一。因此，本研究将采用此方法来针对国风时尚文化的可持续发展评价指标体系开展构建。

三、国风时尚文化可持续发展评价指标体系的构建

（一）评价对象的分析与因素识别

作为评价的对象，时尚文化是一种普遍的社会文化类型，是一个时期内大众社会中许多人都在实践和追随的一种新物质和精神生活方式。作为当下的国风时尚文化，表现为追求中国元素为核心的时尚成为大众的消费需要，更成为其生活乐趣与精神体现，是大众文化转化成一种时尚文化去满足大众社会的需求的形态。

国风时尚文化的形成与发展，具有鲜明的特点，其主要包含的因素有：

（1）政治因素，任何新文化的出现与发展都与政治介入相关，这种介入既能保证文化发展的正确性，利于弘扬中国文化与树立核心价值观，又可以通过文化形式开展有效的思想政治教育，特别是对于国风时尚文化的主体大都是“90后”或者“00后”，利于为国家培养合格的接班人。

（2）政府因素，作为一定时期一定地区社会的负责主体部门，出台什么支持与发展政策，配套多少资金资源等，搭建何种形式的平台等，举办什么内容的活动等，往往直接决定了国风时尚文化能够发展多久，能够形成什么样的规模化，包含什么样的内涵等，国风时尚文化的流行正是得益于政府的指导与重视，山东曹县、河南修武、江苏徐州、四川成都等城市所呈现的结果，就是国风时尚文化形成与发展与政府因素之间关系的典型范例。

（3）经济因素，经济发展水平是国风时尚文化发展的物质基础，表现在生存消费在消费结构中的比例不断降低，享受与发展消费比例不断提升。国家及各地区城市的经济总量不断发展，消费观点不断创新与消费物品不断丰富，都为国风时尚文化多样化与持续发展提供了保障。

（4）群体因素，人是社会的主体，任何社会文化的出现与发展都与人密切相关，对于国风时尚文化同样也不例外，其产生与发展不仅需要文化的研究群体、发起人群体、文化及其衍生产品的设计者群体，更需要消费者群体及推广宣传人群体，他们既是文化产业链条中不可缺少的环节，更是一个相互依赖与影响的关系。

（5）环境因素，这里的环境包括现实与虚拟两类环境，所谓虚拟的环境因素实际上是指社会文化的开放与包容度，这对于前卫化、个性化以及感性化的国风时尚文化特别重要，而现实环境因素则意味着文化产品自身设计需要从环境友好化与可持续角度出发考虑，这里的设计包括理念、材料、使用等。

（6）民族因素，“中华优秀传统文化是中华民族的突出优势，是我们最深厚的文化软实力”①，面对全球化背景下外来文化的输入，青年人正通过支持流行文化与中国元素的融合，购买、分享及传播国风时尚文化的产品和服务，进而实现自我身份归属和文化认同，因此深入挖掘中华传统文化的精髓与经典是关键，通过去建构具有时代精神的时尚理念，把中华文化智慧植入时尚生活与产品之中，让中国文化精神通过时尚艺术形式，

---

① 敖成兵：《青年网络亚文化的温和抵抗：特质、缘由及审视》，《当代青年研究》2019 年第 2 期，第 78~84 页。

润物细无声地去影响世界，这些工作不仅包括对时代形制、核心元素、表现内容等的理解，还包括色彩与染色工艺、图案、款式、材料设计应用等①。

（7）影响力因素，时尚文化往往具有“普泛化”特点，推广与宣传并具有更加广泛的大众接受化与认同化，都将直接影响到文化的生命周期长短，尤其是当下5G时代的到来、网络普及化以及和国际化融合，都将直接助力影响力的塑造与形成，进而直接决定了国风时尚文化的可持续化状态。

（8）资源因素，国风时尚文化的可持续离不开多种资源的整合与支持，资源因素包括固化与技术资源、实现与管理资源、评价与改进资源等。

（二）评价指标的筛选与体系构建

在评价指标体系构建原则的指导下，通过前面的分析以及因素识别，特别是综合影响因素分析结果和行业领域专家意见，对应筛选出的评价指标：整个指标包含了三层基本结构，并可以根据自身的需求做进一步的因子分解。其中，总目标是国风时尚文化的可持续发展。其次，子目标包括了八个层面：（1）政治因素；（2）政府因素；（3）经济因素；（4）群体因素；（5）环境因素；（6）民族因素；（7）影响力因素；（8）资源因素。针对每一个子目标开展分解的时候，坚持定量与定性的原则，实现技术性与非技术性的具体分解：如政治因素，包括政治要求、政治介入（频率）、产出效果；资源因素则包括设计与技术、实现与管理、评价与改进这些因子，而且这些因子还可以根据评价需求做进一步的细化，比如技术包括工具与方法，评价包括评价机制、组成等。将这些总目标、子目标以及各因子加以整合，就可以初步构建出国风时尚文化可持续发展评价的指标体系。针对国风这一当下特色文化，对其发展效果进行评价，并对问题加以解决，实现不断发展并达成预期目标，实现国风特色时尚文化的可持续良性发展循环。具体参见表1。

---

① 贺雪飞：《论时尚文化的成因及其话语特征》，https：//max. book118. com/html/2018/0421/162284838. shtm.

表 1　国风时尚文化可持续发展评价指标体系

总目标	子目标	一级评价因子	二级评评价因子（部分呈现）
		政治要求	
	政治因素	政治介入	频率、形式等
		产出效果	
		政策制度	
		财务人力	资金额、分配比例
	政府因素	平台渠道	时装周、嘉年华等
		经济产值	GDP、城市经济构成
		消费者指数	
	经济因素	投入比例	
		研究群体	研究人员、教育人员
	群体因素	设计群体	设计师、企划师等
		实现群体	制造商
国风时尚文化 可持续发展		消费群体	消费年龄、文化层次
		推广群体	推广机构
	环境因素	法律法规	法规文件
		环境保护	制度文件、实施行为
		消费心理	
	民族因素	开放包容性	
		传承研究	形制、文化
		创新设计	色彩、工艺、图案等
	影响力因素	国际影响	设计品牌
		普泛化程度	认同化指数
	资源因素	设计与技术	新工具、虚拟仿真
		生产与管理	生产效率
		营销与推广	
		评价与改进	评价机制、改进措施等

四、总结

通过对特色国风时尚文化对象的分析，利用目标分解法，依据评价指标体系的构建原则，针对国风时尚文化特征及其生命周期中的影响因素进行深入分析与识别，借鉴行业领域专家意见，最终完成对评价指标的筛选和优化工作，形成多层次、代表性以及适应性的特色可持续发展评价指标体系，并以此作为指导和标准来进一步推动国风时尚文化的建设与长久发展，更好助力于城市文化特征形成及满足人民美好生活方式的构建，助力于中国文化自信塑造和树立社会主义核心价值观。

论科学与中国的文化复兴

刘志远

【摘要】 本文简要论述了中西方思想发展取向的不同，指出了“科学研究”的范式虽然起源于西方，但“科学研究”的实践同样在我国古代存在。以孔子为代表的先贤可以被看成是早期的人类心理学家、人类社会行为学家，他们虽然没有科学研究的现代化工具，但同样大量观察人类行为，总结背后规律，以格言等形式，以社会稳定、人类和谐共处为目标，给出了分析结论及自己所倡导的行为模式。本文进一步阐述了如何用现代的科学研究方法重新阐释《论语》的具体方案框架。

【关键词】《论语》　孔子　行为科学家　科学研究　中国文化复兴

【作者简介】 刘志远，中国科学院深圳先进技术研究院研究员，教授，博士生导师。

一个很明显的事实是，地球上不同地域的人有着不同的行为方式，更笼统地说，有着不同的文化。文化，文化，文而化之。“化”什么呢？化的是人类的野蛮性，或者“兽”性。人类这个群体为何要“化”掉兽性呢？这很难回答。本来人类这个动物群体应该跟其他动物群体一样，兽性地生存于自然界，生生灭灭。不知何故，我们变成了如今这个样子。中国人这群个体，如其他群体一样，有着自己独特的文化。中国的个体当然有责任把这个“文化”阐释清楚。这实际上也是给“自我”一个交待，因为“我”出生于此地、此文化，并不是“我”选择的。“我”幼小时没有辨别能力，就这样被“化”过来了；然而，当“我”长大后有了辨别意识时，所有的事情已经发生了，无法逆转。所有人类个体都面临这样的处境，其实都有必要去自我审视，自我辨别。在阐释清楚的过程中，也促进了所处文化的进程，并影响着下一代。

另一方面，不同“文化”间需要进行交流。地球这个小村庄里有不同的文化群体，就目前的情况看，不同文化群体间依然纷争不断，战争不断。一个很有趣的现象是，不同文化群体中的单独个体是被“化”得很好的，但是一旦以群体的面目出现，某些群体就成了那种截然相反的愚昧和野蛮，所以可以说，人类从整个群体的水平上依然是不文明、待开化的状态。这种个体与群体表现上的反差真的非常值得研究，那么，用什么样的方式去研究呢？群体间如果总是这个样子，又要如何去“交流”呢？不交流、不彼此深刻理解的后果很严重，会加剧群体冲突，加剧群体野蛮性。世界的发展进程证明：文化并不是单一的，每种文化有各自的特点。两个个体需要有共同发音和相互理解的语言才能沟通交流，不同文化也一样，需要一种共同的“语言”去交流。然而目前，这种“语言”还没有出现，等待着我们去发掘。这种“语言”应该既具备独特性，又能让不同文化群体接受。它应该是什么样的呢？如何促使它产生呢？

人类思想史上有一段公认的辉煌时期，约公元前 400 年左右的几百年时间，欧洲有苏格拉底、柏拉图、亚里士多德、欧几里得等一批重要思想家，中国有老子、孔子、庄子、墨子等一批先贤哲人。真的很巧合，他们统一在同一时期迸发，影响后世文化几千年。欧洲在短暂的繁荣后迅速进入中世纪，即所谓的黑暗时期；之后在 14 世纪开始，欧洲人开始重新审视一千多年前的思想内涵，提出以“人”自身为主体意识的思想。其实这在中国文化看来简直是不可思议的事情，但欧洲当时是为了反抗“神权”。后人总结那段时期为所谓欧洲的“文艺复兴”，也可以说是“文化复兴”。所谓神权，从未在中国文化中出现过，我们相对应的是“祖权”，即祖宗崇拜。无论欧洲的文艺复兴当时出于何种目的，其之所以“能够”用到一千多年前的思想结晶，根本原因还是一千多年前确实“有”可用的东西。

实际上，公元前那段辉煌时期是人类集体对自我好奇而进行反思总结的一个时期，更多是对人本身的一种反思，“我”为何如此，“我”该如何是“我”，而这的确是对人自身的所谓关怀。所以，一千多年后的欧洲人才有可能用得上这些去对抗神权。很显然，欧洲人不是故意去做什么“文化复兴”，他们有自己的需求，同时欧洲古人也确实是有思想的“干货”可供挖掘。那么，我们现在的情况呢？是否需要？我们的古人是否有“干货”？答案应该是显而易见的。

对于“是否需要”这样的问题，我们大可暂且不去理会。下面我们来着重考察一下那段辉煌时期的“思想干货”，并最终用一种新的眼光去评价审视他们。（详细的考察需要系统地进行，这是日后的研究计划。）人类思想可以大致分为两种：一种是对内的，对自我的反思与探索，以及其与对外探索的关系；另一种是对外的反思与探索。在对内反思方面，在那段思想辉煌期，欧洲与中国都是充满着对“人”自身的好奇，去发现，去探索。如对人类所使用的约定俗成的“语言”的考察，对语言如何起作用，语言与所指的客体的关系，所指的客体到底是怎样的存在，逻辑关系的内涵是什么，等等。出现了“飞矢不动”（欧洲的）、“白马非马”（中国的）等典型论述，也出现了对典型逻辑推理范式的考察。但在思想的延续性上，欧洲之后几千年依然不断在思索这些话题；而中国在秦汉之后则走向了思想沉寂的状态，儒家文化得到了很好的发扬和传承。后续这种差别的原因实在有很多，这里就不去详细分析了。在对外方面，在思想辉煌期时，欧洲的确是远远走在了前面。对外在物质世界的分析和研究，实在不在我们文化的本源之中，这一点不得不承认。在当时，中国无论如何百家争鸣，对外在探索的声音都是很弱很弱的。我们的文化先天更关注对内的反思与探索，以及人与人之间的和谐共存，还有人与外物的关系上，我们关注的核心是“我”，是“人”本身。所以才有刚刚的分析，即中国对欧洲文艺复兴时期所提倡的所谓以“人”为本的不可思议，因为这一点在我们这里真是再自然不过的事情了。中国文化中虽然有“天道”的概念，但从来没有对其进行内涵性的系统论述！古人会告诉你，朗朗乾坤，浩然正气，天道自在，无为无不为。但如果你去追问，请问天道到底如何在一株植物成长过程中起作用的？植物有呼吸么？植物是更需要太阳还是月亮？那就完全没有答案了。然而，欧洲对外在的探索早在欧几里得时期就呈现出了巅峰的景象，他总结的《几何原本》是后世科学研究的典范，激励着一代代欧洲人不断探索真理，不断探索复杂外在现象背后的简单原理。至此以后，欧洲在对外的不断探索中终于到了临界点，即科学的诞生。“科学”或“科学研究”当然不是先天就存在于人类思想界的，它是新近的产物，是对外在探索到一定程度的产物，需要工具生产、思想准备、人员投入等众多元素都聚集起来的产物。“科学研究”诞生于欧洲，这可以被看作是人类某种客观分工的产物，我们中国文化没有产生“科学研究”，但是我们对人本身的观察与探究，对人与人、人与外物的探究是很充分的。这一点，被刚刚接触所谓“强大”的西方的部分中国知识人所妄自菲薄地忽略了。

那么很自然而然地就有了一个话题，如果我们用科学研究的角度去审视我们过去的思想，会怎么样呢？其实，这便是所谓中国的文化复兴的最直接的表述。而且不仅如此，我们可以从“科学研究”的角度去回望过去所有人类的思想。之后，我们或许会发现我们终于能够找到一种不同文化间交流的“语言”了！那么接下来的问题是：第一，什么是所谓的“科学研究”？它的内涵是什么？第二，过去的思想有什么可以被重新发掘和研究的？重新研究的作用和意义是什么？第三，具体要怎样用所谓“科学研究”去研究古代的思想？下面逐一作答。

第一，什么是所谓的“科学研究”？它的内涵是什么？想要知道科学研究是什么，得知道它的成长历史。它虽然是近来才系统产生的，但肯定不是石头缝里蹦出来的。如上所述，它需要三样产生条件：切实的技术、思想，以及人员投入。（1）切实的技术方面：所谓中世纪的“黑暗”时期实际上是思想上的静止不动，乃至所谓“黑暗”，并不是技术上的静止不动；人类在采矿、化工、火药、造纸、建筑、造船等方面取得了一系列的进展，到15世纪之后，已经能够为科学研究提供很多切实的研究工具，尤其重要的是客观的测试工具。系统的测试工具，如计时器等，是科学研究的基石。想要研究外在世界的客观规律，没有客观的测量工具是不可能实现的。换句话说，研究的科学性与客观性，就是建立在人类所使用的测试工具的客观性上。古人之所以不能产生科学研究，也是因为他们手上没有技术能生产出相应的满足条件的工具。(2）思想方面：最重要的当属柏拉图的《理想国》和欧几里得的《几何原本》，随后还有笛卡尔等人的贡献，但源头都在那个辉煌期。它们首先让人们充分认识一个简单的道理：复杂的现象背后有着简单的原理在支配！这是个非常重要的观念！没有这个观念，人们是没有勇气去一代一代地探索外在物理现象的，并一点点总结其中的自然规律。(3）充足的人力投入。在古代欧洲，只能说不断有人力投入，如欧洲的贵族阶级，以及由有钱人资助的研究人员。所以，“科学研究”就是这样成长起来的，它探究的是自然界的客观规律，就是不以人的意志为转移的规律，就是那个被老子总结为天地不仁，以万物为刍狗的“天道”。它不以人为本，它会用瘟疫杀死很多很多人，也会以新型飞机、大船“帮”着人类运输各种东西。它不好不坏，不偏不倚，没有目的，没有初衷。它给出的“道理”有如下特征：（1）不以执行人或遵守人为转移，无论此人是善人恶人，去重复某个研究，都能得到相同的结论。(2）它是可以被证伪的，即著名的可被证伪性。这是相对于宗教、哲学、玄学等推理而言的，后者不可证伪，但可在某种程度上证实。科学研究给出的规律是绝大多数情况下可被证实，但是可以被最终证伪的，即实际上它也是一套理论体系，然后推理给出结论。任何理论体系都要建立在初始的假设基础之上，这个假设是显而易见的“正确”，但是有可能被证伪的。比如著名的狭义相对论，就是假设光速是恒定的，但这一假设“可以”是错的。也就是说，科学研究给出的结论或者理论是暂时地，有条件地“正确”。所以，总结来看，“科学研究”是一套需要工具测量、理论假设、严格推理的方法，是找到纷繁复杂的自然现象、社会现象背后简单规律的方法；同时，它不自认“绝对”正确，它只谨慎地给出在某些条件下是“正确”的理论理解，后世的人可以不断更新，不断修正、增加新的理解。

第二，过去的思想有什么可以被重新发掘和研究的？重新研究的作用和意义是什么？实际上，初看上去，我们完全没有必要去研究过去的思想内容，在新思想下，人类依然能存活得很好，何必纠结于那过往的东西。但有以下现实促使我们研究过去的思想：（1）我们本身都是“过去”的产物。如上所述，“我”不知道我将诞生于何处，“我”在没有自我意识时已经被“化”了，而这个“化”恰恰来源于那个“过去”。（2）有一个现实值得我们注意，人类的进化或者说变化是缓慢的，几千年的时间尺度不足以让我们完全否定过去，或者无视过去。或许百万年后，那所谓思想辉煌期已经不值一提，但起码现在还不是。也就是说，如果不去重新发掘和研究过去的思想，从这个角度来说，相当于浪费了古人的思维过程，浪费了一批人类的脑力劳动。这也暗含着一个假设：古人靠自己的观察所给出的结论，其中还有足够多的有价值的东西；这些东西确实反映了人类行为的某些客观规律。这里详细举例如下：孔夫子及其弟子的《论语》是儒家思想的代表作。实际上，从以上的分析思路来看，我们暂且把“圣人”的帽子从孔夫子头上摘掉，就简单地把他看成一名出色的中国人个体行为观察者、研究者（当然他很擅长其他方面，还有很多其他身份），甚至是心理学研究者。他针对中国个体和群体进行了细致的观察，并给出了一系列描述、结论和行为建议。当然，他当时没有科学研究的思路，也不可能有科学研究的工具，但这不妨碍他所进行的研究以及其研究成果。就像过去没有现代的医学研究手段，但不妨碍古人对人体的研究与探索（如经脉和针灸的提出，当然其背后的实际规律到目前还没有被完全揭示），对药物的研究和探索（中医药有广泛的治疗效果）。我们可以说，古人用朴素的研究方法，以自身所携带的先天传感器（五官及体感等）为研究工具，研究总结了关于人体自身及其行为的客观规律。下面依然以《论语》为例，给出具体的实例：《学而第一》里有孔夫子观察的国人行为现象及规律如下：“其为人也孝弟，而好犯上者，鲜矣。”这是对一类现象的描述，翻译过来就是：据孔夫子观察，个体如果对其父母孝，对兄弟友好，这样的个体大概率不会冒犯君上。其背后的原理实际可以归之为行为输出的连续性，就是一个个体对某一个“上位”顺从，就会对其他“上位”有顺从的行为。“巧言令色，鲜矣仁”重新审视后，翻译过来就是：据行为观察家孔夫子观察，一个人类个体如果很善于言辞表达并已经达到花言巧语的程度，且总是愿意故意装作和颜悦色，那么该个体在很大概率上是“不仁”的。至于“仁”的定义和内涵是什么，那要看他自己的定义了。“慎终追远，民德归厚矣。”同样的思路，翻译过来就是：据行为观察家曾子总结，慎重料理父母的丧事，尽到应尽的礼仪，诚心追祭故去的人，个体便更容易归于“忠厚”。凡此种种，不一而足。《论语》里遍布着这样的行为观察描述和结论。只要采用科学研究的视角去审视它们，就会发现，它们实际上都是切实的对当时人类行为的一种深刻的观察和总结。只不过当时没办法用什么科学方法或者工具去研究背后的行为原理，以及某种行为产生某种效应的具体机制。而这恰恰是我们这些掌握了科学研究方法和工具的后人应该做的事。我们有理由确信，依照这样的思路和方法去重新审视所有过去的种种思想，我们应该就一方面不会浪费了古人的思想，一方面重新审视了自己所处的文化，并最终用此途径让其他文化群体更好地理解我们的文化。所以说“科学研究”正是那个不同文化群体间沟通理解的“语言”。不仅仅是我们的文化，新教文化、印度文化、伊斯兰文化等或许都在等待着这一“语言”的重新梳理和阐释。

第三，具体要怎样用所谓“科学研究”去研究古代的思想？而且如上所述，我们的思想主要是对内的，对于人本身的，并不是对外的。那么现在，问题来了，既然科学研究起源于对外在世界的反思与探索，它如何被用来发掘和研究中国的古代思想呢？这是因为人本身是可以被当作“客体”来研究的。所以要讨论中国，要研究过去的思想，实际上需要摆脱中国人的身份，最好不拿自己当“人”，亦或者把所有人都当成被观测的有机体。不可以带什么温情，或者其他什么情感。观测就是观测，有观测或者推理不准确的也就可以很容易指出来，尽量减少模糊不清，尽量摆脱由文字带来的各种迷惑。可以想象你在观察一群蚂蚁，不同蚂蚁有不同的行为特征，同一种蚂蚁内也有不同的行为。蚂蚁在忙碌着，以某种交互方式在获取自己生存所需的资源。观测者不需要知道蚂蚁在“想”什么，只需观测蚂蚁在“做”什么，并总结规律。这便是重新审视过往中国的一切的科学研究的途径。更具体的，依旧以考察《论语》为例。以这种新思路去重读它，每个其中人物说的话都将被看作是中国个体的某种行为可能性

（很显然，这种行为可能性被后世大大地增强了），具体包括中国个体单独的行为，还有个体间的相互作用方式。需要尝试定义里面的关键概念所指代的行为内涵，如“孝”“悌”“信”“忠”“恕”等。个体与个体间行为互动主要包括信息传递与资源传递。其中，信息传递主要由声学与光学方式实现，即语言与符号。这里符号特指非语言类的经由个体视觉作用到另外一个个体的信息，如表情、体态等；此外，也有经由力学方式直接传递的，如握手、拍打甚至是打架等肢体直接碰触的交互方式。依照这样的方式，我们就可以尝试解析上述关键概念。比如“孝”，在《论语》中被反复提及，这种“反复提及”被我们看作是该概念所指代的行为可能性比较高。比如：“子曰：‘父在，观其志；父没（mò），观其行；三年无改于父之道，可谓孝矣。’”“孟懿子问孝。子曰：‘无违。’樊迟御。子告之曰：‘孟孙问孝于我，我对曰，无违。’樊迟曰：‘何谓也？’子曰：‘生，事之以礼；死，葬之以礼，祭之以礼。’”“孟武伯问孝。子曰：‘父母唯其疾之忧。’”“子游问孝。子曰：‘今之孝者，是谓能养。至于犬马，皆能有养。不敬，何以别乎？’”从中我们就可以大致分离（更细致的分离，需要严格定义其中每一个概念，需要进行系统的研究）“孝”这一概念的具体行为内涵：资源的单向传递，且伴有特定的信息传递（如特定的“礼”）。依此类推，我们需要逐个考察《论语》中的关键概念，以及关于可能性行为的论述。我们就会构造一个行为可能性的空间，依照儒家文化的后期影响力，这实际上也是对现有国人行为空间的根基的一种考察。当然，这只是一种从“行为学”角度进行的考察，还可以从很多角度予以考察，如《论语》中的很多陈述到底是不是对人类个体本质规律的一种观察和发现？比如它对语言和行为的关系的观察：“子曰：‘先行其言，而后从之。’”“子曰：‘人而无信，不知其可也。大车无輗，小车无軏，其何以行之哉？’”语言和行为不符合为什么是不“利”的？这背后的原理是什么呢？需要我们仔细研究，给出科学研究视野下的答案。在明晰了这些基本情况之后，就要结合现代的科研工具，如大脑的表征工具：功能核磁共振等，表情分析方法，肢体动力学监测等，更加定量地给予解析。进一步，在单个个体的行为明确之后，需要研究在“孝”这个宗亲概念下的行为空间内，国人群体的行为状况，并结合历史事件和特定的史实去研究特定的现象。比如，为什么我国典型的朝代时长在280年左右？这是不是群体行为原理在特定历史条件下的必然结果？

至此，我们基本明确陈述了所谓“文化复兴”的具体内涵和可行性分析。很明显，这是中西文化融合下的必然产物。科学研究是欧洲文化在近现代的重要结晶，中国在逐渐掌握“科学研究”这一理念和方法，现在可以起步融合欧洲文化这一重要结晶与中国古人的思想，而这将是我们的“文化复兴”。它的作用不可估量，它会给古人思想带来新的生机，让我们更充分地理解“我们”自己，并开启中国文化的下一段征程。我们中国，在历史上很长一段时间都是世界上最具生产能力的国家（至少到明朝），按照GDP核算，我国的占世界的约30%到50%。这说明，中国典型文化下的社会组织能力、社会稳定程度是很出色的。这其中的原理和机制需要我们新一代国人去探究，去阐释，去讲述。这不仅是我们自我发现的过程，也是对世界文化的一个交待。按照目前我国社会的发展状况，所谓百年的社会发展初级阶段，即现代化过程，已过七成；展望未来，很明显需要一个更自信更具创造精神的中国出现。而这需要我们好好反思自己，梳理自己，找回自己，自信向前。

西学东渐中科学与儒学关系研究的回顾与省察

马来平

【摘要】 西学东渐中的科学与儒学关系是现代科学与儒学关系的开端。在当代，要正确认识和处理好科学与儒学的关系乃至正确认识和处理好现代化和传统文化的关系，必须虚心向这段历史请教。十多年来，我们主要做了以下一些工作：明确了明末清初西学东渐中的科学与儒学关系的研究范围；大致弄清了该时期科学与儒学关系演变的历史轨迹；初步论证了科学与儒学具有根本上的相容性，二者应当协调发展；尝试提出了科技儒学新概念等。深入开展西学东渐中的科学与儒学关系研究，亟待做到以下几点：合理布局研究框架；适当聚焦研究目标；坚持正确的方法论原则等。

【关键词】 西学东渐　科学与儒学关系　回顾　省察

【作者简介】 马来平，山东大学儒学高等研究院教授，博士生导师。主要研究方向为科学社会学、中国近现代科技思想史。

在科技哲学界，我带头做起的“西学东渐中的科学与儒学关系”研究，是联系中国实际，在科技与文化方面所做的一种新探索。十多年来，取得一些进展，受到学界的热情鼓励，也遇到一些误解。本文拟就西学东渐中的科学与儒学关系这一科技哲学学崭新研究方向做些回顾和省察，以期借第七届尼山世界文明论坛这一隆重场合，向科技哲学界、中哲界和科技史界的同行们做一个简短的汇报。

一、缘起

我从事西学东渐中科学与儒学关系的研究，有一段特殊的心路历程。

1. 研究兴趣的逻辑演进

我在学术研究上起步，始于20世纪80年代初由吉林大学舒炜光先生领衔、全国十几所综合性大学自然辩证法教师联合进行的科学认识论研究。这项研究对科学认识这一特殊的人类认识形式，从发生、形成、发展到它的价值等，进行了全方位、立体化的研究。有评论认为该项研究“揭开了我国马克思主义认识论的新的一页”①。我承担了该项目共计四章的撰稿任务。在这个高规格的科学共同体中，对每一章初稿都要反复讨论修改的工作方式，使我受到了良好的科研训练。《科学认识论》第五卷为《科学认识价值论》，旨在论述科学认识的社会性，实际上是一项科技与社会研究。所以，科学认识论研究项目结束后，我的研究兴趣一度集中到了科技与社会研究，出版了《科技与社会引论》（人民出版社2001年版），若干年后又出版了《科普理论要义——从科技哲学的角度看》（人民出版社2016年版）。

20世纪80年代后期，“文化热”兴起。由于科技与文化是科技与社会的重要组成部分，所以，我的注意力随之集中到了科技与文化特别是科技与中国传统文化关系的研究上。围绕此一方向，我发表了一批论文，并作为执行副主编，联合全国一批知名学者，出版了一套七册的“中国科技潮丛书”（山东科学技术出版社1995年版）。该丛书分别从科技思想、科技体制、基础研究、发明创造、高技术、科技人才、科技发展与人的现代化7个侧面回顾总结了1949年以来中国科学技术发展的历程。在一定意义上，它是一套多卷本的中华人民共和国科技思想史。其中，我独立撰写了《中国科技思想的创新》一书。该丛书获得了山东省“五个一工程”奖。

后来，出于为科学与中国传统文化关系的研究扩大理论资源的考虑，我专门进行了数年的科学社会学研究。在这方面发表了一批论文，出版了

① 汪信砚：《登高极目的宏篇巨著——评舒炜光主编的〈科学认识论〉》，《哲学动态》1991年第6期。

《理解科学：多维视野下的自然科学》（山东大学出版社 2003 年版）和《科学的社会性和自主性：以默顿科学社会学为中心》（北京大学出版社 2012 年版）两部著作。前者被列入山东大学原校长展涛教授主编的“大学生文化素质教育丛书”。后者不仅以默顿学派为中心，较为全面、系统地介绍了 20 世纪西方科学社会学，而且从科技哲学的角度与西方科学社会学家展开对话，对他们的思想作出评价，并就有关理论问题阐发了自己的独立见解。该书入选 2012 年国家社会科学基金后期资助项目，评审专家认为该书“有望改变我国多年以来对有学科开创之功的默顿学派研究的薄弱状况”。出版后，学界好评不断，相继获得山东省社会科学优秀成果一等奖和全国高等学校科学研究优秀成果三等奖。

在科学社会学研究告一段落后，大约在 2007 年，我重返科技与中国传统文化的关系研究领域，并选定西学东渐为场点，启动了西学东渐中科学与儒学关系的研究。2007 年 7 月 12—14 日，我参加中国科协第 11 期新观点新学说学术沙龙，作了题为“儒学必定成为促进科学发展的强大文化力量”的发言。这篇短文在学术沙龙正式出版的文集刊出后①，被学界频频引用，产生了一定影响。2008 年我应邀到山东省军区某部队和原山东经济学院做了两次关于“近代科学传入中国的回顾与思考”的讲座。2009 年，我一口气发表了四篇关于西学东渐中科学与儒学关系的论文。② 其中，《西学东渐中的科学与儒学关系》是一篇 2.7 万字的长文；《从西学东渐看儒学与科学的协调问题》是 2009 年 10 月 21 日我赴韩国岭南大学参加“韩中儒家传统文化与当今社会学术研讨会”所报告的论文。

上述可见，我的研究兴趣由科学认识论到“科技与社会”，再到“科技与中国传统文化”，最终到“西学东渐中的科学与儒学关系”。不变的

---

① 中国科学技术协会学会学术部编：《我国科技发展的文化基础》，中国科学技术出版社 2008 年版。

② 《西学东渐中的科学与儒学关系》，《贵州社会科学》2009 年第 1 期；《儒学和科学具有广阔的协调发展前景——从西学东渐的角度看》，《山西大学学报（哲学社会科学版）》，2009 年第 2 期；《探寻儒学与科学关系演变的历史轨迹——“明末清初奉教士人与科学”研究断想》，《自然辩证法通讯》2009 年第 4 期；《从西学东渐看儒学与科学的协调问题》，韩国《民族文化论丛》2009 年第 43 辑。

是，始终在科技哲学的科技与社会范畴内；变化的是，研究范围逐渐缩小。

2. 思想认识的无形推动

我的研究兴趣之所以最终落脚到西学东渐中科学与儒学关系的研究，与下列认识密切相关：

（1）科学与儒学关系研究的理想切入点。

“五四”新文化运动和“文化大革命”对儒学的全盘否定和猛烈批判影响了几代人，视儒学为阻碍科学发展之“保守势力”的科学与儒学关系“相斥论”长期未得到认真对待，迄今已进入相当多人的潜意识，成为一种根深蒂固的社会心理，以致严重危及文化自信。基于为儒学正名，为弘扬传统文化扫清障碍，为构建中国特色社会主义新文化张本，亟待澄清科学与儒学的关系。

在中国，科学与儒学的关系不仅是一个理论问题，也是一个事实问题。科学与儒学关系的事实方面主要包括：中国古代、近代和现代三个历史时期的科学与儒学的关系。鉴于古代中国有无科学存在争论，而现代，儒学已被排除在意识形态之外，隐匿在马克思主义和传入的西方文化等文化形态背后。所以，近代西学东渐中的科学与儒学关系这一段历史就显得格外重要。近代，在科技史的意义上，自明末清初至民国初年，不仅儒学仍然是意识形态，而且这一段时期西方科学开始传入，是中西两种异质文化初次相遇、平等交流的时期。初次相遇，则各自形态纯粹，彼此泾渭分明；平等交流，则双方取长补短，各取所需：所以易于凸显各自的本色和各自的优势与劣势。总之，正如著名荷兰汉学家许理和所说：“我相信中国文化在面对某种外来文化冲击时更为明显地表现出其特质。这如同人与人之间起争执的情形，当你与邻居吵架时，你的语言和行为都可以显示出你在平时不会表露出来的性格。”① 尤为重要的是，在中国，明末至民初是一段非常特殊的历史，它是三千年中国封建社会从没落走向终结而实现近代转型的时期。其中，既包括中国古代科学命运的转折，也包括儒学的

---

① 王家凤、李光真：《当西方遇见东方：国际汉学与汉学家》，台湾光华杂志出版社 1991 年版，第 135 页。

近代转型。这一点，使得西学东渐中的科学与儒学关系具有非同寻常的意义。可以说，西学东渐中的科学与儒学关系不仅是现代科学与儒学关系的开端，也深藏着现代科学与儒学关系面临的所有问题的萌芽和源头。在当代，要正确认识和处理好科学与儒学的关系乃至正确认识和处理好现代化和传统文化的关系，必须虚心向这段历史请教。总之，以西学东渐中的科学与儒学关系为切入点，研究科学与儒学的关系是一种理想的选择。

（2）科技哲学等众多学科或研究领域新的理论生长点。

本研究具有多学科交叉的性质。它以科技哲学为核心，同时与中国哲学、中国科技思想史、中国文化史等学科相交叉。因此本研究所开辟的崭新研究领域，必定会在相关学科引发一种“连锁效应”，成为众多学科或研究领域新的理论生长点。其一，由于涉及儒学，古代文献浩如烟海，所以，科学与儒学的关系一向难以进入科技哲学工作者的视野，以致在科技哲学领域几近盲区。但儒学作为一种源远流长、博大精深的民族文化，它与科学错综复杂的互动关系的考察将大大地扩展人们关于科学的文化价值和科学发展的文化条件等方面的认识，彰显科学的地方性，有利于增进人们对科学的理解和提升科学观。其二，由于涉及自然科学，所以，科学与儒学的关系研究一向为中国哲学学者所回避，以致在中国哲学界长期乏人问津，但它直接关乎儒学“理性”特质的理解、如何认识和估价儒学的认识传统，以及儒学如何与科学相衔接而实现现代化的问题。因此本项研究不仅有助于深化儒学的研究，而且有助于实现儒学的创造性转化和创新性发展。其三，既然科学与儒学的关系贯穿于西学东渐的始终，而且从一个侧面反映了西学东渐的本质，那么，以科学与儒学的关系为主线，重写中国近现代科技思想史就是可行的。所以，本课题将有助于创建以科学与儒学的关系为主线的中国近现代科技思想史研究的新范式，使得中国近现代科技思想史研究别开生面。其四，多年来，中国文化史界关于西学东渐研究的重心是中西文化交流。而中西两种文化均为一个复杂的综合体，于是，科学与儒学关系在复杂万端的中西文化交流之中长期被掩没。鉴于科学与儒学分别在西方文化和中国文化中的崇高地位，科学与儒学的互动关系应是中西两种文化交流的核心内容。它们掩没在整体之中，显然是不正常的。本项研究将有助于改变这种窘况。

上述认识，是推动我投身西学东渐中科学与儒学关系研究的思想根源。

二、进展

十多年来，围绕西学东渐中的科学与儒学关系专题研究，我们相继组织了多次学术交流活动。其中，最主要有以下几次。

“全国首届薛凤祚学术思想研讨会”。2010 年 10 月底，我作为时任山东自然辩证法研究会常务副理事长兼秘书长，和其他同志一道组织并举行了由山东自然辩证法研究会等单位主办的“全国首届薛凤祚学术思想研讨会”，出版了《中西文化会通的先驱：“全国首届薛凤祚学术思想研讨会”论文集》（齐鲁书社 2011 年版）。这次会议的突出贡献有三：重新唤起了人们对薛凤祚这位中西文化会通先驱的重视；为齐鲁文化增添了一位中国近代科学人物；中西科学会通模式和占验思想研究填补了薛凤祚研究的空白。

“传统文化与中国科技的命运”学术沙龙。2014 年 11 月 10 日，受山东省科协委托，由我领衔主办了题为“传统文化与中国科技的命运”的全国性高端学术沙龙。香港中文大学陈方正教授和刘钝、郭世荣、尚智丛、李建珊、姜宝昌、黄玉顺、何中华等全国近 20 位知名学者与会。这次沙龙是科技哲学、中国哲学、马克思主义哲学和科学技术史等多学科、多领域的学者们对科学与儒学关系问题的一次联合攻关。会议的突出贡献是科学与儒学关系“相容论”和“相斥论”双方进行了面对面的交锋，分别展示了各自的主要论据。对于与会者和读者加深对科学与儒学关系的认识，很有意义。沙龙在学界和社会反响热烈。《中华读书报》在报道中称其为“继五四新文化运动和改革开放之初儒学与科学论争的第三波”。

“儒学促进科学发展的可能性与现实性”学术沙龙。2015 年 12 月 6 日，我受山东省科协委托，再次领衔主办了题为“儒学促进科学发展的可能性与现实性”的全国高端学术沙龙。台湾东吴大学前校长刘源俊教授和刘钝、韩琦、尚智丛、王鸿生、黄玉顺、何中华、祝世讷等全国近 20 位知名学者与会。本次沙龙理论上的突出贡献是：围绕利用儒学的人文资源问题，开展了多项专题讨论。例如，格物致知与科学、阴阳五行与科学、天人合一与科学、康熙朝理学与科学等。两次沙龙分别正式出版了论文集。①

此外，我还出版了《探寻儒学与科学关系演变的历史轨迹——中国近现代科技思想史研究》（上海古籍出版社 2015 年版）一书。该书汇集了我在中国近现代科技思想史方面所发表的 30 余篇论文，展示了我关于西学东渐中科学与儒学关系研究的心路历程。

总体来看，围绕西学东渐中的科学与儒学关系所取得的理论进展主要是：

1. 阐发西学东渐中科学与儒学关系研究的方法论②

（1）提出了研究明末清初科学与儒学关系应把握的主要原则。

①以科学、儒学、基督教三者两两互动的网状关系为背景；②区分东传科学影响儒学的两种表现形式（影响儒学，影响主要包容于儒学之中的中国传统科学）；③把握中国传统科学与西学冲撞与融合的主线（从积极引进、中西会通到西学中源）；④以科学译著的文本研究为基础。

（2）明确了明末清初西学东渐中科学与儒学的关系研究的范围。

一是科学对儒学的作用。科学引发了儒学知识观点（如心之官则思、天圆地方）、理论内容（如夷夏之辨）和理论结构（如戴震《孟子字义疏证》、康有为《人类公理》等运用公理化方法）的变化，以及基本观念（如宇宙观）的变化等，也引发了主要从属于儒学的中国

---

① 马来平主编：《传统文化与中国科技的命运——以“传统文化对科技的作用”为中心》，济南出版社 2015 年版。马来平主编：《儒学促进科学发展的可能性与现实性：以“儒学的人文资源与科学”为中心》，山东人民出版社 2016 年版。

② 这方面的主要论文是：《探寻儒学与科学关系演变的历史轨迹》，《自然辩证法通讯》2009 年第 4 期；《明末清初科学与儒学关系研究的若干方法论问题》，《自然辩证法通讯》2015 年第 3 期；《西医东渐中的科学与儒学的亲和性研究》，《山东大学学报（哲学社会科学版）》，2020 年第 1 期，《高等学校文科学术文摘》2020 年第 3 期主体转载，中国人民大学复印报刊资料《科学技术哲学》2020 年第 4 期全文转载。

传统科学的相应变化：

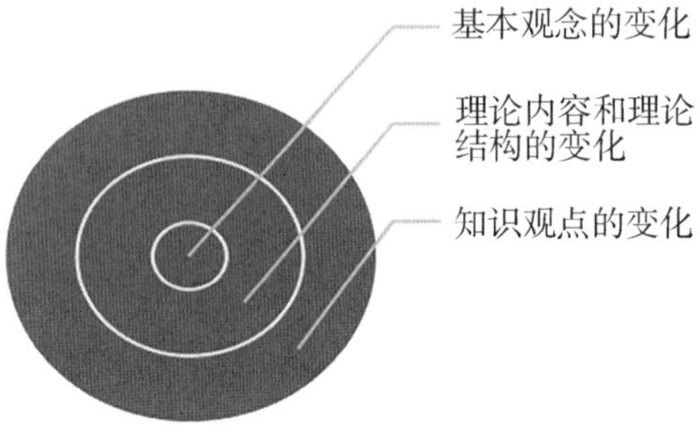

二是儒学对科学的作用，主要是一种“选择”的作用，而选择的结果，又进一步表现为欢迎、拒斥、建构和同化等具体形式。

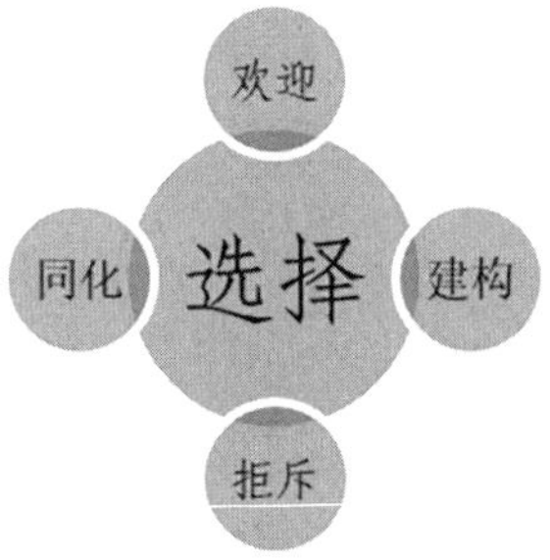

（3）界定了西医东渐中的科学与儒学关系。

指出西医东渐中中医与西医的关系是儒学与科学关系的特殊表现形式；西医东渐中的科学与儒学关系是中、西两种文化互动的重心，以及各种医学思潮论争的焦点。西医东渐中的科学与儒学关系呈现以下特点：形式多样，儒学形式双重性的长期存在，彰显了儒学的现代科技价值等。

2. 论证科学与儒学的相容性和协调发展①

（1）针对流行甚广的科学与儒学“相斥论”，从多角度、多侧面论证

① 这方面的主要论文是：《从西学东渐看儒学与科学的协调问题》，韩国《民族文化论丛》2009 年第 43 辑；《儒学和科学具有广阔的协调发展前景——从西学东渐的角度看》，《山西大学学报（哲学社会科学版）》2009 年第 2 期，中国人民大学复印报刊资料《科学技术哲学》2009 年第 5 期转载；《西学东渐中的科学与儒学关系》，《贵州社会科学》2009 年第 1 期，《光明日报》《中国社会科学报》摘要；《儒学和科学》，《人民日报》2014 年 7 月 18 日，全国各大网站转载，2015 年全国多地用作高考阅读理解模拟试题；《试论儒学与科学的相容性》，《文史哲》2014 年第 6 期，《新华文摘》2015 年第 8 期、《高等学校文科学术文摘》2015 年第 1 期论点摘编，《中国文化报》2014 年 5 月 21 日内容摘要；《儒学与科学具有根本上的相容性》，《自然辩证法研究》2016 年第 8 期；《格物致知：儒学内部生长出来的科学因子》，《文史哲》2019 年第 3 期，《高等学校文科学术文摘》2019 年第 4 期主体摘编；《康熙朝日影测验与儒学》，《自然辩证法研究》2019 第 7 期（与常春兰合作）。

了科学与儒学具有根本上的相容性。

儒学与科学的相容性既是一个理论问题，也是一个事实问题。第一，从宏观历史事实的角度看，在古代，中国传统科学在相当程度上包容于儒学，以其实用性服务于儒家政治和道德目标，因此，二者具有相容性。在近代，尽管也有部分儒士排斥西方科学，但整体上，西方科学在中国的传播自始至终在格物穷理的名义下进行，而且儒学的每一流派都积极欢迎和运用西方科技，进而对西方科技在中国的传播有一定的促进作用。反过来，儒学的每一次转型也都有其西方科学的动因，并且深刻影响了西方科学的传播和发展。在现代，科学是儒学现代化的坐标，儒学则是消弭科技负面后果、帮助科学家端正价值观、树立良好学风的重要思想资源。第二，从微观历史事实的角度看，历史上格物致知的含义曾经发生过两次重大转向：一次是程朱理学格物致知说的形成，另一次是明末清初实学思想家格物致知观的形成，两次转向均对科学起到了显著的促进作用。通过两次重大转向，格物致知经历了一个认知含义不断扩大、最终由一个道德概念转变为兼具道德和认知双重性质的概念并用来表征科学的过程。该过程表明：格物致知与科学不是无关，而是大有关联，它是儒学内部生长出来的科学基因。这一点既决定了儒学与科学具有根本上的相容性，也为阐发儒学认识传统、使儒学与现代科学相接榫提供了内在依据。第三，从理论上看，儒学是一种具有中华民族特色、高度发达的价值系统，科学则是人类真理性认识的结晶或者人类社会性的求真活动。在一定意义上，二者是价值与真理的关系。儒学价值簇与科学真理终极目的的一致、精神气质的相通、思维方式的互补和社会功能的共济等，共同决定了儒学与科学具有根本上的相容性。

（2）论证了科学与儒学的协调发展。

西学东渐历史表明：最大限度地适应科学发展的需要是儒学未来发展的基本方向；同时，儒学也必定成为促进科学发展的强大文化力量。二者的协调发展是大势所趋。推进儒学与科学的协调发展需多管齐下：重新认识仁、智关系；挺立儒学的认识传统；彰显和利用儒学的人文资源；科学主动适应中国文化传统等。总之，通过这些措施的综合运用，儒学作为中国科学发展文化土壤的重要组成部分将会变得更加肥沃，而儒学与科学关系的契合也一定能够从根本上得到改善。

3. 探讨儒学人文资源的现代价值①

研究西学东渐中科学与儒学关系的目的之一，是在承认儒学对科学具有一定消极作用的同时，实事求是地充分展示和挖掘儒学有利于科学发展的人文资源。这方面的研究涉及儒学的一系列概念、命题与科学的关系。例如：

从“气”论与科学的关系看，“气的思想一直是儒家的一个核心，很重要，并且可以说越来越重要”②。“气的思想在中国文化中表现出有机的整体的自然观”，而这种自然观与“现代科学的非常前沿的有机自然观”是相通的。

从“经世致用”与科学的关系看，原始儒学重视经世致用，如《尚书》强调“正德，利用，厚生”③，即便宋明理学，也提倡经世致用。如二程曾明确讲：“读书将以穷理，将以致用也。”④ 自明末清初实学思潮始，经世致用已上升为儒学的核心命题。经世致用并不必然导致实用主义，其合理内核是反对死读书、空谈义理，以及提倡理论联系实际、理论为社会服务。正因为此，“实学传统中实理型经世致用对西方科学的接引则是儒学与科学能够产生良性互动的内在依据”⑤。

在中西科学会通问题上，薛凤祚力主“熔各方之材质，入吾学之型范”，反对拘守中国传统科学，要求“折衷众论，求归一是”。该模式尽管本质上也是一种中体西用，但对“体”和“用”的态度灵活，完全可以推广为处理中西方文化关系和进行中国当代文化建设的方针：既不是西体

---

① 这方面的主要论文是：《严复论传统认识方式与科学》，《自然辩证法通讯》1995年第2期，中国人民大学复印报刊资料转载，台湾清华大学《中国科学史通讯》1995年10月号摘要，获山东省社会科学优秀成果三等奖；《“折衷众论，求归一是”——论薛凤祚的中西科学会通模式》，《文史哲》2012年第2期，《高等学校文科学术文摘》2012年第3期论点摘要。

② 翟奎凤：《中和思维下的儒学与科学》，载马来平主编《儒学促进科学发展的可能性与现实性：以“儒学的人文资源与科学”为中心》，山东人民出版社2016年版。

③ 《尚书·大禹谟》。

④ 程颐、程颢：《二程集》，王孝鱼点校，上海古籍出版社2011年版，第1187页。

⑤ 王静：《晚明儒学与科学的互动——以徐光启实学思想的构建为中心》，山东大学2018年博士学位论文。

中用，也不是中体西用，而是一方面对“用”持一种“折衷众论，求归一是”的开放态度，或古为今用，或洋为中用，善于从各种异质文化中汲取养分，重在求道理的正确、有益、有效，无须拘泥于中西、新旧；另一方面，“体”不等同于“传统”，也不囿于“传统”，关键是保持民族特色，而且以“用”促“体”，以“用”养“体”，在“用”的促进下，让“体”永远处于一种永恒发展的状态。

4. 开展“东传科学与儒学的嬗变”系列研究①

明末以降，儒学经历了多次转型，出现了一系列思潮或流派：从明末清初的实学思潮到乾嘉考据学、晚清今文经学，再到“五四”新文化运动以后的现代新儒学等。其间的每一步，在众多的内因和外因的纵横交错

---

① 这方面较有代表性的博士学位论文是：（1）宋芝业：《明末清初中西数学会通与中国传统数学的嬗变》，山东大学2010年博士学位论文，该论文获评山东省优秀博士论文。2016年以“会通与嬗变——明末清初东传数学与中国数学及儒学‘理’的观念的演化”为题，由上海古籍出版社出版。（2）王刚：《明清之际东传科学与儒家天道观的嬗变》，山东大学2014年博士学位论文。（3）张庆伟：《东传科学与乾嘉考据学关系研究——以戴震为中心》，山东大学2013年博士学位论文。（4）杨爱东：《东传科学与明末清初实学思潮——以方以智的实学思想为中心》，山东大学2014年博士学位论文。（5）吕晓钰：《为科学奠基——科技哲学视野下的成中英思想研究》，山东大学2017年博士学位论文。该论文以成中英为例，研究当代新儒家与科学，受到了当代新儒家代表人物成中英先生本人的充分肯定。成中英先生致信吕晓钰说：“此文写得清楚明白，把问题说得明明白白，论述回应得清清楚楚，显示了一个逻辑谨严的架势，令读者信服。简言之，你对我重建儒学本体论来奠基科学知识并对之提出了适当与重要的诠释与理解，并分前后期，我很同意。其次，你能有效地看到我如何结合Quine与Gadamar，而回归到易学本体上，也有卓见，并肯定为儒学，极为恰当。”（6）刘星：《清末民初东传科学影响下康有为今文经学的嬗变》，山东大学2016年博士学位论文。该论文以“东传科学与康有为今文经学的嬗变”为题于2018年由中国社会科学出版社出版。（7）刘溪：《西方科技与康熙帝“道治合一”圣王形象的塑造》，山东大学2017年博士学位论文，即将正式出版。（8）王静：《晚明儒学与科学的互动——以徐光启实学思想的构建为中心》，山东大学2018年博士学位论文，该论文获评山东省优秀博士论文。（9）苗建荣：《西方科学与晚清维新儒学的建构——以康有为、梁启超、谭嗣同为例》，山东大学2019年博士学位论文，2021年以“西方科学与晚清维新儒学的建构”为题由中国社会科学出版社出版。

中，都与东传的西方科学有着千丝万缕的联系，有时甚至是关键性的联系。就是说，自明末1582年利玛窦等传教士携西方科学入华，直至20世纪初标志着近代科学在中国实现体制化的中央研究院和北平研究院的陆续成立，300多年间传入的西方科学对儒学既有冲击和挑战，也有融合和促进；反过来，儒学作为最重要、最深层的文化背景，对西方科学在中国的传播、扎根和发展，也有正反两方面的作用。围绕本专题，我指导了十多篇博士学位论文。这些论文主要是分别考察上述各儒学流派与东传西方科学的互动关系。其最终以有力的事实表明，这期间儒学各流派与科学均呈现一种良性互动关系。

5. 开辟科技儒学研究方向①

科学与儒学关系有待研究的问题相当多，有些问题甚至比较尖锐。例如：中国没有产生近代科学，长期作为封建社会意识形态的儒学是否应负责任？17、18世纪西方发生近代科学革命之际，传教士正在中国传播西方科学，中国没能抓住“机遇”而把西方科学革命引入中国，当时作为意识形态的儒学是否应负责任？儒学长期背负封建文化的恶名，那么，它与科学和现代化是否相容？若相容，如何在实现中国科技的跨越式发展中充分利用儒学优秀的文化价值？等等。另有一些问题较为微观，但也十分尖锐。例如，儒学讲修身，且主张“反求诸己”“反身而诚”，是否可据此认为儒学根本不需要科学？儒学信奉“天人合一”，致使主客不分，是否可据此认为儒学阻碍科学？创新是科学的生命线，而儒学主张“君子有三畏”（“畏天命，畏大人，畏圣人之言”②）。科学家重“吾爱吾师，吾尤爱真理”，而儒学重师道尊严，是否可据此认为儒学与科学不相容？基于这类问题量大面广，严重威胁中国文化自信，那么，科学与儒学的关系能否作为一个独立的研究领域，像政治儒学、社会儒学或生活儒学那样称之为科技儒学呢？于是，我首次提出科技儒学概念，主张：基于儒学的人文主义性质，科技儒学无意建构一种以科学为基础或具

① 这方面主要论文是：《科技儒学研究之我见》，《自然辩证法研究》2015年第6期。

② 《论语·季氏》。

有科技性质的新的儒学理论体系，而是仅仅以儒学的科技内涵（儒学所包含的与近代科学息息相通的因素）以及科技与儒学的相互关系为研究对象。近百年来，科技儒学尽管没有形成一个明确的研究领域，但大量直接的和间接的相关研究历经民国、20 世纪 50—80 年代和改革开放以来三个历史阶段而硕果累累。科技儒学的研究内容主要包括：儒学与中国没有发生科学革命的关系问题；从不同角度、不同层面研究科学与儒学的相容性；客观分析儒学对科学的消极作用；阐发儒学的认识论范畴，光大儒学的认识传统；探讨科学与儒学关系的本质，以及二者协调发展的新模式；立足现代科技，推动儒学的创造性转化和创新性发展；儒学的当代科技价值，特别是如何挖掘儒学可用于促进科技发展的人文资源等。

此外，我们还进行了西学东渐中若干关键人物的个案研究。① 我本人主要做了严复、薛凤祚和利玛窦等个案研究。其中，利玛窦研究的机缘是 2010 年 5 月底我应邀前往意大利米兰圣心天主教大学参加纪念利玛窦逝世 400 周年活动，做了题为“利玛窦：中国科学近代化奠基的第一人”的主旨报告。我先后指导的本专题研究的 20 余篇硕士学位论文，大都以西学东渐中的关键人物为中心讨论科学与儒学的关系，涉及了大量西学东渐中的关键人物。比如，2004 级硕士生王东生的《徐光启：科学、宗教与儒学的奇异融合》、2009 级硕士生郑言的《张锡纯中西医汇通思想研究》、2011 级硕士生辛璐茜的《将科学精神融入儒家传统中——阮元与西方科学》，等等。

---

① 这方面的主要论文是：《严复论束缚中国科学发展的封建文化无“自由”特征》，《哲学研究》1995 年第 3 期，台湾清华大学《中国科学史通讯》1995 年 10 月号摘要；《严复论传统认识方式与科学》，《自然辩证法通讯》1995 年第 2 期，中国人民大学复印报刊资料转载，台湾清华大学《中国科学史通讯》1995 年 10 月号摘要，获山东省社会科学优秀成果三等奖；《纠正重官轻学传统心习　优化科学发展文化环境——严复论传统职业兴趣观念与科学》，《自然辩证法研究》1995 年第 2 期，台湾清华大学《中国科学史通讯》1995 年 10 月号摘要；《利玛窦科学传播功过新论》，《自然辩证法研究》2011 年第 2 期，《新华文摘》2011 年第 9 期论点摘要，获 2013 年度山东省社会科学优秀成果三等奖；《薛凤祚科学思想管窥》，《自然辩证法研究》2009 年第 7 期；《“折衷众论，求归一是”——论薛凤祚的中西科学会通模式》，《文史哲》2012 年第 2 期，《高等学校文科学术文摘》2012 年第 3 期论点摘要。

三、省察

通过对国内外关于西学东渐中的科学与儒学关系相关研究的跟踪考察和我们自己多年的研究，我们深感，深入开展西学东渐中的科学与儒学关系研究，亟待做到以下几点：

1. 合理布局研究框架

西学东渐中的科学与儒学关系研究，不可大而化之，也不可零打碎敲，研究的框架需要合理布局。本项研究既是一项哲学性质的研究，也一项历史性质的研究，具有某种交叉性。因此，本项研究需要从历史和哲学两个维度开展研究：历史维度的研究将包含某种哲学分析，而哲学维度的研究必须以历史事实为基础。

（1）历史维度的研究。

历史维度的研究可以进一步区分为历时性和共时性两个侧面的研究。历时性研究是指把西学东渐中的科学与儒学关系划分为以下历史阶段进行研究：

第一，融合中的冲撞：[1582（利玛窦进入中国）—1669年（历狱案平反）]。本阶段在基督教与中国文化之间发生了激烈的冲撞和融合，由于在当时国人心目中西方科学与基督教均属西学，甚至存在某种混淆，所以，其间不同程度地穿插着科学与儒学的冲撞与融合。冲撞的代表事件主要有南京教案、闽浙士人辟邪论、明末改历、清初历狱案等。在这些事件中，均有以反教士人为主的一批士人反科学的言论和行为发生；融合的代表事件主要有：《几何原本》前六卷的翻译出版，《崇祯历书》的编撰，《天学初函》的结集出版等。

第二，会通以求超胜[1669—1722年（康熙帝去世）]。中西科学会通由徐光启发轫，贯穿于明末和有清一代。鉴于此时期西学传播获得康熙帝的支持与提倡，学习西学成为时尚，而科学家的学术水平也大为提高，中西科学会通的深度和广度一时出现高峰。会通的实质是两种文化的融合，或者说是两种文化相融合的一种特殊表现形式。所以，“会通以求超胜”成为本阶段科学与儒学关系的突出特征。

第三，溯源旨在同化（1722—1840年）。“西学中源”说源于明末，经王锡阐和梅文鼎等科学家的精心论证，最终康熙帝钦定而上升为国家意识形态。在一定意义上，乾嘉汉学是一次为“西学中源”说大规模搜集证据的运动。“西学中源”说具有深厚的儒学背景，对明末和有清一代的科技传播和发展产生了多方面的影响。而“西学中源”的实质亦是中西两种文化的融合，是两种文化相融合的又一种特殊表现形式。因此，“溯源旨在同化”是本时期科学与儒学关系的突出特征，需着力从科学与儒学关系的角度分析该学说的理论内涵。

第四，中西体用之间［1840—1911 年（中华民国成立）］。此时期，在西方坚船利炮的强大压力下，对于西方科学技术，中国由被动接受迅速转变为主动引进；同时，经历了由注重技术引进到注重科学引进和制度变革的变化。在这种情况下，以如何安放西学在中国文化中的位置为主旨的体用关系之争成为时代课题。于是，中西体用关系被凸显出来。本阶段“中体西用”经历了由重在“中体”到重在“西用”等一系列变化。但无论如何，中体西用的本质是中西两种文化的融合，因此中西体用关系自然也就成为此时期科学与儒学关系的突出特点了。

第五，裂变与互补［1911—1928（中央研究院成立）］。辛亥革命以后，儒学走下意识形态神坛。在建设新文化的呼声中，重估儒学价值成为当务之急。主要由于留学生的中介作用，社会各界对于科学的认识空前提高，甚或在一部分知识分子中间，受西方科学主义的影响，科学崇拜的思想有所蔓延。在这种情况下，思想界关于科学与儒学关系的认识出现巨大分歧。不计中间派别，仅就两极观点而言：激进派认为，要引进和发展科学，必须清理文化地基，彻底摈弃儒学，科学与儒学是绝对排斥的；保守派认为，科学代表物质文明，儒学代表精神文明，二者并行不悖，可以互补，是相容的。于是，裂变与互补成为本阶段科学与儒学关系的基本特征。不过应该看到，保守派被称之为儒家知识分子固然毫无疑问，而激进派尽管口头上高呼批判儒学，但躯体内依然活跃着儒学的文化基因，断然否认其为儒家知识分子似乎不妥。所以，从双方一致要求引进科学和发展科学来看，此时期仍然是科学与儒学的融合占主导地位。

此外，出于把西学东渐中的科学与儒学关系置于科学与儒学关系的整体中予以审视的考虑，还有必要适当观照中国古代科学与儒学关系的研究和中国现代科学与儒学关系的研究。

共时性研究是把西学东渐中的科学与儒学关系划分为科学与儒学各构成部分关系的研究。例如，科学与儒学范畴的关系、科学与儒学理论的关系、科学与儒学研究方法的关系、科学与儒学流派的关系、科学与儒学主要人物的关系等方面的研究。儒学的范畴诸如格物致知、天人合一、经世致用、理一分殊等，儒学的理论诸如儒学的气论、“理”论、义利关系论、“致良知”学说、阴阳五行说、“亲亲相隐”说、“君子三畏”说、“中庸”说、“知”“行”关系说、“道”“器”关系说、“体”“用”关系说等，儒学的研究方法诸如内省、顿悟、直觉、归纳、类比等，西学东渐中较为活跃的儒学流派诸如明末阳明心学、明末清初实学思潮、康熙时代程朱理学、乾嘉考据学、晚清今文经学、民国新儒家等。所有这些与科学的关系研究，都亟待开展。

上述西学东渐中科学与儒学关系的研究，在涉及科学的时候，可以指科学整体，也可以指诸如科学知识、科学方法、科学精神、科学建制等一个或几个侧面。

（2）哲学维度的研究。

哲学维度的研究可以进一步区分为微观研究和宏观研究。微观研究和上述共时性研究关联密切，抑或说上述许多共时性研究都带有浓郁的哲学研究色彩，特别是科学与儒学范畴关系的研究、科学与儒学理论关系的研究、科学与儒学研究方法关系的研究等；宏观研究主要是指围绕科学与儒学关系的本质所进行的研究。长期以来，关于科学与儒学关系的本质，学界众说纷纭。例如，“真与善”说、“真理与价值”说、“知识与价值”说、“理性与价值”说、“真理与道德”说、“科学文化与人文文化”说，等等。目前，亟待从理论与事实的结合上阐明科学与儒学的关系，力争建立一个科学与儒学关系的理论模型，用它既能解释以往的科学与儒学关系的历史，预见科学与儒学关系的未来发展趋势，同时也能起到清算“科学与儒学相斥”论的作用。

2. 适当聚焦研究目标

由于西学东渐中的科学与儒学关系时间跨度大，涉及面广，所以研究目标不宜太散，需要适当聚焦。其中，以下目标值得优先关注：

（1）辩驳科学与儒学“相斥论”。

迄今，科学与儒学“相斥论”仍有一定市场。这一点在西学东渐中的科学与儒学关系研究领域，也留下了痕迹。有些著述有明显夸大和渲染“相斥论”的倾向；有些则由于认识方法上的不全面，产生了“相斥论”的弊端，其中比较普遍的一种情况是孤立看待儒学的某个观念和命题，而没有将其置于儒学思想体系的整体中去分析。例如，儒学既主张“夷夏之辨”，也主张“天子失官，学在四夷”。而西学东渐中儒士们在强调学习西方科学时，引用最多的情况是后者。就是说，在实践中真正发挥作用的是后者。因此，那种仅仅以前者为根据指责批判儒学封闭、保守是站不住脚的。类似的情况还有不少。以下儒学命题均具有相辅相成的性质：“君子不器”和“备物致用，立成器以为天下利，莫大乎圣人”，“天不变，道亦不变”和“物穷则变，变则通，通则久”，“非礼勿视，非礼勿听，非礼勿言”和“一物不知，儒者之耻”，等等。

（2）解决有争议的学术问题。

在西学东渐的科学与儒学关系方面，有争议的问题不少。这些问题的解决对于推进和提高本项研究的质量很有作用。例如，在科学与儒学流派的关系上，以下问题一直引人关注：其一，关于西方科学对明末实学的影响，多数学者认为二者形成良性互动，西方科学极大促进了实学思潮的形成和发展。但也有观点认为，西方科学对实学的影响或是局部的、间接的，或是不自觉的，但都是短暂的。该问题关乎科学与实学关系的全局，必须予以辨明。其二，乾嘉汉学的形成是否受到了西方科学的影响？有意见认为，尽管乾嘉汉学讳言西学，但很多乾嘉学者注重学习和运用西方科学，西方科学对乾嘉汉学形成有影响是不争的事实。可是，史学界和中哲史界通常避而不谈西方科学对乾嘉汉学形成的影响。这个问题同样关乎科学与乾嘉汉学关系的全局，必须予以辨明。其三，康有为今文经学是否受到达尔文进化论的影响？这个问题学术界争论比较激烈，同样必须予以辨明。其他如西学中源说的功过是非是什么，康熙朝是否错失科学革命良机，从科技哲学的角度如何看待民国期间中医存废之争，如何正确评价新文化运动中的激进派与保守派之争，等等。

（3）深入儒学内部探讨儒学与科学的关系。

影响科学和儒学关系的因素很多，但起根本作用的乃是儒学的概念、命题、理论、思维方式、基本观念等内部因素和科学的关系。所以，研究西学东渐中的科学与儒学的关系一定要深入到儒学内部。为此，要全面搜索和清理西学东渐过程中，儒士们经常引用的、在行动中实际起作用的儒学概念、命题、理论、思维方式、基本观念等，然后逐一分析其对科学作用的表现和性质。这样做，不仅把科学与儒学的关系落到实处，而且也是对儒学利于科学的文化资源的一种展示。目前这一点未引起学界足够的重视，需要加强。

（4）从整体上鸟瞰西学东渐中的科学与儒学关系。

目前的研究主要是专题研究，少量的宏观研究也仅仅是设想，并未付诸实践。而科学史界和中哲史界所进行的关于西学东渐的整体研究，往往缺乏对科学与儒学关系的关注。总之，目前专题研究的积累已相当雄厚，亟待将这些成果整合提升，找到贯穿始终的核心问题，作为统帅全局的纲领，形成一部系统的综合性著作，还原西学东渐中科学与儒学在局部冲撞中协调发展的进程，梳理发展线索，总结经验教训，并展望发展趋势。

3. 坚持正确的方法论原则

在全面总结已有直接研究和相关研究的经验教训，以及批判地借鉴已有关于西学东渐研究方法的基础上，需要坚持西学东渐中科学与儒学关系研究的方法论原则。

（1）对话型文化研究范式。

西学东渐历来有不同的研究范式或研究框架。如日本川原秀城划分的福音范式、对峙型哲学范式、对话型哲学范式；比利时钟鸣旦划分的传播类框架、接受类框架、创新类框架和互动交流类框架等。我们倾向于在借鉴前人研究成果的基础上，坚持在西学东渐研究中采取对话型文化研究范式。就是说，告别既往西学东渐研究的简单做法，一定要充分看到，在西学东渐尤其第一次西学东渐中，不是西方科学的单向传入，而是西方科学和中国儒学分别作为西方文化的精华和中国文化的主干所进行的平等对话和交流；同时，也不是儒学对西方科学单纯地被动接受或者拒绝，而是包含着儒学对西方科学主动地选择、吸收、同化和建构。双方都在努力地适应对方、理解对方、影响对方。其间有冲撞和斗争，更有妥协和融合。其结果，两者都在这种平等对话中获益，从对方吮吸了丰富的养分，壮大、发展了自己。坚持这一研究范式，将会扩大研究的深度和广度，最大限度地逼近历史的真实。

（2）“横向超越方法”。

传统哲学理解事物习惯于以主体—客体关系为前提，遵循从现象到本质、从个别到普遍、从差异到同一、从具体到抽象、从变化到永恒等途径，最终到达形而上学的、永恒的、抽象的普遍性和同一性目标。以现象学和存在主义为代表的当代西方人文主义思潮严厉批评这种传统哲学的“纵向超越方法”，认为该方法把思想和人的生活限制在主体对客体的思维和认识领域，使得哲学苍白无力，生活枯燥乏味。他们提出了一种“横向超越方法”，即从当前在场的事物通过想象追求背后无限存在的不在场事物，最终达到在场的现实事物和不在场的现实事物相通和融合一体。这一方法的突出特点，一是贯彻了整体论思想，主张把任何事物置于一切相关的在场和不在场事物的有机整体中去理解；二是强调认识的具体性和鲜活性。所以，较之传统的“纵向超越方法”，该方法有其难得的优越之处。基于此，本研究不妨尝试运用“横向超越方法”。

（3）科学与儒学关系内史与外史的统一。

也就是说，注重分析科学与儒学的内在因素与外在因素如何共同建构科学与儒学的历史关系。西学东渐的 350 年中，中国不仅明清易代，还发生了结束封建制度的共和革命，这种天崩地解的社会背景构成了科学与儒学关系外在因素的大背景，而科学与儒学各自思想内容的相互作用则是影响二者关系的内在因素。一方面，内在因素发挥作用的方式和效果深受外在因素的制约；另一方面，内在因素也在一定程度上影响和改变着外在因素。如果说聚焦于科学与儒学关系的内在因素是“入乎其内”的话，那么，旁及外在因素则是“出乎其外”了。二者相辅相成，庶几里应外合，探骊得珠。

（4）把握西学东渐中科学与儒学关系的主线。

两次西学东渐中科学与儒学关系的主线不尽相同，但一脉相承。第一次西学东渐中科学与儒学关系的主线是对西方科学要不要引进，引进什么。其间，虽然反对科学的言行时有发生，但大都出于一部分反教士人对宗教和科学的界限混淆不清。科学与儒学关系的主调是相容的和亲和的。第二次西学东渐中科学与儒学关系的主线是如何处置引进的西方科学与主干为儒学的中国文化的关系。尽管在一部分人看来，科学与儒学不相容，恭迎赛先生必须排拒儒学，但实际情况是，科学要引进、要发展，而儒学打不倒，也不可能被打倒。所以，事实上，此时期科学与儒学的关系也是相容的和亲和的。只有牢牢把握这一主线，才能高屋建瓴地观察和分析纷纭复杂的历史现象，为350年间的科学与儒学关系的历史发展提供一个合理的理论说明。

儒家文明与人类文明发展

——乡村治理中的儒学实践及其政策建议

王　蔚

【摘要】2017 年 10 月，在党的第十九次代表大会报告中，习近平总书记代表党中央提出乡村振兴战略。乡村振兴战略有五大要求：产业兴旺、生态宜居、乡风文明、治理有效和生活富裕。在谈到乡村治理时，习近平总书记强调要实行自治、法治、德治相结合。如果对习近平总书记提出的“三治”进行分类，则自治与法治属于法治范畴，而德治属于另一个范畴。

农村的德治实际上就是在农村中弘扬社会主义核心价值观。乡村治理的主体是农村基层党政组织，以及在党政组织领导下的一些所属组织，当然还有农村中的非正式组织。在农村坚持“三治”结合这一大的背景下，德治将被强调。儒学是德治的基础，必须夯实。

本研究的结论有八条，政策建议也有十条之多。研究结论与政策建议在逻辑上是一致的。

【关键词】乡村治理　儒学　德治　社会主义核心价值观

【作者简介】王蔚，山东财经大学《论语》研究中心主任、教授。研究方向为孔子与《论语》、《论语》中的为政与管理思想。

前言：乡村治理的脚步

2017 年 10 月，中国共产党第十九次代表大会召开，习近平总书记提出乡村振兴战略，并提出乡村治理问题。“加强农村基层基础工作，健全自治、法治、德治相结合的乡村治理体系。”

2019 年 6 月，中共中央办公厅、国务院办公厅印发《关于加强和改进乡村治理的指导意见》。这是实施乡村振兴战略的一个重要配套性文件，对当前和今后一个时期的全国乡村治理工作做了全面部署安排，是推进乡村治理体系建设的纲领性文件。《意见》围绕建设善治乡村，提出了加强和改进乡村治理的总体要求，明确了当前和今后一个时期 17 个方面的重点任务。《意见》提出，到 2020 年，现代乡村治理的制度框架和政策体系基本形成；到 2035 年，乡村治理体系和治理能力基本实现现代化。

2019 年 6 月 10 日，全国加强乡村治理体系建设工作会议在浙江省宁波市召开。中共中央政治局委员、中央农村工作领导小组组长胡春华出席会议并讲话。

这是乡村治理的第一次全国性会议，规模大、层级高。会上推广浙江省安吉县余村的典型经验，部署当前及今后一段时期加强乡村治理体系建设的重点任务，形成各级各部门共同推进乡村治理体系建设的工作格局。会上提出，要强化乡镇管理服务能力，切实把乡镇建成乡村治理中心、农村服务中心和乡村经济中心，使乡镇成为带动乡村的龙头；要建立完善保障机制，因地制宜探索乡村治理有效实现形式。

2019 年 6 月，农业农村部公布首批 20 个全国乡村治理典型案例，包括北京市顺义区“‘村规民约’推进协同治理”、天津市宝坻区“深化基层民主协商制度”、河北省邯郸市肥乡区“红白喜事规范管理”等。这些案例既有市、县层面的创新，也有村、镇层面的探索。它们的共同点是：在基层党组织的领导下，探索形式多样的治理模式，有效解决了乡村治理面临的一些难点、痛点、堵点。大体上可以分为注重加强基层组织建设，进一步完善乡村治理体制机制；探索“三治”结合的有效途径，健全乡村治理体系；通过利用现代信息技术、开展积分考评等创新治理方式；聚焦宅基地改革、红白喜事大操大办等突出问题，提升乡村治理效果等四类。

2019 年 12 月，经中央农办、农业农村部、中央组织部等 6 部委共同研究，确定北京市海淀区等 115 个县（市、区）乡村治理体系建设首批试点单位，试点期为批复之日至 2021 年 12 月底。县级是乡村治理体系建设的关键层级，试点的内容主要包括探索党组织领导自治法治德治相结合的路径、共建共治共享的治理机制、乡村治理与经济社会协同发展的机制、乡村治理的组织体系、完善基层治理方式、村级权力监管机制、创新村民议事协商形式、现代乡村治理手段等八个方面。

2019 年 12 月，经中央农办、农业农村部、中央宣传部、民政部、司法部 5 部委共同审核，拟认定 100 个乡（镇）为全国乡村治理示范乡镇、1000 个村为全国乡村治理示范村。镇和村是乡村治理的基础单元，是乡村治理政策具体实施的层级。示范村创建的标准主要包括村党组织领导有力、村民自治依法规范、法治理念深入人心、文化道德形成新风、乡村发展充满活力、农村社会安定有序等六个方面；示范乡镇创建标准主要包括乡村治理工作机制健全、基层管理服务便捷高效、农村公共事务监督有效、乡村社会治理成效明显等四个方面。

2020 年 2 月 5 日，中央一号文件颁发，文件指出：健全乡村治理工作体系。坚持县乡村联动，推动社会治理和服务重心向基层下移，把更多资源下沉到乡镇和村，提高乡村治理效能。县级是“一线指挥部”，要加强统筹谋划，落实领导责任，强化大抓基层的工作导向，增强群众工作本领。建立县级领导干部和县直部门主要负责人包村制度。乡镇是为农服务中心，要加强管理服务，整合审批、服务、执法等方面力量，建立健全统一管理服务平台，实现一站式办理。充实农村人居环境整治、宅基地管理、集体资产管理、民生保障、社会服务等工作力量。行政村是基本治理单元，要强化自我管理、自我服务、自我教育、自我监督，健全基层民主制度，完善村规民约，推进村民自治制度化、规范化、程序化。扎实开展自治、法治、德治相结合的乡村治理体系建设试点示范，推广乡村治理创新。

2020 年 4 月 1 日，习近平总书记在浙江考察时指出，全面建设社会主义现代化国家，既要有城市现代化，也要有农业农村现代化。要在推动乡村全面振兴上下更大功夫，推动乡村经济、乡村法治、乡村文化、乡村治理、乡村生态、乡村党建全面强起来，让乡亲们的生活芝麻开花节节高。

此次疫情既体现了我国的制度优势与政治优势，又展现了我国乡村治理能力的极大进步。如果没有广大基层干部的努力，没有广大村民的配合，在这么短的时间内，控制住疫情是不可能的。疫情中，广大的农村基层干部展现了极强的责任心，广大农民展现了良好的素质与精神风貌，这与三治融合治理的体制是分不开的。

人类必将战胜疫情，农村的三治将会在疫情结束后迎来一个大的提升。

第一部分　儒学的基本主张及其在古代乡村治理中的实践

一、儒学的基本主张

（一）儒学是中国的正统文化

在长达一个世纪中，儒学的命运在中国经历了多次反复。新中国成立以后，儒学的命运更是跌宕起伏。1974 年，随着“批林批孔”运动的深入，儒学遭到大批判。1978 年改革开放以后，随着拨乱反正的进行，三孔重新开放，以孔子为代表的儒学又重新回到了人们的视野当中，在社会生活各个方面逐步活跃起来。

2012 年党的十八大以来，以习近平同志为核心的党中央，对儒学为代表的优秀传统文化进行了充分肯定，儒学在中国政治、经济、文化与社会中全面恢复。儒学文献研究，儒学精神挖掘，儒学与社会生活结合，到了前所未有的高度。

在长达 2500 年的历史过程中，除了极少数的个别时期和个别朝代以外，儒学一直是我国社会的主流文化，也是我国的正统文化。儒学既活跃于中国的政治高层，也影响着中国日常的乡村生活。随处可见的文庙，遍布大江南北的家族祠堂，以及家家都有的家堂，都少不了孔子及其弟子的身影。“四书”成为农村孩子的启蒙读物，而“五经”则是中国读书人的必读科目。

（二）儒学经典

儒学文化的代表典籍是儒学十三经，也就是儒学最著名的十三本书。儒学十三经是指在南宋形成的十三部儒家经典，封建统治者先后将十三部儒家书籍“法定”为“经”，形成了封建社会具有特殊地位的“十三经”。这“十三经”分别是《诗经》《尚书》《周礼》《仪礼》《礼记》《周易》《左传》《公羊传》《谷梁传》《论语》《尔雅》《孝经》《孟子》。如果把“十三经”通读一遍，就可以理解儒学的世界观、价值观、人生观以及它的方法论。

（三）儒学的基本主张

1. 天人合一

儒学一个非常重要的特点是天人合一的思想，这种天人合一的思想是建立在对自然的敬畏基础上的。孔子在《论语》中讲到了天：“子曰：‘天何言哉？四时行焉，百物生焉。天何言哉？’”在孔子的心目中，天也好，地也好，都是自然的产物。人应当与自然和谐相处，尽可能地尊重自然。在《论语》的另外一章讲到孔子：“子钓而不纲，弋不射宿。”

2. 大同

孔子与他的弟子们对于人类社会的最高理想是实现大同。“大道之行也，天下为公，选贤与能，讲信修睦。故人不独亲其亲，不独子其子，使老有所终，壮有所用，幼有所长，矜、寡、孤、独、废疾者皆有所养，男有分，女有归。货恶其弃于地也，不必藏于己；力恶其不出于身也，不必为己。是故谋闭而不兴，盗窃乱贼而不作，故外户而不闭。是谓大同。”

3. 小康

孔子是一位伟大的现实主义者。孔子深知，大同极为遥远，他与他的后代们在很长的一段时间内把小康作为追求的目标：“今大道既隐，天下为家，各亲其亲，各子其子，货力为己，大人世及以为礼，城郭沟池以为固，礼义以为纪，以正君臣，以笃父子，以睦兄弟，以和夫妇，以设制度，以立田里，以贤勇知，以功为己。故谋用是作，而兵由此起。禹、汤、文、武、成王、周公，由此其选也。此六君子者，未有不谨于礼者也。以著其义，以考其信，著有过，刑仁讲让，示民有常。如有不由此者，在执者去，众以为殃。是谓小康。”

如果按照孔子的描述，我们今天仍生活在“小康”中，“大同”离我们还有很长的一段时间距离。不过需要指出的是，我们所说的小康社会与孔子所描述的“小康”，由于古今政治体制制度的根本不同，而有着根本的区别。

4. 和谐相处

儒学与其他学派的不同点是它把注意力放到人际关系的处理上。儒学认为，人生活在温馨和谐的关系中。温馨和谐的人际关系一直是儒学追求的目标。

在儒学看来，正常的人生活在五种基本关系中：夫妻、父子、兄弟、君臣、朋友，这被称为五伦。除了五伦之外，每个人还是社会成员的一分子。人除了处理好五伦关系以外，还要处理好与社会成员的关系。

《论语》是儒学《十三经》中最重要的经典。有的十三经研究学者把它尊为首经。在《论语》中，孔子与他的弟子们探讨了人际关系处理的一般原则和具体原则。一般原则是仁恕礼惠乐：仁者，爱人也；恕者，理解人也；礼者，尊重人也；惠者，帮助人也；乐者，使人快乐也。具体原则是（夫妻之间）琴鸣瑟和、父慈子孝、兄友弟恭、君礼臣忠，友信敬久，见义勇为。

5. 修身

孔子与他的弟子们认为，要想把人际关系处理好，人需把自己的身修好，即常讲的打铁必须自身硬也。修身的目标是把自己锻炼成君子。君子者，仁者也；而仁者，爱人者也；爱人者，无私者也。孔子最大最重要的贡献是为中国人树立了道德国标，这个道德国标就是君子。孔子讲：“君子去仁，恶乎成名？君子无终食之间违仁，造次必于是，颠沛必于是。”孔子提出了修身的途径：学思省改约。同时孔子提出了修身的目标：恭敬温谦和。

6. 学而优则仕

孔子与他的弟子们认为“不仕无义”。孔子的弟子子夏说：“仕而优则学，学而优则仕。”参加国家治理，通过积极入世发挥自己的作用是一般儒生的人生目标与政治诉求。也是基于从政的目的，孔子与他的弟子们在《论语》中反复讨论为政的问题。为政思想包括的内容甚多：为政之道，为政之术，为政修养，为政忌讳。为政之道为德正智勇立，为政之术为宽庄敏慎讷，为政修养为见闻明达远，为政忌讳为虐暴贼吝绝。

7. 孝悌

儒学除了注重修身、处世及为政以外，儒学对家庭、对家族也极端重视。孔子强调父父子子，强调孝悌。在《论语》中，孔子与他的弟子孟懿子、孟武伯、子游、子夏等论孝。孔子认为孝的最高层次是在父母面前保持温和，保持和颜悦色。因为孔子深知，当孩子在父母面前和颜悦色时，做父母的才会轻松愉快。"子夏问孝。子曰：'色难。有事，弟子服其劳；有酒食，先生馔，曾是以为孝乎？'"

8. 祭祀

曾参是孔子的著名弟子。曾参的"慎终，追远，民德归厚矣"及"笾豆之事，则有司存"对中国人产生了极大的影响。中国人修祠堂、续家谱、设家祭，在重要节日如春节、清明、端午等祭祀祖先的传统，均与曾子的提倡有关。

9. 重礼

自古以来，中国人对"礼"特别崇尚，尤其在山东。在中国人的心目中，"礼"有丰富的内涵。从大的方面来讲，礼制、礼法是"礼"；从小的方面来讲，礼仪、礼貌也是"礼"。"礼"的实质有两个，一是创建秩序，二是对人表达尊重。可以这么讲，中国古代人的日常生活全靠"礼"来维系与维持。如果不理解"礼"的功能与作用，则很难理解中国人的思维、生活方式。

礼在中国有其独特的含义。三礼者，礼天，礼地，礼祖也。三礼同时又是三本书的代称，指《仪礼》《周礼》《礼记》也。昔人谓《周礼》《仪礼》系周公所作，《礼记》则系汉戴德（人称大戴）、戴圣（人称小戴）叔侄所删记也。

三礼对中国的礼法与礼仪做了详细的规定。中国人尤其是中国北方诸省农村现在所实行的婚丧嫁娶诸礼仪仍可在三礼中找到出处。

二、儒学在中国古代乡村治理中的实践

儒学的思想和理念是通过一代又一代人的努力确立为中国的正统思想的。这些努力包括：统治阶级的提倡、士大夫的传播、读书人的推崇以及农村人的日常实践。

（一）儒生进入管理国家系统

孔子创立的儒家学说，如果说在战国时期还是作为一种学问的话，自西汉董仲舒提出“罢黜百家，独尊儒术”以后则成为奉行治理国家的指导思想。在汉之后、隋朝以前，中国有一种举孝廉制度。所谓举孝廉，就是把民间有德行、有能力、有奉献的儒生推荐到管理国家的系统中，亦即成为各种官员。虽然从汉到隋有各种称谓，举孝廉的实质没有改变。

1. 从汉到隋朝之前的举孝廉

孝廉是“孝顺亲长、廉能正直”的意思。后代，“孝廉”这个称呼，也变成明朝、清朝对举人的雅称。

孝廉科就是察举孝子廉吏。汉惠帝、吕后都曾有诏举孝悌力田之举。汉武帝确立了独尊儒术的基本政策，选拔统治人才特别重视人的品德。

根据儒家的思想，强调为人立身以孝为本，任官从政以廉为方。因此，察举孝廉被确定为选拔人才的最重要科目，成为汉代察举制度最有代表性的典型科目。察举孝廉原为两个科目，汉武帝元光元年（前134）初令郡国举孝廉各一人，就是举孝一人，察廉一人。然而终两汉之世，孝廉往往连称而混同于一科。被举者多为州郡属吏或通晓儒经的儒生，被举后，没有官职者授以官职，原为小官者升为大官。

汉代的举孝廉定为岁举，即各郡每年按规定人数举荐人才，送至朝廷，成为汉代选拔官吏和任用升迁的清流正途。自汉武帝之后，止于东汉，从地方官吏到朝廷的名公巨卿，有不少是孝廉出身，对汉代政治影响很大。通过举孝廉，在社会上形成在家为孝子、出仕做廉吏的舆论和风尚，起了化元元、移风俗的社会教育作用。

魏文帝时，陈群创立九品中正，由特定官员，按出身、品德等考核民间人才，分为九品录用。晋、六朝时沿用此制。

2. 由隋至清的科举考试

自隋文帝杨坚开始，改推荐制为考试制，而考试科目以儒家经典为主。熟读儒学的考生可以通过乡试、会试及殿试等正规渠道，堂而皇之、正大光明地进入治理国家的队伍之中。

在唐朝，考试的科目分常科和制科两类。每年分期举行的称常科，由皇帝下诏临时举行的考试称制科。常设的科目有秀才、明经、进士、俊士、明法、明字、明算等五十多种。其中，明法、明算、明字等科不为人重视，秀才一科，在唐初要求很高，后来渐废。所以，明经、进士两科便成为唐代常科的主要科目（进士考时务策和诗赋、文章，明经考时务策与经义。前者难，后者易）。

宋代的科举，大体同唐代一样，有常科、制科和武举。宋代“重文轻武”，所以也很重视科举考试，但后期导致选官过冗过滥。相比之下，宋代常科的科目比唐代大为减少，其中进士科仍然最受重视，进士一等多数可官至宰相，所以宋人以进士科为宰相科。

明朝正式科举考试分为乡试、会试、殿试三级。

乡试考中的称举人，俗称孝廉，第一名称解元。会试考中的称贡士，俗称出贡，别称明经，第一名称会元。殿试由皇帝亲自主持，只考时务策一道。殿试毕，次日读卷，又次日放榜。录取分三甲：一甲三名，赐进士及第，第一名称状元、鼎元，二名榜眼，三名探花，合称三鼎甲。二甲赐进士出身，三甲赐同进士出身。二、三甲第一名皆称传胪。一、二、三甲通称进士。进士榜称甲榜，或称甲科。进士榜用黄纸书写，故叫黄甲，也称金榜，中进士称金榜题名。

清朝开始沿用明朝科举制度。19 世纪 80 年代后，随着西学的传播和洋务运动的发展，科举制度发生改变。1888 年，清政府准设算学科取士，首次将自然科学纳入考试内容。1898 年，加设经济特科，荐举经时济变之才。同时，应康有为等建议，废八股改试策论，以时务策命题。

1905 年 9 月 2 日，袁世凯、张之洞奏请立停科举，以便推广学堂，咸趋实学。清廷诏准自 1906 年开始，所有乡会试一律停止，各省岁科考试亦即停止。

（二）儒生活跃在中国的基层治理中

熟知国家管理理论的人都知道，国家的作用有二：一是扩大疆土与抵御外侮，二是对内实行有效的管理。而要做到这两点，则需要农民缴纳赋税。为此，国家设立各种管理机构。自秦始皇设立郡县制，这种管理体制虽然各朝各代有各种称谓，但都大同小异，基本没有变化。

郡县制的基础是县，何谓县？

县是中国行政区划之一，行政地位与市辖区、县级市、自治县、自治旗、特区、林区相同，属县级行政区，由地级市、地区、自治州、盟、直辖市管辖，或由省直接管辖。

县作为行政区划，该名称始于春秋时期，秦始皇统一中国时，推行郡县制，是县制正式设置的开端。

也有的资料讲县是楚国人最先创立的。最早创建“县”制者，是楚国。公元前6世纪中期，楚国屡次攻陈，陈国的诸侯是虞舜的后代。楚国占领了鼎鼎大名的虞舜后裔的土地，有些为难。周天子的王畿，即叫“县”，楚国就在陈国土地上建立了“县”制。但那时“县”的建制未推广开来。

1. 活跃在乡党之中

县之下是乡与党。早在郡县制之前，乡党便存在。在《论语》中就曾提到乡党。“孔子于乡党，恂恂如也，似不能言者。其在宗庙、朝廷，便便言，唯谨尔。”在另外一章，提到一乡的具体名称：达巷党。“达巷党人曰：‘大哉孔子！博学而无所成名。’子闻之，谓门弟子曰：‘吾何执？执御乎？执射乎？吾执御矣。’”

何谓乡党？指乡里、家乡；乡族朋友。古代五百家为党，一万二千五百家为乡，合而称乡党。

现在乡党一词仍然活跃在陕西一带。乡党作为老乡的用意，常见于陕西关中人对老乡的称呼，其他地域很少见。

由于古时没有计划生育，生孩子没有限制，一对夫妻生五六个孩子当属正常，这样每个家庭的平均人口在七八人之间。照此计算，每党人口应有三千五百人至四千人，每个乡的人口当在十万人左右。

2. 儒生是保甲制度的中坚

显然党之下会划分得更小。我们知道较多的是保甲。各朝应当有不同的称谓，但实质应是一样的。

保甲制度是以“户”（家庭）为社会组织的基本单位。儒家的政治学说是把国家关系和宗法关系融合为一，家族观念被纳入君统观念之中。因之，便有了汉代的五家为“伍”，十家为“什”，百家为“里”；唐的四家为“邻”，五邻为“保”，百户为“里”等。

历史上推行乡村自治的儒者们，把乡里自治的传统一直追溯到周代。经常被引用的古籍，如《周礼·地官·族师》：“五家为比，十家为联；五人为伍，十人为联；四闾为族，八闾为联。使之相保、相爱，刑罚庆赏，相及相共，以受邦职，以役国事，以相葬埋。”孟子所描述的“出入相友，守望相助，疾病相扶持”，也是后人乐于称道的。

北宋的王安石是位大政治家，也是位大改革家。革命导师列宁对他有极高的评价。列宁说：“王安石是中国 11 世纪时的改革家。”王安石出于经济（征税）与军事（防外侵）的双重需要，改革旧往的保甲制度，实行新的保甲制度。

保甲制度是宋朝时期开始带有军事管理的户籍管理制度。保甲制度是中国封建王朝时代长期延续的一种社会统治手段，它的最本质特征是以“户”（家庭）为社会组织的基本单位，而不同于西方的以个人为单位。保甲编组以户为单位，设户长；十户为甲，设甲长；十甲为保，设保长。各保就该管区域内原有乡镇界址编定，或并合数乡镇为一保，但不得分割本乡镇。

自宋之后，保甲制度便延续了下来。民国时代，仍实行保甲制度。甲长、保长仍在行使着管理权力。

民国时期的保甲制度实行“管、教、养、卫”并重原则，使保甲制既服务于“自治”，亦有利于所谓“自卫”。“管、教、养、卫”分别表示了管理、教育、经济、军事四方面内容。“管”即自治治事，“教”即自信信道，“养”即自养养人，“卫”即自卫卫国。推行保甲，目的是为军事化服务，按照当时的说法，“军事化是推行自治实行主义根本精神所在”

“军队组织就是人类一切组织的最高范型，而一切的社会组织，可以说都渊源于军”。

按现在的编制，甲长类似于村民小组组长，而保长类似于自然村的村长。

户长是家里说了算的人，一般由家里的正值壮年的男性公民担任。户长的职责有二：一是纳税，二是约束家里的其他成员。而纳税则分为丁税与田税两种。丁税与田税是要缴给国家的，这是每一户农民对国家最重要的任务。除了丁税与田税，还有些地方上的事务也需要户长派人承担，如出河工、修路、架桥。有力的出力，无力的出钱。约束家里人遵守乡规民约，不违犯礼俗，亦是户长最重要的责任。

甲长往往由族长担任，但不绝对。族长是一个大家族的负责人，对家族事务有着绝对的管理权。

族长，亦称“宗子”。宗族内部的管理和各项事务的主持一般都由族长担纲。族长具有很大的宗法权力，小如家庭纠纷、婚丧喜庆，大如祭祖、祠庙管理等事务都要主持。他们所拥有的权力，便是族权。族民们为了自身或共同的利益，一般都推举族内德高望重的男性长者为族长。

宗族内发生纠纷由族长全权处理，对违犯族规的人，族长有权根据宗规族约给予制裁。协助族长工作的还有房长和柱首，房长按血缘关系由该房辈分最高、年龄最大者担任。柱首是处理一族内日常事务的人，如收租、筹办祭祀活动等。

家族一般都建有祠堂，祠堂有“祠规”，亦即家法。族长在家族中权势至高无上。大家族都修家谱，每隔三五十年续修一次，同一家族中以字辈确定长幼尊卑，并记于家谱中。保长管辖的范围有一百户，一般村也就是这么个规模。保长一般由这个村望族的族长担任。保长下面有办事人员，在保长的领导下，具体处理本保的事务。

网络上有段文字，介绍了民国时期的保长制：

保设保办公处，有正副保长及民政、警卫、经济、文化干事各一人，保长兼任保国民兵队队长和保国民学校校长，与乡（镇）长一样，亦实行政、军、文“三位一体”，保长通常由当地地主、土豪担任。国民党对保甲长人选极为重视，竭力通过保甲长牢牢控制民众，“使每一保甲长均能兼政治警察之任务”。

虽然户长、甲长、族长、保长担负不同的职责，但无非是处理如下事务：纳税与出力，孩子的日常教育（读书），婚丧嫁娶、祭祀、邻里纠纷、自治与自卫，防止外族及外村侵犯。

保甲的主要功能之一，确保田赋缴纳。国家为了自身的要求，一直强调民众对国家的责任。而儒学在这一方面提供了非常好的思想武器。《论语》中讲，“事君能致其身”。忠君爱国教育一直贯穿封建社会始终。事君可致其身，况钱财乎？纳皇粮缴国税光荣，成为民众的普遍共识。

3. 古代的中国教育，儒学是其学习的主要内容

在中国古代，凡是有条件的家庭都会让孩子接受儒学的早期教育。学而优则仕，优秀的儒生会通过乡试、会试、殿试的诸多途径考取功名，进入到管理国家的系统中，而那些落榜的考生则留在乡村，成了乡村中的文化人。他们中很多人或者在私塾教书，或者充当大户人家的账房先生，或者充任甲长、保长乃至更高一层的地方官吏。

（1）官学以儒学为基。

在中国古代，教育分官办与私办两种。官办学校主要是为国家培养人才而设，而私学则是官学的补充，由私人举办。

官学，或由中国封建朝廷直接举办和管辖，或由地方举办。官学包括中央官学和地方官学，共同构成了中国古代最主要的官学教育制度。

国家的中央官学，早在汉朝时便正式创办。魏晋南北朝时期政局纷乱，官学时兴时废，及至唐朝，中央官学繁盛，制度完备，南宋以后逐渐走下坡路。到了封建社会后期，中央官学逐步衰败，成为科举制度的附庸，名存实亡。

太学和国子监是中国封建国家的最高学府，是封建王朝培养人才的主要场所。太学和国子监在办学育才、繁荣学术、发展中国古代文化科学方面，积累了许多宝贵经验，在中国和世界教育史上占有重要地位。

古代地方官学自汉代开始设立。两汉时期平帝元始三年（3），建立了地方学校制度，并规定：郡国曰学，县、道、邑、侯国曰校，乡曰庠，聚曰序。

东汉时期，由于地方官吏多系儒者，对于修缮学宫、提倡兴学比较重视，因而郡国学校得以普遍建立，官学和私学交织发展，形成了“学校如林，庠序盈门”的景象。

无论是中央官学还是地方官学，其目的是为了准备科举考试。科举考试的内容主要是八股文。八股文主要测试的内容是经义，《诗》《书》《礼》《易》《春秋》，五经里选择一定的题目来进行写作。题目和写作的方式都是有一定格式的。八股文中有四个段落，每个段落都要有排比句，有排比的段落，叫四比，后来又叫八股。

好多地方一般把官学设在文庙，文庙担负着祭孔与教育的双重功能。最高规格的文庙设在京城，其次是府治、县治所在地。在遥远的广西边陲，与缅甸接壤的小镇也有文庙。

居济南当知济南府学文庙。济南府学文庙创建于宋熙宁（1068—1077）年间，元末倾塌，明洪武二年（1369）重建。到了清代，也多次对文庙进行修整，但基本保持了明朝文庙的规模和建筑布局。

济南府学文庙是历代济南文化、教育的中心，但是到了民国时期废除科举后，府学文庙便逐渐败落。

（2）私学以儒学为本。

私塾是中国古代社会一种开设于家庭、宗族或乡村内部的民间幼儿教育机构。它是旧时私人所办的学校，以传播儒家思想为中心，它是私学最重要的形式。

私塾是私学的一种。至清代，私塾一直是青少年真正读书受教育的场所，除义学外，清代的青少年一般都在地方或私人所办的学塾里。清代学塾发达，遍布城乡。以经费来源区分，一为富贵之家聘师在家教读子弟，称教馆或坐馆；二为地方（村）、宗族捐助钱财、学田，聘师设塾以教贫寒子弟，称村塾、族塾（宗塾）；三为塾师私人设馆收费教授生徒的，称门馆、家塾、学馆、书屋。塾师多为落第秀才或老童生，学生入学年龄不限。自五六岁至二十岁左右的都有，其中以十二三岁以下的居多。学生少则一二人，多则可达三四十人。

私塾学生既有儿童，也有成年人。按照施教程度，人们把私塾分成蒙馆和经馆两类。蒙馆的学生由儿童组成，重在识字；经馆的学生以成年人为主，大多忙于举业。

古代的蒙学教材也叫蒙学课本，又称“蒙养书”“小儿书”，是中国古代专为学童编写或选编的，在小学、书馆、私塾、村学等蒙学中进行启蒙教育的课本。它不包括蒙学中学习的儒家经书，如《论语》《孝经》《孟子》等。

无论是官学还是私学，其中堂必挂孔子像。上课之前，学生们应向孔子像行礼。曲阜师范大学骆承烈教授曾经描述过他读书时向孔子像行礼的过程。

4. 婚丧嫁娶中的儒学贯穿

儒学参与古代乡村的社会治理除了教育一途以外，更多地是通过婚丧嫁娶来实现的。自周以来，中国的婚丧嫁娶日趋完备。《仪礼》中记载了《士昏礼》,《士昏礼》后来成为大江南北、长城内外普遍遵循的礼俗。

（1）婚礼中的儒学因素。

《士昏礼》中提到六礼。第一，纳采：即男家遣媒向女家提亲，女家同意，男家备礼至女家求婚所行的礼仪。第二，问名：男家使人问女子之名，以归卜其吉凶。第三，纳吉：男家卜得吉兆，备礼告知女家，至此，婚姻始定。第四，纳徵：徵即成，男家在纳吉之后，送聘礼于女家以成婚礼。第五，请期：男家卜得迎娶吉日，备礼告于女家，征得同意。第六，亲迎：至婚期，婿亲至女家迎娶新妇完成婚礼。

《礼记·中庸》说：“君子之道，造端乎夫妇。”因此，儒家对婚礼非常重视。《礼记·昏义》论婚礼的意义说：“礼之大体，而所以成男女之别，而立夫妇之义也。男女有别而后夫妇有义；夫妇有义而后父子有亲；父子有亲而后君臣有正。故曰，昏礼者，礼之本也。”从这种血缘伦理道德观念出发，儒家把婚礼看作整个礼制的基础。

古代婚礼的高潮是三拜。一拜天地，二拜高堂，夫妻对拜。拜天地者，尊天敬地也；拜父母者，感谢父母的养育之恩也；夫妻对拜者，示互敬互爱，白头偕老之意也。

（2）丧祭中的儒学影响。

丧祭一直是古代乡村生活的一个重要方面。《论语·为政》中，当孟懿子向孔子问孝时，孔子回答："生，事之以礼；死，葬之以礼，祭之以礼。"在另一章中，孔子告诉他的学生宰我说，父母去世守三年孝，古之皆然。古代人通过丧祭等一系列的活动，既表达了对先祖的尊敬，也巩固了宗族的团结。

有人对祭祀两字做了较为形象的解释：祭祀二字，祭侧重的是向祖先向天地汇报工作。祀侧重的是希望天地祖先对自己未来的新工作给予新的指导、教诲和启发。祭的上半部分，左边是牲肉，右边是一只手，下面是神。祀，左边是神，右边是巳。巳也，四月，阳气巳出，阴气巳藏，万物见，成文章，故巳为蛇，象形。在中华文化中，阳为吉，阴为凶。中华文化中的神，也不是指人格化的那种妖怪，而是主导阴阳二气造化的自然力量。通过祭祀，可以申请让这个力量出阳藏阴，便可趋吉避凶，趋福避祸。

在中国古代，除了春秋两季在曲阜举行祭孔大典外，各地也在文庙中举行各种祭孔活动。祭孔活动中一般要宣读祭文。

祭孔是民间的一种对"先贤"的尊敬仰慕和追思的纪念活动。祭祀大成至圣先师孔子的典礼，称为"释奠礼"。释、奠都有陈设、呈献的意思，指的是在祭典中陈设音乐、舞蹈，并且呈献牲、酒等祭品，对孔子表示崇敬之意。

除了祭孔以外，乡间往往举行各种祭祀亲友的活动。普通人一般也就是上上香，撒撒酒，摆点祭品，而文人则往往写诗撰文。韩愈、欧阳修、袁枚的祭文，被称为中国历史上的三大祭文。

5. 家法、家教、家风中的儒学传承

在中国古代，几乎所有有名望的家族都有家法、家风、家训、家教。家法、家风、家训、家教对家庭成员、宗族成员的约束是极强的。祖籍山东曲阜而现居济南的陈锋先生近年来致力于中国古代家法、家风、家训、家教的搜集与整理，取得了阶段性的研究成果。

三国时期的诸葛亮祖籍山东沂南，其《诫子书》家喻户晓："夫君子之行，静以修身，俭以养德。非淡泊无以明志，非宁静无以致远。夫学须静也，才须学也，非学无以广才，非志无以成学。淫慢则不能励精，险躁则不能治性。年与时驰，意与日去，遂成枯落，多不接世，悲守穷庐，将复何及!”

王阳明是明代的大学问家，也是一位集大成式的大儒家，他留下的家训也非常有名，共有68个字：“幼儿曹，听教诲：勤读书，要孝悌；学谦恭，循礼仪；节饮食，戒游戏；毋说谎，毋贪利；毋任情，毋斗气；毋责人，但自治。能下人，是有志；能容人，是大器。凡做人，在心地；心地好，是良士；心地恶，是凶类。譬树果，心是蒂；蒂若坏，果必坠。吾教汝，全在是。汝谛听，勿轻弃。”

曾国藩兄弟镇压了太平天国运动，为清朝的中兴之臣。曾国藩教导后代说，要有八本：“读书以训诂为本，作诗文以声调为本，事亲以得欢心为本，养身以戒恼怒为本，立身以不妄语为本，居家以不晏起为本，作官以不要钱为本，行军以不扰民为本”。曾国藩的八本涵盖了齐家、治国、平天下各个方面。

6. 乡规民约中的儒学弘扬

中国古代人治理乡村的重要法宝是发明了乡规民约。乡规民约是中国由乡村群众集体制订，进行自我约束，自我管理，并自觉自愿履行的民间公约。内容十分广泛，主要包括社会公德、平时生产、生活关系、贯彻国家政策法令等。其目的是为了加强团结，促进生产。乡规民约需靠群众自觉遵守，对违者进行批评教育或适当处罚，但是不得超越法律。

《吕氏乡约》是我国最早的成文乡约，对后世明清的乡村治理模式影响甚大。它是“蓝田四吕”即吕大忠、吕大钧、吕大临、吕大防于北宋神宗熙宁九年（1076）所制订和实施的我国历史上最早的成文乡约，尤其是到明代，吕坤对《吕氏乡约》做了进一步发展，他提出《乡甲约》的突破，是把乡约、保甲都纳入到一个组织综合治理，对后世影响极大，为现代乡村自治奠定了理论和实践基础。

中国最早的成文乡里自治制度来自《吕氏乡约》，乡约的四大宗旨是使邻里乡人能“德业相劝，过失相规，礼俗相交，患难相恤”。它具有以下几个特点：(1) 由人民公约，而不是官府命令。“由人民主动主持，人民起草法则，在中国历史上，《吕氏乡约》实在是破天荒第一遭。”（2）成文法则。中国农村的成训习俗向来是世代相续，口头相传，从没有见之于文字，见之于契约。而制度必须成文，才可能行之广泛。（3）以乡为单位而不是以县为单位，从小处着手，易收功效。（4）自愿加入。“其来者亦不拒，去者亦不追。”（5）民主选举。“约正一人或二人，众推正直不阿者为之。专主平决赏罚当否。直月一人，同约中不以高下，依长少轮次为之，一月一更，主约中杂事。”（6）以聚会的形式，使乡人相亲，风俗淳厚。“每月一聚，具食；每季一聚，具酒食。”（7）赏罚公开。“遇聚会，则书其善恶，行其赏罚。”用记录在案督促众人，用开除惩罚不可救药的。（8）议事民主。“若约有不便之事，共议更易。”

自《吕氏乡约》之后，乡规民约在中国各地施行。比如明代的王阳明推动了南赣乡约的建立与施行。

王阳明是明代著名的思想家，心学的集大成者。他历任刑部主事、贵州龙场驿丞、庐陵知县、右佥都御史、南赣巡抚、两广总督等职，晚年官至兵部尚书、都察院左都御史，去世后谥文成，故后人又称王文成公。他在任南赣巡抚时，推行《南赣乡约》，倡导廉洁公正的思想，教化人心、整饬官风、治理社会，成为明代地方官员推行乡约的成功范例。

南赣地区位处闽粤赣湘四省交界地带，原先地广人稀，数十里不见民居。后来赣中、福建、广东等地的居民进入此地，与原住居民混杂在一起，形成一个成分复杂、流动性极大的流民社会。由于各色流民聚集一起，分群聚党，呼啸山野，掠劫郡县，严重影响当地社会秩序，成为明代严重的社会问题。

弘治八年（1495）起，朝廷就在赣州设立了南赣巡抚，专门负责处理四省边界地区的社会问题。南赣巡抚辖地虽有变化，但以江西的安南府、赣州府为主。南赣巡抚设立后曾一度裁撤，到正德六年（1511）又重新恢复。此后，南赣巡抚一直存在至清代初期。

明武宗正德十一年（1516）八月，王阳明被擢升为南京右佥都御史、南赣巡抚。次年正月正式赴任。为肃清南赣地区盗匪，控制社会流动人口，重建地方社会秩序，王阳明一方面利用地方军事力量，全力剿灭土贼，设立县治，另一方面推行十家牌法，兴办社学，倡行《南赣乡约》。

正德十三年（1518）十月，王阳明受宋代《吕氏乡约》和明初乡约的启发，开始在南赣地区推行乡约，这就是《南赣乡约》。

《南赣乡约》也称《阳明先生乡约法》，共计16条，可分为三个部分。第一部分由前5条构成，主要讲乡约的组织建设，包括乡约的人员构成、文簿的设置、入约的会费、聚会的日期和约所的选择；第二部分由第6到第15条构成，主要对同约人、寄庄人户、本地大户和异地客商、亲族乡邻、公差人员、各寨居民、招投新民、男女嫁娶、父母丧葬等人员及情况提出要求；第三部分只有第16条，主要讲聚会的仪式。

王阳明为推行《南赣乡约》，特地写了一篇“谕民文告”，即乡约的序文，说明推行乡约的原因和目的。他首先认识到“蓬生麻中，不扶而直。白沙在涅，不染而黑”的道理，揭示了环境对人的影响作用。他认识到，在赣南这个盗贼猖獗、“盗”“民”难分的环境下，廉洁、良善、守法之民如不加入其中，也难有生存的余地，并非老百姓的本性就是如此。乡村无序不只是老百姓的问题，也是当地官员“无道”“无方”的结果。王阳明的这一看法，深刻又切中要害。

《南赣乡约》比《吕氏乡约》具有更为宽泛的内容，强调公正地解决遗留问题。比如，同约之人有危疑难办的事，约长和同约人要帮助他出谋划策，务必合于情理，解决问题。贫困落难的人无力还清债务，要劝债权人予以宽免；如果债权人巧取豪夺，多收债务，一定要退还。被人侵占的田产必须责令退还，各守本分，不得再记前仇。新招抚的人一律勤耕勤织，平买平卖，不能重蹈覆辙等。

《南赣乡约》虽然继承了《吕氏乡约》的成风化俗的基本精神，但也有所不同。《吕氏乡约》是民办的乡约，目的在于“乡人相约，勉为小善”；而《南赣乡约》是官办的乡约，目的在于“特为乡约，以协和尔民”。在教化和救济之外，《南赣乡约》更多地具有重建社会秩序的重大责任。

第二部分　儒学复兴与山东乡村治理的实践

一、儒学复兴

（一）改革开放之后的儒学复苏

政革开放以后，儒学开始复兴。这种复兴有四个突出的标志：一是给孔子平反；二是被称为最后一位儒家的梁漱溟先生的复出；三是三孔的重新开放；四是中国孔子基金会的建立。

孔子“平反”在中国经历了两个阶段，以 1978 年夏季为界，其中国务院原副总理谷牧起到了重要作用。

1978 年 7 月 18 日，《光明日报》史学版头条用通栏标题、四分之三版面刊出一篇五千余字的文章《孔子教育思想试评》。此文提出：孔子的教育思想要辩证地看，如“有教无类”“知之为知之，不知为不知”等论点，是“值得肯定的”。

这篇现在看起来观点并不新鲜的文章，却引起了敏锐的驻华记者的关注，日本共同社驻京记者福原当天发回一篇报道称：“‘文革’后第一篇正面评价孔子的文章出现了。”

自 20 世纪 70 年代中期孔子的声望在中国落到了 2500 年以来的最低点之后，这是一个新现象，自此一个民族对先贤的评价开始一点点复苏。

20 多天后，也就是 8 月 12 日，《光明日报》又发表了《历史研究》编辑庞朴的文章：《孔子思想再评价》。庞朴进一步提出：孔子的政治思想也要全面看待，不能全盘否定。这篇文章随即引起很大反响，可谓学术界全面重评孔子的标志之一。此后，重估孔子的文章，在各类杂志、研讨会上越来越多地涌现。

梁漱溟的复出最具代表性。自从 50 年代与毛泽东在全国政协常委扩大会议和中央人民政府委员会扩大会议上吵架以后，在中国的报刊和电台中，梁实际上销声匿迹了。林彪事件发生以后，发生了“批林批孔”运动。梁的表态是，林可以批，孔却不能批，梁为此做了玉碎的准备。梁曾讲过："三军可夺帅，匹夫不可夺志。"当然，这是孔子的原话。梁的耿直与不妥协，使他遭到了猛烈的批判，他的一个很有名的学生冯友兰甚至也加入了批判他的行列，梁也获得了顽固不化甚至是花岗岩脑袋的名声。

"1973 年，梁漱溟出席政协的小组会。小组里的同事们不断督促他发言或写文章批判孔子，而这正是梁漱溟坚决拒绝的。连续几天，组员们对他那令人恼火的沉默进行指责，并严令他以某种方式表达。终于，梁漱溟同意公开表态，但他迸出的只有一句话：'三军可夺帅，匹夫不可夺志！'"

梁的复出是悄悄进行的，这种复出以一个美国人的访谈开始。1980 年，美国学者艾恺专程来访，二人进行了数次长谈。随着艾恺的来访并发表一系列的采访文章，梁漱溟开始重新走入中国人的视野。

1987 年 10 月 31 日，是梁漱溟 95 岁寿辰。中国文化书院发起并组织了"祝贺梁漱溟从事教学科研七十周年国际学术讨论会"。开幕式会场特别安排在距梁漱溟住所不远的二七剧场。会议开得非常隆重。

"文革"时，三孔被迫关闭。改革开放之后，三孔得以恢复开放。大批的人涌入这三个地方参观。据有的资料表明，三孔的维修资金，是谷牧等通过老一辈革命家的同意后筹得的。

有必要提提谷牧这个人。谷牧是山东荣城人，也是一位老革命家。"四人帮"被粉碎以后，他受命率团到西方考察。回来后，他力主向西方学习，不仅要学习西方的技术，还要学习西方的管理智慧与管理经验。他是改革开放的急先锋，受到邓小平同志的器重。

1984 年谷牧倡导成立了中国孔子基金会，这当然得到中央的支持与批准。开始，中国孔子基金会是在曲阜成立的，后来迁至北京。谷牧曾长期担任中国孔子基金会的名誉会长，直至去世。顺便说一句，中国孔子基金会后来又迁回山东济南，成立中国孔子基金会秘书处，受山东省委宣传部领导。

（二）新时代之前的儒学恢复

新时代之前，对中国的传统文化虽然没有刻意提倡，但也并不压制阻碍。在相对宽松的环境中，儒学逐渐得到恢复。

1. 各高等学校纷纷建立国学研究机构

中国人民大学国学院成立于 2005 年，是新中国第一家以“国学”命名的教育科研机构，下设经学与子学、国文、国史、国学基础四个教研室及西域历史语言等研究所。自建院以来，以“究古今之际，通天人之变，育栋梁之才”为宗旨，致力于恢复“和合贯通”“求知致道”的学术传统，努力打造适应时代需求的国学学科体系。

中国人民大学国学院现有专任教师 35 人，其中教授 14 人（二级教授以上者 7 人），副教授 14 人，讲师 7 人，专职博士生导师 17 人。其中有国务院学位办学科评议组成员 1 名，长江学者 3 名。

2012 年 1 月，为把山东大学建设成为世界儒学中心，使儒学率先成为世界一流学科，进而带动相关学科快速发展，山东大学将原儒学高等研究院、儒学研究中心、文史哲研究院和《文史哲》编辑部整合成新的儒学高等研究院，文史哲研究院名称保留，《文史哲》编辑部相对独立。

2012 年，山东大学成立尼山学堂。其目的是培养传承、研究、创新和传播中国古典学术的高水平专门人才，尼山学堂由儒学高等研究院负责教学及学生管理工作，享受校级基地班待遇。截至 2016 年，尼山学堂已成功招收四届学生。每年招生规模为 20 人左右，4 月份举行招生考试，主要在全校各专业大一学生中选拔，生源包括中文、历史、哲学、物理、药学、朝鲜语等 15 个院系专业。

2. 孔子学院走向世界

孔子学院是中国国家汉语国际推广领导小组办公室在世界各地设立的推广汉语和传播中国文化的机构。孔子学院最重要的一项工作就是给世界各地的汉语学习者提供规范、权威的现代汉语教材；提供最正规、最主要的汉语教学渠道，传播以儒学为代表的传统文化。2004 年，全球首家孔子学院在韩国首尔正式设立。截至 2018 年 12 月，中国已在 154 个国家和地区建立了 548 所孔子学院和 1193 个中小学孔子课堂，现有注册学员 210 万人，中外专兼职教师 4.6 万人。

（三）新时代儒学的复兴

《论语》中孔子讲：“君子之德风，小人之德草。”意思是君子的德行好比是风，普通百姓的德行好比是草，风吹在草上，草就必定跟着倒。这一点在儒学复兴中得到了充分体现。

习近平同志2012年11月当选为中共中央总书记，2013年3月，当选为中国国家主席。自此，中国进入了以习近平同志为核心的党中央的坚强领导的时期。

1. 习近平同志视察孔子研究院

新华网北京2013年11月26日电　据新华社“新华视点”微博报道，习近平26日来到曲阜孔府考察，并来到孔子研究院。桌子上摆放着展示孔子研究院系列研究成果的书籍和刊物，他一本本饶有兴趣地翻看。看到《孔子家语通解》《论语诠解》两本书，他拿起来翻阅，说：“这两本书我要仔细看看。”

孔子研究院是1996年经国务院批准在曲阜设立的儒学研究专门机构，集文献收藏、信息交流、学术研究、人才培养、博物展览五项功能于一体，以建设“世界儒学研究交流中心，组织引领国际儒学研究”为发展目标，承担了“世界孔子庙研究”等四项国家社会科学基金项目，创办《孔子学刊》等。

熟悉历史的人都知道，自中国共产党执政以来，还没有哪一位领导人像习近平同志这样高度地赞扬孔子。习近平同志视察孔子研究院表明：中国将非常重视优秀传统文化的弘扬。

2. 习近平同志出席孔子诞辰2565年纪念大会并发表讲话

2014年9月，纪念孔子诞辰2565周年国际学术研讨会暨国际儒学联合会第五届会员大会在北京召开。习近平同志在开幕式上的讲话，对儒学及孔子给予了高度评价。除了引用《论语》原文，习近平同志着重指出：中华民族历来是一个爱好和平的民族，爱好和平在儒家思想中也有很深的渊源。中国人自古就推崇“协和万邦”“亲仁善邻，国之宝也”“四海之内皆兄弟也”“远亲不如近邻”“亲望亲好，邻望邻好”“国虽大，好战必亡”等和平思想。爱好和平的思想深深嵌入了中华民族的精神世界，今天依然是中国处理国际关系的基本理念。

山东大学高等儒学研究院执行院长王学典教授对习主席视察孔子研究

院及在国际儒联发表的重要讲话给予高度评价。他认为，习总书记 2013 年访问曲阜，中国文化的复兴进入了一个兴奋期。习主席在孔子诞辰 2565 年暨国际儒联大会讲话的发表，标志着儒学热在 2014 年达到顶峰。习主席在 2014 年国际儒联的讲话是当代儒学发展史上一次深刻的思想解放。

在王学典看来，习总书记 2013 年到访曲阜，并就儒学发表重要讲话，2014 年 9 月 24 日习主席在国际儒联大会发表长篇演讲，是对儒学的正名，是儒家文化的价值得到的首次正面肯定，打破了此前一直固守了近百年的反传统思维模式，儒学自此进入了中国意识形态的主流，进入了中国文化的主流，与中国特色社会主义文化、红色传统文化并列成为构成中国文化主流的三大组成部分之一。

3. “两办”印发《关于实施中华优秀传统文化传承发展工程的意见》

2017 年 1 月 25 日，中共中央办公厅、国务院办公厅联合印发了《关于实施中华优秀传统文化传承发展工程的意见》，这表明领导人对儒学的推动已经上升为国家意志。文件中提出了总体目标：到 2025 年，中华优秀传统文化传承发展体系基本形成，研究阐发、教育普及、保护传承、创新发展、传播交流等方面协同推进并取得重要成果，具有中国特色、中国风格、中国气派的文化产品更加丰富，文化自觉和文化自信显著增强，国家文化软实力的根基更为坚实，中华文化的国际影响力明显提升。

文件特别强调要把传统文化融入现实生活：注重实践与养成、需求与供给、形式与内容相结合，把中华优秀传统文化内涵更好更多地融入社会生活。……加强“美丽乡村”文化建设，发掘和保护一批处处有历史、步步有文化的小镇和村庄。用中华优秀传统文化的精髓涵养企业精神，培育现代企业文化。实施中华老字号保护发展工程，支持一批文化特色浓、品牌信誉高、有市场竞争力的中华老字号做精做强。深入开展“我们的节日”主题活动，实施中国传统节日振兴工程，丰富春节、元宵、清明、端午、七夕、中秋、重阳等传统节日文化内涵，形成新的节日习俗。加强对传统历法、节气、生肖和饮食、医药等的研究阐释、活态利用，使其有益的文化价值深度嵌入百姓生活。实施中华节庆礼仪服装服饰计划，设计制作展现中华民族独特文化魅力的系列服装服饰。大力发展文化旅游，充分利用历史文化资源优势，规划设计推出一批专题研学旅游线路，引导游客在文化旅游中感知中华文化。推动休闲生活与传统文化融合发展，培育符合现代人需求的传统休闲文化。发展传统体育，抢救濒危传统体育项目，把传统体育项目纳入全民健身工程。

4. 儒学热风靡全国

近年来，在中华民族复兴的大背景下，作为文化复兴重要体现的优秀传统文化热可谓日益“升温”。孔子学院海外开花，大学增设优秀传统文化课程，学者著书演讲，中小学诵读传统文化经典，一大批有关优秀传统文化的影片应运而生，各种各样的活动层出不穷。优秀传统文化因素已经成为我国社会生活的一个重要因素。

有学者分析了优秀传统文化热的原因：一是当今社会现实的需要。这种需要可以从中国和世界两个层面来看。从中国看，随着综合国力的提升，中国进入民族复兴的重要时期。民族复兴不仅是经济、政治和军事的复兴，更是文化的复兴。没有文化的复兴，中国就不能成为真正意义的世界强国。而这种文化又不能是外来的文化，只能是融合外来文化具有自己本民族特色的文化。二是优秀传统文化固有价值的重现。作为中华传统文化的主体，优秀传统文化内容丰富，博大精深，是中华民族智慧的结晶和宝贵的精神文化遗产。有学者将其概括为中国精神或中国之道，主要有：克己复礼的人生态度，天人合一的宇宙观，天下为公的政治理想，和而不同的处事原则，义在利先的道德理念，己所不欲、勿施于人的恕道情怀，四海为家、天下为公的世界愿景等。

二、中国农村治理的艰苦探索

（一）农村的两治

中国的经济改革是从农村开始的，以实行联产承包责任制为标志。联产承包责任制的实施，极大调动了农民的积极性，使农民的劳动生产率和土地生产率双重提高，农民摆脱了吃不上饭的局面。联产承包责任制导致了人民公社体制的垮台。农村中的政经不分被彻底改变。人民公社被变成乡镇，生产大队、生产小队被改为村及村民小组。

从经济上看，改革开放是解放生产力；从管理上看，改革开放之后是社会主义法治的逐渐完善。随着《中华人民共和国宪法》及《中华人民共和国土地管理法》等多部法律的实施，中国农村也进入了法治化的建设轨道。

《中华人民共和国土地管理法》是指对国家运用法律和行政的手段对土地财产制度和土地资源的合理利用所进行管理活动予以规范的各种法律规范的总称。《中华人民共和国土地管理法》于1986年6月25日经第六届全国人民代表大会常务委员会第十六次会议审议通过，1987年1月1日实施。此后，该法又经过了三次修正。最近的一次修正是在2019年进行的，于2020年1月1日颁布实施。

相对于《土地管理法》，《中华人民共和国农村土地承包法》要晚一些。《中华人民共和国农村土地承包法》是为稳定和完善以家庭承包经营为基础、统分结合的双层经营体制，赋予农民长期而有保障的土地使用权，维护农村土地承包当事人的合法权益，促进农业、农村经济发展和农村社会稳定，根据宪法制定的法律。由中华人民共和国第九届全国人民代表大会常务委员会第二十九次会议于2002年8月29日通过，自2003年3月1日起施行。此后又经过修订。最近的一次修订是2018年进行的。

从20世纪80年代初开始，中国开始酝酿村民自治。1998年11月4日，第九届全国人大常委会第五次会议修订通过了《中华人民共和国村民委员会组织法》，自1998年11月4日施行。后又经过两次修正。最近一次修正是2018年12月29日第十三届全国人大常委会第七次会议提出的。

村民自治，简而言之就是广大农民群众直接行使民主权利，依法办理自己的事情，创造自己的幸福生活，实行自我管理、自我教育、自我服务的一项基本社会政治制度。村民自治的核心内容是“四个民主”，即民主选举、民主决策、民主管理、民主监督。因此，全面推进村民自治，也就是全面推进村级民主选举、村级民主决策、村级民主管理和村级民主监督。

“村民自治”的提法始见于1982年我国修订颁布的《中华人民共和国宪法》第111条，规定“村民委员会是基层群众自治性组织”。“四个民主”的提法始见于1994年民政部下发的关于开展村民自治示范活动的通知之中。从“村民自治”到“四个民主”，再到村民委员会组织法的通过，标志着我们对基层民主的认识是逐步完善、逐步提高的。

（二）由两治到三治

中国古代伟大的思想家孔子指出：“道之以政，齐之以刑，民免而无耻；道之以德，齐之以礼，有耻且格。”自古以来，治国有两种重要的手段，一是法治，二是德治，且两手抓，两手硬。中国古代英明的君主均注意法治与德治的结合。古代的尧舜禹是这样，汉武帝、汉文帝、唐太宗、宋太祖也是如此。

新中国成立以来，中国共产党更加重视以德治国和依法治国相结合。习近平同志在党的第十九次代表大会的报告中如此表述：坚持依法治国、依法执政、依法行政共同推进，坚持法治国家、法治政府、法治社会一体建设，坚持依法治国和以德治国相结合，依法治国和依规治党有机统一，深化司法体制改革，提高全民族法治素养和道德素质。

在党的第十九次代表大会报告中，习近平同志强调农村的德治、法治和自治相结合。“健全自治、法治、德治相结合的乡村治理体系。培养造就一支懂农业、爱农村、爱农民的‘三农’工作队伍。”

2016 年 12 月 9 日下午，就我国历史上的法治和德治，中共中央政治局进行了第三十七次集体学习。中共中央总书记习近平在主持学习时强调，法律是准绳，任何时候都必须遵循；道德是基石，任何时候都不可忽视。在新的历史条件下，我们要把依法治国基本方略、依法执政基本方式落实好，把法治中国建设好，必须坚持依法治国和以德治国相结合，使法治和德治在国家治理中相互补充、相互促进、相得益彰，推进国家治理体系和治理能力现代化。

习近平强调，改革开放以来，我们深刻总结我国社会主义法治建设的成功经验和深刻教训，把依法治国确定为党领导人民治理国家的基本方略，把依法执政确定为党治国理政的基本方式，走出了一条中国特色社会主义法治道路。这条道路的一个鲜明特点，就是坚持依法治国和以德治国相结合，强调法治和德治两手抓、两手都要硬。这既是历史经验的总结，也是对治国理政规律的深刻把握。

习近平指出，要强化道德对法治的支撑作用。坚持依法治国和以德治国相结合，就要重视发挥道德的教化作用，提高全社会文明程度，为全面依法治国创造良好人文环境。要在道德体系中体现法治要求，发挥道德对法治的滋养作用，努力使道德体系同社会主义法律规范相衔接、相协调、相促进。要在道德教育中突出法治内涵，注重培育人们的法律信仰、法治观念、规则意识，引导人们自觉履行法定义务、社会责任、家庭责任，营造全社会都讲法治、守法治的文化环境。

习近平强调，要把道德要求贯彻到法治建设中。以法治承载道德理念，道德才有可靠制度支撑。法律法规要树立鲜明道德导向，弘扬美德义行，立法、执法、司法都要体现社会主义道德要求，都要把社会主义核心价值观贯穿其中，使社会主义法治成为良法善治。要把实践中广泛认同、较为成熟、操作性强的道德要求及时上升为法律规范，引导全社会崇德向善。要坚持严格执法，弘扬真善美、打击假恶丑。要坚持公正司法，发挥司法断案惩恶扬善功能。

习近平指出，要运用法治手段解决道德领域突出问题。法律是最底线的道德，也是道德的保障。要加强相关立法工作，明确对失德行为的惩戒措施。要依法加强对群众反映强烈的失德行为的整治。对突出的诚信缺失问题，既要抓紧建立覆盖全社会的征信系统，又要完善守法诚信褒奖机制和违法失信惩戒机制，使人不敢失信、不能失信。对见利忘义、制假售假的违法行为，要加大执法力度，让败德违法者受到惩治、付出代价。

习近平强调，要提高全民法治意识和道德自觉。法律要发挥作用，首先全社会要信仰法律；道德要得到遵守，必须提高全体人民道德素质。要加强法治宣传教育，引导全社会树立法治意识，使人们发自内心信仰和崇敬宪法法律；同时要加强道德建设，弘扬中华民族传统美德，提升全社会思想道德素质。要坚持把全民普法和全民守法作为依法治国的基础性工作，使全体人民成为社会主义法治的忠实崇尚者、自觉遵守者、坚定捍卫者。要深入实施公民道德建设工程，深化群众性精神文明创建活动，引导广大人民群众自觉践行社会主义核心价值观，树立良好道德风尚，争做社会主义道德的示范者、良好风尚的维护者。

三、儒学与乡村治理的理论思考

（一）儒学在乡村治理的地位

1. 德治在三治中地位重要，与自治、法治平起平坐

自党的十九大报告中提出三治融合的概念之后，三治成为乡村振兴中的热词。被认为是三治融合发源地的嘉兴，由于出台三治融合规范标准而闻名全国。

自治：基层群众性自治组织、社会组织、公民个人等进行自我管理、自我服务、自我教育，有序参与社会事务的一种治理方式。

法治：严格依据法律治理国家的原则，实现政府依法行政、公民依法行事、社会依法运行的一种治理方式。

德治：以社会主义核心价值观为根本，通过榜样示范、礼仪教化、道德评议等，在全社会形成普遍认同的道德标准和价值尺度，营造崇德向善、诚信友爱的良好社会风尚的一种治理方式。

应当提醒大家三治有严格的顺序，先是自治，次是法治，最后是德治。但这并不是说德治不重要。笔者认为，德治与自治、法治的地位相同。就其长远性讲，甚至比自治与法治对人的影响更大。

2. 儒学因素在社会主义核心价值观中的权重较大

践行社会主义核心价值观，发挥德治在乡村治理中的引领作用。社会主义核心价值观对国家、社会、公民提出了具体目标。

国家目标：富强、民主、文明、和谐。
社会目标：自由、平等、公正、法治。
个人目标：爱国、敬业、诚信、友善。

社会主义核心价值观是多种文化形态融合的结晶。社会主义文化、红色文化、中国优秀传统文化都可以在其中找到踪影。

有人编了这么一首五言诗，把社会主义核心价值观的 24 个字概括其中。

富强民主梦，文明和谐风。
自由平等事，公正法治生。
爱国当敬业，诚信友善情。
核心价值观，贵在知与行。

如果我们认真分析社会主义核心价值观这 24 个字，就会发现里面的儒学因素较多，权重较大。

（1）富强。

富强的思想在孔子的心目中占有重要位置。孔子的学生冉求陪孔子到卫国，发现卫国的人口多，冉求就问孔子该怎么办？孔子告诉冉求说，富而教之。先让老百姓富起来，再教育好老百姓。“子适卫，冉有仆。子曰：‘庶矣哉！’冉有曰：‘既庶矣，又何加焉？’曰：‘富之。’曰：‘既富矣，又何加焉？’曰：‘教之。’”

（2）民主。

应当指出，在儒家的语境中，没有民主的概念，民主这个概念是近代的一个词。但儒家有民本的概念。民本者，以民为本也。孟子有一个著名的观点叫“民贵君轻”。孟子曰：“民为贵，社稷次之，君为轻。是故得乎丘民而为天子，得乎天子为诸侯，得乎诸侯为大夫。诸侯危社稷，则变置。牺牲既成，粢盛既洁，祭祀以时，然而旱干水溢，则变置社稷。”

（3）和谐。

和谐在孔子思想中亦占有重要地位。孔子的学生有若明确指出：“礼之用，和为贵。先王之道，斯为美，小大由之。有所不行，知和而和，不以礼节之，亦不可行也。”孔子明确指出：“君子和而不同，小人同而不和。”

（4）公正。

公正在孔子的心目中同样占有重要地位。季康子问政于孔子，孔子对曰：“政者，正也。子帅以正，孰敢不正？”

在另外一个地方，孔子明确指出，当政者要想实行公正，自己必须正派。其曰：“其身正，不令而行；其身不正，虽令不从。”孔子还说：“苟正其身矣，于从政乎何有？不能正其身，如正人何？”

（5）法治。

孔子不仅主张德治，还主张法治："道之以政，齐之以刑，民免而无耻；道之以德，齐之以礼，有耻且格。"德治与法治要两手抓，两手硬。

（6）敬业。

孔子特别强调敬业。敬业者，忠也。定公问："君使臣，臣事君，如之何？"孔子对曰："君使臣以礼，臣事君以忠。"在另外一个地方，孔子强调："事君，敬其事而后其食。"

（7）诚信。

孔子还特别强调诚信。孔子曰："人而无信，不知其可也。大车无𫐐，小车无軏，其何以行之哉？"孔子的学生有子补充说："信近于义，言可复也。恭近于礼，远耻辱也。因不失其亲，亦可宗也。"

（8）友善。

孔子的思想核心是人要做一个仁者，而仁者最大的特征之一就是对人友善。一个对人不友善的人肯定与仁挂不起钩来。"有朋自远方来，不亦乐乎？"是千古名句，人人皆知。孔子强调朋友之间应"切切偲偲"。子路问曰："何如斯可谓之士矣？"子曰："切切偲偲，怡怡如也，可谓士矣。朋友切切偲偲，兄弟怡怡。"孔子深谙交友之道："忠告而善道之，不可则止，毋自辱焉。"

从以上简短的论述中可知，社会主义核心价值观的24个字中，其中约16个字来自儒学的贡献，占三分之二。

（二）儒学影响乡村治理的机理

儒学影响乡村治理的机理其实很简单：

第一步，上级重视儒学的信息传递给基层组织。

第二步，基层组织消化吸收后传递给农村、社区。

第三步，农村、社区传递给农村、社区居民。

第四步，农村、社区居民在生产生活中运用之。

要想理解儒学影响乡村治理的机理，必须了解乡村治理的主体。

著名学者于建嵘认为现在乡村治理的主体是多元化的：

（1）基层党政组织。

当前的现实情况是“多元”治理主体中的基层党政组织虽不再处于垄断各种治理资源的地位，不能再像以前那样运用政治强力控制的方式来进行治理，但依然是“一家独大”的重要主体。

（2）其他治理主体。

其他治理主体的力量还是相对比较薄弱，主要表现为乡村社会组织发育不足，乡村知识分子、农民群众的自治能力比较薄弱，参与公共事务的热情和动力不足，这也是当前乡村社会治理出现诸多困境的深层次原因。

这些组织包括各种各样的合作社组织，在村两委领导下成立的红白理事会，家庭农场主与种粮大户等。

（3）非正式组织。

要大力发展农村社会组织，不但要重视共青团、妇联等政治类组织以及经济合作社等经济类正规组织的建设，还要关注人民调解、公共卫生、治安保卫等群众组织的建设，更要给予宗族组织、文化组织等社区组织一定的生存和发展空间，还原农村社区组织的多样性。

2015 年，中央一号文件也强调指出：创新和完善乡村治理机制，要激发农村社会组织活力，重点培育和优先发展农村专业协会类、公益慈善类、社区服务类等社会组织。

（4）乡贤。

在中国古代的乡村社会治理中，修桥补路、捐资助学等公共事务主要由乡村里的士绅贤人承担。他们在当地有声望，获得人们的尊敬，是人们发自内心认同的乡村权威，对于整合乡村共同体和维护乡村秩序发挥着重要作用。在新的历史条件下，应发掘更多的新乡贤，让他们积极参与到未来的乡村社会治理中。

浙江安吉认真研究了乡村治理中的各种因素及其相互作用，把乡村治理中的方方面面都考虑到了。在其发布的乡村治理规范中，有一个乡村治理的动力学模型，非常全面，非常细致。乡村治理的核心目标是农民幸福感的获得。(见下图)

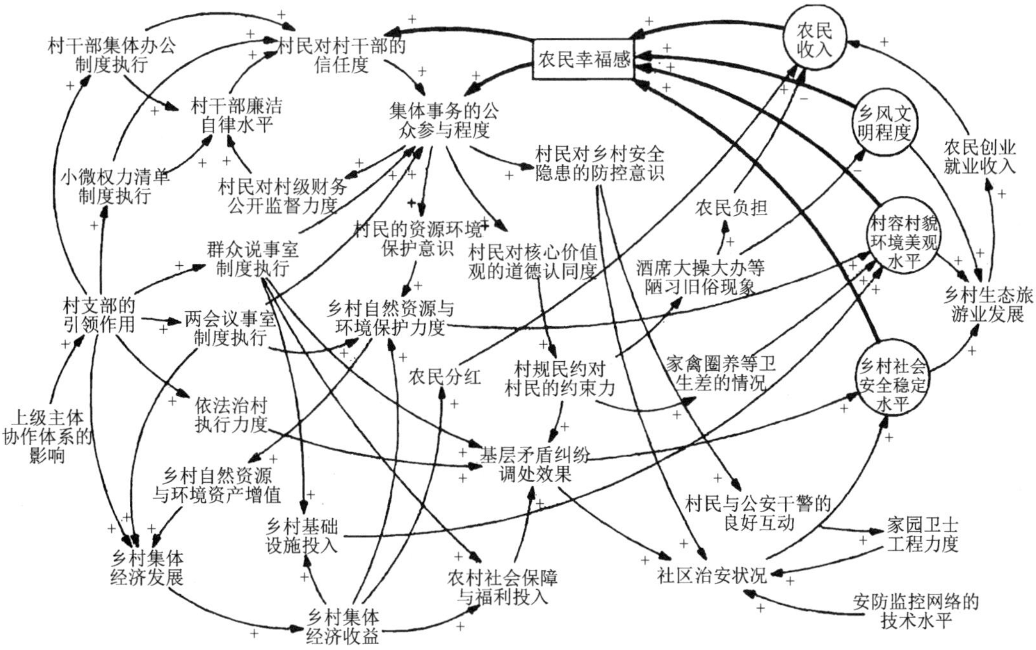

图 1　浙江安吉乡村治理动力学模型

（三）乡村治理的量化处理

浙江安吉在乡村治理中注意量化处理。量化处理极大地提高了乡村治理的规范化水平。（见下表）

表 1　浙江省安吉三治融合量化规范评分表

项目	评分标准	分值	评分细则	自评分	考评分
一、“三治”融合基本要求	1. 建立“一约两会三团”	/	未达到基本要求，不得参与评选		
	2. 平安村（社区）	/			
	3. 市级以上民主法治村（社区）	/	未达到基本要求，不得参与评选		

（续表）

项目	评分标准	分值	评分细则	自评分	考评分
二、组织领导坚强有力（10分）	4. 村（社区）党组织注重自身建设，领导核心作用明显，班子团结，工作制度健全	2	社区党组织班子不团结，核心作用不明显不得分；工作制度不健全的扣1分		
	5. 村（社区）党组织加强规范化建设，充分发挥村（社区）党组织的战斗堡垒作用	2	没有开展的不得分；星级评定没有达到“三星”以上的，扣1分		
	6. 建立村（社区）党务、事务、财务公开民主管理制度，有固定的公开栏，按要求搞好党务、事务、财务公开，达到民主管理规范化建设标准	2	党务、事务、财务未按要求公开的不得分；没有达到规范化建设标准的扣1分		
	7. 制定“三治”建设工作具体计划，落实专人负责	2	未制定计划扣1分；未落实专人扣1分		
	8. 党组织建在网格上，确保每个网格有一名党员网格员	2	未建立网格党组织扣1分；未配备党员网格员扣1分		
三、自治活力有效释放（25分）	9. 严格执行《嘉兴市基层群众自治组织依法履行职责事项》37项和《嘉兴市基层群众自治组织依法协助政府工作事项》40项两份清单	3	未经审核纳入事项的，每发现1项扣0.5分		
	10. 村（居）民（代表）会议制度健全，社会公共事务和公益事业均通过利益相关方协调解决	3	每发现1项未落实扣1分		
	11. 坚持“五议两公开”，村（社区）重大事项按照“党员群众建议、村（社区）党组织提议、村（居）务联席会议商议、党员大会审议、村（居）民（代表）会议决议和表决结果公开、实施情况公开”的程序进行决策实施	3	重大事项未落实“五议两公开”的，每发现一项扣1分		

（续表）

项目	评分标准	分值	评分细则	自评分	考评分
三、自治活力有效释放（25分）	12. 有效发挥自治章程、村规民约、社区公约作用	3	未及时修订的扣1分；适用性不强的扣1分；未抓宣传实施的扣1分		
	13、村（社区）社会组织培育良好，建立登记管理和备案制度，活动经常，作用发挥明显，村社会组织不少于10家，社区社会组织不少于18家	3	没有建立制度的，扣1分；登记备案不规范的，扣1分；少于目标的，扣1分		
	14. 百姓议事会、百事服务团、群防群治志愿者队伍等自治组织作用发挥良好	4	未开展的，每项扣1分；作用发挥不明显的，每项扣1分		
	15. 建立健全“三社联动”机制，村（社区）设置“三社联动”宣传栏	3	“三社联动”未达到市要求的扣2分，未设置“三社联动”宣传栏的扣1分		
	16. 最大限度整合和利用基层资源，将“两代表一委员”、老干部、党（团）员、“大学生村官”等各类资源融入网络，通过发挥全科网络作用，充分调动群众参与社会治理的主动性和积极性	3	队伍未整合到位的扣2分；参与治理成效不明显的，扣2分		
四、法治思维深入人心（25分）	17. 建立村级“小微权力清单”“监督责任清单”	3	未建立的，分别扣1分；监督不到位的，扣1分		
	18. 积极推进民主法治村（社区）创建	5	市级的得1分；省级的得3分；全国的得5分		
	19. 开展“宪法入户”活动，宪法宣传达率100%	3	抽查10户，每少1户扣0.5分		
	20. 组织村（社区）两委干部每年集中学法不少于2次	3	每少1次扣0.5分		
	21. 利用广场、学校等公共场所建立法治文化阵地。农村室外阵地面积300平方米以上，城市社区室外面积200平方米以上	4	阵地建设不达标的，每项扣1分		

（续表）

项目	评分标准	分值	评分细则	自评分	考评分
四、法治思维深入人心（25分）	22. 开展“法治带头人”“法律明白人”“遵守学法守法用法示范户”等评选活动	2	未开展的，不得分		
	23. 法律服务团开展各类服务活动，作用明显	2	未开展的，不得分；作用发挥不明显的扣1分		
	24. 法律顾问、“三官一师”等在村级事务管理、服务村民过程中作用发挥明显	3	未开展工作的，每项扣1分；作用发挥不明显的扣1分		
五、道德风尚不断提升（25分）	25. 每年开展社会主义核心价值观宣传教育活动	3	未开展的，不得分		
	26. 开展传承弘扬好家风、好家训等主题实践活动	2	未开展评选的，不得分；评选后，宣扬不到位的，扣1分		
	27. 乡贤参事会作用发挥明显	2	未开展工作的，不得分；作用发挥不明显的，扣1分		
	28. 广泛开展身边好人、好婆媳、新时代好少年等评选评议活动	2	未开展评选的，不得分；评选后，宣扬不到位的，扣1分		
	29. 开展“五员队伍”建设，培育“宣传文化员、志愿服务员、专家指导员、政策宣讲员、文艺辅导员”并有效发挥作用	2	未开展工作的，不得分；作用不明显的，扣1分		
	30. 开展“我们的春晚”、村歌大赛、文化走秀等各类文化惠民活动，传播正能量	2	未开展工作的，不得分；作用不明显的，扣1分		
	31. 依托道德评判团，广泛设立“道德红黑榜”“善行义举榜”“道德点评台”“曝光栏”等，定期开展评判活动	2	未设立的，不得分		

（续表）

项目	评分标准	分值	评分细则	自评分	考评分
五、道德风尚不断提升（25分）	32. 广泛开展“文明家庭”“最美家庭”“平安家庭”等系列评选，社区在楼道口进行集中亮牌公开，农村在每户家门前进行亮牌公开	5	未开展的，不得分；未亮牌公开的，扣1分		
	33. 加强移风易俗工作，重点实施“垃圾不落地、出行讲秩序、办酒不铺张、邻里讲和睦”等文明活动，推动社会新风正气	5	组织不到位的，扣1分；效果不明显的，扣1分；被县级以上媒体曝光的，每起扣1分		
六、民生福祉日益增进（15分）	34. 村（社区）治安良好，突发性治安事件得到及时处置，重大治安问题、刑事案件和火灾隐患得到有效处置	5	每发生一起刑事案件、火灾事故扣1分		
	35. 无“民转刑、民转非访”事件发生	4	每发生一起扣2分		
	36. 无村（民）参与邪教组织、传销组织、黄赌毒行为	2	每发生一起扣2分		
	37. 人民调解组织化解矛盾纠纷成功率98%以上	2	化解矛盾纠纷成功率未达到要求的，扣1分		
	38. “三治融合”典型做法受到县（市、区）以上领导认可	2	县级以上得1分，市级以上得2分		

（四）儒学在乡村治理中遇到的挑战

儒学在乡村治理中遇到的挑战可能有以下几个方面：

1. 基层干部不重视或重视不够

乡镇及村干部由于工作繁忙及事务繁多，学习的主动性差，用于学习的时间不多。对于儒学，存在着为难情绪。《论语》是最普通的经典，但基层干部仍然觉得很难。据我们进行调研，基层干部虽然都知道《论语》

(从电视上知道的)，但通读过《论语》的人不到百分之一。基层干部尚且如此，其他人更不用说了。

2. 农村有些人对孔子及其儒学误解

1974 年，中国曾经开展过“批林批孔”运动，那次运动对孔子及其儒学的损害很大。那个时候，许多人把孔子称为“孔老二”，对孔子及其儒学缺乏应有的尊重。现在的农村中，许多老年人（当时的青年人）仍然沿用这个称呼。在农村中，正确认识孔子及其儒学的任务仍很艰巨。

3. 农村中缺乏懂儒学的人

儒学典籍是用文言文写成的，一般人很难掌握。在农村中真正懂儒学的人太少。对儒学要么一知半解，要么断章取义。这样的儒学宣讲容易误人子弟。有很多人只是在速成班上学了几句《论语》，便开班诵读。在一次农村举行的活动中，一位幼儿园的老师领着孩子们读《论语·学而》篇，这一篇不过有几百个字，这位老师就有十几个地方读错。

还有一位农村培训班教师在讲“子贡问：‘师与商也孰贤？’子曰：‘师也过，商也不及。’曰：‘然则师愈与？’子曰：‘过犹不及。’”这一段时，把“师”解释成为教师，把“商”解释成为“商人”。其实，“师”与“商”都是孔子弟子的名字，一位是子张，另一位是子夏，根本不是什么教师与商人。

4. 受到其他宗教信仰人的抵制

在山东的农村中，宗教信仰的人很多。比如有信仰基督教的，有信仰天主教的，有信仰佛教的，有信仰道教的，等等。这些都对儒学的传播构成阻碍。有篇论文这样写道：“北方农村的传统信仰形式虽然较多较杂，但很多无法自成体系和自圆其说，留存的枝节性信仰也已经形式化和去神圣化，难以满足农村对宗教信仰的庞大需求。基督教在北方农村已经取得了正统地位，其他宗教和信仰形式作为‘异端’和‘封建迷信’逐渐被多数人摒弃，越来越得不到民众的信任和接纳。基督教以各种形态在北方迅速蔓延，其信众已占北方总人口的 10%到 15%，且呈急速增长趋势，占多数的是地下基督教中的家庭教会。”

5. 农村中不孝的人，对儒学抵触最大

孝道是儒学的根基。《论语》中有子曰："其为人也孝弟，而好犯上者，鲜矣；不好犯上而好作乱者，未之有也。君子务本，本立而道生。孝弟也者，其为仁之本与！"但多年以来，由于孝道教育的缺失，农村中有大量的不孝现象，有的不赡养老人，有的不尊敬老人，甚至将老人撵出家门等。这部分人对于儒学的宣扬与传播最为抵制。

四、乡村治理中的儒学实践

（一）儒学在乡村治理中的主体

1. 各级党委与政府

自从"两办"下发关于弘扬中华优秀传统文化的通知以后，各级党委、政府闻风而动，掀起了学习优秀传统文化、践行优秀传统文化的热潮。

党委政府的一般做法是：

（1）发出号召。

（2）支持建立各级儒学研究机构，建设与儒学有关的堂所，注重儒学人才的培养，加强儒学典籍的整理出版。

（3）创立与儒学有关的各种论坛。比如山东省委、省政府创办了鲁商大会，目前已举行了两届。

（4）开展各种相关活动。比如中共山东省委老干部局开展学儒学、用儒学活动，组织老干部到曲阜学习。

2. 社会力量的参与

（1）中国孔子基金会的孔子学堂。

2013年，中国孔子基金会设立了孔子学堂项目，以"写好字，读好书，做好人"为宗旨。自孔子学堂设立以来，在全国已经超过了2000家，其中以山东为主。

中国孔子基金会创办孔子学堂，通过供销社的为农服务中心，在供销社为农服务中心设立农村孔子学堂。目前，供销社系统的孔子学堂超过300家。

供销社为农服务中心孔子学堂坚持每月活动 6 次（五天一大集，五天活动一次），为农服务中心孔子学堂建立三年半以来，共举办各类活动 75600 场次。

（2）山东文旅系统的尼山书院。

2014 年，山东省图书馆在省文化厅的支持下，在全省创办了尼山书院项目。尼山书院以各市地、县图书馆为依托，开展各种优秀传统文化教育与普及活动，产生了很好的社会效益。据有关资料表明，目前全省共有 160 家尼山书院。尼山书院创办以来，共举行各类活动 11520 场次，参与人数 633244 人次。

（3）尼山圣源书院。

在孔子的家乡旁边，山环水绕，丛林郁郁，钟灵毓秀之处，有一个美丽的庭院，它就是尼山圣源书院。尼山圣源书院由时任全国政协副主席的叶选平题写。

尼山圣源书院是一个开放的文化学术教育机构，由海内外学界知名学者和社会贤达发起创立，弘扬以儒家文化为主干的中华优秀传统文化，以促进社会和谐、人类文明进步为旨归，以“弘道明德、博学笃行”为院训。

2008 年 10 月，书院揭牌成立，随之荟聚起一个包括中国社会科学院、北京大学、清华大学、南京大学、中国人民大学、香港中文大学、台湾大学、首尔大学、哈佛大学等数十所院校学者的阵容强大的高端学者团队，举办了一系列的高端学术会议，踏实开展了理论研究、培训普及、文化交流工作，成绩斐然，为学界、社会所推崇和认可，影响日广。

目前，书院已成为复兴中华文化的高地，海内外文化交流的重要平台。

尼山圣源书院自成立以来，举办了国际论坛 30 余场，国内学术论坛数百场。每年有成千上万的人到这里习写儒家经典，接受儒家思想的熏陶。

3. 学者们的努力

（1）许嘉璐。

许嘉璐先生长期从事训诂学、《说文》学、古代文化学、中文信息处理等学科的教学与研究，主持《文白对照十三经》《文白对照诸子集成》《二十四史全译》等大型文化工程，被称为中华传统文化的代表者，在中华文化研究方面享有盛名。

习近平总书记视察孔子研究院之后，许嘉璐先生敏锐地意识到这是一件历史性事件。于是他奔走呼号，在各种场合宣扬之。作为学者，他特别强调要把中华优秀传统文化“讲清楚”，让它“活起来”。唯有如此，才能与儒学界人士学习、研究的初衷相吻合。“我们自己首先要研究清楚，要在自己心里活起来，学习、研究者主体与所研究的客体合二为一。”

许嘉璐本人对“三农”问题特别重视，其指导的科研团队对农村乡村治理给予特别关注。其团队成员孔德永跟踪了儒学下乡问题，并进行了对比研究。其研究成果以《“儒学下乡”与乡村治理》为名发表于《东岳论丛》2016 年第 5 期。

（2）杨朝明。

孔子研究院院长杨朝明是一位严谨的学者，长期致力于《论语》及《孔子家语》的研究工作。除了致力于学问的研究，杨朝明也对乡村治理给予极多的关注。

2019 年 3 月 10 日，身为全国政协委员的杨朝明，向大会提交了关于“进一步重视弘扬乡贤文化”的提案。

杨朝明认为，深深植根于中国乡村的乡贤文化，是实现乡村振兴的重要文化资源，是传统文化在乡村的具体体现，是中华文化传承和发展的重要基础。

乡贤是指那些有德行、有才能、有声望的人，他们关心乡里公共事务，虽不拥有行政权力，却有在基层社会的道德权威，其共同点在于“贤”。他们可以为乡村公共空间提供精神支撑与道德导引，具有沟通官民、扶翼政教的双向功能，是乡村社会建设、风习教化、乡里公共事务的推动力量。

杨朝明表示，乡贤是党委政府的好帮手。乡贤不独立进行社会治理，着力点在社会领域，重点是帮助弱势群体，在慈善、文化、教育、生态等领域增加乡村社会凝聚力。

杨朝明建议，大力宣传，引导社会形成共识，加强对乡贤文化的发掘，使人们理解乡贤文化在传统乡村治理中所发挥的积极作用，认识乡贤文化的价值和意义，消除偏颇理解甚至误解，以促进乡贤文化的继承、转化和创新性发展。

杨朝明建议，从国家层面加强对乡贤文化理论研究与社会实践的顶层设计和统筹指导，健全和完善乡贤参与社会治理的机制，可以考虑把乡贤治理纳入到乡村治理建制，把农民更紧密地组织起来。各级政府明确责任，为乡贤文化的挖掘、推广提供政策保障和经费支持。

杨朝明呼吁，学者们不要躲在书斋里，而是要深入到社会生活中。杨朝阳建议组织联络相关专家学者参与，提供学术支持，组成地方政府的参谋与智库。杨朝阳特别强调，解决乡村问题，修复乡村文化，要靠乡村自身的努力，可助建乡村书院，以联通各界，扎根乡村，培育新时代的新乡贤。

（3）赵法生。

这些年来，出生于山东青州的中国社会科学院研究员赵法生致力于乡村儒学工作，他不仅积极参加了尼山圣源书院的创建活动，并且以尼山圣源书院为载体，开展了儒学复兴的乡村实践。赵法生认为，儒家文化的根在农村。赵法生强调，乡村儒学，目标就是要在大力弘扬中华优秀传统文化的今天，重建儒学在乡村的教化体系，重建乡村的人生信仰和价值系统，为乡土文明的重建提供人伦道德基础。

赵法生深刻理解乡村儒学复兴过程中的困境：“乡村精神文明面临的主要问题是，乡村社会所依赖的儒家教化已被打倒，但现代化的乡村组织体系尚未实现，道德困境与治理困境俱来，促使我们重新反思儒家文化对于乡土文明的意义。儒家道德中有一些基本的人伦规范，如孝悌诚信、礼义廉耻，不但不与现代化冲突，反而是现代化的必要基础。”

（4）廖晓义。

廖晓义是北京地球村环境文化中心创办人兼主任。廖晓义 1954 年出生于重庆，1986 年毕业于中山大学哲学系，获硕士学位。其在山东泗水开展的乐和家园创建工作在乡村治理中非常有影响。

其主要做法是推行三堂文化：乐和家园的空间设计包括“三院”即大院、书院和庭院。乐和大院作为公共空间，由村委会提供行政支持，社工提供村落设计和技术辅助，乐和代表作为乡贤出面张罗，进行公共空间的设施建设、氛围营造和活动组织。乐和大院的主要功能是培育社会组织互助会和社会协商机制的联席会，开展公共活动，讨论公共事务，培育公共精神。乐和书院作为学习空间，挂着孔子时代的六艺图“礼”“乐”“射”“御”“书”“数”，那是孔子“志于道，据于德，依于仁，游于艺”的生活方式和社会理想的呈现。在古老的六艺图旁，是乐和家园的“耕”“读”“居”“养”“礼”“乐”新六艺活动。“耕”是农耕园，以生态农耕守护田野；“读”是国学堂，以圣贤经典安顿人心；“居”是绿色风，以绿色时尚回归自然；“养”是节气行，以生命智慧唤醒真情；“礼”是人生礼，以乐和礼义淳化乡村；“乐”是小剧场，以礼乐文明陶冶生活。

（5）颜炳罡。

提起乡村儒学，就不能不提到山东大学儒学高等研究院知名学者颜炳罡先生。颜先生是颜回的后代，他除了在学校里开展读经活动以外，还把很多的精力投入到乡村儒学的建设中来。

乡村儒学最早于2013年在山东出现，是由一批尼山圣源书院的专家学者为教化村民，在书院周围开展乡村儒学的实践。颜炳罡认为，中华文化几千年的传承都是依靠知识分子中的精英“为往圣继绝学”，他认为我们把道德担当寄托在少数人的身上是靠不住的，文化的传承与担当应该还原给大众，只有大众都自觉传承中华文化的DNA，中华文化的基因才不会消亡。

在颜炳罡看来，乡村儒学这项事业是把过去少数知识精英的儒学变成大众的儒学，把书本论著中的儒学变成生活中的儒学，把高浮于云端的儒学变成百姓的儒学，把中华文化道统的传承与担当由少数知识精英转化为全体民众，乃至中华民族的每一分子。这样，中华文化才能兴旺发达，中华文化的伟大复兴才能到来。

乡村儒学主要的形式是在乡村中建乡村儒学讲堂。办讲堂需要地点，需要师资，需要教材。地点需要村两委的协助，而师资及教材则由学者们充当与编纂。

三德范是乡村儒学的重要实践基地。2015年，国家级传统村落三德范村以儒学文化、文明乡风带动淳朴民风为主线，成立了山东省首家乡村儒学讲堂，并聘请山东大学儒学高等研究院教授颜炳罡每周来村里给村民义务授课。五年多以来，累计听课人数已经达到3.5万人次。每周末不仅吸引了本村村民前来听课，就连很多周边的村庄甚至是城区里的儒学爱好者也慕名前来听课。三德范儒学讲堂不仅仅发挥着传授传统文化的作用，还是乡风文明的主阵地。在乡村儒学的影响下，三德范村大力宣传孝道文化，倡树乡风文明，为推动移风易俗，培育良好的村风、家风，奠定了基础。

4. 基层组织贡献

“上面千条线，下面一根针。”这是中国乡村治理的现实。党和政府的方针、政策的落实，全靠县、乡、村干部的工作来实现。我们这里所指的基层组织，指乡镇、村（组）两级。

在山东，乡镇这一级的组织架构是很全的。党委、人大、政府等各套班子一应俱全。不仅班子俱全，工作机构也非常之多。乡镇合并之后，一般的一个乡镇工作人员达数百人。

按照法律规定，村设两委。一是村支委，二是村民委。近些年来，强调加强党的领导，强调党支部书记兼任村委会主任，村级最高权力往往由村支书行使。

现在有一种趋势，村两委正在向村一委演化。村民委员会委员由村支部委员兼任。

一个村治理是否好，关键是看村两委。而村两委是否坚强有力，关键看支部，看支部书记。有许多地方，把支部书记称为头雁，这是很形象的。

如果这位“头雁”对儒学认同，这个村里的村风一般比较好，如果这位“头雁”对儒学不认同，一般村风就好不到哪里去。

济南仲宫有一个小南营村，其书记叫王义成。在王义成的带领下，村里首先富起来了，但村风并不怎么好，家庭之间经常闹家务，而邻里之间也时常发生冲突，这使王书记很头疼。王书记一直琢磨着如何来改变这种状况。得到中国孔子基金会在农村创办孔子学堂的消息，王书记认为这是一个好的办法，他第一个找上门来要求在小南营村设立孔子学堂。通过近五年来的努力，小南营村发生了可喜的变化。闹家务的少了，邻里之间也都和谐相处。

网上有篇文章记述描写了南营村的可喜变化：“以前我们村是有名的‘上访村’，邻里不和、打架斗殴，不孝敬老人的现象很多。为了给村里修路，王书记不知道受了多少委屈，动了谁家的果树枝头都会有骂街一天的。现在好了，我们在小广场上安装了LED屏，经常给大伙播放一些老电影和优秀传统文化的短片。去年开始，我们村每年都评选出‘好媳妇好婆婆’，大伙也看在眼里，记在心里。慢慢形成互敬互爱、互相帮助的良好村风。有一位‘好媳妇’，常年照顾瘫痪的公公和婆婆，喂饭、擦身子、打针。她家孩子也学习好，年年得奖状。上次我们在小广场颁奖的时候，她穿的是一双露脚指头的布鞋，看着她一脸的笑容，心里还是美美的。还有一位‘好媳妇’，每次做好饭，都亲自去对门院里扶婆婆过来吃饭。在小南营村，很多村民都是善良朴实的，以后我们还需要做很多工作，让整个村子都散发出‘幸福’的魅力来，一起建设我们的美丽乡村。”

济南市章丘区三角湾的情况大同小异，2013年村支书通过著名作家曲直的引见，认识了山东社会科学院农村发展研究所与山东财经大学农研中心的专家。此后该村又把儒学因素纳入村治理之中，村风村貌发生了可喜的变化。

步入这个小山村，首先映入眼帘的便是其特有的百米文化墙。该墙面由山东大学设计学院的教授执笔设计，用传统特色浓厚的年画表述《三字经》《弟子规》等，宣扬孔孟之道，传承中华优秀传统文化。鲜活的人物形象、精细的绘画手法令人沉浸在中华文化的醇厚魅力中，引导着村民行善事、重孝道、守诚信。

三角湾村的另一特色，便是“好媳妇好婆婆”评比，年年搞得有声有色，每逢举行颁奖仪式，在外务工的村民们也纷纷赶回村中，俨然成为村民生活中的重要节日，场面隆重，热闹非凡。以孝德榜样带动村风文明，全村善行义举不断涌现。为持续培育良好的村风民风，村里开展多种精神文明创建活动，定期邀请山东财经大学王蔚教授到村开办道德讲堂，通过讲四德、讲礼仪，使文化力量深入人心。

近些年以来，齐鲁大地传颂着临沂市兰陵县卞庄镇代村党支部书记王传喜的名字。王传喜被中宣部评为时代楷模。王传喜先是带领群众致富，后是抓精神文明，并总结出代村情神。代村精神共16个字："爱国爱村、大气谦和、朴实守信、勇于拼搏。"代村精神是代村人进入21世纪以来，在艰苦创业的实践中总结出来的，也是沂蒙精神孕育的新成果，是代村人践行社会主义核心价值观的生动体现，里面的"大气谦和、朴实守信"均是儒家文化的生动体现。

5. "新乡贤们"的付出

"乡贤"一词始于东汉，是国家对有作为的官员，或有崇高威望、为社会做出重大贡献的社会贤达，去世后予以表彰的荣誉称号，是对享有这一称号者人生价值的肯定。迄于明清，各州县均建有乡贤祠，以供奉历代乡贤人物。

我们这里指的是"新乡贤"，即有公益心的社会贤达，一般包括乡籍的经济能人、社会名流和文化名人，财富、权力、声望是其外在表现形式，公益性是其精神内心。主要包括参加革命后又回到农村的老干部，在外功成名就回乡奉献的各类专家、教师，在外"掘金"又回家创业的农民企业家。

（二）路径与措施

德治要与自治、法治结合起来，才会发挥作用。德治要与基层党组织建设结合，要引导农民增强法治意识。新时代乡村"德治"要有新方法，新时代乡村"德治"要有新规范。

1. 路径

如果对近三年来我国乡村的德治实践做一个考察，会发现一个非常突出的现象，即我国乡村的德治建设是由上而下进行的。

自从中共中央办公厅、国务院办公厅发出要大力弘扬中华优秀传统文化的通知以后，各地便积极行动起来。地方政府以开会和传达文件的方式，很快就把两办的通知送到了广大农村。

由于通讯的发达以及信息网络的贡献，两办通知也较容易地在网上查到。

中国目前实行的是五级管理体制：中央→省→市→县→镇（乡）。镇以下是社区、村。

2. 措施

（1）山东各地积极制定《乡村治理规划》与《德治实施方案》。

截止到2019年底，60%的镇乡制定了《乡村治理规划》，75%的村制定了《德治实施方案》。

（2）山东建立乡村治理模范示范区。

根据中央要求，山东建立了乡村治理县级示范区和镇级示范区，也建立了示范村。到2019年底，山东省民政厅建立了1500个乡村治理示范村，平均每个县级行政区2个。

（3）山东注重健全人民调解员队伍，加强人民调解工作。

完善调解、仲裁、行政裁决、行政复议、诉讼等有机衔接、相互协调的多元化纠纷解决机制。发挥信息化支撑作用，探索建立“互联网+网格管理”服务管理模式，提升乡村治理智能化、精细化、专业化水平。强化乡村信息资源互联互通，完善信息收集、处置、反馈工作机制和联动机制。广泛开展平安教育和社会心理健康服务、婚姻家庭指导服务。

（4）组织各种形式的报告会、读书会。

各地开展了形式多样的报告会与儒学讲座。

比如，山东大学儒学高等研究院副院长颜炳罡教授曾在章丘举办讲座。而早在2012年，山东财经大学王蔚教授便组织了齐鲁《论语》研读公益活动。该公益活动不仅在城市举行，也延伸到乡村。据不完全统计，近些年来，王蔚教授到东营、淄博、临沂、枣庄、济宁、泰安等地做乡村《论语》讲座100余场。

各地建立了以读儒学经典为主题的读书会，这种读书会一般是妇联组织的。如每年暑假，乳山妇联都会组织亲子读书会活动。

山东省共青团也参与此类活动。自2014年起，共青团山东省委发起中华优秀传统文化达人挑战赛活动，每年举办一届，吸引了不少农村孩子参加。农村孩子的参与，也使家长受到了熏陶。

（5）建立乡村儒学讲堂。

“胜日寻芳泗水滨，无边光景一时新。”位于泗水之畔的泗水县，有着丰厚的历史文化资源。2012 年底，一批来自海内外的专家学者，在泗水县圣水峪镇北东野村试点开设了“乡村儒学讲堂”，为村民讲授儒家文化，滋润乡村，教化群众。

乡村儒学以“不讲天边讲身边”的授课方式，收到了事半功倍的效果。不到两年的时间里，当地就办起“乡村儒学讲堂”36 个，开课 300 余场次，听课人数达 16000 人次。

据新华网的一则消息，仅在 2017 年，山东省就建立了 9200 家乡村讲堂，而到 2019 年底，这一数更新为 40000 家。目前，山东共有行政村 65800 个。60%的行政村建立了儒学讲堂。

（6）制定新的乡规民约。

为营造文明和谐乡风，推进移风易俗工作，诸城市贾悦社区学院以“弘扬中华美德，培育文明乡风”为主题，以“村规民约”为抓手，在全镇 27 个社区打造出了符合各自社区（村）特点的村规民约，并发挥效用。把规范完善村规民约和倡导家风家训作为推进文明创建的具体工作方向，将倡导移风易俗、建设文明乡风有关要求纳入其中，用孝悌和睦家风带动婚丧嫁娶新风，促进地方经济发展，营造良好社会氛围。

村规民约的内容相当细致，有约定“门前院内要三包，美化环境勤打扫”；有约定“爱护公共财物，憎恶扬善分明”；还有约定“孝父母、敬长辈、教子女、爱亲友”等。

邻里发生了矛盾纠纷怎么办，违规建房怎么办，不赡养老人怎么办等，现在统统都有村规民约来解释，社区（村）的村规民约就像村里的“小宪法”，时时刻刻提醒着大家。从村务公开到党员管理，从征地补偿到低保评定，从环境卫生整治到公路养管，从婚丧嫁娶到医疗教育等，都有明确的规定。

（7）制定新的家风家训。

良好的家风对于美好家庭的构建起到至关重要的作用。围绕着“家风工程”，曲阜市妇联开展了寻找孔子故里最美家庭、家风家教知识培训、传承中华优秀传统文化、好家风好家训评选、美丽庭院创建等系列活动，也涌现出像孔颖家庭、张衡家庭一样的最美书香家庭、五好家庭、文明家庭。

（8）积极选树先进典型。

广泛开展道德模范、好媳妇、好儿女、好公婆、新乡贤等选树宣传活动，充分发挥榜样示范带动作用，用身边凡人善举感化人、教育人。山东省重视评选“文明家庭”“最美党员”，评选“家风之星”“美德之星”；组织道德模范和新乡贤走进农村，开展新风故事讲述活动；还制定了《“星级文明户”评选管理办法》，把移风易俗、脱贫攻坚等内容纳入考评标准。

（三）德治面临的挑战

乡村自治、法治都通过有一定权威的社会组织以及相关的法律条文进行管理，而德治与之不同的地方就在于，它是一种思想上的“软约束”手段，它的效果可能在短期内难以显现；同时，发挥的作用也存在一定的局限，特别是在社会转型的过程中，现代化多元性的思想冲击着农村原有的传统文化，影响德治的发挥。

学者王甄玺2019年在《党政论坛》上发表文章，指出乡村德治面临的挑战有：一是优秀传统道德文化作用弱化；二是乡村人才流失，德治主体力量弱化；三是乡村文化生态偏向功利化；四是传统的村规民约道德约束力不足。

综合儒学在山东的实战，其问题与困难大概有以下八个方面：

（1）重视程度不够。

（2）师资力量不足。

（3）生产嵌入太少。

（4）生活植入偏弱。

（5）活动频次较低。

（6）活动质量不高。

（7）资金投入太少。

（8）难以久久为功。

第三部分　研究结论与政策建议

一、研究结论

（一）本次儒学复兴是自 1919 年以来儒学最大的一次繁荣昌盛，必将对中国未来的发展产生重大影响

近一百年来，儒学的地位跌宕起伏，忽然被掼到地上，忽然被捧到天上。以 2013 年及 2014 年习总书记两次重要讲话为标志，儒学回到了它应当有的位置，得到了它应当有的地位。

儒学复兴对中国的影响。重新树立了儒学之正统、道统及学统的地位，确立了中国的民族认同感及文化自信。

儒学复兴对世界的影响。它夯实了人类命运共同体的理论基础，儒家的大同思想是人类命运共同体的思想之源。此次新冠肺炎疫情更彰显出人类命运共同体思想的深刻与伟大。

（二）本次儒学复兴恰遇乡村振兴战略实施，“两兴”结合是本次复兴的最大特点

乡村振兴战略是习近平总书记代表党中央在十九大报告中提出的宏伟战略。这个战略从 2017 年开始实施至 2050 年结束。届时，农业强、农村美、农民富会真正实现。按照习总书记的阐述，乡村振兴有五大要求：产业兴旺，生态宜居，乡风文明，治理有效，农民富裕。而五大要求的实现靠五大振兴来保证。儒学可在乡风文明与治理有效两个方面发挥作用。儒学复兴为乡村的文化复兴奠定了雄厚的历史之基。

（三）儒学人际关系思想对重构乡村治理有重要的指导意义

虽然有的学者（比如汤一介先生）说儒学是研究人与自然、人与自我、人与社会的学问，但儒学最重要的功能还是处理人际关系方面，力求

建立一个和谐的人际关系。《论语》中孔子和他的弟子们提出了人际关系处理的具体原则和一般原则。具体原则是孝弟忠信义，一般原则是仁恕礼惠乐。在乡村治理中，把这十大原则给乡亲们讲清楚，会取得事半功倍的成效。应特别指出的是，孔子在《礼记》中分析了夫妻关系的处理，夫妻关系处理的原则是琴鸣而瑟和。

（四）三治融合是现阶段我国乡村治理的主要特征

三治融合是我国农村治理的本质要求，也是我国农村治理的现实形式。自治、法治和德治是一个完整的整体，不可分割，三者互相促进，共同作用，把我国的乡村治理推进到了一个新阶段和新水平。自治离不开法治与德治，法治离不开自治与德治，没有自治与法治，德治也无从谈起。自治是根，法治是本，而德治是树冠。应当在培根、固本上下功夫，对树冠上的病虫害要早发现、早应对、早处理。

（五）儒学是德治的重要内容，德治靠乡村治理的主体来实现

儒学是德治的重要内容。德治最重要的实现形式是在农村中大力弘扬社会主义核心价值观。社会主义核心价值观共 24 个字。这 24 个字中，有 16 个字与儒学有关。可以毫不夸张地说，没有儒学及其因素，就没有社会主义核心价值观。或者换句话说，社会主义核心价值观是儒学价值观在社会主义时代的创造性转化和创新性发展。

要想真正实现德治，需要治理主体和治理对象都要学习儒学，把握儒学，践行儒学。治理主体不认可，德治实现不了；治理对象不认可，德治同样实现不了。农村的治理主体是农村乡村基层干部，包括村两委成员、农村集体经济的负责人、农村红白理事会的成员。

儒学复兴必须借助新乡贤的推动才可能变得持久。培养新乡贤、提高新乡贤的儒学水平极为重要。

（六）在乡村治理活动中，要注重儒学植入与儒学嵌入。既要注重传统节假日儒学的植入与嵌入，也要注意场所的恢复与建立

儒学的植入和嵌入要在两个维度上进行：一个是在时间维度上，另一个是在空间维度上。无论是时间维度还是空间维度，都要与村民的生产和生活相衔接。从本质上讲，儒学是生活哲学，离开生活的儒学便不再具有

生命力。农村有一系列的传统节日，要注意在这些传统节日中植入儒学。比如过春节，农民有贴对联的习惯，要把儒学内容转变成春联内容。婚丧嫁娶、生老病死是农村人日常生活的节点，要在这些节点上植入儒学元素。我们知道，任何的文化形态都是在一定的空间下完成的。要建立农村儒学学堂，建立农村孔子学堂，建立农村家庭学堂，使儒学在这些地方大行其道。

（七）儒学进入乡村治理会遇到各种障碍，会面临各种现实的困难，对此要有充分准备

儒学进入乡村治理遇到的主要困难有：治理主体思想上的认识不足，能力上的欠缺，方法上的不当；治理对象思想上的抵触，行为上的反抗，接受上的困难。要针对性地制定对策予以推进。对治理主体而言，要多宣传提高认识，多培训提高能力，多教育改善方法。对于治理对象而言，要加大宣传、培训、教育的针对性，采取农民易于接受的方式对农民进行儒学教育，让农民带着问题学。

（八）儒学下乡是提高乡村德治水平的有效方式，应长期坚持之

儒学下乡是一个极其广泛的概念，指干部、学者、企业家、演员、歌唱家、记者、教师、学生等居住在城市的居民利用去农村的机会把儒学知识、儒学文化、儒学传统带到农村。

儒学下乡有多种方式：创办农村优秀传统文化机构、在农村开展各种讲座、编写适合农村用的优秀传统文化教材、总结农村中的孝典型、宣传农村中的好婆婆好媳妇、创作德治相关的文学作品、影视作品等。利用各种文化与文艺手段，占领农村的乡村治理阵地，提高农村的德治水平。

二、政策建议

（一）充分认识儒学在乡村治理中的重要作用，加强儒学与乡村治理的相关研究

儒学是由孔子所创立的思想学说，在中国两千多年的历史中发挥了主流意识形态的作用与功能，更为建构中华民族共有精神家园、培育中华优秀传统美德提供了主要的思想源泉。数千年来，中国社会是一个以农耕文

明为主体的社会，乡村是儒学的原乡，是儒学不断发展与新生的根基。儒学是从乡土文化沃土中提炼、升华出来的生存智慧、人生信仰、生活方式和思想学说。反过来，儒学是乡村文明的精神支撑、价值标准、行为规范、生活方式。乡村儒学是民间儒学、大众儒学、生活儒学等的具体形态。新时代，尽管社会经济结构发生了翻天覆地的变化，但儒学产生和发展的文化土壤和道德环境，依然没有发生根本性变化，儒学依然可以在今天的乡村治理中发挥重要作用。因此，要高度重视儒学在新时代乡村治理中的重要作用，借用儒学丰富的知识和智慧，为乡村治理服务。实施儒学与乡村治理相结合的工程，最重要的是坚持正确的教化方向。这个方向就是建立一种与现代法治思维相融合的，以本土文化为根基的信仰体系、价值体系和行为规范体系。在这个基础上，建设一支具有较高文化素养和奉献精神的组织队伍，制定合理的讲授内容，丰富和规范多样化的教化方式，让“乡村儒学”充分发挥其应有的精神寄托、生活指南和社会整合的功能。建议成立儒学与乡村治理研究的专家团队，组织学者举办座谈会，展开深入研讨，集思广益，达成共识，并形成相关理论成果，为儒学与乡村治理的深度融合提供操作性强的实施方案。

（二）建议组织部门、宣传部门、文旅部门、民政部门、农业农村部门建立协调机构，统一推进乡村儒学复兴工程

近十年来，在山东出现的“乡村儒学”“孔子学堂”“尼山书院”等在基层治理实践中确实发挥了不小的作用。“乡村儒学”教化不应是社会中的一个孤立现象，因此在以下几个方面应该借助社会力量进行吸纳与结合：革新后的传统仪式、现代美学元素、其他领域的培训模式、政府的惠民政策、现实问题的社会帮扶等。应当将民间儒学教化打造成一个与现代社会生活方方面面均有联系的、生活新理念塑造的事业。但在实施过程中也发现，其中面临不少问题和瓶颈，主要是：没有相关政策和资金的支持和保障，宣传引导不够导致社会对此关注不够，实施手段单一导致群众参与积极性不高，等等。为解决这一系列问题，亟待组织部门、宣传部门、文旅部门、民政部门、农业农村部门等党政机构在意见达成一致的基础上，建立“儒学+乡村治理”活动工作专班，抽调各部门相关业务骨干兼

任专班成员，通过统一协调部署，按照时间表、路线图，一体推进“乡村儒学复兴工程”。专班应重点解决资金短缺、人员不足、组织架构的问题。一是针对资金短缺的问题，可尝试通过适当的方式向社会募集资金。比如通过网络众筹征集定向社会捐款、通过合理合法程序在城市进行适当募捐等形式。济宁泗水“乡村儒学”在实践过程中发起了“乡村儒学建设基金”以探索资金保障路径，值得借鉴。在资金管理上要务必实现公开透明，让捐赠者清楚明白地看到捐赠资金的收支。二是针对人员不足这一问题，可尝试对致力于民间儒学的热心民众进行定期长期师资培训。在这方面，现代书院起到了重要的作用，山东尼山圣源书院致力于儒学师资培训，值得借鉴；可推出更多形式的师资培训或招募，比如地方中小学鼓励教师到大学儒学专业访学研修、成立区级研修会等；可通过网络课程的学习与考核，提供便捷的知识获取渠道。三是针对自身架构问题，可尝试建立起一个分级管理的地方自治模式。在分级管理模式下，总理事会下设置区域总管，如设立市级总管、区县级总管等。区域总管参与总理事会的策划与组织活动，并且负责将计划传达与落实到各大区域，同时指导、监督该区各点的教学与活动开展。此外，区域总管还可以负责新开教学点的辅导、各区域其他资源的统合调配等，起到上传下达和协调的作用。

（三）重视对农村基层干部的培训，提高基层干部的儒学素养

从宋代的“吕氏乡约”到朱熹的“增损乡约”以及王阳明的“南赣乡约”，再到现代梁漱溟用儒家的“孝”“仁”“诚信”教化民众的乡村建设思想，都是儒学在乡村中的创造性转化。这种具有乡土特质的乡村儒学，让儒家精神内化于民众之中，促进了农村公民道德的重建。同样，在现代农村治理中，需要从儒家文化中汲取有益养分，侧重发挥农村干部的榜样作用，进而调动广大农民的主体意识和积极性，特别是农村干部要用儒家文化的为人为官和治国安邦理念来修身养性，树立良好官德。做好儒学与乡村治理工作是乡村基层干部奋力书写乡村振兴新篇章的一项重要使命。因此要着重加强对农村基层干部的培训工作，提高他们的儒学素养。建议依托地方党校和干部政德培训基地，邀请儒学专家，对农村基层干部进行专题培训，从而提高他们对儒学思想的价值认同，帮助他们提升利用

儒家智慧解决乡村治理问题的能力和水平。在课程设置上，建议以《论语》《孟子》为主，避免学术争议，力求对儒学的实践应用；在组织形式上，建议充分利用各种教学资源和手段，如可重点依托现代网络信息平台，采取线上线下相结合的方式进行；在考核机制上，要将儒学学习和应用能力纳入乡村基层干部的考核之中，通过"硬指标"来强化乡村基层干部的儒学思维、儒学智慧；在实施推进上，要遵循村民的接受力，依靠学者的学术视野和学术严谨，扎实稳妥推进，特别是要避免盲目追求政绩，避免不能深入村民生活的形式作秀。

（四）完善乡村治理的再造流程，正确处理自治、法治、德治三者之间的辩证关系，正确认识儒学在德治建设中的独特地位

党的十九大报告提出了"乡村振兴战略"，同时提出要"加强农村基层基础工作，健全自治、法治、德治相结合的乡村治理体系"。2016 年 12 月 9 日，习近平总书记在中央政治局第三十七次集体学习时进一步强调，必须坚持依法治国和以德治国相结合，使法治和德治在国家治理中相互补充、相互促进、相得益彰，推进国家治理体系和治理能力现代化。自治、法治、德治三者在乡村治理体系中的内在逻辑是：以自治为主体，以法治为主导，以德治为基础。今天来看，在历史流变中，乡村社会出现巨大的结构性变迁，无论是物质、经济还是文化、价值观方面，都不断呈现出新变化。现代化的冲击使得当前乡村德治面临"传统解构"与"现代断裂"的发展困境，当前乡村德治还存在许多薄弱环节，在市场经济及现代主义思维的驱动下，转型中的乡村社会应对能力受到挑战。此外，缺少法治观念为基础的德治与传统乡村的家族制、宗族制存在一定的冲突，德治滋养自治的土壤和养分不够。为此，要着力突破乡村德治困境，提升乡村治理水平，在明确德治基础性作用的同时，从法治与自治入手，推动三者深度融合。建议进一步完善乡村治理再造流程，正确处理自治、法治、德治三者之间的辩证关系，高度重视儒学在德治建设中的独特地位。要深入挖掘乡村社会蕴含的道德规范，结合时代要求进行创新，强化道德教化作用，引导农民向上向善、孝老爱亲、重义守信、勤俭持家；要深入实施公民道德建设工程，挖掘农村传统道德教育资源，推进社会公德、职业道德、家

庭美德、个人品德建设；要在农村全面推进诚信建设，强化农民的社会责任意识、规则意识、集体意识、主人翁意识。

（五）发挥新乡贤在乡村治理中的作用，启动新乡贤儒学素养提升工程

2015 年中央 1 号文件《关于加大改革创新力度加快农业现代化建设的若干意见》提出："创新乡贤文化，弘扬善行义举，以乡情乡愁为纽带吸引和凝聚各方人士支持家乡建设，传承乡村文明。"新时代的乡贤应以能力为基础，造福乡里为依据，群众认可为准绳。乡贤是中国传统乡村治理的重要主体，伦理本位的传统社会是乡贤活跃的深厚土壤。新乡贤出场具有历史和现实的必要性，即近代以来乡村精英长期的单程流动，导致乡村内生性建构力量不足；面向新时代的农业农村现代化建设，需要各种乡村精英协同推进；实施"儒学+乡村治理"工程需要从质和量两方面破解乡村精英不足的瓶颈，构建新乡贤出场的平台。对于乡贤，学术界主要刻画了四个方面的要素：地域性的身份要素，即本土本乡之人；品德要素，即拥有同时代人所仰慕的道德品格；能力要素，即有出众的才干或学问；声望要素，即受乡人推崇和赞誉，享有崇高的声誉。新乡贤是对新时期乡村建设和乡村治理主体的高度概括，是指基于自我知觉和社会知觉，在后乡土中国背景下一切愿意为农村脱贫和农业振兴贡献自己的力量，积极投身乡村治理和乡村事业的人。建议在乡村治理中高度重视新乡贤的作用发挥，启动"新乡贤儒学素养提升工程"。主要是在整个乡村确立儒学教化思维，充分发掘儒学核心价值和理论主张，以此重新建构亲近乡土、热爱乡村、熟悉乡音的乡贤文化基础；通过对新乡贤进行有针对性的培训，提高他们的儒学素养和觉悟，从而助力新乡贤更好地投入乡村建设，进而倒逼乡村治理走向善治。

（六）与尼山世界儒学中心密切合作，启动乡村"孔子学堂"建设示范工程

据可靠消息称，2020 年 4 月，中共山东省委机构编制委员会下发文件，为贯彻落实习近平总书记关于推动中华优秀传统文化创造性转化、创新性发展的重要论述，加强儒学思想和儒家文化的研究传播，山东决定设

立“尼山世界儒学中心（中国孔子基金会秘书处）”。该中心的一项重要任务就是：“负责推动儒家文化的宣传普及工作，结合新时代文明实践中心建设，组织协调孔子学堂、儒学讲堂等阵地载体，大力宣传中华优秀传统文化，推动公民思想道德建设。”自2014年初，中国孔子基金会秘书处为落实习近平总书记在视察山东曲阜时发表的重要讲话精神，创办大型公益文化品牌“孔子学堂”。中国孔子基金会秘书处聘请陈来、王学典、王蔚等儒学专家及三农专家担任“特聘专家”，为“孔子学堂”发展建设把脉定向。截止到2020年6月，经过6年发展，“孔子学堂”已创办2050家，其中乡村版“孔子学堂”约有400家。“孔子学堂”已成为面向民间大众普及儒家文化、以儒家文化涵养社会主义核心价值观的重要文化阵地。建议下一步加强与尼山世界儒学中心（中国孔子基金会秘书处）的密切合作，启动乡村“孔子学堂”建设示范工程，力争用三年时间，实现全省乡村“孔子学堂”全覆盖。依托乡村“孔子学堂”建设示范工程，可选树一批从事儒学与乡村治理结合工作的优秀基层党组织、优秀基层干部，表彰一批新乡贤，以先进带动后进，从而进一步加深乡村德治建设，为乡村“文化振兴”，为实现“扶志”与“扶智”的深度融合，奠定坚实的思想文化基础。

（七）与省教育厅合作，开展儒学学者下乡活动，开展大学生农村儒学夏令营活动

乡村儒学持久发展离不开把专家学者“请进来”。近十几年来，山东省教育厅依托山东教育卫视推出《新杏坛》栏目，邀请知名儒学学者登上电视讲坛，面向大众传播儒家文化，受到热烈欢迎和广泛好评；同时，山东教育卫视积极组织线下青少年进行优秀传统文化体验活动，取得良好效果。建议加强与山东省教育厅的合作，开展儒学学者下乡活动，邀请专家学者到“孔子学堂”讲授儒家文化，提高广大村民对儒学的认知和理解；通过省教育厅协调山东省高校资源，开展大学生农村儒学夏令营活动，让大学生走出书斋，一方面深入劳动生产一线，体验农村生活，另一方面到“孔子学堂”开展志愿服务，对农村进行有针对性的帮扶。

（八）扎实推进鲁商变儒商工程，引导农民企业家、农村创业者成为乡村儒学的领头雁

儒家的“仁义礼智信”“修齐治平”等理念，影响了一代又一代商贾。长期在山东追随孔子的“商圣”子贡，亦儒亦商，善于货殖，有“君子爱财，取之有道”之风，“陶朱事业，端木生涯”，一直为后世称颂传扬。《考工记》开宗明义，“国有六职，百工与居一焉”，记载了古齐国手工业设计规范和制造工艺，对中国工商业发展影响深远。孟子后裔、瑞蚨祥掌门人孟洛川，“以德为本，以义为先，以义致利”，其祥字号遍布全国，开创了股权激励和连锁经营的先河。千百年来，儒家思想如春风化雨，滋润着齐鲁大地，浸染在山水之间，它写在山东人的脸上，淌在山东人的血液中，刻在山东人的骨子里，塑造了山东人重礼节、讲信义，正直厚道、淳朴善良，热情好客、忠诚可靠的品质，成为山东人交朋友、做生意、干事业的基石和底色。改革开放以来，山东涌现出一大批杰出鲁商，他们业绩成就卓著，社会贡献突出，具有“达则兼济天下”的境界胸怀，在不同层面实践着大儒商道。建议积极推进“鲁商变儒商工程”，从而使践行儒家商道成为新时代鲁商的道德自觉和行为自觉。同时，积极鼓励广大农村企业家、农村创业者以新儒商自期自勉，精进有为，开拓创新，勇于做乡村儒学的领头雁。

（九）借助新兴网络资源宣传推广儒学与乡村治理的新模式、新经验，统筹推进“互联网+乡村儒学”工程

基层精神阵地建设至关重要，社会主义文化阵地建设要以习近平新时代中国特色社会主义思想为指导，要积极以中华优秀传统文化融入其中。据了解，在山东个别乡村，存在宗教势力盛行的现象，这就更需要我们以正确的精神价值引领村民的精神生活。互联网是一把双刃剑，关键看我们如何去利用它。建议着眼当前农村精神文化生活的现状，借助新兴网络平台和工具，通过农民喜闻乐见的艺术形式，传播儒家思想，传递儒家智慧，宣传推广儒学与乡村治理的新模式、新经验。这是一个大的系统工程，要从思想观念、实现形式、队伍建设、资金支持等方面进行统筹考虑，可作为“乡村儒学复兴工程”中的一项重要子课题，依托专班，一体统筹推进“互联网+乡村儒学”工程。

（十）扎实开展有关评选活动，推动建立和谐的家庭关系与邻里关系

评先进、树榜样是提升乡村治理水平的一项重要抓手。围绕乡村和谐家庭建设和睦邻友好关系建设，对促进儒学与乡村治理的紧密结合大有裨益。建议在以下几个方面有所作为：第一，在乡村村规民约、传统文化习俗、家风家训中都包含着传统乡村道德文化，反映了乡村范围内大多数人普遍认同的伦理规范。在新时代背景下，要结合时代要求进行创新，将社会主义核心价值观与乡村社会蕴含的道德规范进行有效融合发展，不断完善和修订村规民约，规范引导传统文化习俗、家风家训，赋予其新时代的德治内涵，引导村民向上向善、孝老爱亲、重义守信、勤俭持家。第二，深入开展“文明家庭”“好邻里”等系列评比活动，培育团结互助、扶困济贫、平等友爱、融洽和谐的农村社会氛围；建立德治示范村，积极宣传乡村正能量、美好家风家训、道德模范，发挥典型的示范带动作用，营造良好的向上向善氛围。第三，既要重视新乡贤的挖掘，发挥他们作为个体的带头示范作用，也要注重引导，激励乡贤参与或组建乡村自治组织和自治队伍，让乡贤作用发挥常态化。第四，借助驻村律师、司法部门、社会工作者的力量，在修订村规民约的基础上建立积分管理机制。通过依法创新治理机制，引导村民自我管理、自我教育、自我服务、自我提高，推动德治实践科学化、规范化、制度化发展。

参考文献

［1］颜炳罡：《人文化成与基层治理》，《人民政协报》2020 年 1 月 9 日第 10 版。

［2］宋立林：《梁漱溟乡建理论与儒学基层治理的现代尝试》，《深圳大学学报（人文社会科学版）》2020 年第 1 期，第 14~22 页。

［3］李树超：《〈尚书〉治理思想的借鉴性思考》，《人文天下》2018 年第 11 期，第 47 页。

［4］刘学智、王晓峰：《〈吕氏乡约〉的乡村治理智慧及文化意义——兼谈乡约文化的现代转化》，《唐都学刊》2018 年第 2 期，第 44~49 页。

[5] 张立文：《儒家制度化的一种落地形式》，《福建日报》2016 年 9 月 20 日第 9 版。

[6] 张丙宣、苏舟：《乡村社会的总体性治理——以桐乡市的“三治合一”为例》，《中共杭州市委党校学报》2016 年第 3 期，第 47~53 页。

[7] 孔德永：《“儒学下乡”与乡村治理》，《东岳论丛》2016 第 5 期，第 55~60 页。

[8] 赵法生：《乡村儒学亟须完成现代转型》，《中国乡村发现》2016 年第 2 期，第 23~27 页。

[9] 夏晴：《儒学下乡与乡村治理：圣水峪镇调查》，曲阜师范大学 2016 年硕士学位论文。

[10] 杨明佳、陈青霞：《家国之间：文化视域下的中国乡村治理》，《江汉论坛》2016 年第 1 期，第 75~80 页。

[11] 马爱菊：《乡村儒学发展与现代农村治理》，《洛阳师范学院学报》2015 年第 6 期，第 119~122、131 页。

[12] 蒋培玲：《汲取传统文化精髓 共建温情乡土中国》，《农民日报》2015 年 2 月 4 日第 3 版。

[13] 刘琼：《英租威海卫乡村治理：传统的接续与现代性的生发》，山东大学 2014 年博士学位论文。

[14] 苗永泉：《科举革废与华夏文明的近代转型》，山东大学 2014 年博士学位论文。

[15] 艾超南：《浅论儒家士人阶层在中国传统社会中的地位和作用》，《长沙铁道学院学报（社会科学版）》2009 年第 4 期，第 8~10 页。

[16] 吴宏儒：《传统乡村治理形态与功能的意义》，《黑龙江科技信息》2009 年第 32 期，第 142~143 页。

[17] 刘娅：《传统乡村治理形态与功能的方法论意义》，《调研世界》2007 年第 7 期，第 21~23 页。

[18] 吴晓玲：《宋明理学视野中的法律》，中国政法大学 2005 年博士学位论文。

［19］殷小燕：《王阳明“知行合一”乡村治理思想研究》，广西师范大学2005年硕士学位论文。

［20］陈松友、卢亮亮：《自治、法治与德治：中国乡村治理体系的内在逻辑与实践指向》，《行政论坛》2020年第1期，第17~23页。

［21］李博：《“一体两翼式”治理下的“三治”融合——以秦巴山区汉阴县T村为例》，《西北农林科技大学学报（社会科学版）》2020年第1期，第111~120页。

［22］丁文、冯义强：《论“三治结合”乡村治理体系的构建——基于鄂西南H县的个案研究》，《社会主义研究》2019年第6期，第109~115页。

［23］季丽新、陈冬生：《自治、法治、德治相结合的乡村治理体系生成逻辑及其探索》，《中国行政管理》2019年第12期，第71~74页。

［24］熊万胜、方垚：《体系化：当代乡村治理的新方向》，《浙江社会科学》2019年第11期，第41~50、156页。

［25］陈于后、张发平：《新时代乡村“自治、法治、德治”融合治理体系研究》，《云南行政学院学报》2019年第6期，第13~21页。

［26］陈涛、李华胤：《“箱式治理”：自治、法治与德治的作用边界与实践效应——以湖北省京山市乡村振兴探索为例》，《探索》2019年第5期，第107~115页。

［27］周学馨、李龙亮：《以“三治”结合推动乡村治理体系整体性变革》，《探索》2019年第4期，第156~163页。

［28］黄君录、何云庵：《新时代乡村治理体系建构的逻辑、模式与路径——基于自治、法治、德治相结合的视角》，《江海学刊》2019年第4期，第226~232页。

［29］王丹：《自治、法治、德治“三治合一”乡村治理体系建设研究》，内蒙古大学2019年硕士学位论文。

［30］左停、李卓：《自治、法治和德治“三治融合”：构建乡村有效治理的新格局》，《云南社会科学》2019年第3期，第49~54、186页。

［31］王渺：《乡村振兴战略下新乡贤参与乡村治理研究》，河北大学2019年硕士学位论文。

［32］高艳芳、黄永林：《论村规民约的德治功能及其当代价值——以建立“三治结合”的乡村治理体系为视角》，《社会主义研究》2019年第2期，第102~109页。

［33］裘有度：《“三治结合”乡村治理体系：内涵、意义与建设路径》，《西昌学院学报（社会科学版）》2019年第1期，第25~29页。

［34］高枫：《乡村振兴背景下三治融合的乡村治理体系研究》，郑州大学2019年硕士学位论文。

［35］王文彬：《自觉、规则与文化：构建“三治融合”的乡村治理体系》，《社会主义研究》2019年第1期，第118~125页。

［36］张景峰：《新时代健全自治法治德治相结合乡村治理体系探讨》，《河南科技大学学报（社会科学版）》2018年第6期，第94~100页。

［37］邓建华：《构建自治法治德治“三治合一”的乡村治理体系》，《天津行政学院学报》2018年第6期，第61~67页。

［38］高其才、池建华：《改革开放40年来中国特色乡村治理体制：历程·特质·展望》，《学术交流》2018年第11期，第66~77页。

［39］李元勋、李魁铭：《德治视角下健全新时代乡村治理体系的思考》，《新疆师范大学学报（哲学社会科学版）》2019年第2期，第70~77页。

［40］吴理财、杨刚、徐琴：《新时代乡村治理体系重构：自治、法治、德治的统一》，《云南行政学院学报》2018年第4期，第6~14页。

［41］乔惠波：《德治在乡村治理体系中的地位及其实现路径研究》，《求实》2018年第4期，第88~97、112页。

［42］邓大才：《走向善治之路：自治、法治与德治的选择与组合——以乡村治理体系为研究对象》，《社会科学研究》2018年第4期，第32~38页。

［43］邓超：《实践逻辑与功能定位：乡村治理体系中的自治、法治、德治》，《党政研究》2018年第3期，第89~95页。

[44] 崔文博：《“德法兼济”视域下的中国乡村治理研究》，中共四川省委党校 2018 年硕士学位论文。

[45] 夏红莉：《新时代构建自治、法治、德治相结合的乡村治理体系的思考》，《大连干部学刊》2018 年第 1 期，第 48~52 页。

[46] 陈永蓉：《国家治理现代化背景下的村规民约研究》，华中师范大学 2017 年博士学位论文。

[47] 张晓山：《健全自治、法治、德治相结合的乡村治理体系》，《农村工作通讯》2017 年第 22 期，第 44 页。

[48] 龙文军：《构建自治、法治、德治相结合的乡村治理体系》，《农村工作通讯》2017 年第 22 期，第 24 页。

齐鲁文化对东北亚的文化辐射力及其启示*

彭彦华

【摘要】 山东作为中国人的“圣地”，齐鲁文化对东北亚展现出强劲的文化辐射力。历史上中国与朝、日交往，山东半岛实为主要的往来通道和大陆桥，以此为纽带的文化交流，为儒学在东北亚的传播，特别是7世纪以后，为朝鲜、日本兴起尊孔崇圣之风，形成东北亚儒家文化圈，做出了特殊贡献。回顾齐鲁文化、儒家文明从中国传入东北亚其他国家和地区的历史进程，能够给予我们当下诸多的启示和认识。

【关键词】 齐鲁文化　东北亚　文化辐射力　启示

【作者简介】 彭彦华，尼山世界儒学中心学术研究部部长，研究员，主要研究方向为儒家哲学、中国思想文化史。

在历史发展长河中，山东作为中国人的“圣地”，对东北亚①展现出强劲的文化辐射力，在不同时代对文化发展产生了巨大影响，对儒家文化的传播、中华一体文明的发展及东亚文化圈的形成，做出了独特的历史贡献。齐鲁文化的东出，主要是由于山东半岛东临大海，与朝鲜半岛和日本

* 本文系贵州省哲学社会科学规划国学单列重大项目“陆王心学与当代国人的人文信仰建构研究”（项目编号：20GZGX09）之阶段性成果。

① 东北亚作为一个地理概念，存在着一定的歧义。本文所称的东北亚，指中国、韩国与日本。但是，无论东北亚的地理范围怎样扩大，它都不可能包括得下整个中国。因此，更确切地说，东北亚指称中、韩、日三国所覆盖的广大区域。

列岛隔海相望。从商周时期尤其秦代以来，山东大量移民到朝鲜半岛和日本列岛。历史上中国与朝、日交往，山东半岛实为主要的往来通道和大陆桥，以此为纽带的文化交流，为儒学在东北亚的传播，特别是7世纪以后，为朝鲜、日本兴起尊孔崇圣之风，形成东北亚儒家文化圈，做出了特殊贡献。

一、齐鲁大地与东北亚的交往溯源

山东人民与日、朝（韩）人民之间的交往源远流长。商周之际，箕子率数千商遗民东渡，可以说是山东半岛人民大批走出海外的开端。箕子集团东渡朝鲜，中朝古籍多有记载。《朝鲜鲜于氏奇氏谱谍》载："武王克殷，箕子耻臣周，走之朝鲜，殷民从之者五千人。"《论语·微子》曾载："微子去之，箕子为之奴，比干谏而死。子曰：'殷有三仁焉。'"在商周政权交替与历史大动荡的时代中，因其道之不得行，其志之不得遂，"违衰殷之运，避地朝鲜"，建立东方君子国，其流风遗韵，至今犹存。箕子与微子、比干，在殷商末年齐名，并称"殷末三仁"。中国记载箕子开发朝鲜历史的书籍主要有《尚书大传》《史记》《汉书》《后汉书》《三国志》等。《史记》和《尚书大传》都记载了周武王封箕子于朝鲜的事。如《史记·宋微子世家》云：武王灭商，"武王乃封箕子于朝鲜而不臣也"。而《汉书·地理志》则载："殷道衰，箕子去之朝鲜，教其民以礼义，田蚕织作。"二者记载不同，但引证了箕子为早期朝鲜统治者的事实。殷商末期，纣王暴虐无道，周武王在姜子牙的辅佐下，通过牧野之战彻底灭亡商王朝，建立周朝。面对商周战乱，箕子无力改变商朝行将就亡的现实，只得隐居山东，不问世事。周朝建立后，周武王求贤若渴，亲自到山东探访箕子，向他问计，请他出山，但箕子作为殷商贵族，不愿意侍奉新朝，武王只好作罢。武王走后，箕子意识到自己无法再在此处安然隐居下去，于是他决定带着弟子及殷商遗老，离开山东，渡海向东寻找避难之所。箕子率领5000人的队伍，从胶州湾出发，走海上来到了朝鲜半岛，在这里定居了下来，并且建立了侯国政权。后来武王还是得知了箕子的行踪，公元前1120年，武王派人来到半岛，正式册封箕子为此处的国君，史称

“箕子朝鲜”。① 大量中国古代典籍和朝鲜史书的记载与在朝鲜出土的青铜器、陶器以及朝鲜的地面古迹三方面相互印证，都证实了箕子朝鲜的存在。箕子朝鲜是有史料记载的半岛上最早的政权。正是箕子等人的到来，给朝鲜半岛带来了中原先进的农耕技术、房屋建造、书籍、医药以及各类能工巧匠，把殷商文化带到了朝鲜半岛，使朝鲜开始学习中原礼乐、制度、文化和习俗，走向文明。箕子朝鲜视为中国东北史之开端。自古以来，中朝两国人民都珍视这一有据可查的史实。在朝鲜有自己的历史记载以来，或者说直到20世纪60年代前，朝鲜、韩国的史书、教科书都沿袭了这一历史学说。

春秋战国时期的齐国，不仅与朝鲜有了密切的贸易联系，而且通过朝鲜半岛与日本的交往也留下了一些鲜明的例证。最有名的就是日本的“铜铎文化”，被认为是在春秋战国时期从中国传过去的，其中应有相当多的青铜器出自齐地。如近代在日本山阴、北陆地区出土了类似中国编钟的青铜器多达350余件，其中的一件铜钟经日本学者考证为中国春秋时的齐国己侯钟，是齐国田氏十钟之一。类似的青铜器，自朝鲜西南部的庆尚南、北道到日本对马岛、博多湾、北九州等地多有发现，且数量较多，每次出土均多达几十件，很显然这是齐地沿海商人沿着朝鲜半岛往返于中、日、朝之间贸易往来所留下的大量物证。

从西周到战国末一千多年，齐国一直是雄踞东方的诸侯大国，齐、鲁两国较早地开始了由世卿世禄的领主制向地主制的过渡，以宗法制度为核心的“礼制”向以地域关系为基础的“礼治”的过渡；齐人善工商之业，收渔盐之利，冶炼业亦发达，这种强盛的国势，雄厚的经济基础，为沿海人民奔走海外或从事海外贸易奠定了坚实的物质基础；齐、燕人好阴阳五行之说，尚自然，重变化，崇进取，颇有冒险精神；齐人善兵书战策，好勇尚武，兵家思想有深厚基础；齐国又重视学术，思想界十分活跃，各种流派代表人物云集山东。齐地是战国时代诸子百家进行学术交流的大熔

① 陈蒲清在《箕子评传》一书中，采用武王伐纣于公元前1122年的说法；又根据《尚书》，武王灭纣后两年封箕子于朝鲜，则箕子到朝鲜立国就是公元前1120年。

炉，当时有名的稷下学宫就聚集了儒家、法家、道家、阴阳家、墨家、农家、名家、兵家等几乎战国时代的所有学派、名士在这里进行学术交流、争鸣、辩难，从而造就了一大批集大成的著名思想家，如荀子、邹衍等，而最能代表齐、燕方士文化的当属邹衍，他的阴阳五行说被顾颉刚先生称之为“中国人的思想律”①，当然也是秦代齐、燕方士们的思想律。各种流派代表人物周游于沿海地区，为探讨认识海外世界、丰富走出海外的理论提供了良机。思想家孔子可以说是最早提出到海外去的理论，他说：“道不行，乘桴浮于海，从我者，其由与！”② 他对海外的东夷（朝鲜）已有了初步的认识，并想到海外去推行自己的政治理想。《汉书·地理志》据此认为：“然东夷天性柔顺，异于三方之外，故孔子悼道不行，设浮于海，欲居九夷，有以也夫。”《山海经》等书是战国时期根据各地人们的流传编纂起来的，肯定吸取了山东及辽东半岛人们对海外的看法，认识到扶木是比朝鲜更遥远的海外之地，《山海经·海外东经》提到海外有君子国。可以认为，在春秋战国时代，山东沿海齐国居民至少已认识到渤海外还有一些国家存在，也就是今天的日本列岛。

由上述中国的历史文献中的记载和日本考古发现的事实，以及从陆续出土的一些新石器至战国时期的文物，可以推断，自公元前 4 世纪至公元前 2 世纪时，在东北亚，以海路为枢纽，曾经发生过从中国大陆向今天的朝鲜、韩国、日本移民的活动。这些移民大体可分为两部分：一是战国末期，在秦始皇横扫六国的驱压下，一些贵族、领主及一般平民百姓的盲目外逃，齐、燕、鲁、吴、越诸国移民或绕道朝鲜，或渡海而至日本；另一部分人就是在秦统一中国后，以徐福为代表的方士们秉承中央王朝的旨意，有意识、有目的、有计划地渡海求仙活动。如果说前一部分人进入日本后，可在人种变化、经济进步等物质层面的文化传播方面起到了重要的作用的话，那么像徐福这样高层次、有文化的士大夫阶层受统治阶级的派遣而去渡海求仙，最后落籍日本，这些人进入日本后就不仅在人种的变化

① 顾颉刚：《五德终始说下的政治和历史》，载《顾颉刚古史论文集》第三册，中华书局 1996 年版，第 254 页。

② 《论语·公冶长》。

和物质生产力方面的进步起到作用，而且在制度层面和精神层面的转变中起了决定性的作用。

齐人远涉海外主要是到了朝鲜半岛和日本南部地区，他们把当时国内较先进的文化和生产技术传到这些地区，对加速这些地区的开发起了重要作用。齐人早期对外交往中持之以恒地对海外的探索是可贵的，它为后人积累了宝贵的经验。如果没有先人走出海外的不懈实践和在理论上的不断丰富、完善，那么就不会有秦代徐福集团数千人自山东沿海扬帆东渡，也不会有秦汉时期数以万计的沿海劳动人民奔赴朝鲜半岛再辗转至日本列岛，推动朝鲜半岛从奴隶制社会形态向封建化过渡，推动日本社会由原始的绳纹时代向较为先进的弥生时代过渡。

秦朝徐福东渡是我们耳熟能详的故事。徐福在秦始皇的命令下两次东渡，到达了今天朝鲜半岛、日本等地，并于第二次东渡时一去不回。徐福是秦朝著名方士、道家名人，曾担任秦始皇的御医，出生于战国时期的齐国。徐福的事迹，最早见于《史记》的《秦始皇本纪》和《淮南衡山列传》（在《秦始皇本纪》中称“徐市”，在《淮南衡山列传》中称“徐福”）。据《史记·秦始皇本纪》记载，秦始皇希望长生不老。秦始皇二十八年（前219），徐市上书说海中有蓬莱、方丈、瀛洲三座仙山，有神仙居住。于是秦始皇派徐市率领童男童女数千人，以及已经预备的三年粮食、衣履、药品和耕具入海求仙，耗资巨大。但徐市率众出海数年，并未找到神山。秦始皇三十七年（前210），秦始皇东巡至琅邪，徐市推托说出海后碰到巨大的鲛鱼阻碍，无法远航，要求增派射手对付鲛鱼。秦始皇应允，派遣射手射杀了一头大鱼。后徐市再度率众出海。①

《史记》中记录徐福东渡之事比较多内容的是《淮南衡山列传》，其中包括徐福从东南到蓬莱、与海神的对话，以及海神索要童男童女作为礼物等事，一般认为这是徐福对秦始皇编造的托辞，还记载了徐福再度出海携带了谷种，并有百工随行。这次出海后，徐福来到“平原广泽”（可能是日本九州岛），他感到当地气候温暖，风光明媚，人民友善，便“止王不来”，停下来自立为王，教当地人农耕、捕鱼、捕鲸和沥纸的方法，不

---

① 《史记·秦始皇本纪》。

回来了。①《淮南衡山列传》与《秦始皇本纪》稍有不同，称徐福并未开始就带数千童男童女入海，而是寻访仙家多年未果的情况下，再度出海时率数千童男女出海。

《汉书》中说："徐福、韩终之属多赍童男女入海，求神采药。因逃不还，天下怨恨。"② 唐代诗人汪遵《咏东海》诗也写道："漾舟雪浪映花颜，徐福携将竟不还。同作危时避秦客，此行何似武陵滩。"作者把徐福入海不归比作陶渊明《桃花源记》所写的武陵郡渔人避秦乱而移居桃花源之事。也有人认为徐福东渡是为了报秦亡齐国之仇、消灭族之恨而策划的一次叛离始皇恶政统治的行动。

伴随着以徐福东渡为代表的中国大陆的移民活动而展开的东亚文化传播潮流，在日本由原始社会向文明社会转化的过程中起到了决定性的推动作用。徐福求仙访药的活动虽无结果，但作为一次开中国中外文化交流之先河的活动有益于后世。徐福成了中国与东北亚地区的一种独特文化，并为中日韩乃至东北亚人民所接受。徐福传说与日本之接轨，大约开始于隋唐时期。隋大业三年（607），日本派小野妹子来华；次年，隋炀帝派裴世清出访日本，裴世清在日本九州一带看到有一个风俗同于华夏的"秦王国"，于是就猜想，这大概是传闻徐福止住不归的"夷洲"。之后，有人则把这个"秦王国"直接比定为日本。如明人薛俊著的《日本考略·沿革考》（成书于1530年）说："先秦时，遣方士徐福将童男女数千人入海求仙，不得，惧诛止夷、澶二洲，号秦王国，属倭奴。故中国总呼曰'徐倭'。"用肯定的语气直接说徐福到的夷、澶二洲"属倭奴"。

到了唐代，中日交往日趋频繁，人们发现日本的文物制度类似中国，颇存上古遗风，于是逐渐将徐福东渡之地锁定为日本。隋唐时期，是日本与我国交往的第一个高峰期，日本曾向我国派遣了二十多批遣隋使和遣唐使，我国也曾派遣过大量的迎送使节，两国友人、僧侣、学者之间的交往，时常以徐福文化作为一种友谊的象征而互相传颂、赞赏，一直延续至今。

---

① 《史记·淮南衡山列传》。

② 《汉书·郊祀志下》。

二、齐鲁文化对东北亚的文化辐射力

（一）齐鲁文化在朝鲜半岛的传播与发展

据1485年朝鲜编写的《东国通鉴外纪》记载：

> 箕子率中国五千人入朝鲜，其诗、书、礼、乐，医、巫、阴阳、卜筮之流，百工技艺，皆从而往焉。既至朝鲜，言语不通，译而知之。教以诗书，使其知中国礼乐之制，父子君臣之道、五常之礼。教以八条，崇信义，笃儒术，酿成中国之风教。以勿尚兵斗，以德服强暴。邻国皆慕其义而相亲之，衣冠制度悉同乎中国。故曰：诗书礼乐之邦、仁义之国也，而箕子始之，岂不信哉！①

说明早在公元前11世纪，中国西周时的箕子就率领“五千人入朝鲜”，中国的诗书礼乐“皆从而往焉”。又据《后汉书·东夷列传》载：“昔武王封箕子于朝鲜，箕子教以礼义田蚕，又制八条之教。其人终不相盗，无门户之闭。妇人贞信。”② 在秦始皇统一六国时，燕，齐、赵等地的人们多有前往朝鲜半岛者，他们把中国的物质文化和儒家的礼乐文化也带到了那里。到了西汉时期，儒学的经典著作《论语》传到了朝鲜半岛。③ 在其后的两千多年里，齐鲁大地同朝鲜半岛在儒学文化上的相互交流日益广泛和深入。

在中国西晋时期，朝鲜半岛的高句丽于372年建立太学，施行以儒学为主的教育。到了中国隋唐时期，朝鲜半岛经历了由高句丽、百济、新罗三国分立到新罗的统一。在统一前的高句丽，由中国传入的典籍就有“五

---

① ［朝鲜］徐居正等：《东国通鉴外纪·箕子朝鲜》，韩国景仁文化社1994年版，第22~23页。

② 《后汉书·东夷列传》，中华书局1999年版，第1904页。

③ 1992年平壤古墓出土的竹简上写有《论语》的《先进》《颜渊》二篇的内容。经研究，这些竹简是汉四郡时期乐浪郡下层官吏的随葬品，时间为公元前45年，是迄今朝鲜半岛发现的最古老的《论语》遗存。

经”以及《史记》《汉书》《后汉书》《三国志》等①；当时的百济也由中国传入了“‘五经’、子、史”②。在新罗统一朝鲜半岛之后，儒学文化继续在半岛传播。682 年新罗设立“国学”，对学生教授“五经”和《论语》。新罗国王亲自到“国学”听讲，唐玄宗称新罗为“君子之国”。737 年，唐玄宗还派遣一个叫邢璹的学者出使新罗，主要任务就是去讲授儒学经典，并让那里的人们了解中国的“儒学之盛”。《三国史记·新罗孝成王本纪》载，新罗孝成王二年（738）春二月：

> 唐玄宗闻圣德王薨，悼惜久之，遣左赞善大夫邢璹以鸿胪少卿往吊祭，赠太子太保，且册嗣王为开府仪同三司、新罗王。璹将发，帝制诗序，太子已下百寮咸赋诗以送。帝谓璹曰：“新罗号为君子之国，颇知书记，有类中国。以卿惇儒，故持节往，宜演经义，使知大国儒教之盛。”又以国人善棋，诏率府兵曹参军杨季膺为副，国高奕皆出其下。

在新罗统一时期，朝鲜半岛到中国的留学生日益增多，仅 837 年这一年前往唐朝的留学生就多达 200 多人，从长庆（821—824）初年到天祐（904—907）年间 80 多年内，参加过唐朝科举考试且贡科及第者 58 人，他们回国后对推动儒学的发展发挥了积极作用。其中，最有名的留学生是崔致远，他在唐朝为官多年，回国后成为朝鲜半岛的儒学大家。

值得注意的是，这一时期儒学已经开始与新罗固有的文化相结合，新罗真兴王创设的“花郎道”，把新罗固有的文化传统与儒、释、道有机地融合，旨在培养新罗青年忠君爱国的情操，在朝鲜民族文化史上具有重要的影响。它所提倡的道德理想以儒家的忠孝思想居于主导地位，要求事君以忠，事亲以孝，交友以信等。所以，每遇国家有事之秋，他们必从军出战，出生入死，视死轻如鸿毛，见义重于泰山。“花郎道”的这种道义精神，被誉为新罗时期的“时代精神”，正是在这种“时代精神”的感召之

① 《旧唐书·东夷列传》卷一九九，中华书局 1997 年版，第 16 册，第 5329 页。
② 《旧唐书·东夷列传》卷一九九，中华书局 1997 年版，第 16 册，第 5329 页。

下，新罗完成了统一大业，并使新罗国不断强盛，可以说，“花郎道”这种被强化了的忠孝思想增强了时人的凝聚力，在其后的历史进程中，则逐渐内化为朝鲜人民的传统思想和民族精神。正如李甦平所言：“新罗之所以能先后灭掉百济和高句丽，与新罗勃兴时的‘花郎道’有着密切的关系。‘花郎道’的精神理念就是以儒家思想为基础的儒释道的融合。”① 新罗通过国学（景德王始改称太学）的儒学教育和留学生派遣，推动了儒学的空前发展，使儒学民间化、日用化、本土化，并在朝鲜人民日常的生活实践中与本土传统文化“花郎道”渐趋融合。正如金忠烈在其《高丽儒学思想史》中所言，三教乃“花郎道”的食物，但当“饮食摄取的养分化为血和肉时，那已经是我自己而不是他。因此，吸取的三教思想虽然来自中国，但毕竟是‘韩国的’思想”②，从而使得儒学仁义孝悌忠信等根本道德规范在社会上得以确立下来，并对新罗的政治制度、经济制度、教育制度、伦理道德、社会风俗等各个领域产生了深刻的影响。

在中国唐朝末年和五代十国时期，朝鲜半岛经历了由“新罗统一时期”到“高丽统一时期”的转变。高丽时期（918—1392），虽然在意识形态领域里占统治地位的是佛教，但高丽统治者依然大力提倡儒教学说。高丽太祖王建于936年统一朝鲜半岛南部后，对儒教表现出了极大的关注，重视兴办学校，以教授儒学经典为主要内容，聘请经史、五经博士讲授儒教，努力使用儒教思想来治理国家，尤其在其晚年提出了著名的《十训要》，主张以儒教思想作为治国原则。对于太祖以“王道”治国理民的业绩，高丽王朝初期的儒学大师崔承老评价说：“知人善任，惩恶不殆，尊信佛教，崇尚儒术，具备君王一切之德，且雄怀保国之策。”③ 其后的光宗推崇以儒治国，在中央设“国学”，地方建“乡校”，并推行科举考试，考试内容主要以三礼（《周礼》《仪礼》《礼记》）、三传（《左传》《公羊传》《谷梁传》）为主。成宗曾多次派人到中国北宋的国子监学习儒学典籍，并于992年建立国子监，这就是后来的成均馆，一直作为儒学教

---

① 李甦平：《韩国儒学史》，人民出版社2009年版，第56页。

② ［韩］金忠烈：《高丽儒学思想史》，台湾东大图书公司1992年版，第77页。

③ 《高丽史·崔承老传》。

育和研究的专门机构；睿宗亲临国子监主持讲经，开尊经讲学之风。除了官学和私学，高丽王朝还设置了专门讲授汉语的国家机构“通文馆”。高丽王朝的统治者意识到，国家的对外交流尤其是对华交流，需要一批书面语和口语兼通的汉语人才，高丽时期译语（外语）教育尤其是汉语教育受到了当权者的高度重视。整个高丽朝时期，奉行“以民为本”“政在养民”的以德治国的思想。安珦、白颐正、李齐贤、李穑、郑梦周、郑道传、权近等，便是这一时期涌现出来的儒学名家。1290 年，安珦从中国将《朱子全书》的手抄本带到朝鲜，从此理学思想逐渐成为朝鲜半岛上儒学教育、研究和践行的核心内容。

1392 年，李成桂建立了朝鲜王朝，实行以儒治国的指导思想。此后朝鲜王朝的历代君王都遵循这一指导思想，将以程朱理学为核心的儒学思想奉为治国理政的圭臬，16 世纪是朝鲜王朝程朱理学的兴盛时代。在朝鲜王朝的 500 多年间，也是名儒辈出，金宗直、郑汝昌、赵光祖、李退溪、奇高峰、成牛溪、李栗谷等人就是其中的杰出代表。

特别强调的是，被称为“儒教王朝”的李氏朝鲜王朝，除了儒学大师辈出之外，还采取了许多措施推动儒学发展。太祖李成桂于 1398 年在汉城建立成均馆，设立文庙奉祀孔子，并在地方设置了 360 所乡校，各州府郡县也纷纷仿效此制建立文庙，朝野祭孔之风大盛。为统一祭祀礼仪，1409 年太宗命成均馆典簿许稠厘定释奠大祭的礼仪。

1592 年，日军攻占了汉城，成均馆文庙被日军烧毁。日军退兵后，宣祖即命礼曹判书（相当于中国的礼部尚书）李增率领儒生到文庙废墟哭祭孔子，并于宣祖三十四年（1601）重建孔子庙宇。据《朝鲜志》记载，朝鲜王朝时期，国王“时时亲行释奠，或不时幸学，于师儒讲经，或横经问难，或行大射礼，或亲策儒生”。世祖十一年（1465）册立王子晄为世子时，世祖命世子戴儒冠入成均馆行谒圣礼。从此册立世子要先行释奠孔子成为朝鲜王朝定制。国王亲行释奠、世子册立谒圣，都说明在以儒教立国的李氏王朝，孔子的地位得到了空前提高。

世宗在位期间，博涉经史，除勤采经书外，亦汲汲于史地书籍之搜访，在宫中设立“集贤殿”，组织学者编撰经史书籍，研究儒家义理，并于1432年新编《三纲行实图》，搜集了古今朝外110名孝子、忠臣、烈女的事迹汇集成册，配以诗句图画作解，作为王朝伦理道德的标准样板向全国发行，以广教化。中宗时刊行了《朱子大全》，以大力提倡、宣传朱子学。朝鲜的科举制把文、武两科考试的共同科目定为儒家经典，因此，朝鲜的文、武两班官员都通儒学，文官则全部由儒生担任，儒学的社会地位更加巩固了。除了这些制度建设外，朝鲜学风发生了很大变化，由以辞章、训诂为中心转向以理论研究为中心，“李朝儒学发展最突出的特征在于其思想家们的理论建设。以性理学的形成为标志，朝鲜儒学完成了其本土化、民主化的过程”①。

综上所述，坚持发展同本土文化相融合的具有朝鲜半岛特色的儒学教育、儒学研究，并将具有自身特色的儒学思想应用到国家、社会治理和个人修养中去，在朝鲜半岛早已成为传统并传承至今。

（二）齐鲁文化在日本的传播与发展

在日本的弥生时代，即中国的秦汉时期，在环渤海、黄海、东海的广大海陆区域内，确曾发生过以中国大陆为中心向外辐射的文化传播活动。开辟并奠定东亚文明基础的这场文化传播活动的主要人群，应是以徐福为代表的活跃于中国东部沿海一带的方士们。值得注意的是，徐福所处的时代有两个显著的特点：一是中国社会结构完成了由领主分封制向封建地主制的过渡；二是中国国家体制完成了由诸侯割据的局面向中央集权的过渡。这样两个特点，使徐福东渡前后从中国向日本的移民，让日本社会发生了如下变化：一是超越奴隶社会径直进入封建社会；二是适应日本自然地理环境的分散性、单元性及其各地区发展不平衡的特点，使其进入封建社会伊始，就形成了领主割据的局面；三是日本诸岛屿之间联系的紧密性、岛国的封闭性，以及在长期的种族融合过程中逐渐形成的民族单一性，使之造就了代表统一民族国家的天皇制度。前两项变化与第一个特点有关，后一项变化则与第二个特点有关。这三项变化既使日本社会的政治体制不同于中国中央集权的官僚制度，也使日本的封建领主制度与西欧的

---

① 梁宗华：《朝鲜儒学的本土化与民族化历程》，《中国哲学史》2005年第4期。

封建领主制度有所区别，从而形成了日本社会历史发展的独特性。这种独特性恐怕也是中国移民与日本本民族所创制度文化的必然归宿。与此同步，日本民族精神文化及其民族性格的形成也与以徐福东渡活动为代表的移民潮有着必然联系。

据《日本书纪》记载："百济王遣阿直岐赴倭，并献良马两匹……阿直岐精于经典，故为太子菟道稚子之师。是日，天皇问阿直岐：'贵方可有胜于你的学者博士?'阿答曰：'有一位叫王仁的更为精通经典。'……于是天皇邀请王仁……十六年春，王仁来到，太子菟道稚子便又追随王仁学习各类典籍。"中国与日本的正式交往始于汉代，中国的汉字传入日本。儒家学说东传日本开始于285年，是朝鲜半岛的百济博士王仁渡海赴日，任应神天皇的太子师，向菟道稚郎子献《论语》十卷和《千字文》一卷等儒书，并且专门有学问所负责向王子、大臣们传授儒家经典，使儒学得以在日本间接流传，起到了推动中日文化交流的作用，这是有记载的儒学传日之始。"百济儒学之所以能够传入日本，正是凭借百济的'五经博士'们。"① 3世纪是日本由原始社会向奴隶社会发展的阶段，社会组织由氏族制向家族制过渡；经济发展水平很低，主要是农业，也有手工业和渔业；文化思想落后，尚无文字，人们普遍相信万物有灵，信奉拜物教，形成崇神敬祖的固有神道。孔子思想主张大一统、大义名分、重农以及强调忠孝的道德观念等正适合当时日本社会、政治、经济、伦理的需要，因此，有了儒学在日本扎根的土壤。大体在隋唐以前，中国同日本的文化交往主要是通过朝鲜半岛的学者进行的，所以在中日两国的文化交流中，朝鲜半岛曾起过桥梁作用。从隋唐开始，日本同中国的文化联系，则主要是通过双方人员的往来而直接进行的。

中国的隋末唐初是日本的推古天皇时期，当时日本的圣德太子曾依照儒学的"德、仁、礼、信、义、智"等思想，制定十七条宪法，对日本社会进行改革。据《旧唐书·倭国传》和《新唐书·日本传》记载，日本派往中国的遣隋使有四次、遣唐使有十多次，而随使者前往中国的还有大批留学生与僧人。遣唐使团的成员，最多的一次达到651人，最少的也有120人。在隋唐时期，中日文化交流形成了第一次高潮，留下了许多盛事

① 李甦平：《韩国儒学史》，人民出版社2009年版，第53页。

佳话。比如，607年随日本第一批遣隋使到中国的留学生高向玄理和僧旻，目睹了隋朝的败亡和唐朝的兴盛，他们回国后都担任了天皇的顾问——国博士。645年，在他们的协助下，孝德天皇主持进行了著名的“大化改新”。所谓大化改新，就是借鉴中国儒学的“大一统”思想和唐朝的律令制度，在日本建立了统一的中央集权的封建国家。又比如，借鉴中国汉字形体对创制日本文字有功的吉备真备，在唐玄宗时曾留学中国17年，他对中国的儒学典籍和历史、法律的研究都很有成就。又比如，浸透着儒学思想精神的中国的诗、词、歌、赋、小说等文艺作品以及书法、绘画和其他技艺文化，通过日本来华的学生和学者，也大量传播到日本，对日本文艺和文化的发展产生了深刻影响。日本留学生阿倍仲麻吕即晁衡，同李白、王维等唐代大诗人的友谊，更是传为中日文化交流的佳话。

儒学对日本的影响体现在方方面面。在教育教化方面，日本学者永井松三在《日本的孔子圣庙》中指出：儒学在日本“有一千七百年的传统，在政治上、社会道德上或日常生活上，都见其实践，可说是常在我国国民生活里活着的德教”①。它使日本的“制度文物如政治教育等等，万般都受了它的影响，是极其明显的”。日本汉学家武内义雄在《儒教之精神》中认为：“儒教虽然发生于中国，可是极早就传到日本，对日本国民精神之昂扬，贡献极大。”② 日本统治者认识到，要维护日本的封建秩序，除了武力镇压外，更要靠儒家思想的教化。如奈良时代（710—794）、平安时代（794—1192），统治者都把儒学教育提高到前所未有的水平。奈良朝全面推行《大宝律令》的“学令”，首府有大学，地方有国学，学习内容均以经学为主，教师的选拔、晋升以及学生的考课、出路，也都以经学掌握的好坏而定。学校每年春秋两季举行祀孔盛典。遣唐生来华中涌现不少学儒的优秀学者，著名的吉备真备就著有训诫人们遵循儒道且终生不渝的《私教类聚》一书。据《日本国志》也记有：“遣唐学生，所得学术，归辄以教人，以故人材蔚起。”日本学者田口卯吉也说：“此辈遣唐使及留学生，习染中国之风俗，返国之后，戴唐式冠，穿唐式衣服，吟唐诗，说唐

① 国际文化振兴会编：《日本的孔子圣庙》，太平书局1942年版。

② ［日］武内义雄：《儒教之精神》，高明译，太平书局1942年版。

话，意气扬扬，百事皆慕恋唐式。”“留学生等对于汉学曾努力传播。”①全社会也推行以尚孝为甚的儒学伦理教化，孝被视为崇高的道德，认为“古者治民安国，必从孝理”②。百姓中如有孝子，地方官要随时奏闻。

在经济方面，据《大日本史》卷六记载：6世纪初，继体天皇便发布过“朕闻一夫不耕，则天下或受其饥；一妇不织，则天下或受其寒。是故帝王躬耕，以劝农业，后妃养蚕，以劝女功，况在群寮百姓，其可废弃农绩，而能至殷富乎。有司普告天下，令识朕意”的诏书，说明儒家重农思想对日本以农立国的经济的影响。

在社会变革方面，7世纪初，圣德太子摄政后以儒家思想指导改革。604年制定了十七条宪法，极力以儒家的“和为贵”“上和下睦”“惩恶劝善”、忠君观念等来教训臣民百僚如何忠君治国、立身处世，指出：“无忠于君，无仁于民，是大乱之本。”“君臣无信，万事悉败。”“群卿百僚，以礼为本。……君（群）臣有礼，位次不乱，百姓有礼，国家自治。”还要“使民以时”，发展农业。这些都体现了儒家的基本思想。其所制定的十二阶冠位制，也以儒家的“德、仁、礼、信、义、智”作为各级的名号，体现了儒学的影响。

在政治生活方面，日本的大化革新（645）和大宝令（701）都是以学习隋唐文化和儒学经典为依据的。大化改新诏书中提出的改新目的，就是按照隋唐大一统封建集权国家的形式来改造日本的贵族分裂割据、争战不已的混乱局面，改新的结果使日本的氏族和奴隶主统治的最后王朝崩溃了，日本社会从此开始过渡到封建社会。大宝令规定，大学和国学每年春秋要举行两次对孔子的释奠礼仪，开始称孔子为“先圣孔宣父”，768年又称孔子为文宣王。从7世纪起，中日两国互派使者。当时的遣隋使和遣唐使不仅学习，而且带回了大批儒学经典，并作为日本上层社会的必备修养。例如，自630年首次派出犬上御田锹为遣唐使，至894年的二百余年间，总共任命遣唐使达十九次之多，而且每次都有众多留学生随遣唐使来华，最多的达五百余人。这批留学生在中国尊孔读经，并带经卷回国，成为儒学传入日本的媒介和桥梁。日本国使臣来唐也向孔子顶礼膜拜。

---

① ［日］田口卯吉：《日本开化小史》，余又荪译，商务印书馆1942年版。

② 《续日本纪》卷二二。

宋代以后，中日文化交流继续向前发展，特别是到明清时期尤其是万历中叶以后，日本历史进入江户时代（1603—1867），中日文化的交流进入了第二次高潮。江户时代即德川幕府当政时期。德川家康创立幕府之初，就确定儒学为日本的官学，他本人富有儒学修养，曾亲自召集学者讲授儒学和中国文化典籍，并主持刊行《孔子家语》以及《群书治要》《贞观政要》《六韬》《三略》等文化典籍，以此作为教化人们和治理国政的参鉴；第五代将军德川纲吉曾在幕府设立儒官，亲自讲解《论语》；第八代将军德川吉宗进一步推行“儒学治国”。江户时代日本儒学的兴盛，是同那时中日海上贸易的发展密切相关的，海上贸易促进了包括儒学在内的中国历史文化在日本的传播。据当时日本长崎海关档案资料统计，自1693年至1803年的110年间，通过中国商船输日的汉籍就达4781种；整个江户时代从长崎港传入的汉籍共计7893种。可以说，日本江户时代的教育和学术文化基本上是以儒学为中心的，儒学成为当时日本社会发展的重要思想指导。对先进的唐文化的学习，使其很快发展为东亚强国。

关于以儒学为主干的中国历史文化传播到日本，对日本历史上的文化发展和社会进步所产生的影响与作用，日本历代著名学者都曾发表过很多评论。日本学者木宫泰彦总结7—10世纪唐朝文化对日本文化发展的影响之后论述到：“唐朝三百年间，由于学生、学问僧学来和带回的中国文化产物，不断给予日本新的启迪，中国前进，日本也前进。因此，日本的文化一刻也没有停滞，不断吸收中国的优点，经过整理提炼，咀嚼融化，终于在平安朝中期以后，在各个方面都逐渐摆脱了唐风，产生了优美典雅的日本文化。”① 日本近代汉学大家内藤湖南指出：日本文化“是和中国古代文化一脉相承的，要想知道日本文化的根源，就必须先了解中国文化”②；日本当代汉学大家冈村繁也指出：“日本文化是在中国文化的基础

---

① ［日］木宫泰彦：《日中文化交流史》，原称《日中交通史》，系中日海上交通史的重要著作。1926、1927年先后分上、下两册出版。中译本是商务印书馆于1931年出版，陈捷译。后作者对原著作了大量增补，改为现名，1955年出版。商务印书馆于1980年4月出版了增补本，胡锡年译。

② ［日］内藤湖南：《日本文化史研究》，储元熹、卞铁坚译，商务印书馆1997年版，第12~13页。

上形成的。”“学习和传承中国古典文化与思想，日本才能保持住自己独特的文化。”①

近代以来，西方崛起，中国衰落，日本便急转船头，来个“脱亚入欧”，一个明治维新，从而改变了此前日本学中国的历史走向，转而学西方，从学习西方文化中迅速赶上西方。日本先是学西欧，搞起了军国主义，对外侵略，中国首当其冲、深受其害；战败后，日本又追随美国，引进了美国式的多党民主政治。在中古时代，日本可以紧随中国后面学中国，一是中国文化先进且地理位置紧邻，二是其天皇制度作为民族国家的象征与中国皇权一统的政治体制有某种契合之处；到了近现代，日本又紧随西方学西方，则可能由于日本封建领主制度与西方中世纪社会制度又有相似之处。有人说日本人是以万变应万变，中国人是以不变应万变，如果此话道出了一个事实，那就是：日本人能以万变应万变，是因为日本文化的衍生性和无根性；而中国能以不变应万变，则是因为中华文化的原创性和本根性。

三、几点启示和认识

从以上的历史回顾中，我们可以得到一些什么样的历史性启示和认识呢？我用三句话来概括：

第一，“经天纬地曰文，照临四方曰明”②。这是任何一种伟大文明所具有的历史意义之所在。毋庸置疑，中华文化在前近代东亚文化交流的历史中发挥了原动力的作用；朝、韩两国地处东亚大陆东北角，同为朝鲜民族，其文化深受中华文化的影响，在历史上，其总体文化是中华文化的延伸；而日本文化则是另一类型的文化，说它属于东亚文化圈是因为日本在明治维新以前的历史发展中，吸收和融化了中华文化的若干元素和基因而

① 《结缘汉学八十载——专访日本汉学界泰斗冈村繁先生》，《光明日报》2013年7月31日第8版。

② “经天纬地曰文，照临四方曰明”，意思是上知天文下知地理才称得上有文化，光芒普照四方才称得上光明。出自唐代孔颖达注疏《尚书》时对“文明”的解释。

创生了一种衍生型文化。而朝、韩两国在近代以前是中华文化的延伸，只是到了近现代，由于受到日本的殖民统治和美国文化的影响，而浸染了日本文化和西方文化的浓重色彩。但是，随着朝鲜的独立和韩国经济的崛起，朝、韩两国民族主义精神不断觉醒，高扬本民族文化势在必行，这表现在对东亚文化的强烈认同感和两国均主张自主和平统一的民族精神之中。进一步讲，儒家文化乃至中华文明其“经天纬地”的光芒，不仅照临于东亚、亚洲，也照临于世界各方，不仅垂功于往昔，也泽惠于今天。我们一定要把传承了几千年的儒学文化珍惜好、应用好、发展好，使它蕴含的社会哲理和治世智慧继续造福于亚洲和世界人民。特别强调的是，要把精神文明的传播与发展同物质文化的交流与发展紧紧结合起来，使之相辅相成，齐头并进。

第二，文明“因交流而多姿多彩，因互鉴而互补同彰”。被称为东亚儒学文化圈的东亚文明，是由中国和所有东北亚、东南亚国家和地区的人民共同创造、培育和发展的。文化是有生命的，其生命力是在交流开放、互学互鉴、改造创新中实现的；如果自我封闭和禁锢，其生命力也就丧失了。众所周知，徐福求仙访药的活动虽无结果，但作为一次开中国中外文化交流之先河的活动，是有益于后世的。自徐福之辈东渡以来，中日朝韩四国之间的文化交流，由自在走向了自为、由自发走向了自觉的时代。四国之间的文化交流虽有源与流、主与次之分，但其互补性、互利性、互惠性是恒久的。自徐福东渡至明治维新的两千年中，日本先是吸纳、整合中国东部传入之齐、燕海洋文化而立国，农工商渔牧诸业并举，并无汉以降所行“重农抑商”政策的偏向。隋唐以前，中日文化交流的路向是华出日入，至隋唐及以后，则是日本主动来华学习，他们学典章制度，五经六艺，从来是自取所需，为己所用，形成了“学习—改造—实用—再学习……”的重视实用的方法，使得日本社会与中国差不多同步发展、演变。至日本平安时代（794—1185），日本文化开始摆脱对中国文化的简单模仿，由所谓“唐风文化”转化为具有日本自身特色的“国风文化”。正如日本学者木宫泰彦在总结7—10世纪唐朝文化对日本文化发展的影响时所说：唐朝三百年间，由于学生、学问僧学来和带回的中国文化产物，不断给予日本新的启迪，中国前进，日本也前进。因此，日本的文化一刻也没有停滞，不断吸收中国的优点，经过整理提炼，咀嚼消化，终于在平安朝中期以后，在各个方面都逐渐摆脱了唐风，产生了优美典雅的日本文化。

同样，从古代中韩儒学的交流历程可以看出，朝鲜半岛上各王朝都比较重视与中国的交往，通过吸取先进的中华优秀传统文化来加快自身的发展。他们结合自身王朝的实际情况，制定了一系列适合本国国情的政治、经济、文化、教育等制度，而儒学的引进及发展是其中最重要的部分。中国儒学在与朝鲜本土文化的交融中，逐渐在这片异国土地上扎下了根，并以性理学的出现为标志，成功地完成了中国儒学在朝鲜半岛上的本土化过程，儒学的思想、价值观念已经深深地根植于朝鲜人民的心中。“李朝时代的朝鲜受到中国文化极深的影响，其对于中国文化的传承，甚至有过于商品经济冲击下的中国的一些经济相对发达的地区。”①

由此启示我们，在坚持发展自己的文化与文明的同时，要坚持学习别的文化与文明，而且要善于运用，要同本国、本民族的具体实际紧密结合起来，变成自己的文化和文明的精神素养，以增强自己的生机与活力。齐鲁文化、儒家文明从中国传入东北亚其他国家和地区的历史进程说明，无论是朝鲜半岛还是日本，他们都注重结合自己的社会文化实际来学习和应用儒学思想，并根据自己的实际需要加以改造和创新，从而赋予儒学以本国本民族本地区的特色，使之在当地不断生根、发芽、开花、结果，成为本国本地区文化不可分割的组成部分。这是儒学在东北亚国家的发展中，能够长久地发挥作用的根本原因和真谛之所在。

第三，“可久之业益彰，可大之功尤著。”② 儒家学术在中国及东北亚地区的历史中付诸实践，并持续了两千多年之久。作为源远流长的历史文化伟业，作为世界文化园圃中的一朵永不凋谢的奇葩，滋润和构筑着世界的精神家园，其色彩与馨香必定是与日俱新和历久弥彰的。在传承和光大这一历史文化伟业，共同构建人类精神文明家园中，所有的儒学学者和儒

① 商传：《走进晚明》，商务印书馆2014年版，第368页。

② 吴兢：《贞观政要》。

学工作者不仅可以大有所为，而且必定会日积其功而迈远尤著的。宋代著名儒学家、理学集大成者朱熹曾经说过“学者亦有当务”，考验我们的当时之务，便是要肩负起教育、传播、践行儒家文明的历史重任，把儒学等历史文化的典籍与研究成果所包含的思想精华，广泛地传播到官员和民众中去，应用到国家和治理中去；加强儒学组织之间和儒学文化与其他文化之间的对话、交流活动；在学习、研究、应用儒学文化时要坚持革故鼎新、择善而从，取其精华，弃其糟粕，有鉴别，有扬弃，把握好继承的目的是为了古为今用，以古鉴今，而不是厚古薄今、以古非今；紧密结合新的社会实践和时代要求，不断总结和吸取实践中的新鲜经验，“以古人之规矩，开自己之生面”①。努力在保护和传承中让优秀传统文化的精神底蕴与改革发展的火热实践交相辉映，在一脉相承中为中华文化增添今天的时代音符，演奏新的时代声音，使儒学文化的思想精华能够得到因时制宜的新的转化、升华和发展，在日用伦常中指引我们精神旅途的前进方向。“文章合为时而著，歌诗合为事而作”②，回应先者的呼唤，展现古国历史担当，用古老智慧照鉴人类文明未来之路，担负起新的文化使命，在实践创造中进行文化创造，在历史进步中实现文化进步，不断铸就中华文化新辉煌，我们任重而道远：“山积而高，泽积而长；圣人之后，必大而昌。”③

① 沈宗骞：《芥舟学画编》。

② 白居易：《与元九书》。

③ 刘禹锡：《唐故监察御史赠尚书右仆射王公神道碑》。

尼山世界文明論壇文集（下册）

（第七届）

尼山世界儒学中心
中国孔子基金会秘书处　编

齊魯書社
·济南·

● 全人类共同价值与构建人类命运共同体

构建人类命运共同体的中国智慧：文化包容与实力地位*

向世陵

【摘要】 中国智慧不仅是包容性的，也是有原则性的。构建人类命运共同体，促进世界和平与发展，必须坚决反对霸权主义，反对傲慢的“从实力地位出发”的高人一等。践行“己欲立而立人，己欲达而达人”的仁爱原则，是中华文明提供给世界的生存智慧和精神财富。中国智慧及其价值，为奉行多边主义和坚持文化自信提供了充实的理论资源。两千多年前墨子“止楚攻宋”能够成功，在于软实力与硬实力的完美融合又运用得当，道德价值被注入到利益关切之中，在今天，这就是“和实力”的登场。主动为文明对话贡献中国智慧，坚持相互尊重与平等协商，真正体现出“有容，德乃大”的中华优秀传统文化的善良意愿和宽广胸怀，共创一个开放包容和共同繁荣的世界。

【关键词】 文明　文化　仁　实力　智慧

【作者简介】 向世陵，中国人民大学哲学院教授，博士生导师。主要研究方向为中国儒家哲学和儒释道关系。

---

* 此为国家社会科学基金重大项目《中国仁学发展史》（19ZDA024）之阶段性成果。

中华优秀传统文化，近些年随着党和国家的提倡，实际已经成为当代中国的主流文化之一，集中体现了中国人的文化自信。

在历史的长河中，中华文化逐步形成了以儒家文化为主导的基本格局。但儒家文化并不是封闭的文化，它总是在努力吸收其他文化之所长。除了在特殊环境下比较极端的情况之外（如韩愈当时的反佛），它通常是能够承认和容许其他文化与自己共同生存的。因为儒家文化的宗旨，用孔子的思想来表述，就是“己欲立而立人，己欲达而达人”（《论语·雍也》），展现出一种平等宽容的美德和智慧。从如此的智慧看世界，结论必然是“万物并育而不相害，道并行而不相悖”（《礼记·中庸》）。这是一种典型的充满了中国智慧的包容性文化观。党的十八大提出“要倡导人类命运共同体意识，在追求本国利益时兼顾他国合理关切”，正是这一具有悠久文化传统的中国智慧在当代的创新。在此智慧引领之下，中华文明能够繁荣昌盛，生生不息。

中华智慧不仅是包容性的，也是有原则性的。习近平总书记于 2018 年 12 月 18 日在庆祝改革开放 40 周年大会上的讲话中指出：“我们积极推动建设开放型世界经济、构建人类命运共同体，促进全球治理体系变革，旗帜鲜明反对霸权主义和强权政治，为世界和平与发展不断贡献中国智慧、中国方案、中国力量。”① 构建人类命运共同体是“中国智慧”在当代世界发出的响亮呼唤。但要构建人类命运共同体，就必须要坚决反对霸权主义和强权政治，才能真正促进世界和平与发展。

2019 年发生的全球新冠肺炎疫情，已经从根本上改变了我们的世界。在此大变局下，不同文明和文化的国家，如何顺利地沟通合作，以面对共同的敌人——新冠病毒，就成为摆在我们面前的现实问题，“文明对话与全球合作”也就成为必要。

自有人类文明以来，文明发展的基本样态是其多样性，这包括发展路向的多样性和发展水平的多层次性，这也是我国奉行多边主义国策的历史

① 习近平：《在庆祝改革开放 40 周年大会上的讲话》，新华网，http://www.xinhuanet.com/politics/leaders/2018-12/18/c_1123872025.htm（2018 年 12 月 18 日）。

和文化基础。美国等西方国家长期以来总是强制推行他们自己的文明和文化，拒不承认各国文明可以选择自己的发展道路，这对广大的发展中国家是十分不公平的。因此，我们倡导合作共赢，但绝不意味着以牺牲多样性和多元化为代价，我们必须坚守文明发展的多样性和相对于本国本民族的合理性原则，在此基础上相互沟通协商，我们应当秉持的，还是孔子所说的“和而不同”的原则。

如此的中国智慧及其价值，实际构成为我们既奉行多边主义又坚持文化自信的文化观的坚实内核。在近些年来的对外关系上，它常常被一些人士表述为一个国家的（文化）软实力。但从历史的经验教训可以得知，软实力是需要硬实力作为基础的，二者的统合便是所谓“巧实力”①。张立文先生则在进一步总结的基础上，提出了“和实力”的概念并为之进行了论证。② 因此，仅仅谈论软实力是不够的，我们不能离开硬实力去讲软实力。离开了硬实力，实际就只有“软”而没有实力。这是中国智慧早已得出的结论。

一、“万物并育而不相害，道并行而不相悖”的包容性文化观

面对当下新冠肺炎引起的全球大变局，我们的心态是开放性和包容性的。《尚书·君陈》讲“有容，德乃大”，“德”是根本性的问题，良善是引领社会前进的方向。中国智慧之有力量，就体现在坚持良善美德和仁爱情怀的前提下，又能统合考量对立双方（或多方）的立场和需要，找到兼顾各方利益的最大公约数，最终形成为推动共建人类命运共同体的合力。

人类命运共同体作为一种全球性价值观，它是与承认文明发展的多样性和奉行多边主义的现实国策相互兼容的。多边主义的产生和存在有它自

① Suzanne Nossel, “Smart Power,” *Foreign Affairs*, Vol. 83, No. 2, 2004, pp. 131-143; Joseph S. Nye Jr., “Get Smart- Combining Hard and Soft Power,” *Foreign Affairs*, Vol. 88, No. 4, 2009, pp. 160-163. 洪晓楠、李琳：《约瑟夫·奈的“巧实力”理论及其对中国的启示》，《江海学刊》2014 年第 3 期。金筱萍、沈茹毅：《约瑟夫·奈软实力理论的三个发展阶段》，《江西社会科学》2017 年第 6 期。

② 张立文：“什么是和实力？是指军事、经济、话语、制度的实力的融突，与其在融突的实践交往活动中和合为一种新实力的总和。”参见氏著《和合爱神：现实关怀论》，河北人民出版社 2018 年版，第 180 页。

身的文明基础，即它是建立在我们自己的文化、价值和制度自信基础上的。因为我们有数千年文明发展积淀下来的优秀传统。

《中庸》讲：“辟如天地之无不持载，无不覆帱；辟如四时之错行，如日月之代明。万物并育而不相害，道并行而不相悖。小德川流，大德敦化。此天地之所以为大也。”①我们所在的世界，天地间的每一物都有自己生存的位置，都是互不相害地共同发育生长，任一物包括天和地本身都不能单独地支配世界：天只能覆帱而地只能持载，日与月交错发出光明，春夏秋冬四季轮替不相妨碍，不同的河流各走各道，川流不息；包括人类在内的万物和谐共生，根本盛大而源出无穷。

《中庸》所说的“并育”“并行”，实际包括两个方面的内容，即人与物的“并育并行”和人与人的“并育并行”。在第一方面，我们的文明，是认为并没有一种存在物享有干涉奴役其他存在物的权利。虽说“天地之性人为贵”，但此“贵”意在表示人与万物有别，人在价值上肩负起了孝父配天的职责。② 因此，尊重其他物类的生命权利和生存时空是人应当承担起的义务。圣王制礼立法，就必须以人与万物的并育并行为原则。荀子言：

> 圣王之制也，草木荣华滋硕之时，则斧斤不入山林，不夭其生，不绝其长也；鼋鼍、鱼鳖、鳅鳝孕别之时，罔罟毒药不入泽，不夭其生，不绝其长也；春耕、夏耘、秋收、冬藏四者不失时，故五谷不绝而百姓有余食也；污池、渊沼、川泽谨其时禁，故鱼鳖优多而百姓有余用也；斩伐养长不失其时，故山林不童而百姓有余材也。③

---

① 朱熹：《中庸章句》，并参朱熹自己的发挥：“天覆地载，万物并育于其间而不相害；四时日月，错行代明而不相悖。所以不害不悖者，小德之川流；所以并育并行者，大德之敦化。小德者，全体之分；大德者，万殊之本。川流者，如川之流，脉络分明而往不息也。敦化者，敦厚其化，根本盛大而出无穷也。此言天地之道，以见上文取辟之意也。”《四书章句集注》，中华书局 1983 年版，第 37~38 页。

② 《孝经》云：子曰：“天地之性，人为贵。人之行，莫大于孝。孝莫大于严父，严父莫大于配天，则周公其人也。”《孝经译注》，胡平生译注，中华书局 2009 年版，第 19 页。

③ 《荀子·王制》，王先谦：《荀子集解》，沈啸寰、王星贤点校，中华书局 1988 年版，第 165 页。

荀子所说，与《礼记·月令》所述的尊重和保护自然生态的措施是一致的。人要生存，固然要利用自然万物，人的生命本身也是由它们构成的。但这利用必须有一个限度，那就是符合自然万物生长和新老更替的规律，对草木禽兽“不夭其生，不绝其长”，人才能够有“余食”“余用”“余材”。人只有尊重万物的生命，才能保有自身的生命。

在荀子之前，孟子提出了“仁民而爱物”的观念（《孟子·尽心上》）。“爱物”是孟子“仁者爱人”观念的自然延伸和推广。如此的爱心就是仁心，“民”与“物”都应当被爱，仁心通过不同的“仁术”而表现出来。孟子实际将仁的爱心和道德情感贯注于自然万物，让普遍之爱充分落实。如此，才能算是仁的真正实现。后来，董仲舒说：“质于爱民，以下至于鸟兽昆虫莫不爱。不爱，奚足谓仁？”① 仅仅“爱民”还算不上“仁”，只有将“爱”扩展到“鸟兽昆虫”等自然万物，才是真正的仁。由此，仁爱的内涵得到了充分扩充，或者说只有将爱物包括在内的博爱，才是真正完全的仁。如郑玄云：“仁，爱人以及物。”唐贾公彦疏解说：“云‘仁，爱人以及物’者，仁者内善于心，外及于物，谓若《行苇》诗美成王云‘敦彼行苇，牛羊勿践履’，是爱人及于苇，苇即物也。”② 禽兽、草木等物都被纳入到“仁爱”的范围，爱物成为仁的必要条件。这固然是人的理性的自觉认知，但它本来也是人的爱心的最真切的呼唤。重视生态平衡，强调人与万物和谐相处，本来也是人类最佳的生活和存在方式。同时，“仁者内善于心，外及于物”说明，爱人及于物的基本点是善，仁心或爱心，是爱的情感和善的德性的和谐统一。

在第二方面，即人与人的方面，从自我与他人的“二人”推至中国人与外国人，都同样享有“并育并行”的权利。但人之为人，在享有“并育并行”的权利的同时，也需要承担容许他人、他国与自己“并育并行”的义务。人立于天地之间，是以其“仁义”的德性作为其生命担当的。因

① 董仲舒：《春秋繁露·仁义法》，苏舆：《春秋繁露义证》，钟哲点校，中华书局 1992 年版，第 251 页。

② 贾公彦疏，李学勤主编：《十三经注疏·周礼注疏》，北京大学出版社 1999 年版，第 266~267 页。

此，践行“己欲立而立人，己欲达而达人”的仁爱原则，是人类文明应当呈现的状态，也是中华文明提供给世界的生存智慧和精神财富。

整个世界，可以说都是由我与他的关系构成的。这个“我”和“他”，都可以有自小至大的不同表现。最小的我与他，是孟子所言存于我身的大体与小体。大体指心志，小体谓口腹。以心志为大，突出了道德仁义维系着人的价值生存的意义；但在同时，价值生存又不能离开以口腹滋养为标识的人的事实生存。对于孟子“饮食之人，无有失也，则口腹岂适为尺寸之肤哉”的反问，东汉赵岐的回答是：“如使不失道德，存仁义以往，不嫌于养口腹也。故曰口腹岂但为肥长尺寸之肤哉？亦以怀道德也。”① 人行仁义，不会嫌弃口腹，因为口腹之养人身，也在根本上保有和滋养着人的道德。

因此，人固不能以小害大，但也不能以大欺小，对一人之自身器官如心官与口腹是如此，对一人与他人、一国与他国都应是如此。相互间的交往关系应当是平等互惠的。中国智慧奉行的是“己所不欲，勿施于人”的“恕”道（《论语·卫灵公》），在当代也被称为金律或银律（the Golden or Silver Rule）。罗哲海以为，无论是金律或银律，抑或积极或消极的形式，“无论自己对他人有所行为或不行为，均非头等重要之事，决定性的在于彼此设身处地的考量，而不论客体的身份为何”②。这种彼此设身处地的考量是互惠的，同时也是平等的，而不能以为对方比我弱，就蛮横地从其所谓“实力地位出发”恃强凌弱，把自己的意志强加于他人，强加于他国。

孟子当年讲“人人亲其亲，长其长，而天下平”（《孟子·离娄上》）；《大学》则讲“平天下在治其国”。“平”在这里是一个中心的考量，也是后来理学家着力阐发的重要话题。“平天下”之“平”意味着“均平”③，

---

① 赵岐注，孙奭疏：《孟子·告子上》，李学勤主编：《十三经注疏·孟子注疏》，北京大学出版社 1999 年版，第 312~313 页。

② ［德］罗哲海：《轴心时期的儒家伦理》，陈咏明、瞿德瑜译，大象出版社 2009 年版，第 172 页。

③ 朱熹：“平天下，谓均平也。”见黎靖德编，王星贤点校：《朱子语类》，中华书局 1986 年版，第 362 页。

有人、我平等之意，以求打破人与我之间的阻塞，实现上下、前后的互通互爱。吕大临分析说：

> 盖所谓平者，合内外、通彼我而已。天下同归而殊途，一致而百虑，天下虽广，出于一理。……上下也，左右也，前后也，彼我之别也。通乎彼我，交见而无蔽，则民也君也，将何间哉？①

“合内外、通彼我”之“平”，体现了中国古人渴望平等交往的美好期待。“天下”“出于一理”固然出于理学家的天理论视野，但它也有一般性的意义，这就是它要打通一切障蔽，实现彼我之间没有阻碍的平等互通。殊途百虑，君民上下，都应当是平而无间。

如此的思考，在《大学》被归为“絜矩之道”，朱熹将此“絜矩之道”的“前后”“左右”推度，归结为“将心比心”：“以邻国为壑，是所恶于左而以交于右也。俗语所谓‘将心比心’，如此，则各得其平矣。”②中国智慧的“将心比心”，在国与国的关系上，就是应当秉持均平的理念，而不能以邻国、以他国为壑，以一己之私拉帮结派，打击他人他国。我们必须坚决反对那种强求以自身文明去统一其他文明而实际是消灭其他文明的野蛮行径。至今还在不断被揭露出来的美国和加拿大印第安原住民寄宿学校中的种族灭绝罪行，就是最鲜明的例证。③ 因此，面对美国人这样那样的强权和说教，我们要坚持走自己的路，不断地超越自身，弘扬我们自

① 吕大临：《礼记解》，《蓝田吕氏遗著辑校》，陈俊民辑校，中华书局 1993 年版，第 379~380 页。

② 黎靖德编，王星贤点校：《朱子语类》，中华书局 1986 年版，第 363 页。

③ “中国日报 8 月 24 日电　从 19 世纪中叶到 20 世纪末，美国和加拿大一直对本国印第安原住民实行种族灭绝政策，超过 15 万名儿童被迫与家人分离，被强行送往寄宿学校，他们被迫放弃自己的语言文化，还在学校里遭受着精神、肉体折磨和性侵害。西方国家对本国原住民的种族灭绝映射了他们的殖民劣迹对他国造成的历史和现实的蹂躏。随着一座座死去儿童的墓碑在北美被发现，世界需要真正了解种族灭绝的原貌，对每一位死难者怀着敬畏之心，才能更好地以史为鉴，警醒当下。”中国日报网，https：//cn. chinadaily. com. cn/a/202108/24/WS6124bc9ba3101e7ce97601e7. html（2021 年 8 月 24 日）。

身文明和中国智慧的价值，奉行平等交往的多边主义的理念，建构人类命运共同体。

二、中国智慧的实力观：软实力、硬实力与和实力

孟子当年“辟杨墨”，深刻影响了后来的儒墨关系。但这主要是为维护自己学派的地位，限于门户之争的意义。在根本的仁爱观上，孔子讲“泛爱众”，孟子强调“仁者爱人”，墨子讲“兼相爱”，实质上是一致的，都是主张“爱人”仁学的不同表现形式。在孟子之外，荀子亦称“兼爱”；老庄、韩非子都讥讽抨击“兼爱”，但“兼爱”在他们是儒墨共持的代表性主张。① 这说明，先秦诸子是将儒墨视为同一的秉持“兼爱”原则的仁学派别的。

作为仁的普遍之爱蕴含的典型表达，可以是“仁爱”“兼爱”，也可以是《孝经》率先提出的“博爱”。既然讲普遍地爱人，就不应区分彼此内外，而是应当“将心比心”，平等相待。因此，对于春秋战国时期争地争城、杀人盈野的不义战争，儒墨两家都坚决反对。② 但从实践的层面说，这一时期最成功的也在后来产生了深远影响的范例，则是墨子的“止楚攻宋”。墨子主张“非攻”，倡导和平，是中国乃至世界历史上第一个和平主义者。

墨子“止楚攻宋”能够成功，在于他的兼爱原则与和平理想在政治军事活动中得到了贯彻落实。他周到地核计了各种利害关系，考虑到止战讲和实乃兼顾双方利益的最大公约数。当然，最重要的，还是他有充分的实力作为后盾，将软实力与硬实力融合为一又运用得当，所以最后取得了成功。

下面我们依据《墨子·公输》所载事件的发生过程，逐层展开，具体

---

① 《庄子·天道》：“老聃曰：‘请问，何谓仁义？’孔子曰：‘中心物恺，兼爱无私，此仁义之情也。’”又，《韩非子·五蠹》：“今儒、墨皆称先王兼爱天下，则视民如父母。”

② 如孟子：“争地以战，杀人盈野；争城以战，杀人盈城，此所谓率土地而食人肉，罪不容于死。”（《孟子·离娄上》）

剖析墨子实力观的三层内涵：

第一步，墨子以儒墨共同坚守的仁义劝说公输盘，自诩“吾义固不杀人”的公输盘词屈而被说服。

《公输》开篇，是“公输盘为楚造云梯之械成”的硬实力登场。不辞劳苦要阻止公输盘的墨子，却是以软实力应对。墨子的策略是以退为进，首先引出公输盘自己所坚守的“固不杀人”之“义”，然后从当时各家尤其是作为“显学”的儒墨共同认可的一般价值——智、仁、忠、强、义出发进行劝阻：

> 公输盘为楚造云梯之械成，将以攻宋。子墨子闻之，起于鲁，行十日十夜，而至于郢，见公输盘。公输盘曰：“夫子何命焉为？”子墨子曰：“北方有侮臣者，愿藉子杀之。”公输盘不说。子墨子曰：“请献十金。”公输盘曰：“吾义固不杀人。”子墨子起，再拜曰：“请说之。吾从北方，闻子为梯，将以攻宋。宋何罪之有？荆国有余于地，而不足于民，杀所不足而争所有余，不可谓智。宋无罪而攻之，不可谓仁。知而不争，不可谓忠。争而不得，不可谓强。义不杀少而杀众，不可谓知类。”公输盘服。子墨子曰：“然胡不已乎？”公输盘曰：“不可。吾既已言之王矣。”子墨子曰：“胡不见我于王？”公输盘曰：“诺。”（《墨子·公输》）

作为中国逻辑学的奠基人，墨子从道德论和价值观出发的论辩，充分发挥了墨家重逻辑而善辩的软实力。墨子的“说”辞，立足仁爱，兼爱天下苍生：宋国是无罪的，应当被爱而不是被害。

站在仁者爱人的立场上，公输盘“义不杀人”，不愿因私愤而剥夺他人的生命，这固然也是“义”，也的确是爱人的行为，但问题在于：“义”不能限制于个人之间的关系，更要放到群与群、国与国之间的大的关系上看。在这里，公输盘不杀少——个别人，却杀众——宋国百姓，这就违背了最大的公义——攻城伐国且必然杀人无数。所以，只能认为：公输盘爱人（义不杀人）是假，杀人是真；要不就是真的愚蠢（“不可谓智”），认识不到如此浅显的道理。墨子的论辩逻辑层层递进，鞭辟入里，可谓软实力的充分发挥。

墨子的推论和反驳，揭示出“仁义”或仁智忠义这一当时社会通行的最大公约数——这是公输盘本来认可而无法反驳的。仁义的价值是中国智慧的内核，也是软实力的充分表现。忽略它，严重的可能招致国家灭亡的后果。贾谊《过秦论》对于强秦灭亡教训的总结发人深省：“仁义不施，而攻守之势异也。”①

然而，作为后人，我们也应看到另一方面，就是只行仁义，只有软的一方，同样也会招致覆灭的命运。春秋时期，徐国国君徐偃王行仁义而名声远播，以致有三十六国割地来朝，但相邻不远的楚文王恐其最终会影响到自己国家的稳固，遂出兵灭掉了徐国。② 因此，仅凭软实力不足以治国已是历史的教训。中国近代的屈辱挨打更是鲜活的证明。正是因为如此，在“仁义”论辩中输掉的公输盘并不就此认输，因为他还可以有别的手段备用。所以，墨子与他的论辩就还要继续进行。

第二步，墨子接着的论辩，是软实力更全面充分的发挥，并已牵连硬实力的基础。他从物质生活享受和利害关系入手，兼顾权衡各方利益，论证“大王之必伤义而不得”，楚王称“善”：

> 子墨子见王，曰：“今有人于此，舍其文轩，邻有敝舆，而欲窃之；舍其锦绣，邻有短褐，而欲窃之；舍其粱肉，邻有糠糟，而欲窃之。此为何若人?”王曰：“必为窃疾矣。”子墨子曰：“荆之地，方五千里，宋之地，方五百里，此犹文轩之与敝舆也；荆有云梦，犀兕麋鹿满之，江汉之鱼鳖鼋鼍为天下富，宋所为无雉兔狐狸者也，此犹粱肉之与糠糟也；荆有长松、文梓、楩楠、豫章，宋无长木，此犹锦绣之与短褐也。臣以三事之攻宋也，为与此同类，臣见大王之必伤义而不得。”王曰：“善哉！虽然，公输盘为我为云梯，必取宋。”（《墨子·公输》）

① 贾谊：《新书·过秦上》，《贾谊集校注（增订版）》，吴云、李春台校注，天津古籍出版社 2010 年版，第 5 页。

② 相关史实参见《韩非子·五蠹》及《淮南子》《后汉书》等的相应记载。

墨子从楚王亦以为可笑的“窃疾”出发，类推“攻宋”之举实在不值得考虑，是既“伤义”又无利。如果一定要损人利己、打压别国，最终导致的一定是损人不利己。

但是，如此的利益权衡并不足以改变楚王的心理，实力（主要是硬实力）上的巨大差距，决定了弱者的利益不可能寄托在强者的怜悯上。在今天的外交场合尤其是在中美关系上，人们爱讲“和则两利，斗则俱伤”。这体现了我们倡导合作对话以解决国家间分歧的良好愿望，同时也照顾到不同国家对于维护自身利益的现实需要。但是，这一反映了世界上绝大多数国家人民心声的倡议和期待，对于长期称霸而只能容许一方独大的美国政客来说，是决不会接受的。在他们眼中，倘若能斗垮一方，另一方则伤小而利大。这的确也是竞争型社会的真实状况，也是美国人至今信奉和打压其他国家的基本原则。所以，美国政客并不认同“和则两利”，他们认同的是“从实力地位出发”的霸权主义和霸凌之道，以便获取美国所期望的一方独占之利。对待如此的霸权主义，只有让美国认识到不可能以此来获得利益时，美国才可能放下身段来进行沟通合作。

稍早时候（7 月 21 日），“在美国国务院例行记者会上，谈到常务副国务卿舍曼（Wendy Sherman）的中国之行时，发言人普莱斯（Ned Price）声称，她将‘从实力的地位出发’（from a position of strength）飞往中国会谈”①。两天后（23 日），中国外交部发言人赵立坚在例行记者会上，就美国常务副国务卿舍曼将访华一事指出：

> 美方所谓以“竞争、合作、对抗”处理中美关系，实质上仍是把中国定义为竞争对手，挑动对抗，遏制打压中国发展。这一做法没有分清中美关系的主流和支流，不符合事实，不符合两国人民根本利益，也不符合时代潮流，从根本上是“零和思维”在作祟。

赵立坚强调，美方一再扬言从实力地位出发与中方对话，这反映出美

---

① 刘骞撰文，观察者网，https：//www.guancha.cn/internation/2021_07_22_599617.shtml（2021 年 7 月 22 日）。

方的傲慢和霸道。正如中方一再指出，美方没有资格对中国说教或指手画脚，没有资格说“从实力地位出发与中国打交道”。

“我们在安克雷奇不吃这一套，在天津更不会吃这一套。”赵立坚表示，中方始终认为中美关系应当基于相互尊重和平等互利，而非一方受益。中美关系发展是要有护栏的，但护栏不能由美方单方面定义。美方停止干涉中国内政，停止污蔑抹黑中国，停止损害中方利益，才是中美关系真正的护栏。我们将在舍曼常务副国务卿访华期间继续阐明中方对发展中美关系的原则立场，坚定维护主权安全和发展利益。①

“零和思维”的竞争博弈，双方是没有合作机会的。竞争双方此长彼消，目标定在了自己一方的最大利益，这就是现实中的美国人的思维。

墨子当年从利益得失大小的角度劝告楚王，是将道德价值融入到利益关切之中，可谓“合情合理”。他希望楚王能够明白，攻伐宋国的“窃疾”既无智慧，又得不偿失。楚王如果能认识到攻宋是既“伤义”又“不得”而停止攻宋，也就实现了墨子的目的，也为弱小的宋国保留下了生存的权利和地盘。可是，尽管楚王承认墨子的论辩有道理，墨子也充分发挥了自己在话语软实力上的所长而致胜，但在楚王，“公输盘为我为云梯，必取宋”则说明，墨子强调的“伤义”和“不得”不过是基于先前对楚国实力的认识，但现在楚国有了新的攻城器械，实力（硬实力）大增，攻城就不一定得不偿失，而将是得远大于失，所以楚王仍决意攻宋。

今天的美国人也是如此，自诩自己的实力远强于中国，所以仍秉持“零和思维”的主张。面对美方的强横，我们中国的智慧，就是在坚决维护中国的国家安全和发展利益前提下，坚持国家之间必须要相互尊重和平等互利，倡导共建人类命运共同体，在道义上阻绝那套不符合世界人民根本利益、违逆历史发展潮流的“零和思维”。但是，不论是墨子当年还是美国今天，谁都不会把最后的底牌放到软实力上，这其实是最明白不过的道理。

---

① 赵立坚：《中方在安克雷奇不吃这一套，在天津更不会吃这一套》，中国新闻网，http：//www.chinanews.com/gn/2021/07-23/9526832.shtml（2021年7月23日）。

第三步，硬实力由潜在的底牌到直接出场。

在软实力上连吃败仗的公输盘和楚王，之所以并不真正认输，乃在相信其硬实力不可敌这一真正的倚仗。

> 于是见公输盘。子墨子解带为城，以牒为械。公输盘九设攻城之机变，子墨子九距之。公输盘之攻械尽，子墨子之守圉有余。公输盘诎，而曰："吾知所以距子矣，吾不言。"子墨子亦曰："吾知子之所以距我，吾不言。"楚王问其故。子墨子曰："公输子之意，不过欲杀臣。杀臣，宋莫能守，可攻也。然臣之弟子禽滑釐等三百人，已持臣守圉之器，在宋城上而待楚寇矣。虽杀臣，不能绝也。"楚王曰："善哉！吾请无攻宋矣。"（《墨子·公输》）

到这最后一步，话语层面的道德软实力已完全退场，一切都从硬实力说话。然而，面对在硬实力层面做好了充分准备的墨子和墨家弟子，公输盘完败。楚王眼见已无打败宋国的可能，不再抱有侥幸取胜的心理，不得不撤销攻宋的决策。在这里，公输盘机关算尽，全盘皆输，连他最后的阴招，在做好充分准备的墨子面前也只能碰壁。但就是这最后的阴招，要尤其引起我们的警惕，因为美国人惯常来这一套，譬如伊拉克大规模杀伤性武器事件、叙利亚"白头盔"化学武器事件，我国银河号货轮所谓违禁化学品事件，等等，这方面的教训比比皆是。那么，说一千道一万，硬实力是关键。我们一定不能被西方人所蒙蔽，把砝码都放在提升软实力一边。而且，事实上，即便这样紧跟，也不会被别人认可。①

因此，我们决不能认为我们的硬实力已经可以了，不错了，不足主要在软实力上。倘若此，才真正是落入了美国人的圈套。我们必须用大力气发展自己的硬实力。当今中国的国际话语权相对薄弱，这在现象上是软实

---

① 张立文："尽管我国引进约瑟夫·奈的软实力概念……却被他认为不懂软实力，使我们倍感尴尬。这就告诉我们要自己讲，讲自己的，不要跟着别人讲。……他宣扬软实力的背后，是受其政治价值观支配的，是推行美国政治价值观，这是其宗旨。"参见《和合爱神：现实关怀论》，河北人民出版社 2018 年版，第 181 页。

力的问题，但根本点仍在硬实力上，对此必须有清醒的认识。

作为中国这样的东方大国和古国，文明对话必须要提倡。但面对所谓“从实力地位出发”而霸道推行美国利益和价值观的政客，面对美国对我国的无端打压，我们的文明对话当如何进行？一方面，我们应当主动为文明对话贡献中国智慧，坚持双方（或多方）必须是相互尊重与平等协商，而决不能认同从所谓实力地位出发，因为这实际不是对话，而是赤裸裸的胁迫和恐吓，对此必须坚决反对。但更重要的另一方面，是我们必须认清形势，增强和做大我们自己的硬实力。在目前复杂多变的国际形势下，要想讲“硬道理”，就必须有硬实力。我们当今所以能够坚持我们自己的制度和文化自信，根本点还是在我们已具有相当厚度的硬实力，也才能当面驳斥美国人傲慢的“从实力地位出发”的高人一等的论调；而且还应当给美国人补上如何平等相待①、即“己欲立而立人，己欲达而达人”这一课。

当然，发展硬实力不是不注重软实力。建党百年，建国70多年，今天的中国早已不是过去的中国，但横向比较，我们在各方面都还有不小的差距。我们反对美国（包括其随从）的单极霸权，倡导多边主义。因为我们的文化是仁爱文化，始终坚守善的美德。我们倡导共建人类命运共同体，但同时承认世界文明发展的多样性，这实际是一个问题的两面：人类命运共同体本身就是由多样性的文明、文化所构成的。中华民族在对外关系上，历来不是咄咄逼人，而是提倡和谐与共，践行合作互助的精神，承认和包容不同文明发展阶段与不同社会制度的存在，“和而不同”，真正体现出“有容，德乃大”的中华优秀传统文化和中国智慧的善良意愿和宽广胸怀。

---

① 中国国务委员兼外交部长王毅接受凤凰卫视记者专访时，谈到中美关系：“美国总想凭借自己的实力向别国施压，自以为高人一等。但是，我要明确地告诉美方，这个世界上从来不存在高人一等的国家，也不应该有高人一等的国家，中国更不会接受任何国家自诩高人一等。如果美国到今天还没有学会如何以平等的态度同其他国家相处，那么，我们有责任和国际社会一道，好好给美国补上这一课。”凤凰卫视记者高悦嘉报道：《凤凰独家 王毅：中国不接受美国自诩高人一等》，凤凰卫视资讯台，https：//ishare.ifeng.com/c/s/v002YEbdvbSskefNbY-_QilexrNZ4PK6eNvMuCrCg1r0gxqo.

在实力观上，从墨子“止楚攻宋”取得胜利的案例可知，最佳的选择应当是诸种实力的恰当整合，统筹发展，也就是需要“和实力”登场。面对复杂多变的国际形势，首先要做到的，就是加快发展我们的经济、科技、军事等硬实力，集中力量解决短板问题。任尔东西南北风，我自岿然不动。其次，以硬实力为基础，讲好我们以仁爱为核心的精神文化，坚守我们的制度和文明，提倡共建人类命运共同体，站上道义的制高点，用小平同志的话来说，就是两手都要硬。再次，要注重利益的分配和交换，权衡得失，兼顾各方，“己欲立而立人，己欲达而达人”，倡导和谐共生的理念，坚持多边主义，真正在国际上赢得信誉。这就是中国智慧，也就是我们应当充分展现的中国的“和实力”。

“让和平的薪火代代相传，让发展的动力源源不断，让文明的光芒熠熠生辉。”① 这是各国人民的期待，也意味着中国智慧的闪亮登场。从而，在构建人类命运共同体的旗帜下，共创一个开放包容和共同繁荣的世界。

---

① 参见习近平：《共同构建人类命运共同体》，《求是》2021 年第 1 期。求是网，http：//www. qstheory. cn/dukan/qs/2021-01/01/c_ 1126935865. htm.

未能成己，焉能成人？

——论儒家文明的自新与全球文明的共建

黄玉顺

【摘要】 儒家的一个重要传统，就是首先“成己”，然后才能“成人”“成物”。换言之，“成己”是“成人”“成物”的先决条件。这是儒家文明的一个基本原理：未能成己，焉能成人？值此全球化时代，对于儒家文明来说，“成己”意味着自我更新、自我完善，完成自身的现代转型；“成人”意味着完善其他文明、与人为善；“成物”意味着与其他文明一起共建全球文明。这是时代的要求，是走向现代性乃至于超越民族国家时代的要求。为此，必须避免文明冲突，开展文明对话。这就需要“仁”的情感、“诚”的态度，需要“以仁心说，以学心听，以公心辨”的姿态。

【关键词】 儒家文明　全球文明　自新　共建　成己　成人

【作者简介】 黄玉顺，山东大学儒学高等研究院教授，博士生导师。主要研究领域为中国哲学、儒家哲学、中西比较哲学。

在这个全球化时代，人类亟须建构一种全球文明。儒家文明曾经在中原文明、中华文明和东亚文明的建构中扮演过主要的角色，又在近代以来遭受了严重的冲击，那么，面对人类建构全球文明这个全新的时代课题，儒家文明该怎么办？

一、反求诸己：儒家的“成己→成人→成物”原理

儒家文明的一个优良传统，就是首先自我更新、自我完善，然后完善他人、成就他人，从而创造一个良善的世界，这就是其“成己→成人→成物”的传统。

（一）“成己”与“成人”“成物”的本义

所谓“成己”“成物”，出自《中庸》：“诚者，非自成己而已也，所以成物也。”孔颖达解释道：“己有至诚，能成就物也。……人有至诚，非但自成就己身而已，又能成就外物。”①这就是说，“成”的意思是“成就”——造就、完成、完善，“成己”即完善自己，“成物”即完善他人、外物（按，《中庸》“成物”之“物”涵盖人与物）。

所谓“成人”，出自《论语·宪问》：“子路问成人。子曰：‘若臧武仲之知，公绰之不欲，卞庄子之勇，冉求之艺，文之以礼乐，亦可以为成人矣。’曰：‘今之成人者何必然？见利思义，见危授命，久要不忘平生之言，亦可以为成人矣。’”《论语注疏》没有定义究竟何谓“成人”。朱熹集注：“成人，犹言全人……材全德备。”可见这里所谓“成人”“全人”，即今所谓“完人”（perfect man），就是德才兼备之人。

不过，上述“成人”还是一个偏正结构的词语。动宾结构的“成人”，见于《论语·颜渊》：“君子成人之美，不成人之恶。”邢昺疏解：“此章言君子之于人，嘉善而矜不能，又复仁恕，故成人之美，不成人之恶也。”②朱熹集注：“成者，诱掖奖劝以成其事也。”③可见“成人之美”就是使人完美、完善，亦即“成人”之义。

成己、成人，朱熹谓之“自新”“新民”。他解释《大学》“汤之《盘铭》曰‘苟日新，日日新，又日新’”，说：“汤以人之洗濯其心以去恶，如沐浴其身以去垢。故铭其盘，言诚能一日有以涤其旧染之

① 《礼记·中庸》，《十三经注疏》本，中华书局1980年影印版。

② 《论语注疏》，《十三经注疏》本，中华书局1980年影印版。

③ 朱熹：《四书章句集注·论语集注》，中华书局1983年版。

污而自新，则当因其已新者，而日日新之，又日新之，不可略有间断也。”又解释“《康诰》曰‘作新民’”，说：“言振起其自新之民也。”并说：“自新新民，皆欲止于至善也。”① 这是把《大学》的“亲民”解释为“新民”，他说：“程子曰：‘亲，当作新。’……新者，革其旧之谓也，言既自明其明德，又当推以及人，使之亦有以去其旧染之污也。”② 还说：“明德为本，新民为末。”“‘齐家’以下，新民之事也。”

综上所言，“成己”（to perfect oneself）即成就自己，亦即完善自己，使自己成为新人、完人；“成人”（to perfect others）即成就他人，亦即完善他人，使他人成为新人、完人。

再有一点，《中庸》讲的是“成物”，这与“成人”是何关系？其实，一方面，“成物”比“成人”的范围更广泛，因为人不过是万物之中的一物；另一方面，人却是万物之灵长，能通过“参赞化育”而“成物”——创造万物、创造世界。

（二）“成己”是“成人”“成物”的先决条件

如果说，成己与成人、成物的前提是诚，那么，成人、成物的前提就是成己，未能成己，焉能成人？这是儒家一向持有的观点，就是“反求诸己”。如孟子说：“仁者如射，射者正己而后发；发而不中，不怨胜己者，反求诸己而已矣。”③“爱人不亲，反其仁；治人不治，反其智；礼人不答，反其敬。行有不得者，皆反求诸己。其身正，而天下归之。”④“禹思天下有溺者，由己溺之也；稷思天下有饥者，由己饥之也。”⑤“思天下之民匹夫匹妇有不被尧舜之泽者，若己推而内之沟中。……吾未闻枉己而正人者也，况辱己以正天下者乎？”⑥“枉己者，未有能直人者也。”⑦“有大人者，正己

① 朱熹：《四书章句集注·大学章句》。
② 朱熹：《四书章句集注·大学章句》。
③ 《孟子·公孙丑上》，《十三经注疏》本，中华书局1980年影印版。
④ 《孟子·离娄上》。
⑤ 《孟子·离娄下》。
⑥ 《孟子·万章上》。
⑦ 《孟子·滕文公下》。

而物正者也。"①"'征'之为言，正也。各欲正己也，焉用战？"②

孔子也说："苟正其身矣，于从政乎何有？不能正其身，如正人何？"③"其身正，不令而行；其身不正，虽令不从。"④"子路问君子。子曰：'修己以敬。'曰：'如斯而已乎？'曰：'修己以安人。'曰：'如斯而已乎？'曰：'修己以安百姓。'"⑤

显然，不能"修己"，就不能"安人"；不能"正己"，就不能"正人"；不能"成己"，也就不能"成人""成物"。这就是说，如果不能完善自己，就不可能完善他人、成就他人，也就不可能创造新的良善的世界。

（三）"诚"的态度是"成己""成人""成物"的情感源泉

按照《中庸》的意思，人之所以能够"成己""成人""成物"，是因为人之"诚"，即能够"思诚"⑥而"诚之"⑦；否则，"不诚无物"⑧。"成己""成人""成物"合起来说，就是"诚之"，即"使之诚"而"成"之。故《中庸》说："诚者，天之道也；诚之者，人之道也。"

那么，何谓"诚"？在儒家的话语中，"诚"（sincerity）这个词语有三个不同观念层级⑨的三种不同用法：有时是形而下的道德概念，有时甚

① 《孟子·尽心上》。

② 《孟子·尽心下》。

③ 《论语·子路》，《十三经注疏》本，中华书局1980年影印版。

④ 《论语·子路》。

⑤ 《论语·宪问》。

⑥ 《孟子·离娄上》："思诚者，人之道也。"

⑦ 《礼记·中庸》："诚之者，人之道也。"

⑧ 《礼记·中庸》。

⑨ 三个不同观念层级，是指的"生活儒学"对人类观念之层级划分，即生活存在→形而上存在者→形而下存在者，对应于生活感悟→形而上学→形而下学。关于"生活儒学"，参见黄玉顺：《面向生活本身的儒学——黄玉顺"生活儒学"自选集》，四川大学出版社2006年版；《爱与思——生活儒学的观念》，四川大学出版社2006年版、四川人民出版社2017年增补本；《儒家思想与当代生活——"生活儒学"论集》，光明日报出版社2009年版；《儒学与生活——"生活儒学"论稿》，四川大学出版社2009年版；《生活儒学讲录》，安徽人民出版社2012年版；《生活儒学——黄玉顺说儒》，孔学堂书局2014年版。

至是形而上的本体范畴；但就其本义讲，“诚”不外乎是说的一种情感态度：真诚。其实，在儒家的话语中，“诚”就是“仁”，就是真诚的仁爱情感，或者说是仁爱情感的真诚。

“诚”首先被心性论化，被理解为人的先天的或先验的本性。《中庸》提出：“唯天下至诚，为能尽其性。”《礼记正义》解释“诚者天之道”说：“至诚之道，天之性也。”又解释“自诚明谓之性，自明诚谓之教”说：“天性至诚，或学而能”；“‘自诚明谓之性’者，此说天性自诚者”；“‘自明诚谓之教’者，此说学而至诚”。由此可见，《中庸》之“诚”是说的“天性”①、人性。按照《中庸》、思孟学派的观念，“君子所性，仁义礼智根于心”②，程颢进而指出，“义礼智信皆仁也”③，即人性的根本就是仁。诚是性，性是仁，所以，诚就是仁。

“诚”进而被形而上学化，被理解为宇宙的本体。按照后世儒家“本—末”“体—用”这样“形上—形下”的观念架构，就有了“性—情”的观念，“诚”不仅是人类的“本性”，而且是万物的“本体”。但是，按照今天的哲学思想的前沿观念，不论“本”与“末”、“体”与“用”、“形而上者”与“形而下者”，都是存在者、都是“物”，而非“无物”的存在；而“诚”的本义意味着比“本”与“末”、“体”与“用”、“形而上者”与“形而下者”更本源的存在。这种作为“大本大源”的存在，其实就是真诚的、本真的生活情感——仁爱情感。

由此可见，“不诚无物”“诚”之“成己”“成人”“成物”是说：“诚”不是物，却能够生成一切人与物，即能够生成一切存在者。

以“成人”而论，现实生活中的任何一个人，作为一个“物”、一个存在者，自有其主体性；但这种主体性可能只是一种“小人”人格，至少不是“完人”，因此，他是需要自己“成己”的，或者是需要别人来使他“成人”的。那么，他怎么才能够“成人”呢？孟子讲得非常明白：“反

① 这里的“天性”并非孟子所讲的“形色天性”（《孟子·尽心上》），而是他所讲的“人之性”（《孟子·告子上》）。

② 《孟子·尽心上》。

③ 程颢：《识仁篇》，《二程集》，王孝鱼点校，中华书局2004年版。

身而诚。”① 具体来说就是由“思诚”而“诚之”，由此而“成己”或“成人”。这个时候，他就超越了旧的主体性，获得了新的主体性，亦即成了一个新的存在者。那么，对于这个新的主体性、新的存在者来说，“诚”是在先的事情，就是真正的前存在者、前主体性的本源存在。

前面说过，诚就是仁。因此，以诚成己、以诚成人，就是以仁成己、以仁成人。那么，“诚”是怎样“成己”“成人”“成物”的呢？《中庸》的说法就是：“唯天下至诚为能尽其性；能尽其性，则能尽人之性；能尽人之性，则能尽物之性；能尽物之性，则可以赞天地之化育；可以赞天地之化育，则可以与天地参矣。”

二、现代转型：儒家文明自我完善的时代要求

那么，对于儒家文明这个主体来说，在今天这个全球化的时代，又该如何成己、成人、成物呢？今天，人类需要超越复数的“世界文明”（the civilizations in the world），建构某种单数的“全球文明”（global civilization）。对此，儒家当然责无旁贷，要参与到这个“成物”的建构工作中去。为此，儒家文明应当“成人”“与人为善”，即帮助完善世界其他文明；但是，按照上文已讨论过的程序逻辑，儒家文明首先需要“成己”，即进行自我完善、完成自我更新。未能成己，焉能成人？

（一）任重道远的儒家文明自我完善

所谓“成己”，是说的主体的自我完善，这里“己”指主体。主体不仅可以指一个人，也可以指一个群体。例如《大学》的“修—齐—治—平”，修身是个体的完善，齐家是家庭的完善，治国是国家的完善，平天下是天下的完善。主体不仅可以指人，也可以指某种精神文化实体，例如本文讨论的儒家文明、世界文明、全球文明。换句话说，儒家文明也存在着“成己”即自我完善的问题。

儒家文明的“成己”——自我完善，是一个开放性的过程。例如，一方面，我们不能说孔子的思想是不完善的；但另一方面，也不能说孔子的

① 《孟子·尽心上》。

思想就已经是完善的了，否则，后来的整个儒学发展史就是毫无意义的了。儒家要求“日新其德”①、“日新之谓盛德”②、“日日新，又日新”③，就是要求自己不断地自我更新、自我完善。这种自我完善“任重道远”“死而后已”④。

这个道理不难理解：一方面，主体意味着既成的主体性，从这个意义上说，任何主体都是已完成的；但另一方面，主体的发展的可能性意味着可以获得新的主体性，在这个意义上说，任何主体都是未完成的。孔子强调“君子不器”⑤，正是强调后一方面：主体总是“去存在”“去生活”⑥，即超越自我，去赢得新的主体性。

（二）儒家文明自我完善的时代背景

儒家文明的这种自我完善，举其大者，是与社会历史时代的转换密切相关的。这是由于儒学所具有的“入世”和“与时偕行”⑦ 的秉性，而最大的“时”就是社会历史时代的转换。以中国来说，我们经历过宗族生活方式下的王权社会的列国时代和家族生活方式下的皇权社会的帝国时代，正在走向市民生活方式下的民权社会的国族时代（国族［nation］是指的现代民族国家）。在这三大历史时代之间，存在着两次社会大转型和文明大转型，我们自身就处在中国社会第二次大转型之中。

王权时代的儒家文明，是周公所制作的礼乐文明。这个文明系统，对于列国时代的宗族社会生活方式来说是完善的，但对于经历了“周秦之变”的帝国时代的家族社会生活方式来说是不完善的，所以才有从春秋战国时期孔孟荀之儒学一直到汉代儒学的儒家文明自我变革的完成。同理，皇权时代的儒家文明，是从汉儒到清儒特别是宋明儒学所创造的文明形态。这个文明系统，对于帝国时代的家族社会生活方式来说是完善的，但

---

① 《周易·大畜象传》，《十三经注疏》本，中华书局 1980 年影印版。
② 《周易·系辞上》。
③ 《礼记·大学》。
④ 《论语·泰伯》。
⑤ 《论语·为政》。
⑥ “去存在”是海德格尔的说法，“去生活”是生活儒学的说法。
⑦ 见《周易》之《损象传》《益象传》《乾文言传》。

对于“数千年未有之变局”① 之后的民权时代的市民生活方式来说是不完善的，所以才有洋务儒学、维新儒学、20 世纪的现代新儒学、21 世纪的当代新儒学的儒家文明自我变革的开展。

因此，显而易见，儒家今天的历史使命，首先就是再次自我更新、自我完善，完成自身的现代转型，创造民权时代的儒家文明。这是生活的呼唤、时代的要求。任何原教旨的态度都是不可取的，只会导致儒家文明的灭亡。正如上文所说，这里所需要的是“仁”的精神和“诚”的态度。

这种转型涉及儒家文明的方方面面。在形而下的层级上，儒家文明的自我完善主要是儒家伦理学及政治哲学的自我更新，我们绝不能固步自封、画地为牢，死抱住皇权时代以“三纲”为核心的帝国伦理学及帝国政治哲学不放。为此，从“奠基”② 的观点看，在形而上的层级上，儒家文明的自我完善需要儒家形而上学、本体论的自我更新，绝不能死抱住皇权时代那样一套传统形而上学不放。

（三）超越国族时代的儒家文明展望

上述思考的一个关键问题，就是“时代”的观念。今天，我们已经面临着一个特别值得思考的重大的“时代”问题，具体来说就是这样一个问题：人类是否正在翻过“现代”这个历史页面？具体到关于世界文明和全球文明的问题上，我们可以发问：人类是否正在超越国族时代（the nation times）？这是一个值得深思的重大深远的课题。

这里还牵涉另一个问题，就是将国家的类型区分为“民族型国家”（national state）和“文明型国家”（civilizational state）的问题。西方学者白鲁恂（Lucian Pye）有一个著名的、被人们广为引用的说法：今天的中国不过是“一个文明而佯装成一个国家”（a civilization pretending to be a state）。他所说的“国家”指的是现代性的民族国家（national state）或国

① 李鸿章：《（光绪元年）因台湾事变筹画海防折》，转引自梁启超《李鸿章传》第六章，中华书局 2016 年版。

② 关于“奠基”概念，参见黄玉顺：《形而上学的奠基问题：儒学视域中的海德格尔及其所解释的康德哲学》，《四川大学学报（哲学社会科学版）》2004 年第 2 期，第 36~45 页。人大复印报刊资料《外国哲学》2004 年第 5 期全文转载。

族（nation）。这种说法对于中国来说蕴涵着一种现实的危险：假如现代国家意味着民族国家，那么，中国有多少个民族，就应该分为多少个国家。为此，一些中国学者开始质疑“民族国家”的概念，认为现代国家形态不仅有民族型国家，还应该有文明型国家。张维为提出：中国是世界唯一的文明型国家，这将给世界带来一种新的国家范式。①甘阳也讲“从‘民族—国家’（nation-state）走向‘文明—国家’（civilization-state）”②。其实，这种国家形态区分仍然未能消除上述现实危险，因为今天的中国并非只有一种文明传统，那么，多民族不就同时意味着多文明，即意味着多国家？

在这个问题上，我自己有一种看法：

这里提出一个问题：中国究竟有多少个民族？当然，我们知道一句歌词：“五十六个民族，五十六朵花，五十六个兄弟姐妹是一家。”我们讲中国有五十六个民族，这错了没有呢？当然没错。但是，我们同时又讲：中国只有一个民族。那么，这是不是自相矛盾的说法？不是。一点也不矛盾。实际上是这样的：当我们说中国有五十六个民族的时候，这是“民族”的概念，用英文来说，指的是 nationalities 或者甚至是 ethnics，这是一个前现代的民族概念；而当我们说中国只有一个民族的时候，英文叫作 nation，这是一个现代性的概念，也就是我们所说的“中华民族”（Chinese Nation）。这个关键词 nation 实在是太重要了。“民族国家”（nation）这个观念是我们理解中国近现代历史的一个关键性概念，也是理解我们当下的生存的一个关键词；不仅如此，放眼世界，可以说，它也是理解世界近现代历史的一把钥匙，一把非常关键的钥匙。③

我经常讲，我们理解全世界，包括中国的近代史、现代史乃至当代

---

① 张维为：《中国是世界唯一“文明型国家”》，《环球时报》2010 年 5 月 24 日；《文明型国家》，上海人民出版社 2017 年版。

② 甘阳：《从“民族—国家”走向“文明—国家”》，《书城》2004 年第 2 期，第 35~40 页。

③ 黄玉顺：《儒学与生活：民族性与现代性问题——作为儒学复兴的一种探索的生活儒学》，《人文杂志》2007 年第 4 期，第 14~19 页。人大复印资料《中国哲学》2007 年第 10 期全文转载。

史，有一把钥匙，就是要牢牢记住一个词语——nation，即民族国家。现代性的生存方式有两种主体：一种主体就是我们刚才讲的单子性的个体，另一种主体就是“民族国家”。你要理解历史，就得理解这个“nation”。对于“nation”这个词语，以前有两种翻译法，有时候翻译成“民族”，有时候翻译成“国家”，这很容易引起混淆。如果你把它翻译成“民族”，那么我们马上会想到一个问题：中国有多少个民族？然后我们就会想起一句歌词：“五十六个民族，五十六朵花。”事实上，中华民族就是一个民族，只有一个民族。所以我在这里给大家作一个区分，希望大家明白：如果你要把它翻译成“民族”，你应该把它理解为现代性的“民族国家”的观念；而所谓的“五十六个民族”，那是前现代的“民族”观念。这个观念的转变，始于孙中山先生所倡导的“五族共和”。“五族”就是前现代意义上的“民族”，而“共和”就是要建构现代性的 Chinese Nation——“中华民族”。所以我经常讲：中国只有一个民族，那就是中华民族。我们要牢记这一点。①

我的意思是：我们根本不必、也不可能回避“民族国家”问题。我们需要思考的是：国族时代的儒学是什么样的？超越国族时代的儒学又是什么样的？

鉴于上述分析，儒家文明不应当仅仅被视为汉族的文明、中国的文明。有一种历史现象很值得研究：起源于印度的佛教文明，至少就其北传大乘佛教而论，其后来的中心却在中国，成为中国“儒道佛”三大传统之一；起源于中东的以色列、巴勒斯坦和约旦地区的基督教文明，其后来的中心却在欧洲、北美，而且似乎还在继续转移，这些年在东南亚地区迅速发展。那么，起源于中国的儒家文明，其未来的中心是否也会转移甚至正在开始发生转移？举例来说，我们都注意到了美国儒家如波士顿儒家的兴起，其未来的发展势头很难逆料。所以，我有一个判断：假如中国当今的儒家误入歧途、执迷不悟，那么，未来儒家文明的中心势必不在中国。

---

① 黄玉顺、张杨：《儒学复兴的两条路线及其超越——儒家当代主义的若干思考》，《西南民族大学学报（人文社科版）》2009 年第 1 期，第 192~201 页。

三、文明对话：儒家文明在全球文明建构中的责任

这里所说的“全球文明”（global civilization）是一个单数名词，而不是复数的“世界文明”（the civilizations in the world）。人类自古至今存在若干不同的文明传统，它们在古代世界交流有限，在近代世界交流日繁，在现代世界形成了一种“中心—边缘”的人类文明格局，这个中心就是西方现代文明。但这些都不是我们这里所说的“全球文明”。全球文明应当是全球化背景下的一种人类文明期许，它既不是现有的世界不同文明的共存，更不是其中某个文明传统的独大。①

然而，直到今天，一部分中国知识分子依然保留着一种强烈深刻的屈辱感，那就是近代以来伴随着“坚船利炮”而来的“西学东渐”造成的文明屈辱（civilizational humiliation）。作为这种屈辱感的一种心理反弹，这部分中国知识分子当中始终存在着颇为强烈的文化民族主义的情绪，并将其转化为他们的哲学、人文学术，甚至社会科学的论说。近年来，伴随着中国国力的提升，甚至产生了某种我称为“文化帝国主义”的情绪，鼓吹中国统治世界、中华文明统治世界文明。这正印证、助长了亨廷顿的“文明冲突”论。

但与此同时，越来越多的有识之士意识到：“文明冲突”不应当是我们的正确选择。为此，人们倡导“文明对话”（the dialogue among civilizations）。在当代儒家中，杜维明先生无疑是文明对话的儒家代表。这里，我想谈谈自己关于文明对话的几点思考：

（一）文明对话的目标：共建全球文明

为什么要倡导文明对话？因为未来的人类文明不应当、也不可能是现有世界文明格局之中的某个既有文明传统的独大，不应当、也不可能是任何一个文明传统的文化帝国主义，而应当超越复数的文明传统，以建构

① 关于这个问题，可以参考拙文：《“全球伦理”何以可能？——〈全球伦理宣言〉若干问题与儒家伦理学》，《云南大学学报（社会科学版）》2012年第4期，第71~76页；《世界儒学——世界文化新秩序建构中的儒学自我变革》，《孔学堂》杂志（中英文）2015年第4期，第37~43页（中文），第154~163页（英文）。

一种单数的全球文明。这个道理是很明显的：如果一个共同体中的人们持有不同的、甚至对立的文明传统和价值观，然而他们又必须在一起共同生活，那么，唯一的出路就是在相当程度上超越自我，建立一种共同遵守的“游戏规则”，亦即寻求搭建一种共同的价值平台，进而建构一种共同的社会规范及其制度；否则，人们就无法和平共处，这个共同体必然会崩溃。

当今世界的全球化，已经使得人类结成了一个休戚相关的共同体。这样一个全球“共在”“共同生活”的共同体，亟须建构某种共同遵守的“游戏规则”，这就是我们所说的“全球文明”。用儒家的话来讲，我们必须再次“制礼作乐”，建构一套全球性的“礼”①。荀子指出：“礼起于何也？曰：人生而有欲，欲而不得则不能无求，求而无度量分界则不能不争，争则乱，乱则穷。先王恶其乱也，故制礼义以分之，以养人之欲，给人之求，使欲必不穷乎物，物必不屈于欲，两者相持而长，是礼之所起也。”②当然，今天的社会主体已不再是“先王”那样的圣王，而是每一个具有公民权利的人。对于全球文明的建构来说，主体也不再是任何单个“帝国”的文明传统，而是所有参与其中的文明传统。

显然，这样的全球文明不是任何形式的文明冲突可以达成的，只能通过在文明对话中的“共建”才能达成。今日儒家的最大的“成物”责任，就是参与到为共建全球文明而开展的文明对话之中去。目前，有一部分儒者流露出一种情绪化的认知，以为儒家文明必将取代西方文明而独大，世界文明必将是儒家文明的“天下”。这显然是一种强烈的民族主义情绪。试想，假如儒家文明谋求独大，同时其他文明如基督教文明和伊斯兰文明也都谋求独大，那么，其结果只能是文明冲突，带来一个“争则乱，乱则穷”的世界。

---

① 关于“礼”是泛指社会规范及其制度，参见黄玉顺：《中国正义论的重建——儒家制度伦理学的当代阐释》，安徽人民出版社 2013 年版（英文版 *Voice From the East*：*The Chinese Theory of Justice*，Paths International Ltd，2016）；《中国正义论的形成——周孔孟荀的制度伦理学传统》，东方出版社 2015 年版。

② 《荀子·礼论》，王先谦：《荀子集解》，中华书局 1988 年版。

（二）文明对话的宗旨：在存异中求同

近年来，关于世界文明对话，人们经常讲“和而不同”。这固然是孔子的说法，但人们对此话的理解有偏差，以为“和而不同”是说的各自“存异”，既坚持己见，又和平共处，不必“求同”；具体到文明对话的问题上，以为“和”指应当避免各个文明传统之间的冲突，“不同”是说应当坚持各个文明传统之间的区别。

其实，孔子讲“君子和而不同，小人同而不和”的本意，与此问题无关。何晏注：“君子心和，然其所见各异，故曰‘不同’。小人所嗜好者同，然各争利，故曰‘不和’。”①意思是说：小人唯利是图，故而纷争不已；君子尽管所见各异，但不妨碍取得共识。这种共识之“和”，其实正是另外一种意义的“同”，如孟子讲“与民同乐”②，讲伯夷、伊尹与孔子之所“同”③，讲“圣人与我同类”④，讲大舜“善与人同”⑤、“尧舜与人同”⑥，讲“禹、稷、颜回同道”“曾子、子思同道”⑦，甚至讲“欲贵者人之同心也”⑧，总之，“口之于味也，有同耆焉；耳之于声也，有同听焉；目之于色也，有同美焉。至于心，独无所同然乎？”⑨

由此可见，以“和而不同”为世界文明对话的口号是不妥当的。事实上，文明对话的宗旨不是“和而不同”，而是“求同存异”，甚至应当说是“在存异中求同”，即目的恰恰是求同。这个“同”，就是上文讲的作为人类共同价值平台的“全球文明”。

（三）文明对话的态度：以诚成己成人

文明对话何以能够成己、成人？何以能够成物——建构全球文明？因

---

① 《论语注疏·子路》，《十三经注疏》本，中华书局1980年影印版。
② 《孟子·梁惠王下》。
③ 《孟子·公孙丑上》。
④ 《孟子·告子上》。
⑤ 《孟子·公孙丑上》。
⑥ 《孟子·离娄下》。
⑦ 《孟子·离娄下》。
⑧ 《孟子·告子上》。
⑨ 《孟子·告子上》。

为真正的对话不是争辩、争执、争强好胜，以致“争则乱，乱则穷”，而是在对话中寻求共识；而共识的产生，则意味着双方超越各自的旧的主体性，获得新的主体性。我曾撰文探讨这个问题：什么是具有存在论意义的对话？这种探讨是通过对哈贝马斯“对话伦理学”的批评而展开的：如果对话的结果未能使得双方超越旧的主体性、获得新的主体性，这样的对话就不具有存在论意义；唯有能使双方获得新的主体性的对话，才是具有存在论意义的对话。①

显然，按照上文谈过的《中庸》的精神，为建构全球文明而开展的文明对话，需要“仁”的情感、“诚”的态度，正如杜维明先生曾多次引证荀子的情感态度：“以仁心说，以学心听，以公心辨。”② “以仁心说”是讲的具有仁者爱人的情感；“以学心听”是讲的具有虚心倾听的态度；“以公心辨”是讲的具有坚持公理的立场，能够“以公义胜私欲”③，“贵公正而贱鄙争”④，“公正无私”“志爱公利”⑤，“公察善思”⑥，如此“则公道达而私门塞矣，公义明而私事息矣”⑦。只要求别人完善，而不首先完善自己，是为不公不诚、不仁不义。

总之，今天，儒家文明要为人类文明做出贡献，与其他文明一起共建全球文明，首先就要自我更新、自我完善。这正是儒家文明的一个基本原理所要求的：未能成己，焉能成人？

---

① 黄玉顺：《前主体性对话：对话与人的解放问题——评哈贝马斯“对话伦理学”》，《江苏行政学院学报》2014 年第 5 期，第 18~25 页。

② 《荀子·正名》。

③ 《荀子·修身》。

④ 《荀子·正名》。

⑤ 《荀子·赋篇》。

⑥ 《荀子·成相》。

⑦ 《荀子·君道》。

构建人类命运共同体的人类共同价值基础*

郇庆治　赵睿夫

【摘要】和平、发展、公平、正义、民主、自由是构建人类命运共同体的人类共同价值基础。和平与发展是时代认知层面上的价值共识或基础，是构建人类命运共同体、推动人类文明和谐演进的前提性要求；公平与正义是制度构建与运行层面上的价值规约或基础，是构建人类命运共同体、推动新型国际关系建设的秩序法则；民主与自由是目标层面上的价值共识或基础，是构建人类命运共同体、推动人类文明不断趋向进步的终极性要求。构建人类命运共同体的中国新时代外交理念与倡议，既是对于和平、发展、公平、正义、民主、自由等全人类共同价值理念原则的守正弘扬，也为它们在“百年未有之大变局”国际背景语境下的意涵扩展与重塑提供了现实舞台。

【关键词】人类命运共同体　全人类共同价值　和平发展　公平正义　民主自由

【作者简介】郇庆治，北京大学马克思主义学院教授、博士生导师，研究方向为国外马克思主义、环境政治和比较政治。赵睿夫，北京大学马克思主义学院2020级博士研究生，研究方向为生态马克思主义。

---

* 此文章系国家社科基金2018年度重大项目“习近平生态文明思想研究”的阶段性成果，课题编号：18ZDA003；北京市习近平新时代中国特色社会主义思想研究中心重大项目“习近平生态文明思想的科学体系研究”的阶段性成果，课题编号：21LLMLA046。

2015年9月28日，国家主席习近平在纽约联合国总部出席第七十届联合国大会一般性辩论时发表的题为《携手构建合作共赢新伙伴 同心打造人类命运共同体》的演讲中明确指出："和平、发展、公平、正义、民主、自由是全人类的共同价值，也是联合国的崇高目标。"① 这是我国领导人首次明确阐述对于全人类共同价值核心内容的政治与政策理解，以及它对于构建全球人类命运共同体外交理念与倡议的基础性意义。此后，习近平主席在多个文本与场合中对二者间的相互关系做了更为详细系统的论述，构成了习近平新时代中国特色社会主义外交思想与实践的重要方面或维度，彰显了中国政府与人民对于创建一个更美好世界的负责任大国的担当与气度。②

一、人类共同价值概念辨析：中国视角与立场

在讨论人类共同价值之前，首先需要明确价值概念的基本意涵。在最普遍意义上，价值可以概括为客体的属性和功能与主体需要之间的效用、效益或效应关系。因而，价值概念既具有极高的思辨抽象性，也可以具象化为实体或量的范畴。同样重要的是，对某一事物价值量的判断，在很大程度上或在许多情况下取决于价值主体的认知与态度，也就是"价值观"。因此，近年来无论是哲学学界持续关注与讨论的"价值论转向"议题③，还是由于社会秩序本身巨变而提出的"价值重建"④ 吁求，都是一个与社会主体的主流价值观及其变革密切相关的复杂问题。价值观关乎社会主体的认同与行动选择，不仅是一个国家意识形态层面上的问题，还是一个关涉社会普通公众的基本需要满足与全面发展的问题，当然也是社会共同体乃至人类命运共同体构建过程中无法绕过的基础性问题。

---

① 习近平：《携手构建合作共赢新伙伴 同心打造人类命运共同体——在第七十届联合国大会一般性辩论时的讲话》，《人民日报》2015年9月29日。

② 沈湘平：《关于人类命运共同体、人类共同价值的几点思考》，《社会科学辑刊》2018年第3期，第5~10页。

③ 冯平：《哲学的价值论转向》，《哲学动态》2002年第10期，第6~10页。

④ 张曙光：《价值与秩序的重建》，人民出版社2016年版。

1. 马克思主义价值观视域中的“价值”与“共同价值”

马克思主义价值论的出场是价值哲学史上的一个划时代事件。从马克思主义的唯物史观立场来看，既要承认价值的客观物质属性，也要承认价值的社会历史属性。就前者而言，价值关系或价值物的形成与存在，离不开一定形式的物质实体或载体，包括像审美精神娱乐之类的“虚拟性”价值；就后者而言，价值主体一般会呈现为社会历史性的主体，而不是孤立的、感性的个人，尽管并不能否认个体在日常生活中可以做出价值判断。作为唯物主义“新哲学”，马克思主义哲学研究的对象不再是与人相分离或无关的自然界，而是以实践为基础，把自然界与人类社会统一于不断演进的历史过程之中，从而形成了独树一帜的价值学说。在马克思主义的话语语境中，实践是人类根据自身价值理想而对现有状态（包括外物与自身）的自觉改造，人的价值目标不断在自然世界中得以显现、实现①。因而可以说，马克思主义价值论把抽象的价值问题带回到“现实实践”② 的具体场域，并将其与人类自然探索、人类社会进步、人类社群解放的宏大使命紧密相连。与此同时，马克思主义价值论也包含着清晰的政治经济学向度，其劳动价值论系统阐述了资本主义生产方式下的价值关系实质就是异化的人类劳动本身的历史事实，揭示出经济价值作为一个社会历史范畴在不同人类发展阶段的多样态呈现形式，从而为社会主义社会的价值创造与分配问题提供了丰厚的理论资源。③

马克思主义价值论认为，价值关系（事实）不是孤立、封闭的存在，而是作为社会实践的产物凝结在人的具体生产与生活现实之中，是人的类本质及其外化活动的结果，因而具有鲜明的社会性——个人只有在社会中、在集体中才能成为现实的个人。所以，考察人的需要、人的尺度，考察价值的生成和发展，就不能仅仅从个人的角度去进行，而必须具有更广

① 冯平：《重建价值哲学》，《哲学研究》2002 年第 5 期，第 7~14 页。

② 马俊峰：《马克思主义价值理论研究》，北京师范大学出版社 2017 年版，第 31 页。

③ 徐彦秋：《马克思劳动价值论的理论溯源、科学内涵及当代意义》，《苏州大学学报（哲学社会科学版）》2021 年第 2 期，第 11~18 页。

阔的社会学视角和历史的眼光。① 由此可以推论，本质上存在（发生）于人的社会关系之中的价值，必然具有公共性的质性或形式，或者说，人类社会历史中既存在个体本位的价值，也存在共同性的价值。因为，不同社会主体之间总会存在这样或那样的彼此联系，而这也就决定了社会生活中始终存在共同性的价值或“共同价值”。这些共同性的价值会激发不同主体间的相互认同，为社会共同体的构建与生成提供了认知前提与利益基础，从而维系社会生活的稳定与秩序。总之，所谓“共同价值”，是基于人的类本质与社会生存发展诉求而产生的，并受到世界各国、各民族、各党派等在现实社会中具体需要状况的影响，是针对或涵盖共同主体而非单一主体的价值。

2. 人类共同价值的理论意涵与客观基础

所谓“人类共同价值”，就是从人类主体视角出发的对于价值关系类型、价值重要性等级、价值数量衡量等问题的共识性认知、态度和行为。人类共同价值是普遍性与特殊性的辩证统一体，既表征着人类共同性的价值认知，也体现了个体化或本位的价值诉求。前者取决于社会历史发展所达成的状况与诉求，即“志同道合”；后者则因客观条件等诸多因素差异而存在，即“因人而异”。现实中的价值主体虽然是多元而差异化的，但作为类本质存在的人始终在社会关系中进行生活与生产活动，总会产生各种共性与共同诉求，而这就决定了人类共同价值的存在具有历史必然性。

人类共同价值并不是个别（杰出）主体的主观创造物，而是一个客观的历史过程的结果，其形成主要包括如下两大路径：一是作为人类社会必须具有的生存发展与内部治理和外部交往需要所催生的共同性价值，二是人类社会交往范围不断扩大过程中聚合而成的共同性价值。这两大路径反映了人类共同价值本身的复杂性，既关涉内部化的、从个体需要层面出发的价值诉求，也关涉外部化的、受共同体认知与行为影响的价值诉求。具体地说，人类共同价值形成过程中发挥重要作用的元素，至少包括人类社

① 马俊峰：《马克思主义价值理论研究》，北京师范大学出版社 2017 年版，第 24 页。

会（家庭、民族、宗教、国家）、区（地）域性社会共同体、共同体间的交往活动及其形成的共同利益等。对此，马克思指出："人们的社会存在决定人们的意识。"① 由此可以认为，共同利益是人类共同价值赖以形成或存在的客观基础，是共同价值主体能够维护价值共同体、增进彼此认同、合作，追求共同价值目标的社会生产与生活根基，如果未能建立起稳定的共同利益基础，共同价值也就难以长期存在。

随着全球化进程的不断推进、信息技术革命的不断深入、国际政治经济与文化合作的不断扩展，世界不同国家、地区、民族、信仰、文化的价值主体拥有越来越丰富的共同资讯、共同议题、共同感知，由此也就带来了越来越多元化外表下的共同利益。而这种多元化基础上的共同性需要与利益也就意味着，不同社会、民族国家、区域共同体之间围绕"人类共同价值"认同和取舍上的关系将变得愈益复杂。一方面，经济社会发展与文化交往的全球范围内拓展，使得"全人类共同价值"有了更为坚实的形成与展示条件。另一方面，不同国家、地域和文化之间的价值观差异，也可能会导致前所未有的张力或冲突。

从最一般意义上说，"共同价值"是相应范围内的"共同体"得以生成与发展的基础。一方面，共同价值是生成或构建共同体的价值观基础，是不同价值主体形成联系、联动乃至联合的观念性前提，没有共同的价值认知，也就没有成员间的彼此认同，共同体就会显得向心力不足、凝聚力不强，继而无法达到稳固坚定的状态。另一方面，共同体的存在或构建也会反作用于共同价值，一个拥有丰富合作经验、稳定秩序规范、深厚文化传承的共同体，会通过内部交往的建构与整合，不断强化成员间共同价值的生成与深化，使得成员间相互理解信任，继而潜移默化地产生共同价值，形成新的默契与合作关系，甚至造就按新的方式生活和交往的共同体。② 比如，"全人类共同价值"与"构建人类命运共同体"之间就是这

---

① 马克思、恩格斯等：《马克思恩格斯选集》第二卷，中共中央编译局编，人民出版社 2012 年版。

② 陆树程：《价值哲学和共同体研究》，苏州大学出版社 2019 年版，第 284 页。

样一种辩证互动关系，推动构建人类命运共同体，就需要充分认识、维护、弘扬人类共同价值，而促进人类命运共同体的各种努力，又会丰富、深化、制度化我们对于全人类共同价值的理解和感知。

3. “共同价值”不等于“普世价值”

尽管存在语词构成上的近似性，共同价值（common values）与“普世价值”（universal values）是绝不可以混为一谈的。“普世价值”的提法出现于20世纪90年代，主要代表人物有德国神学家孔汉思（Hans Kung）、英国政治哲学家以赛亚·柏林（Isaiah Berlin）等。那时，随着世界各国家、地区、民族之间政治、文化、宗教冲突的增多，一些欧美知识分子开始宣扬一种大多数人在绝大多数的地方和情况下，在几乎所有的时代，都共同操守的价值，而不管人们是否意识到或在行为中表现出来。① 可以说，西方“普世伦理”思潮构成了“普世价值”讨论的实际开端（1993年《全球伦理普世宣言》最初提议使用“全球价值”② 而非“普世伦理”概念）。新旧世纪之交，联合国教科文组织召开了一系列以“普世伦理”为主题词的国际会议，“普世价值”开始引发各国学界关注，并成为我国学术界讨论的热点。

基于马克思主义的哲学理论立场和悠久的历史文化传统，我国学界的主导性看法是，主张在全球化时代通过不同国家、区域、经济政治、社会文化主体或层面上的平等交往，来弘扬与形塑“人类共同价值”，但明确反对本质上是地域性认知与实践的所谓“普世价值”。因为，一方面，“普世价值”基于一种以抽象人性论为依据、以绝对的普遍性为方法的唯心主义价值观③，包括“普遍共享的客体”“普遍追求的目标和结果”“普遍遵循的规则和规范”等三重具体所指④，其核心之点是强调“适用主体上的普遍性”与“时空条件上的永恒性”。⑤ 另一方面，“普世价值”违背了

① 汪亭友：《“普世价值”评析》，社会科学文献出版社2012年版，第3~4页。

② 孔汉思、库舍尔：《全球伦理》，何光沪译，四川人民出版社1997年版。

③ 陈先达：《论普世价值与价值共识》，《哲学研究》2009年第4期，第3页。

④ 李德顺：《怎样看“普世价值”?》，《哲学研究》2011年第1期，第5~6页。

⑤ 中国社会科学院编：《中国社会科学院“普世价值”论批判文选》，中国社会科学出版社2016年版，第6页。

价值论的一般规定，与“普遍真理”混为一谈，以“价值”之衣行“真理”之事，而忽视了社会历史条件的具体性与价值主体的主客观差异性，把价值共识的交互性扭曲成为特定价值的先在独立性，是一种抽象、虚无的价值幻想。更为重要的是，“普世价值”并不是一个单纯的学术概念。就其实质而言，它根植或依附于西方政治意识形态立场，预设了欧美国家模式的普世前景，因而其“学术外壳”① 之下有着鲜明的政治属性或倾向，在本质上是一种“资本主义（欧美中心主义）价值观”②。

在笔者看来，人类共同价值与所谓的“普世价值”至少在如下三个方面存在本质区别。其一，价值公共性的范围划定。共同价值强调时空与主体条件的有限性，并不试图用某种特定的价值“涵盖”一切国家、地区、民族与主体；“普世价值”强调价值公共性的无限性，并不为自身适用范围设定时空与主体边界，与普遍真理的关系暧昧不清，具有唯心主义色彩。其二，共同体生成的基础设定。具有稳定性的价值共同体是主体间由于价值共识与共同利益而生成的，绝不是先在的、天赋的、命定的，它由多元而丰富的社会历史实践产生，具有生成与存在的客观基础；“普世价值”则以一种天道的形式存在，仿佛人类社会历史中先天就存在着某种理所当然的“大价值”甚或“大主体”，其“美美与共、天下大同”的表象下潜藏着“我道即天道”的价值垄断野心，因而其共同体构想的基础是非主体间性的，不利于现实的稳固共同体的建构。其三，政治意识形态的立场实质。人类共同价值是一个中性范畴，强调的是主体间存在的共同价值及其利益基础，并不预设主体的先在属性或具体状貌，换言之，人类共同价值不从属于某一套固定的政治意识形态体系，没有特定的政治意识形态立场或目的；“普世价值”虽然带有中立性的学术外壳，但其实质是依附于西方资产阶级意识形态，并构成了其政治意识形态中“和平演变”战略的重要一环，最终目的是用西方资产阶级的价值与话语体系来弱化、归化、同化其他国家、地区与民族本身的意识形态立场。总之，真正

---

① 汤荣光：《普世价值论辩缘起与走向》，中央编译出版社 2014 年版，第 42 页。

② 李包庚：《人类命运共同体：破解全球治理危机的中国方案》，当代中国出版社 2019 年版，第 67 页。

的问题不在于“普世价值”这个术语的直接性意涵，而在于它背后所隐含着的欧美少数国家的价值观霸权及其作为支撑的国际经济政治与文化秩序。

二、人类共同价值对于人类命运共同体构建的基础意义

打造人类命运共同体、构建新型国际关系是新时代中国对外关系与国际合作的指针，也是习近平外交思想的核心内容之一。① 概括地说，“构建人类命运共同体”既是当代中国把握世界发展大势、解决突出现实问题、推进人类文明共同进步的负责任大国担当或中国方案，也体现了我们对于当今人类社会与文明所拥有的共同价值、共同目标与共同挑战也就是“共同命运”的深邃认知或“中国智慧”。可以说，“人类命运”和“人类共同价值”有着十分相近的理论与政治意涵②，而后者相对于前者具有更强烈的基础或根基意蕴。

国家主席习近平在出席第七十届联合国大会一般性辩论时发表的题为《携手构建合作共赢新伙伴 同心打造人类命运共同体》的演讲，是他首次对“全人类共同价值”这一重要理念的明确阐述。此后，习近平总书记在致纪念《世界人权宣言》发表70周年座谈会的贺信、第七十五届联合国大会一般性辩论上的讲话、纪念中国人民志愿军抗美援朝出国作战70周年大会上的讲话、世界经济论坛“达沃斯议程”对话会上的特别致辞、博鳌亚洲论坛2021年年会开幕式上的视频主旨演讲、庆祝中国共产党成立100周年大会上的讲话、同法国德国领导人举行视频峰会时的讲话、在中国共产党与世界政党领导人峰会上的主旨讲话等多个文本与场合，对全人类共同价值与人类命运共同体的构建及其相互关系做了系统深刻的论述，彰显了中国作为负责任大国的气度与担当，向世界贡献了解决当今发展难题、迈向美好未来的中国智慧。

习近平总书记关于全人类共同价值的论述，包含着至少如下三个主要

---

① 习近平：《共同构建人类命运共同体》，《人民日报》2017年1月20日。

② 李包庚等：《人类命运共同体：破解全球治理危机的中国方案》，当代中国出版社2019年版，第81页。

观点：首先，中国是全人类共同价值的认真遵循者和积极倡导者，既坚持恪守全人类共同价值的理念原则，也大力推动全人类共同价值的践行弘扬。“作为负责任大国，中国坚守和平、发展、公平、正义、民主、自由的全人类共同价值，坚持共商共建共享的全球治理观，坚定不移走和平发展、开放发展、合作发展、共同发展道路。”① 其次，和平、发展、公平、正义、民主、自由，既是国际社会普遍认同的全人类价值共识，是人类历史发展过程中持久追求的价值目标，是推动人类文明稳步向前、追求美好世界愿景的价值凝聚，也是当代人类社会与文明解决世界现实难题、走向共同光明前景的价值智慧。“要弘扬和平、发展、公平、正义、民主、自由的全人类共同价值，倡导不同文明交流互鉴，促进人类文明发展。”② 最后，和平、发展、公平、正义、民主、自由等全人类共同价值，构成了当今世界人类命运共同体打造这一宏大目标与志向的价值观基础和方法论基础，后者是前者引领规约下的共商共建共享过程，也是使前者得以逐步制度化实现并加以时代拓展的过程。一方面，人类共同价值的实现要依赖或依托于国际公平交往合作，不断巩固价值认同的物质利益基础，从而在切实维护共同利益的同时，把全人类共同价值具体、现实地嵌入实现本国人民利益的实践中去；另一方面，人类共同价值的实现不是一蹴而就、一家独大、一言定论的，要充分尊重各国人民在主客观条件上的多样性，以宽广的胸怀理解不同文明对价值内涵的认识，尊重不同国家人民对价值实现路径的探索，从而形成相互尊重，求同存异的“最大公约数”③，正确看待差异、理性处理分歧，推动共同价值的不断落实。

那么，应如何理解“全人类共同价值”对于“构建人类命运共同体”的基础性意义呢？笔者认为，这可以归纳为如下三点。

1. 和平与发展是时代认知层面上的价值共识或基础，是构建人类命运

① 习近平：《在纪念中国人民志愿军抗美援朝出国作战70周年大会上的讲话》，《人民日报》2020年10月24日。

② 习近平：《同舟共济克时艰，命运与共创未来——在博鳌亚洲论坛2021年年会开幕式上的视频主旨演讲》，《人民日报》2021年4月21日。

③ 央视新闻网：《习近平同法国德国领导人举行视频峰会》，https://baijiahao.baidu.com/s?id=1704535621413506881&wfr=spider&for=pc（2021年7月6日）。

共同体、推动人类文明和谐演进的前提性要求

和平与发展是现时代的最大主题，直接关系着世界各民族、国家、地区的社会进步与民生福祉。两次世界大战与各种严重武力冲突的惨痛教训让世界各国人民认识到，和平是一切发展的前提与基础，而经济社会发展是和平的重要保证。“考察中国和平发展道路产生的时代背景，有两个大的视角：一是中国自身发展所处的历史方位，二是世界大国崛起的历史轨迹。”① 中华民族历来爱好和平，曲折的近代历史使得国人深知和平与发展局面的来之不易。在当代，中国扮演着世界和平倡导者和捍卫者的重要角色，身体力行为世界和平事业做贡献、树榜样。面对当今世界所处的百年未有之大变局，“中国将坚定不移走和平发展道路，致力于促进开放的发展、合作的发展、共赢的发展，同时呼吁各国共同走和平发展道路”②。中国对于和平共同价值的遵循，具体表现为坚持防御性的国防政策不动摇、坚持和平的发展与崛起道路不动摇、坚持和平的对话与交流立场不动摇，世界和平是中国发展的外部环境支持，而中国发展也会为世界和平注入鲜活的智慧与力量。无论国际形势如何变化，无论自身如何发展，中国永不称霸、永不扩张、永不谋求势力范围，全力捍卫和平这一人类共同价值。

广义上发展的重要性是不言而喻的。如果说和平为人的生存提供了前提保障，那么发展就为人能够更好地生活提供了现实可能。发展是人类历史前进的动力源泉，唯有不断发展才能走向富强、迎接未来。当然，发展是全面的发展，发展的最终目的是为了人民，发展过程中要维护社会公平正义，保证人人享有发展机遇、享有发展成果，要努力实现经济、社会、环境协调发展，实现人与社会、人与自然和谐相处。“唯有发展，才能消除冲突的根源。唯有发展，才能保障人民的基本权利。唯有发展，才能满足人民对美好生活的热切向往。”③ 新时代中国特色社会主义现代化建设

---

① 王毅：《坚定不移走和平发展道路 为实现民族复兴中国梦营造良好国际环境》，《国际问题研究》2014 年第 1 期，第 8 页。

② 新华网：《习近平在莫斯科国际关系学院的演讲》，http：//www.xinhuanet.com/politics/xxjxs/2019-09/03/c_ 1124952899.htm（2013 年 3 月 13 日）。

③ 习近平：《谋共同永续发展 做合作共赢伙伴——在联合国发展峰会上的讲话》，《人民日报》2015 年 9 月 27 日。

视域下的发展，集中表现为新的发展阶段、新的发展理念与新的发展格局。进入新发展阶段、贯彻新发展理念、构建新发展格局，是由我国经济社会发展的理论逻辑、历史逻辑、现实逻辑所决定的。进入新发展阶段明确了我国发展的历史方位，贯彻新发展理念明确了我国现代化建设的指导原则，构建新发展格局则明确了我国经济现代化的路径选择。尤其需要强调的是，创新、协调、绿色、开放、共享五大新发展理念，不仅是中国发展战略性、纲领性、引领性的核心理念，也是关乎世界人民民生福祉的重要理念。就本国而言，“发展是党执政兴国的第一要务，是解决中国所有问题的关键”①；就国际层面而言，和平与发展是解决好各种全球性挑战的根本出路②，因而必须紧紧抓住和平与发展这两把时代钥匙，维护全人类共同利益，推动人类文明和谐演进。

2. 公平与正义是制度构建与运行层面上的价值规约或基础，是构建人类命运共同体、推动新型国际关系建设的秩序法则

公平是人类社会相互理解、求同存异、合作互利的价值观基础，而正义是人类社会信任规则、遵循法度、崇尚理想的价值观基础。当然，公平与正义并不是抽象的理念，而是具体的社会价值。作为价值判断，公平与正义是针对主体而言的，如果没有主体参与其中，就没有了衡量的尺度，也就没有了所谓的公平与正义。公平与正义也都是相对的，并没有贯穿一切历史阶段、一切价值主体、一切具体条件的绝对公平与正义。在构建人类命运共同体的视域下，公平与正义虽然具体体现在各不相同的法律制度、组织机构等议题领域，但首先是指国际层面上的倡导合作共赢、坚持和平共处五项原则，全力维护国际公平正义。国际公平正义的最基本意涵是国家间平等，具体表现为国家间国际地位的平等、国家间国际事务参与的平等、国家发展权利与机会的平等、国家民众认同上的平等诸方面。呼唤公平公正、反对霸权主义、寻求互相尊重、保障机会权益，是当代国际社会公平诉求的重要内

① 习近平：《在庆祝中国共产党成立九十五周年大会上的讲话》，《中共党史研究》2016 年第 7 期，第 5~12 页。

② 新华网：《习近平国际发展理论彰显中国气魄》，http://www.xinhuanet.com/world/2015-10/07/c_ 128293593.htm（2015 年 10 月 7 日）。

容。而要推动国际公平公正追求，就需要更多国际主体的共同参与，世界各国“应该共同展现责任担当，共同维护国际公平正义，捍卫自由贸易和多边主义”①，绝不能陷入固步自封的霸权主义、特权主义陷阱。

相形之下，正义是处理国际事务时协调各参与方利益和责任的基本原则，即注重道义而非一己私利。② 同时，正义也是国际或全球合作制度建构所遵循的基本原则，即国际公共生活的秩序安排或组织形式的价值依据，要求各参涉主体得其应得、受其应受。国际社会生活中各类利益维护与冲突的客观存在，要求正义这一共同价值在场，以便维护好、协调好人类命运共同体的共同利益。具体而言，构建人类命运共同体视域下的正义价值，包含经济、政治、文化、社会、生态等五个层面。在经济正义层面上，要促进全球资源均衡分配，防范国际垄断集团操纵利益切分，给予发展中国家充分的自主建设空间，反对经济压迫、经济剥削、经济控制。在政治正义层面上，要维护全球各政治主体的平等地位，坚持发展多边主义，反对一切形式的国际霸权与独裁专制。在文化正义层面上，要贯彻文化平等与文化自主理念，在保障主体文化权益的前提下协调不同文化间的交互关系，破解人类社会价值共同体内部的文化矛盾，努力消除彼此间的文化隔阂与文化鸿沟。在社会正义层面上，要在社会建设与民生发展中协作互助，着力推动世界各国所面临的教育、就业、安全、医疗卫生等共同性社会问题的解决，不断让建设发展的成果惠及全体人民。③ 在生态正义层面上，要明确不同国家、地区或社群之间的环境权责，反对国际生态剥削与浪费性的生活方式，促进全人类正当合理地共同开发利用生态环境资源。④ 推进国际公平正义，是构建人类命运共同体的题中应有之义，可以

---

① 习近平：《展现责任担当，捍卫公平正义》，新华网：http：//www.xinhuanet.com/politics/leaders/2019-09/06/c_ 1124970020.htm（2019 年 9 月 6 日）。

② 秦宣、刘鑫鑫：《共同价值：打造人类命运共同体的价值观基础》，《中国特色社会主义研究》2017 年第 4 期，第 41 页。

③ 李春会、张李斌：《习近平社会公平正义思想研究》，《理论月刊》2017 年第 4 期，第 17~22、44 页。

④ 李永华：《论生态正义的理论维度》，《中央财经大学学报》2012 年第 8 期，第 73~77 页。

使共同价值所促成的共识与合作关系最大化，推动形成具有充分主体间性的“国际新秩序”①。

3. 民主与自由是目标目的层面上的价值共识或基础，是构建人类命运共同体、推动人类文明不断迈向进步的终极性要求

民主与自由作为公共生活中的普遍性人类价值，既可以在国家政治也可以在国际政治的层面上或语境下来理解。在当代中国语境中，人民民主被界定为实质性的当家作主而不是形式上的程序民主，而民众的自由包含许多方面的内容并特别强调这些自由得以逐步实现的客观物质条件。作为人民当家作主的社会主义国家，中国的民主是一种“全过程的民主”②，是人民广泛参与、充分协商、科学决策的民主，彰显着社会主义民主制度的巨大优越性。在构建人类命运共同体的视域下，全人类共同价值当然不只是指中国式的社会主义协商民主，但也绝不是唯我独尊意义上的“西方民主”；民主并不是欧美国家文明的专利，西方文明也没有资格自诩民主这一全人类共同价值的时代发言人。作为全人类共同价值的“民主”至少具有如下两重意涵：一是世界各国应充分认识人民群众的主权主体地位，在发展过程中充分考虑和尊重人民的利益与要求，从而提升人民福祉、完善权力规范、优化治理体制；二是应积极推动国际关系民主化，反对强权政治和单边主义，由世界各国通过平等协商来共同解决国际问题，打造多边主义国际格局，争取国际民主最大公约数。对此，2013 年 3 月 29 日习近平主席在刚果共和国议会上发表的演讲中强调指出，要通过国际关系民主化推动人类文明向前进，以此保障世界的和平稳定、实现人类共同价值、增进人类共同福祉。③ 国际关系民主化是推进国际公平正义的重要动力，也是实现国际和平与发展的现实进路。

像民主一样，人民群众的自由权益也是必须同时在国内和国际政治层面

---

① 人民网：《习近平“四观”倡导国际新秩序》，http：//world. people. com. cn/n/2015/0329/c1002-26766215. html（2015 年 3 月 29 日）。

② 习近平：《中国的民主是一种全过程的民主》，新华网：http：//www. xinhuanet. com/2019-11/03/c_ 1125186412. htm（2019 年 11 月 3 日）。

③ 习近平：《共同谱写中非人民友谊新篇章——在刚果共和国议会的演讲》，人民网：http：//cpc. people. com. cn/n/2013/0330/c64094-20971990. html（2013 年 3 月 29 日）。

上不断推进实现的目的目标。① 但是，自由绝不是放任无度或为所欲为，而是消极自由与积极自由的辩证统一，没有人能够只享受自由权利而回避应该承担的义务。在建设中国特色社会主义现代化背景语境下，自由是全面发展的自由，是从资本主义剥削性生产活动中解放出来的社会性的实践自由，这种自由是以人为本、与时俱进的，指向更发达的民生事业、更充分的保障机制、更成熟的教育体系、更便捷的行政治理等。在构建人类命运共同体的视域下，作为一种全人类共同价值的自由归根结底还是绝大多数国家的最广大人民群众的生活福祉和各方面自由权利的逐渐实现，而这就离不开国际主体间对话时的尊重与包容、国际主体权利与义务的制度化保障与规范、对国际主体基于自身条件所做出的发展道路的自主选择。因而必须明确，自由作为一种人类共同价值，其制度保障和实现路径恰恰应是十分多样化的，无论是在国内层面还是在国际或全球层面上都是如此。

三、在构建人类命运共同体过程中形塑 21 世纪人类共同价值

"构建人类命运共同体"是新时代中国关于对外关系与国际合作的新理念、新思路、新倡议，强调从人类共同命运的时势大局和政治高度来看待自身的未来发展目标进路，在坚守弘扬全人类共同价值理念原则的过程中丰富与拓展人类价值认知和共识。一方面，人类命运共同体的建构、维系与发展离不开人类共同的价值观念，或者说，人类共同价值是构建人类命运共同体的理念基础，只有立足于全人类共同价值，人类命运共同体才能由理念发展成为实践、由实践发展成为现实，从而切实保障促进人类共同的安全、利益与福祉需要。② 另一方面，当今世界条件下经济全球化进程的多元、多维、多向发展所带来或凸显的人类利益共生点的逐渐增加、基本共识的日益拓展、战略合作领域的不断扩大等，正在越来越清楚地表明世界各国前途命运的紧密关联，而构建或打造人类命运共同体的过程不

① 袁久红：《论习近平对社会主义自由价值观的创新发展》，《东南大学学报（哲社版）》2015 年第 3 期，第 32~40 页。

② 董彪、柴勇主编：《构建人类命运共同体与人的发展》，燕山大学出版社 2020 年版，第 199 页。

仅是对作为其价值观念基础的“全人类共同价值”理念原则的肯定认可，也将会进一步丰富与拓展这些共同价值的时代意涵，尤其是做出“百年未有之大变局”重要节点之际的中国贡献。

“人类命运共同体”这一概念或提法，最早见于2010年前后我国政府处理与欧美西方国家关系时对时代特征和世界大势的阐释，强调各国之间已然形成的相互依存、同舟共济局面。比如，2011年9月出版的《中国的和平发展》白皮书，明确使用并阐释了“命运共同体”概念，指出国际社会要以命运共同体的新视角，以同舟共济、合作共赢的新理念，寻求多元文明交流互鉴的新局面、人类共同利益和共同价值的新内涵、世界各国合作应对多样化挑战和实现包容性发展的新道路。2012年11月，党的十八大报告系统阐述了“人类命运共同体”理念：“包容互鉴，就是要尊重世界文明多样性、发展道路多样化，尊重和维护各国人民自主选择社会制度和发展道路的权利，相互借鉴，取长补短，推动人类文明进步。合作共赢，就是要倡导人类命运共同体意识，在追求本国利益时兼顾他国合理关切，在谋求本国发展中促进各国共同发展，建立更加平等均衡的新型全球发展伙伴关系，同舟共济，权责共担，增进人类共同利益。”①

此后，习近平总书记多次在不同场合阐述了中国政府对于“人类命运共同体”理念与倡议的政治理解，其中具有标志性意义的是如下两次重要讲话：一是2013年3月在莫斯科国际关系学院发表的题为《顺应时代前进潮流 促进世界和平发展》的演讲，第一次向世界明确表达了对于人类文明走向的中国期望或憧憬；二是2015年9月在出席第七十届联合国大会一般性辩论中所发表的题为《携手构建合作共赢新伙伴 同心打造人类命运共同体》的讲话。其中，第二个讲话不仅强调了人类命运共同体理念对于创建合作共赢新型国际（伙伴）关系的统领性意义，还提出了对于这种新型关系架构的更为丰富的“五大支柱”阐释：政治上要建立平等相待、互商互谅的伙伴关系；安全上要营造公道正义、共建共享的安全格局；经

① 胡锦涛：《坚定不移沿着中国特色社会主义道路前进 为全面建成小康社会而奋斗——在中国共产党第十八次代表大会上的报告》，人民出版社2012年版，第47页。

济上要谋求开放创新、包容互惠的发展前景；文化上要促进和而不同、兼收并蓄的文明交流；环境上要构筑尊崇自然、绿色发展的生态体系。可以看出，上述阐述依然包含着较为明显的哲学价值理念色彩，或者说在相当程度上是对“人类共同价值”的细化阐发与表述，而这也就隐含了如何保持理念目标与制度构想、重大举措不同层面之间的平衡问题。

2017 年党的十九大报告明确把构建人类命运共同体、打造新型国际关系①作为新时代中国外交的基本方针，表明了我国以构建人类命运共同体来践行、弘扬与推进“人类共同价值”。当然，正如习近平总书记多次指出的，构建人类命运共同体的倡议及其实施，还有一个从共识到同心乃至携手共建的问题，有一个承认世界各国不同客观条件所导致的对于全人类价值具体内涵的差异性理解和对于实现全人类共同价值的不同路径选择问题，否则的话，就可能会出现围绕这一议题领域的这样那样的张力甚或冲突。可以说，这方面的最典型实例，就是 2020 年发生的全球新冠肺炎疫情以及国际社会所做出的应对状况。一方面，如何切实保障世界各国人民的生命权利与生活健康，成为构建人类命运共同体进程中的人类民主自由共同价值的最核心关切。对此，中国政府明确提出了“以人民健康为中心”的政治决断，并得到了世界大部分国家的认同与支持。但另一方面，也必须承认，中国政府的这些正确主张与政策，并未完全被国际社会的某些成员以及国际组织所接纳。而这其中的许多考量，就不仅背离了对于“全人类共同价值”的共识性理解，也没有完全摆脱传统国际政治经济利益竞争的私我性考虑。这充分表明，全人类共同价值与构建人类命运共同体倡议及其实施之间互为前提性和相互依赖性。

其一，和平、发展、公平、正义、民主、自由等全人类共同价值为人类命运共同体倡议及其实施奠定了观念上的共识前提、话语上的交流空间和实践上的规范约束。也就是说，对于“全人类共同价值”的肯定褒扬，不仅以一种更加明晰的表述方式阐发了“构建人类命运

① 习近平：《决胜全面建成小康社会 夺取新时代中国特色社会主义伟大胜利——在中国共产党第十九次全国代表大会上的报告》，人民出版社 2017 年版，第 57~60 页。

共同体”倡议的价值观基础和理念原则，即在维护和平发展国际环境的前提下构建公平正义的国际或全球制度框架与运行机制从而服务于世界各国人民的民主自由的目的目标，而且具有重要的愿景构想与战略实施上的实践方法论意义，即决定了“何者为，何者不为”“何者益，何者损”“何者是目标，何者是底线”等一系列重大现实战略问题上的取舍偏好。① 必须看到，明确地把“构建人类命运共同体”倡议置于上述这些“全人类共同价值”理念原则的基础之上，对于国际社会理解支持和积极参与其中是有很大帮助的。

但同样不容忽视的是，我们也必须理性面对世界部分国家基于自身的主客观条件所产生的对于“构建人类命运共同体”倡议所基于或蕴含着的“全人类共同价值”的差异化甚至不同理解，不能设想或指望它们会理所当然地立即接受我们所做出的表述或阐释。当然，这其中的具体情况要做具体分析。比如，对于许多发展中国家来说，它们更多关注或担心的是，“构建人类命运共同体”倡议之下的重大举措是否能够始终吻合共商共建共享的公平公正原则，是否能够真正超越“普世价值”言辞掩饰下的各种新老帝国主义现实做派与逻辑；而对于极少数西方工业化国家来说，事实证明，它们长期以来以人类共同利益甚至地球未来捍卫者自居的诸多漂亮言辞其实是有着明确的利益关切与行为边界的，那就是绝不允许包括中国在内的社会主义发展中国家成为其“制度性竞争对手”，更不用说最终实现超越。对此，我们必须采取相应的不同应对之策，对于前者要更耐心地做好政策宣传与沟通交流工作，而对于后者则需要更多用事实来说话或通过自身发展来促进其对于人类共同价值的共同理解与遵守。

其二，“构建人类命运共同体”倡议及其实施为“全人类共同价值”的丰富与拓展提供了现实舞台和广阔空间。必须明确，“构建人类命运共同体”作为一种外交理念，不仅是一个包含着从理念目标到制度构想再到重大举措三个层面的立体性内容体系，还是一个包含着从政策制定到贯彻

① 丁工：《“人类命运共同体”的实践路径和中国角色论析》，《当代世界与社会主义》2017 年第 4 期，第 181~183 页。

实施再到改进完善的持续性过程。① 就它与人类共同价值的关系而言，一方面，包括全人类共同价值在内的理念原则的统摄性地位是必须始终坚持的，要自觉地贯穿于关于人类命运共同体构建的各种制度构想之中，以及从政策最初制定到不断改进完善的各方面和全过程；另一方面，正是在后两个层面和整个政策制定落实过程中，全人类共同价值理念原则得以在国际或全球平台上实现可视化、现实化与制度化，而不再只是道德与政治正确的漂亮言辞或空泛之论。可以说，至少就“构建人类命运共同体”倡议及其实施所涵盖或针对的世界各国范围和受益人群来说，它可以最大限度地弘扬与促进和平、发展、公平、正义、民主、自由等全人类共同价值。

这方面就要明确区分两个不同性质的问题，一是我们无疑需要不断完善“构建人类命运共同体”倡议及其实施的各个环节与具体内容。比如，对于“一带一路”倡议，我国政府近年来一直都在不断做出完善调整，在更好地体现其共商共建共享宗旨的同时，适时调整经济发展与投资项目的具体方向，以便更好地契合推进人类共同价值的时代意涵，例如通过推进“绿色一带一路”项目和减少煤电投资项目，来体现国际社会对于生态环境保护的日益关注。再比如，在抗击新冠肺炎疫情的全人类共同事业中，我国政府不仅以齐心协力、守望相助、携手应对的民族抗疫精神，努力做到了对国内疫情的最快最有效控制，而且“始终秉持人类命运共同体理念，肩负大国担当，同其他国家并肩作战、共克时艰”②，为世界公共卫生安全与健康事业贡献了中国力量、中国智慧。

二是我们也必须坦然面对少数西方国家对于“构建人类命运共同体”倡议及其实施所采取的诋毁、抗拒和围堵性回应与政策。2020 年以来的全球新冠肺炎疫情国际合作应对表明③，以美国为代表的少数西方国家所真正关注的，既不是包括本国民众在内的世界各国人民的身心健康以及所面

---

① 郇庆治：《人类命运共同体视野下的全球资源环境安全文化构建》，《太平洋学报》2019 年第 1 期，第 1~8 页。

② 国务院新闻办公室：《抗击新冠肺炎疫情的中国行动》，人民出版社 2020 年版。

③ 郇庆治、刘琦：《大疫情之后社会主义生态文明建设的愿景、进路难题及其挑战》，《中国地质大学学报（社会科学版）》2021 年第 3 期，第 1~17 页。

临的严重公共卫生危机，也不是通过正确有效的国际合作应对来改革完善包括联合国机构在内的国际治理架构，而是非传统意义上的国际现实利益竞争，甚至有着显而易见的东西方冷战意识和思维。相对致力于人类共同价值弘扬和人类命运共同体构建的当代中国而言，这当然是一种道德与政治极低的站位。但这一事实也的确表明，无论是人类共同价值的不断实现还是人类命运共同体构建的切实推进，都需要实质性突破现存的、少数西方国家依然垄断着的国际经济政治秩序与文化霸权。这并不是说，“构建人类命运共同体”倡议及其实施本身是对抗性或排斥性的，而是说，我们对于它斗争性的一面和终极性革新意涵必须要有更充分的认识。

中华文化精神与全人类共同价值

王国良

【摘要】 中华优秀传统文化经过三千多年的传承发展，特别是经历近现代与西方文化的冲突融合之后，依然有五种精神薪火相传，能够“跨越时空，超越国度”“有永恒魅力，有时代价值”，具有全人类共同价值意义。这五种精神是：自然精神、仁义精神、民本精神、生生不息精神、天下主义精神。自然精神是指人与自然和谐共存，人与自然为一体；仁义精神是指治国理政的价值取向，也是个人立身处世的基本价值依据；民本精神是指注重人民的生存与发展，以人民为中心；生生不息精神是指注重变革发展、自强有为的精神；天下主义精神是指打破宗教、国家的界限，针对全天下而发表思想文化原理，是推动构建人类命运共同体的文化支撑与理论依据。

【关键词】 自然精神　仁义精神　民本精神　生生不息精神　天下主义精神

【作者简介】 王国良，安徽大学哲学系教授，博士生导师，安徽大学中国哲学与安徽思想家研究中心主任。

习近平总书记在中国共产党成立100周年纪念大会上提出，我们要“弘扬和平、发展、公平、正义、民主、自由的全人类共同价值”。中华优秀传统文化与全人类共同价值密切相关相融，是弘扬与践行全人类共同价值的文化支撑。中华文化精神，是指在中华文化体系中具有始基性的、原创性的精神价值观念，由具有鲜明的中国文化特色的概念名词所组成，在几千年的中国历史发展中始终起着积极作用，特别是经历一百多年艰辛曲折革命历程考验被证明仍然具有先进意义的价值观，这些基本价值观构成中华优秀传统文化的话语体系。中华文化有五种精神薪火相传，能够“跨越时空，超越国度”，“有永恒魅力，有时代价值”，可以成为全人类共同价值，具有重大世界意义。这五种精神是：自然精神、仁义精神、民本精神、生生不息精神、天下主义精神。自然精神是指人与自然和谐共存，人与自然为一体；仁义精神是治国理政的价值取向，也是个人立身处世的基本价值依据；民本精神是指注重人民的生存与发展；生生不息精神是指注重变革发展、自强有为的精神；天下主义精神是指破除宗教、国家的界限，针对全天下而发表思想文化原理，是推动构建人类命运共同体的文化支撑与理论依据。本文依次论述，以求正于方家学人。

一、自然精神

自然精神，主要是指人与自然的和谐共存，人顺应自然、根据自然的节律而生活，自然界不是人类的敌人，不是人类的征服对象，而是人类的亲人与朋友、是人类生存的家园，热爱自然就是关爱人类，维护自然就是维护人类自己的家园。中国文明的起源与农业自然经济模式有密切联系。早在新石器时代，华夏先民就开始了定居的农业生活。农业生活不仅培育了家园感、故乡情，而且最易引发对自然环境的亲和感，人们对不变的土地、树木、山川与周而复始变化的四时寒暑、日月运行由逐渐认识了解而感到熟悉亲切。中国较早的经典之一《诗经》中的许多篇章表现了人类跟随自然的节奏而生活的过程和情趣，人们在自己的生活中体验到与生动的自然界有不可名状的息息相通之处，由此积淀为人与自然和谐冥契的统一心理。《豳风·七月》虽然流露出农业生活忙碌辛苦的感叹，但更表现了华夏先民跟随自然节奏生活的时新情绪：“春日载阳，有鸣仓庚”“四月秀葽，五月鸣蜩”“七月食瓜，八月断壶”“九月筑场圃，十月纳禾稼”“朋酒斯飨，曰杀羔羊。跻彼公堂，称彼兕觥，万寿无疆”。① 诗中表现了先

① 程俊英、蒋见元：《诗经注析》，中华书局 1991 年版，第 415 页。

民通过劳动感受到自然的流转生机以及人的性情与自然性情相交融的和谐统一，表现出生活就是人与大地万物的相互依托，以及在辛苦之后享受劳动成果的舒畅心情。

“自然精神”渊源于《诗经》《礼记·月令》，通过儒家、道家思想和中国文学得以长期传承。《诗经》所表现的人与自然和谐共存的社会心理对中国文化有深远影响，儒道文化之起源与此有极大关联。以老子、庄子为代表的道家哲学思想的核心概念是“道”与“无为”。道与无为的根本涵义就是自已如此，顺其本然，道是自然意识的概念结晶。老子主张天道自然无为，道法自然。庄子主张顺物自然，提倡自得其得、自适其性。庄子以怀古的形式追忆的至德之世有轩辕氏、祝融氏、伏羲氏、神农氏之时代等。如果剔除其中的乌托邦成分，至德之世就略同于早期的农业生活：“神农之世，卧则居居，起则于于，民知其母，不知其父，与麋鹿共处，耕而食，织而衣，无有相害之心，此至德之隆也。”①

人与自然和谐共存，还包含以农为本的生产生活顺应自然节奏、保护自然环境、维护生态平衡的思想。至迟完成于秦汉时期的《礼记·月令》，就已明确要求人们根据自然界的变化来调整自己的生产生活。《月令》要求人们根据一年十二个月天文、气候的变化节奏开展农事活动以及政治活动。例如春季，孟春之月，“命祀山林川泽，牺牲毋用牝（母畜），禁止伐木。毋覆巢（倾覆鸟巢），毋杀孩虫（幼虫）”“毋竭山泽，毋洒陂地，毋焚山林”②。中国很早就有“虞”“衡”等机构，专门负责山林川泽的管理，把保护生态环境视为政府行为。春秋战国时期许多君主都规定春季禁止伐木采樵，在动物繁殖期间禁止捕杀鸟兽，等等。据《论语·述而》记载，孔子“钓而不纲，弋不射宿”③，孔子为满足生活需求，也钓鱼打猎，但孔子不用密渔网打鱼，用密渔网捉鱼有把鱼不论大小一网打尽之嫌；孔子打猎，不射归巢或歇宿的鸟，因为归巢的鸟有可能要产卵或养育雏鸟。孟子曾告诫人们要有节制地利用自然：“数罟不入洿池，鱼鳖不可胜食也；

① 陈鼓应注译：《庄子今注今译》，中华书局 2007 年版，第 893 页。

② 王文锦译解：《礼记译解》，中华书局 2001 年版，第 198、202 页。

③ 杨伯峻译注：《论语译注》，中华书局 2006 年版，第 83 页。

斧斤以时入山林，材木不可胜用也。”① 因此要有节制地使用自然资源，如果盲目捕捞，无限地放牧，就会导致自然资源的耗竭，堵塞财货之源。

儒家学者认为，人与自然为一体，但人毕竟高于自然。《尚书·泰誓》中就提出了人高于自然的观点：“惟天地，万物之母，惟人，万物之灵。”② 天地生万物，人是万物之精华与灵长。荀子与《礼记》都表述了“人最为天下贵”的思想。荀子说：“水火有气而无生，草木有生而无知，禽兽有知而无义，人有气、有生、有知亦且有义，固最为天下贵也。”③（《荀子·王制》）荀子认为人高于自然之处在于人具有德性伦理和具有合群的团队精神。

北宋理学家周敦颐和明代王阳明认为人在宇宙自然的长期发展中因具有“中正仁义”之德性而高于动物，“惟人也，得其秀而最灵”④。实际上，人的“知”与动物的“知”也有根本区别，动物的智慧只能服务于自己的本能需要，而人的智慧比如孟子的良知良能与王阳明的良知，则能够认识自然万物，利用自然万物为人类的需要服务，人类正是通过认识与利用自然而生存。孟子曾指出，人正是通过种桑养蚕而使五十岁以上者可以衣帛，通过饲养鸡豚狗彘之畜而使七十岁以上者得以食肉，通过耕田种植而使数口之家得以温饱。王阳明则认为人有良知，故高于自然万物：“天地无人的良知，亦不可为天地矣。盖天地万物与人原是一体，其发窍之最精处，是人心一点灵明。风霜露雷，日月星辰，禽兽草木，山川土石，与人原只一体，故五谷禽兽之类皆可以养人，药石之类皆可以疗疾。只为同此一气，故能相通耳。”⑤ 自然万物，包括动物，都在与人的关联中才物尽其用、各遂其性。天地万物不能认识、支配自然，只有人能够认识自然。王阳明认识到，自然万物是互相依赖、互相为用的序列，低一级的生物服务于高一级的生物，人处于这一序列的最高

---

① 杨伯峻译注：《孟子译注·梁惠王上》，中华书局 1960 年版，第 5 页。

② 屈万里：《尚书集释》，中西书局 2014 年版，第 319 页。

③ 北京大学《荀子》注释组：《荀子新注》，中华书局 1979 年版，第 127 页。

④ 《太极图说》，《周敦颐集》，陈克明点校，中华书局 1990 年版。

⑤ 王阳明：《传习录》下，《王阳明全集》，上海古籍出版社 1992 年版。

处，人虽然要关爱万物，但不得不取万物以为用，这是具有合理性的有价值的推理。

儒家认为人高于自然，必须利用自然而生存生活，但正如前述，儒家强调在利用自然的同时更要保护自然、关爱万物，把自然看作人类生存的家园，要维护自然的生态平衡，注意自然资源的可持续发展，绝不允许破坏自然，破坏自然甚至会危及国家的安全。

现在，保护环境、维护自然界生态平衡、保持自然资源的可持续发展几乎成为全人类共同价值。中国文化的自然观在这方面可以提供丰富的理论资源，对人类中心主义为满足人类需求而牺牲自然环境的弊病起到矫正与遏止的作用，有助于人们从新的视角看待自然。绿水青山就是金山银山，人与自然是生命共同体。弘扬中华文化崇尚自然的思想，有助于为中国和全世界人民提供更好的生态环境和生活环境。

二、仁义精神

仁义是儒家文化的基本价值观。不讲仁义，离开仁义，儒家价值观许多具体细目都将失去基础。“仁”的基本内涵是普遍地关爱人类，并延伸到对自然万物的一体关照。“樊迟问仁，子曰‘爱人’”（《论语·颜渊》），平等爱人可说是仁的基本含义。“爱人”就是对一切人的尊重和爱敬之情，把人当作是具有平等人格的人而对待，即“出门如见大宾，使民如承大祭”（《论语·颜渊》），“居处恭，执事敬，与人忠”（《论语·子路》）。孔子提出一条君子“可以终身行之”的基本社会交往准则：“己所不欲，勿施于人。”（《论语·颜渊》）这是推己及人的行为方式，即根据自己的思想情感意愿去类推他人。自己不愿意的，也勿强求他人。这就是仁的品格体现在社会交往方面的涵义。“夫仁者，己欲立而立人，己欲达而达人。”（《论语·雍也》）这是从正面出发对他人的类推，自己有所树立、有所成就，也要允许别人有所树立、有所成就。或者说，自己有所树立、有所成就，应该有助于、有利于别人有所树立、有所成就，而不是损害别人的成就和利益，表现出君子“厚德载物”的襟怀风度。“君子成人之美，不成人之恶，小人反是”（《论语·颜渊》），在具体的行为方式上君子应该“温良恭俭让以得之”（《论语·学而》），行“恭宽信敏惠”（《论语·阳货》）于天下。甚至要具备“不念旧恶”（《论语·公冶长》）的宽容精神。孟子也认为：“君子莫大乎与人为善。”（《孟子·公孙丑上》）这都可以说是“仁者爱人”的原则在社会交往中的运用，使人际关系充满和谐的人情味。

但这并不意味着要君子无原则地讨好取媚他人，君子应该以“贞”“直”“忠信”立身，“以直报怨，以德报德”（《论语·宪问》）反对“巧言令色”，不搞虚假表面的一套。对于那些不得罪人的滑头“乡愿”，孔孟都斥之为“德之贼也”。

“义”的基本内涵是“适宜”，延伸为恰当、公平、公正，孔子说“君子义以为上”（《论语·阳货》），儒家判断是非有一个标准，即“义以为上”，见利应该思义，义就是适宜正当的行为，衡之于利欲，应是“可欲之谓善”（《孟子·尽心下》），“无欲其所不欲”（《孟子·尽心上》）。如果“非其有而取之，非义也”（《孟子·尽心上》）。“君子喻于义，小人喻于利。”（《论语·里仁》）“君子之于天下也，无适也，无莫也，义之与比。”（《论语·里仁》）孔子在这里明确把“义”即公平公正看作天下普遍使用的原则。孟子把仁义连在一起使用，提倡行仁义，荀子提出“义之所在，不倾于权，不顾其利，举国而与之不为改视”（《荀子·荣辱》）。

唐代韩愈提出“博爱之谓仁”（《原道》），宋儒把仁解释为“生”“生意”“天地生物之心”，以仁作为生命本体。谭嗣同吸收佛教“众生平等”的学说，在《仁学》中把“仁”解释为“通”，仁就是众生平等、万物平等。毛泽东同志对“仁义”做出现代解释发挥：“要特别忠于大多数人民，孝于大多数人民，而不是忠孝于少数人。对大多数人有益处的，叫做仁；对大多数人利益有关的事情，处理得当，叫义。对农民的土地问题、工人的吃饭问题，处理得当，就是真正的行仁义。”① 习近平同志明确把“讲仁爱”认定为中华民族核心价值，把仁义拓展运用到国际关系，由此建立合作共赢、共同发展的国际关系新秩序。

---

① 毛泽东：《关于国民精神总动员的号召》，《中共中央文件选集》第12卷，中共中央党校出版社1989年版。

仁与义相结合，展现中国的智慧，“仁”主要讲关爱，讲友善；“义”主要讲原则，讲底线。由仁义形成一系列基本价值观，在中国历史上长期起着积极作用，并为广大人民所熟知：仁义，仁爱，仁民爱物，仁政，仁义礼智信，智仁勇，仁人志士，仁厚，仁慈，义勇，当仁不让，恻隐之心，博爱，敬爱，忠信，与人为善，恭宽信敏惠，温良恭俭让，信义和平，礼义廉耻，正义，道义，仗义，有情有义，义不容辞，义无反顾，义愤填膺，见义勇为，等等。

儒家文化历来追求崇高的理想人格，以君子、豪杰、圣贤为理想，严于律己，正己正人，坚持正义，宁死不屈，宁折不弯，舍生取义，杀身成仁，路见不平、拔刀相助。仁义价值观在现代经济交往中创发出“互惠互利”“合作双赢”等新观念，在国际交往中创发出“共同发展”“人类命运共同体”等新观念，可以成为全人类共同价值。

三、民本精神

相传民本思想起源于夏代。《尚书·五子之歌》借太康兄弟之口讲述大禹的训诫：“民为邦本，本固邦宁。”① 意思是说，人民构成国家政治稳定的根本基础，只有基础巩固、稳固才能实现国家的长治久安。春秋时期，民本思潮再度兴起，以孔孟为代表的儒家继承了民本思潮与传统，将其拓展弘扬到空前的高度，并滋生出民主思想的萌芽，对君主专制政体构成某种威胁，至少是使民本意识成为后世知识分子士大夫阶层的普遍共识。《左传·桓公六年》说：“所谓道，忠于民而信于神也。上思利民，忠也。”孔子说：“务民之义，敬鬼神而远之。”（《论语·雍也》）孔子之道就是忠民利民，孔子认为执政最根本的一条就是要取信于民，“自古皆有死，民无信不立”（《论语·颜渊》）。民本政治要求为政以德行仁，使民以宽，使民以时，节用而爱人，因民之所利而利之，简言之即利国利民。在君主政体框架内，孔子要求儒臣在行政层面限制君主个人私欲，绝不允许通过损害社稷人民的利益来满足君主纯属个人的欲求。孟子进一步开拓了孔子的民本政治道路，提出仁政学说。孟子认为执政者如果实行仁政，老百姓

---

① 屈万里：《尚书集释》，中西书局 2015 年版，第 311 页。

就能过上在那个历史条件下的美好生活。孟子从不同方面勾画了“美好生活”的内容：

> 五亩之宅，树之以桑，五十者可以衣帛矣。鸡豚狗彘之畜，无失其时，七十者可以食肉矣。百亩之田，勿夺其时，数口之家可以无饥矣。谨庠序之教，申之以孝悌之义，颁白者不负戴于道路矣。七十者衣帛食肉，黎民不饥不寒，然而不王者，未之有也。
>
> 不违农时，谷不可胜食也；数罟不入洿池，鱼鳖不可胜食也；斧斤以时入山林，材木不可胜用也。谷与鱼鳖不可胜食，材木不可胜用，是使民养生丧死无憾也。养生丧死无憾，王道之始也。
>
> 今王发政施仁，使天下仕者皆欲立于王之朝，耕者皆欲耕于王之野，商贾皆欲藏于王之市，行旅皆欲出于王之途，天下之欲疾其君者皆欲赴诉于王。其若是，孰能御之？①

孟子仁政的核心思想就是保民，恤民，教民，养民，与民同乐。实现人民美好生活的基本要求就是要保证每户有百亩耕地，五亩宅基地，有鸡豚狗彘之畜，保证老者能衣帛食肉，照顾鳏寡孤独；省刑罚，薄税敛，关市稽而不征；政治上选贤与能，使俊杰在位；办学校，兴教化，让百姓懂得孝悌忠信基本伦理。亲亲而仁民，仁民而爱物，也就是说，士农工商都能得到很好的发展。孟子还有爱物的生态伦理思想萌芽，主张有节制地利用自然，注意自然界的可持续发展，有节制地捕捉鱼鳖，有节制地砍伐木材，则自然物不可胜用。孟子认为，如果实行了这样的王道仁政，政权深得人民拥护，民归之如水之就下，天下百姓皆引领而望，如此则无敌于天下。孟子对梁惠王说，如果此时哪个国家陷溺其民，冻饿其父母，就可以往而征之：“彼夺其民时，使不得耕耨以养其父母。父母冻饿，兄弟妻子离散。彼陷溺其民，王往而征之，夫谁与王敌？故曰：‘仁者无敌。’王请勿疑！”②

---

① 杨伯峻译注：《孟子译注·梁惠王上》，中华书局1960年版，第5~6页。
② 杨伯峻译注：《孟子译注·梁惠王上》，中华书局1960年版，第10页。

孟子提出“民为贵，社稷次之，君为轻”（《孟子·尽心下》），把人民放在第一位，这是非常可贵的思想。荀子也提倡为政者要重视人民利益，“足国之道，节用裕民”（《荀子·富国》），“故君人者欲安，则莫若平政爱民矣”（《荀子·王制》）。

《礼记·礼运》篇吸收了墨家思想、道家思想等诸子学派的合理成分，对儒家美好生活的大同理想作了经典表述：“大道之行也，天下为公。选贤与能，讲信修睦，故人不独亲其亲，不独子其子，使老有所终，壮有所用，幼有所长，矜寡孤独废疾者，皆有所养。男有分，女有归。货恶其弃于地也，不必藏于己；力恶其不出于身也，不必为己。是故谋闭而不兴，盗窃乱贼而不作，故外户而不闭，是谓大同。”大同社会，天下为公的社会，儒家把它们看作是尧舜禹三代的理想社会状态，历代儒家学者都把大同理想的美好生活当作未来的理想社会而为之奋斗、为之努力。

恩格斯指出，将来社会进入繁荣的新时代，就“将给社会提供足够的产品。这样一来，社会就将生产出足够的产品，可以组织分配以满足全体成员的需要”“共同享受大家创造出来的福利”①。习近平总书记在中共十九大报告中重申“大道之行，天下为公”，提出“以人民为中心的发展思想”，表明中国共产党对中华优秀传统文化的继承，对儒家民本精神的继承、创新、发展。中国特色社会主义社会发展已经进入新时代，虽然还有不平衡、不充分发展的矛盾，但人民对物质生活温饱的需求已基本实现，人民对美好生活有了更高的需求和期望，“人民对美好生活的向往是我们的奋斗目标”，以习近平为核心的党中央把马克思主义与中国民本精神相结合推进到一个新的发展阶段。坚持在发展中保障和改善民生，在发展中补齐民生短板、促进社会公平正义，在幼有所育、学有所教、劳有所得、病有所医、老有所养、住有所居、弱有所扶上不断取得新进展，保证全体人民在共建共享中有更多获得感、成就感、幸福感、快乐感。中共十九大报告中“以人民为中心”的思想、关于人民美好生活的丰富内容和实现道路的论述，是中华优秀传统文化民本思想和马克思主义关于人的全面发展

---

① 恩格斯：《共产主义原理》，《马克思恩格斯全集》第一卷，人民出版社 1972 年版。

思想和全体人民共同富裕思想的完美结合与创造性转化、创新性发展的典范。实现人民美好生活的文化，就是中国先进文化；为实现美好生活而奋斗的精神，就是中国精神；通向实现人民美好生活的道路，就是中国道路。这也是中国为世界提供的“中国方案”。

四、生生不息精神

中华文明具有源远流长的重“生”传统，远古先哲很早就认识到天地具有生人生物的功能。《诗经·大雅·烝民》中有“天生烝民，有物有则”①，《左传》中有“民受天地之中以生”②。孔子曾说道：“天何言哉？四时行焉，百物生焉，天何言哉？”③ 天不说话，只是运行不已，产生万物，表明儒家认为天的功能就是“生”。荀子认为人与自然万物相生相养的前提依然是人与自然同根同源，并肯定“生”为自然之本，“天地者，生之本也”④，万物与人都是由自然的长期演化发展而产生，“列星随旋，日月递炤，四时代御，阴阳大化，风雨博施，万物各得其和以生，各得其养以成”，人也是因自然天功的作用而“形具而神生”。⑤《易传》中说：“天地之大德曰生”⑥，肯定了自然界生生不息，天地的根本德行就是“生”。《系辞上传》一开篇便阐释了天地生人生物的创化过程，“在天成象，在地成形，变化见矣。是故刚柔相摩，八卦相荡。鼓之以雷霆，润之以风雨，日月运行，一寒一暑，乾道成男，坤道成女。乾知大始，坤作成物”⑦。在天上成为日月风雷云雨的现象，在地上成为山川草木鸟兽的形态。刚与柔相互摩擦，八卦（天地雷风水火山泽）互相冲激。用雷电鼓动，用雨水滋润，日月的运行构成寒暑，阳化为男，阴则成为女。阳成为创造之始，阴配合着生成万物。

---

① 程俊英译注：《诗经译注》，上海古籍出版社 2004 年版。

② 杨伯峻译注：《春秋左传注·成公十三年》，中华书局 1981 年版，第 860 页。

③ 杨伯峻译注：《论语译注·阳货》，中华书局 2006 年版，第 211 页。

④ 安小兰译注：《荀子·礼论》，中华书局 2007 年版，第 161 页。

⑤ 安小兰译注：《荀子·天论》，中华书局 2007 年版，第 111 页。

⑥ 周振甫译注：《周易译注·系辞下传》，中华书局 1991 年版，第 256 页。

⑦ 周振甫译注：《周易译注·系辞上传》，中华书局 1991 年版，第 230 页。

《易传》中说："生生之谓易。"① "易"就是讲变化，即阴阳化生万物，是生生不息的。万物的创生不是偶然完成的，而是持续不断生成的过程，有着无限的生机。《乾》卦辞曰："元、亨、利、贞。"这四个字代表了生命演进的四个不同的时期，即始、通、和、正，有始有终，形成一个生生不息的循环系统。

以朱熹为代表的宋代儒学的积极价值，就在于把孔孟仁学与《周易》的"生生之德"结合起来，认为仁的重要内涵是"生"，宇宙最高本体"理"是"生之理"，仁、生、理相同，这是理学家对孔孟仁学的创新。

朱熹认为人性的内涵就是仁义礼智，"在人，仁义礼智，性也"②。"性是实理，仁义礼智皆具。"③ 仁作为本体原则，朱熹给仁的内涵充实了新的内容，仁是生的意思，仁是生生、生生不息，是生物之心。这样，仁道与《易传》中的易道结合、统一起来了。仁者"天地生物之心"④的命题与《易传》中的"生生之谓易""天地之大德曰生"等命题结合起来，使"生生不息"成为儒家哲学的最高原则。

王阳明第一次把良知提升为宇宙万物的本体，良知的实质精神与《易传》中的生生不息的生命精神有着内在的联系。王阳明曾宣称："良知即是易，其为道也屡迁，变动不居，周流六虚，上下无常，刚柔相易，不可为典要，惟变所适。此知如何捉摸得？见得透时便是圣人。"⑤如能认识良知的灵活变化，就能真正把握良知的本质，也就自成圣人。良知的最积极意义表现为奋发进取、自强有为的精神："诸君只要常常怀个'遁世无闷，不见是而无闷'之心，依此良知，忍耐做去，不管人非笑，不管人毁谤，不管人荣辱，任他功夫有进有退，我只是这致良知的主宰不息，久久自然有得力处，一切外事亦自能不动。"⑥ 良知说蕴含的

---

① 周振甫译注：《周易译注·系辞上传》，中华书局1991年版，第235页。

② 《朱子语类》卷四，中华书局1986年版，第63~64页。

③ 《朱子语类》卷五，中华书局1986年版，第83页。

④ 《朱子语类》卷六，中华书局1986年版，第112页。

⑤ 《王阳明全集》，上海古籍出版社1992年版。

⑥ 《王阳明全集》，上海古籍出版社1992年版。

自强精神，也是先秦儒学中倡导行动的“力行”精神的再生，是对孔子的“发愤忘食，乐以忘忧，不知老之将至”（《论语·述而》）的奋斗精神的继承与弘扬。

戴震创造性地把气本体论与生命本体论结合起来，提出“气化流行，生生不息”的宇宙本体论，把人类看成是气化生生的产物，把生生确立为人的本质，以生命为本体实现人性的重建、天人合一的重建，系统提出中国生存论哲学的基本原理，完成“生生不息”由体达用的统一。

戴震把生和仁结合起来，认为只有生的满足和实现才是仁的实现，不仅是个人的生的实现，而且同时是他人以至全体人类的生的实现，才完成了仁，“人之生也，莫病于无以遂其生。欲遂其生，亦遂人之生，仁也。欲遂其生，至于戕人之生而不顾者，不仁也”①。这也就是孔子说的“己欲立而立人，己欲达而达人”（《论语·雍也》），可以说，戴震继承了孔孟的真精神。

戴震把仁即生生不息的运行解释成自然与人的共同本质，确立人的本质为生生不息，人道的根本原则就是生生不息，这是戴震对中国哲学的伟大贡献。

先秦儒家初步建立天—生—仁的联系，理学家把仁解释为生生不息，以生生释仁，把儒学的核心概念仁与生生不息的大易传统结合起来。明清时期，许多思想家重新肯定人的自然本性，把人的本质解释为“生生”，对仁的概念在天人方面做出了统一的解释。对天人生生不息本质的统一解释最后在戴震那里得到总结。生生不息是人的本质，人的生存与发展作为生生不息，不是简单水平的周而复始循环重复，而是不断地由弱渐强、由简单到复杂、由抽象到丰富。生生不息渗透到中国文化的血脉中，转化为自强不息、刚健有为的中华民族优秀传统，“野火烧不尽，春风吹又生”。自强有为的精神激励中华民族自信、自尊、自强，致力于对至善理想的追求，在艰难挫折中奋发图强，为理想不懈奋斗。生生不息还表现为应变能力，崇尚变化革新，苟日新又日新，追求进步与发展，可以并应当成为全人类践行的共同价值。

---

① 《孟子字义疏证》卷下，《戴震集》，上海古籍出版社2009年版，第273页。

五、天下主义精神

早在20世纪70年代，西方著名历史学家汤因比就声称，“将来统一世界的大概不是西欧国家，也不是西欧化的国家，而是中国”①。汤因比认为，统一世界，要具有世界主义、天下主义理想，现在各民族中具有最充分准备的，是两千年来培育了这种独特思维方法的中华民族，“在漫长的中国历史长河中，中华民族逐步培育起来的世界精神”②。西方长期以来并未建立世界普适性文化，而是对其他地区强行推行自己的政治文化理念。

世界共进大同之域可能是极为漫长而复杂的过程。但汤因比教授有一点看法经得起检验，即中国文化中确实具有天下主义传统。梁启超早在《先秦政治思想史》中就提出中国文化有天下主义精神，认为我国先哲言政治，皆以“天下”为对象，先秦学者皆是针对全天下而积极地发表其学理上之意见，这是世界主义之真精神。

天下主义，或者说世界主义，就是破除宗教、国家的界限，针对全天下而发表思想文化原理，以建立普适天下的世界和平与秩序、提高全人类的文明教养为自己的责任。

天下主义发端于春秋战国时代，当时许多思想家都不以种族国家为念，而是着眼于全天下提出政治原理、思想学说，思以其学易天下，以安定天下、引导天下从无序走向有序为己任。孔子和老子最先表现出对天下主义观念的承认和接受。孔子说：“君子之于天下也，无适也，无莫也，义之与比。”（《论语·里仁》）君子对于任何国家、任何人，既不刻意亲密，也不随意疏远，而是根据道义准则作出选择判断，这是历史上第一次意义明确的天下主义的宣示，表达了天下主义的精华。天下主义是道义主义，也是文化主义。文化没有国界畛域的区分。孔子曾欲“乘桴浮于海”

---

① 《展望二十一世纪——汤因比与池田大作对话录》，国际文化出版公司1985年版，第289页。

② 《展望二十一世纪——汤因比与池田大作对话录》，国际文化出版公司1985年版，第287页。

“欲居九夷”，当有人怀疑九夷之地愚陋不可居时，孔子曰：“君子居之，何陋之有？”（《论语·子罕》）这里传达的信息是很清楚的，君子所到之处传布文化教育，可以改变九夷之地朴野愚陋的境况。故孔门中有“四海之内皆兄弟”的思想。孟荀都是自任以天下之重，以“天下之归心”为己任，“达则兼善天下”（《孟子·尽心上》），“夫天，未欲平治天下也，如欲平治天下，当今之世，舍我其谁也”（《孟子·公孙丑下》）。荀子活动于战国后期，此时已是“四海之内若一家”“无幽闲隐僻之国”，荀子高举天下主义大旗，提出“仁眇天下，义眇天下，威眇天下”（《荀子·王制》），主张以文化统一天下。道家以自然为宗，但所持天下主义之气象博大，丝毫不让于儒家。老子也是动辄言天下，“以天下观天下”“以无事治天下”“抱一为天下式”。庄子的《天下篇》总结百家学术之源流裂变，更是先秦学术史之名篇。

天下主义通过《易传》《大学》《中庸》《春秋公羊传》的阐释而成为系统的文化主义原理，对后世思想文化观念起到构造性影响。《易传》从天地人统一的普遍原理出发，提出普适天下的哲理观念：“观乎天文，以察时变，观乎人文，以化成天下”（《周易·彖传》），“圣人感人心而天下和平”（《周易·彖传》），“与天地相似，故不违。知周乎万物而道济天下”（《周易·系辞上》），“举而错之天下之民谓之事业”（《周易·系辞上》）。《易传》作者认为“天下同归而殊涂，一致而百虑”（《周易·系辞下》）。《大学》之道，就是个人从认知开始，以治天下为最高目标，即格物致知、诚意正心、修身齐家治国平天下，这也是儒家核心内容的内圣外王之道。《中庸》提出要立天下之大本，“动而世为天下道，行而世为天下法，言而世为天下则”，把文明教化向全世界传播：“是以声名洋溢乎中国，施及蛮貊；舟车所至，人力所通，天之所覆，地之所载，日月所照，霜露所坠；凡有血气者，莫不尊亲。”梁启超先生认为天下主义“其气象如何伟大，理想如何崇高”，即此数语，“已可概见”①。

天下主义观念还蕴含着人文主义的伟大信念。“故远人不服，则修文德以来之”（《论语·季氏》），天下主义者处理对外关系，依靠高度的文明德

① 梁启超：《先秦政治思想史·本论》，北京联合出版公司2014年版。

教使“远人”心悦诚服地归顺，而不是凭恃武力战胜征服。在国家主义盛行、人们凭借武力强大而横行霸道的时代，天下主义不免相形见绌，充分暴露其弱点而不见用。但历史事实同样证明，如果没有较高的文明，仅仅凭借武力，又怎能维持长治久安呢？当然，我们今天总结历史教训，已经可以明确地得出结论，要实行天下主义，必须建设强大的军事力量作为后盾。

近代以来，采取天下主义文化的中国与采取集体利己主义和社会达尔文逻辑的西方“民族国家”相遇，中国遭受了一系列战争的失败。当然，近代中国在政治经济科学技术方面已全面落后于西方。先进的中国知识分子在检讨批判中国传统文化时，发现其重大缺陷之一就是人民缺少民族意识，缺少民族凝聚力，因此要唤起民族精神，从此天下主义开始转变为民族主义。从洋务运动（也称自强运动）、戊戌变法，经辛亥革命、五四运动到现在，民族主义与爱国主义联系在一起，在中国已深入人心。从一定意义上说，正是中国民族意识的觉醒，才改变了中国灭亡的命运，使中国逐步走向成功富强之路。近代以来，持和平的天下主义的中国与好战的、掠夺的持民族主义的西方相遇，没有以先进武器为后盾的天下主义遭到失败，在转向民族主义后而获得成功。正如池田大作所说：“中国人的民族主义是对鸦片战争以来，包括日本在内的外国侵略势力，作出的不得已的反应。”“我想所谓民族主义是对外反应的一个方面，基本上还是大力推行着世界主义，中华主义。”① 现在中国人民正阔步走上强盛之路，致力于中华民族的伟大复兴，努力实现中国梦，同时积极带动世界其他地区共同发展，积极推动构建“人类命运共同体”，努力弘扬践行全人类共同价值。

天下主义内蕴于中国文化之中，与中国文化的其他优秀成分水乳交融、密不可分。在现代历史发展中，又融入了马克思主义国际主义的合理成分。中华民族的伟大复兴，同时也意味着天下主义文化的复兴。没有天下主义理念的贯彻，世界和平的伟大理想就不可能实现。因此，从中国天下主义文化中衍生发展出来的“人类命运共同体”和“全人类共同价值”观念，当为促进世界和平与发展、促进世界共进大同做出积极贡献。

① 《展望二十一世纪——汤因比与池田大作对话录》，国际文化出版公司 1985 年版，第 291 页。

中国哲学在三千多年的中华文明发展历程中逐渐形成五种精神。这五种精神薪火相传，能够“跨越时空，超越国度”，“有永恒魅力，有时代价值”，它们是：自然精神、仁义精神、民本精神、生生不息精神、天下主义精神。自然精神是指人与自然和谐共存，人与自然为一体；仁义精神是治国理政的价值取向，也是个人立身处世的基本价值依据；民本精神是指注重人民的生存与发展，把民意看成是政权合法性的基础；生生不息精神是指注重变革发展、自强有为的精神；天下主义精神是指破除宗教、国家的界限，针对全天下而发表思想文化原理，以构建人类命运共同体、积极弘扬全人类共同价值为自己的责任。这五种精神具有鲜明的中国特色，能够成为弘扬全人类共同价值的哲学基础和文化支撑，势将在中华民族伟大复兴过程中持续发挥积极作用。而且，这五种精神传统也将在经济社会文化发展中创新转化，有助于当代中国自身话语体系建设，有助于形成中国精神与中国力量，有助于推进“一带一路”倡议的发展，构建人类命运共同体，促进人类大同，实现全世界人民美好生活理想。

中华文化与构建人类命运共同体

孙聚友

【摘要】博大精深的中华优秀传统文化是中华民族在长期的历史发展过程中，对于人类社会生存之道探索而形成的文明结晶，蕴涵着极为丰富的智慧，它对当今社会构建人类命运共同体提供了切实而有力的借鉴。这主要表现在：人类命运共同体所秉持的和平、发展、公平、正义、民主、自由等人类共同价值与中华文化有着不可分割的内在联系，是对中华文化的继承和升华。人类命运共同体的理念，深深植根于中华文化的“天下大同”思想，展示了中华文化“和而不同”的价值观，体现了中华文化公平正义的义利观。而当今中国实施的“一带一路”倡议，更是中华文化的当代价值在人类命运共同体构建中的具体落实。深入探讨中华文化与构建人类命运共同体的关系，对于维护人的尊严和权利，推动世界形成更加公正、合理、包容的全球治理，共同开创世界美好未来，具有重要的现实意义和理论价值。

【关键词】中华文化　人类命运共同体

【作者简介】孙聚友，山东社会科学院哲学研究所所长，研究员。主要研究方向为儒家管理及清代儒学。

当今世界，贫国与富国之间的经济差距在不断拉大，发达国家和发展中国家，以及不同发展中国家之间分配的不均衡现象继续加剧，这是导致整个世界动荡和混乱的原因之一。因此，强化国际规范和国际机制，形成一个具有机制约束力和道德规范力的、能够解决全球问题的“全球机制”，是十分重要而现实的问题。习近平主席指出：“我们要树立人类命运共同体意识，推进各国经济全方位互联互通和良性互动，完善全球经济金融治理，减少全球发展不平等、不平衡现象，使各国人民公平享有世界经济增长带来的利益。”公平正义的全球治理观，是解决当今世界各种问题的有效途径。为此，习近平主席倡导的人类命运共同体理念，超越了种族、文化、国家与意识形态的界限，它以公平正义的原则为指导，为思考人类未来提供了全新的视角，这是推动世界和平发展、合作共赢的一个理性可行的行动方案，是当今中国对人类和平发展的积极回应。人类命运共同体建设的总布局和总路径，在于“建立平等相待、互商互谅的伙伴关系，营造公道正义、共建共享的安全格局，谋求开放创新、包容互惠的发展前景，促进和而不同、兼收并蓄的文明交流，构筑尊崇自然、绿色发展的生态体系”。这五个方面从不同角度全面诠释了人类命运共同体思想的内涵，形成一个完整统一的有机整体，是对人类前途命运和时代发展趋势的深刻洞察，是对中国与世界关系走向的准确把握，展现了中国负责任大国的国际形象，表达了中国追求人类和平发展的美好愿望。人类命运共同体理念，深深根植于源远流长的中华文化，它秉持的是和平、发展、公平、正义、民主、自由的人类共同价值，旨在维护人的尊严和权利，推动世界形成更加公正、合理、包容的全球治理，共同开创世界美好未来，它展示了中华文化的当代价值，是对中华文化的继承和升华。

一、人类命运共同体的理念植根于中华文化的天下大同思想

推动当今世界的共同发展，解决各国之间的贫富差距，构建公正合理、共赢共荣的新型国际关系，是当今世界全球治理需要关注的重要议题。打造人类命运共同体的倡议，倡导的是和平、发展、合作、共赢的理念，它以坚持和平发展为战略选择，以寻求合作共赢为基本原则，以构建伙伴关系为主要路径，以践行正确义利观为价值取向，推动构建以合作共赢为核心的新型国际关系，以打造人类命运共同体为努力目标。它是对人类前途命运的现实关切，是对时代发展趋势的准确把握，它鲜明地展示了

当今中国对于人类共同进步发展的积极追求和现实回应，超越了以零和博弈、强权政治为基础的传统国际关系学说，是突破民族、国家和意识形态限制的崭新世界价值观。这一崭新世界价值观，深深植根于源远流长的中华文化，是对中华文化崇尚和平、天下为公、公道正义、和而不同、兼收并蓄、尊崇自然等思想智慧的创新升华，体现了中华优秀传统文化的智慧。

中华传统文化认为，治国理政必须实行以人为本、重民爱民的政策，充分尊重人的生存发展权，全面保障民众的生存发展，特别是要保证社会弱势群体的生存发展，实现社会的和谐进步。中华传统文化关于治国理政的崇高价值目标，就是中国古代政治家思想家为之奋斗的天下为公的大同社会。天下为公的大同社会理想，源于儒家经典《礼记・礼运》，“大道之行也，天下为公，选贤与能，讲信修睦。故人不独亲其亲，不独子其子，使老有所终，壮有所用，幼有所长，矜寡孤独废疾者皆有所养，男有分，女有归。货恶其弃于地也，不必藏于己；力恶其不出于身也，不必为己。是故谋闭而不兴，盗窃乱贼而不作，故外户而不闭，是谓大同”。大同社会是中华传统文化追求的美好社会理想，在促进人类社会文明进步中产生了重要作用和广泛的影响。天下是全天下人共有的天下，倡导天下为公，追求世界大同，一直是中国历代为政者为之奋斗的政治理想，它依然是指导当今世界各国和平发展的重要思想。而习近平主席提出的构建人类命运共同体的理念，是当今中国对于人类共同进步发展的积极追求和现实回应，是超越民族国家和意识形态的崭新“人类观”，它与大同思想二者之间有着历史的关联、观念的相通、价值的相融，体现了中华优秀传统思想历久弥新的现代价值，承载了当今中国对人类命运的现实思考和努力实践，展示了中华民族“为万世开太平”的长远眼光、博大胸襟和担当精神，是引领当今世界进步发展的中国智慧和中国方案。

二、人类命运共同体理念展示了中华文化和而不同的价值观

人类命运共同体思想与西方国家主义的模式截然不同，它在价值观上提倡的是真正的全人类利益。但是，在当前全球化的进程中，全球资源的

优化配置，使发达国家和发展中国家都从参与全球化中获得了不少的益处。在分享全球化益处方面，发达国家占据了绝对优势。众多的发展中国家，由于历史的原因，经济结构相对脆弱，资金匮乏，技术落后，市场发育不成熟，因而在分享全球化的益处时所得有限。一个日益严重的现象，那就是贫国与富国、穷人与富人的差距在拉大而不是缩小。这对于世界的和平发展是一个十分严峻的现实威胁。因此，人类共同发展唯一的出路，就是建立一个公正合理的，从而全球共赢共荣的国际经济新秩序，解决当前全球化过程中出现的发展不平等、不平衡的现象。而人类命运共同体理念的具体内涵，是解决当今世界发展不平等、不平衡现象，使各国人民公平享有世界经济增长带来的利益的重要方法。它展现了中国负责任大国的国际形象，表达了中国追求人类和平发展的美好愿望。

人类命运共同体的理念，是中华文化在当代现实价值的重要体现，是中华文化向世界展示的中国智慧。它以“和谐相处、合作共赢、和平发展”为核心原则，以相互依赖、利益交融、休戚相关为依据，以和平发展与合作共赢为支柱，主张世界各国应当真正从全人类长远利益出发，来考虑当今社会所面临的各种问题，而不是从短期国内政治需求出发来制定政策，做到在政治上坚持正义、秉持公道、道义为先，经济上坚持互利共赢、共同发展、同舟共济、权责共担，积极主动参与全球治理，树立双赢、共赢的新理念，构建互利合作格局，承担国际责任义务，在追求本国利益时兼顾他国合理利益，在谋求本国发展中促进各国共同发展，建立平等相待、互商互谅的新型全球发展伙伴关系，尊重各国自主选择的社会制度和发展道路，尊重彼此核心利益，客观理性看待别国发展壮大和政策理念，走出一条“对话而不对抗，结伴而不结盟”的国与国交往新路，努力做到求同存异、聚同化异，增进人类共同利益。因此，人类命运共同体追求的是人类的和平相处，倡导的是人类的共同进步，是当今时代对“仁者爱人”“天下为公”的大同思想的创新升华和创造发展。

各国历史、文化、制度、发展水平不尽相同，但各国人民都追求和平、发展、公平、正义、民主、自由的全人类共同价值。多样性是世界的基本特征，也是人类文明的魅力所在。经历了疫情冲击，各国人民更加清晰地认识到，要摒弃冷战思维和零和博弈，反对任何形式的“新冷战”和意识形态对抗。国与国相处，要把平等相待、互尊互信挺在前面，动辄对他国颐指气使、干涉内政不得人心。要弘扬和平、发展、公平、正义、民主、自由的全人类共同价值，倡导不同文明间的交流互鉴，促进人类文明发展。习近平主席反复强调指出：“零和思维已经过时，我们必须走出一条和衷共济、合作共赢的新路子。”“各国和各国人民应该共同享受发展成果。每个国家在谋求自身发展的同时，要积极促进其他各国共同发展。世界长期发展不可能建立在一批国家越来越富裕而另一批国家却长期贫穷落后的基础之上。只有各国共同发展了，世界才能更好发展。那种以邻为壑、转嫁危机、损人利己的做法既不道德，也难以持久。”人类命运共同体的建设，强调的是走和平发展道路，“是中国对国际社会关注中国发展走向的回应，更是中国人民对实现自身发展目标的自信和自觉。这种自信和自觉，来源于中华文明的深厚渊源，来源于对实现中国发展目标条件的认知，来源于对世界发展大势的把握”，来源于对人类命运的深切思考。

引导经济全球化朝着更加开放、包容、普惠、平衡、共赢方向发展，既要做大蛋糕，更要分好蛋糕，着力解决公平公正问题；提升全球发展的公平性、有效性、协同性，反对任何国家出于限制别国发展的目的，搞技术封锁、科技鸿沟、发展脱钩；共同推动国际关系法治化，在国际关系中维护国际法和国际秩序的权威性和严肃性，反对由少数人来制定国际规则；确保国际法平等统一适用，不能搞双重标准，不能“合则用、不合则弃”，真正做到“无偏无党，王道荡荡”。这是达成公平正义的现实路径。因此，人类命运共同体的建设需要有共同准则，共同的准则才能保证人类共同利益的实现。而和平发展、公平正义的理念，是人类命运共同体建设应当持守的基本价值准则。天下为公作为中国传统大同思想的宗旨，追求的是和谐相处的社会理想，实现的是全人类的共同利益。因此，人类命运共同体与传统大同思想，二者之间都具有以“天下为公”为核心的价值共识。

三、人类命运共同体持守的是中华文化公平正义的义利观

中华民族传统的正确义利观，具有深远的思想渊源与深厚的社会基

础，是构建人类命运共同体应持守的重要价值观。中国向世界宣示："中国发展绝不以牺牲别国利益为代价，我们绝不做损人利己、以邻为壑的事情。"人类命运共同体倡导的"义利兼顾""合作共赢""共同发展"等思想，是对中华文化传统义利观的继承和发扬。在中华传统文化中，始终强调正确的义利观。中华文化一贯主张重义轻利，义以为上。孔子提出，"君子义以为上，君子有勇而无义为乱，小人有勇而无义为盗""君子喻于义，小人喻于利""不义而富且贵，于我如浮云"；孟子主张，"生亦我所欲也，义亦我所欲也。二者不可得兼，舍生而取义者也"；荀子认为，"义胜利者为治世，利克义者为乱世""先义而后利者荣，先利而后义者辱"；墨子指出，"天下有义则生，无义则死；有义则富，无义则贫；有义则治，无义则乱"；白居易也说："圣人非不好利也，利在于利万人；非不好富也，富在于富天下。""义以为上"是中华民族的优秀传统美德，也是数千年来备受推崇的道德准则和行为规范。这种思想反映在人类命运共同体的思想中，就是强调世界各国要持守公平正义的思想，携手前行，实现共同发展。习近平主席多次强调："当前，经济全球化、区域一体化快速发展，不同国家和地区结成了你中有我、我中有你、一荣俱荣、一损俱损的关系。这就决定了我们在处理国际关系时必须摒弃过时的零和思维，不能只追求你少我多、损人利己，更不能搞你输我赢、一家通吃。只有义利兼顾才能义利兼得，只有义利平衡才能义利共赢。"和平、发展、合作、共赢成为时代潮流，世界各国唯有坚守合作共赢的原则，才能获得长期、可持续发展。

人类命运共同体的思想，展示了中华文化提倡的"立天下之正位，行天下之大道"的思想，它坚持的是公平正义的义利观，反对的是霸权主义和强权政治，强调的是在追求本国利益时要兼顾他国合理利益，在谋求本国发展中促进各国共同发展。这是中华民族历来所倡导的"老吾老以及人之老，幼吾幼以及人之幼"的仁爱思想再现，是中华文化一贯所主张的"己欲立而立人，己欲达而达人"的卓越智慧展示，是当今中国为世界提供的"博施于民而能济众"的现实发展方案。习近平指出："世界潮流，浩浩荡荡，顺之则昌，逆之则亡。要跟上时代前进步伐，就不能身体已进入 21 世纪，而脑袋还停留在过去，停留在殖民扩张的旧时代里，停留在冷战思维、零和博弈老框框内。”2015 年 9 月 28 日习近平主席在第七十届联合国大会一般性辩论时的讲话中强调：“坚持走共同发展道路，继续奉行互利共赢的开放战略，将自身发展经验和机遇同世界各国分享，欢迎各国搭乘中国发展‘顺风车’，一起来实现共同发展。”这一豪迈宣示，充分展现了中国领导人的大国胸襟和担当精神。因此，中华文化所崇尚的天下为公的思想，是引领当今世界和谐发展的正确价值观。因而，中国高举和平、发展、合作、共赢旗帜，“人类命运共同体”所包含的“共商、共建、共享”等崭新世界观价值观，赢得了世界各国的赞许。2013 年 3 月 19 日，习近平主席接受金砖国家媒体联合采访时指出：“中国人自古就主张和而不同。我们希望，国与国之间、不同文明之间能够平等交流、相互借鉴、共同进步，各国人民都能够共享世界经济科技发展的成果，各国人民的意愿都能够得到尊重，各国能够齐心协力推动建设持久和平、共同繁荣的和谐世界。”习近平主席倡导的人类命运共同体理念，超越了种族、文化、国家与意识形态的界限，它以公平正义的原则为指导，为思考人类未来提供了全新的视角。它继承了中华民族传统的正确义利观，向世界宣示“中国的发展绝不以牺牲别国利益为代价，我们绝不做损人利己、以邻为壑的事情”。因此，持守公平正义的理念，打造人类命运共同体，这是推动世界和平发展、合作共赢的一个理性可行的行动方案，是当今中国对人类和平发展的积极回应。

四、“一带一路”倡议是人类命运共同体的具体实践

千百年来，陆上丝绸之路和海上丝绸之路，是中国同中亚、西亚、南亚、东南亚、东非、欧洲经贸和文化交流的大通道，是东西方文明交流互鉴合作共赢的历史象征，“和平合作、开放包容、互学互鉴、互利共赢”的丝绸之路精神，增进了各国之间的友好往来，推进了世界的文明进步，是人类共有的珍贵历史文化遗产。

为了真正实现人类的共同发展，解决当今世界经济发展不平衡的问题，继承发扬丝绸之路精神，2013 年我国首次公开提出“一带一路”这

一兼具国内发展远景规划与国际合作的重大倡议，旨在将一头连着历史、一头连着现实的“一带一路”共同建设成为一条和平之路、繁荣之路、开放之路、创新之路、文明之路。2015 年 3 月，本着“致力于维护全球自由贸易体系和开放型世界经济”的目的，我国政府发布了《推动共建丝绸之路经济带和 21 世纪海上丝绸之路的愿景与行动》文件，秉持“共商、共建、共享”原则，分别从时代背景、共建原则、框架思路、合作重点以及合作机制等诸多方面系统阐释了“一带一路”的主张与内涵，并郑重提出了共建“一带一路”的方向和任务，同沿线 20 多个国家签署相关合作协议。共建“一带一路”的倡议，顺应了世界多极化、经济全球化、社会信息化的潮流，符合中国和国际社会的根本利益，展示了全球互利共赢新时代的良好开局，彰显了人类社会的共同理想和美好追求。

中华文化素来推崇“己所不欲，勿施于人”，即主张超越各种形态的“自我中心”主义。“一带一路”建设就是要以文明交流超越文明隔阂、文明互鉴超越文明冲突、文明共存超越文明优越，为相关国家民众加强交流、增进理解搭起了新的桥梁，为不同文化和文明加强对话、交流互鉴织就了新的纽带，推动各国相互理解、相互尊重、相互信任，为世界的发展提供中国智慧与中国方案。“一带一路”倡议这一跨越中外、融通古今的宏伟构想，既承载着丝绸之路沿线各国的繁荣梦想，又赋予了古代丝绸之路以全新的时代内涵。

“一带一路”倡议，始终秉持共商、共建、共享的原则，不是固步自封，而是开放包容；不是中国一家的小独奏，而是沿线国家的大合唱。它始终坚守绝不将本国的方略设计强加于别国、唯图一国之私的公义底线，勇于背负“己欲立而立人，己欲达而达人”的大国担当，矢志不渝地倡导世界各国在相互尊重的基础上携手打造休戚与共的人类命运共同体。它反映的正是努力推进人类和平与发展崇高事业的东方智慧与中国路径。正如习近平主席所明确指出的，“‘一带一路’建设不应仅仅着眼于我国自身发展，而是要以我国发展为契机，让更多国家搭上我国发展快车，帮助他们实现发展目标。我们要在发展自身利益的同时，更多考虑和照顾其他国家利益。要坚持正确义利观，以义为先、义利并举，不急功近利，不搞短期行为。要统筹我国同沿线国家的共同利益和具有差异性的利益关切，寻找更多利益交汇点，调动沿线国家积极性”。

“一带一路”倡议得到了全球上百个国家和国际组织的响应和支持，其中80多个国家和国际组织与中方签署了共建合作文件，覆盖了全球范围内将近35亿人口以及上万亿美元的投资和贸易。“一带一路”倡议的核心理念是共同发展，目标是合作共赢。它不是中国一家独占整个蛋糕或分得蛋糕的大头，而是沿线国家共同努力把蛋糕做大并各自分到更大的一块。作为“一带一路”倡议的具体实施，亚洲基础设施投资银行的设立，也是充分体现出了中华文化所倡导的共同发展、天下大同的思想特点。“一带一路”倡议的全面实施，覆盖亚欧非三大洲，连接亚欧两大经济圈，促进了沿线国家间的相互合作等，给沿线国家的发展进步带来了巨大的成效，充分体现了中华优秀传统文化一贯倡导的仁者爱人、以人为本、民胞物与、明道救世的人类意识，展示了中国作为一个对世界负责任大国的价值追求，是中华民族对全人类长远发展的智慧贡献。“一带一路”倡议是促进人文交流的桥梁，而非触发文明冲突的引线。“一带一路”跨越不同区域、不同文化、不同宗教信仰，但它带来的不是文明冲突，而是各文明间的交流互鉴。通过与沿线各国共享现实的发展红利、承担共同的社会责任，合力打造政治互信、经济融合、文化包容、生态文明的利益共同体、责任共同体和命运共同体。

人类命运共同体的理念，是促进当今世界和平发展的切实方略和有力举措。正如习近平主席在俄罗斯《俄罗斯报》发表题为《铭记历史 开创未来》的署名文章中指出，“第二次世界大战的惨痛教训告诉人们，弱肉强食、丛林法则不是人类共存之道。穷兵黩武、强权独霸不是人类和平之策。赢者通吃、零和博弈不是人类发展之路。和平而不是战争，合作而不是对抗，共赢而不是零和，才是人类社会和平、进步、发展的永恒主题”。人类命运共同体理念，展示了中华民族丰富而深邃的卓越智慧，体现了当今中华文化的价值理念，承载着人类共同的历史经验和发展智慧，它超越了时空的束缚，从整体意识、全球思维和人类观念出发，兼顾了现实针对性与长远方向性，深刻把握了人类利益和价值的共约性。它不仅在于推动实现中华民族伟大复兴的中国梦，更在于推动实现全人类幸福的世界梦，具有深远影响与巨大生机。

中华文化集中体现为讲仁爱、重民本、守诚信、崇正义、尚和合、求大同等核心思想理念，自强不息、敬业乐群、扶危济困、见义勇为、孝老爱亲等传统美德，求同存异、文以载道、形神兼备、俭约自守等人文精神。天下为公、仁民爱物、和而不同、兼容并蓄的中华文化，蕴涵着和平、发展、公平、正义、民主、自由的人类共同价值，具有着重要的现实作用。习近平总书记指出："要加强对中华优秀传统文化的挖掘和阐发，使中华民族最基本的文化基因与当代文化相适应、与现代社会相协调，把跨越时空、超越国界、富有永恒魅力、具有当代价值的文化精神弘扬起来。要推动中华文明创造性转化、创新性发展，激活其生命力，让中华文明同各国人民创造的多彩文明一道，为人类提供正确精神指引。"中华文化不仅是中国崛起、民族复兴的坚实支撑力量，也是引领当今世界进步发展的强大精神动力。向世界展示中国智慧，为世界提供中国方案，中华文化必将全面促进世界各国的发展，推动人类充满信心地迎接更加美好的明天。

新时代大力弘扬全人类共同价值

涂可国

【摘要】全人类共同价值具有丰富的内涵，由和平、发展、公平、正义、民主、自由等所构成的全人类共同价值是能够给人类带来利益、好处或意义的，具有客观性的事物，是人、群体的实践活动所造就的良好状态。面对世界范围内思想文化交流、交融、交锋形势下价值观较量日趋激烈的新态势，弘扬全人类共同价值具有重要的现实意义和深远的历史意义，它可以奠定人类命运共同体的思想基础，扩大中国的国际影响力，推动中华民族实现伟大复兴。新时代，要更好地弘扬全人类共同价值，就必须做到：一是把它与培育践行社会主义核心价值观一体推进，二是将全人类共同价值融入社会生活之中，三是立足中华优秀传统文化，四是注重中国式的价值观外交，五是建立有效的体制机制。

【关键词】新时代　全人类　共同价值　核心价值观

【作者简介】涂可国，山东省习近平中国特色社会主义思想研究中心特约研究员，山东社会科学院国际儒学研究院院长、研究员。研究方向为儒学、中国哲学和中国文化。

21世纪以来，中国共产党高度重视价值观建设。2006年10月，中国共产党十六届六中全会审议通过的《中共中央关于构建社会主义和谐社会若干重大问题的决定》中明确地提出建设社会主义核心价值体系。党的十八大报告在继续强调加强社会主义核心价值体系建设的同时，在正式文献中首次明确地提出了社会主义核心价值观，并把它概括为三个层面，即国家层面上的富强、民主、文明、和谐，社会层面上的自由、平等、公正、法治，个人层面上的爱国、敬业、诚信、友善。① 2013 年 12 月 23 日，中共中央办公厅专门印发了《关于培育和践行社会主义核心价值观的意见》，指明了培育和践行社会主义核心价值观的重要意义和指导思想，提出把培育和践行社会主义核心价值观融入国民教育全过程、落实到经济发展实践和社会治理中，强调加强社会主义核心价值观宣传教育、开展涵养社会主义核心价值观的实践活动、加强对培育和践行社会主义核心价值观的组织领导。②

除了重视社会主义核心价值体系和社会主义核心价值观建设，我们党还大力提倡弘扬全人类共同价值。2015 年，习近平主席在第七十届联合国大会一般性辩论时发表《携手构建合作共赢新伙伴 同心打造人类命运共同体》的讲话，指出："和平、发展、公平、正义、民主、自由，是全人类的共同价值，也是联合国的崇高目标。"③ 2021 年在庆祝中国共产党成立一百周年大会上的讲话中，习近平总书记提出了伟大建党精神，中国式现代化新道路和人类文明新形态，中国共产党人的精神谱系，发展全过程人民民主，坚持把马克思主义基本原理同中国具体实际相结合、同中华优秀传统文化相结合等一系列新论断、新思想、新命题，并再一次鲜明指出"中国共产党将继续同一切爱好和平的国家和人民一道，弘扬和平、发展、公平、正义、民主、自由的全人类共同价值"④。2021 年 7 月 6 日，在中国共产党与世界政党领导人峰会发表的主旨讲话中，习近平主席发出了"做全人类共同价值的倡导者"⑤的伟大号召。新时代，我们应该充分认识

---

① 本书编写组编著：《十八大报告辅导读本》，人民出版社 2012 年版，第 33 页。

② 中共中央文献研究室编：《十八大以来重要文献选编》（上），中央文献出版社 2014 年版，第 578~588 页。

③ 中共中央文献研究室编：《十八大以来重要文献选编》（中），中央文献出版社 2016 年版，第 695 页。

④ 习近平：《在庆祝中国共产党成立一百周年大会上的讲话》（单行本），人民出版社 2021 年版，第 16 页。

⑤ 习近平：《在中国共产党与世界政党领导人峰会上的主旨讲话》，新华网，2021 年 7 月 6 日。

全人类共同价值的丰富内涵和基本特点，科学把握弘扬全人类共同价值的重大意义，合理寻求弘扬全人类共同价值的途径与方法。

一、充分认识全人类共同价值的丰富内涵和基本热点

放眼世界，我们发现，西方当今社会较为流行的价值多元主义和相对主义断定价值具有多元性、价值观念具有多维性，它们根本上否定了普遍价值和共同价值。与之不同，中国主流意识形态坚持价值的一元论与多元论的辩证统一：一方面从价值的特殊性和相对性出发，一直以来强调培育和践行富有中国特色的社会主义价值体系和核心价值观；另一方面立足于价值的普遍性和绝对性，倡导人类的共同价值和共同价值观，如前所述，习近平总书记在建党一百周年大会上的讲话中鲜明提出了弘扬和平、发展、公平、正义、民主、自由的全人类共同价值。

仔细分析，弘扬全人类共同价值这一重大时代课题向我们提出了三大需要深思的问题。

第一个问题是，价值与价值观究竟是什么关系？

关于价值的本质规定，归纳起来，大致有以下几种代表性观点：一是“本性说”。它认为价值是天生的，像真、善、美、利及其愉快、正义和欢乐等价值项，都是人类本性固有的，是人本能所追求的而非后天获得的。二是“情感说”。它认为价值的源泉在于情感，情感帮助我们感知世界和辨认价值，价值不能测量或计算，只能通过情感和感觉赖以经验、感知、体会。三是“抽象说”。它认为价值是一些抽象的信念、理想、规范、标准、关系、倾向、爱好、选择等，它用来评价某一事物，来源于并反映了抽象的理想价值。价值虽然看不见、摸不着，却能够指导人的思想、支配人的行动。四是“关系说”。它认为价值是一种关系范畴，表示主体与客体之间的相互联系。任何有联系的事物之间都可能存在价值，价值反映了主体与客体的同一性。五是“意义说”或“需要说”。它认为价值是一种关系范畴，表示客体对主体的意义，表示客体满足了主体需要。六是“属性说”或“效用说”。它认为价值是指客观事物的一种有用属性，是事物本身的功能属性。此外，还有“主体性说”、“态度说”和“劳动量说”等。

从狭义上讲，价值可以规定为客体在主客体相互作用过程中满足了人这一主体合理需要、对主体产生积极效应的属性。从广义来说，如果用非常浅显的人类日常用语来表达，价值实际上就是我们平常说的“好坏”，包含善恶、美丑、利弊、得失、祸福、荣辱、优劣、贵贱、有用无用、可爱可恨、妥不妥当、值不值得、应该不应该、重要不重要、轻重缓急等，世界上凡是可以用“好坏”来加以叙述并含有取舍意味的对象，就是价值。那么什么是价值观呢？它有时在学理上指关于价值的理论、知识、学说体系，就像物质观、时空观、历史观等一样，但严格地讲，它是指社会主体对周围的客观事物（包括人、事、物）的意义、重要性的总评价和总看法。它一方面表现为价值取向、价值追求，凝结为一定的价值目标；另一方面表现为价值尺度和准则，成为人们判断事物有无价值及价值大小的评价标准。

无论是和平、发展、公平、正义、民主、自由等全人类共同价值，还是富强、民主、文明、和谐，自由、平等、公正、法治和爱国、敬业、诚信、友善的社会主义核心价值观，它们所包含的和平、发展、公平、正义、民主、自由、富强、文明、和谐、平等、公正、法治、爱国、敬业、诚信、友善等价值项，首先无一不是能够给人类带来利益、好处或意义的，具有客观性的事物，是人、群体的实践活动所造就的良好状态；其次，它们不仅深刻表达了世界各国人民求和平、求安全、求发展、求公平、求正义、求民主、求自由等共同愿景，也体现了当代中国人民和中华民族对这些价值项的基本取向，还是中国社会个人发展和国家发展的理想目标，它们借助于人的意识、思维所认识和把握，就会转化为人的观念形态的存在的东西，从而构成了某种价值观。

第二个问题是，共同价值与特殊价值观究竟是什么关系？

既然我们倡导的是社会主义核心价值观，这就意味着它是具有中国特色的价值观，是一种赋予中华民族特点和深厚中华文化底蕴的价值观。但是我们务必知道，同中有异、异中有同，任何普遍性都寓于特殊性之中，任何特殊性都会体现普遍性。实际上，富强、民主、文明、和谐，自由、平等、公正、法治和爱国、敬业、诚信、友善这些社会主义核心价值观，尽管代表了全球化背景下的中国价值观，但同样展现了全人类所共享共有共求的价值观。只是中国结合自身改革开放和现代化建设实际，结合中华优秀传统文化民族特色，进行了创造性诠释，赋予它中华民族风格、体现社会主义制度优越性、代表广大中国人民根本利益诉求的特定规定性。譬如，与西方所讲的金钱民主、少数人民主、形式民主不同，我们所讲的民主是协商民主、人民民主、全过程民主。

当代价值哲学表明，任何价值和价值观，都既具有一元性又具有多维性，既具有绝对性又具有相对性，既具有客观性又具有主观性，既具有主体性又具有客体性。生活在不同国家、民族、地区的人们，由于所处的历史传统、地理位置、气候条件、人口人种等“土壤环境”的差异，不仅形成了不同的思想观念、生产方式、生活方式、宗教信仰、道德追求、情感模式、风俗习惯等，也产生了特殊的价值观念和系统化的价值观。但是，人同此心，心同此理。由于古今中外的人类拥有共同的人性结构、需要结构、实践结构和社会结构，以及面临着许多人类需要解决而至今尚未完全解决，有些甚至愈加严重的共同性问题——战争、民族矛盾、环境污染、气候变化等，因而世界上不同文明、不同国家之间也蕴含着众多共同的推动人类社会发展的价值观。自古以来尤其是进入现代社会，尽管国际上发生过不少战争、冲突，也存在着种种不平等、不公平、不民主、非正义和专制等现象，但是注重和平、发展、公平、正义、民主、自由成为绝大数国家和绝大多数人民的共同价值愿望，成为人们普遍的价值期待。

第三个问题是，全人类共同价值的现实性与理想性究竟是什么关系？

和平、发展、公平、正义、民主、自由既是重大的时代主题，也是全人类共同追求的价值，“全人类共同价值是人类智慧的结晶，是人类宝贵的精神财富，它反映和代表了最广大人民群众的价值理想、价值愿望和价值追求，成为人类处理人与自然、人与社会、人与人、人与自我等关系的共同价值准则，成为一个国家、一个民族治国理政、管理社会的共同价值原则”①。然而，现实社会与之背道而驰的现象屡见不鲜。拿和平、发展

① 戴木才：《全人类“共同价值”与社会主义核心价值观》，《光明日报》2015年10月28日。

来说，习近平主席深刻指出：“和平与发展是当今时代的主题，也是事关各国人民幸福安康的两大问题。世界各国人民都希望生活在祥和的氛围之中，期盼战争、暴力远离人类。世界各国人民也都希望生活在安康的环境之中，期盼饥饿、贫困远离人类。然而，现实世界并不像人们希望的那么美好，局部战争依然此起彼伏，贫困饥饿依然广泛发生，连绵战火、极度贫困依然在威胁着众多人们的生命和生存，特别是许多妇女儿童依然在战争和贫困的阴影下苦苦挣扎。”① 人既生活在现实中，也生活在理想中，“我们不能因现实复杂而放弃梦想，不能因理想遥远而放弃追求”②。人类总是在良好的价值观引导下，试图不断超越现实而迈向美好的意义世界。和平、发展、公平、正义、民主、自由本质上充分体现了人类对世界和平安宁、经济发展、社会公正、政治民主、个人自由等美好生活的向往，它的核心理念就是“坚持合作、不搞对抗，坚持开放、不搞封闭，坚持互利共赢、不搞零和博弈，反对霸权主义和强权政治”③。

二、科学把握弘扬全人类共同价值的重大意义

面对世界范围内思想文化交流交融交锋形势下价值观较量日趋激烈的新态势，弘扬全人类共同价值具有重要的现实意义和深远的历史意义。

（一）奠定人类命运共同体思想基础

共同体是指基于共同的观念、信仰、利益、态度、情感和价值认同等的人组成的相互联系、相互依存、相互支持，以合作共赢为核心的团体。党的十九大报告呼吁世界“各国人民同心协力，构建人类命运共同体，建设持久和平、普遍安全、共同繁荣、开放包容、清洁美丽的世界”④。构建人类命运共同体，一是需要彼此尊重不同国家的社会制度，包容不同社

---

① 习近平：《在纪念孔子诞辰 2565 周年国际学术研讨会暨国际儒学联合会第五届会员大会开幕会上的讲话》（单行本），人民出版社 2014 年版，第 2 页。

② 本书编写组编著：《十九大报告辅导读本》，人民出版社 2017 年版，第 57 页。

③ 习近平：《在庆祝中国共产党成立一百周年大会上的讲话》（单行本），人民出版社 2021 年版，第 16 页。

④ 本书编写组编著：《十九大报告辅导读本》，人民出版社 2017 年版，第 57~58 页。

会治理模式，而不能将自己的社会制度和治理模式强加于人；二是国与国之间相互尊重、平等协商，走对话而不对抗、结伴而不结盟的国与国交往新路，肯定每个国家奉行独立自主的和平外交政策，坚持走和平发展道路，推动建设新型国际关系，反对所谓的“霸权稳定论”；三是反对“文明冲突论”“文明优越论”，尊重文明和价值观念的差异性和多样性，努力做到利益共享、责任共担，“以文明交流超越文明隔阂、文明互鉴超越文明冲突、文明共存超越文明优越”①。

当代世界，威胁人类命运共同体构建的因素固然很多，但是一个重要原因就是价值多样化，价值观出现了裂变和离散化，绝对权威崇拜和一元化的价值信仰不复存在，代之以一幅多元纷呈的价值世界图景。在多元价值观构架下，许多人丧失了对普遍而崇高的终极价值的委身，造成了价值信仰的虚无和价值标准的错乱，从而使一些人心态紊乱、行为失范，有碍于不同民族国家之间的团结和合作。为此，特别需要我们大力弘扬全人类共同价值，以加强价值整合，把全世界的各个民族、各个国家、各种力量凝聚起来，形成赖以维系的精神纽带和共同的思想基础。这首先是因为，和平、发展、公平、正义、民主、自由全人类的共同价值是构建人类命运共同体的价值观基础，是各国人民共有精神家园的“最大公约数”，它具有强大的凝聚力、号召力和指导力，能够形成全体世界人民的价值共识与思想共识。其次是因为全人类共同价值是凝聚人心、汇聚民力的强大精神动力，它顺应了世界历史发展的大势和规律，具有深厚的历史底蕴和坚实的现实基础，具有强大的现实合理性和生命力，具有强大的道义力量。它所昭示的前进方向契合了中国人民和世界人民的美好愿景，对于人类实现和平发展、平等发展、消除贫困、弥合分歧等都具有强大的推动作用、整合作用、激励作用和导向作用。总之，只有在世界上坚持弘扬全人类共同价值观，才能够达到习近平主席所期望的那样“让和平的阳光驱走战争的阴霾，让繁荣的篝火温暖世界经济的春寒，促进全人类走上和平发展、合作共赢的道路”②。

---

① 本书编写组编著：《十九大报告辅导读本》，人民出版社 2017 年版，第 58 页。

② 《习近平谈治国理政》第一卷，外文出版社 2014 年版，第 282 页。

（二）扩大中国的国际影响力

我国正面临“百年未有之变局”，国际上各种思想文化相互激荡，不同文明交流交融交锋更加频繁，如何提高整合社会思想文化和价值观念的能力，扩大主流价值观念的影响力，掌握价值观念领域的主动权、主导权、话语权，是全人类必须共同解决好的重大课题。

习近平总书记上升到世界文化竞争的高度深刻指出，价值观念在一定社会的文化中是起中轴作用的，文化的影响力首先是价值观念的影响力；世界上各种文化之争本质上是价值观念之争，也是人心之争、意识形态之争，因此要打好价值观念之争这场硬仗。① 这提示我们，世界范围内的竞争，不仅表现为经济、军事等领域硬实力的竞争，也表现为以价值观为要义的文化软实力竞争。

价值观的引导力、整合力、凝聚力、号召力是文化软实力的核心，要提高中国在国际上的影响力，从价值观建设来讲，一方面要对内加强社会主义核心价值观的培育践行，对外积极宣传中国特色社会主义核心价值观，致力于讲好中国故事、彰显中国精神、凸显中国力量，构筑价值防线，坚决抵制西方所谓“普世价值观”的渗透与入侵；另一方面必须提倡和奉行为全人类共同认可的价值观，唯有如此，才能更好地推动中华文明与其他文明之间的交流互鉴、融合共进，彼此才能更好地相互理解、相互认同、相互支持，避免不必要的误解和冲突，减少对中国的误判，弥合不必要的分歧，从而提高中国的文化软实力和对外影响力。

（三）推动中华民族实现伟大复兴

实现中华民族伟大复兴自近代以来就成为中国人民和中华民族最伟大的梦想，也是一百年来中国共产党团结带领中国人民进行的一切奋斗、一切牺牲、一切创造的鲜明主题。要实现中华民族伟大复兴，需要全国各族人民浴血奋战、百折不挠，自力更生、发愤图强，解放思想、锐意进取，自信自强、守正创新，创造出辉煌的社会主义伟大成就，发挥中国共产党

---

① 中共中央文献研究室编：《习近平关于社会主义文化建设论述摘编》，中央文献出版社 2017 年版，第 65 页。

领导这一最大优势，走中国式现代化新道路，创造人类文明新形态，也需要合理价值观的引领、推动、导向和教育。

首先，价值观是调节社会系统的稳定器，能否构建具有强大感召力的价值观，关系到社会和谐稳定、关系到国家长治久安。如果说没有文化的繁荣兴盛就没有中华民族伟大复兴的话，那么由于全人类共同价值是当代中国文化的重要构成，中国的复兴之路需要它的指引和激励，需要中国特有的民族国家价值观，也需要共同价值观所蕴含的文化软实力作强有力的支撑。

其次，能否达到国家和平稳定、经济均衡发展、资源分配公平正义、人民当家作主、公众享受积极自由等价值理想状态，是衡量中华民族伟大复兴的重要标尺，只有真正实现了和平、发展、公平、正义、民主和自由的价值状态，才有充足的理由说真正实现了中华民族的伟大复兴。

实现中华民族伟大复兴任重而道远。它需要像习近平主席所指出的那样“本着对人类前途命运高度负责的态度，做全人类共同价值的倡导者，以宽广胸怀理解不同文明对价值内涵的认识，尊重不同国家人民对价值实现路径的探索，把全人类共同价值具体地、现实地体现到实现本国人民利益的实践中去”①。

三、合理寻求弘扬全人类共同价值的途径与方法

新时代，如何才能更好地弘扬全人类共同价值？一是与培育践行社会主义核心价值观一体推进，二是将全人类共同价值融入社会生活，三是立足中华优秀传统文化，四是注重中国式的价值观外交，五是建立有效的体制机制。

（一）与培育践行社会主义核心价值观一体推进

社会主义核心价值观与全人类共同价值在内容上既有相异之处，如富强、文明、平等、法治、爱国、敬业、诚信、友善等；也有相同之处，如和平、公平、正义、民主、自由等。培育和践行社会主义核心价值观是中

---

① 习近平：《在中国共产党与世界政党领导人峰会上的主旨讲话》，新华网，2021年7月6日。

国凝魂聚气、强基固本的基础工程和根本任务，要努力抢占世界上价值体系的制高点，未来我们应该把弘扬全人类共同价值纳入社会主义文化强国建设和主流价值塑造的重大工程加以谋篇布局，并且共同推进、一体发展，使得二者相得益彰、相互协调。

从宏观层面来说，一体推进弘扬全人类共同价值与培育践行社会主义核心价值观，一方面要推动以社会主义核心价值观为基本内容的中国价值观在否弃中外利己主义、自我中心主义、享乐主义、自由主义、权利过度膨胀、极端个人主义等消极不良价值观的基础上，承接、延续和推进更人道、更合理的全人类共同价值，积极吸收借鉴全人类的文明成果，汲取不同国家、不同民族所特有的和人类共有的优秀价值观建设的精华、经验，把它们作为社会主义核心价值观的重要来源和有益补充，凸显社会主义核心价值观的普遍性、世界性意义；另一方面，应以一种国际视野、全球共识的眼光和魄力，将全人类共同价值与中国传统文化价值观和以社会主义核心价值观为主体的当代价值观相对接、相结合，从中深度挖掘价值资源，以不断丰富、创新和发展全人类共同价值的内容和形式，为人类社会的价值共振、价值共识、价值整合、价值引导提供中国方案、中国智慧。

从微观层面来说，实现弘扬全人类共同价值与培育践行社会主义核心价值观一体推进，要从小抓起、从学校抓起，把法律法规视为推广共同价值与核心价值观的重要保证；发挥新闻媒体的主渠道作用，建设共同价值与核心价值观的网上传播阵地，运用公益广告传播社会主流价值观、引领文明风尚；发挥精神文化产品育人化人的重要功能，开展涵养共同价值与核心价值观的实践活动；发挥优秀传统文化怡情养志、涵育文明的重要作用，弘扬重要节庆日传播全人类共同价值与核心价值观的独特优势。

（二）将全人类共同价值融入社会生活

一种价值和价值观要真正发挥作用，必须融入社会生活，让人们在实践中感知它、领悟它，达到“百姓日用而不知”的程度。全人类共同价值只有被普遍理解和接受，才能为人们自觉遵守奉行。正因如此，我们要通过教育引导、舆论宣传、文化熏陶、实践养成、制度保障等，使全人类共同价值内化为人们的精神追求、外化为人们的自觉行动。

一是把它与人们日常生活紧密联系起来，在落细、落小、落实上下功夫；健全各行各业规章制度，完善市民公约、乡规民约、学生守则等行为准则，使全人类共同价值成为人们日常工作生活的基本遵循。运用感性化、多样化而充满亲和力的表达形式和传播手段，去培育和践行全人类共同价值，推动它的传播、普及，使之植入民众个体日常心理和精神世界之中。

二是要把全人类共同价值的要求融入各种精神文明创建活动之中，吸引群众广泛参与。利用各种时机和场合，形成有利于培育和弘扬全人类共同价值的生活情景和社会氛围。利用重大纪念日、民族传统节日等契机，组织开展形式多样的纪念庆典活动，共同传播核心价值观和全人类共同价值，增强人们对两者的认同感和归属感。

三是重视教育引导。教育引导是培育和弘扬全人类共同价值的基础性工作，应当把和平、发展、公平、正义、民主、自由价值观渗透到学校教育教学之中，体现在学校日常管理之中，做到进教材、进课堂、进头脑；运用各类文化形式生动具体地表现全人类共同价值，借助于精神文化产品潜移默化地影响人们全人类共同价值的思想观念、价值判断、道德情操；广大教师肩负着传道、授业、解惑的神圣职责，是培育和践行全人类共同价值的重要依托，必须以一种全球眼光充分发挥他们在这一方面的教育引导作用，用好课堂讲坛，用好校园阵地，用自己的学识、阅历、经验使全人类共同价值润物细无声地浸润学生们的心田、转化为他们的日常行为，增强学生的价值判断能力、价值选择能力、价值塑造能力。

四是注重实践养成。一方面，培育和践行全人类共同价值要循序渐进，做到“久久为功”，以使人们能够逐渐认知认同。另一方面，要做到知行合一，使全人类共同价值日常化、具体化、形象化、生活化，使每个人都能感知它、领悟它，内化为精神追求，外化为实际行动，从而在理论与实践的统一中切实形成全人类共同价值的思想观念。

（三）立足中华优秀传统文化

在讲到如何培育和弘扬社会主义核心价值观时，习近平深刻指出：“中国人民的价值观和精神世界，是始终深深植根于中国优秀传统文化沃土之中的。”① “培育和弘扬社会主义核心价值观必须立足中华优秀传统文化。”② 同样的，弘扬全人类共同价值，也应当注重从中华优秀传统文化汲取丰富的营养。

越是民族的，越是世界的。虽然中国传统价值观存在某些需要加以剔除的陈旧过时成分，但是时至今日仍具有许多跨越国度、超越时空、与当代社会相契合、具有旺盛生命力、应当加以继承的精粹，在当代中国和世界仍具有现实的指导、教育、凝聚、规范等作用。通过辩证扬弃，它们完全可以融入全人类共同价值体系之中。18 世纪末法国的《人权宣言》和 20 世纪的《走向全球伦理宣言》《世界人类责任宣言》，都把孔子提出的“己所不欲，勿施于人”作为金律纳入其中，这一价值规范也被镌刻在联合国总部大楼大厅的墙上，由此充分彰显了中国传统价值观的独特魅力。中华文明绵延数千年，锻造了自身独特的价值体系，其中蕴藏着与和平、发展、公平、正义、民主和自由六大全人类共同价值理念相同相融相合的内容。习近平总书记多次充分肯定中华文化中的讲仁爱、重民本、守诚信、崇正义、尚和合、求大同等价值观，它们内在地包含着民主、正义、和平等积极健康要素。中华悠久的思想文化传统一贯推崇“以和为贵”“和而不同”“协和万邦”“亲仁善邻”等价值理念，正如习近平所指明的：“中华民族历来是一个爱好和平的民族，爱好和平在儒家思想中也有很深的渊源。……爱好和平的思想深深嵌入了中华民族的精神世界，今天依然是中国处理国际关系的基本理念。”③“和平、和睦、和谐是中华民族 5000 多年来一直追求和传承的理念，中华民族的血液中没有侵略他人、称王称霸的基因。”④ 儒家重视政治道德发展和理想人格塑造，讲究“为仁

① 习近平：《在纪念孔子诞辰 2565 周年国际学术研讨会暨国际儒学联合会第五届会员大会开幕会上的讲话》（单行本），人民出版社 2014 年版，第 13 页。

② 中共中央文献研究室编：《习近平关于社会主义文化建设论述摘编》，中央文献出版社 2017 年版，第 111 页。

③ 习近平：《在纪念孔子诞辰 2565 周年国际学术研讨会暨国际儒学联合会第五届会员大会开幕会上的讲话》（单行本），人民出版社 2014 年版，第 3 页。

④ 习近平：《在庆祝中国共产党成立一百周年大会上的讲话》（单行本），人民出版社 2021 年版，第 16 页。

由己”之类的人的道德自由，提出了“贵公正而贱鄙争”“忠恕所以公平，造德则自忠恕，其致则公平”“非至公无以绝天下之私，非至正无以息天下之邪，非至善无以化天下之恶”的公平正义理念，等等。

中华优秀传统文化所阐释和倡导的价值体系，作为中华民族的良好基因，植根于中国人内心，潜移默化地影响着中国人的思想方式和行为方式。这些引人向上向善的良好价值思想和理念尽管随着时间推移和时代变迁而不断与时俱进，但又有其自身的连续性和稳定性。它们不仅是中华民族文化独特的精神标识，是中华民族生生不息、发展壮大的丰厚滋养，也是涵养全人类共同价值的重要源泉，可以为培育和践行全人类共同价值提供深厚根基、有益借鉴和有效载体。因而，提倡和弘扬全人类共同价值，必须从中汲取丰富营养。假如向世界推广中国传统价值思想智慧，那么完全相信它们可以为防止文化殖民主义、霸权主义侵蚀人类文明筑起一道坚固的精神防线，能够为在尊重文明多样性的基础上实现有机融合、和谐发展提供化解文明冲突的价值基础和全球治理模式，有助于促进世界文明从冲突走向共容与和解。

（四）注重中国式的价值观外交

如果说近代西方社会标榜自由、民主、博爱价值观的话，那么现代西方社会则大力推销自由、民主、平等、人权价值观。一直以来，一些西方国家出于意识形态、宗教、人种等方面的偏见、歧视，而奉行文化帝国主义战略，对域外国家、民族、地区实施文化的渗透与入侵，利用所谓的“普世价值观”强行搞“价值观外交”，威胁他国的文化安全、意识形态安全和政权安全，对此我们理应坚决反对和有力抵制。但是，我们也要从构建有利的国际秩序和建构人类命运共同体出发，直面全球重大议题，大力弘扬以和平、发展、公平、正义、民主、自由为核心要义的全人类共同价值，致力于正当合理、理性平和的中国式“价值观外交”，以提供解决全球问题的价值解决之道。一定要根据全人类共同价值的理念，结合人类命运共同体构建，主动设置和平发展、公平正义、多种民主、理性自由等重大议题，以共同利益关切为纽带，加强人类共同价值的建构、国际规则的博弈和国际机制的重塑，为解决人类面临的全球性问题贡献中国智慧、中国精神、中国价值和中国方案，发出中国声音，提升中国价值领域的国际话语权。只有这样，才能化解西方敌对势力利用价值观外交对我国的围攻和“西化”图谋，才能化解霸权主义和强权政治之苦，才能构建有利于中国式现代化持续健康发展的共享共建、协商合作、普遍安全的国际关系新模式，才能使我们的“朋友圈”越来越广。

（五）建立有效的体制机制

不论是培育践行社会主义核心价值观，还是弘扬全人类共同价值，不仅要靠思想教育、实践养成，也要用体制机制来保障，建立完善良好的体制机制。西方国家虽然执政的党派不断更换，但奉行的价值理念始终保持着一定的稳定性和持续性，其中一个重要原因就是它们的制度设计、政策法规制定、司法行政行为等都置于核心价值理念的统摄之下。未来，我们要发挥政策的导向作用，使经济、政治、文化、社会等方方面面政策都有利于全人类共同价值的培育，把全人类共同价值的要求转化为具有刚性约束力的法律规定，用法律来推动全人类共同价值建设。

感通慈爱的全球价值：从中西的宇宙和人性价值建立人类命运共同体

梁燕城

【摘要】在中国古代，周公用礼乐文化把各国统合起来，建立“文化价值共同体”。春秋以降，礼崩乐坏、文化秩序崩溃，孔孟以道德、仁爱、感通为礼乐的人性基础，重建文化和谐互敬精神。西方文化的根本精神是爱智，柏拉图探寻现象世界之上的永恒不变的理性世界。中西哲人各自思考宇宙人生，找到一些共同的理念，如仁爱感通是人性本体、宇宙性的美好秩序美学、不变理性世界，以及天人恩情共融的宇宙。

社会发展带来了文化、经济、信息、网络的全球化，也带来恐怖主义全球化、暴力全球化、冲突全球化，以及道德精神的衰败。21世纪寻索全球和平，人类须从中西精神文化中，追寻共通价值，建立“文化价值共同体”，使之成为人类命运共同体的精神价值：以理性求真相与真理，用“万事缘起相依智慧”启明全球互相依存的事实，以“己所不欲，勿施于人”的原则彼此相待，以“己欲立而立人，己欲达而达人”彼此相助，用爱人如己的原则彼此相爱。

【关键词】仁爱　感通　人性价值　文化价值共同体　人类命运共同体

【作者简介】梁燕城，香港文化更新研究中心院长。

一、中国的仁爱感通和宇宙性的美学

（一）认识人性来重建价值

周代是用文化统一的大国，礼乐文化代表和谐的理想，但到孔子所在的春秋时代，各国互相侵略兼并，礼崩乐坏，文化秩序崩溃，如何重建普遍价值呢？价值立根在何处呢？孔子是礼乐文化的践行者，寻求礼乐的人性基础，以道德仁爱重建文化和谐互敬精神。

孔子学习礼乐文化知识，深入思考，现实上虽不能恢复古代文化秩序，但文化所代表的价值，并不因礼崩乐坏而失根。礼乐的真精神在人自省及如何去做人的问题中，在忧患意识中；悟礼乐的精神，是在人的互相尊敬中，在人的道德人格坚持中。人如何认识自己呢？那就是说，礼乐精神须立根于人性的自敬和互重，人要认识自己的本质，来重建价值。“子路问成人。子曰：……见利思义，见危授命，久要不忘平生之言，亦可以为成人矣。”这是士与仁者的本质，成人也可指成为仁者。

成人的“成”字，在《论语》均作动词用，指成为一个像样的人，英文可译作 humanization。

孔子发现，礼乐的价值在于使人成为人。他由此提出“仁”的理念，原意就是指像样的人，故孔子评管仲为“人也”，又云“如其仁”。① 《雍也》篇提过“井有仁焉”。这是指井里有人，仁与人通用。《孟子》和《中庸》亦云：“仁者，人也。”可见仁与人通用。郑玄解《中庸》的“仁”字，为“相人偶”，即人与人间的亲爱关系。

（二）仁的体验在感通与克己

1. 以安来定义仁：宰我认为三年之丧太久，孔子问：“于汝安乎？”曰：“安。”孔子说：“汝安则为之。”而后说：“予之不仁也。”②

2. 以感通他人来定义仁：仲弓问“仁”。子曰：“出门如见大宾，使民如承大祭，己所不欲，勿施于人。在邦无怨，在家无怨。”③ “夫仁者，己

① 《论语·宪问》。

② 《论语·阳货》。

③ 《论语·颜渊》。

欲立而立人，己欲达而达人。”① 樊迟问“仁”。子曰：“爱人。”②以人的亲情来定义仁：“孝弟也者，其为仁之本与。”③

3. 克己，以自我反省和恢复他者合理关系定义仁：颜渊问仁。子曰：“克己复礼为仁。一日克己复礼，天下归仁焉。为仁由己，而由人乎哉？”④ 以各种德行来定义仁：子张问仁于孔子。孔子曰：“能行五者于天下，为仁矣。”请问之。曰：“恭、宽、信、敏、惠。”⑤ 子曰：“刚、毅、木、讷近仁。”⑥“仁者必有勇，勇者必有仁。”⑦

（三）孟子建立人性价值

孟子面临的是战国的乱局，霸术兴盛，相对主义流行，不相信人类有普遍的价值。孟子之理想：“我亦欲正人心，息邪说，距詖行，放淫辞。”⑧其基源问题是：如何为仁义立根，以破相对主义。核心就是建立仁的理念于普遍人性之上。

孟子以仁发端于对他人苦难的不忍，“人皆有不忍人之心。……今人乍见孺子将入于井，皆有怵惕恻隐之心，非所以内交于孺子之父母也，非所以要誉于乡党朋友也，非恶其声而然也。由是观之，无恻隐之心，非人也。……恻隐之心，仁之端也”⑨。这是从心灵中呈现恻隐的现象分析，用存而不论的方法，终止利益判断，而凸显仁心之自动流现，而确立其为人类的普遍本性。孔孟从人性共同价值，重建普遍价值，以人性美善来建立中华民族的精神。

孟子指出人性是普遍的。“仁、义、礼、智，非由外铄我也，我固有之也，弗思耳矣。”⑩这是人异于禽兽的普遍人性。这“仁心”，为人的良知，也是一

① 《论语·雍也》。
② 《论语·颜渊》。
③ 《论语·学而》。
④ 《论语·颜渊》。
⑤ 《论语·阳货》。
⑥ 《论语·子路》。
⑦ 《论语·宪问》。
⑧ 《孟子·滕文公下》。
⑨ 《孟子·公孙丑上》。
⑩ 《孟子·告子上》。

种人与人感通的经验。仁，是人与人的恰当关系，也是人与他者的感通价值。

（四）天是有性情的美善本体

“丘之祷久矣。”①孔子也向天祈祷，感通宇宙美善。“天将降夫子为木铎。”②孔子为万世师表，是其天命。“天何言哉，四时行焉，百物生焉。”③ 天是创生不息的。孟子曰：“尽其心者，知其性也。知其性，则知天矣。存其心，养其性，所以事天也。”④ 天与心性同体。

孔子曰：“不怨天，不尤人，下学而上达，知我者其天乎。”⑤ 孔子未能成功改变天下，但天知道他，降命使其在人格和文化奋斗不息。天是有性情的美善本体。孟子曰：“天将降大任于是人也，必先苦其心志，劳其筋骨，饿其体肤，空乏其身，行拂乱其所为。所以动心忍性，曾益其所不能。”⑥ 人经艰苦，是天命降下大责任的经历。《中庸》：“天命之谓性。”

（五）儒家的仁爱感通宇宙

中国主流的儒家文化对宇宙人生的信念，基本上认为宇宙是以仁爱为本体，为人性中的仁义礼智信之本。在上古的文化根源中，仁爱本体称为天，或皇天上帝，是一有性情的真理，创生了万物，也展现一个有道德美善的人文宇宙。

（六）道家哲学思考人的迷执及道的无尽

道家老子指出，偏见来自人的迷执：“五色令人目盲，五音令人耳聋，五味令人口爽，驰骋畋猎令人心发狂。”⑦ “为者败之，执者失之。”⑧ “人之迷，其日固久。”⑨

破除迷执，在领悟道。老子指出宇宙之道超越语言：“无名天地之始，有

① 《论语·述而》。
② 《论语·八佾》。
③ 《论语·阳货》。
④ 《孟子·尽心上》。
⑤ 《论语·宪问》。
⑥ 《孟子·告子下》。
⑦ 《老子·十二章》。
⑧ 《老子·二十九章》。
⑨ 《老子·五十八章》。

名万物之母。”应以无名和有名来标点，因若以“无”来标点，则“名”是一动词，指“称为”，则“无”又如何去“称为”“天地之始”呢？“无名”一词的意思，是超越于语言可表达的。指在语言可描述的世界之前，有独一而虚通的道作为一切之根，道不能用名言表达，是宇宙终极之本体根源。

（七）无为与虚静心

无名的道是万物的规则和根源，人去除迷执才可见道，老子：“为学日益，为道日损，损之又损，以至于无为，无为而无不为。”①“为”字指实行，“为学”是要增加有形式和造作的学习。但实行道是要减少形式和造作。道的实行和作用，是无形式造作的。这像是数学上的零点，不是没有，也不是有。本体上的零，是一切潜能之始，任何作用与事物之实行，在零的始点上不会被窒息。

老子：“致虚极，守静笃，万物并作，吾以观复。夫物芸芸，各复归其根。”②“虚”指不含先存偏见，“静”指心不因所见而起意欲之波动。虚静到极与笃，是心达到完全虚静，是完全无成见及意欲的纯安静，于是即能以无先存观点去察照生活世界，而知世界反复变化的真面目。

（八）老庄论道的天地境界

老子：“有物混成，先天地生。寂兮寥兮，独立不改，周行而不殆，可以为天下母。吾不知其名，字之曰道。”③道是天下之母，即宇宙根源，它寂静寥远，永恒无限，运作宇宙无误，没有名字，只是一切万物所发展的规则。

庄子重宇宙性的美感领悟。《天下》篇描述庄子“独与天地精神往来，而不敖倪于万物……上与造物者游，而下与外生死、无终始者为友”。敖倪指傲视，造物者是创造天地万物的终极大道，与道合一者为“外生死，无终始者”，即在永恒中的人。庄子与最高真理自由飞翔于天地，也成为永生者的朋友，这是最终极的自由，是宇宙性的美感领悟。

---

① 《老子·四十八章》。

② 《老子·十六章》。

③ 《老子·二十五章》。

二、西方的理性精神与恩情感通的宇宙

（一）希腊思想源于惊叹感、理性和个性自由精神

希腊是海洋文化，人面对大海的无定和变幻，大海的凶险巨浪使人敬畏和好奇，希腊文化的“基源问题”，是对宇宙的惊叹（sense of wondering），要求理解经验世界种种变化的规则，控制变幻。希腊哲学家通过欧几里德几何学（Euclid of Alexandria），来找到数学上不变的公理系统，作为宇宙后面的理性真理，以理性真理架构去了解经验世界的秩序，这成为科学思想的根源。西方文化也侧重个性自由及创造力，这成为他们文明不断求真的基本动力。

（二）柏拉图思考数学和永恒真理

柏拉图在哲学中讨论过，数学是一普遍抽象而又有效的规律，这些规律不来自经验世界，因为经验中从来不会有一个完美的几何图形。但奇怪在完美的数学法则又能确当地描述经验所见的世界，甚至可以用来建筑，那么数学是什么东西呢？数学从何而来呢？宇宙为何有数学规律呢？数学只能由人的心灵去体悟，但心灵仅是发现数学原理，而不能创造这些原理，而奇在人的这种抽象思维竟又与宇宙的物理真相完全符合，这一切似乎暗示一种更高的形而上根源，为宇宙和数学的基础。

《美诺》篇里，柏拉图教导没受过教育的奴隶，经过一些暗示，奴隶也能掌握几何学公理。几何图形可见，但公理不可见，是抽象而不变的真理。柏拉图发现数学可具有实用意义，是“一切技术的、思想的和科学的知识都要用到的”①，但同时是必然不变的永恒真理，不来自经验，存在于真理的真实世界。它是“把灵魂拖着离开变化世界进入实在世界的学问”②。

（三）理型论及理性世界

世界上的事物是类似的，每匹马都长得差不多，每棵树都有共同的结构，每个善行都有共通的善性。柏拉图指出，既然世界有那么多相似的事物，一定存在某些共同理念为其模拟的对象。

---

① Plato, *The Republic* 7. 522C.

② Plato, *The Republic* 7. 521D.

从知识论看，理念先于感官感受；从本体论看，如“美本身”“正义本身”“几何图型本身”是不变的，不仅是人类思考的主观意象，更是客观存在的超验实体，这是一切理念的完美根源，是一形而上的理性世界存在。“理性”的古希腊语 eîdos，即 idéa，是一切存在的本体。

柏拉图区分两个世界的存在，一个是理型世界，而另一个是感官世界。感官所感知的一切事物都在不停流变，难以确定真实性，此外，真实的事物如巴门尼德所主张的“存在”，是永恒不变的理型世界，是一切事物的完美纯粹本质，只能被思想所理解。柏拉图在“洞穴比喻”中指出，人将感官世界看作真实存在，就像被捆绑在洞穴中的囚徒，他们只能看到凭借火光照在洞穴墙壁上的影子，将影子当成真实。洞穴外太阳所照的世界，才是真实的理型世界。

（四）亚里士多德论逻辑与范畴及存在实体

亚里士多德发展了希腊的理性精神，建立系统的思维方法，特别是逻辑学，提出三段论式，包括有大前提、小前提和结论三个部分的论证。建立形式的真理，去架构概念运用的真假标准，成为形式逻辑的基础。同时对存在事物，找寻其共通基本模式，而提出范畴论，是网罗一切存在的最广义分类。比如说时间、空间、数量、质量、关系等都是范畴，它们既指我们思想事物的模式或方法（modes or ways），同时，亦指事物实际存在的模式或方法。

“存在”（Being）就是万物的共同性。亚里士多德指出：“‘存在’一词有多个意思……其意是指一事物的‘是’（即其个体是什么），随着是其质、量与其他范畴。……其最原初的意思，很清楚是‘一个事物是甚么’，这是意指其‘实体’。”“实体”代表“在底下者”（the underlying）或“托体”（substratum），是个体性质的存在基础。可以用“这个”或“那个”等直指词项指涉的具体对象，说明其是什么。

（五）理型世界：形式、质料与实体

事物的“实体”是来自形式和质料的结合，“质料”是来自构成它的结构或材质，例如构成房屋的质料便是砖块、石头、木材等。“形式”是一栋房屋的整体结构及规则。两者构成房屋的实体，是具体的东西，实体不同于属性，它不会变；具体属性可以变化，实体却是始终如一的。一栋

房屋的"质料"是其"潜在性"，而房屋的"形式"是其"现实性"。亚里士多德相信语言的逻各斯与存在的事物有着相同的结构，他把柏拉图的理性连结到具体世界，成为事物的形式、质料与实体。

（六）中西可融通的精神价值

中西哲人各自思考宇宙人生，代表人类在不同文化处境下，思考宇宙人生，发现宇宙和人性的深刻价值，包括：

1. 爱：仁爱感通的人性本体。

2. 美：宇宙性的美学领悟。

3. 真：不变理性世界。

4. 关系和谐：恩情共融的宇宙。

（七）文化上的命运共同体

必须重寻一种人性共通点，并探索全球伦理的规则，使众多不同文化可以多元感通，达至和谐并存，全球文化统合为共同体。共同体有三种：

1. 生活关系的共同体

德国社会学家涂尼斯（Ferdinand Tonnies）提出的 Gemeinschaft，译作"共同社区"，指人与人之间的关系是一"活着的整体关系"（living organisms），像有机体般整体相关，其中社会关系是亲密的，精神上是连结的，其信念、行为及尽责任感是共同的。其具体存在包括小区、家庭与私人生活的特性。个人附属在社区，核心制度和机构是家庭、小村落与小城镇。①

2. 国家利益共同体

不同社会和国家为了共同利益而建立的共同体，如欧洲共同体（European Community），共同体指各国间因经济互利关系而建立的同盟，1957 年建立欧州共同市场，即欧洲经济共同体（European Economic Community），1993 年欧洲各国签马城条约（Maastricht Treaty），正式建立欧盟（European Union 简称 EU），除了经济的共同市场外，也有安全上的互相同盟，及政治上的合作。②

---

① 参考 Ferdinand Tönnies. Edited by Jose Harris. *Community and Civil Society*, Cambridge: Cambridge University Press, 2001.

② 参考 John Pinder, Simon Usherwood. *The European Union: A Very Short Introduction*, Oxford: Oxford Univ Press, 2008.

3. 文化价值共同体

中国历史上提出古代各邦国的共同体，可称为“文化共同体”(Cultural Community)，那是周朝统一天下时，周公所创的“礼乐文化”。周代的“天下”，是当时所认为的全球格局，用礼乐文化把各国统合起来，以文化来统一调配，建立各邦国的共同精神价值。周公的构想，是制礼作乐，建立“文化价值共同体”，以礼乐精神来达至共同的文化价值。

礼不是一套法律或行政，却是以道德为本的文化行为，通过“尊尊”的尊重精神，以亲情去建立一种共通的人文内涵，使天下不同氏族与邦国，达至“协和万邦”、以“和为贵”的理想，使各邦国在共同文化价值中和谐并存。与礼并存的另一文化表达是音乐。乐是一种艺术表达方式，配合以文化与道德为本之礼，使人因艺术达至和谐。

（八）中西精神文化建立人类命运共同体

21世纪寻索全球和平，人类须从中西精神文化中追寻共通价值，建立“文化价值共同体”，这是超越血缘共同体与国家共同体，成为人类命运共同体的精神价值。这种文化价值来自人类对宇宙和人性共通的精神性体会，从共通性带来不同文化的互相感通、心灵结合，这并非各国因利益而来的结合，却是因人类在文化价值中体会的仁爱、美感、理性、共融和谐而来的宇宙和人性价值，由之来建造人类命运共同体。

（九）人类命运共同体的哲学理念：感通慈爱

从中西哲学理念找寻共同精神文化价值，中西文化都有“感通慈爱”的思想，指人与人（有时包括人与各种生物），有一种同情共感、休戚与共之情，一种对其他生命的感应沟通，将他者的感受视为自己的感受，把他者的痛苦视为自己的痛苦，形成多元不同中的共同关爱与扶持。

人感通仁爱之性，是宇宙本体在人心性中的彰显，根源基础在太初之道。道是宇宙终极本体，是中西文化价值的共同根源，包括仁爱感通、美感领悟、理性精神及恩情共融的根源。它具有慈悲仁爱性，其性质是恩情感通，其创造行动是以智慧安排万物的数学与理性规则，降天命于人，成为恻隐之人性，其生生化育使天、地、人成为无碍的和谐网络。

（十）老子与孔子的慈与爱及张载的民胞物与

“慈”的概念来自老子的三宝：“一曰慈，二曰俭，三曰不敢为天下先。”《说文解字》：“慈，爱也。”“爱”的概念来自孔子“仁者爱人”，“仁”源自人对自己不孝会产生不安，对他人苦难会产生不忍，因而发现人有一种良心，对他者会有同情共感。

《孟子》及《中庸》均认为这种善性来自天，即宇宙的本性。后来宋儒张横渠将这种同情共感推广为人与宇宙万物的同体性，他云：“天地之塞，吾其体；天地之帅，吾其性。民，吾同胞；物，吾与也。”① 指天地之本体，就是我的本体；天地的主宰，就是我的本性，人民是我的同胞，万物是我的同类。

（十一）宇宙与人性的共同价值

1. 人与人、人与宇宙是相关性的存在，人不是孤立的个体，世界仍有“他者”（others）存在。他者包括其他人和天地万物，彼此相关。“文化共同体”重关系，而不以个体或自我为中心。

2. 在他者共在的世界中，最高价值就是“感通”，人与人、人与天地万物的感通。即人能够切身去感受他人的内心世界，或其他众生的处境，而有同理同情之心。

3. “天帝”即宇宙终极本体，以仁爱美善为其性情，其智慧是构成天地万物的“理性”。因此宇宙是一道德理性的宇宙。

4. 宇宙生生不息，发育万物，是一个不断创生的本体。一切均有天理在其中，天理是万物的规律，也是人间的道德法则，这就称为“道”。

5. 人修养的最高峰，是从自己仁爱本体上发现宇宙之慈爱，天与人性原是同一性质，天地万物可与我共融，此之谓“天人感通”。人参与宇宙之创生变化，“赞天地之化育”。人用信心感通上天之恩情，用理性了解宇宙，用仁心关爱人和万物，努力保持天地万物之和谐，此之谓“保合太和”。

6. 以感通与和谐为本的价值观，其宇宙观是“一体多元”，因多元同根于一体，故多元间彼此相关，互相共融，多元一体。

---

① 《张子之书·西铭》。

7. “一体多元”的文化精神，是一“彩虹文化”，人类各民族的文化，均有其多色彩的表现，是一条条不同的彩虹。这些彩虹又结合为一个大彩虹，就是“人类文化共同体”的大彩虹。各大文明及各族文化，均是大彩虹中的一部分，合一才显明其美丽。“人类共同的彩虹文化”是“人类命运共同体”的文化基础，共同构成全球文明的价值。

三、全球文化共同体与全球伦理

（一）全球化（Globalization）时代带来的重重问题

1991年老布什总统宣布New World Order（新世界秩序），要引导全世界走向以美国为主导的资本主义经济，为全球化时代的开始。全球化是一种全球网络（Global Interconnectedness），不论在组织上、经济上、信息互联上均如此。但全球化也带来全球不平等：

1. 最高三位亿万富豪的资产，是贫穷国家六亿人口GDP的总和。

2. 20世纪80—90年代，16亿人变得更贫穷，70个国家收入降低。

3. 21世纪经济、就业、健康、文化、环保等均更不安全，犯罪也呈全球化趋势。

根据2004年世界发展报告（World Development Report），2002年有500万人口的挪威人均收入是3.87万美元，同人口的塞拉利昂共和国（塞拉利昂Sierra Leone）人均收入仅为140美元。前者是后者个人收入的276倍。2013年联合国人类发展报告（United Nations Human Development Report）指出：“大部分区域的收入不平等现象均有所加剧，而健康和教育方面的不平等现象则有所缓解。”“几乎所有研究结果均认为全球收入不平等现象很严重。”2018年巴黎经济学院发表《世界不平均报告》，检视过去40年的经济数据。全球收入最高的1%的人口掌握的收入由16%增至20%。同时最贫穷的50%的人口仅得到9%的收入。

“911事件”之后，恐怖主义全球化，暴力全球化，成为全球冲突（Clash of globalization）。①美国反恐战，攻打了四个国家，又与伊斯兰国

---

① Stanley Hoffman, *Foreign Affairs*, Vol. 81, 2002.

(ISIS)及阿尔盖达(Al-Qaeda)战斗，卷入多国战争之中。

(二)“生活世界的殖民地化”及网络文化的问题

哈贝马斯提出“生活世界的殖民地化”，描述当代公众领域的沟通扭曲。他在其沟通行动的理论中，指出生活世界(Lebenswelt，英译Life-world)是一切沟通的背景，支持一切的理解过程，是反省之前的“前反省”(pre-reflective)状态，为所有语言、意义及社会关系的根源。

生活世界转变为刻板的工具化程序，生活被计算化、数量化、单位化。在工具理性为主导的系统中，生活被金钱与权力所操控，本来多样化的生活世界，遂被化约于简单可计算的金钱与权力两个范畴中，变成其殖民地，哈贝马斯称为“生活世界的殖民地化”(colonization of the lifeworld)。后果是使生活失去了意义，变成碎片(fragmented)，人则被物化(reification)。

随着传播科技的发展，从广播到电影，从电影到电视，从电视到电脑，从电脑到互联网，各种不同的传播科技，带来不同的“群众文化”(mass culture)，形成不同的沟通扭曲。

自从互联网出现以后，人类知识不再受时间与空间限制，但会传播假信息、假知识。而且互联网中也有很多让人沉迷的游戏和色情图片之类。后果是年青一代知识不增反减。

美国文化学者马克·鲍尔莱恩(Mark Bauerlein)在其《最愚蠢的一代》(*The Dumbest Generation*)一书中根据多项调查的结果指出：“今日年青美国人并不比上一代更有学识与技能，也不更有知识、更流利、更先进、更探索，他们只熟习青年文化。……他们阅读很少，不看书也不读报。……事实上连科技程度也低于一般水平，特别是应用在研究与工作上更不行。”这是愚蠢的一代。

(三)政治自由主义(Political Liberalism)与自我中心主义带来的社会代价

后现代文化与西方自由主义结合，是自我中心主义(egoism)。西方文化在20世纪70年代反战运动以后，就抛弃其立国精神，改信自由主义的自我中心观(egoism)，本质上是虚无主义与相对主义，否定任何普遍性的认定，包括否定普遍人性、人伦及家庭的价值。认为自我自由凌驾所有价值，自我中心的判定高于一切。其意识形态是什么都不信，只信自己。

极端自由主义与自我中心主义发展，引致精神文化与道德的崩落。其原因是性解放运动的兴起，西方自20世纪60年代放宽色情管制及使同性恋非刑事化，至20世纪90年代，暴力罪案增加了560%，私生子多了400%，离婚率增加了四倍，青少年自杀率增加两倍以上，而这期间人口增幅仅为41%。由此可见社会拆散道德之后付出的沉重社会代价。①

如今出现了数万亿美元的色情业，特别是互联网的普及使色情侵蚀到每个家庭。美国科技博客 Business Insider 2014 年调查结果显示：色情网站占全球网站整体数量的12%；每秒钟有28258人在观看色情网站；差不多有4千万美国人有浏览色情网站的习惯，现在的小孩从11岁就开始看色情网站。世界上最大的色情网站每月有44亿的访问量。在现实生活中，很多美国年轻人经常举行性派对，甚至出现群交场面。

（四）人类命运共同体的全球伦理

进入2020年，新冠肺炎疫情带来很多危机，富国因病疫而经济下滑。但病疫迫使强国放弃政治对立，重新注重人类命运共同体，根据各国的力量抗疫。此中更须找寻一种全球伦理，综合全球不同精神文化的资源，来为人类命运建立价值。全球伦理可综合为天、地、人三伦的互动。三伦之道如下：

1. 人伦——以感通之人为本，通“天”和“地”，建立道德和人伦价值，包括人的良知、仁爱恻隐、保卫家庭亲情及促进社会人际关系的和谐。

2. 地伦——以自然整体之道为本，通“天”和“人”，建立绿色伦理，保育大地生命及环境。

3. 天伦——以感通的天道为本，以宇宙恩情通“人”和“地”，建立天人感通、天人和谐的信仰，推动灵性更新、敬畏宇宙真理、尊重他人的不同思想，开展关爱困苦、改善人间不公平的行动。

---

① 详尽数据参考 Graham Health, *The Illusory Freedom: The Intellectual Origins and Social Consequences of the Sexual "Revolution"*, London: William Heinemann Medical Books Ltd., 1978。

“大同”理念与联合国宪章

——中国传统文化与人类和平共识

秦彦士

【摘要】 在全球经济一体化不断加速的同时，一方面各个国家和不同民族的人民之间日常往来与友好交往日益密切，但另一方面国际之间的政治、军事、外交的冲突也呈现出不断恶化的趋势，尤其是某些坚持强权主义国家的领导人为了继续维护自己过去的霸权地位，在国际事务中采用双重标准，使得国际上的冲突更加复杂化。在这种情况下，回顾联合国成立以来的历史，重温中国古代的“大同”思想，寻找这些思想与联合国宪章中体现的人类千百年来形成的和平理念的共同点，并建议以此作为处理国际事务的基本原则。同时总结联合国成立以来的重要作用以及出现的一些教训，这样，不仅可以为我们找到不同民族和谐相处的共同基础，而且能够为世界和平提供有益的启示。

【关键词】 大同　“二战”　联合国宪章　“国际规则”

【作者简介】 秦彦士，四川师范大学文学院教授，山东大学儒学高等研究院特聘教授。

引言：战后和平与冲突的回顾

当今世界呈现出多样性、复杂化的倾向：自从第二次世界大战爆发之后，人类已经度过了半个多世纪的总体和平时光，各个国家、各个民族之间的正常经济贸易与人员的往来也日益密切。但另一方面，随着苏联解体，美国独大，它对中国、俄罗斯的打压不断增加。在中东以及印巴、朝韩等矛盾斗争热点地区之间的冲突也始终没有停止。当代一些新的冲突甚至局部的战争更是呈现复杂多变的特点，这些局部的冲突规模虽不大，但破坏性依然巨大。当代的冲突多样化与复杂性使得我们不能不反思人类社会的未来走向：依靠科学技术的巨大进步，人类在生产方式与物质经济方面取得了巨大的进步，但另一方面人类精神道德的进步远远不能与之相匹配。“二战”之后的半个多世纪以来，虽然没有爆发新的世界大战，但国家与地区之间的矛盾冲突不断：除了诸多地区的矛盾激化，巴以之间持续了两千多年的激烈冲突至今不见根本性的好转，“卢旺达大屠杀”更显示了民族冲突带来的巨大破坏。虽然核战争的巨大破坏使得拥有核弹的国家不敢轻易使用，但其“小型化”的技术发展带来更大危险。战后虽然有了联合国这个协商与调解国际冲突的平台，它曾经发挥过重大的作用，但与其成立之初制定的联合国宪章理念相比还有很大的差距。各国之间本来应该在联合国这个平台上加强合作，但实际上因为经济利益、政治利益以及宗教矛盾发生各种冲突，甚至爆发了局部的热战。由于高科技武器的杀伤力不断增加，这样的冲突与战争虽然规模不大，产生的难民等人道主义危机却不断发生，甚至有可能带来难以控制的灾难性后果。有鉴于此，寻求不同利益群体的共生共赢、意识形态间的相互尊重、多样文明的共同发展是当今社会亟待解决的问题。

在这种背景下，回顾中国古代的大同思想，寻找其与全球公认的联合国宪章思想的共通性，对于解决人类冲突进而构建和谐世界具有重要的意义。

一、“大同”理念的产生及其与联合国宪章的共通性

春秋战国时代，中国历史上一直有频繁爆发的战争，但与此同时也产生了源远流长的和平思想。从最早的《周易》《诗》《书》到战争结束之际的诸子著作中，这种思想不断地出现。比如《易经》的《咸卦》就说：

"天地感而万物化生，圣人感人心而天下和平。"自此，《周易》中蕴涵的"保合""太和"的精神，就成为中华民族文化的首要价值和精髓。《尚书》的《尧典》中"协和万邦"这种深富和平理念的思想也成为此后国家之间相处的共同原则。数千年之后和平共处五项原则是中国处理对外关系的基本准则。此外，在《诗经》这部经典文献中有大量的"反战诗"，对于战争苦难的揭露传达出中国人厌战的情绪，这些表达古代人们对和平生活向往的诗篇一直影响到世世代代的中国人。其中有代表性的是《小雅·采薇》，作为出征远方的士兵在归途中所赋的作品，其中的诗句表达了对侵略者的怨恨，展露出对残酷战争的控诉与对和平的向往。即使在处理战争事务中，中国人也显示了作为"礼仪之邦"的民族对于战争的态度。《周礼》中明确了以"九伐之法"作为发动战争的基本依据，并成为战前誓师的重要礼仪，其目的正在于凸显战争的正当性，抑制战争不可避免的残酷性因素。《左传·隐公六年》："亲仁善邻，国之宝也。"这一和平思想与《尚书》"协和万邦"交相辉映，成为中国人长期以来处理国际之间事务的重要原则。

在诸子著作中，和平思想也是一种具有高度共识的理念：道家反对人与人之间的竞争乃至斗争。老庄都主张人际和谐，即淡化人际矛盾，消除人际隔阂，超越了偏狭的人伦局限。而且，道家期望统治者做出表率，使民不争。不仅提倡以"不争"的原则来消解人与人的竞争，并且明确提出了反对战争的思想。对于战争，老子直接指斥为"兵者不祥之器，非君子之器"(《道德经》)。庄子也说："三军五兵之运，德之末也。"(《庄子·天道》)就是在中国古代的兵家中，"慎战"思想也是全世界军事家中最为突出的。《孙子兵法》开篇就说："兵者，国之大事，死生之地，不可不察也。"《司马法》首篇《仁本》也明确提出："国虽大，好战必亡。"① 兵家具体的和平思想包括：(1) 以禁暴除乱和保国安民为战争的终极目的；(2) 以"不战而屈人之兵"为战争获胜的理想结局；(3) 以"修道保法"和赢得人心为战争获胜的坚实基础；(4) 高度重视智谋的作用并以之作为克敌制胜的重要手段；(5) 以强大的经济、军事实力和常备不懈为和平的可靠保障。

① 王震：《司马法集释》，中华书局2018年版。

在古代思想家中，尤其以儒家及墨家的和平思想最为系统。“和”是儒家“内圣”之中庸的基本原则或第一要义：“和也者，天下之达道也。”（《礼记·中庸》）“和”是孔子提倡的一种为人处世的态度，“君子和而不同，小人同而不和”（《论语·子路》）。“和而不同”也是儒家理想人格的最基本修养。儒家主张和为贵。这种“和”的精神贯穿于儒家的“仁义”思想之中。儒家对己对人、治国治民的仁恕之道，曰“己所不欲，勿施于人”，也必然要求人际与国际的和平相处。

而墨子更是以《兼爱》《非攻》等著述全面系统地阐述了墨家的和平思想。墨子怀着“摩顶放踵利天下”的救世情怀，在理论与实践中贯穿了他的兼爱精神和理想追求。墨子一方面真实地刻画了战争之不义，另一方面则理性分析了战争的危害，列举了支付备战成本、影响政府运转、耽误平民生产、制约人口繁衍、损失人员物资、耗费后勤运输等各种各样难以计数的战争成本，甚至胜利方也不过是“亏不足而重有余”，得不偿失。“兼爱非攻”理论不仅探讨从制止战争的“消极和平”进而深入到通过解决贫富不均等社会矛盾以便从根源上消除战争的“积极和平”理念，而且站在“国际伦理观”的立场，超越了当时普遍奉行的国家自私自利观念，成为对攻占理论的强有力批判，从而体现了它的现代价值。

到了战国中后期，上述和平思想理念升华成为中国古代和平思想的结晶——“大同”思想，从此，这个伟大的思想成为照耀中国人达成理想世界的最耀眼灯塔。“大道之行也，天下为公。选贤与能，讲信修睦，故人不独亲其亲，不独子其子，使老有所终，壮有所用，幼有所长，矜寡孤独废疾者，皆有所养。男有分，女有归。货恶其弃于地也，不必藏于己；力恶其不出于身也，不必为己。是故谋闭而不兴，盗窃乱贼而不作，故外户而不闭，是谓大同。”

这种伟大的理念包含了几种具有现代价值的重要思想：第一，人类是具有高度理性的生物，思想与道德是指引人们通往理想世界的路标；第二，人类可以通过和平互助而不是运用恶性竞争的方式来解决当前面临的各种矛盾冲突，进而达成理想的生活方式；第三，要实现人类的理想，具有道德能力的领袖人物必须被选拔出来，并承担巨大的责任。这些思想理念在今天依然具有巨大的现实价值。

自从“大同”被提出之后，它就对中华民族产生了重大而深远的影响：汉代的“和亲”政策与北魏时期的汉民族与少数民族文化的融合成为这个伟大思想的社会结晶。除此之外，中国化的佛教也秉承我们的民族传统中的和平思想，将域外的文化与我们的本土文化之间的矛盾进行化解，从而实现了异质文化伟大的创新性融合。此后，佛教众生平等的思想也对我们传统的和平主义增加了新的情感而深化了其中的文化意义：首先，佛家的平等意味着相互尊重，易于建立人际关系的和谐。其次，佛家平等意味着相互理解、谅解，进而导致互相宽容，不至于兵戎相见。此外，佛教还认为，以眼还眼，以牙还牙，以暴制暴，斗争和战争就不会终止，而容忍、宽容则有助于化干戈为玉帛。

本来在儒墨两家思想产生之后，两大“显学”曾经进行了长期激烈的思想斗争，然而，在战国时代社会矛盾与战争冲突不断加剧的背景下，它们也与诸子思想在“譬犹水火，相灭亦相生”的争论与融合中相互吸收，进而碰撞出新的火花，其中最闪耀的思想结晶就是《礼记·礼运》的“大同”理念。这个光辉的思想一经提出就在社会上发挥了重要的影响，并穿越千年一直影响至今。这种历史经验可以为我们提供当代的重要启示：曾经被视为水火不容的“异端”思想，依然可以在“相灭相生”的思想碰撞中创造性地有机融合，这在今天能够为不同种族、国家、地区的人们提供和平共处的深刻启示。

中国古代以“大同”思想为代表的和平理念不仅历久弥新，而且与诞生于近代的联合国宪章中的“自由、平等、团结、容忍”“开放公平”“消除贫困”“尊重大自然”等思想基础之上的和平精神具有高度的共通性。在当代，国家、地区、民族的矛盾冲突持续不断，尤其是在毁灭性的核战争威胁之下，我们通过比较东西方的战争与和平的历史，可以找到化解矛盾冲突与战争的有效方法，使我们通过求同存异，让古代的智慧在今天发挥新的作用。

二、西方战争与和平的历史启示——从古代、近代的战争和平探讨到康德的“永久和平论”

在西方，与中国相同的是，一方面历史上有长期的战争，但另一方面也有对于和平的不断探讨。

在古希腊时代，雅典与斯巴达爆发了多次的战争，但其间不仅有“奥林匹亚”运动会期间的短暂休战，也有联盟之间停战条约的签订。从古罗马时代一直到近代，欧洲各国不断爆发战争，但也有因为各种原因而带来的休战与停战条约的签订。欧洲的三十年战争之后诞生了《威斯特伐利亚和约》，尤其是第一次世界大战带来的惨烈死亡与破坏，更是让人们反思战争的危害以及如何缔造和平；《凡尔赛条约》虽然充满了不平等，但各个主要参战国的妥协也是各国人民对战争的厌恶与战后和平探讨的结果。

在漫长的历史时期里，更多的哲学家、思想家、宗教家也在不断地探讨如何减少和消除战争，建设人类的和谐理想社会：亚里士多德认为，人应该过有道德的生活，理想的社会就是政府必须为人民创造幸福的生活；罗马时期的哲学家与法学家也对国内外的战争与和平的问题进行了不断探讨，尤其是罗马法更是对后世产生了深远的影响。中世纪除了欧洲政府的“领地和平”，还有教会发起的“神命休战”。此后更加具有广泛影响的是格劳修斯通过系统研究，撰写出《战争与和平法》这部影响后世十分深远的著作。康德则在其哲学与宗教研究的基础上提出了“永久和平”的概念，他认为，人类道德的至善并不能通过单个人独立追求自己在道德上的完善来实现，而是必须将单个的人通过特殊目的组成一个共同的联合体。只有通过这种联合体，人类道德的至善才有可能实现。包括卢梭的“契约论”与平等思想的探讨成果、孟德斯鸠对政体的研究和“百科全书派”对于自由民主思想的探讨，以及英国霍布斯、洛克等人“达到和平和安全”的“自然权利”的研究成果都是人类和平影响的重要成果（当代研究黑格尔思想的美国著名学者 A. 麦金太尔认为：正义和其他所有德性因此都被还原为我们对于和平的欲望。①）这些理论不仅给后世的欧美社会以深刻影响，相关的国际法与和平理论更是直接影响到联合国的观念。正是由于这一系列的努力，才有了后来联合国的组建以及联合国宪章的诞生。

三、第二次世界大战和联合国的产生与作用

1. “二战”与雅尔塔会议

联合国产生的直接原因是第二次世界大战。“二战”造成的人类史无前例的大屠杀与巨大的破坏使得全世界反思怎样才能制止战争、实现和平。当时的反法西斯的同盟国领袖即美、苏、英等国的首脑（包括中国的部分参与），开始商讨如何尽快战胜德国和日本的军国主义势力，开创战后的和平。在这种背景下，雅尔塔会议最终确定了战后世界的基本格局。这个重要会议一方面确立了联合国的建立及其重要的理念的产生，但另一方面也建立了由强权主宰世界的格局。中国作为战胜国，自己的利益反而在不知情的情况下被剥夺，由此也预示了联合国未来将产生的局限。

2. 联合国宪章的理念及其深远影响

相对于第一次世界大战产生的“国联”，联合国的理念及其产生的影响都是完全不可同日而语的。其特点表现在：“一战”主要是在欧洲国家之间进行，后来虽然波及其他地区，但战争的规模与地域都无法与“二战”相比，因此战后的安排虽然有美国的参与，但它对于全世界的影响也主要局限在欧洲；其二，“国联”虽产生于战后“协约国”的安排，但由于法国与英、美等国家的分歧过大，所以达成的条约也只能是不得已的折中安排，其结果就是它不仅对战败德国的约束非常有限，而且埋下了后来“二战”的祸根；其三，正是由于上述原因，“国联”的寿命也非常短暂，所以它的影响也就十分有限。这和“二战”之后的联合国相比有明显的差异。

联合国产生的最主要背景是对两次世界大战的反思以及未来国际秩序建立的构想，而其思想的依据是近代西方的“理性”“自由”“民主”等

---

① 史蒂芬·B. 史密斯：《黑格尔的自由主义批判：语境中的权利》，杨陈译，华东师范大学出版社 2020 年版。

思想。其最重要的影响就是格劳修斯的《战争与和平法》，特别是康德的“永久和平”思想。而恰恰是在这些方面，我们看到了它与孔子、墨子为代表的中国古代哲人的和平思想具有的共通性。比如康德认为，一方面，人类的理性有限，只有上帝才能够为经验科学提供指导；另一方面，人类的至善不能通过单个的人独立追求自己的道德完善而实现，因此必须将理性的人组成共同联合体（这正是联合国宪章的重要理论基础），这与孔子的“仁爱”“和而不同”“四海之内皆兄弟”以及墨子的“兼爱”“非攻”“尚同”思想的内涵与目的具有根本的相通之处。同时，康德的自律、平等和国际伦理共同体的理念更是与墨子的修身、兼爱及其所蕴含的国际伦理思想具有相当的可比性。① 所以，联合国尽管有许多局限，但它毕竟是人类历史上第一次汇集了各个民族和平的思想传统，并寻找到了一个大家共同认可的方向。更重要的是建立了一个全世界各国就重大事务进行协商和交流的平台，特别是在爆发冲突的时候能够为各方在这个平台上通过和平的方式找到解决问题的有效途径。相比过去“国联”的局部影响与短暂的寿命，联合国在理论与实践两个方面都显示了巨大的进步。

3. 联合国宪章的精神理念与中国和平思想的共通性

联合国宪章开宗明义就提出了它的重要宗旨：“欲免后世再遭今代人类两度身历惨不堪言之战祸，重申基本人权、人格尊严与价值，以及男女与大小各国平等权利之信念，创造适当环境，俾克维持正义，尊重由条约与国际法其他渊源而起之义务，久而弗懈，促成大自由中之社会进步及较善之民生，并为达此目的力行容恕，彼此以善邻之道，和睦相处，集中力量，以维持国际和平及安全。接受原则，确立方法，以保证非为公共利益，不得使用武力，运用国际机构，以促成全球人民经济及社会之进展。”这个重要的宗旨体现了对人类历史尤其是对死亡人数与财产破坏远超“一战”的第二次世界大战的深刻反思，表达了全世界人民对于和平的强烈渴望，这就使得联合国成为战后维护世界和平的重要平台。虽然创建联合国

① 郑仁在《墨家的和平思想》中认为，墨子的“兼爱”“非攻”思想因其突破了当时各国的局限，因而具有“国际伦理性质”。参见张知寒主编：《墨子研究论丛》，山东大学出版社 1993 年版。

的几个大国也有明显的观点和利益的分歧，但由于在大的目标上的一致性，更重要的是这个宗旨反映了人类共同和平的诉求，同时也由于它聚集了世界上更多国家的力量，所以联合国不仅更具有生命力，其所起的作用也比“国联”要大得多。

而恰恰是在这些方面，我们看到了联合国宪章 与“大同”思想为代表的中华民族和平思想具有相当的共通性：其一是坚决反对战争的残杀；其二是主张人与人之间、国家与国家之间的平等相处；其三是促进民生的改善与提高。

山东大学的曾振宇教授在他最近所主编的《汉字中国》丛书中说，中国本土哲学与文化形态中的概念、文字和词语是中国哲学与文化的“结晶体”，依据这个形象而深刻的比喻，我们可以说，像“仁爱”“兼爱”以及整合儒墨和平思想的“大同”理念这些中国哲学与文化的“结晶体”，浓缩了中华民族数千年以来形成的文化特质与和平性格。在当代，这些概念与联合国宪章中的“自由”“平等”“人权”等西方文化的结晶一样，都反映了人类长期追求幸福生活的美好愿望，可以成为当今世界人类反对战争实现和平的共同基础。

然而，在实践中我们也不能不看到，尽管有这些美好的愿望，但在执行这些条文即实现联合国宗旨的制止战争、维护和平的行动中，联合国的一些重大行动受到了种种干扰和破坏。

联合国成立以来在维护世界和平方面做了许多工作，联合国的维和部队至今仍然在非洲和其他热点与冲突地区发挥着重要的作用；尤其是联合国的粮农组织与教科文组织在解决世界性的饥饿和不同国家、民族的交往方面发挥了重要的作用。但另一方面，由于诞生之初就形成的美、英、苏几个巨头的利益妥协的种种局限也使得联合国的作用受到极大的限制。要更好地发挥联合国的作用，必须针对过去的问题进行改革，尤其是要强调坚持联合国宪章中的各国平等协商处理国际事务的原则。

联合国曾经有一个对于人类战争、冲突根源的认识——战争源于思想，这个认定虽然未直接涉及战争背后的深层次的民族、阶级、经济、宗教利益的冲突与争端（其实思想正是各种利益冲突的反映），但能让我们反思人类历史上在各种口号之下的暴行以及各种战争。从每一次短暂的小规模冲突到造成大规模死亡的浩劫中，战争的发动者都会找到“正义”与“神圣”的借口，而成千上万的战场上厮杀的人群则在这种口号之下丧命黄泉。从雅典与斯巴达人的战争到当代美国侵略伊拉克的两千多年中，战争一直这样上演。所以联合国虽然在理论上提出了全世界普遍接受的和平理念，但由于它的强国意志的先天不足，就使得其在解释《宪章》的内涵尤其是在具体开展维护和平的事务中出现了诸多的弊端。尤其是在实践上，一些国家依然秉持强权思维，以各种借口特别是打着“思想正确”的幌子干涉别国内政，在世界上制造了许多问题与冲突。如果要真正发挥联合国的作用，我们必须对这些重要的问题进行必要的反思，并找到解决问题的有效方法。

四、对联合国作用的反思

在联合国成立之初的两大阵营的意识形态对立情况下，在一些重大的国际问题上联合国的作用受到极大限制，这在战后不久最先爆发的以色列与阿拉伯世界的冲突中表现得极为明显。在英国的倡议以及美国等国家的支持下，联合国制定了巴以“两国分治”的方案。根据这个决议所设计的蓝图，“阿拉伯国”（即巴勒斯坦）国土面积 11203 平方公里，约占当时巴勒斯坦总面积的 43%，人口中阿拉伯人为 72. 5 万人，犹太人为 1 万人；“犹太国”国土为 14942 平方公里，约占巴勒斯坦总面积的 57%，人口中阿拉伯人为 49. 7 万人，犹太人为 59. 8 万人。决议还规定：成立耶路撒冷市国际特别政权，由联合国来管理。这个《决议》明显违背了联合国宪章的基本宗旨，尤其是“民族自决”的原则。

联合国宪章规定：一个国家的分裂或统一，应由当地居民投票表决，联合国尊重当地居民的意志和选择，即所谓“民族自决权”。联合国承认东帝汶从印尼独立，就是根据当地居民投票表决结果做出的“民族自决”的判决。

在巴勒斯坦问题上，按照联合国宪章，本也应该采用“民族自决”原则，让巴勒斯坦的当地居民投票做出自己的选择。可是联合国在处理巴勒斯坦问题时，完全无视当地大多数阿拉伯居民的意志，由英国、美国和苏联越俎代庖，为巴勒斯坦人做了选择。而巴勒斯坦的阿拉伯居民则被剥夺了“民族自决”的权利，自己无权决定自己的命运。根据这个决议所设计的蓝图，即所谓的“两国分治”的方案中，阿拉伯国的领土支离破碎，互不相连，大部分是丘陵和贫瘠地区。决议内容明显偏袒以色列。在联大宣布通过巴勒斯坦分割方案后，埃及等阿拉伯联盟的代表集体退出会场，表示抗议，并拒绝承认联大 181 号决议。这样，在巴以建国之前就已经埋下双方仇恨的种子，后来至今延续不断的战争与冲突也就成为必然。直到今天，巴勒斯坦的土地不断被侵占，而且至今仍然没有正式立国。

有时联合国甚至沦为美苏斗争的工具。比如，在朝鲜战争时期，联合国的相关决议明显偏袒西方国家。后来在美国操纵下通过《联合国安理会 81 号决议》等文件，并组建“联合国军”对朝鲜进行武力干涉，甚至将战火烧到了鸭绿江边（美军甚至对中国境内实行轰炸）。2010 年，《外交政策》杂志的科伦 · 林奇（Colum Lynch）批评第 82 号决议案是历史上最糟糕的十个联合国决议案之一。苏联不再抵制安理会后，就开始一再使用其否决权阻止任何对朝鲜不利的决议案通过。作为回应，美国国务卿艾奇逊向联合国大会提议了一个新的程序可以让成员国绕过安理会寻求联合国大会的批准，包括建议运用武力，这就是之后获得通过的联合国大会 377 号决议。这个决议允许成员国在安理会无法通过一项决议时召开开放式的联合国大会紧急特别会议，以解决对国际和平与安全的威胁。林奇在文章中写到，这一规则的建立对美国带来了意想不到的消极后果。

如果说朝鲜问题还仅仅局限在东亚的局部地区，那么原子弹的威胁则成为全世界担忧的“达摩克利斯剑”。在朝鲜战争时期，美国在战场上受到有力反击的时候，曾经威胁要使用原子弹；在“古巴危机”期间，美苏剑拔弩张时的几次严重的冲突，都使得全世界人民对爆发核战充满了担忧。有鉴于此，全世界许多地方都爆发了反对核战的游行示威。尤其是在 1955 年，由科学家罗素倡导发起了主要由诺奖获得者签署的《罗素—爱因斯坦宣言》，这个宣言在全世界产生了巨大的影响。《宣言》明确指出：“在人类所面临的悲剧性的情况下，我们觉得科学家应当集会对这种由大规模毁灭性武器所引起的危险做出估计，并且按照所附草案的精神进行讨论，以达成一项决议。”（爱因斯坦还明确提出：“以超越国家法律为依据的超国家权力是避免战争的唯一手段。”① 这也是与联合国建立的国际共识是一致的。）宣言所指的科学家会议是由东西方科学家参加的国际会议。面对大规模杀伤性武器给全人类带来的危险，需要来自不同阵营的科学家保持客观中立，共同探讨对策。宣言发表之后不仅在全世界产生了巨大的影响，而且直接促成了由工业界伊顿资助的“帕格沃什科学与世界事务会议”，提出了在核战争的威胁之下如何维护世界和平的主张与具体建议。世界上甚至形成了“帕格沃什运动”。从召开首次“帕格沃什科学与世界事务会议”至今，总共举行了60多届帕格沃什会议年会。帕格沃什会议早就发展成为经久不衰的以科学家为主导的国际和平运动，显示了全人类对于和平的渴望。

与此同时，中国古代的和平思想也得到世界上越来越多的有识之士的认可：比如罗素就认为，中国人无论是个人还是整个民族都是很谦恭的。他们的自豪感来自自信，中国人认为国家的强大不是来源于军队的强大，而是主要来自民族的素质。“我认为，中国人从心底里认为自己的国家是世界上最伟大、最文明的国家……他们一定会创造出一种新的更加灿烂的文明。这种新文明将比我们西方人现在所能创造出的任何文明更令人神往。”“在中国人所有的道德品质中，我最推崇的是他们平和的气质，这种气质使地们在寻求解决争端时更多的是讲究平等公正，而不是像西方人那样喜欢仰仗实力。”马克思·韦伯也指出，以儒家为主导的中华文化是“和平主义性格”的，它与西方新教的扩张性性格截然不同。英国著名历史学家汤因比在与池田大作对话的时候，也都认同孔子与墨子为代表的中国古代和平思想，尤其认为墨子的兼爱思想更加符合当代人类的需要。李约瑟的《中国科学技术史》明确指出中国古代有许多战争，但没有军国主义。当代“和平学之父”约翰·加尔通在对东西方历史文化的深刻研究之后认为，中国历史的发展证明：中华民族的文明自古以来就是一个和平思

① 爱因斯坦：《对战争起因的看法》，《爱因斯坦文集》，商务印书馆2010年版。

想成为主流的民族，中国没有对外扩张的传统，尤其是汉民族的儒家“和合”传统更是一直影响着中华民族文化。

然而，由于近代以来的经济文化的交流主要是经由西方殖民主义的扩张而产生的，所以尽管由美英等西方大国为主建立起来的联合国宪章明确规定了国与国之间的平等原则，但在实际上美国等强权国家长期违背了联合国宪章的相关规定，比如宪章的第二条对国际之间的关系作了明确的四个方面规定：第一，本组织系基于各会员国主权平等之原则。第二，各会员国应一秉善意，履行其依本宪章所担负之义务，以保证全体会员国由加入本组织而发生之权益。第三，各会员国应以和平方法解决其国际争端，避免危及国际和平、安全及正义。第四，各会员国在其国际关系上不得使用威胁或武力，或以与联合国宗旨不符之任何其他方法，侵害任何会员国或国家之领土完整或政治独立。但美国依仗自己的强大实力长期扮演“世界警察”的角色，对许多国家进行了赤裸裸的干涉。除了在许多国家建立军事基地并派兵驻守，对它不满的国家领袖采取威胁甚至暗杀的手段，有时候甚至公然动用武力侵略别的国家。尤其是在伊拉克问题上，不仅打着“反恐”的旗号肆意干涉，还绕过联合国，悍然使用武力侵占了伊拉克。美国在全世界面前公然违背自己作为联合国发起国承诺的这一侵略行径严重破坏了它口口声声所要维护的世界秩序。最近发生的阿富汗政权的戏剧性变化更是让包括美国人民在内的世界人民看清了美国执政的政客的侵略行径与对世界事务的不负责任态度。

但另一方面，在口头上美国不断地强调要维护所谓的“国际规则”，这只能暴露出它的双重标准和对联合国的实用主义态度：当需要联合国这个平台的时候，就利用它来宣传自己的主张、维护自己的利益；而当它在联合国受到世界舆论的谴责，不能凭借这个舞台获得自己的利益时，就抛弃联合国自己另立炉灶。有的时候它甚至将自己长期的盟友的利益也弃之不顾——对德法等国的首脑进行秘密监视就是典型的表现。尤其是特朗普上台之后，美国不断退出联合国的“人权理事会”等国际机构，更显示了它的霸权主义真面目。

在这种情况下，坚持联合国宪章的原则和精神，秉持我们悠久的和平主义传统，就成为中国义不容辞的责任。在一系列的维护世界和平的行动中，我们得到了全世界大多数热爱和平的国家和人民的支持：早在20世纪50年代，我们就提出了"和平共处五项原则"，在实践中我们更是站在发展中国家的立场坚定地维护世界和平。比如在"巴以冲突"中，我们一直坚持维护联合国的相关"决议"，支持巴勒斯坦人民的合法正当权益；在发展各国经济文化的事业中，我们对非洲、亚洲和其他地区的国家也提供了不带有附带条件的无私支持；此前我国还提出了"一带一路"倡议并对沿线国家提供了大量的援助，在长期支援非洲国家消灭贫穷、进行各项基础设施建设、保护人类生存环境等方面也做出了举世公认的成就。所有这些行动都与联合国的目标与行动具有高度的相同性。

中国通过自己的努力，为实现联合国的目标做出了自己突出的贡献。比如，2015年联合国通过了《2030年可持续发展议程》，并在2016年的1月1日正式实施。这个重要文件确定了17个可持续发展目标，比如：

目标一，在全世界消除一切形式的贫困。

目标二，消除饥饿，实现粮食安全，改善营养状况和促进可持续农业。

目标三，确保健康的生活方式，促进各年龄段人群的福祉。

目标四，确保包容和公平的优质教育，让全民终身享有学习机会。

目标五，实现性别平等，增强所有妇女和女童的权能。

联系中国近些年的发展所取得的成就来看，以上几个目标的重要方面在中国都得到了较好的实现。同时针对国际上依然存在的争端与冲突，中国秉承"大同"理念传统，进一步提出了构建"人类命运共同体"的倡议，这个重要的倡议提出不久就得到了联合国的赞同，并被写入了几个重要的文件之中，比如《联合国社会发展委员会与非洲发展新伙伴关系社会层面决议》（2017年2月10日），《安理会阿富汗问题2344号决议》（2017年3月17日），《联合国人权理事会"经济、社会、文化权利"和"粮食权决议"》（2017年3月23日）。这些重要文件将中国的建议纳入联合国决议，充分说明中华民族源远流长的民族与国家之间和平相处的一贯主张得到了全世界绝大多数人民的赞同。在2021年8月16

日的“光明国际论坛对话”交流中，美国亚洲协会会长陆克文认为：人类命运共同体不是一种遥远的理想主义，它体现了中国的远见和长期主义思维，关切全球共同利益及共同价值，并以此为基础来改善现有的国际秩序。过去几年我们看到，民粹主义在世界范围内兴起，成为当下国际政治和政策的主要推力之一。特朗普时期愚蠢的贸易战、贸易保护主义就是一个例证。人类命运共同体理念对全球秩序的愿景，体现了世界主义的精神。

对比一些依靠强权扩展自己势力的国家，世界上越来越多的国家已经对强权主义加深了认识并不断产生了自己的判断。本来在“911”事件发生之后，出于恐怖袭击对美国普通民众造成的灾难，全世界大多数国家对于美国的反恐斗争都持有同情的态度。然而，随着此后美国出于自己的私利，打着反恐的旗号推行霸权主义，在国际事务中使用双重标准，特别是特朗普上台之后动辄就“退群”，比如退出经过长期艰苦努力达成的“伊核协议”，退出“联合国人权事务委员会”。在“两伊战争”期间为了自己的利益支持伊朗，在苏联进攻阿富汗的时候，美国开始扶持阿富汗的“塔利班”组织，后来却“制裁”伊朗，又宣布“塔利班”为“恐怖组织”。最令全世界哗然的，是特朗普违背此前历届政府的政策，悍然宣布美国驻以色列大使馆迁入耶路撒冷，此举立即引发中东冲突局势的瞬间升级，也让联合国一直努力开展的巴以和平进程走进了死胡同。然而，令美国政客们始料不及的是，这一系列的倒行逆施不仅没有达到预想的目的，反而造成了自己前所未有的孤立：在联合国针对以色列战争暴行调查的决议中，全世界100多个国家投了赞成票，而反对的只有美国和以色列。这个表决结果显示了美国史无前例的孤立地位。在联合国人权事务的相关决议投票中，由于美国已经退群，它就只能眼睁睁地看着它想要反对的提案通过而束手无策，这也是此前从来没有出现过的现象。

与此同时，中国维护和平的一贯主张则在世界上得到越来越多的国家和人民的支持。尤其是通过随着中国经济力量的增长和世界性的影响不断增加，对于非洲和世界上越来越多的国家的支持与帮助不断增多，我们的“和平共处五项基本原则”也得到更多的理解与支持，中华民族的睦邻友好传统与“大同”为代表的和平理念在国际上的影响力也不断增长。虽然在国际上仍然有各种势力延续冷战思维对中国进行围堵，但随着时间的推移，越来越多的人通过事实看清了谁才是维护世界和平的力量。尤其是更多国外的人们在来到中国亲身经历与实地考察之后，他们对中国人民的热情友好以及中华民族的和平友爱特点的喜爱也不断增加。通过国际上强权主义制造冲突与中国坚持维护和平的两种不同做法的对比，世界上更多的国家和人民对中国维护世界和平的作用也产生了更多的理解。

然而，在国际上依然坚持霸权主义冷战思维的人一方面在口头上说要维护国际规则，实际上却依然秉承“零和思维”的原则使用武力或武力威胁。但事实证明，这种一厢情愿的意图并不能如他们所愿。无论是20世纪70年代的“越战”还是目前的阿富汗战争都证明了这一点。早在伯罗奔尼撒战争爆发的时期，修昔底德就说过，战争使得斯巴达与雅典参战双方都“投入了残酷和恶毒的深渊”，“胜利者鼓吹的目的，即解放希腊人，甚至在战争结束之前就已经成为了一个莫大的讽刺”。

被称为人类智慧的伟大成就的“博弈论”认为：博弈双方在其他相关方并没有破坏协定的情况下，一方独自破坏协定是不明智的，因为那样会使得他自己的情况更加恶化。越来越多的经济、军事到政治外交的行动都证明了这一结论。在今天，中华民族坚持的“和而不同”的双赢和多赢的思维理念得到了世界上越来越多的国家和人民的认同。在人类和谐相处与激烈冲突并存的当今时代，只有坚持各国共同认可的联合国宪章的原则，人类才有可能不断化解各种矛盾和冲突，从而不断促进世界和平的到来。在这个历史进程中，凝聚了中华民族和平智慧的“大同”理念也必将在未来得到全世界更多民众的认同。

五、历史回顾与未来的展望——中国力量与中国智慧的价值

在“二战”之前，发动战争的德国、日本等军国主义国家妄图以武力称霸世界，其结果却是使国家和人民遭受灭顶之灾。而在战后的和平环境下，他们通过发展生产，依靠科技重新成为世界著名的经济强国。然而两个国家对待历史的不同态度使他们在国际上的形象形成了很大的反差。更加使

得国际形势复杂混乱的是依然秉承冷战思维的唯一世界强国——美国，他们打着正义的旗号制造了全球的许多麻烦与战乱，除了动辄“退群”“制裁”与发动“颜色革命”，还在全球许多地方建立基地、驻扎军队，尤其是发动伊拉克战争与武力侵略阿富汗，更是中东地区二十多年战乱不断的根源。然而，令他们始料不及的是，这些政策不仅完全失败，而且使他们在盟友面前彻底丧失了信用，“人权卫士”陷入了内外交困的泥潭。

在这种情况下，人类不禁重新开始思考怎样才能制止动乱与冲突，联合国的权威与宪章的精神如何才能够得到很好的维护。在这个历史的十字路口，中国在历史上通过“丝绸之路”与世界各民族交往以及中印文化的异质文化伟大融合的经验可以为当代人类提供重要的启示。前者已经有国内外的许多历史学家与学者的研究成果，其中最具代表性的是牛津大学著名历史学家彼得·弗兰科潘的《丝绸之路：一部全新的世界史》；后者则尚未引起国际学术界的应有关注。

彼得·弗兰科潘通过对历史上中外海量文献的研究，指出丝绸之路不仅构建了一部全新的世界史，而且为当代人类的友好交往提供了多方面的启示。他写到：“丝绸之路上的文化、城市、居民的进步和发展都有其原因可寻：人们在从事贸易沟通，在相互学习、相互借鉴；在哲学、科学、语言和宗教方面，人们从交流中得到启发。……古希腊文明与波斯、印度、中亚及中国文明的交汇融合。……边远地区的人们接触到新思想、新观念、新意象。”

针对当代西方国家的霸权主义行径，彼得·弗兰科潘指出，我们周边的世界正在发生巨大的变化。我们正进入一个西方的统治地位在政治、军事和经济各方面都遇到压力的时代。对未来的不确定的确会令人不安。“阿拉伯之春”曾向人们许诺自由与民主，但最终证明那不过是一缕虚幻的曙光，反而带来了该地区的偏见、痛苦和惊慌。在这种情况下人们重新看到了历史上的丝绸之路的价值。作者引用 2011 年美国国务卿的话说：“是时候让我们把目光放在新丝绸之路上了，它将带来该地区的整体繁荣。”① 同时作者也引用习近平的话来表达丝绸之路给人们的启示：“2000

---

① 彼得·弗兰科潘：《丝绸之路：一部全新的世界史》，邵旭东、孙芳译，徐文堪审校，浙江大学出版社 2015 年版。

多年来，生活在这片连接着东西方的土地上的人们，不论其种族、信仰和文化背景，都可以合作共存、共同发展。”

在中国历史上，佛教禅宗则为我们提供了另一种启示。当作为汉代意识形态主流的经学随着帝国命运而走向衰落的时候，时代从西域给中华民族送来了域外的佛教。在这种异域文化传来的初期，免不了要和我们的本土文化发生激烈的冲突。所以在谈及人们熟悉的禅宗之前，我们还必须了解在《弘明集》《广弘明集》等早期佛教典籍中记载的本土学者、文人与西域僧人展开激烈论战，以及大量佛教徒对佛教不符合儒家思想的质疑进行辩驳的内容。正是从这些历史典籍中，我们看到早期的佛教徒就已经通过阐述佛教的宗旨精神与我们本土文化的相通之处，来寻找两种不同文化融合的方法。古代智者的智慧克服了看起来不可调和的两种文化的冲突：比如佛教的剃发出家与儒家的“身体发肤，受之父母”的孝道在理念上是格格不入的，但在《牟子理惑论》中，作者以儒家经典中的观点有效地化解了这样的矛盾。经过了数百年的“譬犹水火，相灭亦相生”的争论之后，两种文化找到了理解与互鉴的共同点，佛教也因此成为中国本土文化“三教”之一的精神文化骨干，中华文化由此变得更加具有包容性与生命活力。

回顾这一历史，我们可以得到当代人类不同民族文化交往的重要启示：当今时代能够存世的每一种文化，都是不同文明自古及今长时间发展的结晶，其中每一种文化都有它独特的内涵，有它值得别的民族学习的价值。也是由于它们是各个民族历史的沉淀，所以它们必然因其各自特点而在与其他民族的交往中发生冲突。正如大自然的物种千差万别一样，它们有冲突也能够共生。同样，人类也必须求同存异才能够在今天这个往来日益密切的“地球村”和谐共处。对比世界上其他宗教从古至今所发生的各种战争，佛教和平传播及与其他文化有机融合的意义对于当代人类来说极具启示价值。

今天，如果要真正实现联合国宪章的宗旨，解决当今世界的矛盾与冲突，就必须学会不同民族、不同国家与不同文明之间的求同存异。在这个方面，中华民族“和而不同”的传统与西方因殖民与扩张传统形成的“零和博弈”思维有明显的区别。早在联合国成立之初，中国参与联合国创建的代表就通过对大西洋宪章的补充为当时的世界秩序重建做出了独特的贡献。① 今天我们维护世界和平的行动更是得到了世界上越来越多的国家与

① 在讨论联合国组建的不少重大问题时，中国对联合国宪章的补充建议中有三条被接受，即处理国际争议应注重正义与国际法的原则；联合国大会应承担促进国际法的编纂和发展的任务；经济社会理事会应扩大到教育和其他文化合作。这 3 点建议，对联合国具有重要意义，后被作为美苏英法四国一致同意的建议案的补充条文一同提交到旧金山会议审议，并被采纳列入联合国宪章中。中国虽以大国身份参与联合国的创建工作，但当时中国本身较弱，与许多国家一样曾经受列强长期的压迫和掠夺。因此，中国在参与创建联合国的过程中一直主张消灭战后的殖民主义统治，始终反对强权政治，主张民族自决及民族与种族平等，强调国家主权和独立，积极表达弱小国家的心声，并尽力为其伸张正义、主持公道。中国这种独特的作用是其他大国所难以替代的。如开罗会议期间，当中美两国讨论到战后亚洲被压迫民族问题时，中方强调要使朝鲜自由独立，中美应帮助越南在战后取得独立，泰国则应恢复独立地位。在敦巴顿橡树园会议期间，中国代表团提出了保证联合国会员国的政治独立及领土完整、反对外来侵略、依正义和国际法原则用和平手段解决争端等一系列建议，都是针对别国提案中的不足之处而提出来的。这不仅反映了中国的立场，也表达了其他深受强权政治之害的国家与民族的心声。在旧金山会议上，中国代表团仍力争主持公道，坚持正义。在讨论国际托管问题时，英、法提出的方案是要继续维护旧的委任统治制度，美国提出的方案是要结合托管制度建立战略地区，并将所有战略地区都置于安理会控制之下。而多数国家特别是小国代表认为托管领土应能向自治和独立的方向发展。中国代表团支持小国的意见，声明“中国政府衷心希望把民族独立包括在联合国的基本目标之中”，坚持托管制度的目标应是“争取独立”，托管领土应根据各自的特殊状况和当地人民的意愿朝着独立或者建立自治政府的方向发展。中国代表的意见遭到英、法、美等国代表的反对。美国代表曾想用给予中国一个永久性托管理事会席位的方法来换取中国代表放弃自己的意见，与其他大国一致起来。但中国代表声明，中国政府不想在此问题上为自己谋取任何特殊好处和特殊利益，而是希望把民族独立包括在联合国的基本目标之中，希望看到新托管制度取得成功。最后，会议将“以适合各领土及其人民之特殊情形及关系人民自由表示之愿望为原则，且按照各托管协定之条款，增进其趋向自治或独立之逐渐发展”作为托管制度的基本目的之一，写进联合国宪章中。中国代表团的努力，是对建立新的托管制度的一个贡献。中国代表团这种正义立场和公正态度，得到了众多与会国代表的称赞和敬佩。除托管问题外，与会各国代表还就安理会表决程序、否决权适用范围及区域性组织等问题展开了激烈争论，几度陷入僵局。不过经各国共同努力，许多问题都以妥协谅解达成协议。其中，中国代表团都起到了重要作用。美国代表团团长斯退丁纽斯曾经在向总统杜鲁门介绍中国代表团成员顾维钧时直言不讳地指出：在许多委员会上，每当形势微妙，需要圆通处理时，中国代表都做出了贡献。

人民的赞同。正如国际学术界对于墨家“兼爱”思想的认可一样，对于凝聚了古代智慧的“大同”理念也必将得到更加广泛的认可。

在古代丝绸之路上，官方的交往实际上是很少的，更多的是大量的持续的民间宗教、文化与商贸的交流。但恰恰是这种直接的经常的民间交往，才真正促进了世界各个民族之间的了解，并在互利互惠中求同存异、加深友谊。这对于今天实现联合国宪章的精神同样具有重要启示：与古代相反，当代的国家之间的联系与互动比起古代大大增加，因此要加强彼此之间各方面的交往，让世界各国人民在更多的接触中加深了解。这样，就可以不断加深了解、增加感情，进而消除误会、和谐相处。

“大同”是“和而不同”的求同存异，而不是一家独大的“赢者通吃”；是“兼相爱、交相利”的互利互惠，而不是损人利己的“零和游戏”。在强权政治不断遭到失败因而不断受到质疑的时代，中国智慧得到全世界越来越多的人民的理解与支持，并对维护世界和平产生了巨大的作用，我们与海外不断增加的贸易往来也实现了相关国家的互利。中国的“维和部队”更是用事实证明了中华文化对维护当代和平的独特而巨大的作用。随着中国力量的不断加强和中华传统文化日益广泛的传播，联合国宪章的宗旨将会得到更好的实现。

全球视域下的中阿（中国—阿拉伯国家）文明交往与命运共同体建设

丁　俊

【摘要】千百年来，古老的海陆丝绸之路将中阿文明紧密联系在一起，中华民族与阿拉伯民族因丝绸之路相逢相知，相互间绵延不绝的文明交往与人文交流在世界文明史上书写出精彩的篇章。在漫长的历史长河中，和平合作、开放包容、互学互鉴、互利共赢始终是中阿文明交往的主旋律。以和为贵、和而不同的文化品质使两大文明始终能够交而不恶，交而互通，交而能合，和合共生。在穿越时空的往来中，中阿两大民族彼此真诚相待，在古丝绸之路上出入相友，在争取民族独立的斗争中甘苦与共，在建设国家的征程上守望相助，在深化人文交流与文明交往中相互借鉴。新中国成立以来，中阿文明交往与人文交流开启了新纪元。中国改革开放后，中阿人文交流进入新的发展时期，特别是21世纪后，中阿双方各领域人文交流日趋活跃，成绩斐然。在共建人类命运共同体理念的引领下，新时代的中阿文明交往与人文交流不断提速发展，双方秉持和平、创新、引领、治理、交融的行动理念，携手共建“一带一路”，共同推动中阿两大民族复兴形成更多交汇，为推动构建人类命运共同体不断做出重要贡献。丰富多彩的当代中阿人文交流不断夯实着中阿关系的社会基础和民意基础，有力促进了新时代中阿战略合作与中阿命运共同体和人类命运共同体建设，彰显出东方文明“交而通”“交而和”的伟大智慧，堪称当今世界不同文明间平等交往、互学互鉴与和合共生的典范。

【关键词】中国　阿拉伯国家　文明交往　人文交流　命运共同体

【作者简介】丁俊，上海外国语大学中东研究所所长，教授。

一、中阿文明交往与人文交流的历史回顾

中国与阿拉伯国家的友好交往与人文交流具有悠久深厚的历史基础，古老的海、陆丝绸之路将中华文明与阿拉伯文明紧密联系在一起。千百年来，中阿两大民族的文化交流谱写了人类文明交往互鉴的历史佳话，为东西方文明交流做出了巨大贡献，在世界文明交流史上书写出精彩篇章。“知识虽远在中国，亦当求之!”这句在阿拉伯世界广为传诵的古训，生动表达了阿拉伯人民对中华文明的倾慕与向往，激励着从古到今无数阿拉伯人不断来到中国。

唐、宋时期，中国与阿拉伯的交往已十分密切，据中国史籍记载，自唐永徽二年（651）至贞元十四年（798）的百余年间，大食（阿拉伯）向唐遣使多达 39 次。唐朝中后期，有大量阿拉伯人来华定居，他们努力学习中国文化，不断融入中国社会。唐宣宗大中二年（848），大食国（阿拉伯）人李彦昇还考取了进士，成为轰动一时的新闻。唐人杜环曾游历大食多年，撰有《经行记》，详细记述了当时阿拉伯的民情风俗与宗教文化。唐时来华的阿拉伯旅行家苏莱曼在其《中国印度见闻录》中也记述了当时来华阿拉伯人的活动情况。宋人周去非《岭外代答》中专列《大食诸国》一卷，介绍了阿拉伯地区的山川形胜与风物人情。

元朝时期，丝绸之路持续繁荣，中国四大发明以及制瓷、纺织等技术陆续西传阿拉伯，并经阿拉伯而远传欧洲，阿拉伯科技文化与人文学科也大量传入中国，涉及天文、历算、医药、数学、建筑、军事、宗教、哲学等许多领域。元朝天文台引进的阿拉伯天文仪器有七种之多，元代秘书监收藏的阿拉伯伊斯兰文献典籍多达数百部。元朝的航海家汪大渊曾远涉重洋，穿行阿拉伯海和红海，远到非洲东部和北部的阿拉伯地区，即今日索马里、摩洛哥等阿拉伯国家一带，并撰《岛夷志略》一书，记述了当时阿拉伯地区的情形。稍晚于汪大渊的阿拉伯旅行家伊本・白图泰也到访中国，游历南北多地，其《伊本・白图泰

游记》对中国的民情风物有详细记述，并对中国文化赞誉有加。

明初伟大的航海家郑和七下西洋，遍访海上丝路沿线国家，其中包括今天的阿曼、沙特、也门、索马里、埃及等阿拉伯国家，堪称中阿人文交流史上的壮举。郑和下西洋极大地促进了中国与包括阿拉伯国家在内的海上丝路沿线国家间的友好交往与文化交流。明、清时期，还涌现出王岱舆、刘智、马注、马德新等一批中国穆斯林学者，积极开展“以儒诠经”活动，致力于“伊儒会通”①，会通中阿文化，将宋明理学与阿拉伯伊斯兰哲学融会贯通，强调中阿两大文明皆为“至中至正至和至平之道”，进而将两大文明的交流互鉴引向哲学思想的深层融通。

民国时期，马松亭、达浦生、王静斋等不少回族学者继续踏着丝路古道，深入阿拉伯世界考察访学，向阿拉伯国家介绍中国文化，宣传中国抗战事业。庞士谦、马坚、纳忠等一批学子赴埃及留学，留学期间也积极向阿拉伯世界介绍中国文化，并在爱资哈尔大学开设中国文化讲席，开在阿拉伯国家讲解中国文化之先河。马坚还将《论语》译为阿拉伯语并在埃及出版，使这部中华文化名著第一次为阿拉伯读者所了解。

1949 年，随着中华人民共和国的成立以及众多阿拉伯国家的相继独立，开启了中阿友好交往与人文交流的新纪元。新中国党和国家领导人高度重视包括与阿拉伯国家在内的对外人文交流，将人文交流视为国家外交的重要环节。周恩来总理曾形象地称“对外文化交流为中国外交工作两翼中的一翼”②。新中国的对外人文交流起步于与包括阿拉伯国家在内的亚非国家的交流，并且一开始就确立了平等相待、相互尊重、互学互鉴的交往原则。毛泽东主席、周恩来总理等老一辈革命家高度重视与阿拉伯国家的人文交流，在他们的亲自参与、关心和引领下，中国与阿拉伯国家间的人文交流快速翻开了新的历史篇章。

---

① 习近平：《深化文明交流互鉴 共建亚洲命运共同体——在亚洲文明对话大会开幕式上的主旨演讲》，新华网，http://www.xinhuanet.com/politics/leaders/2019-05/15/c_1124497022.htm（2019 年 5 月 15 日）。

② 中华人民共和国文化部对外文化联络局：《中国对外文化交流概览：1949—1991》，光明日报出版社 1993 年版，第 46 页。

1955年4月，周恩来总理在万隆会议上宣示："我们亚非国家需要在经济上和文化上合作，以便有助于消除我们在殖民主义的长期掠夺和压迫下所造成的经济上和文化上的落后状态……我们相互之间的文化交流应该尊重各国民族文化的发展，而不抹煞任何一国的特长和优点，以便互相学习和观摩。"① 会议期间，周总理与埃及总统纳赛尔、沙特外交大臣费萨尔等阿拉伯国家的元首和政要会晤，就发展双边关系、开展人文交流达成重要共识。1955年5月，埃及宗教事务部长率团访华，与中国文化部签订了埃中《文化合作会谈纪要》。1956年4月，中国政协副主席包尔汉率团访问埃及，与埃及教育部签订了中埃政府《文化合作协定》，这是新中国与阿拉伯国家签订的第一个文化合作协定，从此掀开了中阿人文交流的新篇章，尽管在"文革"期间中阿人文交流一度受阻，但自1978年改革开放以来，中阿人文交流又迅速恢复并快速发展，各领域交流日趋活跃，成就斐然。

中阿友好交往与人文交流的发展历程昭示，在漫长的历史长河中，和平合作、开放包容、互学互鉴、互利共赢始终是中阿文明交往的主旋律。以和为贵、和而不同的文化品质使两大文明始终能够交而不恶、交而互通、交而能合、和合共生。在穿越时空的往来中，中阿两个民族彼此真诚相待，在古丝绸之路上出入相友，在争取民族独立的斗争中甘苦与共，在建设国家的征程上守望相助，在深化人文交流、繁荣民族文化的事业中相互借鉴。

二、当代中阿文明交往与人文交流的快速发展与非凡成就

改革开放以来，中国与阿拉伯国家的人文交流实现了从恢复发展到全面发展再到提速发展的三步跨越发展，即1978年至2004年为恢复发展时期，2004年至2012年为全面发展时期，2013年至2018年为提速发展时期。

（一）中国改革开放春风吹动中阿人文交流快速复苏与发展

1978年，中共中央召开十一届三中全会，决定中国实行对内改革、对外开放政策。改革开放的春风，推动了因"文革"受阻的中阿人文交流的快速复苏与发展。自1956年与埃及签订文化合作协定起至2004年，中国与

---

① 中华人民共和国外交部、中共中央文献研究室编：《周恩来外交文选》，中央文献出版社1990年版，第118页。

所有阿拉伯国家签订了文化合作协定，其中与15个阿拉伯国家的文化合作协定是在改革开放后签订的，这些国家及与中国签订文化合作协定的时间分别是：突尼斯（1979）、约旦（1979）、阿曼（1981）、苏丹（1981）、摩洛哥（1982）、科威特（1982）、科摩罗（1985）、利比亚（1985）、吉布提（1991）、巴林（1991）、黎巴嫩（1992）、卡塔尔（1999）、阿联酋（2001）、沙特（2002）、巴勒斯坦（2004）。改革开放后，中国还陆续与大多数阿拉伯国家签署了年度文化交流执行计划。中阿文化合作协定及执行计划的签订，有效促进了改革开放以来中阿人文交流的发展，各类人文交流活动在双边文化合作协定框架下有序进行，不断发展。

改革开放初至世纪之交的20多年间，中阿人文交流在文化、艺术、教育、体育等领域不断开拓发展，交往日趋频繁，互办各类文化周活动，包括歌舞团、杂技团、京剧和芭蕾舞团、体育代表团等各类形式的文教艺术代表团互访不断，中国电影也开始走进阿拉伯世界，在埃及、叙利亚、黎巴嫩、约旦、突尼斯等国都举办过中国电影周，在开罗国际电影节、大马士革国际电影节、迦太基国际电影节等阿拉伯国家举办的国际性电影盛会上，中国影片频繁亮相，并获得各类奖项，如《梅花巾》（1983年获开罗国际电影节金象荣誉奖）、《特混舰队在行动》（1983年获开罗国际儿童电影节铜奖）、《红高粱》（1989年获大马士革国际电影节特别奖）、《末代皇帝》（1987年获大马士革国际电影节最佳演员奖）、《留守女士》（1992年获开罗国际电影节"金金字塔"奖）、《金秋鹿鸣》（1997年获突尼斯国际儿童、青年电影节儿童故事片金奖）、《黑眼睛》（1997年获大马士革国际电影节最佳女主角）等。为传承中阿丝路友情，重温中阿古代海上丝路航海活动，1980年11月至1981年7月，阿曼仿古帆船"苏哈尔"号完成从首都马斯喀特至中国广州的航行。1991年，阿曼又在中国举办文化周活动，双方合作在广州建立纪念碑，纪念"苏哈尔"号航行成功。1997年10月，海湾国家在中国举办海湾文化周活动。①

这一时期，在双边文化协定框架下，中国与埃及、沙特阿拉伯、卡塔

① 赵国忠：《新中国成立后的中阿文化交流与合作》，载安惠侯等主编《丝路新韵——新中国和阿拉伯国家50年外交历程》，世界知识出版社2006年版，第233~234页。

尔、也门、苏丹、阿尔及利亚等阿拉伯国家签订了教育合作协定或教育合作谅解备忘录，并与埃及等国签订了互相承认学历和学位协议，双方教育代表团互访频繁。自1974年至1985年，中国接收苏丹留学生114名，至1991年，苏丹在华留学生有85名；1986年至1991年，有5个中国教育代表团先后出访也门，52名中国教师在也门支教，也门在华留学生有127名；1996年，中国与埃及两国教育部共同举办了“面向21世纪教育中埃高层研讨会”①；2000年，阿尔及利亚在华留学生23名、毛里塔尼亚20名、突尼斯6名。中国向阿拉伯国家派遣留学生的数量也日渐增加，自费赴阿留学生也开始增多。

中国与多个阿拉伯国家在文化协定框架内签署了体育合作协定，双方体育代表团互访不断，中国乒乓球运动员访问团曾多次访问阿拉伯国家，为促进中阿友好交往与人文交流发挥出独特作用。中国还与多个阿拉伯国家在卫生医疗、科技等领域展开合作，互派卫生代表团，中国长期向医疗条件相对落后的阿拉伯国家提供医疗援助，苏丹等国还派技术代表团访华，学习中国治沙经验。②

1980年以来，中阿双方还以各种形式对为中阿人文交流做出贡献的知名人士和专家学者进行表彰，如黎巴嫩总统赫拉维亲自为中国作家冰心颁发“雪松骑士勋章”，北京大学授予叙利亚作家马鲁海名誉教授称号，中国社科院宦乡、浦寿昌先后被摩洛哥皇家科学院聘为院士，北京外国语大学纳忠教授当选叙利亚大马士革阿拉伯语语言学会通讯理事，纳忠教授还荣获首届“沙迦阿拉伯文化奖”。

为更好地沟通协调与阿拉伯国家的友好交往与人文交流，1991至1999年间，中国相继成立了中国—埃及友好协会、中国—叙利亚友好协会、中国—苏丹友好协会、中国—沙特友好协会等，2001年又成立了中国—阿拉伯友好协会，阿拉伯国家方面也陆续成立对应的友好协会。各友

① 安惠侯等主编：《丝路新韵——新中国和阿拉伯国家50年外交历程》，世界知识出版社2006年版，第235~236页。

② ［苏丹］加法尔·卡拉尔·艾哈迈德：《跨越二千年的苏丹中国关系探源求实》，史月译，时事出版社2014年版，第178页。

好协会都为促进中阿人文交流与民间交往发挥了独特作用，做出了重要成绩。

（二）“中阿合作论坛”为21世纪中阿人文交流搭建起广阔平台

2004年，中国—阿拉伯国家合作论坛成立，不仅为新世纪中阿集体合作发挥出战略引领作用，而且为中阿人文交流搭建起全新的广阔平台，开拓出空前广泛领域，论坛框架下设立的中阿关系暨文明对话研讨会、高教与科研合作研讨会、新闻合作论坛、人力资源培训、民间交流等多种文化交流机制有效推动了中阿人文交流全面、快速发展，各类交流活动精彩纷呈，交流成果丰硕。中阿合作论坛成立以来，双方已联合举办了9届中阿关系暨中阿文明对话研讨会，笔者有幸参加了其中第三届（2009年5月11~12日，突尼斯）、第五届（2013年6月27~28日，乌鲁木齐）、第七届（2017年8月15~16日，成都）和第九届（2021年9月14日，北京）共4届研讨会。第九届中阿关系暨中阿文明对话研讨会在《最终报告》中强调指出，文明对话有助于促进中国和阿拉伯国家及其人民之间的交流借鉴，有利于共同促进世界文化多样性，弘扬团结包容精神，尊重各国文明多样性和国家发展道路的多样化，推动携手共建中阿命运共同体。① 论坛框架下还举办了3届阿拉伯艺术节和3届中国艺术节。2009年以来，中国连续9年举办“意会中国——阿拉伯知名艺术家访华采风创作活动”，邀请各阿拉伯国家艺术家来华采风创作，组派各类艺术团组赴阿拉伯国家举办演出、展览、讲座等活动，还通过赴阿拉伯国家举办“欢乐春节”“中国文化周”等方式，与阿方联合打造“中阿丝绸之路文化之旅”品牌。②

中阿合作论坛成立以来，中阿在新闻出版、广播电视电影、智库合作等领域的合作交流快速发展，双方多次联合举办中阿新闻合作论坛、中阿广播电视合作论坛和中阿智库论坛。2004年以来，中国新华社《人民日

---

① 中阿合作论坛官网：中阿合作论坛第九届中阿关系暨中阿文明对话研讨会《最终报告》，http：//www. chinaarabcf. org/chn/lthyjwx/wmdhyth/t1907146. htm。

② 上海外国语大学中东研究所、中国—阿拉伯国家合作论坛研究中心：《中国—阿拉伯国家合作论坛成就与展望》，中阿合作论坛网站，http：//www. cascf. org/chn/zagx/gjydyl/P020180614580301500634。

报》、中央电视台等单位分别与阿拉伯各国主流媒体签署了合作协议；2011年，《中国日报》亚洲版进入阿联酋市场，目前发行量为每周2万份；中国在阿拉伯国家展映影片300余部，阿拉伯国家在华展映影片10余部；2012年以来，中国国际广播电台先后在毛里塔尼亚、科摩罗、吉布提等阿拉伯国家落地，并与埃及、突尼斯、摩洛哥、也门、阿尔及利亚等多个阿拉伯国家的广播电视媒体签署了中国影视剧播出协议，《幸福生活》《媳妇的美好时代》《咱们结婚吧》《嘿，老头!》等10多部反映当代中国题材的影视剧陆续在一些阿拉伯国家播出，受到阿拉伯观众喜爱；中国中央电视台实现了在阿拉伯国家的全覆盖，央视国际频道在除索马里外的21个阿拉伯国家落地。2010年，中国新闻出版总署与阿拉伯国家联盟秘书处签署了“中阿典籍互译出版工程”合作备忘录，启动“中阿典籍互译出版工程”，已翻译出版30余种中阿典籍①，北京大学仲跻昆教授、上海外国语大学朱威烈教授先后获得沙特阿拉伯“阿卜杜拉国王世界翻译奖”；北京国际图书博览会是世界四大图书博览会之一，自第11届首设主宾国以来，已有沙特、阿联酋两个阿拉伯国家先后担任北京国际图书博览会主宾国，黎巴嫩、阿曼、叙利亚、伊朗、埃及、沙特等多个阿拉伯国家出版商参展。

中阿双方在教育、人力资源开发、医疗卫生、科技、农业、林业和环境保护等众多社会发展领域的合作也快速发展，成就突出。中国开设阿拉伯语专业的高校已有50余所，继埃及等国之后，苏丹、突尼斯、毛里塔尼亚等阿拉伯国家的高校也陆续设立中文系，开设汉语专业。“汉语热”在阿拉伯国家快速兴起。中国已在黎巴嫩、埃及、约旦、突尼斯、苏丹、摩洛哥、阿联酋、巴林、科摩罗等9个阿拉伯国家建立了12所孔子学院及多所孔子课堂。自2004年起至2018年，共有13336人参加了汉语水平考试；在华阿拉伯留学生从2004年的1130名增长到18050名，年均增长率达26%；赴阿拉伯国家人数由2004年的242名增长到2016年的2433

① 上海外国语大学中东研究所、中国—阿拉伯国家合作论坛研究中心：《中国—阿拉伯国家合作论坛成就与展望》，中阿合作论坛网站，http：//www. cascf. org/chn/zagx/gjydyl/P020180614580301500634。

名，年均增长率达21%；2004年以来，中国陆续为阿拉伯国家多个领域的专业人员和官员提供相关培训。①

中阿合作论坛也有力推进了中阿民间交流，论坛成立以来，双方民间交往日益活跃，双方已成功举办5届中国阿拉伯友好大会、2届“中阿妇女峰会”、2届“中国—阿拉伯国家妇女论坛”、2届中国—阿拉伯国家旅行商大会，开展2次“中阿青年友好大使项目”；中国已同9个阿拉伯国家建立了26对友好城市关系；旅游领域交往合作得到快速发展，已有13个阿拉伯国家成为中国公民组团出境旅游目的地国家。众多阿拉伯国家参加了2010年上海世博会，沙特馆更以独特的文化魅力受到中国参观者的青睐。2016年1月，10位为中阿友好事业做出贡献的阿拉伯人士荣获“中阿友好杰出贡献奖”，并在开罗受到中国国家主席习近平的亲切接见和表彰。中阿宗教界相互交往交流也实现良性互动，人员互访日渐频繁，中国穆斯林赴沙特朝觐活动有序进行，据中国国务院新闻办公室2018年4月发布的《中国保障宗教信仰自由的政策和实践》白皮书披露，2007年以来，每年前往朝觐的中国各民族穆斯林人数均在1万人以上（2020年的朝觐活动因疫情暂停）②，向国际社会生动展现了当代中国宗教信仰自由、民族团结和谐的新形象。

（三）“一带一路”倡议为新时期中阿人文交流注入强大动力

2013年，习近平主席提出与沿线国家共建“一带一路”倡议，这一倡议不仅传承和弘扬古代丝绸之路开放包容、和平交往的优良传统，而且彰显互利共赢、共同发展的时代精神。历史上，中国与阿拉伯国家因丝绸之路而相逢相知；今天，阿拉伯国家是共建“一带一路”的天然合作伙伴，中阿将因共建“一带一路”而实现更深层次、更广领域的相知、相助和相交。中阿共建“一带一路”，不仅为中阿全面合作创造了战略对接的

---

① 上海外国语大学中东研究所、中国—阿拉伯国家合作论坛研究中心：《中国—阿拉伯国家合作论坛成就与展望》，中阿合作论坛网站，http：//www. cascf. org/chn/zagx/gjydyl/P020180614580301500634。

② 中华人民共和国国务院新闻办公室网站：《中国保障宗教信仰自由的政策和实践》白皮书，http：//www. scio. gov. cn/zfbps/32832/Document/1626514/1626514. htm。

巨大平台，而且为中阿文化交流创造了宝贵机遇，增添了强大动力，推动中阿人文交流进入提速换挡、快速发展的新时代。

2014 年 6 月，习近平主席在中阿合作论坛第六届部长级会上发表了题为《弘扬丝路精神 深化中阿合作》的重要讲话，深入阐释了“和平合作、开放包容、互学互鉴、互利共赢”的丝路精神，提出了中阿共建“一带一路”倡议，强调“中阿共建‘一带一路’，应该依托并增进中阿传统友谊。民心相通是‘一带一路’建设的重要内容，也是关键基础”①。2016 年 1 月，习近平主席在开罗阿拉伯国家联盟总部发表的演讲中再次强调，中国愿与阿拉伯国家开展共建“一带一路”行动，秉持和平、创新、引领、治理、交融的行动理念，共同推动中阿两大民族复兴形成更多交汇。2016 年 1 月发布的《中国对阿拉伯国家政策文件》中，也对中阿文化交流与文明互鉴的持续发展做了战略规划和顶层设计，强调“中国愿同阿拉伯国家一道，致力于促进世界文明的多样性发展，促进不同文明之间的交流互鉴。进一步密切中阿人文交流，加强双方科学、教育、文化、卫生和广播影视领域的合作，增进双方人民相互了解和友谊，促进中阿文化相互丰富交融，搭建中阿两大民族相知相交的桥梁，共同推动人类文明发展进步”②。人文交流与文明互鉴已成为新时代中阿共建“一带一路”的重要精神支柱。

中阿共建“一带一路”倡议受到了众多阿拉伯国家的热烈欢迎和积极回应。我们在与阿方交往时都感受到，不少阿拉伯国家都已在积极谋划将自身发展战略与“一带一路”对接，同时，“一带一路”建设也成为阿方学界、媒体、智库的热门话题，阿拉伯国家各界对中国文化、中国特色的治国理政经验和中国当下的国内外政策都怀有浓厚兴趣，进一步了解和学习中国经验的热情不断增强。到中国出席中阿改革发展论坛会议的埃及前

① 习近平：《弘扬丝路精神 深化中阿合作——在中阿合作论坛第六届部长级会议开幕式上的讲话》。人民网，http：//cpc. people. com. cn/n/2014/0606/c64094-25110795. html（2014 年 6 月 5 日）。

② 上海外国语大学中东研究所、中国—阿拉伯国家合作论坛研究中心：《中国—阿拉伯国家合作论坛成就与展望》，中阿合作论坛网站，http：//www. cascf. org/chn/zagx/gjydyl/P020180614580301500634。

总理伊萨姆·沙拉夫等阿拉伯国家政要对“一带一路”“人类命运共同体”都十分熟悉，且充满期待，盼望通过更多的交流合作，与中国共襄盛举。沙拉夫总理在讲话时盛赞中国提出的“一带一路”倡议，并认为建设美丽中国、美丽世界等目标，是蕴含中国智慧的发展理念和治理理念，适用于中国，也适用于阿拉伯国家。

“一带一路”倡议提出以来，中阿广泛开展形式多样的人文交流，推动文明互鉴，助力民心相通，在诸多领域的交流合作不断丰富和拓展。2014 年 9 月，中阿文化部长论坛在北京举行，论坛通过了《中阿文化部长论坛北京宣言》，倡导进一步加强中阿文化互信，深化文化合作，为中阿共建“一带一路”搭建人文桥梁。2014 年以来，已译制阿拉伯语中国影视作品 50 余部；至 2017 年底，中国与 11 个阿拉伯国家签署双边文化合作协定新的年度执行计划，推动 53 个中阿部级政府文化代表团互访，105 家阿拉伯文化机构与中方对应机构开展合作，7 家阿拉伯国家剧院加入“丝绸之路国际艺术节联盟”，5 个阿拉伯国际艺术节组委会加入“丝绸之路国际艺术节联盟”；2014 年 6 月，首届中阿城市论坛在中国泉州召开；2015 年，中阿卫生合作论坛在宁夏银川举办；2016 年 4 月，中国—阿拉伯国家政党对话会在宁夏银川召开；2016 年以来，中国与埃及、阿联酋、巴勒斯坦、沙特、也门 5 国签署了媒体合作促进计划谅解备忘录；① 2017 年 3 月 17 日，来华访问的沙特阿拉伯国王亲自为沙特国王图书馆北大分馆揭牌，成为新时代中沙乃至中阿文化交流与文明互鉴的又一个重要成果。

以核能、航天卫星、新能源三大高新领域为突破口的高新科技领域的合作已成为新时代中阿文化交流显著的时代特征。2013 年，中国科技部启动杰出青年科学家来华工作计划以来，已有 123 名阿拉伯国家科研人员在中国进行了短期科研工作；2014 年 12 月，习近平主席与访华的埃及总统塞西共同见证了中国科技部与埃及科学研究部签署的《关于共建中埃可再生能源联合实验室的谅解备忘录》；2015 年中阿技术转移中心正式揭牌成

---

① 上海外国语大学中东研究所、中国—阿拉伯国家合作论坛研究中心：《中国—阿拉伯国家合作论坛成就与展望》，中阿合作论坛网站，http：//www.cascf.org/chn/zagx/gjydyl/P020180614580301500634。

立，2015 年、2017 年举办了两届中阿技术转移暨创新合作大会；2016 年，习近平主席访问阿盟总部时宣布启动“中国—阿拉伯国家科技伙伴计划”，2016 年 3 月，中国和埃及共建的可再生能源实验室在埃及揭牌。目前，中国已与埃及、摩洛哥、阿尔及利亚、沙特、约旦、突尼斯、利比亚 7 国签订有政府间科技合作协定，与埃及、摩洛哥、沙特 3 国科技部建立了科技合作机制。①

新时代的中阿人文交流已快速延伸到互联网领域，中阿双方正在打造具有区域影响力的全媒体传播方式，构建“互联网+人文交流”的新模式。2017 年沙迦国际图书展期间，参展的中国出版机构推出“THATSBOOKS”阿拉伯语数字阅读平台，除向阿拉伯读者推广中国图书，还与阿联酋、埃及、黎巴嫩、约旦等国家的 40 余家出版社建立了合作关系，上线阿拉伯语原版著作 6000 多册，致力于为阿拉伯语读者打造一个最全面的网上阅读平台，探寻“中国文化+中国创造”走向阿拉伯世界的新路径②。沙迦国际图书展是中东地区最有影响力的图书展，2017 年包括中国在内全球 60 个国家的 1650 家出版商参与了第 36 届图书展。中国图书进出口（集团）总公司在参展期间举办了“一带一路”主题巡展，向中东国家展示展示中国优秀图书和中国文化，宣传“一带一路”倡议。③ 2017 年 11 月，第三届世界互联网大会专设“中国与阿拉伯国家网络空间智库对话”分论坛，就互联网推动中阿人文交流议题进行了广泛讨论。

2018 年 7 月 10 日，中阿合作论坛第八届部长级会议在北京召开，习近平出席开幕式并发表重要讲话，宣布中阿建立“全面合作、共同发展、面向未来的战略伙伴关系”，这一关系的确立将进一步推动中阿人民情感交流、心灵沟通，让两大民族复兴之梦紧密相连，为中阿人文交流注入新

---

① 上海外国语大学中东研究所、中国—阿拉伯国家合作论坛研究中心：《中国—阿拉伯国家合作论坛成就与展望》，中阿合作论坛网站，http：//www. cascf. org/chn/zagx/gjydyl/P020180614580301500634。

② 人民网：《2017 沙迦国际书展：探寻中国文化“走出去”新模式》，http：//world. people. com. cn/n1/2017/1106/c1002-29629761. html。

③ 国家广播电视总局网：《“一带一路”主题图书亮相沙迦国际书展》，http：//www. sapprft. gov. cn/sapprft/contents/6582/352976. shtml。

的动力。会议召开之际，中阿新闻交流中心正式成立，中阿电子图书馆门户网站项目及第四届阿拉伯艺术节也正式启动。“文明的活力在于交往交流交融”①，在面向未来的中阿全面合作中，中阿文明交往与人文交流必将在新时代全球文明交往中再次书写出互学互鉴、和合共生的新篇章。

三、全球视域下的中阿文明交往与人文交流及其现实意义

改革开放以来，特别是进入21世纪以来，中国与阿拉伯国家间的人文交流取得长足发展，各领域交往交流活动频繁，成果丰硕。从全球视野看，当代中阿文明交往与人文交流，是当今世界不同文明平等交往、互学互鉴的积极探索和伟大实践，堪称当代世界文明交往的典范。当代世界，“文明冲突论”“文明优越论”依然盛行，而中阿双方则积极致力于以文明交流超越文明隔阂，以文明互鉴超越文明冲突，以文明共存超越文明优越，为人类不同文明间的交往交流与和合共生树立了鲜活的榜样，彰显出东方文明“和而不同 和合共生”的伟大智慧。当代中阿文明交往与人文交流几乎涉及所有人文领域，不仅成就显著，而且内涵丰富，形式多样，特色鲜明，意义重大，与中阿政治经济交往相辅相成，互助并进，为中阿关系全面发展做出了贡献。

（一）中阿文明交往与人文交流具有鲜明的时代特征

第一，当代中阿人文交流具有深厚的历史根基。中华文明与阿拉伯伊斯兰文明都是世界上具有重要影响力的古老文明，都对人类文明进步做出过历史贡献。中华文明与阿拉伯伊斯兰文明在古老的丝绸之路上相逢相交、互学互鉴。中国与阿拉伯国家不仅没有历史积怨，而且拥有相同和相似的历史命运。近代以来，中国与阿拉伯国家都曾遭受西方列强的欺凌与压迫，中国人民与阿拉伯各国人民始终在争取民族独立、维护民族尊严、捍卫国家主权的斗争中相互支持，在探索发展道路、实现民族振兴的道路上相互帮助，在深化人文交流、繁荣民族文化的事业中相互借鉴。当代中

① 习近平：《携手推进新时代中阿战略伙伴关系——在中阿合作论坛第八届部长级会议开幕式上的讲话》，新华网，http：//www. xinhuanet. com/politics/leaders/2018-07/10/c_ 1123105156. htm（2018年7月10日）。

国与阿拉伯国家的人文交流，深深植根于历史传统的沃土，因而才会根深叶茂，富有生机与活力。

第二，中华文明与阿拉伯伊斯兰文明各成体系、各具特色，都具有深邃的思想底蕴和丰富的人文精神，包含有人类发展进步所积淀的共同理念和共同追求，诸多价值相同相通、相似相近，如崇尚和平中道，倡导仁爱和谐，重视忠恕宽容与自我约束，强调“四海为邻”“天下一家”“人类同宗同祖”的人类兄弟情怀等，这种“以和为贵”“和而不同”的人文精神与和合文化蕴含着高超的东方智慧，富有很强的亲和力和感召力，使得中华文明与阿拉伯伊斯兰文明能够交而不恶、交而能通、交而能和，共同营造互学互鉴、和合共生的文明交往共同体。阿拉伯国家处于伊斯兰文明圈腹地，改革开放以来的中阿人文交流，双方都重视宗教领域的交流互动，倡导中道包容，弘扬和平精神，传播和合文化，特别是近年来双方不断加强在去极端化领域的交流合作，对中国与伊斯兰国家的人文交流发挥出显著的示范引领作用。

第三，当代中阿文明交往和人文交流，始终坚持相互尊重、平等交往的原则，以互相尊重主权和领土完整、互不侵犯、互不干涉内政、平等互利、和平共处五项基本原则为人文交流的政治基础，摒弃和超越“文明优越论”“文明冲突论”的成见与藩篱，引领当代世界文明交往互鉴的正确方向。中国与阿拉伯国家的国情互不不同，文化传统与意识形态互有差异，然而在互相间的人文交流中，双方都始终尊重对方的社会制度和发展道路，不将各国的政治制度、发展道路与发展模式定于一尊，强调道路选择，关键要符合国情。“在发展道路的探索上，照搬没有出路，模仿容易迷失，实践才出真知。一个国家的发展道路，只能由这个国家的人民，依据自己的历史传承、文化传统、经济社会发展水平来决定。”① 中国与阿拉伯国家的人文交流为当代世界不同文明间的平等交往与互学互鉴树立了典范。

第四，中国与阿拉伯国家不断增强的政治互信与日益密切的经贸往来

---

① 习近平：《共同开创中阿关系的美好未来——在阿拉伯国家联盟总部的演讲》，新华网，http：//news. xinhuanet. com/world/2016－01/22/c＿ 1117855467. htm（2016年1月21日）。

为新时代中阿人文交流注入强大动力。改革开放以来，特别是进入 21 世纪以来，中国与阿拉伯国家的人文交流迈入全面提升与快速发展的新时代。中阿人文交流重视机制平台建设及其有效运行，中国与各阿拉伯国家间的双边文化合作协定与合作机制与中阿合作论坛框架下设立的多个高级别人文交流机制双轮驱动，使中阿人文交流提速换挡，快速发展。2004 年，中国—阿拉伯国家合作论坛成立，为中阿人文交流搭建起巨大平台，极大地促进了中阿人文交流的发展；2014 年 6 月，习近平主席在中阿合作论坛第六届部长级会上的讲话中提出了中阿共建“一带一路”倡议，得到阿拉伯国家的广泛响应；2016 年 1 月，习近平主席在阿盟总部的演讲中再次强调中国愿与阿拉伯国家开展共建“一带一路”行动，共同推动中阿两大民族复兴形成更多交汇，共建“一带一路”倡议得到阿拉伯国家的热烈反响和积极回应；2018 年 7 月 10 日，习近平主席出席中阿合作论坛第八届部长级会议开幕式并发表重要讲话，这是2014 年以来的5 年间习近平主席第 3 次面向阿拉伯世界作重要政策宣示，充分显示出中国对加强与阿拉伯国家合作的高度重视。中阿人文交流必将在共建“一带一路”大业的进程中不断拓展和深化，助力中阿战略伙伴关系的不断深化与发展。

（二）中阿文明交往与人文交流具有重大的现实意义

第一，中国与阿拉伯国家的人文交流有力地促进了中阿民心相通，为双方政治互信与经贸交往的不断增强和发展，提供了源源不断的精神滋养。国之交在民相亲，民相亲在心相通，40 年来丰富多彩的人文交流活动，不断夯实着中阿全方位合作的社会基础和民意基础，特别是在中阿共建“一带一路”的新时代，双方间的人文交流与文明互鉴在助推民心相通、助力战略互信、推动构建中阿命运共同体和人类命运共同体方面具有无可替代的重要意义和独特价值。

第二，当代中阿文明交往与人文交流为当今世界文明交往树立了典范。新时代的中阿文明交往与人文交流，是不同文明互学互鉴的积极探索与伟大实践，体现了中国与广大发展中国家相互尊重、平等相待、互助共进的文明交往观。2017 年 10 月召开的中共十九大确立了新时代中国参与全球治理与文明交往的新理念，向世界宣示中国始终坚持和平发展道路，秉持“共商、共建、共享”的全球治理观，致力于促进和而不同、兼收并蓄的文明交流，强调“要尊重世界文明多样性，以文明交流超越文明隔阂、文明互鉴超越文明冲突、文明共存超越文明优越”①。当代世界，霸权主义、零和思维、冷战思维以及“文明冲突论”“文明优越论”等依然盛行，改革开放以来特别是中共十八大以来的中阿人文交流，积极回应时代挑战，着力践行“三个超越”，是新时代文明交往观的生动诠释与伟大实践，对于探索当代世界文明交往路径、引领文明交往方向具有重大现实意义。

第三，新时代的中阿文明交往与人文交流，对于促进中东地区治理、推动全球治理体现变革具有重要示范引领意义。当代中东地区冲突频仍，动荡难宁，治理不善，发展滞后，极端主义、恐怖主义滋生蔓延。“少一些冲突和苦难，多一点安宁和尊严，这是中东人民的向往。”② 动荡的根源是发展问题，出路最终也要靠发展。中国改革开放40多年的经验已成为地区治理与全球治理的宝贵资源，也是广大阿拉伯国家迫切需要学习和借鉴的。中阿人文交流正在将相互尊重、公平正义、合作共赢、和合共生的发展理念和治理理念引入中东地区。这些理念，与阿拉伯国家广大人民期盼和平、谋求发展的现实诉求与美好憧憬高度契合，对促进中东地区治理、实现中东地区和平具有重大现实启迪和引领意义。发展是解决中东治理问题的钥匙，发展的潜力要通过改革来释放，进步的动力要通过开放来提升。习近平主席倡议建立的中阿改革发展研究中心已在上海成立，并成功举办了10届阿拉伯国家官员研修班，取得了良好效果。新时代的中阿人文交流，通过分享中国经验、贡献中国智慧而推进民心相通，引领阿拉伯国家的改革与发展，实现中阿联动发展与共同发展，进而推动中东地区走出一条全面振兴的新路。值得期待的是，中阿双方已一致同意将召开首

① 习近平：《决胜全面建成小康社会 夺取新时代中国特色社会主义伟大胜利——在中国共产党第十九次代表大会上的报告》，人民出版社2017年版，第59页。

② 习近平：《共同开创中阿关系的美好未来——在阿拉伯国家联盟总部的演讲》，新华网，http://news.xinhuanet.com/world/2016-01/22/c_1117855467.htm（2016年1月21日）。

届“中阿峰会”，共同应对世界百年未有之大变局，努力携手合作，共建面向新时代的中阿命运共同体，特别是致力于打造中阿发展共同体、中阿利益共同体、中阿卫生健康共同体和中阿人文共同体。新时代新形势下，中阿文明交流互鉴将会不断发展并持续深化，为进一步加深中阿人民之间的相互了解、夯实中阿命运共同体的人文基础、助力中阿全面战略合作、推动构建人类命运共同体发挥出更加重要的作用。

（三）新时代中阿文明交往与人文交流面临的挑战

冷战结束以来，特别是进入 21 世纪后，国际政治格局及中东地区形势发生了深刻变化，美国一超独大，以“反恐”为名在中东地区于 2001 年和 2003 年接连发动了阿富汗、伊拉克两场战争，搅动和打破了中东地区脆弱的安全格局，导致该地区陷于持续不断的动荡与战乱。2004 年，美国又借两场战争之势，强力推行“大中东民主改造计划”，向该地区输出西式民主，扶植民主样板。在美国主导的“反恐战争”及“大中东民主改造计划”推进过程中，阿拉伯国家普遍遭受空前压力，伊斯兰文明也受到不公对待与肆意曲解。如今，霸权主义、单边主义、民粹主义甚嚣尘上，零和博弈的冷战思维与丛林法则再度盛行，在此形势下，我们需清醒地认识到，中阿文明交往与人文交流依然存在不少困难和问题，面临诸多挑战，例如，彼此对对方文化与文明的了解和研究还不充分，社会认知和知识供给严重不足；文明对话的程度依然不够深广；双方媒体对对方的报道依然不够准确、全面；特别是各种极端势力在不同文明之间蓄意制造断层线，国际话语霸权的误导与偏见不断渲染“中国威胁论”、“中国扩张论”和“中国焦虑症”，频频鼓噪“伊斯兰威胁论”和“伊斯兰恐惧症”，散布各种谬论，歪曲真相，误导舆论，不断为中阿人民的相互认知和友好交往设置障碍和误区，制造“文明冲突”的陷阱。所有这些，都对面向未来的中阿人文交流构成严峻挑战，形成严重阻碍。

然而，无论国际风云如何变幻，只要中阿双方坚持秉承“和平合作、开放包容、互学互鉴、互利共赢”的丝路精神，面向未来，精诚合作，中阿文化交流的前景就会无比广阔。“每一种文明都是美的结晶，都彰显着创造之美。一切美好的事物都是相通的。人们对美好事物的向往，是任何力量都无法阻挡的！各种文明本没有冲突，只是要有欣赏所有文明之美的眼睛。”① 在中阿共建“一带一路”背景下，双方日益增强的政治互信与日趋密切的经贸交往为中阿文化交流注入强大的动力，正如习近平主席在阿拉伯联盟总部的演讲中所说：“‘一带一路’延伸之处，是人文交流聚集活跃之地。民心交融要绵绵用力，久久为功。”② 中阿人民都有充分理由相信，新时代中阿文化交流与文明互鉴的伟大实践，必将在世界文明交往史上谱写出和合共生的新乐章，为中阿共建“一带一路”、携手合作推进中东地区治理、推动构建“人类命运共同体”奉献更多智慧，做出更大贡献。

① 习近平：《深化文明交流互鉴 共建亚洲命运共同体——在亚洲文明对话大会开幕式上的主旨演讲》，新华网，http：//www. xinhuanet. com/politics/leaders/2019-05/15/c_ 1124497022. htm（2019 年 5 月 15 日）。

② 习近平：《共同开创中阿关系的美好未来——在阿拉伯国家联盟总部的演讲》，新华网，http：//news. xinhuanet. com/world/2016 - 01/22/c _ 1117855467. htm（2016 年 1 月 21 日）。

略说从“大同”社会理想萌芽到人类命运共同体提出的发展历程*

李玉平

【摘要】 简要梳理从“大同”社会理想萌芽到人类命运共同体提出的发展历程有着重要的现实意义。“大同”社会理想的发展历程可以分为四个阶段：“大同”社会理想的蕴积、“大同”社会本质特征的凝练概括与表达、“大同”社会理想的付诸实现和“大同”社会理想的新时代科学内涵——人类命运共同体。

【关键词】“大同”社会理想　人类命运共同体　历程

【作者简介】 李玉平，天津师范大学文学院教授，博士生导师。主要从事中国语言学史、中国传统文化等方面的研究。

党的十八大以来，习近平总书记在讲话中曾多次引用《礼记·礼运》中的“大道之行也，天下为公”一语②，并于2013年首次提出了人类命

---

* 本文章系国家社科基金项目“郑训汇纂及数据库建设”（编号：18BYY158）之阶段性成果。

② 杨立新：《习近平引用率最高的十大典故》，人民网-中国共产党新闻网，2018年6月1日。

该语又见《孔子家语·礼运》篇，作“大道之行，天下为公”。因《孔子家语》一书，历史上多被视作伪书，直至近些年出土文献资料的不断丰富，学者们才据以证明其为先秦典籍（参杨朝明和宁镇疆著作）。

运共同体理念①。习总书记“深刻把握人类社会历史经验和发展规律，从中国与世界的共同利益出发，提出了构建人类命运共同体的重大倡议，回应了各国人民求和平、谋发展、促合作的普遍诉求，充分展现了大国领袖的世界情怀和责任担当”②。“大道之行也，天下为公”是战国末至汉初③儒家学者所描绘的“大同”社会的重要特征。大同社会理想从萌生发展，到《礼记·礼运》中的早期描述和概括，到对历代志士仁人的影响，到“大同”社会理想的付诸实现，再到新时代习总书记赋予“大同”社会理想新时代的科学内涵，经历了漫长的发展历程。回顾这一发展历程，回顾中华民族为追求美好的社会理想付出的艰苦卓绝的努力，对于未来我们砥砺奋进，努力践行习总书记提出的构建人类命运共同体的倡议，无疑是有重要意义的。

我们认为，“大同”社会理想的发展历程可以分为这样四个阶段，即“大同”社会理想的蕴积、“大同”社会本质特征的凝练概括与表达、“大同”社会理想的付诸实现和“大同”社会理想的新时代科学内涵——人类命运共同体。

---

① 习近平：《青年要自觉践行社会主义核心价值观——在北京大学师生座谈会上的讲话》，中央人民政府门户网站、新华社，2014 年 5 月 4 日。《图说：总书记提出人类命运共同体理念的非凡历程》，求是网，2021 年 1 月 7 日。

② 《图说：总书记提出人类命运共同体理念的非凡历程》，求是网，2021 年 1 月 7 日。

③ 《礼记·礼运》的作者及成篇时间学界有分歧：元陈澔的战国初“子游门人之所记，间有格言。而篇首大同、小康之说则非夫子之言也”说、晚清康有为的春秋末子游所记说、周予同的“《礼运》只是儒家支流一位不知名的作者的作品，至早出于战国末年，甚或出于汉初”说、任铭善的“疑子游所自记也，然其中亦有后人窜入之文”说，王梦鸥“疑其写作时代当在西汉时代，古文学渐起而替代今文学，遂出现了这样不相干的调和论”说，杨天宇“不会早于阴阳五行思想盛行的战国晚期，很可能是秦、汉时期的作品”说、《汉语大词典》“大同”条“战国末至汉初”说、王锷的“《礼运》是经多人多次记录整理而成。……主体部分应该是子游记录的，大概写成于战国初期。在流传过程中，大约于战国晚期掺入了阴阳五行家之言，又经后人整理而成为目前我们看到的样子”说、《辞海》的“约为战国末年或秦汉之际儒家学者托名孔子答问的著作”说等。我们取《汉语大词典》之说。

一、“大同”社会理想的蕴积

一种社会理想的形成不是一蹴而就的，应当是有一个漫长的积累过程。“大同”思想萌芽可能在原始社会末期就已经开始①，但较早的明确表达应该是西周时期《诗经·魏风·硕鼠》里面提到的“乐土”思想：“逝将去女，适彼乐土。乐土乐土，爰得我所。”其后，儒家孔子提出：“丘也闻有国有家者，不患寡（当为‘贫’）而患不均，不患贫（当为‘寡’）而患不安。盖均无贫，和无寡，安无倾。”（《论语·季氏》）“老者安之，朋友信之，少者怀之。”（《论语·公冶长》）道家反对剥削，主张执政者清净无为：“高者抑之，下者举之；有余者损之，不足者补之。天之道，损有余而补不足。”（《老子》第七十七章）希望能够使百姓过上“甘其食、美其服、安其居、乐其俗”（《老子》第八十章）的理想生活。墨家的“尚贤”：“故古者圣王之为政，列德而尚贤，虽在农与工肆之人，有能则举之，高予之爵，重予之禄，任之以事，断予之令。”（《墨子·尚贤上》）“老而无妻子者，有所侍养以终其寿；幼弱孤童之无父母者，有所放依以长其身。”（《墨子·兼爱下》）“爱人若爱其身，犹有不孝者乎？视父兄与君若其身，恶施不孝，犹有不慈者乎？视弟子与臣若其身，恶施不慈。故不孝不慈亡有，犹有盗贼乎？故视人之室若其室，谁窃？视人身若其身，谁贼？……视人国若其国，谁攻？”（《墨子·兼爱上》）战国中期儒家孟子也提出了“老吾老以及人之老，幼吾幼以及人之幼”（《孟子·梁惠王上》）的观点。兵家的尉缭子提出：“夫谓治者，使民无私也。民无私则天下为一家，无私耕私织，共寒其寒，共饥其饥。”（《尉缭子·治本》）杂家也提出：“昔先王之治天下也，必先公，公则天下平矣！……天下非一人之天下也，天下之天下也。阴阳之和，不长一类；甘露时雨，不私一物；万民之主，不阿一人。”②（《吕氏春秋·孟春

---

① 郑东华认为东汉王充《论衡》和魏晋时皇甫谧的《帝王世纪》所记的《击壤歌》“吾日出而作，日入而息，凿井而饮，耕田而食，尧何等力？（此句或作‘帝力于我何有哉？’）”反映了原始社会末期人们憧憬人人自食其力、没有剥削和奴役、自由自在的生活。

② 习近平在党的十八届五中全会第二次全体会议上的讲话曾引用此句。

纪·贵公》）“尧有子十人，不与其子而授舜；舜有子九人，不与其子而授禹，至公也。”（《吕氏春秋·孟春纪·去私》）农家推重的“市贾不贰，国中无伪，虽使五尺之童适市，莫之或欺”（《孟子·滕文公上》）。这些思想汇聚起来就是《礼运》中描述的“大同”社会状态：“大道之行也，天下为公。选贤与能，讲信修睦，故人不独亲其亲，不独子其子，使老有所终，壮有所用，幼有所长，矜寡孤独废疾者，皆有所养。男有分，女有归。货恶其弃于地也，不必藏于己；力恶其不出于身也，不必为己。是故谋闭而不兴，盗窃乱贼而不作，故外户而不闭。”① 因此，郑东华曾总结说：“《礼运》中的大同思想只不过是对先秦大同思想的概括总结，是对儒、道、墨、杂等诸家民主思想的继承和发展。”这是非常有道理的。

二、“大同”社会本质特征的凝练概括与表达

“大同”社会本质特征是“天下为公”。之前《尉缭子》中“民无私则天下为一家”、《吕氏春秋》中的“公则天下平”，同《礼记·礼运》中的“天下为公”并无二致，但仍不如“天下为公”凝练和概括，而将这样的社会形态概括为“大同”社会，仍需要一个过程。早期“大同”一词也并不是儒家的专用。考察早期“大同”一词的含义，有助于理解儒家概括凝练的“大同”社会理想。

1. 先秦时期的“大同”观念

（1）《庄子》中的“大同”。“大同”一词，最早出现的文献典籍是《庄子》。其中有三个含义：一是指天地自然，二是指与……混同一体。如《在宥》篇：“颂论形躯，合乎大同，大同而无己。”郭象注：“其形容与天地无异。有己则不能大同也。”唐成玄英疏：“圣人盛德躯貌，与二仪大道合同，外不窥乎宇宙，内不有其己身也。合二仪，同大道，则物我俱忘

---

① 《孔子家语·礼运》中记为：“大道之行，天下为公。选贤与能，讲信修睦。故人不独亲其亲，不独子其子，老有所终，壮有所用，矜寡孤疾皆有所养。货恶其弃于地，不必藏于己；力恶其不出于身，不必为人。是以奸谋闭而弗兴，盗窃乱贼不作，故外户而不闭，谓之大同。”

也。”“合乎大同”之“大同”即指“天地自然”，“大同而无已”之“大同”即指“与……混同一体”。表示第二个含义的“大同”又见同篇“大同乎涬溟，解心释神，莫然无魂”，晋郭象注：“与物无际。”（意指进入物我不分的精神境界，自身与外物不再存在任何分际）成玄英疏：“溟涬，自然之气也。茫荡身心大同，自然合体也。”“大同乎涬溟”意即与混混茫茫的自然元气混同为一体。《汉语大词典》释《庄子》“大同”为“与天地万物融合为一”就是第二个含义。三是指每类事物都有共同的性质。《庄子·天下》：“大同而与小同异，此之谓‘小同异’；万物毕同毕异，此之谓‘大同异’。”意思即大同和小同相差异，这叫“小同异”；万物完全相同也完全相异，这叫“大同异”。据冯芝生先生的观点：“每类事物都有共同的性质，这是‘大同’；每类事物中不同的种属又各有自己的共同的性质，这是‘小同’。”①

（2）《列子·黄帝》：“子夏曰：‘以商所闻夫子之言，和者大同于物，物无得伤阂者，游金石，蹈水火，皆可也。’”其中“和者大同于物”意即得中和之气的人，身心同外物融合在一起。

（3）《尚书·周书·洪范》：“汝则有大疑，谋及乃心，谋及卿士，谋及庶人，谋及卜筮。汝则从，龟从，筮从，卿士从，庶民从，是之谓大同。”② 意思就是如果你赞同，龟卜赞同，筮卦赞同，卿士赞同，庶民赞同，这就叫作大同。“大同”其实就是非常一致的赞同。

（4）《吕氏春秋·有始览·有始》：“天地万物，一人之身也，此之谓大同。”意思就是天地万物如同一个人的身体，这就叫“大同”。

（5）《关尹子》：“知古今之大同，故或先古，或先今；知内外之大同，故或先内，或先外。”其中的“大同”就是大致相同的意思。

先秦时期，除了《礼运》篇“大同”表示高度和平的大同社会③，其他的“大同”有五种含义：（1）天地自然；（2）与……混同一体；（3）

① 陈鼓应注译：《庄子今注今译》，中华书局1983年版，第891页。

② 后《史记·宋微子世家》承袭此例，不再罗列。

③《礼记·礼运》：“是谓大同。”东汉郑玄注：“同，犹和也，平也。”唐孔颖达疏：“‘是谓大同’者，率土皆然，故曰‘大同’。”

每类事物都有共同的性质；（4）非常一致的赞同；（5）大致相同。这些含义与《礼运》“大同”含义相关而不同，只有《礼运》篇中“大同”用以概括“天下为公”的理想社会。

2. 西汉时期的“大同”观念

（1）西汉扬雄《太玄经·玄冲》：“《锐》执一，而《昆》大同。”校释：“《太玄首·昆首》：‘昆道尚同。’《说文》：‘昆，同也。’”① 其中“大同”是高度的同一。

（2）西汉严遵《老子指归》卷二：“道虚之虚，故能生一。有物混沌，恍惚居起。……漠然大同，无终无始，万物之庐，为太初首者，故谓之一。”“大同”是与万物相混同的意思。

（3）西汉严遵《老子指归》卷四：“故用心思公，不若无心之大同也。”意思就是“用心思虑为公，不如无所用心能使天下大同”。此处的“大同”，应当与《礼运》篇“大同”含义相当。

（4）西汉严遵《老子指归》卷五：“（道）无所爱恶，与物大同。群类应之，各得所行。”“与物大同”即与万物完全混合融通，“大同”即与……混同。

西汉时期“大同”主要有三种含义：(1) 高度的同一；(2) 与万物混同；(3) 高度的和平。其中第 (3) 个含义与《礼运》篇“大同”含义相同，皆指有着高度和平的“大同”社会，第 (1) 个含义与此联系密切。

3. 东汉时期的“大同”观念

(1)《公羊传·昭公二十五年》：“朱干、玉戚、以舞《大夏》。”东汉何休注：“《大夏》，夏乐也。周所以舞夏乐者，王者始起，未制作之时，取先王之乐与已同者，假以风化天下，天下大同，乃自作乐。”“天下大同”即天下高度和平。

(2) 表示习俗大体相同。《汉书·西域传上·大宛国》：“自宛以西至安息国，虽颇异言，然大同，自相晓知也。”此中的“大同”即表示习俗大体相同的意思。同一史实，在《史记·大宛列传》中描述为：“自大宛以西至安息，国虽颇异言，然大同俗，相知言。”则可推知《汉书》中的

① 郑万耕校释：《太玄校释》，中华书局 2014 年版，第 244 页。

“大同”即《史记》中“大同俗”之省略表达。《史记》中的“大同俗”还有多次，如“康居……行国，与月氏大同俗”（《史记·大宛列传》），“奄蔡……行国，与康居大同俗”（《史记·大宛列传》），“九疑、苍梧以南至儋耳者，与江南大同俗，而杨越多焉”（《史记·货殖列传》）。

(3)《汉书·王莽传上》：“光耀显章，天符仍臻，元气大同。”“元气大同”大意是全国百姓精神振奋，共享太平。“大同”也是高度的和平之义。

(4) 东汉王符《潜夫论》卷六：“且圣王之立卜筮也，不违民以为吉，不专任以断事。故《鸿范》之占，大同是尚。”《鸿范》即《洪范》，“大同”即《尚书》中的“大同”，即各个方面都非常赞同。

总结东汉时期“大同”有三种含义：(1) 高度和平；(2) 与习俗大体相同；(3) 各方面都非常赞同。其中第 (1) 种含义使用了 2 次，与《礼运》篇的“大同”含义相当。

综合来看，先秦时期，除了儒家学派的《礼记》和《孔子家语》中使用“大同”表示大同社会理想，其他各家（道家、杂家等）文献中虽然也使用词语“大同”，但并不表示此义，到了西汉和东汉时期，不仅儒家，即使是道家（如《太玄经》和《老子指归》等文献）也使用“大同”表示高度和平的社会含义。这也可以辅助推断，“大同”思想的提出应该不会太早，以往学者普遍认同约为战国末期的时间点，从对思想的凝练概括与总结规律来看，是比较符合实际的。

三、“大同”社会理想的付诸实现

儒家“大同”社会理想的提出，对后世影响巨大。历史上的著名代表人物就有陶渊明①、张载②、洪秀全、康有为、谭嗣同③、孙中山等。在

---

① 陶渊明的《桃花源记》描述的“桃花源”社会“土地平旷，屋舍俨然，有良田、美池、桑竹之属。阡陌交通，鸡犬相闻。其中往来种作，男女衣着，悉如外人。黄发垂髫，并怡然自乐”，不必忧愁战争，不必忧愁自己的吃穿住行。

② 北宋张载提出：“为天地立心，为生民立命，为往圣继绝学，为万世开太平。”（《张子语录·语录中》）

③ 魏义霞：《谭嗣同大同思想的多重意蕴和诉求》，《安徽史学》2016 年第 6 期。

以儒学治国安民的中国，自古以来有无数哲人、先师向往和追求着这种理想的社会形态：天下不是一人之天下，而是众人之天下，反对君主专制，民众道德水平高，和睦相处，没有罪恶，社会安定。然而将这一社会理想付诸实践，中国人民付出了艰苦卓绝的努力和抗争。宋末农民起义口号“等贵贱”“均贫富”、明末李自成农民起义口号“均田免粮”，都体现了中国封建社会农民阶级追求公正、平等的理想诉求，是被统治阶级对“大同”社会理想精神的表达。近代中国太平天国运动的纲领性文件《天朝田亩制度》主张“有田同耕，有饭同食，有衣同穿，有钱同使，无处不均匀，无人不饱暖”“天下人人不受私，物物归上主”“凡天下婚姻不论财”，男女平等，自由恋爱等，反映了农民阶级对拥有土地、平等公正、保障温饱的“大同”理想社会的渴望。近代康有为是中国新兴资产阶级改良维新派的代表人物。其《大同书》，根据今文经学的公羊三世说和《礼记・礼运》中的“大同”思想，又综合吸取了欧洲空想社会主义、资产阶级民主主义、达尔文进化论等若干思想元素，指出当时中国处于“据乱世”，必须学习已进入“升平世”的欧美资本主义国家，然后才能进入“太平世”（即“大同”世界）。孙中山是激进的资产阶级民主主义者，为解救民众疾苦，提出了“民族、民权、民生”的旧三民主义，后接受马克思主义科学社会主义部分主张，提出了新三民主义纲领，主张“平均地权”“联俄”“联共”“扶助农工”“耕者有其田”等，反复强调“天下为公”的“大同”社会理想。在中国历史上，真正信仰“大同”理想，并能把“大同”理想付诸实践的是中国共产党人。中国共产党以马克思主义为指导，并将马克思主义与中国具体实际相结合，其初心和使命就是为中国人民谋幸福、为中华民族谋复兴，为最终实现无阶级的“天下为公”的共产主义“大同”理想而努力奋斗。毛泽东同志在《论人民民主专政》一文中曾多次提到“大同”，并指出：“我们现在的任务是要强化人民的国家机器……以此为条件，使中国有可能在工人阶级和共产党的领导之下稳步地由农业国进到工业国，由新民主主义社会进到社会主义社会和共产主义社会，消灭阶级和实现大同。”① 王伟光评价说：“这是中国共产党人把

① 毛泽东：《论人民民主专政》，新华网，2012 年 6 月 29 日。

共产主义理想同中华民族‘大同’理想结合起来的卓越见解和精彩论述。”新中国成立后，“我们党团结带领人民完成社会主义革命，确立社会主义基本制度，推进社会主义建设，完成了中华民族有史以来最为广泛而深刻的社会变革，为当代中国一切发展进步奠定了根本政治前提和制度基础，实现了中华民族由近代不断衰落到根本扭转命运、持续走向繁荣富强的伟大飞跃”①。这为我国通向共产主义的“大同”社会开辟了实际道路。

四、“大同”社会理想的新时代科学内涵——人类命运共同体

2013 年，习近平同志以宏大的战略眼光首次提出了构建“人类命运共同体”的伟大构想，赋予了“大同”社会理想的新时代科学内涵。构建“人类命运共同体”的倡议得到世界上越来越多国家、地区和人民广泛支持和赞同。习总书记所说的“人类命运共同体”，就是“每个民族、每个国家的前途命运都紧紧联系在一起，应该风雨同舟，荣辱与共，努力把我们生于斯、长于斯的这个星球建成一个和睦的大家庭，把世界各国人民对美好生活的向往变成现实”②。习总书记提出“一带一路”倡议，就是要实践人类命运共同体理念，他在十九大报告中呼吁“各国人民同心协力，构建人类命运共同体，建设持久和平、普遍安全、共同繁荣、开放包容、清洁美丽的世界。要相互尊重、平等协商，坚决摒弃冷战思维和强权政治，走对话而不对抗、结伴而不结盟的国与国交往新路。要坚持以对话解决争端、以协商化解分歧，统筹应对传统和非传统安全威胁，反对一切形式的恐怖主义。要同舟共济，促进贸易和投资自由化便利化，推动经济全球化朝着更加开放、包容、普惠、平衡、共赢的方向发展。要尊重世界文明多样性，以文明交流超越文明隔阂、文明互鉴超越文明冲突、文明共存超越文明优越。要坚持环境友好，合作应对气候变化，保护好人类赖以生存的地

---

① 习近平：《决胜全面建成小康社会 夺取新时代中国特色社会主义伟大胜利——在中国共产党第十九次全国代表大会上的报告》，新华网，2017 年 10 月 18 日。

② 习近平：《携手建设更加美好的世界——在中国共产党与世界政党高层对话会上的主旨讲话》，《人民日报》2017 年 12 月 2 日。

球家园”①。王伟光总结到：“习近平同志关于构建‘人类命运共同体’的伟大构想，把共产主义最高理想同中国共产党人的当前行动纲领、把国际主义原则同坚持独立自主、自力更生的方针有机地结合起来，是对中华优秀传统‘大同’思想的发展，也是共产主义‘自由人联合体’理想与中华优秀传统思想的创造性转化和创新性发展。”杜飞进说：“构建人类命运共同体，是习近平总书记在正确把握时代潮流、应对世界大变局、解决当今世界主要矛盾、坚持人民主体地位的基础上提出的中国理念和中国方案。”王连伟说：“人类命运共同体是对马克思全球秩序观、中国传统天下观和新中国成立以来外交思想的继承与发展。”众多学者从不同角度准确阐释了习总书记赋予“大同”社会理想的新时代科学内涵。

参考文献

[1] 辞海编辑委员会：《辞海》（第六版彩图本），上海辞书出版社2009年版。

[2] 陈鼓应：《庄子今注今译》，中华书局1983年版。

[3] 陈澔：《礼记集说》，万久富整理，凤凰出版社2010年版。

[4] 谌祥勇：《从大同到人民——思想转型视域下的近代“大同说”探析》，《常州大学学报（社会科学版）》2021年第1期。

[5] 陈正炎、林其锬：《中国古代大同思想研究》，上海人民出版社1986年版。

[6] 杜飞进：《构建人类命运共同体 引领人类文明进步方向》，《哈尔滨工业大学学报（社会科学版）》2020年第3期。

[7] 韩丽娟：《〈礼记〉中的礼乐教化美育思想与儒家审美人格的建构》，山东大学2012年博士学位论文。

[8] 黄芳芳：《“大同”源流论要》，华东师范大学2010年硕士学位论文。

---

① 习近平：《决胜全面建成小康社会 夺取新时代中国特色社会主义伟大胜利——在中国共产党第十九次全国代表大会上的报告》，新华网，2017年10月18日。

[9] 姜建设：《“大同小康”溯源》，《信阳师范学院学报（哲学社会科学版）》1994 年第 4 期。

[10] 康有为：《康有为全集》（第二集），中国人民大学出版社 2007 年版。

[11] 罗竹风主编：《汉语大词典》（缩印本），汉语大词典出版社 1997 年版。

[12] 宁镇疆：《〈孔子家语〉新证》，中西书局 2017 年版。

[13] 任铭善：《礼记目录后案》，齐鲁书社 1982 年版。

[14] 王锷：《礼记成书考》，中华书局 2007 年版。

[15] 王梦鸥：《礼记今注今译》，台湾商务印书馆 1979 年版。

[16] 王连伟、夏文强：《人类命运共同体：全球秩序的中国方案》，《哈尔滨工业大学学报（社会科学版）》2021 年第 4 期。

[17] 王伟光：《崇高的理想不懈的追求——论从“大同”社会理想到“人类命运共同体”伟大构想》，《马克思主义研究》2020 年第 5 期。

[18] 王晓璇：《〈礼记〉：小康大同家国理想》，《光明日报》2017 年 12 月 19 日。

[19] 习近平：《青年要自觉践行社会主义核心价值观——在北京大学师生座谈会上的讲话》，中央政府门户网站，2014 年 5 月 4 日。

[20] 习近平：《决胜全面建成小康社会 夺取新时代中国特色社会主义伟大胜利——在中国共产党第十九次全国代表大会上的报告》，新华网，2017 年 10 月 18 日。

[21] 习近平：《在中国共产党与世界政党高层对话会上的主旨讲话》，新华网，2017 年 12 月 1 日。

[22] 习近平：《携手建设更加美好的世界——在中国共产党与世界政党高层对话会上的主旨讲话》，《人民日报》2017 年 12 月 2 日。

[23]《图说：总书记提出人类命运共同体理念的非凡历程》，求是网，2021 年 1 月 7 日。

[24] 杨朝明：《正本清源说孔子》，山东人民出版社 2014 年版。

[25] 杨立新：《习近平引用率最高的十大典故》，人民网-中国共产党新闻网，2018年6月1日。

[26] 杨天宇：《礼记译注》，上海古籍出版社1997年版。

[27] 周予同：《周予同经学史论著选集》（增订本），朱维铮编，上海人民出版社1996年版。

[28] 郑东华：《先秦大同思想述评》，《聊城师范学院学报（哲学社会科学版）》1995年第2期。

[29] 扬雄：《太玄校释》，郑万耕校释，中华书局2014年版。

儒家道德教育对构建人类命运共同体的启示

刘余莉

【摘要】人类是一个休戚与共的命运共同体。人类社会的进步和世界的稳定发展最终离不开文明的支撑，建设人类命运共同体既是现实的要求，也是发展的需要。儒家重视修身、齐家、治国、平天下，天下太平一直是儒家追求的目标，对于构建人类命运共同体能够提供重要的思想源泉。特别是儒家重视伦理道德教育，注重把人培养成仁义礼智信、温良恭俭让的君子、圣贤，这对于从根本上化解冲突对立，实现世界和平具有重要启发。

【关键词】儒家　道德教育　人类命运共同体

【作者简介】刘余莉，中央党校（国家行政学院）教授、伦理学专业博士生导师，中国传统文化促进会《群书治要》传承委员会主任，人民网理论频道文化教育专家。主要从事儒家伦理与美德伦理的研究。

新冠肺炎疫情再次表明，人类是一个休戚与共的命运共同体。国际社会应该守望相助、同舟共济。现代社会与传统社会的最大不同之处就在于，人与人、民族与民族、国家与国家之间交流的深度和广度都达到了前所未有的程度。可以说，现代人生活在同一个“地球村”中，地球的和谐关乎每一个人的幸福。生活在这个“地球村”中的人们，是一荣俱荣、一损俱损的关系。人类社会的进步和世界的稳定发展最终离不开文明的支撑，建设人类命运共同体既是现实的要求，也是发展的需要。儒家重视修身、齐家、治国、平天下，天下太平一直是儒家追求的目标，对于构建人类命运共同体能够提供重要借鉴。在这方面，尤其应继承儒家重视伦理道德教育的经验，把人培养成仁义礼智信、温良恭俭让的君子、圣贤，从根本上化解冲突对立，实现世界和平。因此，深入理解儒家伦理道德教育的内涵、功能、效果、方法就显得尤为重要。唯有以和为贵，秉承平等对待、和睦相处、互相学习、互助合作的大局观，才能令人与人、民族与民族、国家与国家之间放宽心胸，互相尊重，彼此包容，求同存异，实现天下一家亲的理想，并为构建人类命运共同体携手努力，让世界文明这个大花园因百花齐放而姹紫嫣红、美不胜收。

一、重视道德教育是儒家思想的重要特征

中国自古便重视教育，长期作为中国古代正统思想的儒家更是重视道德在教育中的地位和作用。孔门四科，德行第一，“德者本也，财者末也”(《大学》)。“财者末也”并非指财不重要，而是指“财”是“德”的结果，即《大学》中讲的，“有德此有人，有人此有土，有土此有财，有财此有用”。如果本末倒置，则会出现《大学》中所说的“外本内末，争民施夺”的情况，也就是《孟子》上所说的“上下交征利，而国危矣”。司马光在《资治通鉴》中也写道：“才者，德之资也；德者，才之帅也。”(《资治通鉴·周纪一》)博学多闻固然重要，但若没有一定的道德素养作为承载，就可能造成知识越多、能力越强，危害越大的结果。就像司马光在《资治通鉴》中接下来所写的：“才德全尽谓之圣人，才德兼亡谓之愚人，德胜才谓之君子，才胜德谓之小人。……君子挟才以为善，小人挟才以为恶。……自古昔以来，国之乱臣，家之败子，才有余而德不足，以至于颠覆者多矣。”诚然，现代教育在普及科学真理、培育公民精神、促进社会发展、推动历史前进等方面起到了重要积极的作用，然而，其在一定程度上忽视了教育的本质——关于做人的教育，这也是导致现代社会各种形形色色问题层出不穷的主要原因之一。

而中华传统圣贤教育正以明明德、长善救失为目的，强调智仁勇，恰恰对于加强公民道德建设，培养出具有正义美德的人具有重要意义。美国

联邦上诉法院法官勒纳德·汉德（Learned Hand）说：“我总是不明白，人们为什么要求助于宪法、法律、法院、法官来实现公平和正义，我反复地告诫你们，这么做是错的。因为真正的公平正义只存在于男女老少的心中，如果公平正义在人们的心中死去，宪法、法律、法院、法官谁也救不了他！”也就是说，如果人的良心泯灭了，领导者为了私利而无视公平正义的存在，制度的改革最终也只能沦为某些聪明人更加堂而皇之腐败堕落的保护伞。忽视了伦理道德教育，不仅无法从根本上解决因为人的道德滑坡而出现的种种社会问题，甚至还会出现《汉书》中所说的：“法出而奸生，令下而诈起，如以汤止沸，以薪救火。”这不仅不能解决问题，还会使它们愈演愈烈。

二、忽视道德教育所导致的社会问题

如果仅仅重视法制监督机制的健全而忽视了道德教育，仅仅关注公平正义的制度设计，会导致以下结果：

其一，“道之以政，齐之以刑，民免而无耻”。人们因为惧怕刑法的处罚免于作恶，但是没有羞耻心，甚至还以作恶后能想方设法地免于处罚而沾沾自喜，自以为聪明。这表现为法律管辖之外的“反社会行为”比比皆是。狭义地讲，“反社会行为”就是指没有触犯法律却是不道德的行为，如校园霸凌、青少年酗酒斗殴等。此外，离婚率上升、青少年犯罪率上升、犯罪低龄化更成为日益严重的社会问题。

其二，“法令滋彰，盗贼多有”。法律条款越来越严密具体，渗透到生活的方方面面，但是违法乱纪的人依然众多。这表现为监狱以人满为患，政府以警察短缺为忧。严格的法律和监督机制可以把犯罪的人关进监狱，但并不能解决根本问题。如果缺乏道德伦理的教育，犯人们在监狱里学到的反而是更加狡诈的作案方式，一旦被释放出来，仍然会危害社会。《群书治要·袁子正书》上也说：如果不能制止人们作恶的心，即使是每一天都以刀锯在外面执行死刑、惩罚犯人，也不能制止作奸犯科的事情发生。这就如高科技手段在协助破案中的作用越来越大，但是人们并没有因为破案手段的提高而免于犯罪。

其三，不能培养出品德高尚的圣贤君子。《群书治要·盐铁论》中就提到：“法能刑人，而不能使人廉；能杀人，而不能使人仁。”《群书治要·淮南子》也说，靠法律和制度建设可以把不孝的人判处死刑，但是不能够使人们成为孔子、墨子那样有德行、有孝心的人；法律也能够对窃贼施以刑罚的制裁，但是不能使人成为伯夷那样廉洁、有志气的人。孔子教育的徒弟有三千多人，每一个人在家孝敬父母，出门尊敬长辈，言为世则，行为世法，一言一行，都能成为世间的表率，是依靠教育所成就的啊！

其四，“刑罚积而民怨背”。《汉书》中说：用礼义治国者，积累的就是礼义；用刑罚治理国家者，积累的就是刑罚。刑罚用多了人民就怨恨背叛，礼义积多了人民就和睦亲爱。本来世代君主都想让人民德行美好的意愿是相同的，用以使人民德行美好的办法却不同，有的是用道德教化来引导，有的是用法令来驱使。用道德教化引导，德教和谐时人民的精神状态就表现出欢乐；用法令来驱使的，法令严酷而民风就呈现出哀怨。

其五，不能达到“不忍欺”的最高管理境界。通过重视伦理道德的教育所达到的是高于“不能欺”和“不敢欺”“不忍欺”的管理境界。在《群书治要·体论》中说到：用道德教化是第一位的，礼法则紧随其后。道德与礼法都是引导人民的工具啊！远古时代的道德教化，使人民日益转向善良，却不知道自己为什么会转向善良，这是最好的治理（正己化人，无为而治）；其次，使人民互相礼让，身受劳作之苦而并无埋怨，这是次一等的状况；再次就是用法规来纠正，使人民因利益得到保障而喜欢从善，因畏惧刑罚而不敢做非法之事，这是最末一等的治理。

其六，“不知礼义，不可以行法”。如果忽视了道德教育，即使有了好的法制也难以推行而达到国家大治的结果。诚如当代西方著名的伦理学家麦金泰尔所认为的，无论道德或法律原则有多么具体和完美，如果人们不具备道德品格或美德，这些原则就不会起作用。

而当代西方社会也出现了以上这些问题，原因就在于近现代以来，一些西方人把宗教斥为迷信，并且宣称“上帝死了”，普遍地忽视了重视仁慈博爱的宗教教育所致，这些问题仅靠维护公平正义的民主政治制度本身是无法解决的。正如麦金太尔在他的著作《谁之正义？何种合理性？》中所质疑的："如果忽视了个体美德的培养，所谓的正义制度、正义规则是'谁之正义'呢？"① 由此可见，社会和谐与否，从根本上取决于人心的善良和行为的正当，即古人所谓的"人心正则国治，人心邪则国乱"。《孟子·离娄上》也说："是以惟仁者宜在高位。不仁而在高位，是播其恶于众也。"只有具备仁爱道德的人，才适宜处于领导地位。如果不仁的人处于领导地位，他就会把他的罪恶传播给广大的民众。

三、儒家道德教育的历史效果

在《论语·尧曰》中，孔子说"不教而杀谓之虐"。也就是说，在位者如果没有教导人们仁义慈悌的道理，人们因为缺少伦理道德的教育、不知道做人的本分责任而走向违法乱纪的道路，就被处以死刑，这种政治属于虐政。

《群书治要·史记下》讲："汉兴，破觚而为圆，斫雕而为朴，网漏于吞舟之鱼，而吏治烝烝，不至于奸，黎民艾安。由是观之，在彼不在此。""彼"即道德教化，"此"即严苛的法制。这段意思是：汉朝之所以兴起，是因为去严刑而从简政，去浮华而倡质朴，法网宽疏得可以漏掉能吞噬船只的大鱼，官吏的政绩却蒸蒸日上，谁也不敢为非作歹，百姓和美安定。由此看来，治理国家重要的是道德的引导，而不在于刑罚的严酷。

中国的文化传统不同于西方的宗教文化，它是一种重视伦理道德因果教育的圣贤文化，注重通过家庭教育、学校教育、社会教育等形式，培养出德才兼备的人作为官吏的候补，并在官吏的选拔、考核、监察、奖励、培训和管理上落实"进贤受上赏，蔽贤蒙显戮"的主张，这就能保证德才兼备的人被选拔到领导职位上。换言之，这种政治制度同时兼顾了公平正义和仁慈博爱两个方面。所以，中国历史上的理想政治制度是圣贤政治。在这种政治制度中，所有的制度建设和改革都是围绕着如何把一个人培养成为好人而设计的，其结果是"贤君之治国，其政平，吏不苛；其赋敛

① ［美］阿拉斯戴尔·麦金太尔：《谁之正义？何种合理性？》，万俊人等译，当代中国出版社 1996 年版。

节，其自奉薄；不以私善害公法，赏赐不加于无功，刑罚不施于无罪；不因喜以赏，不因怒以诛；害民者有罪，进贤举过者有赏……官无腐蠹之藏，国无流饿之民”（《群书治要·文韬》）。

因而，圣贤政治所达到的是“无为而治”的理想效果。《盐铁论》中，对刑罚与道德教化的关系做了一个形象的比喻：刑罚对于治理国家，就像马鞭对于驾车手一样，好的御手不能没有马鞭就去赶车，而是拿着马鞭不轻易使用。圣人借助刑罚来实现教化，教化成功了，刑罚便可以搁置不用。这就是《尚书》上所说的“刑期于无刑”。为什么要设立刑罚？就是要起到警戒、威慑的作用，但是最终的目的是期望人们不要触犯法律。历史上，西周时期的“成康盛世”，因为兴起道德教化，结果囹圄空虚，刑措不用；唐朝贞观四年（630）全国被判处死刑的囚犯只有29人，到了贞观六年（632），死刑犯虽然增至390人，但是这一年年末，唐太宗准许他们回家办理后事，第二年秋天再回来就死，结果第二年9月的时候，390名囚犯全部回来，居然没有一人逃跑。

从历史上看，中国是一个有着两千多年统一历史的国家，一直推行的是以重视伦理道德教育为基础的儒家圣贤政治，不仅出现了一代代明君，更开创过一个个盛世，达到万国来朝的局面，治国功绩举世瞩目。总结这些盛世成就的规律，都是在制定了善法的同时，特别重视儒家伦理道德的教化作用。

四、儒家道德教育的经验

总结两千多年来中国传统圣贤教育的经验与规律，具有以下几个特点：

（一）目标明确

中国古代对伦理道德因果的教育，是站在治国理政的高度加以重视的。《礼记·学记》上提出“建国君民，教学为先”，又提出“教也者，长善而救其失者也”，教育的目的是使人的过失得以挽救、使人的善良不断增长。那么“长善救失”的目的是什么呢？《大学》开篇讲道，“大学之道，在明明德，在亲民，在止于至善”。点明了教育的目的是要明明德，即恢复人们善良的本性，并且通过亲民、爱民、化民，使人民也明明德。明明德与亲民就是自觉与觉他的教育过程。而这种明明德的教育，就是成圣成贤的圣贤教育，而其内容便是伦理道德的教育。

（二）规范概括

中国古人讲：大道至简。同样，中国传统道德规范也简要明确，易记易传，概括来说就是“四维”“八德”“五伦”“五常”。四维即礼、义、廉、耻。《群书治要·管子》讲“四维张，则君令行。……四维不张，国乃灭亡”。八德即孝、悌、忠、信、礼、义、廉、耻。五伦即父子有亲、君臣有义、夫妇有别、长幼有序、朋友有信。五常即仁、义、礼、智、信。这些都是千百年来人们普遍奉行的价值观。

（三）内容丰富

中国传统教育不仅包含伦理道德的教育，“善有善报，恶有恶报”的因果教育是必不可少的内容。在中国古代，教育由儒释道三家来共同承担，因果教育贯彻于三家教育之中，核心都是教导人们“诸恶莫作，众善奉行”。如儒家经典《周易》里的“积善之家，必有余庆；积不善之家，必有余殃”；《大学》里的“德者本也，财者末也”“言悖而出者，亦悖而入；货悖而入者，亦悖而出”；《中庸》里的“大德，必得其位，必得其禄，必得其名，必得其寿”，《尚书》里的“惠迪吉，从逆凶，惟影响”，《诗经》里的“无念尔祖，聿修厥德。永言配命，自求多福”，皆属因果教育。中国历史上虽无西方意义上的宗教，但因国家、社会大力提倡因果教育，使得因果报应的观念深入人心，妇孺皆知，故人不敢肆意妄为。因果教育对端正世道人心起到了不可替代的作用，为形成淳朴向善的民风起到了重要作用。

（四）形式多样

中国古代道德教育的形式多样，并且构成了完整体系，以保证教学始终不中断：

家庭教育是道德教育的开始。更确切地说，是从母亲的胎教开始。中国自古便重视胎教。《大戴礼记·保傅》记载：“周后妃任成王于身，立而不跂，坐而不差，独处而不倨，虽怒而不詈，胎教之谓也。”五伦关系中的“夫妇有别”，这里的“别”并不是指夫妻地位上的差异，而是指夫妻之间分工不同：男子是家庭的支柱；女子护持家庭，更重要的职责是教导儿女，使他们成为有用之材。古人说，“闺阃乃圣贤所出之地，母教为天下太平之源”。《说文解字》将教育的“育”字解释为“养子使作善也”，并引徐锴的解释：“不顺子亦教之，况顺者乎？”段玉裁在《说文解字注》中进一步注解：“不从子而从倒子者，正谓不善者可使作善也。”正是父母对子女从一出生便开始言传身教，使子女在无形中养成了孝敬的德行基础。中国古代是传统大家庭，家庭的稳定是社会稳定的基础。在维护家庭稳定和教育子女方面，家规、家学、家训、家道起了极其重要的作用。一些千古流传的家训名篇如《颜氏家训》《朱子治家格言》等，至今脍炙人口；清代成书的《弟子规》，更是中国传统家规的经典之作。

学校教育是教育的主体。《汉书》中说：古代的君王，无不把教化人民作为治国要务，在国都设立太学推行教化，在地方设立庠序（地方学校）教化人民。教化既已昭明，习俗已经形成，天下就会出现监狱里空无一人的情形。《群书治要·周礼》中记载，“建邦之六典”中，教典位列第二，仅次于治典，在礼典、政典、刑典、事典之上，教典的作用是“以安邦国，以教官府，以扰万民”，即安定诸侯，教导官员，驯服百姓。在《周礼》中还详细记载了掌管教育的各级官员以及教授的内容。由此可知，古时施行教化，无不是以德行教育为教化的主要内容，而且自天子至于庶人，无有遗漏，乃属全民施教。

学校教育也是家庭教育的延续。《礼记·学记》记载：“凡学之道，严师为难。师严然后道尊，道尊然后民知敬学。”对老师有恭敬心是最难的，有恭敬心才能对老师所传之道生起恭敬心；恭敬老师所传之道，才能接受老师的教诲并且努力精进。在家里，父母教导子女恭敬老师；在学校，老师教导学生孝敬父母。亲师配合共同教导下一代。“诚敬”是成就一切学问的根本。

社会教育是学校教育的延续，是家庭教育的扩展。上古时代，“风”是很重要的一种教化形式。《群书治要·毛诗》讲到：“《风》，风也，教也。风以动之，教以化之。……上以风化下，下以风刺上。……言之者无罪，闻之者足诫。”在上位的君王通过诗歌对民众实行教化，在下位的百姓则通过诗歌将民间的风俗与疾苦上达给君王。《论语·为政》篇中记载，子曰：“诗三百，一言以蔽之，曰‘思无邪’。”在中国古代，社会教育秉持了孔子提出的“思无邪”的理念。音乐、歌舞、戏剧、诗词等文艺作品，无不以宣扬道德、弘扬正气为主要内容，从而使得社会的正气上升、邪气下降。同样，在科学迅猛发展的今天，网络渗透到人生活中的方方面面，社会教育对人们正确价值观的树立更是起着潜移默化的深远影响。所以，国家的文化部门、新闻媒体、网络等，都应当承担起弘扬社会正气的责任，为倡导和树立正确的道德观营造良好的社会氛围。

（五）次序合理

教学由孝开始，德行为先。蒙学经典《弟子规》开篇即阐明了教育的次第：“首孝悌，次谨信；泛爱众，而亲仁；行有余力，则以学文。”《三字经》中也说：“首孝悌，次见闻。”《群书治要·孝经》中讲：“夫孝，德之本也，教之所由生也。”因此教学从教“孝”开始。《论语·学而》中，有子曰：“君子务本，本立而道生。孝弟也者，其仁之本与。”这是说：君子处世要致力于根本，根本确立了，原则也就产生了。“孝悌”就是“仁”的根本。因而，道德教育应当从培养人的孝心开始。孝能培养人恩义、情义、道义的处世原则，在这种原则下，人们便不会违法乱纪、作奸犯科。相反，以利害为取舍的处世原则会使人做出见利忘义或忘恩负义的事情。所以，有子继续说：“其为人也孝弟，而好犯上者，鲜矣；不好犯上，而好作乱者，未之有也。”《孝经》上也讲：“教民亲爱，莫善于孝；教民礼顺，莫善于悌。”“长幼顺，故上下治。”孝的教育是维持良好社会伦理秩序的根本。《说文解字》解释“孝”字为“子承老也”，即父子一体。孝教导人们互亲互爱，教给人们“一体”的观念：“仁者，人也，亲亲为大。”（《中庸》）孝，“始于事亲”（《孝经》），进而“老吾老，以及人之老”，从“亲亲而仁民，仁民而爱物”（《孟子·尽心上》）及至民胞物与，再到“天地与我并生，而万物与我为一”（《庄子·齐物论》）的境界。因此《孝经》中说，孝可以使“天下和平，灾害不生，祸乱不作”。

（六）保障有力

中国历史上的道德教育之所以奏效而没有变成空洞的说教，就是因为传统社会的道德教育是依靠各种制度来加以保证和维护的。《孝经》中说："五刑之属三千，而罪莫大于不孝。"北齐律首创"重罪十条"，而其中不孝罪为"十恶不赦"的罪名之一。唐律规定，骂祖父母与父母的要处以绞刑，殴者处以斩刑，并对种种不孝的罪行做出了更具体的处罚。

此外，中国自汉代就实行了"举孝廉"的人才选拔机制，要求官员的选拔必须秉持"爵非德不授，禄非功不与"的准则，进而从官吏的选拔、考核、监察、奖励、培训和管理制度上落实了"进贤受上赏，蔽贤蒙显戮"的主张，从而保证了德才兼备的人被选拔到领导职位上。在这种政治制度中，所有的制度建设都是围绕着如何把人培养成为一个贤德之人、如何把贤德之人选拔到领导的位置上而设计的，其结果是"其政平，吏不苛，其赋敛节，其自奉薄，不以私善害公法，赏赐不加于无功，刑罚不施于无罪，不因喜以赏，不因怒以诛。害民者有罪，进贤者有赏……官无腐蠹之藏，国无流饿之民"（《群书治要·文韬》）。

可见，中国传统并没有忽视法律在治国理政中的作用，而是认为道德教育与法律制裁应是相互补充、相互促进、相辅相成的关系。行之有效的道德教育可以深入人心，令人从心底敬畏不去犯法。

中国传统社会对道德教育的重视，是通过教育、考试、人才选拔、监察、法律、激励等制度予以保障的。例如，清朝一个县发生了一件儿子杀父亲的逆伦事件，结果不仅这个儿子被处以死刑，县长也因失职而被撤职查办，巡抚（相当于省长）也被记过。此外，皇帝还亲自下令，把这个县的城墙拆掉一个角。因为一个县出了这样一个大逆不道的人，是这个县所有人的耻辱。这样的处分可以起到警戒和教育作用，有利于人们形成孝亲的观念。再如，中国传统社会还设计出承载伦理道德因果教育功能的建筑物，像祠堂、孔庙、城隍庙、四合院等，使得教育潜移默化地渗透到人生活的各个方面。

可见，中国古代对道德教育的重视，并不是空洞的说教，而是有一系列行之有效的措施作为保障。简单地讲，社会弘扬什么，就要通过制度激励什么；反对什么，就要通过制度约束什么。道德教育与制度建设两者之间不是非此即彼、相互对立、相互矛盾，而是相互促进、相辅相成。

（七）方法有效

《说文解字》把“教”解释为“上所施，下所效”。道德教育的有效方式是身体力行的感化，而不是空洞的说教，因此特别强调“正人先正己”、身教胜于言教，尤其重视作为国家和社会事务的管理者、领导人的道德示范作用。《论语·子路》篇中说，子曰：“其身正，不令而行；其身不正，虽令不从。”真正贤圣的领导者不仅是身体力行了礼义忠信的道德楷模，而且在治国理念上落实“建国君民，教学为先”的人。

（八）重点突出

中国古代社会着重培养的是每一个人“行有不得，反求诸己”的责任意识。“反求诸己”语出《孟子·离娄上》：“行有不得者，皆反求诸己，其身正而天下归之。”如今，小到家庭夫妻间的摩擦，大到种族、国家间的冲突，很大程度上都是由于彼此只知道责怪对方而不能够反躬自省而导致的。如果遇到矛盾时，每个人都能首先反求诸己，而不是去指责对方，才有利于化解矛盾和冲突。古人说：“各自责，天清地宁；各相责，天翻地覆。”这也是实现社会和谐的心法。

五、构建人类命运共同体从重视道德教育做起

儒家之所以重视道德教育，是因为儒家认识到道德不仅决定了个人的荣辱祸福，也决定了国家的兴衰成败。《群书治要·文子》中说：“乱国之主，务于地广，而不务于仁义；务于高位，而不务于道德。是舍其所以存，而造其所以亡也。”即给国家造成动乱的领导人，只注重扩大势力范围，而不重视施行仁义；只致力于追求高位权力，而不注重修养道德。这种做法，是舍弃国家所能生存的条件，而造成灭亡的因素。

“务于地广，而不务于仁义；务于高位，而不务于道德”这句话，正切中国家盛衰的根本原因。《弟子规》中说：“势服人，心不然；理服人，方无言。”这个“势”不仅包括政治上的权势，也包括经济上的优势、军事上的威势等。古人从童蒙时代就学习这一道理，并把它视为常理常法。在春秋战国时期，齐、楚、吴、越四国都曾经是战胜国，然而最终都衰亡了，原因就是他们不懂得如何保持胜利的成果。唯有有道德的君主，才能保持住胜利成果。

中国自古以来就倡导“王天下”，而不是“霸天下”。“王天下”就是《大学》开篇所说的：“古之欲明明德于天下者，先治其国；欲治其国者，先齐其家；欲齐其家者，先修其身……自天子以至于庶人，壹是皆以修身为本。”君主能够率先垂范，以修身为本，重视道德教化，百姓也能够效法修身，结果必然是人心和善、家庭和睦、社会和谐。当别国的使臣来访，自然生起羡慕效法之心，主动学习中国的礼乐文化，这就是“王天下”，即为天下人做出榜样示范。

从历史上看，“汤以七十里之地王天下，文王以百里之壤而臣诸侯”。商汤的地盘方圆七十里，但他能够成为天下诸侯国效仿的榜样。西伯昌（即后来的周文王）所统辖的地区不过是百里之地，但他使所有的诸侯国都臣服，这都是因为他的厚德，使得其他诸侯国愿意主动向他学习以道德仁义为核心的文化。

从历史上看，中华文化之所以对邻邦乃至世界各国产生深远影响，一个重要原因在于，当外国人来到中国，看到人与人之间交往彬彬有礼，“五伦”（父子有亲，君臣有义，夫妇有别，长幼有序，朋友有信）关系和谐，社会安定，国家治理得井井有条，因而把中国誉为“华夏之族”“礼义之邦”，把当时的皇帝尊称为“天可汗”，即天下公认的领导者，都以能够到中国学习、朝拜、接受中国文化的熏陶为荣，因而是心甘情愿地接受中国的领导，这就是“中心悦而诚服”。中国即使在国力鼎盛之时，也从来没有搞霸权主义。明朝郑和下西洋时，他率领着当时世界上最强大的舰队，每到一个地方，带给那里人民的是茶叶、丝绸、瓷器、先进的造纸术和造船术，而没有侵占别国一寸一尺的土地。所以，直至今日，郑和仍然受到东南亚人民乃至世界各国人民的崇敬和纪念。中国现今提出“一带一路”倡议，建设人类命运共同体，从根本上说，正是这种仁义精神的延续。

英国著名历史哲学家汤因比先生在系统研究了各个国家文明发展史的基础上，从文化学的角度提出，能够真正解决 21 世纪社会问题的，只有中国的传统文化。在《未来属于中国》这本书中，他认为，要避免世界动乱、拯救人类文明，未来的世界必须走向统一，因此，建立大一统国家是必要的。但这个统一绝非依靠军事、强权的统一，而是依靠文化的统一。特别是当前面临的生物圈的环境污染、资源枯竭等危机，依靠狭隘的政治国家是无法应对的，应该以整个地球的视野去应对。而中国在历史上既有长期统一的历史经验，也有儒家文化天下一家的胸襟以及和而不同的智慧，所以汤因比把世界未来的希望寄托在中华文化上。中华文化如果能被世界各国所学习和接受，必能带给世界和谐、和平与希望，因为中华文化是讲求道德仁义的文化。

《群书治要·新语》中也说："治以道德为上，行以仁义为本。故尊于位而无德者绌，富于财而无义者刑；贱而好道者尊，贫而有义者荣。"意思是说：治理国家要以道德为上，处理事情要以仁义为根本。地位高贵但缺乏德行的人会被贬黜；富有财产但不讲道义的人会被处刑；地位低下但珍爱德操的人会受尊崇；贫寒但讲求仁义的人会荣耀。商纣王的酒池可以划船，糟丘可以登高远望，这难道还能算是贫困吗？他拥有统领四海的权柄，主宰着九州的百姓，这难道能说是武力弱小吗？然而论其功业不能够保全自身，论其威势不能守住社稷，这绝对不是由于贫穷弱小，而恰恰是由于自身缺乏道德、对百姓不够仁义！所以，懂得如何谋利却不明白大道的人，必然是众人所谋取的目标；敢于使用武力却缺少仁义的人，必定是战争攻伐的对象。

《史记》记载，商纣王天资聪颖，口才很好，办事敏捷，力气超过常人，能空手和猛兽搏斗。他的智慧足以应对臣下的劝告，言辞也足以掩饰自己的错误，但他骄奢淫逸，不听忠言劝谏，每日和妲己过着花天酒地的生活，还制造残酷的炮烙之刑残害百姓，使百姓处在水深火热之中。后来周武王吊民伐罪，纣王兵败而亡。身为一国之君，纣王拥有广大的地盘、强大的军队，却因没有道德，不讲仁义，最终逃不过灭亡的命运。

纣王等数不清的历史故事，都验证了《周易》中"厚德载物"以及《左传》中"多行不义必自毙"的道理。可见，要使国家经久不衰，必须顺应道德、讲求仁义，与世界各国人民共同发展。这就是"国无德不兴，人无德不立"。因此，坚持修身为本，重视道德教育，提倡构建人类命运共同体是一个明智的国家领导人的必然选择。

知识分子在人类命运共同体中的责任担当

康泽宇

【摘要】人类命运共同体这一理念融汇了中华优秀传统文化的精髓，其中的“天下情怀”具有丰厚的文化意蕴。本文通过解读“文化霸权”与“文化帝国主义”的概念，表明了在受疫情影响加剧的单边主义、民粹主义的逆全球化国际形势的当下，社会中的知识分子群体在弘扬中华优秀传统文化，捍卫国家的“文化主权”方面起到了至关重要的作用。人类命运共同体这一具有中国特色的治国理念不仅仅是中国对抗西方一贯推行的“文化帝国主义”的良策，也是新冠肺炎疫情下中国争夺文化领导权，提升国际话语体系的重要举措。构建人类命运共同体，需要中国知识分子遵循“家国天下”的路径，对内强化国民教育，将优秀传统文化的价值内化于不同教育阶段当中，加强下一代对于中华优秀传统文化的认同，同时培育具备全球视野，以“天下”为己任的国际公民。同时，以天下为己任并非意味着因公废私，四海一家亦非一家独大。通过继续对外“讲好中国故事”，把中国的抗疫成果与经验同中华优秀传统文化相结合，在描绘中国正面形象的同时，也需要积极塑造集体中的个人事迹，深耕个体身上具备的中华优秀传统美德，不断丰富人类命运共同体之中的中华优秀传统文化内涵。

【关键词】人类命运共同体　知识分子　文化领导权　天下情怀

【作者简介】康泽宇，香港岭南大学博士研究生。

总　述

人类命运共同体是习近平主席站在人类历史发展进程的高度，以大国领袖的责任担当，高瞻远瞩，融合中国智慧提出的治国理政方针理论。党的十八大以来，中国明确提出了构建人类命运共同体的目标，并在党的十九大报告中强调："构建人类命运共同体，建设持久和平、普遍安全、共同繁荣、开放包容、清洁美丽的世界……要尊重世界文明多样性，以文明交流超越文明隔阂、文明互鉴超越文明冲突、文明共存超越文明优越。"自新冠肺炎疫情发生至今，全人类本是一个共同体的现实越发明显，全球化带来的各国人员流动、文化教育交流、贸易往来也让新冠肺炎疫情成为世界各国需要共同面对的一项安全问题。中国人民在中国共产党的领导下展现出了不屈不挠、团结一致的抗疫精神，并在疫情控制方面取得了显著的成效。疫情发生伊始，多国向中国伸出援助之手，中国积极回应世界各方关切，防止疫情向他国蔓延扩散。尽管如此，疫情还是很快在多国出现，遍布世界五大洲200多个国家和地区（世界卫生组织，2021）。中国始终坚持：在疫情面前，世界是相互连通的地球村，人类是相互依存的命运共同体，没有任何一个国家可以独善其身。为了向国际社会传达人类命运共同体的理念与关怀，一方面中国政府呼吁各国搁置偏见、合作抗疫，并且已经向100多个国家提供了超过4.5亿支疫苗，为抗击新冠肺炎疫情做出了巨大贡献。另一方面，以美国为首的个别西方国家依然我行我素，奉行单边主义与霸权主义，除了不遗余力利用政治、媒体的影响力抹黑中国国家战略与抗疫成果外，还用其"普世价值"作为外衣，实则在文化、道德与意识形态方面持续诋毁、攻击中国。在西方反华势力对中国抗疫不遗余力"污名化"的背后，是某些西方国家维护自身形象、推行其价值观而对其他国家政治文化"妖魔化"的霸权行为，是中国崛起的趋势以及西方某些国家处置疫情工作的不利窘境让"中国威胁论"等话语在国际舆论中甚嚣尘上，成为西方国家维持其文化霸权、“祸水东引”的理论武器。① 针对西方的文化霸权，构建人类命运共同体作为一种竞争性话语体系，既可以为中国塑造良好的国际形象，彰显中国智慧，又能够为中国提供替代西方价值体系的创新性理论框架。本研究从解构安东尼奥·葛兰西提出的“文化霸权”概念和赛义德的“文化霸权主义”理论入手，强调社会中的知识分子在捍卫民族国家“文化主权”的关键作用。同时，中国传统儒家“家国天下”哲学思想也昭示着中国知识分子的基本精神、历史使命和社会责任。本文遵循着儒家“家国天下”思想的指引，需要将传统儒家精神融入人类命运共同体的构建之中，在我国各阶段国民道德教育中培育以“天下”为己任的国际公民，把开放国际教育与传承中华优秀传统文化这两者放入人类命运共同体的话语构建当中，不断丰富人类命运共同体的文化内涵。另外，构建人类命运共同体需要取得国际社会的广泛认可，这意味着中国在国际社会中必须争取文化领导权与国际话语权。中国的知识分子，在学习西方的同时，要继续讲好中国故事，在体现大国担当的同时，亦要注重塑造集体中的个人事迹，挖掘个体身上具备的中华优秀传统美德，要将中华优秀传统文化与中国抗疫精神和成果相结合，用生动的“中国故事”积极寻求与世界各国人民对话交流，传达人类命运共同体的价值内涵，在与其他文明交往中发挥积极作用。

“文化霸权”与“文化帝国主义”

本研究在此处区分文化霸权与文化帝国主义概念，并不是以西律中，盲目将西方的理论用于对中国政治文化的阐释研究中，而是通过回顾西方学者对于后殖民时代的统治形式以及西方文化帝国主义扩张的批判，强调知识分子群体在争夺“文化领导权”，捍卫国家“文化主权”的重要作用，并阐明人类命运共同体在本质上与西方的文化霸权主义或文化帝国主义是截然不同的。

---

① 参考曾向江、李琳琳：《新冠疫情跨国扩散背景下的西方对华污名化》，《国际论坛》2020 年第 5 期。陆洪磊、胡钰：《警惕西方文化霸权的话语陷阱—浅析四家美国媒体有关中国新冠肺炎疫情的报道》，《新闻战线》2020 年第 8 期。

知识分子在争夺“文化领导权”中的作用

文化霸权和文化霸权主义概念是有很大区别的：根据现存的文献表明，文化霸权（Cultural hegemony）概念是由安东尼·奥·葛兰西提出，很多学者将它译作文化领导权（Cultural leadership）。葛兰西将资本主义社会的上层建筑分为“市民社会”和“政治社会”或国家。市民社会由政党、工会、教会、学校、学术文化团体和各种新闻媒体构成，而政治社会或国家是由军队、监狱等暴力机构构成。葛兰西指出，西方资本主义社会，尤其是先进的具有较高民主程度的资本主义社会，其统治方式已不再是通过暴力，而是通过宣传，通过其在道德和精神方面的领导地位，说服市民社会的人民接受并配合他们一系列的法律制度或世界观来达到其统治的目的，这就是葛兰西所说的“文化霸权”。如果统治阶级要维系对整个国家的控制，首先要维系的就是其在市民社会当中的文化领导权，从而使得统治合法化（Gramsci，1971）。在这一过程中，葛兰西认为市民社会当中的“有机知识分子”在市民社会中占有主导权，他从更广义的角度解读知识分子的社会责任。所谓“有机知识分子”，就是指各社会阶级的有机组成部分，在国家生活中明确地表达他们的阶级在政治、经济、文化领域中的集体意愿。知识分子具有阶级性与社会干预性，是实现思想文化领导权，即文化霸权的力量。不过，葛兰西所指的有机知识分子并不是资产阶级“御用”文人，仅仅起到传统的意识形态功能，而是通过体验人民群众的情感，跟人民的情感融为一体，推行“智识政治和道德领导”，引领社会风尚。①

在文化霸权的理论框架中，为了超越资本主义社会传统知识分子的局限，有机知识分子的职能除了创造文化产品，还能传播先进的文化和思想；中国各领域的知识分子也是经过了由传统士大夫阶层向现代知识分子的转型过程。固然，社会分工的不同与西方概念的引入，出现了专业知识分子与公共知识分子的区分，其基本精神、历史使命和社会责任却是一脉相承。比

① 王维先、王亚奇：《葛兰西有机知识分子理论及其现实意义》，《湖南师范大学社会科学学报》2020年第5期，第82~88页。

如：在中国传统家国天下的连续体当中，《孟子·离娄上》中提到的“天下之本在国，国之本在家，家之本在身”，嵌在家国天下之中的“个人”才是这个体系的核心部分，或者说“中国人心目中所有者，近则身家，远则天下，此外便多半轻忽了”①，是没有现代“民族国家”这个观念的。然而在儒家主张的修（身）齐（家）治（国）平（天下）的框架当中，知识分子们需要不断地放开眼界，将视野延伸到遵从“天下，天道”这一最终价值秩序。所谓道不远人，这种持续不断的精神追求，表明了中国知识分子怀有的崇高理想，他们认为其自身必须严格遵循伦理主导的礼制秩序，从最早由孔子提出的“文行忠信”到王阳明的“知行合一”，无不体现了历代儒家学者将自身的实践与认知有机结合。而实现“天下”这一理想的秩序最重要的就是体现在施行“教化”方面，并且在孟子的思想中，他们（知识分子）有责任去规范统治阶级的行为，换句话说，对家国秩序的尊重，就是对天道的尊重，如果出现了逆天而行的暴君，可以遵循天命，起而“革命”，推翻王朝。正如顾炎武所言：“有亡国，有亡天下。亡国与亡天下奚辨，曰：易姓改号谓之亡国，仁义充塞而至于率兽食人，人将相食，谓之亡天下。”（《日知录》卷一三）在进入21世纪后，随着冷战结束后西方对发展中国家不断施加的意识形态、价值观念以及生活方式上的压力，这样的趋势让发展中国家感到了文化安全的危机，它们捍卫自己独有的文化行为就是捍卫“文化主权”②。然而，在实行改革开放后，一部分中国知识分子责任缺位，呈现出集体性迷失的状态，这表现在某些知识分子被既得利益集团收买，成为其代言人；某些知识分子越来越职业化，丧失了独立的批判性和创造性，成了追逐名誉的学院派；还有某些知识分子同广大群众脱节，在现代教育、科学文化制度结构中反对一般民众生活。③ 前述问题的出现是社会转型期的必然现象，中国的传统知识分子固然秉承着优秀的士大夫精神，

---

① 梁漱溟：《中国文化要义》，山东人民出版社1990年版。

② 王沪宁：《文化扩张与文化主权：对主权观念的挑战》，《复旦学报（社会科学版）》1994年第3期。

③ 参考许纪霖：《中国知识分子十论》，复旦大学出版社2003年版。徐复观：《中国知识分子的责任》，《福建论坛（社科教育版）》2010年第6期。

但在社会文化世俗化的当下，仅靠侃侃而谈无法适应新时代的要求①，知识分子更应该最大程度地参与到社会流动与实际生活当中，更需要站在人民群众的立场上，创造贴近群众的文化产品，引领新时代的格局与传承。习近平也充分肯定了中国知识分子一脉相承的风骨，并在与北京大学师生座谈会上的讲话中指出："中国古代历来讲格物致和、诚意正心、治国平天下。从某种角度看，格物致知、诚意正心、修身是个人层面的要求，齐家是社会层面的要求，治国平天下是国家层面的要求。"可见，中国的知识分子对本民族政治文化的自觉和捍卫自古有之，党和国家也高度重视在国家建设中最大限度地发挥知识分子的作用和尊重人才、培育人才的大局观念。

"文化帝国主义"与"人类命运共同体"影响下的知识分子

若要讨论中国知识分子在构建人类命运共同体中的角色，必然要搞清楚日渐失序的世界秩序下老牌帝国主义国家暴露出的深层次问题。评析爱德华·赛义德的"东方主义"以及他对西方"文化帝国主义"的批判更能启发知识分子对于自身价值与使命的反思。从文化霸权（领导权）延伸出的"文化帝国主义"这个概念是基于西方传统"二元对立"的思维模式下对其主导的世界秩序同质化追寻。赛义德的"东方主义"第一指出了西方与东方在地理位置、政治、经济乃至语言文化上的长期对立，第二分析了处于强势地位的西方文化长期对于东方的主宰、重构和话语压迫的方式。② 此类不平等的互动关系造成了东方与西方表现为影响与被影响、制约与受制约，由此造成了西方对东方"无知、猎奇、神秘、愚昧原始"的刻板印象；东方主义陈述了西方自从19世纪长期以来对于东方世界霸权的现实：不仅仅是经济发展与科学技术东方需要效仿西方，甚至连文化语言与艺术创造都要向西方标准看齐。③ 紧接着，赛义德又继续以"他者"

---

① 苏立：《中国当代公共知识分子的社会构建》，《社会学研究》2003年第2期。

② 爱德华·W. 赛义德：《赛义德自选集》，中国社会科学出版社1999年版。

③ 王宁：《东方主义、后殖民主义和文化霸权主义批判——爱德华·赛义德的后殖民主义理论剖析》，《北京大学学报（哲学社会科学版）》1995年第2期，第54~62页。

的眼光提出了对“文化帝国主义”的批判，他把批判的矛头直指美国，认为美国推行的“帝国主义”虽然不在远方的土地上执行殖民政策，却巧妙地持续作用于后殖民地的文化领域中，包括政治、意识形态、经济和社会活动等方面。随着各国的独立解放运动让帝国主义日渐衰微、难以为继，它的具体手法也由武装入侵变成了演讲、教育学术、出版刊物、文艺作品，用诸如此类文化入侵来赢得后殖民地的人民。西方的学术话语理论，如同其他许多西方理论一样，通过其特定的代言人、政治、经济、文化、教育等手段和影响，主宰了国际学术的旨趣、观念、标准和方向，排挤其他文化的学术传统，消解人类通过多元对话实现学术创新的可能。即使学界批评赛义德仍然没有脱离第一世界话语的偏见和局限①，赛义德仍然揭示了帝国主义一直以来的本质：强行向拥有独特文化的国家输出自己的价值观，首先是破坏了世界文明的多样性；其次是帝国主义时刻威胁着各民族国家的文化认同和文化主权。② 帝国主义国家在东方国家维系其霸权的方式，便是利用“知识”作为理论武器，不断完善“东方主义”这个庞大理论体系。一些西方的知识分子，标榜自己是所谓“中国问题专家”，却不能以客观公正的角度来论证中国社会的变化，因为“东方主义”这样刻板偏见的思想已经形成百年之久，在西方知识分子的脑中根深蒂固，很难去除③。

除了“东方主义”与“文化帝国主义”，西方知识界鼓吹的“均势秩序论”“文明冲突论”“历史终结论”都是将不同文明底色、各国利益、不同意识形态彼此对立起来，以“西方中心主义”为出发点去与其他文明对话沟通。其实，每一个民族独有的文化，都是一种精致的、高级的成分，是每一个社会中那些被认为是最优秀的东西的蓄积。可悲的是，中国一部分知识分子成了为西方中心主义摇旗呐喊的助手，失去了对中国文化

① Foucault, M. *The Order of Things: An Archaeology of the Human Sciences*. Vintage Books, 2000.

② 张小平：《当代文化帝国主义的新特征及批判》，《马克思主义研究》2019年第9期，第123~132、160页。

③ 欧阳康、杨孝明：《萨义德“东方主义”与当代中国文化建设——关于东西方文化定位与未来走向的对象》，《文化软实力》2019年第1期。

的自信。一些中国的知识分子或多或少接受了“东方主义”中的文化帝国主义对中国的定义，即使文化帝国主义霸权不断地在全球范围衰落，他们的头脑仍然被西方统治着，甚至有些所谓的公知想要将中华优秀传统文化不断边缘化，一切向西方的标准看齐，并不断从内部诋毁、攻击中国文化，严重侵犯了我国的文化主权，威胁着中国的文化安全。近年来，随着党中央对于国家文化安全的重视，人民的文化安全意识逐渐提高，揭露了个别中国知识分子遭到西方的“文化渗透”，甚至接受了西方的资助用以在中国制造社会矛盾，同时美化西方形象①。特别是在涉及香港问题、新疆问题上，极个别知识分子罔顾良知，抛弃原则，为西方构建的“东方主义”“文化帝国主义”话语不断添砖加瓦，丰富素材，延续着西方构建起的虚伪谎言，甚至是接受了西方的“二元对立”的文明冲突思维方式。不过，对本民族文化的自信并不意味着盲目自大，一味以对抗的姿态去反驳西方的话语体系无疑收效甚微。比如，历史学家程映红担忧中国的知识分子急切希望中国改革的愿望会用强烈的社会达尔文主义和种族主义的语言来表达，类似的激进话语体系会使得别有用心的知识分子煽动社会舆论与种族对立。另外，仍有学者主张从“逆东方学”的观点去看待西方价值体系，最为典型的思维便是对“东方主义”的工具化，仅仅将这一理论作为控诉“西方”的一种工具，而忽视了赛义德的重要澄清：“东方学是一种阐释方式，只不过其阐释的对象正好是东方、东方的文化、民族和地域。”因此，赛义德所展现的并不仅仅是狭义的西方曲解东方，而是一种塑造霸权话语的普遍方法，尤其是关于文化或文明的霸权话语。最有代表性的著作当属陈小眉的《西方主义》②，其揭示了中国一些官方与非官方知识分子对西方“他者”的误读，并希望依据于此建立起制衡和对抗的话语体系。

但是，人类命运共同体的理念无疑超越了上述话语体系的桎梏，它既是具有中国特色、中国智慧的重要治国理念，有力地破除了文化帝国主

① 彭忠信、曹健华：《文化精英在内化社会主义核心价值观中的作用与路径》，《湖湘论坛》2016 年第 6 期。

② 陈小眉：《西方主义》，南京大学出版社 2014 年版。

义、捍卫了中国的文化主权；同时，它又超越了西方中心主义衍生出的以文明之间“二元对立”为基础的思维定式，成功地构建起了以“天下大同”“和合”为基础的符合全球各国共同利益的国际话语体系。正如习近平主席在第70届联合国大会一般性辩论时的讲话中对人类命运共同体的阐释：我们要促进和而不同、兼收并蓄的文明交流。文明之间要对话，不要排斥；要交流，不要取代……我们要尊重各种文明，平等相待，互学互鉴，兼收并蓄，推动人类文明实现创造性发展。可见，构建人类命运共同体并不是建立在中国文化优于西方文化，东方文化对抗西方文化的基础上，而是尊重“物之不齐，物之性也”的世界文化多样性，发扬了“各美其美、美人之美、美美与共”的和谐文化生态①，秉承着“以世界为整体政治单位的共在秩序。从天下去理解世界，就是以整个世界作为思考单位去分析问题，从而超越现代的民族国家思维方式”②。依据诸多学者对人类命运共同体的见解：首先，人类命运共同体是中国回应全球性危机的伟大构想，在各民族国家陷入风险社会的当下，很多地区性的问题很容易造成全球性的影响。故一个休戚与共、相互依存的命运共同体应运而生，知识分子需要总揽世界和我国发展格局，深刻把握时代变化。其次，人类命运共同体旗帜鲜明地反对文化帝国主义和文化霸权主义，主张人类文明的多样性，维护世界的多极化发展。再次，人类命运共同体蕴藏着深厚的中华优秀传统文化精髓，超越了传统西方“世界主义”的境界，同时具备更多的可行性。譬如：中国传统知识分子的“天下”观并没有明确的国家边界，所指更多的是知识分子的道德观、世界观，也是治国理政的重要政治哲学。“以天下为一家，中国为一人”（《礼记·礼运》），“四海之内皆兄弟也”（《论语》），“以天下观天下”“抱一为天下式”（《道德经》），诸如此类的传统典籍体现了天下一家的广阔胸襟和崇高理想，这就要求知识分子必须坚持在党的领导下，发挥自己的理论优势、文化积淀，加强跨文

---

① 张立文：《中国传统文化与人类命运共同体》，中国人民大学出版社2018年版。

② 赵汀阳：《天下观与新天下体系》，《中央社会主义学院学报》2019年第2期，第70~76页。

化、跨历史、跨学科、跨语言的交叉合作研究，积极投身到诸如“一带一路”倡议等人类命运共同体的建设当中，将中华话语研究的思想和成果逐步、持久、全方位地推向国际学术论坛。最后，知识分子“天下”秩序中亦用“内圣外王”之道鞭策自我，“内圣外王”是圣人的人格追求，“内圣”是就其自身修养的成就说；“外王”是就其在社会上的功用说，是对社会的功用和贡献①，这样由内而外的内涵式发展路径是在构建人类命运共同体过程中对于中国知识分子不断提高个人学术素养、基本素质的新要求，特别是中共中央办公厅、国务院办公厅在2019年颁布了《关于进一步弘扬科学家精神加强作风和学风建设的意见》，督促广大科技工作者要实事求是，破除“唯论文论”，在各领域用技术攻坚克难、用实际成果成就内圣外王之道，发挥更大作用。

知识分子在构建人类命运共同体中的作用

如前所述，知识分子是市民社会中的领导力量，在捍卫文化安全和文化主权中扮演着重要的角色，特别是中国的传统知识分子以及有机知识分子们一脉相承的社会责任能让他们在构建人类命运共同体中发挥重要作用，并且人类命运共同体这一超越西方“二元对立”桎梏的思想体系也会不断激发全球各国知识分子们的批判性、创新性思维，不断通过丰富其内涵与理论深度来增加人类命运共同体的全球影响力。

在具体构建人类命运共同体话语体系的过程中，国家提出了诸如“一带一路”倡议等具备国际视野的战略，通过人才教育、促进贸易、开放交流等手段促进“一带一路”沿线国家的发展，更让人类命运共同体构建工作取得了一定的成效。不过，自新冠肺炎疫情发生后，国际形势波诡云谲，西方反华势力更是加紧了对于我国文化和意识形态上的攻击与诋毁。在葛兰西文化领导权的框架中，有机知识分子的培养可以通过市民社会中的学校教育发挥正向作用②，我国香港2019年的“反修例”给了我们一个重要启示，那就是各级教育机构是我们党意识形态工作的前沿阵地，某

---

① 冯友兰：《中国哲学史》，中华书局2014年版。

② Gramsci, A. 1971. *Prison Notebook*, London: Lawrence and Wishart.

些思想观念和社会思潮的出现，生活方式的微小变化，往往首先会传导到校园，传递于学生之间①。在面对西方反华势力的渗透时，国民教育的缺失、文化安全意识的缺位就容易成为突破口，对我党的文化领导权产生威胁。2019 年 3 月 18 日，习近平总书记在学校思想政治理论课教师座谈会上提出了“政治要强”“情怀要深”“思维要新”“视野要广”“自律要严”“人格要正”的新要求。除了国民教育、意识形态宣传，以人类命运共同体、“一带一路”倡议为代表的国家“最近发展区”也必须成为国民教育和文化安全教育的重要资源。

针对此，知识分子若要对构建人类命运共同体的工作有所贡献，决不能“老生常谈”，只停留在新闻媒体宣传的阶段，要在根植于本土文化特色的基础上胸怀世界，融汇世界各国的优秀学术思想和理论思想，关照影响人类共同命运、共同生存的话题②。这就要求中国知识分子不仅要将中华优秀传统文化内化于心，外化于行，一以贯之，以“天下”为己任贯彻自己的使命，更要注重培育德才兼备、具备全球视野的下一代。特别是当今，国际话语中充斥着民族主义、民粹主义、单边主义、分离主义等逆全球化声音，人类命运共同体之下的新一代中国知识分子更应该继承中华优秀传统文化，以广阔的“天下”观念激励自身的民族责任感、全球责任感，强化对本民族文化的自信。习近平总书记指出：“一个民族最深沉的精神追求，一定要在其薪火相传的民族精神中来进行基因测序。”如何把中华民族优秀传统美德镌刻到人类命运共同体的构建中和培育下一代的工作中，需要沿着“家国天下”的路径，将教授传统美德与人类命运共同体内涵贯彻到我国教育的各个阶段，特别是国民与道德教育之中。早在 2017 年，中共中央办公厅、国务院办公厅印发了《关于实施中华优秀传统文化传承发展工程的意见》，强调把中华优秀传统文化贯穿国民教育始终，把中华优秀传统文化全方位融入各领域教育当中。沿着“家国天下”的路

---

① Zeng J. (2020). Slogan of “Community of Shared Future for Mankind”. In: Slogan Politics. *Critical Studies of the Asia-Pacific*. Palgrave Macmillan, Singapore.

② 施旭：《当代中国话语的文化研究范式》，《当代外语研究》2021 年第 2 期，第 32~43、63 页。

径，学生们要被教导从社会公德、家风传承、热爱祖国的路径由私德到公德、由私域扩展到社会公域①，亦要倡导“先公后私、任公去私、追求公利”等源于儒家传统的良好公私观念②。与此同时，中国亦要持续开放扩大高等教育国际化的规模，通过不断地吸引国际人才来提升中国知识分子的国际视野与积极的交流心态，通过鼓励不同文明不断交流互鉴来提升中国文化的国际影响力。所以，构建人类命运共同体过程中的中国知识分子任重道远，在国民教育和思想教育中要发挥有机知识分子的作用，为我党坚守好文化阵地领导权；亦要对“天下”有主人翁精神，有“人类共同命运”的觉悟。正如世界卫生组织总干事高级顾问布鲁斯·艾尔沃德对于中国抗疫的评价：“最让我震撼的是，每一个中国人都有很强烈的责任担当和奉献精神，愿意为抗击疫情作出贡献。”③ 知识分子作为社会思潮的引领者，要发挥自身文化传播、技术攻关、理论构建等方面的优势，引领构筑起人类命运共同体中的家国天下共同理念。

不过，在主张中国知识分子发扬先公后私、四海一家、协和万邦等优秀传统美德时，并不意味着要因公废私、忽视个体，只顾整体利益而忽略个性发展。人类命运共同体作为一个国际性话语体系，有着极强的包容性和丰富的内涵，是能够应用于国际多领域的对话交流，特别是在国际学术界，人类命运共同体超越了单一的、二元对立的结构主义话语体系，各国各界知识分子可以充分发挥自己的辩证思维，将集体与个体、东方与西方、国家与社会、权威与自由统筹全面地进行研究分析，不会妄下论断，走向极端。构建这样的理论体系恰恰是当今全世界人民的共同诉求，因为构建人类命运共同体的关键在于中国不单单是代表东方文明同西方文明的交流，不单单是代表正在崛起的发展中国家同日渐衰微的西方发达国家的对话，而是代表广大中国人民向世界各国人民传达四海一家的真挚情感、

① 后永义、母旭阳：《公私域中的孔子直道思想探析》，《江汉大学学报（人文科学版）》2012 年第 2 期。

② 涂可国、孙秋英：《传统儒家公私观及其对新时代公民道德建设的启示》，《东岳论丛》2020 年第 8 期，第 60~76 页。

③ 《世界眼中的中国战“疫”》，中国新闻网，2020 年 3 月 19 日。

协和万邦的博大胸襟，求同存异、大同世界的美好愿望。在结合中国抗击疫情的成果丰富构建人类命运共同体的同时，也要深刻认识到中国与西方的话语体系总体上存在差异，不论是“东方主义”还是“文化帝国主义”都对中华文化、东方文明存在片面的理解和刻板印象。① 然而，当中国就国际社会中的问题表达观点时，应该向西方文明寻求交流，向西方国家中拥有真正文化的人去传达中国的态度，找到与西方国家人民情感沟通的正确方式。② 譬如：当世界各国的人民群众开始意识到，每个人都不是一座孤岛，如果没有彼此，他们将无法独立生存。正如心理学家卡尔·荣格所言：从某种意义上说，每个人类自我都被认为是一种独特的、完全特殊的、不可比拟的特殊特质的组合。每个个体的普遍性和特殊性是相辅相成的，最终发展成一种语境化的自我意识。不同于西方的关系主义，中国的知识分子群体是以角色为责任的逻辑起点，注重不同语境下自身的角色意识③；在不断的社会互动、人际交互当中逐渐完善自我的，所以这也并非西方所谓的“中国集体主义、权威主义”。在抗击新冠肺炎疫情的斗争中，中国社会中各行各业的工作者用实际行动诠释了抗疫精神和中国的传统美德，在个人与国家宏大的叙事当中，抗疫精神中的文化内涵并不是“情本体”或是“理本体”，而是体现在不同社会语境下，个人角色责任影响下真实生活经历当中的冲突与抉择。

所以，中国知识分子要学会借助大众传媒和新媒体“讲好中国故事”，特别要在选材与视角方面下功夫，既要笃行“仁者爱人”的个体人文关怀、又要“发乎情止乎礼”，捍卫好文化主权和国家文化安全。④ 在体现

---

① 徐占忱：《讲好中国故事的现实困难与破解之策》，《社会主义研究》2014年第3期，第20~26页。

② 马丁·雅克：《马丁·雅克：如何更好的与西方对话？中国可以走“群众路线》，观察者网，2021年7月2日。

③ 郑航：《儒家德育传统：由关系主义向关系理性的超越》，《华南师范大学学报（社会科学版）》2018年第1期，第91~97页。余纪元：《德性之镜——孔子与亚里士多德的伦理学》，林航译，中国人民大学出版社2009年版。

④ 左金磊、尹梦曦：《生存、生命、生活——论李泽厚“情本体”的实践转向》，《河北大学学报（哲学社会科学版）》2021年第1期，第35~40页。

大国担当的同时，亦可以选择典型事件中的个体为切入点，注重塑造集体中的个人事迹，挖掘个体身上具备的中华优秀传统美德，要将中华优秀传统文化与中国抗疫精神和成果相结合，用生动的“中国故事”积极寻求与世界各国人民对话交流，传达人类命运共同体的价值内涵，在与其他文明交往中发挥积极作用。

结　论

构建人类命运共同体是当今中国重要的治国理论，亦对建设中国特色国际话语体系起到关键作用。本文通过对文化帝国主义以及文化霸权（领导权）概念的解读，强调了中国知识分子在构建人类命运共同体过程中沿袭了传统“家国天下”的责任担当。中国知识分子要对西方文化帝国主义对华渗透与诋毁保持清醒。特别是新冠肺炎疫情发生后，西方反华势力利用长久形成的对于东方的“刻板印象”妄图从文化战略上限制中国的发展，阻碍中国形成独特的话语体系。然而，中国社会中有机知识分子对于本民族优秀传统文化的自信和对文化主权的捍卫是一脉相承的，并在中国共产党的领导下越发坚定，用“天下为己任”“四海一家”“协和万邦”的宽阔视野超越了西方“二元对立”的思维桎梏。

这样的观念可以激发出一种国际话语体系的新范式：在整个国际社会呼吁合作的当下，个人或某个国家的利益和独特性不仅仅是由个体的优点来衡量，更需要放在更广阔的国际社会关系和具体贡献中来评价。构建人类命运共同体这项高瞻远瞩的伟大工程需要中国各界知识分子勠力同心，既要立足本土文化、培育国际公民，提升国民道德素质，为构建人类命运共同体培养下一代的人才，更要用更加国际化的宣传手段、融汇中国特色的传统文化、注重挖掘个人在全球抗疫中的中华传统美德，以小见大，见微知著，讲好中国故事，展现大国担当！

参考文献

[1] Cheng, Y. (2019). *Racism and Its Agents in China. In Discourses of Race and Rising China* (pp. 239 – 294). Springer International Publishing.

[2] Foucault, M. (2000). *The Order of Things: An Archaeology of the Human Sciences*. Vintage Books.

[3] Gramsci, A. 1971. *Prison Notebook*, London: Lawrence and Wishart.

[4] Jung, C. G. (1976). Symbols of Transformation. In R. F. C. Hull (Ed.), *The Collected works of C. G. Jung* (Vol. 5, p. 301, 402, 433). Princeton University Press.

[5] Zeng J. (2020). Slogan of "Community of Shared Future for Mankind". In: Slogan Politics. *Critical Studies of the Asia-Pacific*. Palgrave Macmillan, Singapore.

[6] 爱德华·W. 萨义德:《东方学》，生活·读书·新知三联书店1999年版。

[7] 爱德华·W. 赛义德:《赛义德自选集》，中国社会科学出版社1999年版。

[8] 曾向红、李琳琳:《新冠疫情跨国扩散背景下的西方对华污名化》,《国际论坛》2020年第5期。

[9] 陈小眉:《西方主义》，南京大学出版社2014年版。

[10] 冯友兰:《中国哲学史》，中华书局2014年版。

[11] 高奇琦:《全球共治：中西方世界秩序观的差异及其调和》，《世界经济与政治》2015年第4期。

[12] 何君安、闫婷:《从"天下大同"到"人类命运共同体"——兼论中国世界主义政治哲学》,《东南学术》2020年第5期。

[13] 后永义、母旭阳:《公私域中的孔子直道思想探析》，《江汉大学学报（人文科学版）》2012年第2期。

[14] 李泽厚:《中国思想史论（下）》，安徽文艺出版社1999年版。

[15] 梁漱溟:《中国文化要义》，《梁漱溟全集第3卷》，山东人民出版社1990年版。

[16] 陆洪磊、胡钰:《警惕西方文化霸权的话语陷阱——浅析四家美国媒体有关中国新冠肺炎疫情的报道》,《新闻战线》2020年第8期。

[17] 马丁·雅克:《马丁·雅克：如何更好的与西方对话？中国可以

走“群众路线》，观察者网，2021 年 7 月 2 日。

［18］欧阳康、杨孝明：《萨义德“东方主义”与当代中国文化建设——关于东西方文化定位与未来走向的对话》，《文化软实力》2019 年第 1 期，第 18~24 页。

［19］彭忠信、曹健华：《文化精英在内化社会主义核心价值观中的作用与路径》，《湖湘论坛》2016 年第 6 期，第 20~23 页。

［20］《世界眼中的中国战“疫”》，中国新闻网，2020 年 3 月 19 日。

［21］《习近平在北京大学师生座谈会上的讲话》，人民网，2014 年 9 月 10 日。

［22］施旭：《当代中国话语的文化研究范式》，《当代外语研究》2021 年第 2 期，第 32~43、63 页。

［23］世界卫生组织：《新型冠状病毒肺炎疫情分布》。

［24］苏力：《中国当代公共知识分子的社会建构》，《社会学研究》2003 年第 2 期。

［25］涂可国、孙秋英：《传统儒家公私观及其对新时代公民道德建设的启示》，《东岳论丛》2020 年第 8 期，第 60~76 页。

［26］王沪宁：《文化扩张与文化主权：对主权观念的挑战》，《复旦学报（社会科学版）》1994 年第 3 期，第 9~15 页。

［27］王宁：《东方主义、后殖民主义和文化霸权主义批判——爱德华·赛义德的后殖民主义理论剖析》，《北京大学学报（哲学社会科学版）》1995 年第 2 期，第 54~62 页。

［28］王维先、王亚奇：《葛兰西有机知识分子理论及其现实意义》，《湖南师范大学社会科学学报》2020 年第 5 期，第 82~88 页。

［29］王永凤：《当代中国知识分子的责任——以葛兰西有机知识分子理论为视角》，《宜宾学院学报》2013 年第 9 期，第 20~24 页。

［30］徐复观：《中国知识分子的责任》，《福建论坛（社科教育版）》2010 年第 6 期。

［31］徐稳：《全球化背景下当代中国文化传播的困境与出路》，《山东大学学报（哲学社会科学版）》2013 年第 4 期，第 96~103 页。

［32］徐占忱：《讲好中国故事的现实困难与破解之策》，《社会主义研究》2014 年第 3 期，第 20~26 页。

［33］许纪霖：《中国知识分子十论》，复旦大学出版社 2003 年版。

［34］余纪元：《德性之镜——孔子与亚里士多德的伦理学》，林航译，中国人民大学出版社 2009 年版。

［35］袁靖华：《中国的“新世界主义”：“人类命运共同体”议题的国际传播》，《浙江社会科学》2017 年第 5 期，第 105~113、158~159 页。

［36］张立文：《中国传统文化与人类命运共同体》，中国人民大学出版社 2018 年版。

［37］张小平：《当代文化帝国主义的新特征及批判》，《马克思主义研究》2019 年第 9 期，第 123~132、160 页。

［38］赵汀阳：《天下观与新天下体系》，《中央社会主义学院学报》2019 年第 2 期，第 70~76 页。

［39］郑航：《儒家德育传统：由关系主义向关系理性的超越》，《华南师范大学学报（社会科学版）》2018 年第 1 期，第 91~97 页。

［40］左金磊、尹梦曦：《生存、生命、生活——论李泽厚“情本体”的实践转向》，《河北大学学报（哲学社会科学版）》2021 年第 1 期，第 35~40 页。

● 全球抗疫中的文化力量

中国抗疫中“爱与敬”的文化底色

杨朝明

【摘要】此次新冠肺炎疫情中，中国积极有为背后有中国文化“爱”与“敬”的精神力量支撑。“爱”即仁爱，仁爱是人之为人的根本，疫情之下涌现了许多和衷共济、守望相助、甘于奉献的事迹，体现了仁爱精神，而且中国第一时间贡献抗疫经验给世界，展现了从一己之爱走向大爱的崇高追求；“敬”即敬畏，敬畏是敬慎而行，“知天命”“制天命”，面对新冠疫情，中国人以敬慎之心，积极主动应对困难，尊重科学，才战胜疫情。孔子说：“灾妖不胜善政。”自古至今，中国人始终以爱与敬面对突如其来的灾难，以善治善政凝聚人心、同心协力，战胜了一次又一次的艰难险阻。

【关键词】新冠肺炎疫情　仁爱　敬畏　灾妖不胜善政

【作者简介】杨朝明，尼山世界儒学中心原副主任，孔子研究院原院长，研究员，博士生导师。

新冠肺炎疫情肆虐全球，考验着各国应对危机的能力，也考验着各国的精神力量。性质相同的抗疫斗争，不同国家在应对态度、处置方式与抗疫结果上却有明显不同。面对汹涌来袭的疫情及次生灾害，中国从容不迫，有效应对。全国上下共克时艰，不惧岁寒，艰难吓不倒，风雨摧不垮，其精神力量源自中国文化中“爱与敬”的气质，显示了中华民族的思想境界。

一、慎重看待所谓“天灾地妖”

疫情汹涌而至，许许多多的人们不得不停下脚步，困守家中，而沉静下来的人们不免思考该如何面对疫情的问题。新冠肺炎疫情虽是疾疫，但人们困境之下的所思所想，古往今来实则差别不大。面对困境，人们希冀榜样的力量，上下求索，追问出路。历史上，王阳明先生曾被贬贵州，环境恶劣，跌入了物质与精神的双重困境，他于是追问“圣人处此会如何应对？”最终龙场悟道，成为一代大儒。如果今天也进行这样的设问，我们可能会想到孔子“灾妖不胜善政”的话。

孔子“灾妖不胜善政”之言出自《孔子家语・五仪解》，篇中记载了他与鲁国国君讨论如何看待灾异，人在灾异面前要采取怎样的态度。鲁哀公向孔子请教国家存亡祸福中“天命”与“人”的作用。孔子回答说：“存亡祸福皆己而已，天灾地妖不能加也。……故天灾地妖，所以儆人主者也；寤梦征怪，所以儆人臣者也。灾妖不胜善政，寤梦不胜善行，能知此者，至治之极。”在孔子看来，人间很多问题都源于人，反时反常现象并不能改变国家命运。天降灾异、地生妖孽以及梦异怪诞，只可看作给世人提出的警示。

在古代，医疗条件并不发达，常常不能正确认识疾疫，时人或以为是“天灾地妖”，究其原因，正因为疾疫流行并非一人一家之生死，更有甚者关乎国家天下的兴亡。在孔子的心目中，疾疫是与祭祀、战争一样的“国之大事”。《论语・述而》记载：“子之所慎：齐、战、疾。”这一章在《论语》中比较简洁，似乎没有引起人们太多的注意。齐，通斋，指斋戒，就是祭祀前整洁身心的活动。战，指战备、战争。疾，指疾病，这里“疾”能与祭祀斋戒、战争相并列，更大可能是指疾疫。这里是说孔子所慎三事：斋戒、战事、疾疫，体现了孔子对于疾疫的重视态度。

春秋时期，人们特别重视祭祀与战事。《左传・成公十三年》有“国之大事，在祀与戎”的说法。因为祭祀事关神明，事关民众信仰，所以《周礼》有“以祀礼教敬”之说；兵战，则如《孙子兵法》所说乃“死生之地，存亡之道”。所以斋戒、战事二事皆不可丝毫轻忽。孔子把疾疫与祭祀、战事等量齐观，可见其地位之重要。疾疫之所以值得重视，其实不难理解，即使一般疾病也会事关人的生死健康。至于疫病肆虐，则更加严重，其产生与流行必有或自然或人为的特定原因，有时更关乎国运兴衰乃至人类命运安危。

孔子谈到疾疫，用一“慎”字，慎是慎重，而非消极被动，缩手缩脚，相反，这是要求人们以慎重的态度采取一种积极行为，主动去认知、去理解，小心翼翼地把握。以往读《中庸》所说“至诚如神”，许多人觉得玄虚唯心。其实，这里强调的便是人之诚敬，提示人们重视人与自然的关系，洞悉变化，见微知著，要审时度势，积极有为。

西汉董仲舒提出“天人感应”理论，认为天主宰人事，人的行为也能感动天，天人之间存在着某种联系。既然灾异和祥瑞表示对人们的谴责和褒奖，人就要对自然保持敬畏与尊重。既然人的行为能够使天改变原来的安排，人就要主动“知天”。实际上，董仲舒所讲与孔子所讲一样，都贯穿着中国文化里天人合一的整体思维，强调着人道应该效法、遵循、顺应天道。尽管古时科学、医疗并不发达，许多事物的解释都归于天命、天道，甚至神鬼，但孔子等先圣先贤亦教会中国人在面对智不可知、力不能及的问题时，人们只有保持敬慎，积极面对，才能处事从容稳健，立于不败之地。

任何国家发展和社会进步都可能遇到曲折，不会一帆风顺，任何时代都可能出现意想不到的困难甚至灾难，每当此时，人们尤其需要冷静理性，客观分析问题，以敬慎之心面对世界。

二、知天命，有敬畏，存戒惧

孔子自称“五十而知天命”，可见“知天命”之难。“天命”观念对于人往往具有极大的影响，它无形无影，飘渺虚幻，却好像有极大力量，仿佛可以洞悉事理，秋毫必察。“天”有时性情乖戾，恣意肆虐，有时又好像懂得是非善恶、真假美丑。孔子的天命观与春秋以来的进步认识是相应的。郑人子产说：“天道远，人道迩。”① 这可以视为当时人们对“天道”认识的概括，亦可算作孔子对天道的认识。

① 《左传·昭公十八年》。

对“天”的认识决定了对“天命”的态度。“天道远”意味着天实难知，“天”与“天命”不可捉摸，因此不如用心致力于人事，此即“尽人事而知天命”。“尽人事”与“知天命”是统一的，应将二者看成一个整体，一方面承认“知天命”之不易，另一方面又要在“尽人事”的过程中去“知天命”。孔子又说：“君子有三畏：畏天命，畏大人，畏圣人之言。小人不知天命而不畏也，狎大人，侮圣人之言。”① 孔子主张一定要保持诚敬，心存对“天命”的敬畏。敬畏是一种内心的情感，当年王阳明的沉思，成就了他“致良知”的心学。良知源自内心，每人心中都有是非标准，随心而动，随意而行。那么，人们能否把握住自己的内心良知？

实际上，自西周初年以来，人文理念升腾，人们逐渐走出了对于“天命”的迷信，而把“人”或“民”的因素看得越来越重。从外在讲，他们以民为天，以民意为天意；从内在讲，在心中必须有这样的自觉认知。《尚书》说“惟命不于常”②，又说“天视自我民视，天听自我民听”③，还说“民之所欲，天必从之”④。可见，“命”即天命，天命即天意，天意即民意。除此之外，“命”还有“使命”的意思，就是要为政者必须清晰了解自己的道德使命，有一种天命感、使命感。正因如此，《论语》的最后一章《尧曰》记孔子说“不知命，无以为君子”，《大学》说要“顾禔天之明命”。为政治国者心存百姓，顾念苍生，就是清晰道德使命，就是“顾禔天之明命”。

国家就像一艘巨轮，行进在世界浩浩荡荡的洪流中。决定巨轮命运的不是巨轮本身，而是巨轮上的每一个人。驾驭巨轮与驾车一样，孔子习惯以驾车比喻治国，《孔子家语》中就有许多类似的论述，例如子贡请教如何管理国家，孔子比喻说“懔懔焉，若持腐索之捍马”⑤，意思是就像拿着腐朽的马缰绳驾驭马车。治理国家何以如此谨慎恐惧？这是因为通达之

---

①《论语·季氏》。

②《尚书·康诰》。

③《尚书·泰誓》。

④《尚书·泰誓》。

⑤《孔子家语·致思》。

御皆由于人，为政治国者必须以正道引导人民。孔子说得好："虽有国之良马，不以其道服乘之，不可以道里；虽有博地众民，不以其道治之，不可以致霸王。"①治国与驾车一样，马匹再精良，不遵循驾车之道，马车也不会顺利远行；即使地域广阔人口众多，治理国家不以其道，民众没有正确的价值观，国家也不会强大，更不会伟大。

在国家振兴、民族复兴的征途中，怎样才能万众一心，共担社会责任？《说苑·敬慎》说"存亡祸福，其要在身。圣人重诫，敬慎所忽"，又说"诫无垢，思无辱"，要求人们心存谨慎，胸怀恭敬。据《易传》记载，孔子曾说"上下无常""进退无恒"，又说"君子进德修业，欲及时也"，认识与把握执中之道，不能只是低头拉车，不愿抬头看路。简单说，人不能一味前进，要看灵魂是否跟上。

人因为有智慧而有所敬畏。善于总结，沉静反思，才能存畏惧，守底线。灾难就像照妖镜，疾病也是呼唤和提醒，它要我们弥补生命中的亏欠。孔子曾接续了西周对于天命的认识，在他身上有着以身显道的天命感、使命感，这种道德力量被孔子儒家注入士大夫精神之中，成为中华民族的脊梁，守护着中华民族的传承。时至今日，我们对于古圣先贤的告诫不能不知不惧，应当承担起家国天下的使命感，心存敬畏，怀揣畏惧，谨慎敬畏地承担起外在一切偶然，在艰难险阻中建立起自己不失主宰的必然。

三、顺天而行，人强胜天

在孔子"知天命"之后，荀子有"制天命"的提法。《荀子·天论》说："从天而颂之，孰与制天命而用之！""制"与"裁"可以互训，后人多将"制""裁"连用。"制"有利用、顺应、顺势之意，"制天命而用之"反映了荀子对于天命自然的态度，荀子与孔子一样，他们不是主张单纯地去适应自然，而是积极主动地改造自然。

对荀子所说的"制天命而用之"，后人衍生出对天命"控制""征服""制服""战而胜之"等，进而理解为"人与天斗争"，又出现了"人定胜

① 《孔子家语·王言解》。

天”的思想。所谓“人定胜天”，应该是在顺应遵从客观规律的前提下积极作为，或防患于未然，或寻求和采取有效的应对方式与化解措施，而非硬上、胡来、蛮干。将“制”理解为“制裁”“控制”，已经是今人的主流看法，荀子也被人们看成主张所谓“人定胜天”的代表人物。其实，人在自然面前往往显得十分渺小，违背自然规律，常常遭致失败乃至灾祸。

那么，人何以能够“胜天”呢？新出土的战国竹书文献《郭店楚墓竹简·穷达以时》给人以很好的启示。其开篇说：“有天有人，天人有分。察天人之分，而知所行矣。有其人，无其世，虽贤弗行矣。苟有其世，何难之有哉？”天、人各有其“分”，人就要明于“人之分”，“天”与“时”固然重要，“人”的因素也不可忽视。“天人相分”的观念应当像“天人合一”那样产生很早。孔子的“知天命”、荀子的“制天命”都不是单纯谈论“天命”，而是关注现实社会，他们思索的都是当时正在发生的政治问题。

当然，后世所说的“人定胜天”也并非空穴来风，而是出现很早。《逸周书·文传解》记载，殷商末年，周文王曾说：“兵强胜人，人强胜天，能制其有者，则能制人之有。”有时候人多不如兵器优，天灾不如人心齐，做好自身的事情比什么都重要。不言而喻，这里的“人强胜天”也在强调人的主观能动作用。因此，后来人们所说的“人定胜天”，更多强调的是人心的“定”。这里的“定”，很可能就是《大学》所谓“知止而后有定”的“定”。

孔子的思想是建立在对以往历史的认识与总结上。例如，在春秋前期的鲁国，有一年发生了大旱，鲁僖公要烧死巫师和尪者，认为旱灾与他们有关。鲁国大夫臧文仲认为这不是防备旱灾的办法，他主张致力于修理城郭，在民艰于食的情况下，稍给民食；再降低饮食标准，节省开支，致力于农事，使农业不因天旱而荒废；他还劝人分财施舍。臧文仲重民务实，希望实施这样的救荒之策。鲁僖公照做，这年虽有饥荒，却没出现乱政。在《孔子家语·五仪解》的记载中，孔子总结历史，深刻指出，同样“以己逆天时”，有的得福反为祸，有的得祸却成福，关键是人如何应对。

“灾妖不胜善政”，这话出自孔子之口，可谓明确而响亮。天灾地妖、诡异反常给世人以儆戒警醒，因此人不能坐待“天命”。人之敬慎，要体现在行动中。越是敬慎，越要积极主动。“灾妖”出现，更容易暴露问题，这尤其呼唤检视与应对能力。灾难纷至沓来，容易击垮理性，越是这样的时候，越需要让光照进黑暗，要从容机智，以国家的行动力，形成凝聚力、抗灾力。

此次疫情发生后，人们改变了以往的生产与生活节奏，中华民族严阵以待，有百姓有难匍匐救灾的逆行者，有“岂曰无衣，与子同袍”① 的捐助者，有令行禁止、守望相助的普通人。有那么多为国家祸中求福的人，这使人们更加坚定地相信：灾妖不胜善政！

四、“爱与敬”为“至德要道”

在此次疫情之中，中国人既体现出了敬畏之心，又传递着仁爱之情。

爱的情感人皆有之，具有天然原生属性。在中华文化传统中，爱被提炼为“仁”，被视为人的基本特征，所以孔子说“仁者，爱人”，又说“仁者，人也”。孔子把“仁”作为人类社会道德的核心要求，它以爱为底色，以“孝”为出发点。人知道感恩与回馈，才有对父母的“亲亲”之爱，亲亲而仁人，仁人而爱物，于是，孔子“亲亲为大”“立爱自亲始”之说就特别入心。

人类要适应环境，更好地生存与生活，还要以创造性、创生性精神去凸显主体价值与意义，而仁爱就是“人之所以为人”的根本精神或基本条件。孔子儒家的仁爱精神，就是以同心圆的样态，由内而外，由迩至远，“泛爱众，而亲仁”，将爱扩充，又传递给更多的人。在孟子看来，恻隐之心，仁之端也。无恻隐之心，非人也。人有自爱，才能对身边的亲友同胞有仁爱之心，才具有健全的人格。有了这样的爱，才能风雨同舟，和衷共济，守望相助，尊老爱幼。

面对烈性传染病，人们需要保持距离，甚至疏远，但人们说“时疫无情，唯爱无息”“隔离病毒，不隔离爱”，这些温暖的话传递着最美好的情感，爱的力量将人们紧紧团结在一起，不至冷漠，不会走散。有大学生自

① 《诗经·无衣》。

疫区返家，竟硬核自我隔离38天，个人确诊新冠肺炎但未感染其他一人。支持他严谨自律、勇敢坚毅的，一定是他内心浓浓的爱。做好自我隔离与防护，也是与病毒做斗争。疫情中成千上万的“逆行者”、奋发者、拼搏者，正是将内心深处的爱涵养成了对同胞、对祖国乃至对人类的大爱。

古人治政，讲究仁德与爱心，自西周初年已经如此。周武王向姜太公询问治国之道，太公答：“治国之道，爱民而已。”太公还阐述说：“善为国者，遇民如父母之爱子，兄之爱弟，闻其饥寒为之哀，见其劳苦为之悲。”① 习近平总书记在不同场合多次引用这则典故，足见党和政府对中国传统民本思想的重视与继承。孔子常引《诗·大雅·泂酌》“恺悌君子，民之父母”，也是将家庭伦理与政治伦理打通，把“亲亲”之爱进一步推延。“民之父母”“爱民如子”等传统教诲，体现了中华仁爱精神的神韵，是从一己之爱走向大爱的崇高追求。

山川异域，风月同天；青山一道，共担风雨。这些格言之所以感人至深，就在于它揭示了一个朴素的真理：人类命运本来同为一体，人们应该学会互爱互信，零和博弈思维毫无前途。几千年以来，协和万邦、天下为公是中国一以贯之的崇高追求。因此，中国的仁爱传递没有边界和国界，中国在第一时间就将自身抗疫中的经验贡献给世界。

与仁爱精神并驾齐驱的是敬畏观念。孔子说“君子有三畏”，高尚的人必然敬畏自然法则和道德使命，敬畏有格局的人，敬畏民族圣贤。敬是爱的自觉提升与补充，始终为中华先贤所重。敬的深层意涵，就是突破一切从自我出发的立场，对外在客体充分理解与尊重。如果说爱的路径乃是由内而外、由己及人，敬则是自外而内、自人律己，是“自卑而尊人”②，所以中国一向强调敬而无失、恭而有礼。

敬对爱是补充和完善。对爱而言，敬不可或缺。常怀敬畏之心，方能行有所止，不断进益。疾疫肆虐，中国体现的高度敬畏与戒惧，显示了中国文化生命至上、人民至上的基本精神。几千年来，中华先王圣哲都在思考人生和顺、社会和谐问题，思考人性与人的价值。孔子说：“先王有至

---

① 《说苑·政理》。

② 《礼记·曲礼上》。

德要道，以顺天下，民用和睦，上下无怨。”① 自尧舜以来至于孔子，他们所说的“至德要道”就是“爱”“敬”二字。所以，三国时期魏国的刘邵说“人道之极，莫过爱敬”，又说“以爱为至德，以敬为要道”②。

孔子说“灾妖不胜善政”，这句话跨越数千年时空，今天听起来格外响亮而清脆。人有爱敬之诚，则与道德同体，动获人心。有大爱才会迎难而上，甘于奉献；有敬畏才能沉着冷静，尊重科学。天有不测风云，但立于以爱与敬为质实的文化磐石，便可稳如泰山。新冠肺炎疫情史无前例，与疫情的斗争与较量艰苦卓绝，但中国人民敢于斗争、敢于胜利，上下同心、命运与共，才铸就了伟大的抗疫精神。

① 《孝经》。

② 《人物志》。

新冠疫情下世界局势之儒学省思

蔡家和

【摘要】 新冠肺炎疫情来得凶险，世界秩序俨然受到撼动，除了造成人类疾患与死亡，各类匪夷所思之乱象都可能发生，龃龉、冲突、暴动甚至战争，若再加上极端气候之添乱等，都对人心之是否坚守诚信与温厚等造成极度考验。

值此之际，中国儒家源远流长而于人文精神与秩序上的擘划、调适，以及稳定作用等，应当及时受到鼓吹与发扬。人类社会离不开人文与人性两大方面之思考，儒家于此有着历久弥新之内涵与底蕴。本文以儒家为本，因应此番变局，针对人文与精神方面来略微提出个人之感想与建议。

【关键词】 自私　公共　功利主义　中国哲学　新冠肺炎疫情

【作者简介】 蔡家和，台湾东海大学哲学系教授。

一、前言

新冠肺炎疫情从 2020 年初发生，情势立马严峻，于是进行一连串如医疗人员调度、建造大型医院等措施。至 2020 年三四月，大陆疫情得到根本控制，然同时疫情在全球各地扩散开来，死亡人数急速攀升，各国显得措手不及，而新冠疫苗至今虽已问世，但效果有限，疫情之终结看起来遥遥无期。

关于疫情之发生原因、最初发生地等，至今众说纷纭，而其后续造成之冲击、影响，在当今人类地球村联系空前紧密之时代下，真如星火燎原般不可收拾，而前所未见！首先，是生命的病逝，例如美国已有60多万余人因病致死。其次，为了防止疫情扩散，各国进行封城、封境，或是公众场所之封闭、公众聚会之取消……使得各行各业、各类经济活动等，都受到严重影响。

以经济层面来看，投资者信心指数崩跌，股市汇市乱象丛生，例如美国赫兹租车公司（The Hertz Corporation）宣布破产，但公司之股价随即大涨一倍。至于实体物质方面，造成了生产停顿、贸易停摆，恐将造成另一波粮食危机。人们生活质量随之下滑，世界各地不时出现抢购物资人潮，甚至还有国家发生银行挤兑等各类棘手问题。

当然，受到直接冲击的，是人性、人心之善。例如各国对于医疗物资、原物料等之争夺、攫取，有时根本不照规矩、约定，而罔顾他人利益与安危！由此而使问题继续深化，使得诸如种族主义、保护主义、自利主义等，也都蠢蠢欲动。

疫情来得凶险，世界秩序俨然受到撼动，各类匪夷所思之乱象也都可能发生，龃龉、冲突、暴动甚至战争，若再加上极端气候之添乱等，都对人心之是否坚守诚信与温厚等，造成极度考验。值此之际，中国儒家源远流长而于人文精神与秩序上的擘划、调适，以及稳定作用等，应当及时受到重视与发扬。下文，即以儒家为本，因应此番变局，针对人文与精神方面，略微提出个人感想与建议。

二、儒家应变之道

人类社会离不开人文与人性两大方面之思考，儒家对此有着历久弥新之内涵与底蕴。在此，亦不应流于老调重弹或是陈义过高，最重要的还是需要各界人士之群策群力，贡献所长，方能稍补时难，而共渡难关。面对疫情之种种冲击，笔者有以下观察与反思。

（一）以义导利

近代西方盛行功利主义，可以英、美为首，如英国的功利主义、美国的实用主义等，然如边沁（Jeremy Bentham，1748—1832）所主张："追求最多数人之最大利益。"此亦非单单为一己之私！但人总是容易自私自利，此可谓人性之显著特征，或说人性之恶。而举凡古今中外之各类哲学，或是法规之制定，亦皆不能避免此问题之讨论。

拿这次疫情中"钻石公主号"邮轮事件来说，邮轮船体乃日本公司建造，然邮轮之船籍注册为英国，船东则又是美国人。疫情发生时，因为刚好停留于日本本岛附近，于是英国、美国方面忙着撇清关系，最后，虽然由日本承担下来，值得嘉许，但已耽误不少时间，延误了救治与疫情防控，同时也让人见识到在此症结时刻"人性自私"与"人道承担"之纠结。

西方早有性恶说或原罪说，视人性之徇私在所难免，故西方甚早便发展出一套保障私人权利之制度，以为规范，而保障人我。在东方儒家，如孔子亦曾说："道之以政，齐之以刑，民免而无耻。"而关于人性自私之讨论，如黄宗羲（1610—1695）对扬雄之批评。其曰：

> 仁义者，无所为而为之者也。"杨氏为我"，"墨氏兼爱"，淳于髡"先名实者为人，后名实者为己"即此也。战国仪、秦、鬼谷，凡言功利者，莫不出此二途。……扬子云谓"古者杨墨塞路，孟子辞而辟之，廓如也"。真是梦语！杨墨之道，至今未熄。程子曰："杨墨之害甚于申、韩，佛、老之害甚于杨墨。佛、老其言近理，又非杨墨之比。"愚以为佛氏从生死起念，只是一个自为，其发愿度众生，亦只是一个为人。恁他说玄说妙，究竟不出此二途。其所谓如来禅者，单守一点精魂，岂不是自为？其所谓祖师禅者，纯任作用，岂不是为人？故佛氏者，杨墨而深焉者也，何曾离得杨墨窠臼？岂惟佛氏，自科举之学兴，儒门那一件不是自为为人？自古至今，只有杨墨之害，更无他害。①

扬雄认为，古者杨朱与墨翟之主张，在孟子一番廓清后，已经消失。

① 《黄宗羲全集》第1册，浙江古籍出版社2005年版，第85页。

然黄宗羲认为，这真是痴人说梦！因为杨墨之说，实则从未消去，只是在时代之递嬗中悄然变形。杨墨学说所代表者，一则利己，一则利人，杨氏属于为己之功利主义，而墨子则属于为人之功利主义。此功利之心，若比配于孟子时期之纵横家，如张仪、苏秦等，亦皆提倡功利！

依于孟子，张、苏皆是妾妇之道，而非大丈夫；儒家之大丈夫者，乃是“富贵不能淫，贫贱不能移，威武不能屈”，所当为者，应是“无所为而为”，依理之当然而为，而四无依傍，并非依着结果或利益，来作为举措之判断，如《论语》“见利思义，见危授命”“先难而后获”……此皆非功利之思维。

黄宗羲认为，战国时代杨、朱之“自为”与“为人”两种求索，在不同时代有着不同变化，而其一致之根基便是“贪利之心”。如佛教传入中国之后，甚为风行，所提出的自利、利他说法，固然是好，但其特求于解脱得度，亦是有所为而为。又随着科举制度兴起，人们学习儒家亦多是为了功名利禄，就算是为了做父母官以便造福黎民，然官场之富贵荣华丝丝缕缕，很难抑制功利之心的蔓延。

所求之功利，若是公利，公利则近于义；功利不是错，然若只有功利之思维，就容易铸错。如在孟子，亦不能不有功利之思惟，如其言：“今有仁心仁闻而民不被其泽，不可法于后世者，不行先王之道也。”① 只是一个好心肠，却没有功利的结果，而对百姓没有帮助，这在孟子亦是不足取。因此，若能借助功利为手段，方能发挥大用而福泽百姓。在此，孟子亦提醒，当以德性领导功利，如古云：“正德、利用、厚生。”利用与厚生，当以义为前导，以义导利。而孟子的义利之辨，亦当如此诠释。见《孟子》所载：

> 孟子见梁惠王，王曰：“叟！不远千里而来，亦将有以利吾国乎？”孟子对曰：“王何必曰‘利’？亦有‘仁义’而已矣。王曰‘何以利吾国？’大夫曰‘何以利吾家？’士庶人曰‘何以利吾身？’上下交征利而国危矣。万乘之国弑其君者，必千乘之家；千乘之国弑其君

---

① 《孟子·离娄上》。

者，必百乘之家。万取千焉，千取百焉，不为不多矣。苟为后义而先利，不夺不餍。未有‘仁’而遗其亲者也，未有‘义’而后其君者也。王亦曰‘仁义’而已矣，何必曰‘利’！”①

这里认为，若以利为首，则将上下交征利，而国危矣；反之，若不以利为首，代之以义，则反而未必不利。这便是有名的义利之辨！此章为《孟子》之首，大抵孟子认为，贪利之心，乃世人心中之根深蒂固者，若不破除，世人将永无安宁，故置于书首，以为木铎，警醒世人明辨义利。

面对当前之疫情危害，孟子之说亦是其命惟新！也就是说，不是欲人弃绝求利，而是当以义为首，以义导利。若如董仲舒之言：“正其谊不谋其利，明其道不计其功。”这些话容易被视为弃绝功利，而孟子不然，而是以义导利、以大体导小体。如下，王船山对孟子之诠释，可谓的当，其言：

觉轩以“而已矣”与“何必”之辞为斩钉截铁，大不解孟子语意。人君之当行仁义，自是体上天命我作君师之心，而尽君道以为民父母，是切身第一当修之天职，如何说得“亦有”？（当云“唯有”。）利，则世主嗜杀人而胥及溺之病根，生死关头，切须痛戒，如何但云“何必”？（当云“不可”。）②

王船山关于“利”的说明，似能有更多同情。利不是错，只是不该首出，首出者应当是义，而不是利。王船山认为，如朱子后学的觉轩，把孟子的“亦有仁义而已矣”“何必曰利”等，视为斩钉截铁之辞，恐怕与孟子原意不合；若真是斩钉截铁之辞，应该说成“唯有仁义而已矣”，而不是“亦有仁义而已矣”，而“何必曰利”，亦未被孟子说成“不可曰利”，可见孟子原意应是以义导利，而不是弃绝利益。

利者，该受挞伐的，是自私自利、唯利是图一类，为了求利而不择手段、构陷他人，此实不可取。利益，有时也只是中性意涵，如商业行为，在商言商，本

① 《孟子·梁惠王上》。

② 《船山全书》。

来就可有正当利润；或是以品德约制，以利导善，亦可达于公利。因此，利之不可绝，如同食色之为中性而不可绝，“王如好色，与百姓同之，于王何有!”充其同理心，以义引导食色，食色之欲亦是天理之一环、人情之不可无。

（二）王霸之辨

疫情发生之后，造成所需资源的短缺，使得各国保护主义再度出现，为自己国人而不顾他国人，例如半途拦截他国之口罩，丝毫不惧国际舆论；又或是为了自己胜选连任，而罔顾整体百姓之福祉，各种对抗益加深刻……强国之间尤其如此，遂令过去冷战思维有死灰复燃之势，古人所谓世界大同之理想，更是遥遥无期！

古时孟子面对着战国诸侯之嗜利、抗争，曾提出种种呼吁，而当今之功利与霸权思维，诸如强国之欺压、剥削小国，或是跨国财团之把持与垄断等不公不义现象，恐怕比战国时期之霸道横行还要严峻。然孟子彼时面对乱世之筹谋，或许可予现下几分省思。

孟子尝提出“王霸之辨”，不嗜杀人者能一之者，王不待大，能以文化、斯文居者，才是王，如同孔子说“齐一变，至于鲁”，由霸道而转为文化大国！如孟子面对齐人之伐燕，而曰：

> 齐人伐燕，取之，诸侯将谋救燕。宣王曰：“诸侯多谋伐寡人者，何以待之?”孟子对曰：“臣闻七十里为政于天下者，汤是也。未闻以千里畏人者也。《书》曰：‘汤一征，自葛始。’天下信之。东面而征，西夷怨；南面而征，北狄怨。曰：‘奚为后我?’民望之，若大旱之望云霓也。归市者不止，耕者不变。诛其君而吊其民，若时雨降。民大悦。《书》曰：‘徯我后，后来其苏。’今燕虐其民，王往而征之，民以为将拯己于水火之中也，箪食壶浆以迎王师。若杀其父兄，系累其子弟，毁其宗庙，迁其重器，如之何其可也?天下固畏齐之强也，今又倍地而不行仁政，是动天下之兵也。王速出令，反其旄倪，止其重器，谋于燕众，置君而后去之，则犹可及止也。”①

① 《孟子·梁惠王下》。

这里所描写的霸道相争，若比拟于今日国际社会，恐怕相当贴切。齐人把燕国攻下，其他战国诸雄都急于挽救燕国，而非站在齐国这边，理由是齐国未行仁政，若放任齐国强大，则等同于削弱自己势力，而令国家陷于危殆。

面对当今疫情，中华民族当坚持王道，而不是只依霸道，所谓以力假仁者霸，以德服人者王，王不待大，“远人不服，则修文德以来之”。例如，若国内物资充裕，便不该禁运，甚至还可免费相赠，慷慨助人。于此艰难时刻，亦正是体现王道之时刻，对内消弭损失与救护人民，对外展现人道关怀与厚实之国力。若仍是私心自用太过、一味考虑自己的权位，则国家越强大，就越令人害怕，亦将受到各种掣肘。

如疫情发生后，日本民间多次赠送中国若干物资、医疗用品等，运送纸箱上还印上一些字，如“山川异域，风月同天”“岂曰无衣，与子同裳”“青山一道同云雨，明月何曾是两乡”等优美诗句，亦正表达了人饥己饥之精神。而中国至今亦捐赠给“世界卫生组织（WHO）”至少20亿美金，以为防疫之用，亦当给予肯定与掌声。

上段引文中，齐宣王问孟子：各诸侯都想维护燕国而攻打齐国、谋害寡人，这该如何是好呢？而孟子回答：齐是大国，地有千里，拥有千里地域却仍惧怕他人谋害，真是前所未闻！真正问题应当自反而不直，自己若以霸道治国，就算国土广袤，但民心，包括齐人或是齐以外各诸侯国之人心，皆不能服顺于齐国，这才是问题所在。例如，商汤最初只有七十里地，却能伐桀，商以小国而能胜大，即因其仁政之治，行仁政者，虽不为利，而是为义，然为义者却反能无所不利！

商汤从葛开始征伐，葛竟杀死汤所派来的童子，于是汤只得为童子报仇，是为义战；而当汤征伐东部时，西部诸侯便抱怨：汤之王师为何不早点来？如是，征伐南边时，北边之诸侯或部落亦是抱怨：王师为何不早点来？……各地诸侯、百姓都希望早日盼得王师，以便解脱于霸道统治下的不仁之政。

如今伴随疫情之冲击，使得国家之内政、外交等，都需更加小心翼翼，不应因私心之太过而酿成祸灾，当以义取、公益为先，而令形势和谐！以美国为例，它自是当今世界至强，然大约从2020年的三四月起，新冠肺炎疫情在美国各地陆续发生，感染与死亡人数急速攀升，相当程度上反映了美国医疗体系或社会制度之缺失，包括医疗费昂贵、国民负债率偏高、贫富差距大、防疫倡导缺失等问题，而这些问题有一大部分又可归咎于资本主义之过度膨胀或畸形发展、积累，以致社会问题丛生与心态偏差等。

而正当美国上下焦头烂额之际，2020年5月25日又于明尼苏达州发生了黑人男子弗罗伊德（George Floyd）遭白人警察压颈致死之不幸事件，透过传媒，这件事立刻引发美国各地黑人之怒火，并且爆发各种游行、冲突，甚至纵火、暴动等，过程中虽也有白人与警察声援抗争活动，令人欣慰，但已造成不少损失，以及引发社会动荡。美国之种族歧视问题已非一朝一夕，尤其是在位者之态度与做法，对于冲突之避免与弭平，占有决定之地位。这些与疫情不无关系，黑人本处弱势，一旦因疫情产生而失去工作，生活没有着落，亦没钱看病以防疫情，而其发生此事情，就不可避免。但若平时，能有王道之管理作为，公平对待各色人种，令其可以仰事父母，俯畜妻子，若能展现出爱民如子之作风，施行王道之治，则国家、人民之危难与损害当能减至最低，并且得到解决！

（三）仁且智之科学精神

“仁且智”是孟子对于孔子的称赞，见《孟子·公孙丑上》：“……子贡曰：‘学不厌，智也；教不倦，仁也。仁且智，夫子既圣矣。’”① 而仁与智之间，又应当是“以仁统智”，而不该违逆！也就是说，在科技日新月异的今天，应以正德来领导利用与厚生，以莫姑娘（道德）领导德先生（民主）与赛先生（科学）。这是中国之传统智慧，不让物质主义、物欲凌驾于仁民爱物、万物和谐之初衷，并且以此初衷来作为物质、科技发展之圭臬与基础。

清朝末年内忧外患接踵而来，当时中国面对西方侵略而欲振乏力，爱

---

① 《孟子·公孙丑上》：“昔者子贡问于孔子曰：‘夫子圣矣乎？’孔子曰：‘圣则吾不能，我学不厌而教不倦也。’子贡曰：‘学不厌，智也；教不倦，仁也。仁且智，夫子既圣矣。’”

国之士纷陈救亡图存之道，大致可有三类：(1) 全盘西化、师夷以制夷；(2) 坚守传统文化，发扬其仁义礼智信等精髓；(3) 中西会通，去芜而存菁，如大陆之中国哲学与马克思主义思想的结合，又如牟宗三先生于中国哲学与康德思想的结合。以下，举中西会通之一支，当代新儒家代表人物熊十力先生之建言：

> 余惟本颖川社长之意，略为敷演，以明宗趣。其一曰：移植科学，须阐明中国哲学，培固根荄。夫科学思想，源出哲学。西洋科学之有今日，实由希腊时代哲学家，惊奇于宇宙之伟大与自然律之微妙，而富于求知欲。其后，哲人更由自我权能之自觉与自信，而得超越宇宙之表，以征服自然与利用自然，有如吾孙卿“制天”之论。科学发达，哲学为其根荄，此稍留心西洋文化者所共知，无需赘言。颖川尝谓余曰：“昔留学远西，常自思维，中国古代已有罗盘针与木鸢之发明，天算音律等学及药物学、炼丹炼金术、工程技术及机械之巧，皆创发甚早。地震仪器，作于汉世，先西洋甚远。地圆之论，发于曾子。小一即元子之说，倡自惠施。略征古代佚文，已多可惊之创见。中华民族科学思想，非后于西洋也。然自秦之一统以迄于今二千余年，而中国竟不能成功科学者，此其故安在。”①

此段出于熊先生应孙颖川社长之邀而作之演讲辞，主要谈论中国哲学与西洋科学，重点之一为：如何开出中国科学？其以为中国科学之发展，必不能由外来，要须由自己的民族性、民族文化来开出，诸如回返于墨子之工技时代，提倡荀子之制天思想，善用与倡导羲和时期之观天象，以及惠施、公孙龙子等名家概念等。

继于熊先生的牟宗三先生，亦以为科学不是西方之专利。例如，科学之根源应是哲学、数学与逻辑等，而逻辑性就是吾人先天所有，并非后天由西方人那儿习来，如《韩非子·难一》自相矛盾的故事：“楚人有鬻楯与矛者，誉之曰：‘吾楯之坚，莫能陷也。’又誉其矛曰：‘吾矛之利，于

① 《熊十力全集》第4卷，湖北教育出版社2001年版，第559页。

物无不陷也。’或曰：‘以子之矛陷子之楯，何如？’其人弗能应也。”矛盾之二元性，乃先天俱有，非由外来。这接近熊先生所说的“科学发展未必由外而来”。

孔子以为须要“以仁导智”，即以仁心作为开发技术、知识之原则，必不为损人利己之事；反过来说，当施行仁心义举之际，亦需具备常识、智识，以避免祸害之扩大。记得罗素曾讲过一个故事，在欧洲黑死病流行时代，人们尚不知疫情会以人传人的方式传播，有一次，教会把所有人集合起来而进行祷告，结果反而造成疫情之迅速扩散。

也就是说，仁心与智识需要相辅相成，两者缺一不可。上来所引故事，听起来像是中世纪时代的问题，然反观当今号称人类智识大开、信息传播迅速之时代，类似事件却仍然发生，例如新冠肺炎疫情发生以来，韩国之宗教徒群聚感染案例频传，甚至有人以为有神灵护体而能百病不侵……这些想法实不可取。以仁心出发之同时，还需有科学实证之搭配，才能合于孔子既仁且智之精神。

在科学方法之运用上，例如，关于肺炎之防治，中、西医皆有可取之处，两者皆符合科学实证之精神。一般虽以西医为主，然中医之临床征验也已有几千年历史，而逐渐受到现代医学之重视。这方面，实赖专业人士之进一步研究，从而为疫情之救治注入新机。

又如大数据之搜集，可以借此掌握疫情发生后人心之所需与倾向，作为疫情防治与人心纾困之用。此外，疫情发生后，计算机视讯、远程教学等设备之需求亦同时激增，以其得以减少群聚而防范感染，不致废学或是完全阻断人际之间的沟通。再如人工智能之运用，亦可运用于抗疫药物、器材设备之开发上。

（四）万物一体，民胞物与

“万物一体”之概念，可说是中国文化之鲜明特色之一。中国地大物博，自秦始皇统一之后，即倾向于强调不同族群之间的兼容并蓄，以成一大一统之帝国。至于欧洲各民族之间则较为壁垒分明，不同于中国之融合方式。当然，这只是程度上的不同，代表着中国较有“合”的精神，却不是说中国绝没有“分”的时候，同样的，西方虽然强调二元性、个人色彩、分别性与隐私权等，亦不代表其绝不能融一，只是相对程度不同。

从文化层面来说，例如，自庄子的齐物论开始，多少受有惠施“合同异”之影响，提出了“天地与我并生，而万物与我为一”之阔达视野，又言“天地一指也，万物一马也”，其所谓的“一指”“一马”，乃是合一的，而非公孙龙子分别式的“物莫非指，而指非指”①、“白马非马”。

中国人的心灵亦似偏好融合、和谐、海纳百川而其乐融融之氛围。例如，到了北宋程明道则曰：“学者须先识仁，仁者浑然与物同体。”“医书言手足痿痹为不仁，此言最善名状。仁者，以天地万物为一体，莫非己也。认得为己，何所不至?”此表现出一廓然大公之气象，依此得而博施济众。这与佛家所主张的众生平等、无缘大慈、同体大悲等说法，非常类似。明代王阳明即倡议“万物一体之仁”，其言：

> 夫圣人之心，以天地万物为一体，其视天下之人无外内、远近，凡有血气，皆其昆弟赤子之亲，莫不欲安全而教养之，以遂其万物一体之念。天下之人心，其始亦非有异于圣人也，特其间于有我之私，隔于物欲之蔽，大者以小，通者以塞，人各有心，至有视其父子兄弟如仇雠者。圣人有忧之，是以推其天地万物一体之仁以教天下，使之皆有以克其私、去其蔽，以复其心体之同然。②

这里把天地万物视为一体，好比一个身体，若身上任一器官、组织受损，而未能妥善救治，则势必影响到心情与身体其他部分，甚至导致死亡，这便是“一体”之观。

于此疫情蔓延时刻，若能除去私蔽之心，而推己及人、共克时艰，人们不囤积、不抢夺、不霸占资源，方为上策；领导者亦当勠力为公，体察民之所需，盱衡形势而制定合宜之政策，使成一良性循环，而纾解困境。否则，任何自私之行径，或是环境之破坏，若一任轻忽，最后必将危害到自身。

① 公孙龙：《指物论》。谓指有能指与所指，能指为吾人意念，所指为对象物，这中间有其区别。

② 陈荣捷：《传习录详注集评》，学生书局 1983 年版。

不过，关于“万物一体”，儒家还有一些分辨。杨龟山曾写信给程伊川，认为当时上课所使用的教材张子《西铭》一文，不像儒家所标举的“推爱”，反倒近似墨家的“兼爱”。程伊川则回复，《西铭》一文，乃理一分殊：既有理一，也有分殊，既有仁，也有义；仁者爱人，浑然与物同体，而义者分别，先亲其亲，而后仁民、爱物。因此，《西铭》可说兼顾了推爱与兼爱。兼爱之论，极具崇高理想，而推爱之论，似较符合现实；又推爱虽较符合现实，若吾人行有余力，亦当以兼爱作为最后归趋！

（五）人性之善与恶

前文讨论了私利与公义之问题，那是从外王上来做分析，至于本节则专从人性之善与恶来做探讨。

当疫情发生之际，就会上演一些“浮世绘”。例如，有些人开始囤积物资，或者囤积物资之后，再趁高价卖出，以赚取暴利，既然囤积了物资，为了保护物资，怕人来抢，竟又开始囤积枪支、子弹等；但与此同时，也有人把自家库藏之生活用品拿出来，例如奶粉、卫生纸、吐司面包、口罩……把它们放在院子旁、马路边，欢迎有需要的人来取用。有些医护人员，自动请缨、义无反顾地进入疫区，告别家人，恪尽职守，周全大义；却也有一些医护人员，不愿进入第一线，甚至直接辞掉工作，以便周全自身。还有一些餐饮从业者，不愿送餐到医院，以防染疫；但也有一些餐饮从业者大放送，推出医护人员之特惠餐点等，欢迎订购……

以上所举，便是人性上的纠结。儒家之人性善恶之辨，讨论已久，但仍以孟子之性善论蔚为主流。人性到底是善或恶，恐怕难有定论，任何一方都还需要有更坚实之论据支持。不过，孟子性善论之初衷，应该还是希望吾人多多发挥人性之光明面，人性之善也许只是人性全部中的一小荧光，而孟子冀盼这一小荧光可以被妥善运用，使之成为一颗太阳，散发光和热。而事实上，人性亦确实有这样的潜能，孟子之论实非爱唱高调，人皆可成尧舜矣！

人性之善或恶，从某个角度来看，亦是大我与小我之拉锯，就如前文王阳明“万物一体”之论，倘若能明白小我的牺牲奉献，乃是转化而进入一大我之环圈，进而成就大我之向上与利益，亦是对小我之反馈，心怀谦逊与感恩，便能看轻小我而奉献所长。当然，这中间亦需要明智与智识之判断与准备，才能真正成就美妙之事物，利人而利己。

三、结论

2020年新冠肺炎的发生，除了让人见识到病毒之传播力与杀伤力，还让人体会到，在地球村之时代里，谁也无法轻易地逃脱大型灾难之威胁，国与国之间的互动是极其繁密的，此种现象几乎无法倒转，正如流行已久的一句话：整个地球便是一个生命共同体！与此同时，也给人们带来反思：所谓的人类文明发展至今，是否真的带来了幸福？

简单说，如果要获得真正的幸福，人们就应当回归而正视“生命共同体”此一事实。“生命共同体”之范围，包括了人与人、国与国、人与自然等彼此互动之内涵，这中间可说环环相扣，也有可能发生顾此失彼之情况，但为了人类长久之幸福，人们应该睿智地做出抉择！

可以想见，不久的将来，地球将遭遇更严峻之挑战，例如，强国之间的军备科技竞赛、各种明争暗斗等；资本主义之过度扩张，因而造成的环境破坏、社会之弱肉强食等；此外，地球暖化所引发一连串可预见或未可预见之灾害，人类尚未能有效阻止或提出因应办法……如此看来，新冠肺炎疫情之发生，或许正好提醒自私而迷茫的人们，应该停下争逐之脚步，重新思考什么才是生命之福。

人类过度发展，以人类为中心，食用各种野生动物，从而破坏了人与环境自然的关系。人的过度开发造成的污染，这些都是自然的反扑，这时人类应该思考如何休养生息，让大自然得到一定的喘息，才能达到环境的永续之发展。

前文所列几项中国儒家思想特点，包括：以义导利、王霸之辨、仁且智之科学精神、万物一体，以及民胞物与等，概皆不离“生命共同体”此一概念，所有的思想与行为皆应以此作为出发点，才是周全之计。相对于近代西方在船坚炮利、工艺科技方面之长足进步，而儒家在很久以前便已提出此一“天地和谐、万物安宁”之理想境地，当可视为中国文化之特点，而予以世界文明之一份贡献！特别于此局势诡谲、惶惶不安之际，儒家之精神内涵更显得历久弥新，而值得重视。

全球抗疫与中国文化的力量

郭晓东

【摘要】中国抗疫的阶段性胜利，既是当代中国政府与中国人民同心同德共克时艰的结果，同时也深深地打上了传统文化的烙印，充分印证了中华优秀传统文化的强大力量。中华传统文化认为，政府必须积极投入抗疫，这是“民本”思想的具体体现，是政府基本的政治责任。就个人而言，积极配合防疫，既是对自我的责任，也是对他者的责任，更是对人类共同体的责任，是每个人都应有的道德责任。这使得在大疫面前，政府与人民都能够以抗疫与防疫为己任，从而使中国在全球抗疫斗争中交出了一份相当完美的答卷。

【关键词】抗疫　中国文化

【作者简介】郭晓东，复旦大学哲学学院教授，博士生导师，兼任中国哲学教研室主任。主要研究领域为儒家经学与宋明理学。

自2020年初新冠肺炎疫情发生以来，世界各国都不得不投入到防疫与抗疫的斗争当中。在这近两年的时间里，面对新冠病毒的肆虐，世界各国的抗疫表现形形色色，不一而足。许多国家至今疫情仍在泛滥，相较而言，中国交出了一份相当完美的答卷。为什么会产生这样一种现象，是我们当代学者值得研究的课题之一。一般说来，应对这样一种全球性的流行疫病，是一个巨大的社会工程，其成功与否，取决于两点：其一，政府是否有所作为与担当；其二，人民是否能够自觉防疫与积极地配合防疫。这两个方面可以说缺一不可。以这两点为参照系，我们可以看到，中国抗疫的阶段性胜利决非偶然。一方面，当代中国的政府面对疫情时表现出了极大的担当意识、极强的社会责任感，从而全力以赴地投入到抗疫斗争中；与此同时，我们的人民对于政府的抗疫政策，予以了高度的配合，不论是戴口罩，还是打疫苗，无不如此。不过，我们还可以进一步追问，彼亦人也，我亦人也，何以我们的政府与人民会与世界各国之政府与人民有迥然不同的表现？对此我们可以认为，正是我们五千年来传承不已的文化，造就了我们的国家与人民，换言之，中国抗疫的阶段性胜利，正是中国文化力量之体现。

一、传统文化视角下积极抗疫是政府的政治责任

“民本”思想是中国传统政治文化的精义所在。在传统的政治哲学中，任何政府的政治行为，都必须坚持以民为本。早在西周初期，周公就强调要“用康保民”“若保赤子，惟民其康”（《尚书·康诰》），并且告诫后人要“子子孙孙永保民”（《尚书·梓材》）。这一思想深刻地影响了中国的政治文化，可以说，“保民”是古代任何政权最基本的政治责任。如果说保民尚是一条抽象的政治原则，那么，具体到面对流行性传染病给人类社会带来的巨大灾难时，以什么样的态度和什么样的作为应对疫情，遂成为“保民”思想应有的题中之义。就此而言，在大疫情之下，积极抗疫也就成了一个政府基本的政治责任。

在数千年的中国文明史上，人们历经了无数次的疾疫。早在殷商时期，留存的甲骨卜辞中就有许多有关疾疫及相关应对的记载。历代的典籍中也或多或少有所涉及疾疫的问题。不过，其中最值得关注的莫过于《周礼》一书，它可以说相对集中且比较全面讨论到与疫情相关的诸多问题。《周礼》大约成书于战国时代，该书以设官分职的方式，描述了一个理想政府的职官设置。从某种意义上讲，《周礼》以设官分职的制度设计方式，体现了先秦时期的儒家心目中的政治理想。在该书中，多次谈到当疫情发生时政府不同职官所应当的作为，从中我们可以看到，在古人心目中的理想政府，应当如何去面对疫情之流行。

中国自古就是礼仪之邦。从西周开始，周文化的特点是尚文，文是文饰的意思，即用礼乐来文饰社会与文饰情感，从而人们在日常生活中的方方面面，无不在礼仪的指导之下进行。《周礼》认为，当疠疫发生时，也就应该减少相应的礼仪活动。在《周礼》看来，当灾难降临时，以国君为首的社会各阶层，首先就应该废除那些体现歌舞升平的礼乐，或者将这些礼乐予以减省。《周礼・春官・宗伯》曰："以荒礼哀凶札。"郑玄注曰："荒，人物有害也。"《曲礼》曰："岁凶，年谷不登，君膳不祭肺，马不食谷，驰道不除，祭事不县，大夫不食粱，士饮酒不乐。"①

按郑玄的理解，所谓"荒"，指粮食歉收的凶年。荒礼要求在因自然灾害而粮食歉收的年头，国君不再杀牲备膳，国君的马不再用粮食来饲养，国君专用的驰道不再除草，祭祀时不悬挂专用的钟磬，大夫不再加食细粮，士在饮酒时不再调拨琴瑟。而《周礼》称"以荒礼哀凶札"，那就意味着当面对疾情时，也应该行此荒礼。又《天官・膳夫》称："大丧则不举，大荒则不举，大札则不举，天地有灾则不举，邦有大故则不举。"郑玄注称，"大札，疫疠也"②。所谓"不举"，指不举乐。即君王在面对疫疠时，与面对大丧、大荒以及其他巨大的天灾一样，应减少其常规之乐舞。同样的道理，《大司乐》称："大札、大凶、大灾、大臣死，凡国之大忧，令弛县。"所谓"弛县"③，亦是不举乐之义。又《周礼・春官・司服》称："大札、大荒、大灾，素服。"

也就是说，当大疫发生时君王应该素服以吊之。总之，从礼仪层面上看，在大疫发生时，统治者通过减少礼仪的方式，体现对人民所罹患之灾难的感同身受，以示对人民的同情。

其次，当疫情发生时，因为疫情给社会带来诸多破坏性的影响，从而不可避免地加剧了人民的贫困。因此，政府还有责任对人民在经济上予以

---

① ［唐］贾公彦：《周礼注疏》，《十三经注疏》第三册，台湾艺文印书馆影印清嘉庆二十年刊本，第 275 页。

② 《周礼注疏》，《十三经注疏》第三册，第 58 页。

③ 贾公彦称："令弛县，谓大司乐令乐宫弛常县之乐也。"见《周礼注疏》，《十三经注疏》第三册，第 345 页。

救济。《周礼·地官·大司徒》称："大荒、大札，则令邦国移民、通财、舍禁、弛力、薄征、缓刑。"

也就是说，在大凶年与大疾疫时，首先的措施是"移民"与"通财"。"移民"可以避灾，"通财"指对于那些不愿意离开故土的，则给予粮食以救济。其次是"舍禁"，即指山泽之内，原本禁止人民入内的，则皆舍而不禁，让人民可以从中获取食物。再次，是"弛力"与"薄征"，"弛力"指减免劳役之事，"薄征"指减少赋税。最后是"缓刑"，指对于犯罪，则予以宽大处理。

类似的说法，《地官·均人》称："凶札则无力政，无财赋。"郑玄注："无力政，恤其劳也。无财赋，恤其乏困也。"① 又《地官·司关》云："国凶札，则无关门之征，犹几。"郑司农曰："无关门之征者，出入关门无租税。"② 又《秋官·司寇》："若国札丧，则令赙补之。"郑司农云："赙补之，谓赙丧家，补助其不足也。若今时一室二尸，则官与之棺也。"③ "赙"为助葬的财物，"札丧"是因疫疠而丧亡，即政府对因疫疠而丧亡的家庭，要给予一定的财物补助。《周礼·地官》中有"司救"一职："凡岁时有天患民病，则以节巡国中及郊野，而以王命施惠。"也就是说，司救之官在疫情期间，要四处巡检，以随时对患病的民众予以救济。简而言之，在《周礼》看来，因疫情而需要对人民在经济上的救济具体体现有二：其一是减少赋税与劳役，其二是直接的经济补助。这些都是试图使人民减轻因疾疫而必然带来的经济贫困。

再次，尽管古代社会应对疫疠的医疗手段不是太多，但《周礼》中还是主张设立医疗的职官，《天官》中设"医师"之职："医师掌医之政令，聚毒药以共医事。凡邦之有疾病者、疕疡者造焉，则使医分而治之。"④

又设"疾医"之职，"掌养万民之疾病"。"四时皆有疠疾：春时有痟首疾，夏时有痒疥疾，秋时有疟寒疾，冬时有嗽、上气疾。以五味、五

① 《周礼注疏》，《十三经注疏》第三册，第 210 页。
② 《周礼注疏》，《十三经注疏》第三册，第 230 页。
③ 《周礼注疏》，《十三经注疏》第三册，第 569 页。
④ 《周礼注疏》，《十三经注疏》第三册，第 72 页。

谷、五药养其病，以五气、五声、五色视其死生。两之以九窍之变，参之以九藏之动。凡民之有疾病者，分而治之。死终，则各书其所以，而入于医师。”

“医师”之官掌管医疗之政令，“疾医”之职则专门针对季节性的流行病。虽然四时之疠疾与我们今天流行于全球的新冠肺炎疫情不可同日而语，但我们从中可以看到，在《周礼》写作的时代，古人对“疠疾”已有了一定程度的认识，并对它有相当重视的态度，且有针对性地提出医疗的原则，从某种意义上讲，它也是古代中医理论的重要构成之一。

不过，由于古人的医疗手段有限，面对流行性的疾疫，除了诉诸医疗，《周礼》还主张以祈祷等方式来求助于神明，让神明来干预疫情。《春官》有“大祝”之职：“国有大故、天灾，弥祀社稷，祷祠。”

这里所谓“天灾”，郑玄认为包括疫疠。① 《周礼》中设“司巫”之职，“国有大灾，则帅巫而造巫恒”。“大灾”也当包括疫疠，贾公彦说：“今司巫见国大灾，则帅领女巫等，往造所行之事，按视旧所施为而法之。”② 又设有“女巫”职，“凡邦之大灾，歌哭而请”。诸如此类，不一而足。

不管祈祷的方式是否有助于解决疫情的问题，但我们可以看到的是，《周礼》心目中理想的政府，必须尽其可能去解决疫情的问题。

汉以后，《周礼》因其被视为周公致太平之书，成了儒家的基本经典，对社会产生了深远的影响。它提出以荒礼哀凶札，疫情期间的经济救济、医疗干预以及祈祷神明的做法，都直接影响到后世对疫情的应对措施。更重要的是，因受《周礼》经典地位的影响，后世政府均将应对疫情视为政府基本的政治责任，从而积极从事抗疫活动，如西汉宣帝元康二年（前64），皇帝就曾下诏说：“今天下颇被疾疫之灾，朕甚愍之。其令郡国被灾甚者，毋出今年租赋。”（《汉书·宣帝纪》）又如西汉平帝元始二年（2），因旱灾与蝗灾导致瘟疫流行，汉平帝即下诏说：“民疾疫者，舍空邸第，为置医药。”（《汉书·平帝纪》）这大概是中国历史上

① 《周礼注疏》，《十三经注疏》第三册，第389页。
② 《周礼注疏》，《十三经注疏》第三册，第399页。

比较早的关于设立公立临时疫病隔离医院的记载。又东汉安帝时期，会稽一带发生瘟疫，朝廷随之即派遣高官光禄大夫“将太医循行疾病”(《后汉书・安帝纪》)。唐宋之后，政府更是积极介入抗疫事务，如宋朝设将理院，元朝有广惠司，明朝有惠民药局等，都是国家层面设置的应对疫情的治疗机构。相关的记载，不绝于历代的史书，可以说，每有大疫，政府都会积极投身抗疫，这是政府的常规应对措施，也是政府对人民的基本责任。

二、传统文化视角下配合抗疫是个人的道德责任

除了政府应当积极以抗疫防疫为己任，抗疫的成功与否，也离不开普通人的抗疫意识以及对抗疫政策的配合。中国当前抗疫的成功充分地体现了这一点。在外人看来，这不过是中国人民对政府之服从而已。但在笔者看来，从中国文化的视角下看，中国人民能积极地配合抗疫，并不仅仅因为是对政府的服从，从某种意义上讲，对于中国人民而言，积极配合抗疫，这本身就是一种道德的责任。

疫情的流行，不可避免地会夺走许多人的生命。因此对于普通人而言，珍爱生命，远离疫情带来的危险，每个人之首要任务都是要尽可能地保存自己。在中国文化看来，珍爱生命，保护自我，这并不仅仅是一种个体生命的生命本能，它本身就具备道德的内涵。孟子以“不立乎岩墙之下”为知命，表面上看，只是要我们远离不必要的危险，如朱子说，“不处危地以取覆压之祸”①。但如果将这话置于先秦礼制规定的背景下看的话，则其内涵要丰富得多。在先秦儒家看来，避免可能的危险，保护自己的生命免受意外的伤害，这本身就是孝道的要求。《礼记・曲礼上》：“不登高，不临深，不苟訾，不苟笑。”郑玄注曰：“为其近危、辱也。”②

孔疏认为，“危”字解“不登高，不临深”③。吕大临曰：“身也者，亲

---

① ［宋］朱熹：《四书章句集注》，中华书局 1983 年版，第 350 页。

② ［唐］孔颖达：《礼记正义》，《十三经注疏》第五册，台湾艺文印书馆影印清嘉庆二十年刊本，第 20 页。

③ 《礼记正义》，《十三经注疏》第五册，第 54 页。

之枝也，履不安以危之，是危亲也。”① 也就是说，不自爱其身而登高临深，就有可能毁伤其肢体，从而也就给父母带来伤害。更重要的是，在儒家看来，每个人的生命，不仅是“个体”的生命，更是家族生命的一环，保存个人的生命，背负着家族生命延续的责任。比如儒家甚重丧礼，但如果因居丧而毁生灭性，那么反而是不孝的体现。《曲礼上》称：“不胜丧，乃比于不慈不孝。”孔疏称：“不留身继世，是不慈也。灭性又是违亲生时之意，故云不孝。”② 朱氏则说：“下不足以传后，故比于不慈；上不足以奉先，故比于不孝。”③

由此可见，对于每个人来讲，保存自己的生命，并不仅仅是个人的事，它被儒家赋予了甚深的道德内涵，是孝道的具体体现。那么，在面对疫情的时候，我们在道德上就不可以身试险，而有义务与责任尽可能保存自我。那么，当口罩与疫苗成为抵御病毒入侵的有效武器时，我们就不能任性地以各种借口拒绝戴口罩或拒打疫苗。

进而，在儒家看来，“己所不欲，勿施于人”（《论语·颜渊》），既然我们每个人都不可以将自己置身于危险之中，那么，我们同样有责任与义务让别人也不置身于危险之中。我不希望自己染病，那么，不论有意还是无意，我都不能将自己可能有的疾病传染给别人。对中国人而言，如果因为自己染疫的同时又将疫病传染给他人，他一定会在内心中深表不安与愧疚。就这意义上讲，是否积极地配合防疫与抗疫，就不再是个人的事情。比如，要不要戴口罩，在西方文化中或许属于个人自由的问题，但在中国文化的视角下看，就绝非如此。口罩不仅是保护自我，它的另外一个作用是防止将我的疾病传染给他人。从而，我要不要戴口罩，我要不要打疫苗，我接受不接受隔离，这些体现对政府防疫政策配合度的事情，其所关涉的，就不仅是个人自由，它本身就体现为对他人的道德责任。换言之，大疫当前，从中国文化上看，如果不配合政府的抗疫与防疫政策，那么，就可能是对他人的不道德。

---

① ［宋］吕大临：《礼记集》，《蓝田吕氏遗著辑校》，中华书局 1990 年版，第 198 页。

② 《礼记正义》，《十三经注疏》第五册，第 54 页。

③ ［元］陈澔：《礼记集说》，万久富整理，凤凰出版社 2010 年版，第 17 页。

“己所不欲，勿施于人”，对儒家而言，是仁者的体现，但这只是在消极的意义上说。儒家的“仁”说更有积极的一面。儒家强调仁者爱人，强调“亲亲而仁民，仁民而爱物”（《孟子·尽心上》），从而视天地万物为一体，天下万民为一家。北宋大儒张载在他著名的《西铭》中这样写道：

> 乾称父，坤称母；予兹藐焉，乃混然中处。故天地之塞，吾其体；天地之帅，吾其性。民吾同胞，物吾与也。……凡天下疲癃残疾、惸独鳏寡，皆吾兄弟之颠连而无告者也。于时保之，子之翼也；乐且不忧，纯乎孝者也。①

在这里，人类被视为天地父母的孝子，因此，凡此天地之中的人类，无不是兄弟姐妹，那些处于困顿痛苦之中的人们，就无不是我兄弟之颠连而无告者，需要我们兄弟般的同情与关爱，这样也才能算是尽了人为天地之子的义务与责任。张载的这一思想在程颢的“仁者以天地万物为一体”这一命题那里得到了更明确的表达。程颢把恻隐之心与宇宙一体的观念相关联来界定仁，并以中医“麻木不仁”一语为喻说：“医书言手足痿痹为不仁，此言最善名状。仁者，以天地万物为一体，莫非己也。认得为己，何所不至？若不有诸己，自不与己相干。”②

当大疫肆虐于这个世界时，疫情不分地域、不分国家、不分民族，这让我们更深刻地意识到，我们与世界上所有人的命运息息相关，我们是一个“以天地万物为一体”的命运共同体，正所谓“山川异域，风月同天”。因此，积极地投身抗疫，不仅关乎个人，也不仅关乎一个小的群体，它关乎的是我们共同的世界。在中国文化中，我们有着甚深的家国情怀与天下意识，不仅国家兴亡匹夫有责，天下兴亡同样匹夫有责。因此，作为人类命运共同体之一员而言，积极配合抗疫，是每个人对天下的责任，是对全人类的道德，否则，就是“麻木不仁”。

---

① ［宋］张载：《正蒙·乾称》，《张载集》，中华书局 1978 年版，第 62 页。

② ［宋］程颢、程颐：《河南程氏遗书》卷二上，《二程集》，王孝鱼点校，中华书局 1981 年版，第 15 页。

可以说，在中国文化视域中，每个人在面对疫情之际，努力投身防疫，积极地配合抗疫，既是对自我与家族的责任，也是对他者的责任，更是对人类共同体的责任，是每个人都具有的道德责任。正是中国人民自觉或不自觉地意识到这样的一种道德与责任，使得他们大多数人能自觉地配合抗疫，从而在某种意义上可以牺牲自己的自由。

总而言之，中国人民在这场抗疫斗争中取得举世瞩目的成就，既是当代中国政府与中国人民同心同德共克时艰的结果，但我们同时更可以看到，中国的抗疫，深深地打上了传统文化的烙印。抗疫斗争的阶段性胜利，充分印证了中华优秀传统文化的强大力量。

青年论坛

新冠肺炎疫情下的全球文明反思

——阿尔贝特·施韦泽敬畏生命伦理学的启示

李雅萍

【摘要】 新型冠状病毒的出现促使人们重新审视现代文明带来的危机，随着科学技术的进步，人们丧失了对文化本质的认识，不再思考人类和自然宇宙的关系，现代人崇信的进步史观，实际上是没有伦理精神的。早在20世纪，施韦泽便察觉到欧洲资本主义工业化迅猛发展带来的诸多问题，流行实证主义的发展虽带来物质进步，却导致伦理精神空洞化。精神文化的衰退，引发战争、环境变迁和疾病肆虐等问题，惟有结合乐观主义的世界观与伦理精神，才能复兴精神文化，具体行动在于体验世界和牺牲奉献。通过爱一切生命的信念，激发伦理动能，肯定宇宙一切生命，实现敬畏生命的伦理学，重建人类与自然的关系。

【关键词】 施韦泽　敬畏生命　伦理学　文明反思

【作者简介】 李雅萍，湖州师范学院讲师。

前　言

2020年初发生的“新型冠状肺炎（COVID－19）”［世界卫生组织（WHO）在2020年2月11日公布以新型冠状病毒为原体的疾病为COVID－

19（Coronavirus Disease-2019），国际病毒学分类学会将此病毒命名为SARS-CoV-2（Severe Acute Respiratory Syndrome Coronavirus 2）。］以极短的时间蔓延全球，至2021年10月5日，全球确诊人数已达2.35亿例，累计死亡病例达480万人。① 迄今为止新型冠状病毒仍在不断变异，具有高传播性，不仅威胁人们的生命安全，也加深人们的焦虑。② 由于病毒传播路径为飞沫传染和接触传染，因此各国纷纷采取封闭、检疫、隔离等方式，限制公共生活，以防止疫情扩散。疫情也影响了经贸格局，造成全球经济损失。人与人之间产生社交距离，工作与会议改成线上视讯，以避免近距离接触。人类面临种种困难与危机，促使人们反思文化的本质究竟是什么？阿尔贝特·施韦泽在20世纪就已经意识到，现代化经济建设和科学技术的开发，不仅不是进步的征兆，反而导致人类精神与文化的衰落，造成人类世界的灾难，他的生态伦理与启蒙运动、理性主义背道而驰，他反对尼采"超人"的主人道德，赞同托尔斯泰质朴的人道思想，提出敬畏生命的伦理学。他的乐观主义和伦理观，肯定世界与生命，爱护地球及一切生物的道德思想，为当下提供了新的伦理学观点。

一、文化的衰退

现代国家不断强调"共同体"意识，主张全世界应处于一种相互联系、相互依赖的紧密状态，但各国"共同体"的实施往往建立在利益或物质之上，例如交换科学技术、组建经济利益的民族集团。笔者认为，共同体的建构应当具体建立在共同爱地球之上，人们必须反思自身文化与精神的缺失，并找回人类共同居住在地球上的初衷，以此凝聚共同意识。对于地球环境的关怀与人类精神文化的重视，早在20世纪施韦泽便提出独特

---

① 数字由世界卫生组织WHO Coronavirus（COVID-19）Dashboard发布。

② 冠状病毒是一种在人类与动物之间存在的核糖核酸（Ribonucleic acid，RNA）病毒，目前已知存在人类世界的冠状病毒有七种，分别是Alpha型冠状病毒（HCoV-229E，HCoV-NL63）和Beta型冠状病毒（HCoV-OC43，HCoV-HKU1，SARS-CoV，MERS-CoV，SARS-CoV-2）。其中，严重急性呼吸症候群冠状病毒（SARS-CoV）、中东呼吸症候群冠状病毒（MERS-CoV）和新型冠状病毒（SARS-CoV-2）三类会引起致命性的呼吸性疾病。

的生命伦理学说，试图唤醒沉浸在启蒙进步假象中的人们。

施韦泽意识到西方文化正在衰落之中，衰落的原因不是战争的爆发，相反，战争不过是文化衰落的具体表现。文化之所以衰落，与“哲学的失职”有关。18 世纪和 19 世纪初，在西方，哲学是人们精神的引导者，当时的哲学对时代、社会、民族、个人等问题，都进行了文化意义上的思考，引导公众舆论和文化热情，通过哲学引导公众舆论，伦理的理想能够诉诸现实，并改变现实，此时，文化信念与现实状况有了同等进步。但是，到了 19 世纪末 20 世纪初，欧洲资本主义工业化迅速发展，启蒙运动和理性主义建构的乐观主义和伦理的世界观，其天真的理论无法跟上科学的发展，尽管康德、费希特和黑格尔等哲学家以思辨的方式论证伦理的世界观，却经受不住人们的批判，终究敌不过强大的自然科学。因此，作为文化基础的伦理理想崩溃了，取而代之的是能描述现实的科学，哲学成了只会整理自然科学和历史科学的学科，不论证文化信念，无思想、无创造性、无作为，只专注于自身学术活动和研究，只能卑微地从自然科学中概括出世界观，伦理的理想不再诉诸现实。对此，施韦泽感到精神崩溃所带来的危机：“理性主义就这样了结了。……理性主义所带来的对世界、人类、社会及个人使命的乐观主义和伦理的基本信念也随之了结了。只是由于这些基本信念还没有完全丧失影响，人们也就没有充分认识到这种已经出现的灾难。”①

此时，哲学还在为“经受住康德的批判”“和自然科学一起工作”感到自豪，尽管理智，却只能在学校中有些作用，无法诉诸现实世界之中；尽管获得了许多知识，却只能成为自身知识的堆积。不研究人类和文化的基本问题，远离世界，偏离精神生活，就无法论证文化理想。哲学不督促现代人去思考，因此，随着科技和经济的发展进步，文化问题日益显现，第一次世界大战的爆发便是实例。除了文化衰落造成伦理的理想消失，现代社会的问题也导致精神和文化的衰败。

第一，浮躁紧张的社会环境，使人习惯作为“劳动者”，而不是作为

① ［法］阿尔贝特·施韦泽：《文化哲学》，陈泽环译，上海人民出版社 2017 年版，第 49 页。

“人”活着。过度劳动形成浮躁心态，浮躁心态使人精神涣散，精神涣散则无法享受内心宁静的对话，反而追求外在消遣，人类精神生活因此变得浅薄。

第二，专业分工造成现代人的不完整性。在劳动组织中，组织需要的往往是劳动者一部分的能力，组织坚信，通过专业化才能使个人高效率地发挥作用，这导致劳动者思想萎缩，思考与能力限制在某一范围之内。施韦泽举了一个例子：“例如，当今手工业者对自己职业的理解，根本不同于他的前辈。先前的手工业者参与所有生产工序，但现代手工业者则不再掌握对木材、金属等原材料的加工手艺，因为别人和机器都已经为他准备好了。他的思考、观念和能力不为常新的方面所需要。现代手工业者的创造性和艺术性就这么萎缩了。原先，他在劳动中必须始终不断地投入其全部思考与个性，并会在这种劳动中产生正常的自我意识。现在，取而代之的则是这样一种自我满足：满足于局部完善了的能力，而在个别能力之外，对一般能力则视而不见。”① 知识和能力的扩张与成长使人局限于特定的专业领域，思考不够全面，文化能力随之降低。

第三，公共关系的过度组织化阻碍文化发展。现代社会追求政治或经济共同体，法规、制度有序化，某个领域在组织化的过程中，每个人分工合作，资源被充分利用，一开始组织显得完善、有效率，但到了后期，组织的原创性与精神消失，人类就像一台相当完善的机器，丧失内在生活的多样性，精神生活消失在集体之中，失去自身存在性。“组织化越是严密，它对创造和精神的阻碍也就越是严重。从来没有一个文化国家，它能够在经济上和精神上承受得了太落后的、过分集权的管理后果。”② 集体影响个人思考，个人敬畏集体的意见，遵从组织的观点和信念，使人们放弃思想上的独立性，失去对社会和群众的判断力，随着个人对思想的放弃，同时也放弃了自己的道德判断，失去精神独立，成为共同体的附属品。

可见，思想的不自由是文化衰落的决定性因素，这反映出社会过度

① ［法］阿尔贝特·施韦泽：《文化哲学》，陈泽环译，上海人民出版社 2017 年版，第 55 页。

② ［法］阿尔贝特·施韦泽：《文化哲学》，陈泽环译，上海人民出版社 2017 年版，第 57 页。

组织化和物质进步对精神文化的摧残。西方伦理信念的没落，在于物质发展过分超越精神发展，相反地，所有物质和知识的进步，都必须通过精神上的相应进步来控制，否则会产生严重的后果："由于我们对自然力量的控制，我们也以可怕的方式获得了对人的暴力手段。……什么也阻止不了我们共同毁于经济和物理的强力之中。……"① "现在的事实是，人已经成了超人。人的超人性质在于，由于其知识和能力的成就，人不仅支配着他身体内的物质力量，而且还支配着自然中的物质力量，并能利用这种力量。作为人，人能够利用自己的体力拉弓放箭，进行远距离杀伤。作为超人，人能够通过特制装备利用产生于混合化学材料迅速燃烧的能量。这使他能够使用威力巨大的炸弹，并把它投掷到很远的距离之外。"②

这涉及自主权与依赖性的问题，现代人依赖科学技术的革新与进步，放弃个人思想的自主权，面对当前全球环境变迁和疫情肆虐的历史阶段，我们需要形成一种新的道德观与世界观，而不是只关注疫情引发的经济危机。物质成就并不是文化，现代社会过高地估量物质的重要性，被知识和科技的进步所迷惑，满足于物质科技的便利，忽视精神生活，不思考理性的理想，不改造现实，丧失对现实世界的影响力。面对日新月异的科技，我们要有智慧决定哪些是道德的，是可以接受的。那么，何为"文化的伦理本质?""伦理的世界观究竟为何?"

二、文化复兴与世界观的建立

疫情引发的经济危机不是源于通货膨胀，而是由实体经济供求面的突然断裂所引发。因此，各国中央银行利用扩张性货币政策来刺激实体经济的复苏，但这种做法只能治标，人们过分关注疫情导致的经济衰退，而忽略精神文化消失带来的环境危机。要改变现状，必须着眼于根本，根本便

① ［法］阿尔贝特·施韦泽：《文化哲学》，陈泽环译，上海人民出版社 2017 年版，第 328 页。

② ［法］阿尔贝特·施韦泽：《敬畏生命——五十年来的基本论述》，［德］汉斯·瓦尔特·贝尔编，陈泽环译，上海人民出版社 2017 年版，第 83 页。

是精神文化的复兴。要复兴精神，必须重建世界观，“精神的重大使命是创立世界观”①，世界观是思想的总和，促使人们思考世界的本质，以及思考人类在世界中的使命。而个人和社会所有的思想，最终都归于世界观。只有具备文化的世界观，我们才具有文化的理念和行为。

西方世界观和伦理学经历过长时间的探寻。公元前7世纪，希腊不再把哲学的基本观念和宗教思想结合在一起，转而产生以认识和思想为主的世界观。在对存在的研究中，首先发展出自然哲学，后来因为自然哲学家不再满足于人与自然一般规律的思想，从而发展出对自然哲学的批判。公元前5世纪，智者派批判当时社会生活及个人行为的规范，智者派中的激进派认为所有道德、法律，都是社会为了自身利益创造出来的，主张应从这种约束中解放，并只追求自己的快乐，这导致了西方的伦理和文化的衰退。苏格拉底反对这种思潮，他在西方思想必须对道德进行思考的关键时刻站出来，阻止怀疑主义。他主张“德性是真正的知识”，行为规范能够基于理性思考得出论证，道德能够经由思想得到确定。对此，施韦泽肯定苏格拉底的道德信念，但也指出一些问题，他指出，苏格拉底仅仅“把道德归结为合乎理性的快乐”②，但并未“说明道德的在于理性之中的最普遍内容”③，理性思考得到的伦理快乐不能与现实相统一，不能使世界保持活力，理性的快乐到头来只能否定自身，从而导致苏格拉底期望的肯定生命的伦理学变成否定生命的伦理学。

柏拉图放弃苏格拉底通过归纳来规定善的本质，而是以逻辑—概念的形式规定善的本质，以“理念论”论证伦理学：我们不是通过思考与善的概念产生联系，而是心中早存有善的理念。善与伦理是无条件的、自足无待的，伦理是超越感官世界的，只有以非物质为目的的行为才具有伦理的特性。人类经由感官研究世界万物而认识到的东西是有缺陷的，至多只能

① ［法］阿尔贝特·施韦泽：《文化哲学》，陈泽环译，上海人民出版社2017年版，第84页。

② ［法］阿尔贝特·施韦泽：《文化哲学》，陈泽环译，上海人民出版社2017年版，第138页。

③ ［法］阿尔贝特·施韦泽：《文化哲学》，陈泽环译，上海人民出版社2017年版，第138~139页。

称为“观点”，而精神体验认识到的“理念”是“本质”。对此，施韦泽认为柏拉图对于善的探寻，是没有实质内容的伦理原则，让伦理原则超越感官世界并不适用于现实，具体伦理行为也发展不出来，此理论还会导致现实世界不存在具有实现伦理价值的事物。相较于柏拉图，亚里士多德提出一种实用的、直面现实的伦理学。他的伦理学论点重视行动，主张合乎德性的活动就是幸福，在活动之中引进快乐概念，理性的快乐在于体验伦理活动的完善性。但是，施韦泽发现，亚里士多德的伦理学不回答“什么使活动具有道德”①，他不探讨道德基本原则问题，不建构伦理学，而是提出一种德性论，也就是“活动伦理学”，这种伦理学不具备动力，是死的伦理学。亚里士多德列举各种德性，证明这些德性应当作为中道而被把握，例如，勇敢处于鲁莽和怯懦之间，节制处于放纵和冷漠之间……这只不过是日常语言中被称作德性的自然品质，并非真正伦理学意义上的德性，亚里士多德混淆了日常语言的德性与伦理意义上的德性，“例如，挥霍和吝啬之间的中间事物不是作为伦理德性的慷慨，而只是理性节约的品质”②。亚里士多德以研究自然科学的方式思考伦理学，但自然科学与伦理学的研究进路不同，自然科学从事实出发论证一切，伦理学则从基本原则出发，事实再从基本原则中产生。没有基本原则的伦理学不具备动力，因此，亚里士多德的伦理学也不具有动能。

柏拉图与亚里士多德都不能赋予伦理学以动能，也不具备改变世界的意志，无法使个人行动服务于社会。直到晚期斯多葛主义提倡一种人对人的普遍之爱，所有人都是兄弟的人道信念，倡导直接的奉献行为，伦理学才有生机。塞涅卡说：“善待奴隶是值得称道的。即使他是你的‘人形动产’，你应该考虑的也不是他在多大程度上会忍耐不反抗，而应当考虑在何种限度之内允许你对他们加害，因为按照公平正义的原则，仁慈也应赐予俘虏和买来的奴隶。……尽管法律允许一个人随意处置他的奴隶，但是在对待人的时

---

① ［法］阿尔贝特·施韦泽：《文化哲学》，陈泽环译，上海人民出版社 2017 年版，第 146 页。

② ［法］阿尔贝特·施韦泽：《文化哲学》，陈泽环译，上海人民出版社 2017 年版，第 147 页。

候，有一个限度：一切生灵所共同拥有的权利不允许造次。”①

晚期斯多葛学派的伦理学是一元论，即乐观主义的伦理学，这种乐观主义伦理的世界观富有活力，但是，在希腊—罗马时代，它没有渗透到群众中去，他们的伦理学不能唤醒文化。尽管如此，塞涅卡、爱比克泰德和马可·奥勒留的人道主义为伦理学增添了生气。

到了文艺复兴与后文艺复兴时代，人们普遍信奉肯定世界和生命的世界观，这是因为人们对自然科学的知识不断增长，认为通过知识获得力量是理所当然的，人们通过科学知识得到控制世界的力量，使得人类自我成就感提高，产生积极、乐观主义的世界观，加上斯多葛主义和基督教赋予伦理以活力，思想家开始察觉论证伦理本质的重要性。尽管如此，他们思考伦理问题的要点在于反思个人对社会的行为，而不去思考世界和生命的最终意义。通过反思个人对社会的行为，进而产生利己与利他的关系假设，有三种假设：第一，个人的利己转变为利他；第二，让利他在社会中产生，再转变为个人信念；第三，利己与利他原本就共存于人类天性之中。② 可由于西方近代不能结合个人权利和社会公益，因此也就无法真正解决利己和利他的关系。“这种缺陷，到了康德的法的形而上学和道德形而上学的区分那里才得到解决。因此，后来的西方伦理学，个人伦理和制度伦理的区分就成了常态。”③

相较于近代思想家仅仅反思个人对社会的行为，不考虑伦理与世界的关系，18 世纪的沙夫茨伯里则提出一种富有活力的与伦理相关的自然哲学，他认为伦理的根源在于善的情感：“我们可以从前面已经说过的话里获得很多理由，说明这种忧惧或希冀都不可能成为我们称为善的情感的那一类情感，而善的情感却是所有真正善的行为的动力与来源。”④ 善的情

① ［古罗马］赛涅卡：《强者的温柔：塞涅卡伦理文选》，包利民等译，王之亮校，中国社会科学出版社 2005 年版。

② ［法］阿尔贝特·施韦泽：《文化哲学》，陈泽环译，上海人民出版社 2017 年版，第 168~169 页。

③ 陈泽环：《西方世界观的悲剧——施韦泽的西方伦理史研究》，《上海师范大学学报（哲学社会科学版）》2011 年第 5 期，第 27 页。

④ ［英］沙夫茨伯里：《人、风俗、意见与时代之特征：沙夫茨伯里选集》，李斯译，武汉大学出版社 2010 年版，第 169 页。

感是道德行为的根本动力，这种情感又与和谐的宇宙相一致。在沙夫茨伯里的世界观中，“和谐”主宰宇宙，人的使命是要体验这种和谐。他把伦理纳入真实的宇宙中，形成一种直接和普遍的伦理观，对他而言，真正的伦理在于拥有善的观念并有所行动。沙夫茨伯里说：“我们或许有良好的诗歌鉴别能力，自己却不一定就是一位好诗人，也不一定具备任何一丁点诗人气质。但我们不可能拥有最起码的善的观念而不能够行最起码的善举。”①

有了善的概念，必定有相应善的行为，沙夫茨伯里的伦理学是带有活力的，给时代提供新的思想，并鼓励时代把伦理和富有活力的世界观结合起来，为 18 世纪欧洲理性主义奠定了基础。

18 世纪欧洲理性主义时代的典型特征在于，不盲从过去和现在的一切，主张现有的一切都是不完善的，必须以完善的东西取代之，有着趋向行动的进步精神，这种世界观受到施韦泽的高度赞赏，他说：“基于一种来自信仰的、但被当作认识的世界观，18 世纪的人开始在一定程度上思考和实现文化理想，开辟了人类文化史上的最伟大时代。”② 在此时期，宗教宽容，促进人类物质和道德进步的秘密会社的出现，民族偏见的消失，人们在理性和伦理层面拥有前所未有的力量。后来，因为出现了阻碍改革的外在环境，加上理性主义世界观自身内部动摇，以及当时乐观主义世界观只是建立在对世界的简单解释之上，并没有得到充分论证，康德意识到理性主义的乐观主义伦理学不够深刻、不够完善，他的哲学由此产生。

对康德而言，伦理行为产生于纯粹的内在需要，道德只能是纯粹的目的，而不是用于目的的手段，当这个原则存在我们的意识之中时，道德的起源和崇高地位才能得到保证。道德动力来源于超验世界，与自然世界的秩序毫无关系，伦理是一种意志，是我们心中的神秘事实。对此，施韦泽认为，康德对伦理的认识是有缺陷的，康德虽追求直接要求义务的伦理，

---

① ［英］沙夫茨伯里：《人、风俗、意见与时代之特征：沙夫茨伯里选集》，李斯译，武汉大学出版社 2010 年版，第 25 页。

② ［法］阿尔贝特·施韦泽：《文化哲学》，陈泽环译，上海人民出版社 2017 年版，第 184 页。

断言道德义务的绝对性，但没有赋予道德原则实质上的内容，只是不断增加道德基本原则的崇高性，把握了义务的绝对性，内容却没有得到论证。而且他将伦理领域限定在人对人的行为，不涉及人对所有生物的行为，因此，康德的伦理学无法发挥深刻的伦理概念。但不可否认的是，他激发了对伦理本质和伦理使命的反思。费希特意识到伦理义务和伦理行动的迫切性，人必须明白行动奉献在生命本质中有其根据，因此他赋予康德抽象的、义务的伦理以内容，也就是“把整个感性世界置于理性的统治之下”①，他把康德的思想发展成一种肯定世界和生命的伦理世界观，这保存、强化了乐观主义和伦理的理性主义精神，并加强伦理和文化的推动。

黑格尔研究历史发展过程的规律，将此规律作为构思的基础，主张世界从存在中产生，属于宇宙论的历史哲学。他的世界观是超伦理的神秘主义，不把文化理解为伦理，伦理只是精神发展的一个阶段，这说明道德只是精神的一种现象。不存在个人伦理，也不探讨伦理的自我完善和人对人的伦理问题。在他的伦理学中，人类文化精神由现实社会所改造，不是由我们精神中的理念所改造，基于此，乐观进步主义和伦理分开了，失去精神和力量。施韦泽说：“这样，在黑格尔的世界观之中，近代的精神动能一直奠基其中的进步信仰和伦理的联盟解体了。而进步信仰和伦理都毁于这一分离。伦理枯萎了，独立了的进步信仰则失去了精神和力量，因为它只是内在的进步信仰，而不再是热情的进步信仰了。”②

由于黑格尔，人们相信现实进步便是理想，而不再反思自己。西方哲学由思辨而建立的哲学体系，无法论证“对世界本质的认识”，到这个阶段，哲学无法继续进步，而是被科学取代。

19 世纪和 20 世纪之交，人们生活在对知识和科技的信赖之中，误以为这就是肯定世界和生命的世界观，实际上，这并不是基于对世界和生命深刻思考的伦理思想，而是物质和科技进步带给人的假象。当物质发展超过精

① ［法］阿尔贝特·施韦泽：《文化哲学》，陈泽环译，上海人民出版社 2017 年版，第 213 页。

② ［法］阿尔贝特·施韦泽：《文化哲学》，陈泽环译，上海人民出版社 2017 年版，第 229 页。

神，伦理便没有精神力量，文化就会衰落，要想重拾道德，必须建立精神文化。精神文化的建设，不能依靠组织与制度的改造，它只涉及外在层面，不涉及内在革新，单纯改造制度只能解决部分问题，“然而，经历了所有由他们创立的制度在精神上破产的我们，再也不能够以这种方式同时致力于制度改造和精神革新。制度改造对于精神革新的这种帮助作用，在我们这里不复存在了”①。以制度改革革新精神文化是缘木求鱼，如同以科学思维论证伦理学没有说服力。从而，19 世纪末期西方伦理学处于不理想的状态之中。

当伦理学无法发挥作用时，国家与人民只能依靠加强物质科学，说服自己正走向进步，可与此同时，物质技术的进步导致各国相互竞争，渐渐壮大了民族主义思潮，这种无知的爱国情怀极容易引发战争。只有当伦理的理想高于现实理念和民族理念，才能引领世界走向正确的道路，改变人类现实的命运。其中，关键点在于信念，信念出于生命意志的内在必然性，这决定我们与世界的关系。而重建信念与世界观必须出于对生命的体验，不能依靠“学术的形而上学”。“但是，无论是谨慎的学术的‘形而上学’，还是自负的幻想的‘形而上学’，都不可能真正地为我们提供世界观。达到世界观的道路必须经过‘形而上学’，这种观念是一个致命的错误，它在我们西方的思想中已经有了足够的表现。”②

学究式的对世界的认识并不能体会真正的生命意志，只有将“对世界的认识”转变为“对世界的体验”，才能真正理解这个世界，赋予自身生命和我周围所有生命意志以价值，并促使自身行动。这种世界观是乐观主义的世界观，只有肯定世界和生命的世界观，才是乐观主义的，而乐观主义的世界与伦理的信念相结合时，才能制止文化的衰落，发展成富有活力的文化。原先，伦理本身与乐观主义、悲观主义无关，伦理是“人的致力于其个性的内在完善的行动”③，其最大的弱点在于，它不是直接与现实

---

① ［法］阿尔贝特·施韦泽：《文化哲学》，陈泽环译，上海人民出版社 2017 年版，第 79 页。

② ［法］阿尔贝特·施韦泽：《文化哲学》，陈泽环译，上海人民出版社 2017 年版，第 102 页。

③ ［法］阿尔贝特·施韦泽：《文化哲学》，陈泽环译，上海人民出版社 2017 年版，第 90 页。

交锋，而只是偶然地或顺便地涉及现实，不关注个人的体验，不涉及行动，因此只能无思想地说些空话。而当乐观主义的世界观与伦理进行对话时，伦理便会扩展为无限的对所有生命的责任，其行动领域也会相应拓宽。

三、敬畏生命伦理的实现

西方包括宗教和哲学的伦理学，都不是直接与现实交锋，这些伦理学只是“顺便地”涉及现实，不关心个人的体验，因此，无法对个人形成持久的影响，伦理规范便成为一堆空话。施韦泽改变了在世界整体脉络下把握生命本质的做法，以一种“深刻思想”追求乐观主义伦理的世界观，改变只探讨人与人、人与社会关系的伦理思想。道德责任不能只限于人类社会，应当拓展至宇宙一切生命、一切真实的存在，只涉及人对其同类行为的伦理是不完整的。他意识到只有激发伦理动能，方可改变世界。① 有了动能，伦理便能扩展至宇宙一切生命之中，发挥对宇宙所有生命的责任。

实际上，将伦理扩展至一切生命的思想，在当时的西方世界是不被接受的，甚至被视为“异端”。在欧洲哲学中，同情动物的行为与理性伦理相冲突，是无关紧要的多愁善感。举例来说，笛卡儿认为，动物就是机器，不需要同情。边沁则认为，对动物行善是为了对人类行善所作的练习。康德指出，伦理只与人对人的义务相关。施韦泽想改变这种陈旧的伦理思想，提出敬畏生命的伦理学：“尽管弗兰西斯科·冯·阿西斯（圣方济各，1182—1226）已经指出，人与动物建立兄弟关系是来自天国的福音，但由笛卡儿、边沁、康德所代表的近代欧洲哲学—伦理学传统，总是认为同情动物的行为是与理性伦理无关的多愁善感，因此可以说，敬畏生命伦理学迈出的这一步是决定性的。”②

---

① 文化是以世界观为基础的，它产生于人类的精神觉醒和伦理意志。伦理也是文化的建构性要素，伦理只要发挥动能便可以改变现实，文化的衰落便会转变为兴起。

② ［法］阿尔贝特·施韦泽：《敬畏生命——五十年来的基本论述》（译者序），［德］汉斯·瓦尔特·贝尔编，陈泽环译，上海人民出版社 2017 年版，第 10~11 页。

在两千多年的西方伦理思想史中，这是一种极具革命性的思想。敬畏生命伦理一提出，就受到许多批评。比如：病毒和细菌是否如同人一样有价值？对待蚂蚁是否和对待人一样的尊重？如何解决人类生命和带有 HIV 病毒生命之间的冲突？面对这些批评，施韦泽坚持敬畏生命自然哲学的内涵：第一，敬畏宇宙自然。自然、世界和宇宙是自为自在的东西。第二，自然、世界和宇宙也是生命。第三，人类必须意识到宇宙所有生命是一个整体，最大的幸福就是拯救和促进生命，使人类与世界建立精神关系。第四，一切生命都是神圣的，没有高级、低级之分。这些内涵把生命价值扩充至宇宙世界，生命不分贵贱，都是平等的。人类之所以拒绝同情和帮助动物，是因为他们认为“人是动物的主人”，能按自己的喜好随意对待动物。但是，只涉及人与人之间关系的伦理学是一种失败的观点，面对地球环境变迁，我们不能回避爱一切生命的伦理学。施韦泽坚信，爱一切生命是一种天然的要求，无界限的伦理学必然会得到承认：“通过对奉献问题的思考，我们已经扩大了伦理活动的范围。我们意识到伦理不仅与人，而且也与动物有关。动物和我们一样渴求幸福，承受痛苦和畏惧死亡。那些保持着敏锐感受性的人，都会发现同情所有动物的需要是自然的。这种思想就是承认：对动物的善良行为是伦理的天然要求。”①

面对自然环境，我们不应要求自然适应人类，而是通过人类自己的道德行为与自然宇宙建立一种精神关系，真正的伦理学应当明白宇宙上的一切生命都是神圣的。

敬畏生命伦理的思想有很强的信念，但有一个问题，人类为了生存，需要牺牲别的物种的生命来维持自身生命延续，这与敬畏生命的伦理学相抵触。对此，施韦泽强调，在遭遇具体情况和必然性的强制下，人类为了保存其他生命，他必须决定牺牲哪些生命。在这种决定中，人类必须意识到自己的主观性质，并承担起被牺牲生命的责任。同时，人类应该尽可能摆脱牺牲其他生命来保存自己。为这种极其复杂的伦理制定规范，正是当代伦理学的使命。

---

① ［法］阿尔贝特·施韦泽：《敬畏生命——五十年来的基本论述》，［德］汉斯·瓦尔特·贝尔编，陈泽环译，上海人民出版社 2017 年版，第 74 页。

有趣的是，施韦泽发现，人对动物责任的思想在中国和印度传统文化中早已存在，他说："属于孔子学派的中国哲学家孟子，就以感人的语言表达了对动物的同情。老子学派的列子认为，动物心理和人类心理的差别并不很大，即没有像人们通常想象的那么大。杨朱反对动物只是为了人及其需要而存在的偏见，主张它们的生存具有独立的意义和价值。"① 中国传统思想重视人类与自然的关系，强调人与宇宙自然合一，人与宇宙万物合一，并努力实现人类和宇宙自然保持一致，和谐共处。而要做到人与宇宙合一，必须通过伦理的行为才能做到与宇宙万物相一致的境界。中国重视宇宙自然的思想与施韦泽的敬畏生命伦理学相呼应，他虽没有形成一套完整的伦理规范，但有一套基本道德原则，以此形成善恶观，进行道德判断："敬畏生命把道德的基本原则赋予我。善就是保存、促进和提升生命，而毁灭、伤害和阻碍生命则是恶。只有当我把自己奉献给其他生命，才可能肯定生命，即肯定出现于我周围的生命意志。出于内在必然性，而不是去理解世界的意义，我才创造价值，并且在世界之中和对世界坚持伦理。"②

保存他人生命便是善，伤害他人生命便是恶。保存他人生命的前提是肯定他人的生命价值，一旦肯定他人的生命价值，便会想办法为其保存，当对方遭遇生命危难之时，自身便会不自觉地"纵身一跃"，为对方牺牲奉献。只有牺牲奉献，才有肯定世界和生命的伦理观，也才能在世界坚持伦理的行为。

自发的正义与牺牲奉献的仁爱行为，往往在现实经验中呈现。通过经验观察，我们发现存在这样的人，他们牺牲奉献的精神是天生固有的，既不伤害人，也不谋取自身利益，而是考虑他人的权益。真正的道德价值只能归诸这样的行为，它的特殊意义在于，他们完全排除各种利己的念头，认为丝毫考虑自身幸福的思想都是不纯粹的，易言之，道德的行为不以行为者自己的祸福作为行动的终极目标。那么，究竟是什么促使人们产生这样的道德行为？人类出于什么理由肯定他人生命价值？实现道德价值，完全依赖行为者纯粹为了另一个

① ［法］阿尔贝特·施韦泽：《敬畏生命——五十年来的基本论述》，［德］汉斯·瓦尔特·贝尔编，陈泽环译，上海人民出版社 2017 年版，第 61 页。

② ［法］阿尔贝特·施韦泽：《文化哲学》，陈泽环译，上海人民出版社 2017 年版，第 107 页。

人的利益，完全关心另一个人的祸福。当此之时，他人的祸与福直接成为我的动机。但是，他人的祸福如何直接影响我的意志？怎么能够直接变成我的动机？可以这么理解，当我看见他人的痛苦时，正如我亲身体验此刻的痛苦，所以便急切地希望他人能幸福，正如我希望自己幸福一样。为了做到这一点，我必须和他人融为一体，取消自身和他者的差距，正如施韦泽提倡将“对世界的认识”转变为“对世界的体验”一样，只有真正体验过了，才能消除自身与宇宙世界的差距，和宇宙万物融为一体。叔本华将此过程称为“同情”，只有同情才是一切仁爱的基础。这种同情是出于自然的、自觉自愿的，是人类意识的本质部分，并且持续存在，迫使我对他人做出或多或少的牺牲。卢梭在《爱弥儿》第4册中表达一个观点：“人生的第一个格律便是：在我们的心中，不是和那些比我们更幸福的人融为一体，而是仅仅和那些比我们更不幸的人融为一体。”由于生物都有求生避死的意志，因此痛苦更能触动其内在道德意识。敬畏生命的伦理学正是如此，“同情”或“共感”一旦启动，便不自觉地发生道德行动，在这种意识面前，可以把行动效果所产生的一切问题搁置不论。

当代环境哲学家戴斯·贾丁斯在《环境伦理学：环境哲学导论》中，把敬畏生命伦理视为“生物中心伦理”，意指“所有生命均有内在价值”①，方法便是把道德身份的边界推及所有生命②。他认为施韦泽并没有把敬畏生命当作一个伦理法则，而是人类对世界采取的一种信念、一种态度。确实，敬畏生命伦理学缺少基于生态学和现代生物学的论证，它倾心于自然的生命，和宇宙建立精神关系，属于超越人类中心主义的道德哲学。现今人类共同遭遇全球性问题，核武器的出现、温室效应、臭氧空洞、新冠肺炎疫情的发生，原因在于人类对周遭自然的主宰性增强，到了足够毁灭自身的地步，此刻，我们需要强烈的仁爱的信念，促使人类考虑对地球的责任，重建伦理精神并实现生态环境改善。

---

① ［美］戴斯·贾丁斯：《环境伦理学：环境哲学导论》，林官明、杨爱民译，北京大学出版社2002年版。

② 这是泰勒的观点，戴斯·贾丁斯将施韦泽的敬畏生命伦理与泰勒同样视为生物中心伦理，他们两个的区别在于泰勒的生物中心伦理是经过严密论证的，施韦泽则没有详细地为其哲学观点进行论证，施韦泽的伦理学比较像是一种信念、一种态度。

结 语

现代工业社会使人类与自然世界的联系越来越疏离，科学技术的提高和物质生活的进步为人类带来便捷的生存环境，世界看起来在不断前进、不断革新，实际上，工业化社会和现代科学遵从物理和力学定律，将自然看作是无价值的、机械的力量，从而也就区分了伦理与自然的关系。科学技术的革新使全球融合、相互联系，各国互相分享知识和技术，人类世界看似整体一致，但面对问题时，对于该做什么分歧严重，并且互相竞争，即便形势紧迫，也很难做到团结一致。其症结在于，我们在获得科学和技术力量的同时，没有获得同等相应的智慧，正如爱默生所说：社会是永远不会进步的。它在某方面进步，就在另一方面退步；它持续不断地改变着；它是野蛮的，它是文明的，它是基督化的，它是科学化的；可是……每给一物，它就收回一物。① 科学技术改变世界，但需要一定程度的审视。新冠肺炎疫情的出现，警醒人类文明正陷入危机之中。阿尔贝特·施韦泽敬畏生命的信念，促使现代人重新思考人类与自然世界的关系，提升精神文化是一个值得借鉴的提法，但究竟该怎么做，需要清晰和严密的思考。我相信人类能够克服这个难关，但必须有所作为，任何的失败主义只会带来更多恐慌，面对这一挑战，应当有积极的愿景。

参考文献

[1] [英] 沙夫茨伯里：《人、风俗、意见与时代之特征：沙夫茨伯里选集》，李斯译，武汉大学出版社 2010 年版。

[2] [古罗马] 赛涅卡：《强者的温柔：塞涅卡伦理文选》，包利民等译，中国社会科学出版社 2017 年版。

[3] [法] 阿尔贝特·施韦泽：《文化哲学》，陈泽环译，上海人民出版社 2017 年版。

---

① 拉尔夫·沃尔多·爱默生（Ralph Waldo Emerson，1803—1882），美国著名散文家及诗人。他一生主张接触自然。

［4］［法］阿尔贝特·施韦泽：《敬畏生命——五十年来的基本论述》，［德］汉斯·瓦尔特·贝尔编，陈泽环译，上海人民出版社 2017 年版。

［5］［美］戴斯·贾丁斯：《环境伦理学：环境哲学导论》，林官明、杨爱民译，北京大学出版社 2002 年版。

［6］陈泽环：《西方世界观的悲剧——施韦泽的西方伦理史研究》，《上海师范大学学报》2011 年第 5 期。

殷民、君子与学者
——作新民之行为主体演变及其内涵

张　兴

【摘要】对于《礼记·大学》篇引用《尚书·康诰》中的“作新民”训诫，历来存在不同的诠解。汉宋学者对“作新民”的诠释视角是不同的，其强调的重点也有所差异。汉唐学者认为“作新民”是用来解释“明明德”的，注重从为政之君子的视角进行阐释，认为“作新民”是指君子念前王之明德而自新；而宋代学者认为“作新民”是用来说明“新民”的，着眼于从有道德的学者视角进行诠释，认为“作新民”是指有道德的学者自新其德而后新民之德。详考《礼记·大学》篇所引《康诰》中的“作新民”观念，其中的“新”字本义当理解为“新的”，“民”字之本义当训解为“卫地殷商之余民”，“作新民”本义应解释为（康叔）帮助周王兴起或培养新的殷商余民。围绕“作新民”的诠解，从《康诰》“（康叔）助王作新民”到汉唐郑孔“君子念德自新”再到宋代朱子“学者自新新民”所发生的三次意义转变与延伸，实际上体现了《大学》学史不同历史阶段的特征。汉唐时期着重突出了君子作为治国的行为主体，强调良好的政教之于民众的重要性，民众却处于被动接受的状态；宋代则着重突出了自新其德的学者作为唤醒民众明德的行为主体，强调良好的道德修身之于民众的重要性，并以此凸显了民众自主而新、自愿而新所具有的积极主动性。

【关键词】 新民　君子　学者　有位者　有德者

【作者简介】 张兴，山东社会科学院国际儒学研究院助理研究员，研究方向为中国哲学、儒家思想史。

引　言

关于《礼记·大学》篇"《康诰》曰'作新民'"一段引文的注解，是历代学者关注的热点问题，一直存有争议。其原文是："汤之《盘铭》曰：'苟日新，日日新，又日新。'《康诰》曰：'作新民。'《诗》曰：'周虽旧邦，其命维新。'是故君子无所不用其极。"① 学术界关于"作新民"的解释归纳起来有为民日新之教说、新的殷民说、新民之旧俗说、自新之民说、新王朝之子民说。这五种说法各有其合理之处，但都非其本义。此外，汉宋学者们阐释"作新民"的角度是完全不同的，侧重点也存在着较大的差异。但是，学界对于汉宋学者解释"作新民"之不同很少提及，甚至在大多数时候将其看作相同的说法，这是一件非常令人遗憾的事情。本文主要想解决两个问题：第一个问题是考证"作新民"的本义，通过联系《尚书·康诰》上下文之间的关系及其他相关文献分析"作新民"中"新"与"民"字的原义，以此来推断出"作新民"的本义。第二个问题是在其本义的参照下，从汉宋学者对"作新民"注解的仔细研读入手，寻找出汉宋学者注解《大学》时所采用的不同诠释视角，以及汉宋学者"作新民"说的不同之处。通过对上述两方面问题的仔细疏解，力图勾勒出一幅"作新民"的本义及其延伸义的流传演变图，从思想史演变发展的维度对"作新民"作一个整体而全面的把握。

一、"作新民"的五种说法

《尚书·康诰》篇载："已！汝惟小子，乃服惟弘王，应保殷民，亦惟

① ［汉］郑玄注，［唐］孔颖达正义：《礼记正义》，吕友仁整理，上海古籍出版社 2008 年版，第 2239 页。

助王宅天命，作新民。”①《尚书·康诰》篇是周王封康叔于卫地而作的诰命。学术界关于“作新民”的理解大致形成了五种说法，它们分别是为民日新之教说、新的殷民说、新民之旧俗说、自新之民说和新王朝之子民说。

（一）为民日新之教说

为民日新之教说的代表人物主要是汉代孔安国和唐代孔颖达。据《尚书正义》记载，汉孔氏传曰：“已乎。汝惟小子，乃当服行德政。惟弘大王道。上以应天，下以安我所受殷之民众。”②“弘王道，安殷民。亦所以惟助王者居顺天命，为民日新之教。”③

孔氏传认为，《康诰》中的“民”实际上是特指原来卫地殷之民众，康叔被分封到卫地做国君，应当推行德政，弘扬大王之道，努力安定其所受的殷之民众，并帮助周王上顺天命，为了民众“日新之教”。

根据孔氏传诠解的“日新之教”，孔颖达在《尚书正义》中进一步提出了“政教日日益新”观念。《尚书正义》记载，《正义》曰：“亦所以惟助王者，言非直康叔身行有益。亦惟助王者居顺天命，为民日新之教，谓渐致太平，政教日日益新也。”④

由于《大学》文本曾引《康诰》“作新民”，孔颖达在《大学正义》中也有相关的诠释。他这样说：“《康诰》曰‘作新民’者，成王既伐管叔、蔡叔，以殷余民封康叔。《诰》言殷人化纣恶俗，使之变改为新人。此记之意，自念其德，为新民也。”⑤

孔颖达认为，《康诰》原文之意是说康叔要上应周王之天命，下行德政于殷民，使殷人从恶俗之人变更为新人。孔颖达将“作”理解为“使之变改为”，即“作新民”应当理解为康叔下行仁德之政教于殷民，使之转变为新人。由此可见，此处的“民”特指原来卫地之殷余民。“新民”是

① 杜泽逊主编：《尚书注疏汇校（六）》，中华书局2018年版，第2030页。

② 杜泽逊主编：《尚书注疏汇校（六）》，中华书局2018年版，第2030页。

③ 杜泽逊主编：《尚书注疏汇校（六）》，中华书局2018年版，第2030~2031页。

④ 杜泽逊主编：《尚书注疏汇校（六）》，中华书局2018年版，第2032页。

⑤ ［汉］郑玄注，［唐］孔颖达正义：《礼记正义》，吕友仁整理，上海古籍出版社2008年版，第2245页。

指让殷余民在康叔仁德之政教的引导下转化为新人。“作”在《诗经》等先秦古籍中作“为”字的解释比较多，汉代孔氏传就是将“作”理解为“为”，“作新民”理解为“为民日新之教”。

因此，孔颖达的“作新民”可以理解为作新（政教于）民，于是“新民”应当理解为行日新之教于民，这就是孔氏传、孔颖达所理解的为民日新之教说。

（二）新的殷民说

新的殷民说可细分为两类：一是古代学者的作新斯民说，二是近现代学者的重新改造殷民说。

作新斯民说的代表人物主要是宋代学者蔡沈、吕祖谦和元代学者王充耘。蔡沈说：“汝之事，惟在广上德意，和保殷民，使之不失其所，以助王安定天命，而作新斯民也。”① 元代学者王充耘说：“言汝职事不在乎他，广宣上德，以和保殷民者，汝之职也。助王以安定天命，而作新斯民者，亦汝之职也。”② 吕祖谦说：“当时王室安危所系，正在商民。民得保养，则王业巩固，而天命可必其定矣。新民者，所迁之民也。新迁之民在洛邑，周公既师保之，何与于康叔。”③ 综合蔡沈、王充耘等的注解，“斯民”就是殷民，而宋代学者吕祖谦“新迁之民”说，其核心要义也是新的殷民，可归结为同一种说法。

重新改造殷民说的代表人物主要是顾颉刚、刘起釪、王世舜、王翠叶等近现代学者，这其实是古代学者作新斯民说的现代翻版。顾颉刚、刘起釪两位先生注解“作新民”为“把这些殷民改造成新的人民”④，而王世舜、王翠叶是这样注解“作新民”的：“作新民：意谓重新改造殷民。”⑤ 唯一不同之处在于，王世舜、王翠叶还是将“民”解释为

① 尤韶华：《归善斋〈尚书〉十诰章句集解》，中国社会科学出版社2016年版，第1065页。

② 尤韶华：《归善斋〈尚书〉十诰章句集解》，中国社会科学出版社2016年版，第1069页。

③ 尤韶华：《归善斋〈尚书〉十诰章句集解》，中国社会科学出版社2016年版，第1041页。

④ 顾颉刚、刘起釪：《尚书校释译论》，中华书局2018年版，第1441页。

⑤ 王世舜、王翠叶译注：《尚书》，中华书局2012年版，第185页。

“殷民”，而顾颉刚、刘起釪则将其泛化为“人民”。

（三）新民之旧俗说

新民之旧俗说的代表人物主要是宋代学者陈经、杨简和元代学者陈悦道。陈经说：“亦唯在于辅助成王居天命之安，作新民之旧俗而已。盖商民之安危，即天命之安危。而商民之旧染，亦当作而新之，俾之舍旧而唯新是图也。”① 在陈经看来，“新民”是指康叔要更新商民之旧俗，改变“商民之旧染”，以培养商民新的行为习惯。可见，陈经侧重于从商民风俗变迁的角度强调康叔所说的“新”的内涵。同样，宋代杨简指出：“宅者，不复他之也，助王作新殷民，俾脱旧习，乃所以宅天命也。”② 杨简的说法跟陈经基本一致，也是将“新民”理解为新商民旧俗。元代陈悦道说：“其必思所以作兴，鼓舞其民，而去其旧染之污矣。以殷民之旧俗，而康叔能作新之，则夫乃服之事无大于此者。”③ 他也认为“新民”是指康叔能革新殷民之旧俗，塑造殷民之“新俗”。应当说，新民之旧俗说尽管基本上抓住了“作新民”的基本内容，却未能充分体现出何人以及如何新民之旧俗。

（四）自新之民说

自新之民说的代表人物主要是宋代的朱子。他在《大学章句》中说：“鼓之舞之之谓作，言振起其自新之民也。”④ 在朱子的理解中，“新民”是指自新之民；他从“天理”的角度强调有道德的学者能明其明德，下面之民众则观瞻上面之明明德学者而自己感化之，使自己兴起同然之善心，成为自新之民。不难看出，朱子立足于“理学”视域对“作新民”戒律进行诠释，并不完全符合《大学》引《康诰》原文之意。

（五）新王朝之子民说

赵法生认为顾颉刚、刘起釪二人的说法虽然存在合理的地方，也有不尽

---

① 尤韶华：《归善斋〈尚书〉十诰章句集解》，中国社会科学出版社 2016 年版，第 1045 页。

② 尤韶华：《归善斋〈尚书〉十诰章句集解》，中国社会科学出版社 2016 年版，第 1070 页。

③ 尤韶华：《归善斋〈尚书〉十诰章句集解》，中国社会科学出版社 2016 年版，第 1069 页。

④ 朱熹：《四书章句集注》，中华书局 2016 年版，第 5 页。

如人意之处。他说："其中对于'应保殷民'和'宅天命'解释十分精要，而对'作新民'的解释则似有未达，所谓'新的人民'的说法未免笼统。"① 他结合孙星衍《尚书今古文注疏》中"作新民"为"言惟王受殷民而安之，王方受保殷民，汝亦当思助王图度天命，与殷民更始也"的观点，以及"亲民""宅天命"和"作新民"三者之间的内在联系，指出"新民"应当解释为"新王朝之子民"。② 同样，李民、王健也是这样注解"作新民"的："作新民，使殷民成为周的新臣民。卫地的殷民被商纣统治日久，故戒以作新人。"③ 李民、王健的这种解释也可归于"做新王朝之子民"说。

笔者认为，同以上四种说法一样，"做新王朝之子民"说的注解有其合理之处，但仍未能明确"作新民"之本义究竟为何。实际上，将"作新民"理解为"做新王朝之子民"并不是确解。要知道，殷民在成为康叔的子民之后，事实上已经成为"新王朝之子民"，无论殷民是否要从殷纣时期的恶俗之人重新开始转变为新人，他们客观上就是"新王朝之子民"，并不需要告诫康叔让殷民做些什么。《康诰》既然说"作新民"，就是要求原来殷纣时期的恶俗子民必须在新的王朝做一个全新的子民、一个区别于恶俗子民的新人；"新民"并非指"新王朝的子民"，而是指人格上重新开始的新人或者全新的子民。

二、释《康诰》：康叔助王作新民

事实上，"作新民"之本义是有其特殊含义的。原因有两点：一是"民"字的含义有其特指，这在前面梳理"作新民"的五种说法时已经提到；二是"作新民"既然出现于一段完整的话语之中，它具有独特的对应关系，因而"作新民"应该与那段话中的"应保殷民"和"助王宅天命"结合在一起加以解释。

---

① 赵法生：《〈大学〉"亲民"与"新民"辨说》，《中国哲学史》2011 年第 1 期，第 105 页。

② 赵法生：《〈大学〉"亲民"与"新民"辨说》，《中国哲学史》2011 年第 1 期，第 105 页。

③ 李民、王健撰：《尚书译注》，上海古籍出版社 2004 年版，第 261 页。

（一）“作新民”之本义

前文在梳理“作新民”的五种说法时提到，“作”字有“做”“重新改造”“改造为”“动化”“使”“作兴，鼓舞”“鼓之，舞之”“振起”“振起而变化之”“彼此相视而兴起”等多种含义。从上面的举例来看，“作新民”之“作”一般是作为动词来使用的。《说文解字》载：“作，起也。从人从乍。则洛切。”① “作”释为“起”，引申为“兴起”之意。在笔者看来，“作新民”中的“作”不能解释为“重新改造”或“改造为”，而应当更准确地理解为“兴起”或“塑造”，所谓“作新民”就是兴起新的殷商余民，就是塑造新的子民。

汉代郑玄把“新”字解释为实践意义上的“修旧曰新”②，把“新民”理解为“修旧民”。按照历代学者对于“新”字的理解，“新”字一般有三种内涵：一是使变成新的；二是新的人或事物；三是性质上改得更好的（跟“旧”相对）。从诠释学的角度而言，如果把“作”理解为动词性的“兴起”“塑造”的话，那么这里的“新”应当解释为形容词性的“新的”。

历代诠释者对于“作新民”中的“民”则有着基本一致的理解，最简单的说法就是“斯民”，即“殷民”。从周朝的角度来说，“民”就是卫地原来殷商之余民因改朝换代而成为周朝的臣民，这就是“作新民”中“民”字的本义。在历代的注解中，虽然历代儒者有称其为“斯民”“殷民”“殷之民众”“商民”“商之余民”“殷之余民”“所迁之民”者，但毫无疑问都不过是指卫地原来殷商之余民。唯一例外的是朱子的《大学章句》将“民”不再称为“殷民”或“商民”，而是将其泛化地称为“民”，即一般的民众，从而弱化其本来卫地殷商之余民的所指含义。虽然历代学者注释“民”字所使用的语言以及角度有所不同，但“作新民”之“民”字为卫地殷商之余民的本来含义是被绝大数注家所认可的。

前文提到“作新民”出现在文章的最后一段，从整体的角度来看，

---

① ［汉］许慎撰，［宋］徐铉校定：《说文解字》下，中华书局 2013 年版，第 162 页。

② 唐文编著：《郑玄辞典》，语文出版社 2004 年版，第 227 页。

“应保殷民”“助王宅天命”和“作新民”三条诫命是并列存在的，都是作为“弘王”的必要条件。因此，在对“作新民”之本义做诠释时，一定要与前面的“应保殷民”“助王宅天命”联系在一起。由于“作新民”是紧跟前文“亦惟助王宅天命”而来，这也就意味着“作新民”是“（康叔）助王作新民”，即康叔帮助周王兴起新的殷商余民。

综上所述，“新”字之本义当理解为“新的”，“民”字之本义当理解为“卫地殷商之余民”，“作新民”之本义当为康叔帮助周王兴起新的殷商余民。

（二）康叔助王作新民

明确了《尚书·康诰》“作新民”的本义，《大学》文本引《康诰》原文的本意即为康叔帮助周王兴起新的殷商余民，其行为主体是特指周王新封于卫地的国君康叔，而所兴起的民众是原来卫地的殷商余民，这样卫地殷商余民是“作新民”的被动接受对象。

那么，康叔是如何兴起新的民众呢？抑或说康叔采取何种方式、何种途径去塑造适应新的朝代的民众呢？孔颖达《尚书正义》载：“亦所以惟助王者，言非直康叔身行有益。亦惟助王者居顺天命，为民日新之教，谓渐致太平，政教日日益新也。”① 孔颖达认为“作新民”应当理解为康叔行日日益新之政教于民，很显然其行为的主体是卫国国君康叔，所新的内容是“政教日日益新”，而民则处于接受“日新之教”的对象性位置。

孔颖达《大学正义》载：“《康诰》曰‘作新民’者，成王既伐管叔、蔡叔，以殷余民封康叔。《诰》言殷人化纣恶俗，使之变改为新人。”② 由此可见，孔颖达认为，《康诰》原文之意是指康叔行仁德之政教，使化纣恶俗的殷余民变为化周善俗的新人，“作新民”强调的是在康叔仁德之政教的引导下化殷余民为新人。于是“殷余民”是被动接受的客体，其行为主体是以康叔为代表的国君之类的为政者。

孔氏传和孔颖达都认为要通过日新之教来“新民”，而“新民”的目的是“助王宅天命”，即康叔为了帮助周王居顺天之所命，突出的是康叔

① 杜泽逊主编：《尚书注疏汇校（六）》，中华书局 2018 年版，第 2032 页。

② ［汉］郑玄注，［唐］孔颖达正义：《礼记正义》，吕友仁整理，上海古籍出版社 2008 年版，第 2245 页。

作为为政者所推行的日新之政教的重要作用，而殷商余民则始终处于一种被动接受的状态。

三、释“明明德”：君子念德自新

自《大学》文本引《康诰》之后，汉宋学者之间的诠释就已经存在着较为明显的差异。其中，最大的差别在于“作新民”究竟是用来诠释“明明德”还是用来诠释“亲民”的？笔者在此试图分别以孔颖达、朱子为代表进行分析。

（一）“作新民”释“明明德”

在汉唐经学的诠释中，《康诰》“作新民”非常明确的是用来解释“明明德”中的“诚意”思想的。《大学正义》载：

> “汤之盘铭”此一经广明诚意之事。“汤之盘铭”者，汤沐浴之盘而刻铭为戒。必于沐浴之盘者，戒之甚也。“苟日新”者，此盘铭辞也。非唯洗沐自新，苟，诚也，诚使道德日益新也。“日日新”者，言非唯一日之新，当使日日益新。“又日新”者，言非唯日日益新，又须恒常日新。皆是丁宁之辞也。此谓精诚其意，修德无已也。①

孔颖达说“‘汤之盘铭’此一经广明诚意之事”②，这里所说的“此一经”就是指汤之《盘铭》曰“苟日新，日日新，又日新”、《康诰》曰“作新民”、《诗》曰“周虽旧邦，其命惟新”和“是故君子无所不用其极”一段经文。在孔颖达的理解中，“诚意”是明明德不可或缺的组成部分，释“诚意”就是在释“明明德”，因此他才说：“明明德必先诚其意，此经诚意之章，由初诚意也，故人先能明己之明德也。”③ 由此可知，在孔颖达的理

① ［汉］郑玄注，［唐］孔颖达正义：《礼记正义》，吕友仁整理，上海古籍出版社2008年版，第2245页。

② ［汉］郑玄注，［唐］孔颖达正义：《礼记正义》，吕友仁整理，上海古籍出版社2008年版，第2245页。

③ ［汉］郑玄注，［唐］孔颖达正义：《礼记正义》，吕友仁整理，上海古籍出版社2008年版，第2245页。

解中，他非常明确地认定“作新民”是用来诠释“明明德”思想的。

（二）君子念德而自新

所谓“作新民”是用来诠释《大学》“明明德”思想的，具体而言是指用来诠释要达到“明明德”的过程中所必须遵守的“诚意之道”。既然孔颖达注解说《康诰》的“作新民”、《诗》的“周虽旧邦，其命惟新”都是用来解释《大学》“诚意”的，也就是用来解释“明明德”的，那么在这里就隐藏着一个非常重要的问题，即明明德的行为主体究竟是指谁？只有明确了这一点，对于《大学》的正确理解才能真正打开。郑玄在《大学》中注解“《诗》云：‘於戏，前王不忘！’君子贤其贤而亲其亲，小人乐其乐而利其利，此以没世不忘也”一段经文时这样说：“圣人既有亲贤之德，其政又有乐利于民，君子小人各有以思之。”①

很明显，郑玄将“前王”理解为“圣人”，将前王的恩惠（或者说明明德）分为两个层面：一个是君子看中的“亲贤之德”，一个是小人看中的“乐利于民”，只有圣人能够同时兼顾这两个层面，后世之君子与小人才能够没世不忘。其实郑玄的这句注解有省略与颠倒的地方，完整的说法应该是圣人之德既亲贤于君子，其政又乐利于民，君子小人各有以思之。

这里面有隐含的含义。首先，前王是能够明明德的人，正是由于前王能明明德，故后世之君子与小人都没世不忘前王。其次，前王之明明德分为两部分：一种是之于君子的“亲贤之德”，一种是之于小人的“乐利之政”，只有做到了这两方面才是真正的明明德。君子与小人都属于“民”的范畴②，君子是有德有位者，而小人是指无位之普通民众。

孔颖达《大学正义》载：“《康诰》曰‘作新民’者，成王既伐管叔、蔡叔，以殷余民封康叔。《诰》言殷人化纣恶俗，使之变改为新人。此记之意，自念其德，为新民也。”③

---

① ［汉］郑玄注，［唐］孔颖达正义：《礼记正义》，吕友仁整理，上海古籍出版社 2008 年版，第 2238 页。

② 杨逢彬：《论语新注新译》，北京大学出版社 2016 年版，第 453~454 页。

③ ［汉］郑玄注，［唐］孔颖达正义：《礼记正义》，吕友仁整理，上海古籍出版社 2008 年版，第 2245 页。

孔颖达认为，《大学》文本引《康诰》“作新民”并没有使用《康诰》原文之意，而是特指（君子）自念其德，为新民。前文提到，无论是《康诰》曰“作新民”还是《诗》曰“周虽旧邦，其命惟新”和“是故君子无所不用其极”都是用来解释《大学》“诚意”的，他们有一个共同的行为主体，那就是“君子”。因此，这里的“自念其德，为新民”的行为主体也是指“君子”，于是孔颖达将“新民”的行为主体做了较大的替换，由原来的“康叔”，变成了“君子”，且君子要自为“新民”。

也就是说，在孔颖达的理解中，《大学》文本引《康诰》“作新民”中的“民”由原来卫地殷商之余民变成了“君子”一类的为政者。“作新民”也就变成了“为新民”，即君子自念其德，为日新其德之君子，其行为主体变成了君子一类的为政者。事实上，孔颖达所理解的“君子”主要是指后王、国君、大臣之类的为政者，在某种程度上三者的内容是可以互通的。突出的是君子作为为政者，能够精诚己意，思念前王之亲贤之德，自新其德，日新其德，最终达到明明德之境界。

（三）作新民与亲民：君子为民日新之政教

那么，孔颖达所理解的“作新民”跟“在亲民”又有什么关系呢？这需要进行全面的梳理，需要借助孔颖达对这两句话的注解理解“作新民”的含义。孔颖达《大学正义》载：

> 《诗》曰“周虽旧邦，其命惟新”者，此《大雅·文王》之篇。其诗之本意，言周虽旧是诸侯之邦，其受天之命，唯为天子而更新也。此记之意，其所施教命，唯能念德而自新也。
>
> “是故君子无所不用其极”者，极，尽也。言君子欲日新其德，无处不用其心尽力也。言自新之道，唯在尽其心力，更无余行也。①

不难看出，孔颖达所理解的《大学》文本引“作新民”已经跟《康诰》原文之意存在着较大的差距了，《大学》文本引用《康诰》“作新民”

① ［汉］郑玄注，［唐］孔颖达正义：《礼记正义》，吕友仁整理，上海古籍出版社2008年版，第2245页。

之意都是在讲君子“诚意”之事，君子应当自念其德，为新民。应该说，以上两段引文都是在讲君子“诚意”之事，孔颖达认为“明明德必先诚其意，此经诚意之章，由初诚意也，故人先能明己之明德也”。这些引文都是在解释“大学之道”中的“明明德”或“诚意”，跟“亲民”并没有直接的关系。

《大学》文本中不论是《康诰》曰“作新民”还是《诗》曰“周虽旧邦，其命惟新”和“是故君子无所不用其极”，其中的“新”都是指向君子要念德自新，行日新其德之政教，而绝不是兴起新的民众之意。其隐含之内涵为，前王之所以被君子与小人念念不忘，是因为前王之明德与政教分别施于君子与小人，君子小人各有所得，故君子小人没世不忘。然而君子是包含后王、国君、大臣之类的为政者，他们也需要明明德，而明明德首先要能诚其意，君子欲明明德，就是要自诚己意，自新其德、日新其德。然而，君子如何能自新其德？首要的一点就是要常常思念前王之“明德”而自新，因而孔颖达说君子念德而自新，其所念之德就是先王之“明德”，亦即“亲贤之德”。

包括后王、国君、大臣在内的君子念德而自新之后，就要像前王一样行“日日益新之政教”于小人，使小人能够得其乐与利，这就是“亲民”。君子若想像前王一样行“乐利之政”亲民，那么就要行日新其德之政教，而这才是孔颖达所理解的《大学》文本“作新民”与“亲民”之间的关系。虽然，“民”字是一样的，但是“新民”与“亲民”之“民”字的内涵截然不同。

《康诰》原文作“新民”，而后世很多学者将其解释为“新人”。“人”和“民”有着部分相同的内涵，且在先秦时期就已经存在将两者连用的情况，比如“人民”“民人”。但是，“人”和“民”之间毕竟存在着较大的差别。杨逢彬先生在《也谈〈论语〉中的‘人’与‘民’》一文中就曾明确指出：“‘人’表示个体的人，‘民’表示‘人’的群体，即芸芸众生。”①

这是杨先生系统考察《论语》及与《论语》成书年代较为接近的

① 杨逢彬：《论语新注新译》，北京大学出版社2016年版，第449页。

《左传》《国语》《墨子》《孟子》等书之后所得出的结论。其结论之所以能够成立，最主要的一点在于杨先生认为："探求某字词某一时代的意义，则应效法王氏，到该时期典籍中加以抽绎。……而王氏读书法的精髓，乃是在同一共时平面语言中加以纳绎，用特定语境锁定多义词众多词义中的某一意义，使其无所遁形。"① 这里所说的"王氏"是指清代高邮王念孙、王引之父子的读书法。从这个角度而言，历代儒家学者凡是将"新民"注解为"新人"的，都犯了将"民"群体性的内涵缩小的错误，自然是不可取的。

杨逢彬先生在考察了《左传》和《国语》中两段关于君子、小人与民之间关系的文字后认为："君子、小人是'民'中的两个阶层，而非与'民'对立的两个阶层。"② 并强调了"民"并非奴隶阶级。笔者认为杨逢彬先生的这段结论放到《大学》文本中也是适用的。

综上所述，孔颖达所理解的"作新民"是用来诠释"明明德"思想的，其目的是为了达到"明德"。然而，前王之明明德包含着"亲贤之德"与"乐利之政"两个层面，后世之君子欲明明德必先诚意，而君子诚意就是君子念前王之"亲贤之德"而自新。君子作为为政者，在念德自新之后所要做的则是行日新之政教于民，这是一种非常具体的东西，而不是一种虚无的存在。君子念前王之亲贤之德而自新其德，行日新之政教于民，此就是《大学》所说的"亲民"，而这才是孔颖达所理解的《大学》文本"作新民"与"亲民"之间的关系。"作新民"绝不能够直接理解为"亲民"，否则就将"作新民"所强调的有位之君子之类的为政者自新其德、行日新之政教于民的作用忽视了。只是孔颖达"作新民"的这种理解忽视了广大民众的自主性，将广大民众置于一种被动接受的状态，这也是孔颖达诠释《大学》文本所存在的失误之处。

四、释"新民"：学者自新新民

以朱子为代表的宋代理学家没有承袭汉唐学者"作新民"释"明明

① 杨逢彬：《论语新注新译》，北京大学出版社 2016 年版，第 435~436 页。
② 杨逢彬：《论语新注新译》，北京大学出版社 2016 年版，第 453~454 页。

德”的传统，而是在其“理学”思想框架下明确提出以“作新民”释“新民”。二者之间的区别主要是“新民”背后的行为主体是不同的，其所强调的内容也截然不同。

（一）“作新民”释“新民”

众所周知，朱子承袭了二程的观点，认为“三纲领”中的“亲民”当作“新民”。朱子说：“程子曰：‘亲，当作新。’”① 而这也成为朱子诠释《大学》的核心思想之一。

朱子十分明确地认为，汤之《盘铭》曰“苟日新，日日新，又日新”、《康诰》曰“作新民”、《诗》曰“周虽旧邦，其命惟新”和“是故君子无所不用其极”一段传文是用来解释“新民”的，指出上面一段传文“右传之二章。释新民”②。他认为，汤之《盘铭》以下的传文都是用来诠释“新民”的，因此，他把“作新民”明确诠释为“新民”。

（二）朱子：学者自新新民

如前所述朱子将“《康诰》曰：‘作新民’”注解为“鼓之舞之之谓作，言振起其自新之民也”③。他在对“大学之道，在明明德，在亲民，在止于至善”一句进行注解时说：“大学者，大人之学也。明，明之也。明德者，人之所得乎天，而虚灵不昧，以具众理而应万事者也。但为气禀所拘，人欲所蔽，则有时而昏；然其本体之明，则有未尝息者。故学者当因其所发而遂明之，以复其初也。新者，革其旧之谓也，言既自明其明德，又当推以及人，使之亦有以去其旧染之污也。止者，必至于是而不迁之意。至善，则事理当然之极也。言明明德、新民，皆当至于至善之地而不迁。盖必其有以尽夫天理之极，而无一毫人欲之私也。此三者，大学之纲领也。”④

朱子对“在新民”作诠释时，认为“新”应当理解为“革其旧”，据

---

① 朱熹：《四书章句集注》，中华书局 2016 年版，第 3 页。
② 朱熹：《四书章句集注》，中华书局 2016 年版，第 5 页。
③ 朱熹：《四书章句集注》，中华书局 2016 年版，第 5 页。
④ 朱熹：《四书章句集注》，中华书局 2016 年版，第 3 页。

此“在新民”就应当理解为自明其明德的学者自新其德，然后使民众去其旧染之污，以恢复其明德。在这里，“新民”的行为主体是自新之学者，具体而言是自明其明德的学者，而“民”是自明其明德的学者所新的对象。

（三）自新之民之积极主动性

作为自新之民，不同于汉唐学者所理解的始终处于被动接受的状态，它作为主体有着积极的主动性、创造性，主要表现为自主而新、自愿而新。

《大学或问》载：

> 曰：《康诰》之言“作新民”，何也？曰：武王之封康叔也。以商之余民，染纣污俗而失其本心也，故作《康诰》之书而告之以此，欲其有以鼓舞而作兴之，使之振奋踊跃，以去其恶而迁于善，舍其旧而进乎新也。然此岂声色号令之所及哉？亦自新而已矣。①

需要指出的是，虽然此处朱子仍然将“作新民”作为《大学》三纲领之一，却在注解“民”时将“民”字变更为“人”字，即“言既自明其明德，又当推以及人，使之亦有以去其旧染之污也”②。朱子没有说“当推以及民”而是说“当推以及人”，这就将前文所提到的“民”所隐含的群体性意义给抹杀掉了。如此一来，“民”在先秦时期所具有的群体性意义便无法显现，它作为一个特定群体被动接受为政者政教施与的含义也就无法彰显。

朱子将汉唐时期君子与小人之间的群体对应关系变成自明其明德的学者与有旧染之污的人，将其所具有的教化关系变为个人之间的道德关系，于是他所说的“自新之民”在本质上就有别于孔颖达的君子念德自新。不

① ［宋］朱熹撰：《朱子全书（修订本）》（第六册），朱杰人、严佐之、刘永翔主编，上海古籍出版社、安徽教育出版社2010年版，第518页。

② 朱熹：《四书章句集注》，中华书局2016年版，第3页。

过，朱子的“自新之民”凸显的三点是孔颖达理解的“新民”所不具备的：一是明明德者主动新之，突出了有德者之模范引领作用，同时降低了为政者所行政教在去民旧染之污中的作用；二是自新之民自觉、主动地求新；三是强调了自新之民道德的重要性。应当说，这跟朱子从理学角度阐释“作新民”有着密不可分的关系。

可以看出，郑玄、孔颖达都是从以君子为代表的为政者角度对“作新民”进行诠释，而朱子是从有道德的学者角度进行诠释，其行为主体已经发生了巨大的改变，这样君子念德自新就变成了有道德的学者自新其德，然后新民之德，即学者自新新民，学者自新新民成为不可分割的整体。这是“作新民”说的第三次重大意义的转变，它深刻体现了《大学》诠释史不同历史阶段的不同特点。

结　语

综上所述，“作新民”本义为（康叔）帮助周王兴起新的殷商余民，汉宋学者对“作新民”的诠释视角和强调的重点是有所不同的。汉唐学者认为“作新民”是用来解释“明明德”的，强调从为政之君子的视角进行阐释，认为“作新民”是指君子念前王之明德而自新；而宋代学者认为“作新民”是用来解释“新民”的，强调从有道德的学者视角进行诠释，认为“作新民”是指有道德的学者自新其德而后新民之德。从《康诰》“（康叔）助王作新民”到汉唐学者“君子念德自新”再到宋代朱子“学者自新新民”所发生的三次意义延伸，实际上体现了《大学》学史不同历史阶段的特征。

汉唐时期着重突出君子作为治国的行为主体，强调良好的政教之于民众的重要性，强调居于统治地位的君子的重要作用，民众则处于被动接受的状态；宋代则着重突出能明明德的学者作为唤醒民众明德的行为主体，强调明明德的学者自新其德的重要作用，同时强调了民众的自主而新、自愿而新，而这正是汉唐时期的学者所不具备的。虽然汉唐时期的学者已经明确意识到只有做到保民、全民才能“助王宅天命”，但是他们强调的是君子如何做到保民、全民，并以此来维护其政治统治，而在君子施行政教的过程中则完全没有体现出民众自身应有的作用，这是汉唐学者诠释《大学》最重要的失误点，而这正是以朱子为代表的理学诠释所看重的。重视有道德的学者的道德引领作用、重视民众自发的自主而新、自愿而新的主观能动性，是宋代社会发展进步的重要标志，亦是宋明理学的一大特色，直到今天对于积极推进新时代公民道德建设、培育时代新人不乏重要的启发意义。

人的显扬：二程鬼神礼制观及其人学意义、礼俗影响

张 恒

【摘要】作为理学最重要的开拓者，程颢、程颐兄弟有大量关于鬼神的言说，有学者据此断定他们主张“有神论”，这种观点有待商榷。二程虽沿用了“鬼神”这一话语，但赋予其以新的内涵，即将鬼神理解为“造化”，将与鬼神有关的神秘现象解释为气化与感通的机制，这实为人格化鬼神退场的自然主义鬼神观。既然鬼神是“造化”，鬼神以及对待鬼神的各种礼制背后便是“天理”，二程由此确立了“理体礼用”的实用理性礼制观，这种对理性与主体性的肯认使人在宇宙中的主宰地位得以确立。以鬼神观、礼制观为依据，二程对深受传统与佛道影响的礼俗做了清整，其中对“木主”“家庙”等礼制的变革经朱熹阐扬后深刻影响了东亚社会近千年。

【关键词】二程　鬼神　气化感通　理体礼用　祭礼

【作者简介】张恒，山东社会科学院国际儒学研究院助理研究员，主要研究方向为儒家哲学、比较哲学等。

鬼神是人类信仰中久远而重要的对象，在不同时空背景下，人们对鬼神的理解、态度也千差万别。唐宋之际中国思想范式发生过一次大转换，作为新的思想形态出现的理学，出于形式（接续魏晋玄学、追问本原存在）和内容（批判佛道二教、重振儒家信仰）的双重需要，大量探讨了鬼

神问题。其中，程颢与程颐兄弟作为理学最重要的开拓者、奠基者，关于鬼神的论说尤为丰富、系统，影响深远。

当前学界关于理学鬼神观的研究成果已有不少，其中尤以对朱熹鬼神观的研究为著，专论二程鬼神观的研究还比较少。朱熹固然是理学的集大成者，但其鬼神观很大程度上承自二程，可以说二程才是理解理学鬼神观、礼制观的关键环节。

在为数不多的关于二程鬼神观的研究成果中，有一种倾向是将二程划归不同程度的“有神论”①，如有学者提出，二程思想体系中的“理”是“上帝”的代称，二程以“造化”定义的鬼神是宗教性、人格性的鬼神②；也有学者注意到了二程对鬼神概念的辨析，认为其不相信现实生活中存在鬼神，但出于“卫道”“神道设教”等政治考虑而在理论上承认鬼神的存在，因而呈现出了模糊、暧昧乃至矛盾的心态③；还有学者注意到了二程哲学的无神论特点，但囿于“唯物主义—唯心主义”“辩证法—形而上学”等思维范式，审慎地称其为“泛神论”——“有神论向无神论过渡的中间环节”。④

以上观点不乏真知灼见，尤其是对于二程鬼神观念中所谓矛盾心态及无神论特点的观察，不可谓不敏锐。但是，整体而言这些观点都有待商榷。二程的鬼神言说有其特定语境和针对性，对此的深入理解，一方面有赖于对其思想体系的准确把握，尤其是其中的“气化感通”“理体气用”等观念，它们构成了二程鬼神观念的哲理基础；另一方面有赖于对二程鬼神观念人学旨归的深入理解，亦即从天人学视域考察其对人类理性与主体性的显扬；再一方面则有赖于从礼俗互动的视角对二程鬼神、礼制观做出

① 本文取“有神论”最为一般的含义，即将鬼神作为宗教性、人格性信仰对象的观念。

② 参见张思齐：《二程以有神论为基础的体道为文活动》，《吉林师范大学学报（人文社会科学版）》2018 年第 2 期。

③ 参见潘富恩、徐余庆：《记二程对佛、道的批判和汲取——兼论对鬼神说的批判和让步》，《浙江学刊》1986 年第 4 期；亦见张海英、张松辉：《二程之鬼神观探析》，《齐鲁学刊》2009 年第 2 期。

④ 参见徐远和：《略论二程的泛神论》，《中州学刊》1983 年第 6 期。

具体考察，以全面了解其历史影响。有鉴于此，本文拟从上述三个方面展开分析，以期揭示二程鬼神观念的特质、意义及影响。

一、气化感通：辟佛辟道与鬼神新说

二程擅长以事说理，有一次与门人讨论“鬼神有无”问题，程颐讲了这样一则故事：

> 昔有朱定，亦尝来问学，但非信道笃者，曾在泗州守官，值城中火，定遂使兵士舁僧伽避火。某后语定曰：“何不舁僧伽在火中？若为火所焚，即是无灵验，遂可解天下之惑。若火遂灭，因使天下人尊敬可也。此时不做事，待何时邪？”惜乎定识不至此。①

对于城中失火，程颐想到的是让主事的官员将僧伽留在火中，以验证他们所信仰的鬼神之事是否灵验。这当然是几句玩笑话，但今天读来，程颐对佛教鬼神信仰的嘲讽神态仍跃然在目。

事实上，二程的鬼神观念正是在对佛道二教的批判中确立起来的。在政治、宗教、社会等因素多方互动之下，佛道二教在隋唐时期极为兴盛。佛道的吸引力固然在其玄远高深的思维，但不得不说，对生死问题的妥当安顿亦是其广受崇奉的重要原因。宗教安顿生死，往往通过一种宗教意义上的生死超越，佛教主要将这种超越寄托于“重生”，道教则主要寄托于“长生”，总之都需要超越于现实世界的“另一个世界”，而那个世界主要的存在者、主宰者便是鬼神。在佛道二教的观念里，鬼神多以宗教性、人格性的面目出现，这深深影响了世俗的鬼神观念。

佛道二教的超越观念和鬼神信仰无疑是以否弃现世为前提的，其后果之一便是世间的人伦秩序也一并被否弃了，这显然是儒家学者所不能接受的，于是中唐以降便有学者出来辟佛辟道、复兴儒学，这构成了宋代理学发生的重要前奏，也是理学家们革新鬼神观念的重要背景。在此

① 程颢、程颐：《河南程氏遗书》，《二程集》，王孝鱼点校，中华书局 1981 年版，第 288 页。

背景下，程颐有如本节开头那番嘲讽佛教鬼神观念的言论也就不足为奇了。当然，二程还有不少类似的言论，如："神与性元不相离，则其死也，何合之有？如禅家谓别有一物常在，偷胎夺阴之说，则无是理。"①"释氏与道家说鬼神甚可笑。道家狂妄尤甚，以至说人身上耳目口鼻皆有神。"②

与此同时，对于深受佛道二教影响的世俗鬼神观念，二程也是一有机会就予以驳斥，对"汉武帝见李夫人"传说的批驳就是典型一例："汉武帝之见李夫人，只为道士先说与在甚处，使端目其地，故想出也。然武帝作诗，亦曰'是耶非耶'。尝问好谈鬼神者，皆所未曾闻见，皆是见说，烛理不明，便传以为信也。假使实所闻见，亦未足信，或是心病，或是目病。"③

"汉武帝见李夫人"传说出自《汉书》，讲的是道士作法帮汉武帝见到已故李夫人的故事。④二程对此事持怀疑态度，他们认为汉武帝并非真的见到了李夫人的鬼魂，而是在听闻道士"说在甚处"后"端目其地"而"想出"的情景，也就是说，这只是一种心理作用或幻觉。在二程看来，如果有人真的看到了所谓的"鬼神"，那他要么是心里有病，要么是眼睛有病。

对邵雍"虚空中闻人马之声"的批驳是二程批判世俗鬼神观念的又一例："不知世俗所谓鬼神何也？聪明如邵尧夫，犹不免致疑，在此尝言，有人家若虚空中闻人马之声。某谓：'既是人马，须有鞍鞯之类皆全，这

① 程颢、程颐：《河南程氏遗书》，《二程集》，王孝鱼点校，中华书局1981年版，第64页。

② 程颢、程颐：《河南程氏遗书》，《二程集》，王孝鱼点校，中华书局1981年版，第289页。

③ 程颢、程颐：《河南程氏遗书》，《二程集》，王孝鱼点校，中华书局1981年版，第52页。

④ 《汉书·外戚传·孝武李夫人》载："上思念李夫人不已，方士齐人少翁言能致其神。乃夜张灯烛，设帷帐，陈酒肉，而令上居他帐，遥望好女如李夫人之貌，还幄坐而步。又不得就视，上愈益相思悲感，为作诗曰：'是邪，非邪？立而望之，偏何姗姗其来迟！'令乐府诸音家弦歌之。"此处"李夫人"或应为"王夫人"，据《史记·孝武本纪》载："齐人少翁以鬼神方见上。上有所幸王夫人，夫人卒，少翁以方术盖夜致王夫人及灶鬼之貌云，天子自帷中望见焉。"

个是何处得来？’尧夫言：‘天地之间，亦有一般不有不无底物。’某谓：‘如此说，则须有不有不无底人马，凡百皆尔，深不然也。’”①

同为理学大家的邵雍对鬼神等神秘现象半信半疑，其所谓“有人家若虚空中闻人马之声”就是说这家人家可能有鬼神经过。二程反驳说：既然听到人马之声，那就一定也存在鞍韂等物，这些物件从何而来？邵雍认为并非所有事物都可以被确切感知，也许存在“不有不无”之物。二程再次反驳说：若鞍韂可以“不有不无”，则人马亦可“不有不无”，乃至万物皆可“不有不无”，这显然不合逻辑，“天地间事，只是一个有，一个无，既有即有，无即无”②。总之，对于佛道二教及世俗观念中那种超越性、人格性的鬼神，二程是断然不信的。

但正如有学者所注意到的，二程有时似乎又在鬼神问题上有所矛盾或妥协，如他们在回答“鬼神有无”之问时曾说：“待说与贤道没时，古人却因甚如此道？待说与贤道有时，又却恐贤问某寻。”③ 二程意谓，若说没有鬼神，古人偏偏多有论及；若说有鬼神，却是无论如何也找不到的。不少学者据此认为二程在“鬼神有无”问题上有所妥协或让步，即一方面不承认现实中有鬼神，另一方面又在理论上承认有鬼神。这其实是误读，二程所说不过话术而已。“鬼神”一语是在漫长历史中形成的极为重要的话语传统和观念传统，想将其从日常语言或思想系统中彻底剔除难度极大；但是，话语的沿用并不意味着观念的照旧，二程实则赋予了“鬼神”二字新的内涵与特质。

有人曾向程颐请教：“‘明则有礼乐，幽则有鬼神’，何也？”程颐说：“鬼神只是一个造化。”④ 又有人问：“《易》言‘知鬼神之情状’，果有情

---

① 程颢、程颐：《河南程氏遗书》，《二程集》，王孝鱼点校，中华书局 1981 年版，第 52 页。

② 程颢、程颐：《河南程氏遗书》，《二程集》，王孝鱼点校，中华书局 1981 年版，第 46 页。

③ 程颢、程颐：《河南程氏遗书》，《二程集》，王孝鱼点校，中华书局 1981 年版，第 59 页。

④ 程颢、程颐：《河南程氏遗书》，《二程集》，王孝鱼点校，中华书局 1981 年版，第 225 页。

状否……既有情状，必有鬼神矣。”程颐答：“《易》说鬼神，便是造化也。”① 这两处问答都清晰地显示，二程认为“鬼神”属于“造化”。

何为“造化”？《庄子·大宗师》曾有一妙喻：“今一以天地为大炉，以造化为大冶，恶乎往而不可哉！”“造化”就是“大冶”，是天地对万物的造立施化、生育长养，这是一个自然而然、与人无涉的过程，二程文本中以“人力”与“造化”对举亦是此意。② 二程以“鬼神”为“造化”，实际上是指出了“鬼神”的自然特质。

具体而言，“造化”就是“气化”。“气”是中国古代哲学的重要概念，其基本意涵是构成世界万物的质料。战国秦汉时期，万物源于“气化”的观念趋于成熟，如《春秋繁露·五行相生》说：“天地之气，合而为一，分为阴阳，判为四时，列为五行。”董仲舒认为，气分阴阳，阴阳二气的运化构造了四时、五行等基本的宇宙范畴。当董仲舒伸张“天人感应”观念时，那种感应也是基于“气”的运化，如《春秋繁露·同类相动》言：“天有阴阳，人亦有阴阳。天地之阴气起，而人之阴气应之而起；人之阴气起，而天地之阴气亦宜应之而起，其道一也。”对于传统的“气化”观念，二程显然也是认同的，如程颐说：“陨石无种，种于气。麟亦无种，亦气化。厥初生民亦如是。”③ 从陨石等无机物到麒麟等走兽再到人这样的灵长类生物，均依气而生、气化而成，这等于说整个世界都是“气化”的产物，鬼神自然也不例外。二程在论及“鬼”时说：“生气尽则死，死则谓之鬼可也。但不知世俗所谓鬼神何也？”④ 又说：“鬼是往

① 程颢、程颐：《河南程氏遗书》，《二程集》，王孝鱼点校，中华书局1981年版，第288页。

② 如程颐曾说：“世间有三件事至难，可以夺造化之力：为国而至于祈天永命，养形而至于长生，学而至于圣人。此三事，功夫一般分明，人力可以胜造化，自是人不为耳。”参见程颢、程颐：《河南程氏遗书》，《二程集》，王孝鱼点校，中华书局1981年版，第291页。

③ 程颢、程颐：《河南程氏遗书》，《二程集》，王孝鱼点校，中华书局1981年版，第161页。

④ 程颢、程颐：《河南程氏遗书》，《二程集》，王孝鱼点校，中华书局1981年版，第52页。

而不反之义。”① 在二程看来，生气处于运化之中，人即处于生命状态；生气尽绝之后，人便处于死亡状态，便可称之为“鬼”；“鬼”只是气尽而已，并无神秘之处。论及“神”时，二程亦以“气”相释，当有人问：“如名山大川能兴云致雨，何也？”程颐答：“气之蒸成耳。”人又问：“既有祭，则莫须有神否？”程颐答：“只气便是神也。今人不知此理，才有水旱，便去庙中祈祷。不知雨露是甚物，从何处出，复于庙中求耶？”② 程颢也曾说：“气外无神，神外无气。”③“神”并不神秘，只是气之运化而已，其特别之处在于“神是极妙之语”④。

进一步说，“鬼神”之为“造化”（气化）的机制或原理是“感通”（感应），所谓“杨定鬼神之说，只是道人心有感通”⑤。对此，二程举如下两例予以说明：

> 如有人平生不识一字，一日病作，却念得一部杜甫诗，却有此理……如杜甫诗者，是世界上实有杜甫诗，故人之心病及至精一有个道理，自相感通。⑥
>
> 有人过江，其妻堕水，意其为必死矣，故过金山寺为作佛事。方追荐次，忽其婢子通传堕水之妻，意度在某处作甚事，是诚死也。及三二日，有渔人撑舟，以其妻还之，乃未尝死也，盖旋于急流中救活

---

① 程颢、程颐：《河南程氏遗书》，《二程集》，王孝鱼点校，中华书局 1981 年版，第 81 页。

② 程颢、程颐：《河南程氏遗书》，《二程集》，王孝鱼点校，中华书局 1981 年版，第 288 页。

③ 程颢、程颐：《河南程氏遗书》，《二程集》，王孝鱼点校，中华书局 1981 年版，第 121 页。

④ 程颢、程颐：《河南程氏遗书》，《二程集》，王孝鱼点校，中华书局 1981 年版，第 64 页。

⑤ 程颢、程颐：《河南程氏遗书》，《二程集》，王孝鱼点校，中华书局 1981 年版，第 46 页。

⑥ 程颢、程颐：《河南程氏遗书》，《二程集》，王孝鱼点校，中华书局 1981 年版，第 46 页。

之。然则其婢子之通传是何也？亦是心相感通。①

在二程看来，这两例看似鬼神作祟、神秘莫测，实则都是气之感通而已。不仅如此，“杀孝妇而旱”“杀暴姑而雨”“在此而梦彼”“已死而梦见”乃至人的福祸寿夭等涉及鬼神的神秘现象也都被二程解释为“感通”或“感应”。一言以蔽之，“天地之间，感应而已，尚复何事？”②

既然天地之间只是一个“感通”或“感应”的机制，那这世上也就没有什么生、死、古、今之别，其同质性缘于它们均是“造化”，均是自然而然的事情，这是二程在安顿生死问题上不同于佛道二教及世俗观念的独特思路。可以说，宗教性、人格性的鬼神已从二程的思想世界里退场，取而代之的是自然而然的气化感通：鬼是气之尽绝，神是气之极妙，鬼神的存在与活动是气之感通。因此，二程的鬼神观念实为自然主义鬼神观。当然，下文还将指出，这种自然主义鬼神观又不同于自然崇拜，它以“理本论”为哲理基础，极具实用理性色彩。

二、理体礼用：“卜祭在我”与人学旨归

如前所述，二程认为鬼神之事的原理是气的运化与感通，按说，在经验世界中这个解释已算比较周全，但二程并不满足于此，他们进一步追根究底：

> 心所感通者，只是理也。知天下事有即有，无即无，无古今前后。至如梦寐皆无形，只是有此理。若言涉于形声之类，则是气也。物生则气聚，死则散而归尽。有声则须是口，既触则须是身。其质既坏，又安得有此？乃知无此理，便不可信。③

---

① 程颢、程颐：《河南程氏遗书》，《二程集》，王孝鱼点校，中华书局1981年版，第46~47页。

② 程颢、程颐：《河南程氏粹言》，《二程集》，王孝鱼点校，中华书局1981年版，第1226页。

③ 程颢、程颐：《河南程氏遗书》，《二程集》，王孝鱼点校，中华书局1981年版，第56页。

二程认为，凡是“涉于形声”亦即有形有声之物，均是就“气”上说的，气化感通形成了有形世界亦即现象世界的一切，其中也包括鬼神。在现象世界，有就是有，无就是无，须是确信，不容存疑，故而鬼神并不神秘。然而，以气化感通解释鬼神还只是说出了鬼神的“实然”，其背后一定还有一个“所以然”，即气化感通何以发生，亦即鬼神何以存在。在二程看来，这个“所以然”便是“理”，“理”是鬼神存在的根据。二程以“造化”为内涵、以“感通”为机制的自然主义鬼神观之所以不同于自然崇拜，关键正在于此。

然而，“理”与鬼神之间并不是简单的本末关系，这一点要从二程的哲学体系说起。二程以“理”“气”为中心范畴，建构起了其“理本论”哲学体系，其间又吸收借鉴佛教哲学思维方式，形成了独具特色的“体—用”范式，所谓“至微者理也，至著者象也。体用一源，显微无间”①。作为世界终极根据的“理”是“体”，是本原；作为世界呈现形式的“气”是“用”，是现象；“理”“气”同源一体，逻辑上不分本末先后。②

“理体气用”自然也构成了二程鬼神观念的哲理基础，如他们曾说：“有理则有气，有气则有数，鬼神者数也，数者气之用也。”③“以形体谓之天，以主宰谓之帝，以至妙谓之神，以功用谓之神鬼，以情性谓之乾，其实一而已。”④“天者理也，神者妙万物而为言者也。”⑤

① 程颢、程颐：《周易程氏传》，《二程集》，王孝鱼点校，中华书局 1981 年版，第 689 页。

② 以树为例，按照经验思维（传统的“本—末”思维），树根是本，枝叶是末，生根发芽在先，枝叶繁茂在后；按照逻辑思维（二程的“体—用”思维），树根是体，枝叶是用，固然没有树根的存在就没有枝叶的繁茂，但没有繁茂的枝叶，树根也就不成其为树根了，二者相与而成。

③ 程颢、程颐：《河南程氏粹言》，《二程集》，王孝鱼点校，中华书局 1981 年版，第 1227 页。

④ 程颢、程颐：《河南程氏粹言》，《二程集》，王孝鱼点校，中华书局 1981 年版，第 1225 页。

⑤ 程颢、程颐：《河南程氏遗书》，《二程集》，王孝鱼点校，中华书局 1981 年版，第 132 页。

类似表述还有不少，此处不再一一列举。不难发现，上述解释鬼神的话语中有几个高频语汇：数、用（功用）、妙（至妙）。所谓“数”本于易学，《周易正义》有“用蓍以求数，得数以定爻，累爻而成卦，因卦以生辞”之语，“数”可以理解为“气”的结构化呈现，“数释鬼神”与“气释鬼神”异曲同工；所谓“功用”就是“气”之“功用”，亦即“理”在现象世界的呈现；所谓“至妙”，实为“功用”之极。总之，鬼神是经验世界的气化感通，是现象，是发用流行，其在逻辑世界的存在根据便是“理”（天理）。

可见，鬼神不仅不神秘，而且在某种意义上可以对象化，可以被思考、被认知、被体悟。基于此，二程说：“今日杂信鬼怪异说者，只是不先烛理。若于事上一一理会，则有甚尽期，须只于学上理会。”① 又说：“（人多惑于鬼神怪异之说）不明理故也。求之于事，事则奚尽？求之于理则无蔽，故君子穷理而已。”② 有些事情看似与鬼神怪异有关而神秘莫测，实则只是因为没有通晓其背后的道理；如果只是在事上探求，便永难知晓，唯有去理上探求，才会豁然开朗，无惑无蔽。

“天理为体、鬼神为用”的鬼神观念又深刻影响着二程的礼制观念。鬼神是传统社会祭祀的主要对象，而祭祀又是传统社会的大事，所谓“国之大事，在祀与戎”（《左传·成公十三年》），如此，鬼神便成为传统社会礼制中最为核心的元素，对鬼神的理解、态度直接关系到礼制的结构与机制。二程以“体—用”范式建构“天理—鬼神”关系，其重要理论后果便是“礼”也随之成为“理”之“用”。程颐曾说：“须看圣人欲正名处，见得道名不正时，便至礼乐不兴，自然住不得。夫礼乐，岂玉帛之交错，钟鼓之铿锵哉？”③ 这句反问显然是在呼应孔子在《论语·阳货》中所发出的“礼云礼云，玉帛云乎哉？乐云乐云，钟鼓云乎哉？”的呐喊，

---

① 程颢、程颐：《河南程氏遗书》，《二程集》，王孝鱼点校，中华书局 1981 年版，第 52 页。

② 程颢、程颐：《河南程氏粹言》，《二程集》，王孝鱼点校，中华书局 1981 年版，第 1226 页。

③ 程颢、程颐：《河南程氏遗书》，《二程集》，王孝鱼点校，中华书局 1981 年版，第 260 页。

程颐无疑是认同孔子的，即“礼乐”不单单是外在的形式，其背后蕴含着作为“所以然”的根据。这个根据，孔子赋予其“仁”的内涵，程颐给出的答案是“道名”，这在二程语境中也就是“理”。此外，二程所谓“《中庸》之说，其本至于‘无声无臭’，其用至于‘礼仪三百，威仪三千’”① 以及“禅学只到止处，无用处，无礼义”② 等，也均是在申述“理体礼用”的观念。而“礼”之为“用”，可以从两个角度来理解：一者“礼”是一种自然呈现，有此“礼”是因为有此“理”，无此“理”则此“礼”必难成行；二者“礼”是一种功用存在，是为了“理”的显扬而呈现的存在。在这个意义上，可以说二程的礼制观念具有实用理性的特质。

马克思·舍勒曾说：“按照某种理解，哲学的所有核心问题均可归结为这样一个问题：人是什么，人在存在、世界和上帝的整体中占据何种形而上学的位置？一系列老一代的思想家不无道理地习惯于将‘人在宇宙中的地位’认作一切哲学课题的出发点……当今的全部哲学正是被此类问题的内涵渗透浸润着。”③ 作为哲学人类学的先驱，马克思·舍勒以“人在宇宙中的地位”为其理论创构的中心问题。以此考察，中国自上古至今以儒释道为主干的思想体系亦可谓之哲学人类学（或人学），因其最为核心的问题意识亦是追问并妥善安置人在宇宙中的地位。当然，作为人学的中国哲学有其独特的话语系统与思想系统——“天人关系”，亦即司马迁所谓“天人之际”④。

作为“北宋五子”最晚出的两位，二程“天人合一”思想已比较成熟，这从其文本中高频出现的相关论述即可见一斑，如“天人本无二，不

① 程颢、程颐：《河南程氏遗书》，《二程集》，王孝鱼点校，中华书局1981年版，第307页。

② 程颢、程颐：《河南程氏遗书》，《二程集》，王孝鱼点校，中华书局1981年版，第96页。

③ ［德］马克思·舍勒：《哲学人类学·论人的理念》，刘小枫主编，魏育青、罗悌伦等译，北京师范大学出版社2017年版，第46页。

④ 司马迁：《报任安书》，《史记》，韩兆琦评注，岳麓书社2012年版，第1814页。

必言合”① “天人无间断”②，等等。二程所主张的“天人合一”并不是机械性的合一，他们说：

若夫至仁，则天地为一身，而天地之间，品物万形为四肢百体。夫人岂有视四肢百体而不爱者哉？圣人，仁之至也，独能体是心而已，曷尝支离多端而求之自外乎？③

在二程看来，天地本是“一身”，品物万形是其“四肢百体”，如此天地万物就构成了一个生生不息的宇宙生命体。这固然是一种比喻或想象，但也确是二程真实的思维和观念。作为“造化”的“鬼神”自然也不外于这个“天人合一”的宇宙生命体，它们与天地万物具有统一性，所谓“天地万物鬼神本无二”④，“死生人鬼，一而二，二而一者也”⑤。

当然，人与鬼神的统一不仅有“气”的原因，更主要的还是“理”的原因，正如二程所说，“所以谓万物一体者，皆有此理，只为从那里来”⑥。“理”——尤其是在“万物一理”意义上——是人与鬼、生与死、天地万物之所以统一的终极根据，或者说“理”是世界的终极本原与主宰。而在二程那里，“理”不是佛教那种“性空之理”，而是兼人性与物理于一体的、实实在在的“仁”。“仁”就是人性，由此，人与鬼神之间作为本原与主宰的是人，而不再是鬼神。人与鬼神的关系是“人主鬼神

① 程颢、程颐：《河南程氏遗书》，《二程集》，王孝鱼点校，中华书局1981年版，第81页。

② 程颢、程颐：《河南程氏遗书》，《二程集》，王孝鱼点校，中华书局1981年版，第119页。

③ 程颢、程颐：《河南程氏遗书》，《二程集》，王孝鱼点校，中华书局1981年版，第74页。

④ 程颢、程颐：《河南程氏遗书》，《二程集》，王孝鱼点校，中华书局1981年版，第83页。

⑤ 程颢、程颐：《河南程氏遗书》，《二程集》，王孝鱼点校，中华书局1981年版，第320页。

⑥ 程颢、程颐：《河南程氏遗书》，《二程集》，王孝鱼点校，中华书局1981年版，第33页。

从”。程颢曾说：“人与天地一物也，而人特自小之，何耶?”① 又说：“天位乎上，地位乎下，人位乎中。无人则无以见天地。”② 人不仅主宰鬼神，亦主宰天地万物。

这些信念被二程贯彻到了日常生活之中，其祖父下葬事就是一例：

> 世间术数多，惟地理之书最无义理。祖父葬时，亦用地理人，尊长皆信，惟先兄与某不然。后来只用昭穆法。或问：“凭何文字择地?”曰：“只昭穆便是书也。但风顺地厚处足矣。某用昭穆法葬一穴，既而尊长召地理人到葬处，曰：“此是商音绝处，何故如此下穴?”某应之曰：“固知是绝处，且试看如何。”某家至今，人已数倍之矣。③

不仅地理，卜筮、祭祀亦是同理。在二程看来，所谓卜筮之应、祭祀之享等都无神秘之处，都是因为背后有个“理”在，这就好比治病开药，只有对症下药才能药到病除，所谓对症下药也就是药理与病理相符契。而地理、卜筮、祭祀背后的“理”，不在别处，正在人心：“卜筮在我，而应之者蓍龟也；祭祀在我，而享之者鬼神也。夫岂有二理哉？亦一人之心而已。卜筮者以是心求之，其应如响；徇以私意及颠错卦象而问焉，未有能应者，盖无其理也。”④

卜筮的成立在于“应”，祭祀的成立在于“享”，而这两项活动的主动权都在“我”的手上，所谓“卜筮在我”“祭祀在我”，这不正是对人类主体性的显扬吗？只要“我”能做到“以是心求之”，亦即以理求之或

① 程颢、程颐：《河南程氏遗书》，《二程集》，王孝鱼点校，中华书局 1981 年版，第 120 页。

② 程颢、程颐：《河南程氏遗书》，《二程集》，王孝鱼点校，中华书局 1981 年版，第 117 页。

③ 程颢、程颐：《河南程氏遗书》，《二程集》，王孝鱼点校，中华书局 1981 年版，第 290 页。

④ 程颢、程颐：《河南程氏粹言》，《二程集》，王孝鱼点校，中华书局 1981 年版，第 1225 页。

以仁求之，则“应”与“享”无往而不成，这不正是对人类理性的重视吗？可以说，“卜筮在我”极其鲜明地体现了二程鬼神、礼制观念的人学追求与人学意义。如果说孔子“未能事人，焉能事鬼”（《论语·先进》）的言说在对待鬼神与死亡问题上采取了一种搁置态度，二程则将鬼神与死亡的神秘性完全消解在了现实世界之中，这种具有实用理性色彩的鬼神、礼制观，一方面要求以“理”为礼制的依据与标准，另一方面又反对礼制的形式化、教条化而主张礼有损益，在宗教性、人格性鬼神观念盛行的时代极具启蒙意义。

三、祭礼改革：礼俗清整与历史影响

有学者指出，以儒学思想为本的中国知识分子向来是文化建构与生活践行并重，在生活中建构文化，以生活践行为文化根本，而其间发生的“礼俗互动”构成了中国传统社会消除危机、确保谐和的关键因素。① 从二程的个案来看，他们以极具原创性的自然主义鬼神观与实用理性礼制观为依据，对当时的礼制与民俗作了清整，尤其是对祭礼的改革和对宗法的再造，后经朱熹等人阐扬而深度影响了东亚社会近千年。

二程极为重视祭礼，围绕祭礼的言说与实践所涉颇广，其中尤以对祭祀方式与祭祀地点的改革为著。本文所谓祭祀方式主要是指以何物作为祭祀对象的象征物，在二程生活的北宋中后期，主流的祭祀对象象征物是“主”与“像”，不同阶层所用不同，也有二者并用的情形。然而，“主祭”与“像祭”都不甚得二程之心，他们相对更加看重“尸祭”②，认为“古人立

① 参见张士闪：《礼俗互动与中国社会研究》，《民俗研究》2016 年第 6 期。

② 尸祭是商周时期祭礼的主要方式，《礼记·郊特牲》释“尸”为“神象”，也就是祭祀时专门设立的象征已故祖先的角色。“尸”的选取有一系列严苛的条件与程序，如“尸”须由被祭者孙辈充当，所谓“孙可以为王父尸，子不可以为父尸”（《礼记·曲礼上》），“祭成丧者必有尸，尸必以孙”（《礼记·曾子问》）。祭祀时，“尸服卒者之上服”（《仪礼·士虞礼》），即“尸”须穿上被祭者的衣服，装扮成被祭者的样子，“无事则立，有事而后坐也”（《礼记·郊特牲》）。“尸”的地位极高，《礼记·曲礼上》曾言：“为君尸者，大夫、士见之则下之，君知所以为尸者则自下之。”

尸之意甚高”①，“古人祭祀用尸，极有深意，不可不深思”②。二程如此看重“尸祭”，固然因其来自古礼、来自经典，更重要的原因是因为它“合理”：

> 盖人之魂气既散，孝子求神而祭，无尸则不飨，无主则不依……魂气必求其类而依之。人与人既为类，骨肉又为一家之类。己与尸各既已洁齐，至诚相通，以此求神，宜其飨之。后世不知此，直以尊卑之势，遂不肯行尔。③

二程认为，人死之后魂气即散而为鬼神，鬼神若飨祭必须有所依附，而“尸”与已故祖先既同为人类又同为一家，彼此可以相感相通，正可为鬼神依附之用。可见，在二程那里，尸祭之“合理”合的正是“气化感通”“理体礼用”之理。

然而，尸祭大概在孔子生活的时期就已衰落。④ 继“尸祭”之后渐趋流行的是上文提及的“主祭”。与“尸祭”以活人扮演不同，“主祭”之“主”实为木制位牌。至于“主”的形制（及其差异、演变）、用法等，汉唐文献有大量记载，此不赘述。⑤ 既然“尸祭”已废除逾千年，“主祭”

---

① 程颢、程颐：《河南程氏遗书》，《二程集》，王孝鱼点校，中华书局1981年版，第67页。

② 程颢、程颐：《河南程氏遗书》，《二程集》，王孝鱼点校，中华书局1981年版，第6页。

③ 程颢、程颐：《河南程氏遗书》，《二程集》，王孝鱼点校，中华书局1981年版，第6~7页。

④ 顾炎武曾说：“古之于丧也有重，于祔也有主以依神，于祭也有尸以象神，而无所谓像也……而春秋以后，不闻有尸之事，宋玉《招魂》始有‘像设君室’之文。尸礼废而像事兴，盖在战国之时矣。”参见顾炎武：《日知录集释》，黄汝成集释，栾保群、吕宗力校点，上海古籍出版社2014年版，第333页。至于尸祭废除的具体时间，学界尚存争议，但从史料来看，当不会晚至秦汉。

⑤ 此处仅举一例，《汉旧仪》曾详细记述刘邦去世时用“主”的情形：“高帝崩三日，小敛室中牖下。作栗木主，长八寸，前方后圆，围一尺，置牖中，望外，内张绵絮以鄣，外以皓木大如指，长三尺，四枚，缠以皓皮四方置牖中，主居其中央。七日大敛棺，以黍饭羊舌祭之牖中。已葬，收主。为木函，藏庙太室中西墙壁坎中。”由此，“主”的大致形制、用法可见一斑。

成流行礼制，二程也就没再迂腐地坚持“尸祭”，后来朱熹认为二程所说“古人之用尸也质”是“今不用亦得”的意思①，这一解释是恰当的。

二程虽接受“主祭”作为“尸祭”的替代性方式，所谓“有庙即当有主”②，“祭，非主则无依，非尸则无享”③，但对于当时“主祭”的具体礼制，并非全部认可，他们认为“主祭”最大的问题在于其非普适性。东汉许慎撰《五经异义》言：“主者，神象也。孝子既葬，心无所依，所以虞而立主以事之。唯天子、诸侯有主，卿大夫无主，尊卑之差也。卿大夫无主者，依神以几筵，故少牢之祭，但有尸无主。”④“卿大夫非有土之君，不得祫享昭穆，故无主。大夫束帛依神，士结茅为菆。”⑤当时有资格设“主”的只有天子、诸侯等“有土之君”，大夫与士是没资格用“主”的，更遑论庶人。唐代稍有变通，三品以上官员可行“主祭”，四五品只设几筵，六品以下只设神座。北宋沿革了上述等级森严的“主祭”制。对此，二程提出了大胆的变革方案。

首先，二程弱化了“主祭”制的等级特征，在事实上确认了“主祭”制的普适性。程颐说：“忌日，必迁主，出祭于正寝（今正厅正堂也），盖庙中尊者所据，又同室难以独享也（于正寝，可以尽思慕之意）。”⑥按照传统礼制，只有王、侯及具有一定官阶的官员可以立庙、祭于庙，“祭于寝”的是不可立庙的士庶之家。此处，二程笼统地指出“祭于寝”之家“必迁主”，可见其并没有对实施“主祭”的阶层给予过多考虑，这实际

① 朱熹：《朱子语类》，黎靖德编，王星贤点校，中华书局1986年版，第2311页。

② 程颢、程颐：《河南程氏遗书》，《二程集》，王孝鱼点校，中华书局1981年版，第86页。

③ 程颢、程颐：《河南程氏遗书》，《二程集》，王孝鱼点校，中华书局1981年版，第180页。

④ 陈寿祺撰：《五经异义疏证》，曹建墩校点，上海古籍出版社2012年版，第68页。

⑤ 陈寿祺撰：《五经异义疏证》，曹建墩校点，上海古籍出版社2012年版，第69~70页。

⑥ 程颢、程颐：《河南程氏遗书》，《二程集》，王孝鱼点校，中华书局1981年版，第241页。

上便是对士庶之家用“主”的认可。当然，在专门回答“用主”等相关问题时，二程似又有所保留，如程颐说：“白屋之家不可用，只用牌子可矣。如某家主式，是杀诸侯之制也。”① 然而，二程从未详述过所谓“牌子”的形制、用法等，后来朱熹说“看来牌子当如主制，只不消做二片相合，及窍其旁以通中”②，即“牌子”与“主”只有形状上的细微区别，“牌子”在事实上代行了“主”的功能，由此，这也可视作二程对“主祭”制普适性的默许。二程的上述改革实为其实用理性礼制观的具体体现，所谓“凡礼，以义起之可也”③，即礼只要符合理义即可，不必形式化、教条化。

其次，程颐重新设计了“主”的形制，以使其更加合乎“理”。据日本学者吾妻重二考察，宋代以前木主主要有正方体、前方后圆型和长方体三种样式。④ 但程氏木主的形制与以上均不相同，尤其是形状和尺寸。⑤ 形状上，程氏木主是圆顶平板型。尺寸上，程氏木主“取法于时月日辰”，如“趺”方四寸象征一年四季，“高”尺有二寸象征一年十二个月，“身”

① 程颢、程颐：《河南程氏遗书》，《二程集》，王孝鱼点校，中华书局 1981 年版，第 286 页。

② 朱熹：《朱子语类》，黎靖德编，王星贤点校，中华书局 1986 年版，第 2311 页。

③ 程颢、程颐：《河南程氏遗书》，《二程集》，王孝鱼点校，中华书局 1981 年版，第 286 页。

④ 参见吾妻重二：《木主考——到朱子学为止》，吴震译，《云南大学学报（社会科学版）》2011 年第 5 期。

⑤ 二程作有《作主式》文并图，详细阐述其所设计木主的形制、含义等，全文如下：“作主用栗，取法于时月日辰。趺方四寸，象岁之四时。高尺有二寸，象十二月。身博三十分，象月之日。厚十二分，象日之辰（身趺皆厚一寸二分）。剡上五分为圆首，寸之下勒前为颔而判之，一居前，二居后（前四分，后八分）。陷中以书爵姓名行（曰故某官某公讳某字某第几神主。陷中长六寸，阔一寸。一本云长一尺），合之植于趺（身出趺上一尺八分，并趺高一尺二寸）。窍其旁以通中，如身厚三之一（谓圆径四分），居二分之上（谓在七寸二分之上）。粉涂其前，以书属称（属谓高曾祖考，称谓官或号行，如处士秀才几郎几翁），旁题主祀之名（曰孝子某奉祀），加赠易世，则笔涤而更之（水以洒庙墙），外改中不改。”参见程颢、程颐：《河南程氏文集》，《二程集》，王孝鱼点校，中华书局 1981 年版，第 627~628 页。

博三十分象征每月三十天，“厚”十二分象征每天十二个时辰。如果联系二程的鬼神观念，就不难理解这种设计背后追求气化感通之理的初衷，也正是在这个意义上，朱熹称赞说：“伊川木主制度，其剡刻开窍处，皆有阴阳之数存焉。信乎其有制礼作乐之具也!”① 此外，程氏木主“尺有二寸”的高度与天子用“主”的规格相同，以至于后来毛奇龄批评其“杜撰无据”“冒昧僭越”，但从此亦可看出程颐设计木主之大胆、推广主祭之坚决。

二程在祭祀方式上做出的变革对当时的社会观念有一定的冲击和影响，但这些理念真正落实到日常生活中是朱熹以后的事情了。朱熹承二程尤其是程颐之学，对其鬼神观、礼制观都多有继承，如程颐设计的木主就被朱熹放进《家礼》并大加赞扬。随着朱子学影响的扩大，《家礼》所载的具体礼制逐渐在日常生活中生根发芽，明清不少文献均有当时用程氏木主的记载，从部分木主实物也能明显看出程氏木主的痕迹。不仅如此，程式木主经朱熹阐扬后还传播到了日本与韩国等地区，成为当地流行的木主样式，如日本德川幕府儒官林鹅峰在1656年为其母制作的木主几乎是原封不动地模仿了《家礼》的木主，又如韩国李朝文昭殿用于祭奠历代皇帝的“位版”也是《家礼》式的木主。②

除了祭祀方式，二程还对祭祀地点做出了大胆的变革。早在先秦时期中国就形成了家庙祭祀的传统③，这时的庙祭具有鲜明的等级特征，如《礼记·王制》载：“天子七庙……诸侯五庙……大夫三庙……士一庙。庶人祭于寝。”秦汉以降，王侯以下阶层庙祭礼制趋于荒废，魏晋始有恢复，至唐方又趋于完善。④ 宋代官方沿革了等级森严的“庙祭”制，如

---

① 朱熹：《朱子语类》，黎靖德编，王星贤点校，中华书局1986年版，第2311页。

② 参见吾妻重二：《近世儒教祭祀礼仪与木主、牌位——朱熹〈家礼〉的一个侧面》，《朱熹〈家礼〉实证研究》，郭海良译，华东师范大学出版社2012年版。

③ 如《礼记·曲礼下》言：“君子将营宫室：宗庙为先，厩库为次，居室为后。”《礼记·问丧》亦言：“祭之宗庙，以鬼飨之，徼幸复反也。”

④ 司马光撰《文潞公家庙碑》言：“先王之制，自天子至于官师皆有庙。君子将营宫室，宗庙为先，居室为后。及秦，非笑圣人，荡灭典礼，务尊君卑臣，于是天子之外，无敢营宗庙者。汉世公卿贵人多建祠堂于墓所，在都邑则鲜焉。魏晋以降，渐复庙制……唐世贵臣皆有庙。及五代荡析，士民求生有所未遑，礼颓教陊，庙制遂绝。”

《宋史》载："官正一品平章事以上立四庙；枢密使、知枢密院事、参知政事、枢密副使、同知枢密院事、签书院事，见任、前任同，宣徽使、尚书、节度使、东宫少保以上，皆立三庙；余官祭于寝。"① 可见，当时只有极少数官员可以有"庙"、可行"庙祭"，在此背景下，汉代形成的"墓祭"民俗便被宋代士庶阶层所采用而在社会中盛行开来，二程亦曾指出这一点："嘉礼不野合，野合则秕稗也。故生不野合，则死不墓祭。盖燕飨祭祀，乃宫室中事。后世习俗废礼，有踏青，藉草饮食，故墓亦有祭……"②

可见，按照古礼与经典，二程本不可能认同"墓祭"这种方式，然而，既然"墓祭"已流行成俗，二程也就未予以彻底否定，所谓"后世在上者未能制礼，则随俗未免墓祭"③。默许归默许，二程却一直坚持对"庙祭"的推重，他们说："葬只是藏体魄，而神则必归于庙，既葬则设木主，既除几筵则木主安于庙，故古人惟专精祀于庙。今亦用拜埽之礼，但简于四时之祭也。"④ 祭祖当祭神，而神必归于庙，故惟有"庙祭"才能实现"神"与"主"的相感相通。可见，二程对"庙祭"合理性的确认仍基于其"气化感通"理论。

为了推行"庙祭"，二程打破了"士大夫无庙"的传统礼制，以使"庙祭"更具普适性，如他们曾说："家必有庙（古者庶人祭于寝，士大夫祭于庙。庶人无庙，可立影堂），庙中异位（祖居中，左右以昭穆次序，皆夫妇自相配为位，舅妇不同坐也），庙必有主。"⑤ 这实际上是对士大夫阶层行"庙祭"的认可。当然，当有人专门问及"士庶之家不可立庙"

---

① 脱脱等撰：《宋史》，中华书局1977年版，第2632页。

② 程颢、程颐：《河南程氏遗书》，《二程集》，王孝鱼点校，中华书局1981年版，第6页。

③ 程颢、程颐：《河南程氏遗书》，《二程集》，王孝鱼点校，中华书局1981年版，第6页。

④ 程颢、程颐：《河南程氏遗书》，《二程集》，王孝鱼点校，中华书局1981年版，第241页。

⑤ 程颢、程颐：《河南程氏遗书》，《二程集》，王孝鱼点校，中华书局1981年版，第241页。

的礼制时，二程似仍有所保留：“庶人祭于寝，今之正厅是也。凡礼，以义起之可也。如富家及士，置一影堂亦可，但祭时不可用影。”① “庶人无庙，可立影堂。”② “后世在上者未能制礼，则随俗未免墓祭。既有墓祭，则祠堂之类，亦且为之可也。”③

二程虽未彻底否弃“庙祭”礼制的等级特征，但他在这几句引文中提出士庶之家亦可立“影堂”“祠堂”，这些场所实际上代行了“庙”的功能。按照二程的观点，“影堂”或“祠堂”不可用“影”，但可用“主”或“牌”，这与上层“庙祭”“用主”的祭礼已差别不大。

二程力推“家祭”（“家庙”“影堂”“祠堂”），同时批判“墓祭”，否定“影祭”，这些礼制上的主张固然出于批判佛道二教、清整祭祀礼俗的需要，同时也是为了强化宗族观念，以实现有效“收族”，对此程颐说得很清楚：“收族之义，止为相与为服，祭祀相及。”④ 也就是说，“家祭”是“收族”的应有之义，“家祭”在某种意义上是为了更好地“收族”。而“收族”对社会治理、政治稳定具有重要意义，对此二程曾说：“宗子法废，后世谱牒，尚有遗风。谱牒又废，人家不知来处，无百年之家，骨肉无统，虽至亲，恩亦薄。”⑤ 又说：“宗子之法不立，则朝廷无世臣。宗法须是一二巨公之家立法。宗法立，则人人各知来处。”⑥ 可见，立宗子之法，一是为了树百年之家，使骨肉有统，人伦有序；二是为了朝廷有世臣，使治理有续，政治有序。

---

① 程颢、程颐：《河南程氏遗书》，《二程集》，王孝鱼点校，中华书局 1981 年版，第 286 页。

② 程颢、程颐：《河南程氏遗书》，《二程集》，王孝鱼点校，中华书局 1981 年版，第 241 页。

③ 程颢、程颐：《河南程氏遗书》，《二程集》，王孝鱼点校，中华书局 1981 年版，第 6 页。

④ 程颢、程颐：《河南程氏遗书》，《二程集》，王孝鱼点校，中华书局 1981 年版，第 179 页。

⑤ 程颢、程颐：《河南程氏遗书》，《二程集》，王孝鱼点校，中华书局 1981 年版，第 162 页。

⑥ 程颢、程颐：《河南程氏遗书》，《二程集》，王孝鱼点校，中华书局 1981 年版，第 179 页。

以上关于“家祭”及宗法的相关观念后为朱熹所承传，宋代以后，传统的家庙礼制以及深受佛教影响的影堂礼制均逐渐演化为家祠礼制，祠堂成为明清时期祭祀、收族的重要场所。与主祭礼制一样，家祠礼制也深刻影响了日本、韩国等东亚地区。

当然，二程的礼制变革并不止于以上几点，他们在批判传统礼制、佛道礼制的同时，也从中汲取了不少元素，比如对“墓祭”等传统礼制的默许以及对“焚香”等宗教礼仪的认可，都展现出二程礼制观念的开放性与包容性。也正是这种开放、包容的礼制观念，使得程朱学派的具体礼制能在后来的东亚社会产生广泛而深远的影响，对于当地社会消除危机、促进谐和起到了至关重要的作用。

四、结语

批判佛道二教、重振儒家信仰是程颢、程颐兄弟作为理学开拓者的重要使命，围绕这一使命，他们对佛、道及世俗的宗教性、人格性鬼神观作了批判和否弃，并赋予“鬼神”以新的内涵与特质。二程的鬼神观念以高度思辨的“理本论”为基础：一方面强调“鬼神”属于“造化”，是气的运化与感通，在这个意义上，二程的鬼神观念具有自然主义的特点；另一方面，“鬼神”依托“天理”，是“天理”的呈现与发用，在这个意义上，二程的鬼神观念具有实用理性的色彩。从儒学就是人学的角度来看，二程的鬼神观念具有鲜明的人学旨归，是对人类理性与主体性的显扬，人在宇宙中的主宰地位由此得以确立。

二程的鬼神观念带来了祭祀礼俗乃至整个礼制观念的革新。既然“鬼神”依托“天理”，以“鬼神”为主要对象的祭祀礼俗自然也应以“理”为根据，由此二程强调“理体礼用”“礼有损益”，即强调祭祀礼俗的合乎理义与因时因地制宜，而“理”或“理义”不是别的，正是儒家的伦理道德体系。在此基础上，二程对当时的祭祀方式、祭祀地点提出了大胆的改革方案：前者以推行“主祭”为中心，后者则以推广“家祭”为宗旨，二者均致力于弱化相关礼制的等级性，提升其普适性。改革后的礼制经朱熹继承、发展成为主流礼俗，深刻影响东亚社会近千年。

实学家朴世堂及其仁学

——以《论语思辨录》为中心*

柳昊定

【摘要】“实学”是17—19世纪韩国出现的新的学术流派。实学一词的词源是“实事求是”，指立足事实求学的态度。西溪朴世堂（1629—1703）在经学领域被评价为实学的先驱者。其实学发展了现有程朱学的否定性、批判性性质，具有脱朱子学的性质，在经学研究领域取得了优秀的成就，主要体现在其经典注释《论语思辨录》一书中。本研究以《论语思辨录》的仁学为中心，旨在揭示朴世堂思想的特征，以及韩国实学思想的另一面。朴世堂对“仁”的一系列说明，基本前提是赞同朱熹在《论语集注》中所表达的立场，但同时也批评了朱熹的看法。朱熹的仁学和朴世堂的仁学差异之一是朱熹用“形而上学”的观点来解释仁，而朴世堂则倾向于用“形而下学”的观点来解释仁。换句话说，朴世堂从“实学”的观点出发，把仁解释为在现实中可以实践的伦理行动。

【关键词】实学　朴世堂　《论语思辨录》　仁学　东亚经学

【作者简介】柳昊定，复旦大学哲学学院博士后，主要从事东亚朱子学、经典阐释学等的研究工作。

---

* 此文章是中国博士后科学基金会“博士后国际交流计划（2021年）”学术交流项目《中国儒学的法古与创新——以在东亚地区的传播与扩散为中心》（XWH6283103）之阶段性研究成果。

一、序论

“实学”是17—19世纪韩国出现的新的学术流派。① 实学一词的词源是“实事求是”，指立足事实求学的态度。这一学术风气的影响不仅限于一个学术分科，还涉及社会政治、自然科学、训诂学、农学等社会领域的各方面。经学中的实学是指摒弃以形而上学为中心的经文解释，通过历史等客观依据对经文进行解释的学派。

西溪朴世堂（1629—1703）在经学领域被评价为实学的先驱者。实学以否定性、批判性发展了现有程朱学，朴世堂的学问具有脱朱子学的性质，在经学研究领域取得了优秀的成就，主要体现在其经典注释书《思辨录》中。② 思想界认为，实学从朴世堂开始，后有李瀷、丁若镛等。因此，要想研究韩国经学的实学性质，必须从朴世堂开始。尽管如此，在中国本土关于朴世堂哲学思想的研究还是少之又少，它们只存在于含有《毛诗》解说内容的《诗经思辨录》或有关道家研究书籍《新注道德经》和《南华经注解删补》的论文中。③ 当然，《诗经思辨录》也是重要资料，但因朴世堂身体情况突然恶化，尚未完成，从这一点来看，他的著作存在一定的局限性。另外，从朝鲜学者们大都不钻研道家这一点来看，朴世堂的道家书解释具有独特性。但是他的学问以“儒学”为基本，因此他的《新注道德经》和《南华经注解删补》也难以说是代表他思想的主要著作。

---

① 实学是20世纪韩国学创始后，公布于全球学界的学术概念。在中国和日本的学术史和思想史上，不用“实学”的概念。实学不是与虚学对立的普通名词，而是指从17世纪中叶开始到19世纪中后期为发展下限的新学问倾向。关于实学的概念，参考陈在教：《实学和实学派》，韩国成均馆大学2011年研究生课程教材。

② 断线把握实学和性理学的关系，将实学作为性理学的对立项，全面否定性理学，或将实学视为性理学的短线延伸等，存在一些俗流性的实学研究。实学虽然发展了对性理学的否定性、批判性性格，但只有在性理学的积累基础上才得以开始。从这一点来看，只有灵活地重新吸收两者，才能真正掌握实学和性理学的延续和断绝的问题。

③ 付星星：《古代朝鲜半岛〈诗经〉诠释的特征——以朴世堂〈诗思辨录〉为例》，《域外汉籍研究集刊》2018年第2期，第193~207页；金兑勇：《论朝鲜儒者朴世堂的〈新注道德经〉》，《宗教学研究》2017年第3期，第22~27页。

《论语》是集中儒学主要思想的经典代表。同时，“仁”是儒学最重要的概念。因此，我认为对《论语》仁学的研究最适合直接或间接地掌握特定对象的经学观。对此，本研究以《论语思辨录》为中心，旨在揭示朴世堂思想的特征，以及韩国实学思想的另一面。

二、学问思路和经学观

朴世堂，字季肯，潘南人，少号潜叟。显宗元年（1660），例授成均馆典籍，官至吏曹判书。其著作有《西溪先生集》《四书思辨录》《尚书思辨录》《诗经思辨录》《新注道德经》《南华经注解删补》《穑经》等。首先，考察朴世堂的学术倾向。当时在朝鲜有几大思想流派——儒家、佛家、道家、天主教（西学）、阳明学。① 其中以程朱学（宋学）为中心的儒学是朝鲜官方理念的基础，起支配作用；佛教发挥了民间宗教的作用；天主教和阳明学受到当时学者的排斥；道家也被正统朱子学者忽略。朴世堂没有专注于天主教或阳明学，对佛家也持批判立场。正如他在自己的墓表中所述，朴世堂的学问由以程朱学为中心的儒学和道家思想构成。《西溪先生集》卷一四《西溪樵叟墓表》载：“尝着通说，明诗书四子之指及注老庄二书以见意。盖深悦孟子之言，以为宁踽踽凉凉无所合以八，终不肯低首下心于生斯世为斯世，善斯可矣者，此其志然也。”②

具有讽刺意味的是，他把这两种思想作为理想，在当时引起了世人的负面评价。原因在于“正统性”的问题。与正统朱子学家不同，朴世堂钻研道家。他对经典的解释也与正统朱子学有着不同的路线。③ 因此他的经典解释方法在《肃宗实录》中经常被提及：

---

① 关于朴世堂的学术倾向，参考尹丝淳：《朴世堂的实学思想相关研究》，《亚世亚研究》，1972 年第 15 辑，第 29~95 页。

② 《韩国文集丛刊》卷一三四《西溪先生集》卷一四《西溪樵叟墓表》。

③ 《肃宗实录》卷三八《肃宗二十九年四月一日》“壬辰”第二条记录，清康熙三十四年（1695）载：“史臣曰：‘世堂，恬退数十年，绝意仕宦，可谓清苦之士也。然酷好庄氏之学，讥诋朱子《四书集注》，使其得志，其为世道之害，可胜言哉？尹趾完位在大臣，以当今第一人荐之，可谓谬矣，而世堂反诟骂荐己之人，无少顾惜，皆由于朝纲之不尊也，可慨也已。’”

持平金裁启曰："朴世堂诋毁朱子，诡乱经传之罪，已悉于馆儒之疏，该曹之启，所著册子，亦经睿览，诐遁邪淫之迹，莫逃于日月之明，特下削黜之命。圣上卫经辟邪之德，孰不钦诵？第念朱夫子经书笺注，建天地而不悖俟百世而不惑。苟或反背辞意，别立门户，则实为圣门之叛卒，斯文之乱贼，而世堂乃以颠倒错乱，予不得已等说，诋辱朱子，略无顾忌，人之悖乱，胡至于斯？……请朴世堂远窜。朴世堂毁经侮圣之罪，彰著无余，而进士李翼明等，称以为师申辨，肆然投疏，诬引先圣，捏合杜撰，至比世堂于洛闽大贤、我朝名儒，以为眩乱天听之计，其放肆无忌惮之状，已极痛骇。至于显加丑辱于尊信朱子之大老，以馆学请讨之疏，归之于诐说殄行之科。阿好党私，侮辱清朝之罪，决难容贷，请进士李翼明定配。"答曰："不允。"①

擢赞善权尚夏为户曹参判。是日，尚夏辞疏适至，为其师文正公宋时烈，辨破李厦成之诬。略曰：……且伏闻厦成之言，皆原于朴世堂所撰碑文。若世堂者，朱子之罪人也。朱子，孔子后一人，而犹不尊信，狎侮如彼，则诬辱臣师，无足怪也。愿明示好恶，使斯文世道，终幸焉。②

第一段引文是朴世堂因被视为"反朱子学者"而被列入"流放者"名单的事例，第二段引文是朴世堂被视为反朱子学者，在晋升选拔中被贬的情况。在朝鲜，当时朱子的地位远远高于同时期的中国清朝，几乎是神圣不可侵犯的。因此被称为"反朱子学者"是无法洗刷的政治污名。当时的主导权掌握在朱子学者手中，如果被归类为反朱子学者，就无法进行正常的政治活动。

也有评价称，朴世堂被扣上"反朱子学者"的污名是党派斗争下牺牲

① 《肃宗实录》卷三八《肃宗二十九年四月二十七日》"壬寅"第二条记录，清康熙四十二年（1703）。

② 《肃宗实录》卷三八《肃宗二十九年六月二十九日》"癸卯"第三条记录，清康熙四十二年（1703）。

的结果。但不管是否属实，他的学术倾向与当时的正统学者相比，确实有些怪异（grotesque）。因为从当时朝鲜的经典注释书来看，整理朱子的注释或加以敷设的形态较多。而且，在当时被冠以“反朱子学者”污名的代表性人物就是朴世堂和尹休两人。① 另外，虽然“实录”都是胜者的记录，不能排除事实被润色或夸张的可能性。但事实上，从当时有《思辨录》的读者对朴世堂著述的保存及传承至今的事实中，可以推测他对经典的解释也存在好评。

这里需要指出的是，与世人的评价不同，朴世堂表示自己的学问遵循于朱子学。他在《思辨录·序》中说：

> 六经之书，皆记尧舜以来群圣之言，其理精而其义备，其意深而其旨远……是以上自秦汉下逮隋唐，分门割户，断肢裂幅，卒以破毁乎大体者，不可胜数，其陷溺异端者多假借近似以饰其邪遁之辞，其抱持前籍者又胶滞迂僻全昧夫坦夷之涂，呜呼此岂圣贤所以勤勤恳恳为此书记此言以明乎此法而庶几有望于天下后世之意哉……故及宋之时，程朱两夫子兴，乃磨日月之镜，掉雷霆之鼓，声之所及者远，光之所被者普，六经之旨于是而烂然复明于世。②

在上文中朴世堂批评了以前的注疏。他以否定的态度看待了中国唐代以前的训诂注疏。另外，当时宋时烈（1607—1689）等人的学问态度是警惕沿袭既有学说的态度。其代表性的注疏为：收集当时中国朱子学家的《论语》说柳长源（1724—1796）的《论语赞注增补》和当时朝鲜朱子学家《论语》说柳健休（1768—1834）的《东儒论语解集评》等。

作为朱子学家，对唐朝以前的学风持批判态度可以说是普遍的。朱子

---

① 《（国译）思辨录》解题第1页，李秉休讲：“白虎尹休和西溪朴世堂是当时实学派、反朱子学派的两巨擘。这两位……因对朱子的经典解读持反对态度，通过自流的歪理邪说解释经典，在政界学术界引起巨大争议，被打上了‘斯文乱贼’的烙印。”

② 《西溪全书》下《思辨录·序》。

学家虽然没有全面批评训诂学，其出发点在于——以汉代训诂为中心的经典解读具有批判性。但是，从当时朝鲜的局势来看，朴世堂批评盲目相信朱子解释的态度多少有些罕见。从这一点来看，朴世堂当时被其他学派（老论）评价为“斯文乱贼”。这里的“斯文”不是指原始儒学，而是指“朱子学”的概念。

另外，尽管对现有的经典解释态度进行了总体批判，朴世堂对有些注疏还是持肯定立场，就是“程朱学”的注疏。朴世堂认为，儒学得以重见天日，离不开朱子，高度评价了他的功勋。更进一步说，朱子的《集注》是所有注疏的典范。① 由此可以看出，朴世堂并没有排斥程朱学，他的学问始终是基于程朱学的。他在撰写自己的经典注释书中参考的资料也是朱子的注疏。

尽管已经存在“注释书的标本”，朴世堂还是创作了《思辨录》这一单独注释书。他说：

> 然经之所言，其统虽一，而其绪千万，是所谓一致而百虑，同归而殊涂，故虽绝知独识，渊览玄造，犹有未能尽极其趣而无失细微，必待乎博集众长，不废小善，然后粗略无所遗，浅迩无所漏，深远精备之体乃得以全，是以辄忘僭，汰概述其蠡测管窥之所得，裒以成编，名曰思辨录，倘于先儒牖世相民之意，不无有尘露之助，故非出于喜为异同，立此一说，若其狂率谬妄不揆疏短之罪，有不得以辞尔，后之观者，或以其意之无他而特垂恕焉，则斯亦幸矣。②

朴世堂的《思辨录》著述动机在于读者和解释的多样性。因为经典中记载的话有很多线索，通往经典本义的目的地也有多种途径。他还表示“并不是因为喜欢异论而想建立一个学说”，并再次明确强调，他的经典解释不是与当时主流学问朱子学分开的路线。由此可以看出，《思辨录》的

① 《西溪全书》下《思辨录·序》：“其近似者又不能以假之名而借之号，邪遁之煽诱遂绝，坦夷之准的有在，究其所以至此者，亦莫非操末探本沿流泝源以得之，则是于子思所言之指，真有深合而妙契者乎。”

② 《西溪全书》下《思辨录·序》。

著述动机是补充程朱子的注释，从而去接近经典的本意。与其说《思辨录》是反对朱子解释的著述，不如将其定义为详细考察朱子的经典解释并对其不足之处进行批判性论证的著述。也就是说，这可以说是对朱子的“批判性”阅读。①

此外，朴世堂还表示自己的解释与其他经典注释书是不同的，具有以下的独创性：

> 传曰：“行远必自迩，此何谓也。”非所以提诲昏蔽使其能自省悟乎……夫迩者易及浅者易测略者易得粗者易识，因其所及而稍远之，远之又远，可以极其远矣，因其所测而稍深之，深之又深，可以极其深矣，因其所得而渐加备，因其所识而渐加精，使精者益精备者益备，可以极其备极其精矣，又何有眩瞀迷乱沈溺颠蹶之患哉。②

在以上引文中，朴世堂设定了阶段性接近经典本意的规定。以“行远必自迩”这句话代指要从容易的境界慢慢向困难的境界前进。近则意味着形而下，远则指形而上。这并不是批评形而上学的解释。朴世堂所批评的是不经过形而下学理解形而上学的姿态。

对《大学》第五章“格物致知”的解释，是他在批判形而上学的解释中最具代表性的事例。另外，形而下的另一句话是“现实”，也就是“实事求是”的“实事”。形而上学的高谈阔论的基础是现实性，换句话说，具有现实性的高谈阔论是值得肯定的。朴世堂采取了“实事求是”解释经典的态度，这就是其所具有的创新性。

三、《论语思辨录》和其仁学

朴世堂在52岁那年（1680），正是所谓的“庚申换局”使得南人失权，西人得势的时候。身为南人的他，也得到了国王肃宗的指示。因此，

---

① 从这一点来看，韩国有人主张如下：朴世堂不是“反”朱子学者，而是“脱”朱子学者。

② 《西溪全书》下《思辨录·序》。

他回到故乡，致力于著书和讲学。最具代表性的是他潜心研究古典所著的《思辨录》。

> 庚申。先生五十二岁。先生既退闲居，遂专意加工于经书，沈潜累年融解贯通然后，始乃正其编简字句之错讹，辨其笺注解说之差误，录而成书名曰通说，或称思辨录盖于四书尤致力焉。①

朴世堂在52岁、52~60岁以及61岁的时候先后推出了《大学》《中庸》《论语》《孟子》的注疏，之后还推出了《尚书》（63岁）和《毛诗》（65岁）的注释。以上六本经书的注解收录为一本《思辨录》。但是他从65岁身体健康状况开始恶化，《毛诗》的注解尚未完成。②《思辨录》也被称为《大学思辨录》《中庸思辨录》《论语思辨录》《孟子思辨录》《尚书思辨录》《诗经思辨录》。其中，朴世堂在注释四书上倾注了最大的心血。

《思辨录》里，《大学思辨录》和《中庸思辨录》在当时学者中掀起了划时代的旋风。因为它们对于朱子学说提出了最多的异议。相反，《论语思辨录》被认为多少暴露了现有参选人对注疏的批评语气。但在朝鲜《论语》学史上，《论语思辨录》仍是值得一提的注释书。因为在对朱子《论语》学的批判上，相较于历代任何的《论语》注释书，朴世堂的批判都更为鲜明、强烈。

李昤昊说："追求《论语》经文的倾向不是朱子的注释，而是由权得器（1570—1622）的《论语僭疑》和赵翼（1579—1655）的《论语浅说》打开端倪，而朴世堂的《论语思辨录》则是代表这种倾向的《论语》注释书。朴世堂的这种解释可以说是展现实学派论语学最鲜明面貌的最初实例。"③ 他接着补充说："17世纪朝鲜的论语学由西人老论的尤庵宋时烈学派主导，由此奠定了实学派论语学的基础。"

---

① 《西溪全书》下《思辨录·序》。

② 《西溪全书》下《思辨录》之《附录：年谱》。

③ 李昤昊：《朝鲜论语学的形成和展开样相》，《东洋哲学研究》2009年第59辑，第152页。

朴世堂并没有给《论语》的所有章节加注。他在《论语》20 篇 498 章中，只选择了有必要解读的 208 章阐述自己的看法。(请参考表 1)

表 1 《论语思辨录》构成①

	篇名	《论语集注》	《论语思辨录》中章节	备注
1	《学而》	总 16 章	1，3，5，6，8，10，13，14，16	9 章
2	《为政》	总 24 章	1，2，3，4，9，10，11，15，16，17，18，20，21，22，23，24	16 章
3	《八佾》	总 26 章	3，4，7，8，11，13，21	7 章
4	《里仁》	总 26 章	1，2，3，5，6，10，11，13，15，18，22	11 章
5	《公冶长》	总 27 章	1，3，4，5，8，11，12，14，15，19，20，21，22，25	14 章
6	《雍也》	总 28 章	1，2，3，5，10，11，17，18，19，20，23，24，27，28	14 章
7	《述而》	总 37 章	2，6，10，11，18，19，23，25，26，27，28，29，30，31，32，33，34，35，37	19 章
8	《泰伯》	总 21 章	2，3，4，5，6，7，9，11，12，13，17，18，19，20	14 章
9	《子罕》	总 30 章	4，6，7，8，10，12，13，15，16，17，18，19，20，21，23，26，27，28，29，30	20 章
10	《乡党》	总 17 章	4，5，6，8，12，16	6 章
11	《先进》	总 25 章	1，7，10，11，13，15，16，18，19，20，21，22，25	13 章
12	《颜渊》	总 24 章	2，3，4，6，7，10，13，14，18，20，21，22，23	13 章
13	《子路》	总 30 章	2，3，4，8，14，15，21，22	8 章
14	《宪问》	总 47 章	4，5，7，8，11，14，28，31，34，36，44，46，47	13 章
15	《卫灵公》	总 41 章	1，3，4，15，20，21，22，30，31，33，36，40	12 章
16	《季氏》	总 14 章	3，7，9，12	4 章

① 《〈论语思辨录〉构成》，参考郑一均：《西溪朴世堂的〈论语〉伦——以〈论语思辨录〉为中心》，《韩国思想史学》2018 年第 60 辑，第 200~201 页。

（续表）

	篇名	《论语集注》	《论语思辨录》中章节	备注
17	《阳货》	总 26 章	4，11，19，21，22，25，26	7 章
18	《微子》	总 11 章	1，7	2 章
19	《子张》	总 25 章	3，5，8，11，17	5 章
20	《尧曰》	总 3 章	1	1 章
总计		总 498 章	总 208 章	

吴龙源认为，朴世堂在《论语思辨录》中的解释立场大体上分为对程朱学的批判和赞同两种。① 根据他的分析，批判性解释 94 次，赞同性解释 28 次；批判性解释中积极批判 72 次，消极批判 22 次。下文中，笔者将分析朴世堂是如何对“仁”加注释并呈现出与程朱学截然不同的原因。

在《论语》所有章节中，“仁”一共有 59 章，其中朴世堂所留下注释的有 28 章。在《论语》所有章节中，朴世堂对一半左右的章节作了注释，而其中带印的章节里又对一半以上作了注释，由此可以间接地推测出他对《论语》仁学的高度重视。那么，我们将通过与朱子注释的比较，来了解朴世堂具体持有何种独特的观点。

关于“仁”的解释，朴世堂在《论语思辨录》中表现出三个特点。第一，将“仁”与具体的伦理行动结合起来进行说明。对于《雍也》篇第 28 章：“子贡曰：‘如有博施于民而能济众何如，可谓仁乎？’子曰：‘何事于仁？必也圣乎！尧舜，其犹病诸。夫仁者，己欲立而立人，己欲达而达人。能近取譬，可谓仁之方也已。’”朴世堂注：“必先自修而后可以化人，必先自学而后可以教人。如此者，皆

① 吴龙源：《朴世堂的〈论语思辨录〉研究》，《大同文化研究》2004 年第 47 辑，第 342 页。

正己以正人，无待于取譬，仁者之事也。”①

《雍也》篇第28章的要义是仁的方法论。按照朴世堂的观点，仁是要落实到具体行为中去的。而且，对于《颜渊》篇第2章：“仲弓问仁，子曰：‘出门如见大宾，使民如承大祭。己所不欲，勿施于人。在邦无怨，在家无怨。’仲弓曰：‘雍虽不敏，请事斯语矣。’”朴世堂也讲：“内庄己，外敬事，又能推恕以及乎人，则仁之为道不外乎是。”②

但朱熹反而把这种“仁”放在非常高远抽象的境界上：“病，心有所不足也。”程子曰：“仁者，以天地万物为一体，莫非己也。认得为己，何所不至？若不有诸己，自不与己相干，如手足之不仁，气已不贯，皆不属己。故‘博施济众’，乃圣之功用，仁至难言。”③ 在其他著述中，朱熹把仁解释为“天地生万物之心”④，他甚至以尧舜等圣人也不足以做到“仁”的“务大之论”来展开论述。

朴世堂将“仁”与具体伦理行动联系起来的问题意识源自孔子的教诲，他提出了以下看法：“必也圣乎，尧舜其犹病诸。”（《论语·雍也》）朱子谓“乎者，疑而未定之辞”，又云“此两句当连看”，释其义曰“若必以为圣人能之乎，则尧舜亦尚以此为病”，又云“此正谓虽圣人亦有所不能”。“愚窃以为何事于仁，必也圣乎，一反一覆，其意甚明，恐不宜屈折取义如此。又犹病云者，先儒皆作犹所不能之义，亦恐未是，犹病诸，如云犹患之，盖谓犹患其难能也，非谓尧舜亦不能于此也，只如修己以安百姓，谓为尧舜之所不能，可乎，盖孔子之意，谓若此两者，虽尧舜之

① 《西溪全书》下《思辨录·论语》。

② 《西溪全书》下《思辨录·论语》。

③ 程颢、程颐：《二程集》，王孝鱼点校，中华书局1981年版，第15页。

④ 《四书章句集注·孟子集注·公孙丑章句上》第7章注：“仁者，天地生物之心……所谓‘元者，善之长’也。”《四书章句集注·中庸章句》第20章注：“仁者，天地生物之心，而人得以生者，所谓‘元者，善之长’也。”《朱子全书》第23册《晦庵先生朱文公文集》卷六七《仁说》：“盖仁之为道，乃天地生物之心……此心何心也？在天地则块然生物之心。”《朱子全书》第24册《晦庵先生朱文公文集》卷七四《玉山讲义》：“仁字是个生底意思。”

圣，亦不敢以为易而常患其难也。”①

朴世堂认为“必也圣乎，尧舜其犹病诸”是朱熹承认圣人道德能力局限性的意思。与朱熹不同，朴世堂注意到了程度副词“必”，而不是疑问词“乎”，从而把“病”解释为“患其难能”之义，而不是“不能”之义。他解释说，该句不是承认圣人道德能力的局限的内容，而是意味着圣人偶尔也难以实行“仁”。这种对“圣人道德能力”的观点差异可能是因为朴世堂将“仁”的概念解释为与日常生活相连接的“具体伦理行动联系”，而不是高远的境界。

第二，朴世堂灵活地规定了仁和其他品德之间的阶位。对于《学而》篇第3章“子曰‘巧言令色，鲜矣仁’”，朴世堂注：“忠、信，所以为仁。巧言令色，远于忠信。”②

朴世堂提出“忠”“信”是与“巧言令色”相反的品德。即把忠、信作为仁义的条件之一。相反，朱熹没有提及忠、信等其他品德。他的重点是解释巧言令色所带来的负面效果：“巧，好，令，善也。好其言，善其色，致饰于外，务以悦人，则人欲肆而本心之德，亡矣。圣人，辞不迫切，专言鲜，则绝无可知，学者所当深戒也。”③ 由此可以看出，朴世堂比朱熹更积极地规定了“仁”和其他品德之间的关系。

而且，于《八佾》篇第3章“子曰：‘人而不仁，如礼何？人而不仁，如乐何？’”朴世堂注：“仁者，礼、乐之实。无实，则不成礼乐。”④

朴世堂认为，仁是礼和乐的必要充分条件（necessary and sufficient condition）。朱熹也认为礼乐中“仁”的作用很重要。朱熹讲：“游氏曰：‘人而不仁，则人心亡矣，其如礼乐，何哉？言虽欲用之，而礼乐不为之用也。程子曰：‘仁者，天下之正理，失正理则无序而不和。’”⑤ 但是，

① 《西溪全书》下《思辨录·论语》。
② 《西溪全书》下《思辨录·论语》。
③ 《四书章句集注·论语集注》卷一。
④ 《西溪全书》下《思辨录·论语》。
⑤ 《四书章句集注·论语集注》卷二。

朴世堂比朱熹更明确地规定了礼乐和仁的关系。

朴世堂说“仁，是德之大”①，这是儒家重视仁的普遍态度。但是，他对特别强调“仁”的形而上学特权化观点保持了一定的距离。另外，朱熹根据理气论的世界观赋予了“仁”特别的形而上学的意义，最终将这种仁扩大为形而上学的“理”和“本然的性”“本然具备的善”以及“天理”② 乃至“各种善的源泉”和各种行为的根本。③ 当然，朴世堂的这种想法与他在经典解读时所坚持的原则有关。他说：“然学者于圣人之言，必先求所以言之旨，虚心逊志，以深体之，然后方有所得……若先自立标准，尽驱经义纳于其中，恐未可也。”④

第三，朴世堂认识到“仁”的品德要通过“外面的实践行为”得以完成。对于《述而》篇第 6 章“子曰：‘志于道，据于德，依于仁，游于艺’”，他讲：

> 孔子论仁，未有不就事而言者，《论语》所载，班班可见，安有所谓不到那事时为仁工夫也。“依于仁”一语，未有以灼见夫子之意，固难于为说。盖既曰：“志道据德，则疑若仁在其中，而今又言依于仁”，是则为道德之上，更有一事，所以难其说也。然向所谓道与德，初非有二致，只以其所从言之有异。故曰“道”，曰“德”，曰“志”，曰“据”。然则仁非别为一事着矣。仁与道德，既不得为二致则所谓依于仁者，岂不有次第之可

① 《西溪全书》下《思辨录 · 论语》。

② 《四书章句集注 · 论语集注》卷二《里仁》篇第 11 章注：“怀德，谓‘存其固有之善’。”《四书章句集注 · 论语集注》卷四《述而》篇第 29 章注：“仁者，心之德，非在外也。”《四书章句集注 · 论语集注》卷四《述而》篇第 37 章注：“人之德性，本无不备。”《四书章句集注 · 论语集注》卷六《颜渊》篇第 1 章注：“盖心之全德，莫非天理。”《四书章句集注 · 大学章句》第 1 章注：“明德者，人之所得乎天，而虚灵不昧，以具众理而应万事者也。”《四书章句集注 · 中庸章句》第 20 章注：“谓之‘达德’者，天下古今所同得之理也。”《四书章句集注 · 中庸章句》第 27 章注：“德性者，吾所受于天之正理。”

③ 《朱子全书》第 23 册《晦庵先生朱文公文集》卷六七《仁说》：“盖仁之为道……则众善之源，百行之本，莫不在是。”

④ 《西溪全书》下《思辨录 · 论语》。

言者乎？盖志于道者求之之谓也，据于德者执之之谓也，依于仁者行之之谓也。求之曰“道”，执之曰“德”，行之曰“仁”，直所从言之有异耳，其实则一也，是乃天理之至公，人事之至当。①

朴世堂主张“仁”是在具体事物的关联性下，通过外面的实践行为才得以成立的，而这主要也是因为站在对朱熹观点进行批评的立场。朱熹讲：“仁，则私欲尽去而心德之全也。”“恕之事而仁之术也，于此勉焉，则有以胜其人欲之私，而全其天理之公矣。”② 即把仁限定为“心的状态”——“心德”。③ 对此，朴世堂一方面说“朱子释‘依仁’，曰：‘……若不依于仁，则不到那事时，此心便没顿放处。’此章下《集注》中前后诸说，亦皆此意，而此一段尤为可疑”④，另一方面批判朱熹把内在的心理修养放在第一位。

而且，对于《颜渊》第3章中“司马牛问仁，子曰：“仁者，其言也讱。”曰：“其言也讱，斯谓之仁已乎？”子曰：“为之难，言之得无讱乎？”这一段，朴世堂讲：“此亦犹先行其言，而后从之之意。”⑤ 另外，

---

① 《西溪全书》下《思辨录·论语》。

② 《四书章句集注·论语集注》卷四《述而》篇第6章注：“仁，则私欲尽去而心德之全也。”《四书章句集注·论语集注》卷三《雍也》篇第28章注：“恕之事而仁之术也，于此勉焉，则有以胜其人欲之私，而全其天理之公矣。”

③ 《四书章句集注·论语集注》卷三《公冶长》篇第18章注：“愚闻之师，曰：‘当理而无私心，则仁矣。’”《四书章句集注·论语集注》卷三《雍也》篇第5章注：“仁者，心之德。”《四书章句集注·论语集注》卷四《述而》篇第6章注：“仁则私欲尽去而心德之全也。”《四书章句集注·论语集注》卷四《述而》篇第29章注：“仁者，心之德，非在外也。”《四书章句集注·论语集注》卷四《述而》篇第33章注：“仁则心德之全而人道之备也。”《四书章句集注·论语集注》卷四《泰伯》篇第7章注：“仁者，人心之全德。”《四书章句集注·论语集注》卷六《颜渊》篇第1章注：“仁者，本心之全德。”《四书章句集注·论语集注》卷八《卫灵公》篇第9章注：“仁以德言。”《四书章句集注·孟子集注》卷一一《告子章句上》篇第11章注：“仁者，心之德。”《四书章句集注·孟子集注》卷一一《告子章句下》篇第6章注：“仁者，无私心而合天理之谓。”

④ 《西溪全书》下《思辨录·论语》。

⑤ 《西溪全书》下《思辨录·论语》。

朱熹讲："仁者，心存而不放。故其言，若有所忍而不易发，盖其德之一端也。"① 对于仁的实践，朱熹设定了内在修养以后再进行外在实践的两个阶段，而朴世堂似乎拒绝了这种阶段性实践论，警惕内面心性修养，把仁的外在实践放在首位。

四、结论

"实学"是17—19世纪韩国出现的新的学术风气。实学一词的词源是"实事求是"，指立足事实求学的态度。西溪朴世堂在经学领域被评价为实学的先驱。实学以否定性、批判性发展了现有程朱学，朴世堂的学问具有脱朱子学的性质，在经学研究领域取得了优秀的成就，主要体现在其经典注释书《思辨录》中。本研究以《论语思辨录》中的仁学为中心，旨在揭示朴世堂思想的特征，以及韩国实学思想的另一面。

正如他在自己的墓表中所述，朴世堂的学问由以程朱学为中心的儒学和道家思想构成。具有讽刺意味的是，他把这两个思想作为理想，引起了当时世人的否定评价，理由在于"正统性"的问题。与正统朱子学家不同，他钻研道家。他对经典的解释也与正统朱子学有着不同的路线。与世人的评价不同，朴世堂表示自己的学问是遵循于朱子学的。实际上，《论语思辨录》并不是对朱子的解释持反对意见的著述，而应该被定义为详细考察朱子注并对其不足之处进行批判性论证的著述。

朴世堂对"仁"的一系列说明，基本前提是同意朱熹在《论语集注》中所表达的立场，但同时也批评了朱熹的看法。朱熹的仁学和朴世堂的仁学差异之一是朱熹用"形而上学"的观点来解释仁，而朴世堂则倾向于用"形而下学"的观点来解释仁。换句话说，朴世堂从"实学"的观点出发，把仁解释为在现实中可以实践的伦理行动。

---

① 《四书章句集注·论语集注》卷六。

参考文献

［1］韩国国史编纂委员会：《肃宗实录》，韩国国史编纂委员会，1986 年。

［2］朴世堂：《（国译）思辨录》，韩国民族文化促进会，1966 年。

［3］朴世堂：《韩国文集丛刊》卷一三四，《西溪先生集》，韩国民族文化促进会，1994 年。

［4］朴世堂：《西溪全书》，韩国太学社 1979 年版。

［5］朱熹：《四书章句集注》，中华书局 2016 年版。

［6］朱熹：《朱子全书》，朱杰人、严佐之、刘永翔编，上海古籍出版社、安徽教育出版社 2002 年版。

［7］陈在教：《实学和实学派》，韩国成均馆大学 2011 年研究生课程教材。

［8］付星星：《古代朝鲜半岛〈诗经〉诠释的特征——以朴世堂〈诗思辨录〉为例》，《域外汉籍研究集刊》2018 年第 2 期。

［9］金兑勇：《论朝鲜儒者朴世堂的〈新注道德经〉》，《宗教学研究》2017 年第 3 期。

［10］李昤昊：《朝鲜论语学的形成和展开样相》，《东洋哲学研究》2009 年第 59 辑。

［11］吴龙源：《朴世堂的〈论语思辨录〉研究》，《大同文化研究》2004 年第 47 辑。

［12］尹丝淳：《朴世堂的实学思想相关研究》，《亚世亚研究》1972 年第 15 辑。

［13］郑一均：《西溪朴世堂的〈论语〉伦——以〈论语思辨录〉为中心》，《韩国思想史学》2018 年第 60 辑。

“中观”老学化的色彩

——围绕“成得”句注释与僧肇原文的互动

张翊轩

【摘要】如何让中观与老学对话？本文试图以《不真空论》“成得”句为例，分析僧肇对老子有无的评价。借助庞朴先生的考证厘清僧肇及注解者所用“无”字的不同用法，展示“成得”句注解何以能老学化。回溯中观的本来面貌，展示老学色彩，同时将两者边界划清——以期在思想史的光谱中安放僧肇对实体（常有、常无）概念批判的位置；展示老学化在拒绝本无宗“宰割”的同时，也提供了不同于中观超越有无的“方便”。

【关键词】中观　老学　有无　实体

【作者简介】张翊轩，清华大学博士研究生。

对于“有”“无”的追问几乎构成思想家思考的必经之路，这关乎对世界和生命的理解。在中国哲学中，这对概念被哲学的使用最早见于老子。僧肇借助龙树的中观思想梳理有、无、真、空四个概念，打开了有无之外的世界。许抗生先生认为“不真空论”的思想，完全是来源于龙树之学的。① 笔

① 许抗生：《僧肇评传》，南京大学出版社1998年版，第175页。

者试图从《不真空论》的“成得”句展示其对实体的消解，借助古代注解展示“中观”老学化的色彩。

一、“真无”者何

将此句两种版本展示如下：

夫成得，即是无得之伪号；无成得，即是有得之真名。真名故，虽得而非得；伪号故，虽伪而非无。（惠达本）

夫有得，即是无得之伪号；无得，即是有得之真名。真名故，虽真而非有；伪号故，虽伪而非无。（元康本）

在分析前，首先参考庞朴先生《谈“玄”说“无”》一文对古文字“无”三种含义的厘清，以便理解“无”在此句中的用法。第一种“无”是“有”的失去，“无”字的一种写法“冇”依然有此特征。这时的“无”就是“亡”，含义是失去或没有得到。第二种“无”有较古老的历史，字形上为人跳舞，两只手拿着祭祀用品。甲骨文字形近于“舞”，表明人与天的沟通。这种“无”即实有似无。第三种“无”是绝对的虚无，郑开老师认为类似数字0的发现。这种“无”完全不依赖“有”而存在，刘笑敢先生认为此即魏晋玄学的核心概念，是实无似有。

下面进入对原文的分析，历代注释者对“无得”与“成得”的探讨，受老学有无关系影响颇深，尤其是“无”推出“无不”“全有”的过程。《道德经》关于此意语句有：

（1）为无为，则无不治。（第三章。如无特殊版本，本文均采用王弼本分章，不再另外说明）

（2）a. 道常无为而无不为。（第三十七章）

b. 道恒无为。（北大本）

（3）为学日益，为道日损。损之又损，以至于无为，无为而无不为。（第四十八章）

汤一介先生考证赵秉文《道德经集解》中第二章的注，能厘清僧肇对老子“有”“无”的理解。《天下皆知章第二》注中有如下一段：“肇曰：有无相生，其犹高必有下，然则有无虽殊，俱未免于有也。此乃言象之所以形故，借出有无之表者以袪之。”此见于《涅槃无名论》，其文为：“有无相生，其犹高下相倾，有高必有下，有下必有高矣。然则有无虽殊，俱未免于有也。此乃言象之所以形……非涅槃之宅，故借出以袪之。”①

《道德经》这一章原文为：

a. 有，无之相生也；难，易之相成也；长，短之相刑也；高，下之相盈也；音（帛书甲本为“意”）声之相和也；先，后之相隋（随）；恒也（帛书本）。

b. 有无相生，难易相成，长短相较，高下相倾，音声相和，前后相随。(第二章)

汤先生依据目录学证明《道德经注》为伪书，但同时认为此第二章的注源自《肇论》，思想也符合僧肇原义。僧肇认为“夫有若真有，有自常有……譬彼真无，无自常无”“夫无则湛然不动，可谓之无。万物若无，则不应起，起则非无”，此“无”即庞朴先生所说的绝对的虚无。同时僧肇认为老子的有无是相互转化、依存、生成的，然而老子的有无都只是僧肇所说的“有”。他的论断和庄子一致，老子的有无是原则及道之运动的描述。道是有无的纠缠且绝非虚无，故有言“道之为物，唯恍唯惚，惚兮恍兮，其中有象；恍兮惚兮，其中有物”（二十一章)，“道生一，一生二，二生三，三生万物”（四十二章)。这体现了道从无生有，从有复归于无即运动的面貌，世界从道开始就不是“湛然不动”② 了，而是在“常有”中；反之，老子安放万物的世界从来不是僧肇自始至终都不存在意义上的“无”。

二、以明“非有非无”

要探明僧肇与老学的差异，请回到汤先生所引句即《涅槃无名论》中的“超境第五”。汤用彤先生认为该文是伪书；吕澂先生、刘建国先生认

① 汤一介：《思考中国哲学（汤一介集）》，中国人民大学出版社 2016 年版。

② 参考王博：《老子哲学中“道”和“有”“无”的关系试探》，《哲学研究》1991 年第 8 期。

为是僧肇所作；许抗生先生有细致考证，认为原书是僧肇所作，后人有所添加，且此部分当是僧肇所作。① 除上文所引，这部分还有几个关键句值得注意：

（1）六境之内，非涅槃之宅，故借出以祛之。

（2）体其非有非无。岂曰有无之外，别有一有而可称哉？

（3）借无以明其非有，明其非有，非谓无也。

如果把句（1）“六境之内”看作“有”，那涅槃之宅必须在“有”之外，故要如句（3）所言“借无”。但是“借无”是为了明“非有”，进一步讲是为了如句（2）“体其非有非无”，即不真空论所言“言有是为假有，以明非无，借无以辩非有”，这绝不是在有无之外设定“别有一有”。故借用的“无”依然要破掉。因而汤一介先生按：“有无之表”即“涅槃之宅”，非有非无，乃得中道。

僧肇认为有、无都不值得追求，真正值得追求的是“非有非无”，既不能局限在六境之内，也不能把超越六境的境界实体化。那么何以能够通达这种境界呢？将“实体”破除——这才是僧肇所追求的有、无之外。

这种对“有”的破除，一定程度上承袭了庄子对老子与“有”暧昧的批判。庄子认为“万物出乎无有。有不能以有为有，必出乎无有，而无有一无有”（《庄子·庚桑楚》），将“无”的原则贯穿始终。

纵观哲学史，西方哲学家或多或少都给实体留下了位置，现代西方哲学对此强烈批判：柏拉图在现象世界之外寻找理念世界；亚里士多德做了形式与质料的区分，且谓词逻辑预设了主词必须是实体；康德认为物自体不可认识，但并不否认物自体的存在；黑格尔把实体与主体结合；海德格尔把存在作为最重要的问题终生思考……对实体的大量反思是在“二战”之后，阿多诺批判实体之所以能被建构是因为有同一性的逻辑；鲍曼更是直言同一性的逻辑即大屠杀的逻辑，后现代的哲学家通过批判理性的体系将实体解构。中国哲学对实体的反思始于老子，道“辅万物之自然”且“道常无为”取消了最高实体的主宰性；经由庄子对“有”彻底否定，到僧肇对实体取消可谓一脉相承。

---

① 参考许抗生：《僧肇评传》，南京大学出版社1998年版，第26~40页。

这种取消既是认识论的，又辐射修养论，在“成得”句较明确。因而参考《涅槃无名论》的表述，会更好理解“成得”句的含义。

请看惠达对僧肇此句的注解：“夫成得即是无得之伪号者，其功可见，其德可秤，与成得义，而真谛无成无得。于中，成得即为伪法也。无成得即是有得之真名者，真谛无成得，常是无为而无不为，无不为故无不得，故言有得之真名。”①

惠达了解中观的态度，“于中，成得即为伪法也”，但当其解读“无成得即是有得之真名”时，带有老学化的色彩，尤其符合老子“反者道之动”“有无相生”的精神。从上述分析来看，这不符合僧肇破除实体，通达“有无之外”的精神。如果从僧肇的角度看，之所以引用《放光经》“第一真谛，无成无得”，恰是因为真正的成、得在于用“非有非无”的方式去看待成、德。换言之，这一句被引用为“第一真谛，空成空德”，成、德都是非有非无，即不真的，当然用“空”来形容。此外须注意原文“伪号故，虽伪而非无”中的“无”与上述用法不同，指向僧肇通常使用的“常无”。

三、“成得”与有无

请再次审视版本问题，争论的核心由于版本差异被放在了“有”或“成”的问题上，却忽视了此处僧肇所使用的“无”与“常无”中的“无”并非同义。这里与“有得”“成得”相对应的“无”实际上仍是“空”“不真”“非有非无”的意思。否则，“无”在否定伪号的同时，其实体性会使“有得”更坚固，以至于被理解为“真名”，这与《肇论》思想不符。

元康与惠达争论的核心虽然在版本，背后的思维方式却相同。元康的注解为：“成得则是无得之伪号。今依古本，有得为正也。准下无得句。

① 《肇论疏》卷一：“夫成得即是无得之伪号者其功可见其德可秤与成得义而真谛无成无得于中成得即为伪法也无成得即是有得之真名者真谛无成得常是无为而无不为无不为故无不得故言有得之真名。”（CBETA 2019. Q3，X54，no. 866，p. 59c19-23 // R96，p. 867a11-15 // Z 2：1，p. 434a11~15.）

义亦应然。实是无得，而云有得是假伪之名。无得反此也。真名故虽真，而非有者。诸本皆云。虽得而非得。今依古本。虽真而非有也。准下伪号句。义亦应然也。虽曰真名仍非是有。伪号反此也。”①

元康判定“有”与“无”，“真”与“伪”相对应，从而理校，又依古本校勘。他把“无”理解为与“有”之切切实实把握、得到对立起来的意思。所以他认为没得到（丧失）才是真名，得到了是假伪。真名不是切实得到了，伪号虽然虚假但也不是没得到。

惠达与元康看似分歧较大，实则思维方式一致，即确定一个“有”的标准，得到了就是“有”，与之相对的没得到即“无”。元康根据原文注为真名不意味得到，伪号相反；惠达注为不得才是真名，因为不得或失得意味着全得，颇有老学色彩。两注均是把有无理解为得到或不得的同一层次后的两条路径而已，未在“无”是“空”的含义上谈问题。

如此看来，版本可倾向于选择惠达本，将“成得”问题凸显出来，但也要看到“有”与“得”只是对同样思维方式的不同描述而已。

再请看文才与德清的注解：

> 住俗有得而非得，故伪也；依真无得而乃得，故真也。(文才)②
> 从无住本立一切法，故无得是有得真名。(德清)③

文才区分了“住俗”与“依真”，并且分别将两者对应“有得”与“无得”，他意识到了此处的“无”已经转换成了“空”的含义，变成了与“真”相关的概念，而“真”对应物性空的“非有非无”的世界。德

① 《肇论疏》卷一：“成得则是无得之伪号今依古本有得为正也准下无得句义亦应然实是无得而云有得是假伪之名无得反此也真名故虽真而非有者诸本皆云虽得而非得今依古本虽真而非有也准下伪号句义亦应然也虽曰真名仍非是有伪号反此也。”（CBETA 2019. Q3，T45，no. 1859，p. 172c19～25.）

② 《肇论新疏》卷一：“住俗有得而非得故伪也依真无得而乃得故真也。”（CBETA 2019. Q3，T45，no. 1860，p. 210b23～24.）

③ 《肇论略注》卷二：“从无住本立一切法故无得是有得真名。”（CBETA 2019. Q3，X54，no. 873，p. 339a21 // R96，p. 595a11 // Z 2：1，p. 298a11.）

清侧重从“无住”理解“无得”，“无住”就既不能住于“有”，也不能住于“无”，这就引申出了“空”的含义。

文才与德清的注解都奠基于把“无”理解为“空”，只是文才仍有惠达“无中生有”的老学化色彩，所以他说“依真无得而乃得”，肯定了“得”的真实性。

回到本文开篇归纳的三种“无”的含义，在僧肇强调“非有非无”及“虽伪而非无”的意义上，他所使用的是第三种“无”，即绝对的虚无；而在“无成得”或“无得”“无不得”的意义上，惠达、元康使用的是第一种“无”，与“有”相对的不得、丧失；在“无为”“无不为”的意义上，《道德经》使用的是第二种“无”，即保障万物自然的“无”；而文才对此句的注解，有弥合三种“无”的倾向，涵盖了“依真”“无得”“乃得”；德清的注解从“无住”推出有得的“真名”，基本与僧肇所使用的第三种“无”意义相近。

实际上，根据中观的讲法，事物本质都是空，而不是独立实体。万事万物并非实有，也就根本没有涅槃、轮回的区别了，按照僧肇的说法为“涅槃非有亦复非无”。换言之，取消了向更好状态跳跃的可能性。用智慧觉悟到这一点，驱散蒙昧，涅槃就无处不在。僧肇在有、无实体之外寻找非有非无之“空”，给生命带来了充满可能性、创造性的广阔天地，在“成得”句中，与老子包容万物的“善者，吾善之；不善者，吾亦善之，德善；信者，吾信之；不信者，吾亦信之，德信”（四十九章）之精神达到了契合。

破除“实体”的努力不仅体现在“空”概念的提出，还体现在“有”含义的转换。“有”字形为右手执肉，《说文》解为：“不宜，有也。”《春秋传》曰：“日月有食之。”这体现出在汉代对“有”的理解与“不当”相结合，与其说是“拥有”不如说是“借用”。可见东汉“有”这一概念的实体性、恒常性已经被破除了。从否定性的表达“不宜”中甚至可以把握到给“有”提供暂时正当性的恰是“无”。两者地位相较于庞朴先生的第一种“无”之为“有”的失去，彻底被翻转了。

《说文》的成书时间与僧肇所处的东晋相近，而僧肇不仅没有使用其中“有”的含义，还将“有”的概念彻底实体化，这恰恰体现出他所批判的对象正是“实体”这一概念。而经由这种批判，“空”消解实体的意义就被呈现出来。相较于老子从“无名”拓展“有名”的边界，从“无极”反思三代以“有”的原则建构起的“皇极”“太极”等标准可能带来的伤害，僧肇在《不真空论》中聚焦认识论问题，用缘起说和名实关系反思世界的真实，推出了“非真非实有”“物无彼此”的结论，但是“成得”句略有不同，这涉及价值判断和修养论，最终指向了“立处即真”“体之即神”。因此惠达、文才将此句进行老学化解读并不伤害原文。

用“空”的不二法门去超越有、无，再结合“无得而乃得”“无不得”的“反”的思维方式，似乎能扩展理解“成得”句的边界——中观与老学的互动，可以使尚未觉悟的人，既可不落入本无宗“宰割”“涤除玄览”的方式，也可得超越有无的“方便”。

以僧肇“成得”句为例考察中观与老学的互动，一言以蔽之：既回溯了中观学的本来面貌，又考察了注释者老学化的色彩，同时深化了对二者的理解。

参考文献

[1] 许抗生：《僧肇评传》，南京大学出版社 1998 年版。

[2] 任继愈：《中国佛教史》（第二卷），中国社会科学出版社 1985 年版。

[3] 张春波：《肇论校释》，中华书局 2010 年版。

[4] 汤用彤：《汉魏两晋南北朝佛教史（增订本）》，北京大学出版社 2011 年版。

[5] 汤一介：《思考中国哲学（汤一介集）》，中国人民大学出版社 2016 年版。

三教归一与文明互鉴

——宗炳《明佛论》心识观研究

汪柔竹

【摘要】中国历史上儒释道三教求同存异、走向融合的过程，为当下世界文明的多元共存与良性发展提供了参照。六朝时期，随着佛经的大量翻译与广泛传播，逐步出现了三教争论、互动、互鉴、融合的现象。刘宋时期，精通各家学说的佛教居士宗炳别出心裁，撰写了《明佛论》，融会儒、释、道三教，引入“识”的概念来探讨“神不灭”的问题，主张借道家静心去欲的“日损之学”去澄清神识，使心复归清净“法性”，以臻儒家所言“颜子屡空”的境界。受般若学的影响，宗炳《明佛论》以佛教“缘起性空”为本旨，但是在心性修养上多借鉴吸收儒、道两家，反映了三教之间互动、互鉴、互补的特征。

【关键词】《明佛论》　神不灭　心识　三教　文明互鉴

【作者简介】汪柔竹，北京大学哲学系博士研究生，专业方向为先秦哲学与出土文献。

在当今世界文化多元发展的趋势下，文明的互鉴与交流尤为重要。习近平主席在2019年亚洲文明对话大会开幕式的演讲中强调：“文明因多样而交流，因交流而互鉴，因互鉴而发展。”世界文化的影响与激荡，对中国文化自身独特的品格塑造与良性发展亦有重大的意义。针对处理不同文明、文化关系的问题，费孝通先生曾提出："各美其美，美人之美，美美与共，天下大同。"① 主张以包容、平等、开放、积极的心态接纳世界文明，最终实现儒家"天下大同"的理想。在中国历史上，儒释道三教求同存异、互相借鉴、走向融合的过程，为我们应对当下世界文明的多元共存的局面提供了很好的参照。

早在六朝时期，三教之间的差异、碰撞与争执已经突显，既有站在正统儒家的立场上批评、抵制佛教者，也有援佛入儒、护教弘法者，以及融会贯通、三教兼宗者，各家各派在争议与交流中不断发现儒、释、道三教的共通之处，寻求中国文化的新发展。正如李中华先生所指出的："在中国历史上，儒、释、道三家虽也有差异、矛盾，但总是能够在相互批评、相互借鉴和相互调和中走向融合，始终存在着'和而不同''存异求同''互补共存'和'三教归一'的历史事实。"②

刘宋时期，宗炳的《明佛论》就是一篇儒佛兼宗、观点鲜明的万言论文，其写作起因是刘宋文帝时期释慧琳作《白黑论》，贬抑佛教，聚讼纷纭，何承天赞同释慧琳的见解，并将该论送呈宗炳，二人往复辩论，"炳因著《明佛论》以广其宗"③。宗炳出于护教弘法的目的，以佛教心识观解释世界，主观上将佛教整体置于儒、道二教之上，又在心性论上寻求三教之间的契合点：一方面，从"缘起性空""心为法本"等基本预设出发，主张一切事物皆依众缘而生住，不具有自性；另一方面，在阐发"形尽神不灭"的观点时引入"识"的范畴，将其作为联结形神二者的中介，并指出"识能澄不灭之本"，参照儒家"颜子屡空"的境界，以道家渐除欲望的"日损之学"作为体证空性、获得涅槃的心性修养方式。

自东汉牟子始，关于"神随形灭"与"形尽神不灭"的辩论大抵围绕"神"的定义以及形神关系展开。久保田量远先生指出："灵魂问题是

① 费孝通：《缺席的对话——人的研究在中国——个人的经历》，《读书》1990 年第 10 期。

② 李中华：《论六朝时期的三教关系与世界宗教大同理想》，《中国哲学史》2012 年第 3 期。

③ 僧祐编撰：《弘明集（下）》，刘立夫等译注，中华书局 2013 年版，第 715 页。

一个超理论的、由信仰产生的问题。"① 的确，"神灭"与"神不灭"之争，用现代语言讲，即人死后是否还有灵魂，这首先是一个信仰问题。中国传统以烛火喻形神的论证呈现出朴素的特点，而《明佛论》则在般若学、涅槃学的影响下，结合三世轮回、因果报应以及法身、佛性等义，以"识"连接清净法身之"神"与轮回主体之"神"，从理论层面对形神问题作了更为深入的考察，且在具体阐释上融汇了儒释道三教的观点。

关于《明佛论》中的形神问题已有较多研究，然而学者对"识"的概念鲜有关注。为何宗炳在探讨形神关系时特别强调"识"的作用？轮回主体的神、识、形，与法身之"神"到底是何种关系？神本至虚，而能作为自体常住，这是否体现出宗炳对佛教义学中"性空"与"妙有"的特殊理解？如何才能"灭除心患"，渐次通过损情、歇识、息心证悟涅槃之理？在以"识"澄本（"神"）的心性修养方式上，三教之间存在怎样的差别与联系？本文试结合上述问题探讨《明佛论》的心识观，揭示六朝时期三教交融、互鉴、互补的特点。

一、识附于神

《明佛论》由"神"的随缘迁流引入"识"的概念："然群生之神，其极虽齐，而随缘迁流，成粗妙之识，而与本不灭矣。"② 认为众生之"神"在究极处是齐一的，但由于因缘造化之殊，在与物相接的过程中形成了或粗或妙之"识"。此"识"依附于不灭之"神"，即便形体消散殆尽，"神"仍然不会消灭：

> 甚矣！伪有之蔽神也。今有明镜于斯，纷秽集之，微则其照蔼然，积则其照朏然，弥厚则照而昧矣。质其本明，故加秽犹照，虽从蔼至昧，要随镜不灭。以之辨物，必随秽弥失，而过谬成焉。人之神理，有类于此。伪有累神，成精粗之识。识附于神，故虽死不灭。渐

① 久保田量远：《中国儒道佛交涉史》，胡恩厚译，金城书屋，1986 年，第 47 页。

② 僧祐编撰：《弘明集（上）》，刘立夫等译注，中华书局 2013 年版，第 98 页。

之以空，必将习渐至尽，而穷本神矣，泥洹之谓也。①

宗炳以明镜为喻，指出“伪有”会遮蔽“神”之清净自体。一旦拘执于这种因缘所生的假有，人的认识必然出现错谬。值得注意的是，以镜喻心始于道家，《老子》曰：“涤除玄览。”高亨注：“‘览’‘鉴’古通用……玄鉴者，内心之光明，为形而上之镜，能照察事物，故谓之玄鉴。”② 又，《庄子·应帝王》曰：“至人之用心若镜，不将不迎，应而不藏。”③ 皆借镜喻描摹了心灵开放、澄明的状态，强调不应为偏情所累。而印度佛教多用镜子来比喻世界的空虚和无限，有“宝镜无限”之说。④ 在洞察“毕竟空”的基础上，宗炳借“明镜于斯，纷秽集之”的比喻既阐明了“神”的本然状态（明镜）与“世俗有”（纷秽）之间的关系，也道出“识附于神”的原因——神为假有所累，按其遮蔽程度的不同，形成了或精或粗的识。而识的精粗又直接构成愚圣悬殊的原因：

夫至治则天，大乱滔天，其要心神之为也。尧无理不照，无欲不尽，其神精也。桀无恶不肆，其神悖也。桀非不知尧之善，知己之恶，恶己亡也。体之所欲，悖其神也。而知尧、恶亡之识，常含于神矣。⑤

宗炳认为善恶与治乱都是由心神决定。圣人之神含“恶亡之识”，不会使本心放失，恶人则与之相悖。汤用彤先生析之曰：“因神之本体，原无二致，故曰妙万物而为言也。又因随缘接粗，乃令愚圣悠分。”⑥ 的确，在宗炳看来，众生之神本无高下轩轾，完全因为后天所生“识”的不同而有区分。

① 僧祐编撰：《弘明集（上）》，刘立夫等译注，中华书局 2013 年版，第 113 页。
② 陈鼓应：《老子注译及评介》，中华书局 1984 年版，第 95、97 页。
③ 郭庆藩撰：《庄子集释》，王孝鱼点校，中华书局 2013 年版，第 307 页。
④ 参见乐黛云：《中西诗学中的镜子隐喻》，《文艺研究》1991 年第 5 期。
⑤ 僧祐编撰：《弘明集（上）》，刘立夫等译注，第 103~104 页。
⑥ 汤用彤：《汉魏两晋南北朝佛教史》，商务印书馆 2015 年版，第 341 页。

须注意的是，宗炳对“神”的理解来自《周易》“阴阳不测之谓神”，又谓严君平所释《老子》“一生二”为神明。① “神”主要对应儒、道二教所谓“不测”与“生生”的妙用，并非形上本体。然而，当中土人士论及“神不灭”时，作为轮回主体的“神”往往被视为独立的自体，甚至有被实体化的倾向。潘桂明先生指出，宗炳通过“神妙形粗”之说，将现实妙用看作“神”的“极灵”，坚持了体用关系的一元性思维，即抽象的“神”概念必须落实于现象界，所以仍然无法避免精神的实体化。② 这一观点值得商榷：神不灭是否意味着“神”的实有？将“神”的清净状态等同于“法身”，这种“格义”的方式是否偏离了佛教本旨？就此而言，宗炳引入“识”的概念是十分必要的。在原始佛教中，轮回报应的主体即指十二因缘中的“识”，“行缘识”表示由业生识，“识缘名色”表示由识执受诸根而得流转。而汉译直接以“神”释轮回主体，“神”被赋予了较为宽泛的外延，使魂、灵、精神、法身等概念混为一谈。

《明佛论》将“神”和“识”区分开来，“识”因缘而生，依附于有染污的“神”，虽死不灭，只有“渐之以空”，才能使其断除。这样一来，在有为法的层面，与“神”相依的“识”不仅充当轮回业报的主体，而且合理解释了业果相续的问题；而在无为法的层面，涅槃后的“神”不再受“识”的扰乱，本自无生，乃是空性。“神”的超越性与绝对性从而得到保证。

二、心用乃识

宗炳关于神、识的论述都建立在对“空性”的理解之上，《明佛论》曰：“若不明神本于无生，空众性以照极者，复以何道大道乎？”③ 又融会儒道云：“夫常无者，道也，唯佛则以神法道。”④ 认为“神”的本然状态是“无生”（不生不灭），佛教即以“神”效法常无之道，返本复原。这

① 僧祐编撰：《弘明集（上）》，刘立夫等译注，第98页。

② 潘桂明：《中国佛教思想史稿》第一卷，江苏人民出版社2009年版，第415页。

③ 僧祐编撰：《弘明集（上）》，刘立夫等译注，第124页。

④ 僧祐编撰：《弘明集（上）》，刘立夫等译注，第132页。

些论述都强调本体纯粹之“空”或“无”，是针对中土的“和合论”而发。慧琳《白黑论》曰：“今析豪空树，无□垂荫之茂；离材虚室，不损轮奂之美。”① 认为表象之“有”与本质之“无”可以和谐并存。对此，宗炳在《答何承天书难白黑论》中反驳道：“佛经所谓‘本无’者，非谓众缘和合者皆空也。垂荫、轮奂，处物自可有耳，故谓之‘有谛’；性本无矣，故谓之‘无谛’。”② 他显然受到二谛论的影响，在俗谛上承认“假有”，而在真谛上强调“性空”，以此解释诸法假名与诸法空性的关系。中国传统的认识方式尝试调和对立，寻求中道与综合，而《明佛论》从佛教的“缘起性空”论出发，超越有无的范畴，阐扬“毕竟空”义——即便是不灭的“神”或“法身”，归根结底亦是“空性”。既然一切事物皆无自性，那么人对外境假有的执着缘何产生？宗炳提出了“心用乃识”的观点：

> 请又述而明之：夫圣神玄照，而无思营之识者，由心与物绝，唯神而已。故虚明之本，终始常住，不可凋矣。今心与物交，不一于神。虽以颜子之微微，而必乾乾钻仰，好仁乐山，庶乎屡空。皆心用乃识，必用用妙接，识识妙续，如火之炎炎，相即而成焰耳。今以悟空息心，心用止而情识歇，则神明全矣。③

宗炳将“识”的范畴放入心物关系中去讨论。当心与外物相接时，必然会产生思虑；而当人的本心被外物缠绕，难免衍生出各种各样纷乱的情识。所谓“心用乃识，必用用妙接，识识妙续”，正是强调由心所生的各种“识”是相续不断的。《杂阿含经》卷一〇云：“此有故彼有，此生故彼生；此无故彼无，此灭故彼灭。”④ 一切事物皆不离识，它们并非本来自有，而是依赖外缘才能生起和暂住。在宗炳看来，圣人的精神之所以能够烛照万化，是因为心与物绝，再无思营之“识”，只余清净的“神”。

---

① 《宋书》卷九七《天竺伽毗黎国》。
② 僧祐编撰：《弘明集（上）》，刘立夫等译注，第 190 页。
③ 僧祐编撰：《弘明集（上）》，刘立夫等译注，第 112~113 页。
④ 《杂阿含经》卷一〇，《大正藏》第 2 册，第 67 页上。

他以颜子"庶乎屡空"的境界为典范，认为颜回"处有若无，抚实若虚，不见有犯，而不校也"，深知世间"虚无"而不计较与他人相处的得失。该典故出自《论语·先进》："子曰：回也其庶乎，屡空。"① 本是形容儒者安贫乐道的境界，宗炳则将其解释为"悟空息心"，止息一切"心用"，使精神复归澄明的状态。

须注意的是，"心用乃识"的说法与"心为法本"密切相关，《明佛论》曰："夫《洪范》庶征休咎之应，皆由心来。逮白虹贯日，太白入昴，寒谷生黍，崩城陨霜之类，皆发自人情。而远形天事，固相为形影矣。夫形无无影，声无无响，亦情无无报矣，岂直贯日陨霜之类哉？皆莫不随情曲应，物无遁形。……故佛经云：'一切诸法，从意生形。'又云：'心为法本，心作天堂，心作地狱。'义由此也。……虽然，夫亿等之情，皆相缘成识，识感成形，其性实无也。自有津悟以来，孤声豁然，灭除心患，未有斯之至也。"②

这段论述解释了世间的异象，包括《尚书·洪范》所载"休征"和"咎征"等。从业惑缘起论的角度看，一切现象与报应皆由心生起，《增一阿含经》卷五一云"心为法本，心尊心使"，而由心引发的身心活动必然招致当下或将来的苦乐之报，故又云："心之念恶，即行即施，于彼受苦，轮轹于辙。……中心念善，即行即为，受其善报，如影随形。"③ 在阐明"报应"的基础上，宗炳进一步指出"识感成形，其性实无"，众生本无自性，但因"识"的存在而寄托于不同的形体。"识"是流转的，不会因为形体的消散而断灭。只有灭除心患、渐之以空，才能超脱经验世界的种种束缚。可知，宗炳所言"识"与"心"是密切不分的。心不仅是一切现象产生的根本，而且包含人的精神、意识活动，是由神、识所构成的整体。

三、识能澄本

《明佛论》曰："悲夫，中国君子，明于礼义而暗于知人心，宁知佛心

① 皇侃撰：《论语义疏》，高尚榘校点，中华书局 2013 年版，第 279 页。
② 僧祐编撰：《弘明集（上）》，刘立夫等译注，第 110~111 页。
③ 《增一阿含经》卷五一，《大正藏》第 2 册，第 827 页。

乎?”指出中国的君子对儒家传统的礼义之道非常明了，但是在人心的修养方面仍然有所欠缺。那么，应当如何灭除心患，获得涅槃?《明佛论》曰：“识能澄不灭之本，禀日损之学，损之又损，必至无为，无欲欲情，唯神独映，则无当于生矣。无生则无身，无身而有神，法身之谓也。”“契阔人理，崎岖六情，何获于我，而求累于神?诚自剪绝，则日损所情，实渐于道。”①

宗炳将澄清精神的方式概括为“识能澄不灭之本”。他认为道家的“日损之学”是断绝妄情、获得涅槃的途径，其“损”的主体是“识”，内容是“欲情”。总体而言，宗炳对“泥洹”的理解停留在“无欲无情”的层面，将涅槃佛性说与道家学说融为一体，认为虚静无为之心接近于清净“佛性”。他在论证过程中并未完全遵循般若学的原则，而是受到中国传统心性观的影响。在形神之争中，中土人士往往把成佛看作“冥神”，如慧远《沙门不敬王者论》曰：“冥神绝境，故谓之涅槃。”② 所谓“神”，不仅是生命流转的主体，也是回归法性的载体。这种观点事实上承认“我”的存在，所以将“神”冥绝才能达到涅槃。宗炳的看法与之略有差异，他将“识”作为澄清精神的中介与条件，认为众生的心性本来清净，因有染污的“识”而被外部客尘所扰，所以只要断除“识”，就可以恢复到“神”的清净状态，不生不灭。③ 这仍然是在“心”的意义上讨论神、识的问题。

值得注意的是，在论述神、形、识、心的关系时，宗炳对三教关系亦有阐发。首先，他常引用儒道的概念。如以儒、道二教的“神”（妙用）

---

① 僧祐编撰：《弘明集（上）》，刘立夫等译注，第145页。

② 僧祐编撰：《弘明集（上）》，刘立夫等译注，第320页。

③ 本文以为，宗炳所言不灭之“神”主要是在止歇“情识”后“心性本净”的意义上使用。首先，“心意识”是一个极为复杂的问题，如在《阿含经》系统中，心意识的表述尚未定型，没有明确区分心法和心所法的种类和功用；而后来的唯识学则在六识外别立意根，分识为八种。从宗炳《明佛论》的内容看，未尝涉及心识的分判问题，所言之“识”大抵笼统地指有情所依、有染污的情识。其次，关于“心性本净”，部派佛教犊子部舍论《舍利弗阿毗昙论》曰：“心性清净，为客尘染。”结合宗炳认为“神本于无生”，可知“神”本来清净，因后天所生的“识”而受到遮蔽；而宗炳在此处又强调不要因人情而“累神”，主张渐次剪绝情欲而复归“神”的本然，似乎预设了心性本净。

定义“法身”，以“虚无”“屡空”解释“性空”，以神、识、形的关系说明“涅槃”等；其次，在心性修养方面，他将道家的“无为无欲”、儒家圣人的“抚实若虚”与佛教的“清净法性”混而为一。不过，在宗炳看来，儒、道与佛教体系始终是分离的，唯有佛教在理论上最为究竟。《明佛论》曰：“彼佛经也，包《五典》之德，深加远大之实；含老、庄之虚，而重增皆空之尽。”① 尽管宗炳承认三教“习善共辙”，有诸多相似之处，但是他在根本上坚持佛教义理整体高于儒、道二教。

结　论

六朝时期，三教之间的差异逐步突显，在相互批评、争论与借鉴中走向融合。刘宋时期宗炳所作《明佛论》一文即表达了三教殊途同归、“习善共辙”的观点，并在心性修养上寻求三教之间的契合点。

在探讨“神不灭”的问题时，宗炳将“心”与“神”“识”等概念紧密结合。印度佛教主张“无我”，而中国传统将“神”作为轮回主体或灵魂，不灭的“神”难免落入现象界或者被实体化。为化解这一困境，宗炳从佛教“缘起性空”的基本意旨出发，将“识”作为联结形神、澄清本心的必要条件。在他看来，有染污的“识”始终依附于“神”，虽死不灭，只有通过“日损之学”将情识断除，才能使“神”复归“无生”。于是，他提出“识能澄不灭之本”，认为只有被“识”澄清后的“神”才是心的“本来面目”，本自清净而无生灭。总体而言，宗炳对“空”的理解比慧琳、慧远等人更为深刻。不过，他在论证过程中亦未完全遵循般若学的原则，而是深受中国传统心性观念的影响，将印度佛教的“空性”与儒家的“抚实若虚”相类比，把解脱之道的“涅槃”与道家的“静心去欲”相结合，体现了三教之间的互动、互鉴、互补。

参考文献

［1］费孝通：《缺席的对话——人的研究在中国——个人的经历》，《读书》1990年第10期。

① 僧祐编撰：《弘明集（上）》，刘立夫等译注，第92页。

［2］李中华：《论六朝时期的三教关系与世界宗教大同理想》，《中国哲学史》2012 年第 3 期。

［3］僧祐编撰：《弘明集》，刘立夫等译注，中华书局 2013 年版。

［4］久保田量远：《中国儒道佛交涉史》，胡恩厚译，金城书屋，1986 年。

［5］陈鼓应：《老子注译及评介》，中华书局 1984 年版。

［6］郭庆藩撰：《庄子集释》，王孝鱼点校，中华书局 2013 年版。

［7］乐黛云：《中西诗学中的镜子隐喻》，《文艺研究》1991 年第 5 期。

［8］汤用彤：《汉魏两晋南北朝佛教史》，商务印书馆 2015 年版。

［9］潘桂明：《中国佛教思想史稿》第一卷，江苏人民出版社 2009 年版。

［10］《杂阿含经》卷一〇，《大正藏》第 2 册。

［11］皇侃撰：《论语义疏》，高尚榘校点，中华书局 2013 年版。

［12］《增一阿含经》卷五一，《大正藏》第 2 册。

孔曾思孟之间：儒家慎独之学的形成与突破

崔 翔

【摘要】 慎独之学的形成与突破是早期儒家心性化内转与形上学建构的关键一环。曾子继承孔子一贯之道的基本精神所践行的“自反”与“守约”，是“慎独”的先行观念，其后《大学·诚意》章则从心灵固有的好恶倾向出发，以“自谦”体认“独”的意识根源，慎独之学初步形成。《五行》在分判天道、人道的基础上揭示“独”作为心灵之情感实存原初的自足性，并以慎独为达天德的根本途径；《中庸》则借隐微之性体而将“独”上遂天道，使其真正成为内在而超越的本体论范畴。孟子所言“夜气”与“良知”是独体于人心的现时呈显，而《易传》提出的“天地之心”是独体在世间的根本朗现。

【关键词】 守约　慎独　《五行》　《大学》　《中庸》

【作者简介】 崔翔，北京师范大学哲学学院中国哲学专业研究生。

慎独是儒家重要的道德修养工夫之一，一般认为其基本涵义为“在无人觉察的闲居独处时，尤须谨慎地对待自己的行为，自觉遵循道德要求”①，而帛书、竹简《五行》的相继出土使得学者们开始重新

① 张岱年主编：《中国哲学大辞典》，上海辞书出版社 2014 年版，第 106 页。

反思“慎独”一词的本义。如丁四新以“独”为心君，“慎独”就是慎心。① 梁涛援引郝懿行、王念孙之说，将“慎独”释为“诚独”，指内在的精神状态，并认为郑玄、朱熹误解了慎独。② 廖名春从文字学角度入手，考察“慎”字本义为“珍重”，慎独就是不重外表只重内心。诸家训解虽有不同，但大致都以“独”为心灵层面的观念，而不是具体伦理情境中的“独处”。

从宏观上看，孔子之后，儒家修身之学呈现出显著的心性化内转趋势，“慎独”观念是其中的重要一环。③ 与早期儒家学者对心灵诸要素的精细划分（如性、情、才、意等）相比，仅仅将慎独归属于“贵心”似乎稍显笼统，无法具体把握其独特内涵。因之，本文拟以孔、曾、思、孟之间的内转趋势为背景，重新思索慎独之学的开显历程，以期对其义理结构与思想旨趣有更深入的理解。

一、“守约”：“慎独”的先行观念

儒家慎独之学的形成无疑与曾子有着密切的联系。更确切地说，曾子即便不是慎独观念的直接提出者，也应是其先行者。据现有的文献来看，慎独的最早出处很可能是《大学》的诚意章。据朱子言，《大学》经文“盖孔子之言，而曾子述之”，而传文则“曾子之意而门人记之”④。不过，即便不承认《大学》为曾子或其后学所作⑤，曾子与慎独观念的联系也无

---

① 丁四新：《略论郭店楚简〈五行〉思想》，《孔子研究》2000 年第 3 期。

② 梁涛：《朱熹对“慎独”的误读及其在经学诠释中的意义》，《哲学研究》2004 年第 3 期。

③ 李景林：《简帛文献与孔子后学思想之内转趋势》，《孔孟大义今诠》，孔学堂书局 2019 年版，第 107 页。

④ 朱熹：《四书章句集注》，中华书局 2016 年版，第 4 页。

⑤ 冯友兰先生曾以《大学》为秦汉之际儒者所作（见冯友兰：《中国哲学史》上，重庆出版社 2015 年版），后又以《大学》可能为西汉盐铁会议文人集团所作（见冯友兰：《中国哲学史新编》中，人民出版社 2015 年版），其说法影响甚大。不过，随着简帛文献的大量出土，多数学者开始否定《大学》晚出的说法，重新承认《大学》与曾子的联系。（如李学勤：《从简帛佚籍〈五行〉谈到〈大学〉》，《孔子研究》1998 年第 3 期；梁涛：《〈大学〉早出新证》，《中国哲学史》2000 年第 3 期。）

法轻易否认。因为曾子之学的核心理念——“守约”，完全可以视为慎独的先行观念。牟宗三先生曾指出：“慎独这个观念孔子没有讲，孟子也没讲。如果你要追溯这个观念的历史渊源，那当该追溯到谁呢？当该是曾子。……孟子曾经用两个字来说曾子，就是‘守约’这两个字。守约就是慎独的精神。所以，慎独这个观念是紧扣孔门下来的。”① 当然，这并非出于严密的历史考证，而是义理上的判断。

何谓“守约”？《孟子·公孙丑上》载：“昔者曾子谓子襄曰：‘子好勇乎？吾尝闻大勇于夫子矣。自反而不缩，虽褐宽博，吾不惴焉；自反而缩，虽千万人，吾往矣。’孟施舍之守气，又不如曾子之守约也。”赵岐注：“缩，义也。惴，惧也。”《释文》云：“缩，直也。”② “缩”就是正直、道义，“自反”即所谓反身自省。孟子在此处与弟子讨论勇敢，而他引用的是曾子得之于孔子的话：无论任何时候都不畏惧并非真正的勇敢，如若我有不义不直之心，便会感到心虚，此时即便只是面对平民百姓，我内心难道不会感到惴惴不安吗？如若真正意识到道义在我，即使是与天下人为敌，也坚决不会退却。在这里，孔子传授给曾子的“大勇”并非血气之勇，而是德义之勇。孟施舍凭借“无惧”所达到的“不动心”其实是以自身血气强行克制其本能反应（如恐惧）以保证心灵的安宁，本质上仍然是一种“守气”。而曾子之守乃是通过提升心灵的主体地位，以道义为心灵活动的规定性根据，从而保持心灵不为一切外物干扰，因此是更“简约”的。当然，以“守约”概括曾子之学并不只是笼统地称赞其简约性，而是想要说明其把握到了更根本且更具有必然性的东西，因为只有真正从根本上具有必然性的方式才可能是最简约的。当孔子感慨“吾道一以贯之”之时，唯独曾子能够心会其意：“夫子之道，忠恕而已矣。”（《论语·里仁》）且不论其所得是否为孔子之原意，“一以贯之”所蕴含的“约”的精神的确为曾子所得。

从另一个角度看，“约”又有“约束”的意思，《论语》中多次提及的“约之以礼”，可以被视为孔门的基本礼法。但“约之以礼”仍是用外在的、

---

① 牟宗三：《中国哲学十九讲》，贵州人民出版社 2020 年版，第 70 页。

② 焦循撰：《孟子正义》，沈文倬点校，中华书局 1987 年版，第 193 页。

具体的礼仪规范去约束自己，是以他力促成自力，曾子之“守约”则更倾向于内在的自我操守、自我约束。《论语·学而》载曾子语：“吾日三省吾身，为人谋而不忠乎？与朋友交而不信乎？传不习乎？”“三省吾身”的具体内容虽然是经验层面的，但该行为本身是主体心灵纯然内在的自我反思，这是自我约束意义上的“守约”。牟宗三先生认为守约之确义在于“用心于内以清澈自己之生命而期吾无一事之非理”①，就是指“约”的此种剥落作用。“约”之两方面涵义的内在关联是：一方面，曾子所守之所以更简约、更根本，是因为其所守的恰恰就是那个“约”；另一方面，主体的自我约束、自我归约、自我剥落必然指向那个终极的、简约的目标，也即必然地指向那个“一”。而“独”最基本的涵义也恰恰是“一”——“独一、无二”。

不难发现，曾子由“自反”与“守约”而达到的“不动心”之中已然蕴含一种本心人格的坚守、一种独立而不改的自我意识与德性自觉，是慎独的基本内涵。因此，慎独之学即便不是曾子本人直接提出的，其精神也已经内化于他整个生命气质之中。曾子曰：“可以托六尺之孤，可以寄百里之命，临大节而不可夺也。君子人与？君子人也。”（《论语·泰伯》）又曰：“士不可以不弘毅，任重而道远。仁以为己任，不亦重乎？死而后已，不亦远乎？”（《论语·泰伯》）在此“弘毅”中，一种德性人格的独立性得到挺立，但这种临渊履薄的戒惧意识能否得到更本质的说明？譬如，“士”为什么不得不“弘毅”？又为何以主动承担“仁”为“己任”？是外在天命的要求，还是心灵本来就乐于追求、甘于追求的东西？所谓乐于追求，是指一种生发于内心情感的真实意愿；所谓甘于追求，是说心灵能够于这种追求之中获得一种自我的满足感。在“慎独”最初形成的《大学·诚意》章中，这两种向度得到了充分具体的展开。

二、“自欺”与“自谦”：“独”之体认

《大学·诚意》章云：“所谓诚其意者，毋自欺也，如恶恶臭，如好好色，此之谓自谦，故君子必慎其独也！小人闲居为不善，无所不至，见君

① 牟宗三：《心体与性体》，台湾联经出版事业股份有限公司2003年版，第271页。

子而后厌然，掩其不善，而著其善。人之视己，如见其肺肝然，则何益矣！此谓诚于中，形于外，故君子必慎其独也。曾子曰：‘十目所视，十手所指，其严乎！’富润屋，德润身，心广体胖，故君子必诚其意。”①

此章直引曾子语，说明其作者对曾子严格的戒惧意识有着相当自觉的继承，朱子以之为“曾子之意而门人记之”，并非没有根据。对“独”的解释很多，但如果我们暂时搁置字义训解的争论而顺着文本的理路思考，一个不可否认的事实是，“独”与“诚”具有直接且密切的关联。“诚”可以指内心的真诚，如曾子守约而来的“自反而缩”，但当我们说内心的真诚时，我们究竟在表达什么？这种真诚又从何而来？在《大学》这里，“诚意”显然要更深入一层，而非笼统地说“诚心”。“诚意”的反面是“自欺”，但人如何能够自我欺骗？即常人所言“昧着良心？”在这种自我欺骗之中发生了什么？难道是一个我去欺骗另一个我？抑或一颗心欺骗另一颗心？无论是将“我”还是“心”分而为二，都会陷入一种“以心观心”的无限倒退。且在这种二分法中，欺骗本身变成了对象化的，又如何是“自欺”？一种可能的理解是，此是在良知本心被遮蔽的情况下，而这种遮蔽来自于更深层次的自欺，即一种自欺而不自知的状态，此即沉沦。沉沦之人失去自身的独特性，沦为“单向度的人”，沦为“常人”。人生在世，对于外在礼仪规范的听从难免沦为一种习焉不察的机械重复，如此则个体之生活世界只在一片黑暗无别的朦胧之中，“毋自欺”就是要从此沉沦状态中超拔出来，面对真实的自我。这就需要反身体察本己最真实的情感实存，由此真实情感而发出的活动才具有澄明的意义。

什么是心灵的真实情感？“如恶恶臭，如好好色，此之谓自谦。”“谦”读为“慊”，“自谦”就是“以自快足于己”②，是本己的自我愉悦、自我满足。对好色与恶臭的好恶无疑是天理之内容，因为任何对自然情感禁欲主义式的排挤都是反人性的——“制欲非体仁”。但我们不能仅仅停留于此，而要从这种感官的好恶中领悟“意”的真实指向，此即诚意。但此“意”并非广义的意识活动，而具有根本的指向性，其基本内容是好、

① 朱熹：《四书章句集注》，第7~8页。

② 朱熹：《四书章句集注》，第7页。

恶两端。儒家讲“合外内之道”，但此种“合”是建立在严格的内外区别之上的。《性自命出》中说：“好恶，性也。所好所恶，物也。”① 所好所恶是外在之物，而好恶是心灵的固有倾向。尽管不同的人所好所恶之物有所不同，如每个人喜欢、讨厌吃的菜是不同的。但“意者，心之所存”②，这种“喜欢”与“讨厌”，作为心灵的固有倾向，是非对象性的、必然的、持久的。以好恶为性并不等于否定性善论或者倾向于自然人性论，因为作为“性”的好恶并非对象性的，而毋宁说只是一种概念化的指向。既然所好、所恶都是外在之物，对具体物的追求便不能属于现实心灵的固有内容。孟子所谓性命之别即建立在这种内外的分别之上：真正的“性”是内在的、必然的、本己我属的——“我欲仁，斯仁至矣”（《论语·述而》）；而一切“求之有道，得之有命”的都是外在的，“是求无益于得也，求在外者也”（《孟子·尽心上》）。更进一步说，经验层面的“心之所同然”其实并不具有永恒性，而“好善恶恶”是儒家所谓真正的“心之所同然”，此即好恶之真几。《大学》所谓“好人之所恶，恶人之所好，是谓拂人之性，灾必逮夫身”，《中庸》“同其好恶”，皆非指感官欲望，而是建立在好善恶恶的道义基础之上。因此，这种“自谦”不是感官的愉悦，而毋宁说是一种智性的愉悦，它标示着对自我精神生存状态的满足，“人不堪其忧，回也不改其乐”（《论语·雍也》）。

朱子以“独”为“他人所不及而己所独知之者”，又以“慎独”为于独知之地“审其几”③，盖源于其对这种“自欺”或“自谦”的心理状态有着深刻的体会。不论是自我欺骗还是自我愉悦、自我满足，在本质上都是心灵所独自知道的内容。既然是独知，他人之好恶便不能作为我之好恶的根据，我必须反己体察内心最真实的好恶之意并持守之，使其不为外界所扰动，否则心灵便处于被动的状态，无法保有真正的主体性。但“独”

① 李零：《郭店楚简校读记（增订本）》，中国人民大学出版社 2007 年版，第 136 页。

② 刘宗周：《学言》，《刘宗周全集》第三册，浙江古籍出版社 2007 年版，第 352 页。

③ 朱熹：《四书章句集注》，第 7 页。

的这种独立性并不意味着自我设限、自我封闭，也并不会走向“自大狂”，因为“人之视己，如见其肺肝然”。由于人与人之心灵具有共通性，即“心之所同然”，非言语式的心灵交流便成为可能。此外，“小人闲居为不善”之时虽然处于一种自欺而不自知的状态，但其“意”必然仍是好善恶恶的，所以才会“掩其不善，而著其善”。对小人而言，这是一种道德他力，而于君子是自力，二者的区别在于，能否体察到内心真实的好恶之几。为何人皆“好善恶恶？”为何在世人的沉沦过程中仍会有向上的力量？我们固然可以称之为“人性的光辉”，似乎如黑暗中的一点烛火。但儒家坚信，这种“烛火”，乃是人之所以为人最真实、最本真的意愿，此即“独”在心体层面的显现。可以说，《大学》诚意章正是从这种心灵固有的好恶倾向（意）出发，以“自谦”体认“独”的意识根源。

所谓“诚于中，形于外”，人之实存原本是身心、内外一体的，诚于中者必形于外，而内外的分离乃是一种异化的状态。“慎独”的意义即在于把人之内在情感从外部社会的疏离状态中绽露出来，但这种绽出之生存并不借助于他者的监督，而取决于自我的觉醒。之所以用“独”而不用“己”或者“心”，乃是为了强调“独”的个体性、独立性与完满性——“独体”。“独”的本体化途径固然是与天命、天道相贯通，但我们不能将“独”视为“以把握天命自居的完全的封闭式的生存状态”，如此则不免沦为自大狂，而要“在天命中理解慎独”①，此即思孟学派对独体进行提摄的思路。

三、“舍体”与“率性”：“独”之上遂

相传为思孟学派作品的《五行》经、说与《中庸》都出现了“慎独”的概念，二者的共同特点是，将“独”与天道、天命、天德相贯通。②

---

① 尚文华：《慎独与自欺——一种生存论分析的视角》，《中国哲学史》2020年第3期。

② 郭店楚简《五行》有经无说，马王堆帛书本则有说。学界一般认为，《五行》经部与子思有关，而说部则与孟子有密切联系。陈来更直接断定帛书《五行》之经部为子思所作、说部为孟子所作。（陈来：《竹帛〈五行〉篇为子思、孟子所作论——兼论郭店楚简〈五行〉篇出土的历史意义》，《孔子研究》2007年1期）本文将其与《中庸》统一视为思孟学派之作品，以期发现其共同的思想倾向，至于其内部的具体差异，当另文讨论。

《五行》经部开篇即提出天道与人道的区别："德之行五和谓之德，四行和谓之善。善，人道也；德，天道也。""四行和"即仁义礼智之和谐，此是"善"，是人道。而"五和"则加入了"圣"，因此谓之"德"，谓之天道。《中庸》亦有类似的区别："诚者，天之道也。诚之者，人之道也。诚者，不勉而中，不思而得，从容中道，圣人也。诚之者，择善而固执之者也。"同样将"圣"与天道、"善"与人道相连。庞朴先生指出，所谓人道，是理性地处理人的社会关系的行为规范；而所谓天道，是悟性地安顿人与宇宙、人与人类、人与自我关系的以德为指归的精神规范。① 与天道相贯通，意味着慎独之学不再是局限于社会纲常的道德意识，而是即道德而超道德的。

《五行》经文云："'〔鸤鸠在桑，其子七兮。〕淑人君子，其仪一兮。'能为一然后能为君子，〔君子〕慎其独也。"②

此是引《诗经·曹风·鸤鸠》以言慎独，其意似有不同。《鸤鸠》之旨在刺不一，三家诗无异议。然而"一"者何也？齐诗云："鸤鸠七子，均而不殆。"韩诗云："七子均养者，鸤鸠之仁也。"毛传云："鸤鸠之养其子，朝从上下，莫从下上，平均如一，言执义一则用心固。"③"一"首先是平均如一之意，引申为君子应始终如一、行为一贯，如是则其心坚固不变，而此坚固不变恰是"独"的基本精神（独立不改而持守其内在的原则），故《五行》以《鸤鸠》言慎独。《五行》说文解释"一"云："能为一者，言能以多为一；以多为一者，言能以夫五为一也。""以多为一"就是一种归约、统类的能力，犹如曾子"守约"，能以忠恕之道一以贯之。"以夫五为一"就是能统合仁义礼智圣此五行，因为此五者毕竟仍是具体的道德规范，有外在的行为与之对应。但此统合，与"约"似乎又有不同。说文解释"四行之所和也，和则同，同则善"时云："和者，有犹五声之和也。同者，□约也，与心若一也，言舍夫四也，而四者同于善心

① 庞朴：《竹帛〈五行〉篇校注及研究》，引言第Ⅲ页。

② 庞朴：《竹帛〈五行〉篇校注及研究》，第38~39页。下引竹帛《五行》皆据此书，不再出注。

③ 王先谦撰：《诗三家义集疏》，吴格点校，中华书局1987年版，第500页。

也。同，善之至也。”作为一种社会道德、作为一种“善”，仁义礼智四行或许可以通过外在规范的约束而达到，此即所谓“同于善心”，但这种由“约”达到的“同”只是一种“与心若一”，而不是本然的合一。五行和则应“以夫五为一”，此“德”是完全内在于本心的。因此《说文》又云：“慎其独也者，言舍夫五而慎其心之谓□。□［独］然后一，一也者，夫五［夫］为□心也，然后德［得］之。一也，乃德已。德犹天也，天乃德已。”慎独便是舍弃此五行而专守其心，但此舍弃并非完全抛弃，而是一种扬弃、一种超越，即超离具体的自然道德、社会道德，从而上升为身心安顿的天道。五行和合而谓之德，慎独就是达到此天德的途径，因为“独”而后能“一”，五行和合为一而后方有天德。

《说苑·反质》引《鳲鸠》之传云：“传曰：‘尸鸠之所以养七子者，一心也。君子之所以理万物者，一仪也。以一仪理物，天心也。五者不离，合而为一，谓之天心。在我能因自深结其意于一。故一心可以事百君，百心不可以事一君。是故诚不远也。夫诚者，一也。一者，质也。君子虽有外文，必不离内质矣。’”①

学界一般认为此传本之鲁诗。“五者不离，合而为一”或许与“以夫五为一”有相似之处，此统合之心并非日常经验之心，而是一种内在超越的“天心”，故其所为之事乃是“理万物”之天道。此论进一步引入“诚”与“文质”的范畴以说明天心天德，是更深入了。而《五行》紧接着也正是从文质关系的角度着手：“‘〔燕燕于飞，差池其羽。之子于归，远送于野。〕瞻望弗及，泣涕如雨。’能差池其羽然后能至哀，君子慎其独也。”

王先谦云：“左襄二十一年传‘而何敢差池’，杜注：‘差池，不齐一。’定姜及妇皆身丁忧厄，容饰不修，故以燕羽之差池为比，齐说所谓‘忧在不饰’也。”② 所谓“差池其羽”，乃是以羽毛之不齐一喻内心伤悲、无心顾及衣容。故说文云：“差池者，言不在衰绖；不在衰绖也，然后能至哀。夫丧，正绖修领而哀杀矣，言至内者之不在外也。”丧礼“不在衰绖”，即不在乎丧服是否穿戴工整。如果丧服穿戴工整，那么哀伤也就减少了。所谓

---

① 刘向撰：《说苑校证》，向宗鲁校证，中华书局 1987 年版，第 513 页。

② 王先谦撰：《诗三家义集疏》，吴格点校，第 139 页。

“至内者”，乃是最内在、最隐微的东西，即下文之“独”，此非一般地说“心”，而是指涉内心的情感实存。说文又云：“独也者，舍体也。”此“体”当指外在的礼仪形式，而非身体。① 所谓“君子虽有外文，必不离内质”，舍体即超离外在的礼仪形式，而回归人的内在质性。但此回归并非完全抛弃礼仪之文，如上文所言，人对于外在礼仪规范的听从难免沦为一种习焉不察的机械重复，此时质与文、内与外原初的一体性遭受了褫夺，因此“舍体”和“慎独”就是要从此浑浑噩噩中超拔出来，回归这种原初的一体性。孔子以“文质彬彬”为君子人格的典范，但此不应简单理解为二元的文质相应，而必须是以内质为基础升华为外文之后的文质和谐。之所以要强调“内”，是因为礼仪本是情感的外化，但继外化后便固化为一特定的外在形式，从而与内心之情感实存对立起来。之所以要强调“独”，是因为“至内者不在外也”，根本上的“内”或“质”是一切“外”与“文”的前提与基础，此即“独”的根源性、独立性与自足性。《礼记·礼器》：“礼之以少为贵者，以其内心者也。德产之致也精微，观天子之物，无可以称其德者，如此则得不以少为贵乎？是故君子慎其独也。”礼之所以有以少为贵者，乃是因为外在之物产无论如何也无法与内心之德相称。从反面说，内心之德越完备，便越不需要有外在的礼仪，此所以“不动而敬，不言而信”（《中庸》）。在这一意义上，“独”乃是最高的、最完备之“德”，此即天德、天心。

《中庸》首章以天命率性开篇，以中和位育收束，极尽高明，而其落脚点仍在慎独：“君子戒慎乎其所不睹，恐惧乎其所不闻，莫见乎隐，莫显乎微，故君子慎其独也。”程子说：“纯亦不已，乃天德也。有天德，便可语王道，其要只在谨独。”② 谨独就是慎独，此同样是以慎独为达天德的根本途径，且程子又点出所谓“天德”之特征——“纯亦不已”，此言人之德性生命的纯粹性、连续性、永恒性。明人董沄更进一步说：“慎独而还其无声无臭之天，则万物一体而纯亦不已。”③ 通过慎独这一内在自

① 李景林：《帛书〈五行〉慎独说小议》，《人文杂志》2003 年第 6 期。

② 朱熹：《四书章句集注》，第 114 页。按：谨独即慎独，盖避宋孝宗赵昚讳。

③ 黄宗羲：《明儒学案 · 浙中王门学案四》，沈芝盈点校，中华书局 1986 年版，第 294 页。

反的剥落工夫，而在不睹不闻这一看似混沌的黑暗之中挺拔出心灵主体的独立性与纯粹性，从而实现心体与“无声无臭”而“纯亦不已”之天的内在统一，如此则更复归于万物一体的本然状态。

关于《大学》《中庸》所言慎独之不同，刘宗周曾言：“独字是虚位，从性体看来，则曰莫见莫显，是思虑未起，鬼神莫知也；从心体看来，则曰十目十手，是思虑既起，吾心独知时也。然性体即在心体中看出。”① 上文提到，《大学》之慎独乃是从人心好恶的固有倾向中体悟独体，此是心体，而《中庸》则侧重于从性体的角度谈慎独。无论是“不睹”“不闻”还是“未发”，都是一种逆觉的、否定式的指向，其归依在于“无声无臭”之天命的体认与倾听。这种体认当然不依赖于任何感官知觉。朱子在“独”后添一“知”字，无疑是对这种凛然对越的心灵状态有着深切的体会，这大大深化了慎独工夫的内在性与超越性。但独知并非仅仅可以理解为对内在念虑的省察——这仍是心体层面的工夫，是《大学》理解的慎独。“独知”——独自知道，其更深层的意义指向某种必须依靠且只能依靠我自身才能“知道”的东西，而且这“知”不可能是外在的或从外部获取的。“道也者不可须臾离”，这“不可”并非一种道德要求，而是不可能——道，作为天命之性，原本就内在于每一个个体的心灵之中，如果在现实中存在任何离开它的可能性，则它便不能被称为道，或者说这可以离开的东西只是我们对道的错认。因此，在“莫见莫显”而思虑未起的未发之时，这种个体心灵与天命之间的对越无疑是一种“独知”。由于这种心灵层面对道的“独知”，天命之性又是极尽显见的，此所以“性体即在心体中看出”。《中庸》于慎独之后言“喜怒哀乐之未发”，亦是由于喜怒哀乐之情根源于好恶之几，而此好恶又根源于独体。喜怒哀乐作为经验化的情感，乃是意向性的好/恶得到满足/未得到满足之后的体现。如人吃到喜欢的东西就开心（喜/乐），吃到不喜欢的东西就难过（哀/怒）。情感之发动指心而言，此亦是吾心之独知，非必发见于外而后谓之已发。已发之情感有正与不正之别，即所谓本然情感与非本然情感。庄生曾感慨：“喜怒哀乐，虑叹变慹，姚佚启态，乐出虚，蒸成菌，日夜相代乎前而莫

① 黄宗羲：《明儒学案·蕺山学案》，沈芝盈点校，第1516页。

知其所萌。”从经验看，喜怒哀乐诸种情态似乎是受外界引发的，所谓感物而动，但若不是心灵深处所固有，情感又如何萌发？事实上，心灵情感必定不是盲目受外在牵引的，其与人之内在本性有着深切的联系。船山以为喜怒哀乐之未发非空无所有，而“明有一喜怒哀乐，而特未发耳”①，其目的即在于寻求人心本然的情感实存。所谓“喜怒哀乐之未发”，就是在喜怒哀乐还没有对象化的时候，反躬人心之情感实存。此种情感实存，可从好恶之意中看出，也即内心真实无妄之诚；而所谓“独”，亦是在剥离外在事物之后对心之本然状态的复归。在这种复归的过程之中，我们或许可以看到几分与道家“离形去知，同于大通”相似的一面，但由于《大学》诚意论所具有的德性的先天定向以及孔门相传一贯的戒慎恐惧工夫所具有的严格的道德意识，思孟学派吸收道家资源所确立的独体意识仍然是以德性论为中心的，与其说德性论是面向个体生存的或者说是生存论层面的，毋宁说它是即道德而超道德的。在这个意义上，“喜怒哀乐未发”指涉的是独，是性，是中，是诚。由此，独体的双重意义即得到贯通，而人之情感实存与天命之性的原初统一也得到揭示，“独”真正成为一完善的本体论概念。

四、“夜气”与“天心”：“独”之朗现

从训诂学上说，“独”作为名词似乎只能训“一”，将其解释为“独处”“独知”或者“心”在某种程度上都是引申后的诠释。《五行》篇出土后，多数学者认为传统的解释曲解或误解了慎独，然而事实果真如此？

上文提到，“独”更多是一种指示内心独立性、自足性的概念，具有极强的本体论倾向，而“慎独”作为一种工夫则具有显著的超道德特征。诸如此类的诠释维度在汉唐经学“独处”的解释模式下是基本看不到的，但这并不表示对“独处”的解释就一定是误解。作为一种本体，“独”当然是超越于见闻的，但中国哲学由用见体、全体大用的思维方式决定了它并不是出离于世间的。尽管子思之后很少有人再对慎独作如此细致的理论描述，独体意识却长久地存在于儒者的精神世界之中。《孟子·尽心上》：

① 王夫之：《读四书大全说》，王孝鱼点校，中华书局2011年版，第80页。

“古之人，得志，泽加于民；不得志，修身见于世。穷则独善其身，达则兼善天下。”《易·乾·文言》：“龙德而隐者也。不易乎世，不成乎名，遁世无闷，不见是而无闷。乐则行之，忧则违之，确乎其不可拔，潜龙也。”《礼记·儒行》：“儒有澡身而浴德，陈言而伏，静而正之，上弗知也；粗而翘之，又不急为也；不临深而为高，不加少而为多；世治不轻，世乱不沮；同弗与，异弗非也。其特立独行有如此者。”《九章·橘颂》：“深固难徙，更壹志兮。”“苏世独立，横而不流兮。”特立独行、艰苦卓绝，不与世俗同流合污，此正是儒者对自我人格之约束与期许，更是其内在德性的坚守。

道德意识的自觉与内在主体性的挺立无疑得益于反身内敛的践履工夫。正是由于对外在世界的自我剥落，内心真正的独体才能够得到朗现，而“独处”显然为这种剥落与出离提供了合宜的场所。《孟子·告子上》：“其日夜之所息，平旦之气，其好恶与人相近也者几希，则其旦昼之所为，有梏亡之矣。梏之反覆，则其夜气不足以存；夜气不足以存，则其违禽兽不远矣。”孟子言平旦之气、夜气，同样落在好恶之几上，此是独体在心体层面之显现。朱子云：“平旦未与物接，其气清明之际，良心犹必有发见者。”① 平旦即天刚亮之时，此时人经过了一夜的休息，精气充沛而清明在躬，良知本心亦易于此时得以发见。而一旦开始白日的活动，便会与物相刃相靡而莫之能止，良心容易役于物而受到遮蔽。“未与物接”一方面构筑了一个“独处”的伦理情境，另一方面则在一定程度上反映了本心良知原初的未受遮蔽的状态。而“夜气”则对外物有更深一步的剥落，因为人在万籁俱寂的夜间不仅仅是一种独处的状态，更是一种独知。曾子言“吾日三省吾身”，朱子以为应当及时省察、时时存养，而不能只是事后的反思，这自然是理学家对治杂念的洞见。但在更多的情况下，反省往往是事后的，且多在夜间，因为夜间人唯一可交流的对象只有自身。此时人往往会将自己白天或过去的经历、记忆如电影一般倒放，对所犯过错感到懊悔，并立志改正，此即孟子所说的“夜气”。而当下的网络流行语“立Flag”之所以多发生在夜间，亦是此“夜气”的作用。夜气中所存，自是

① 朱熹：《四书章句集注》，第337页。

良知本心，而良心亦是吾心之独知，是独体的心体呈现。可见，孟子论“夜气”，虽未及一“独”字，却完全是慎独的精神；而“夜气”从根本上讲，就是独体在具体经验世界之中现时显现。

“独”既然是天德，自然有其在世朗现。王阳明“无声无臭独知时，此是乾坤万有基”并非仅仅是用比喻或夸张的方式来说明良知的重要性，其更深层的内涵则在于指示了独体的存在论意义，此即“天地之心”。《易·复》六四：“中行独复。”中道而行，则独体可复。《彖》曰：“复，其见天地之心乎？”此种往复相转、复归本根的“天行”不正是天地之心的体现吗？所谓天地之心，便显现在阴阳消长、生生不息的天道之中。复卦一阳来复、贞下起元，于二十四节气中为冬至，故邵雍有《冬至吟》：“冬至子之半，天心无改移。一阳初动处，万物未生时。”冬至万物闭藏，但此时天心仍是独立不改、周行不殆的。夜气之“未与物接”是人之独，而此“万物未生时”，是天地之“独”。万物虽则未生，寂感之几、生生之化却已蕴积其中。

天地之心未尝不流行，却必于一阳来复之时可见，此是其境遇性。据《朱子语类》载：

> 问：“天地之心，虽静未尝不流行，何为必于复乃见？”
>
> 曰：“三阳之时，万物蕃新，只见物之盛大，天地之心却不可见。惟是一阳初复，万物未生，冷冷静静；而一阳既动，生物之心闯然而见，虽在积阴之中，自藏掩不得。此所以必于复见天地之心也。”①

从根本上说，“天地之心”就是宇宙之独体，是生生造化之本源，无时不有、无处不在。但春夏秋之时，万物盛大，生生之用遮蔽其本体，天地之心似隐而不见。唯独此一阳来复之时，万物未生、冷冷清清，则天地生物之心易于发见。因此，这种冷凄感乃是见独之通境，但此种“独”中透显出一种力量，这种力量在诗人那里往往体现得更为鲜明。柳宗元有《江雪》云：“千山鸟飞绝，万径人踪灭。孤舟蓑笠翁，独钓寒江雪。”

---

① 黎靖德编：《朱子语类》，王星贤点校，中华书局1986年版，第1790页。

“绝”与“灭”意味着外在感官世界整体的剥落，天地之间似乎只是一片白茫茫的澄明，人最本真的生存境遇亦可由此得以敞开。此时天地之间唯一的存在便是那于“孤舟”之上“独钓”的老翁。然而，此种“孤独”未有一分失落感或破败感，而是呈现为一种遗世独立、不与世俗同流合污的傲岸。宋末隐居诗人翁森有《四时读书乐·冬》，亦表达了同样的志趣：

> 木落水尽千崖枯，迥然吾亦见真吾。
> 坐对韦编灯动壁，高歌夜半雪压庐。
> 地炉茶鼎烹活火，一清足称读书者。
> 读书之乐何处寻，数点梅花天地心。①

“木落水尽千崖枯”，木叶凋零，江河干枯，群山寥落，同样是一种对世间的出离与剥落，此时“真吾”却迥然可见，此是我之“独”。在这寒天雪地之中，那含苞待放的数点梅花，却是天地之心的在世朗现，亦是天地生生之独体的朗现。在这里，天地之“独”就是吾人之“独”，吾人之心亦是天地之心。人道与天道，得到了终极的同一与贯通。

结　语

慎独之学的形成与突破无疑是早期儒家心性化内转与形而上学建构的关键一环。从整体上看，慎独之学呈现出两个维度，即心体层面的好恶、独知与性体层面的天命、独一。独体的性体意义要落在心体之情感实存上，而心灵固有之好恶倾向又根源于性体。曾子继承孔子一贯之道的基本精神所践行的“自反”与“守约”，是“慎独”的先行观念，而“约”所具有的“简约”与“约束”的双重意涵则为慎独在两个维度的展开奠定了基础。《大学·诚意》章从心灵固有的好恶倾向出发，以“自谦”体认“独”的意识根源，慎独之学初步形成。《五行》在分判天道、人道的基础上，揭示了“独”作为“至内者”的独立性与自足性，而慎独也成为

---

① 王梓材、冯云濠编撰：《宋元学案补遗》，沈芝盈、梁运华点校，中华书局2012年版，第2895页。

一种即道德而超道德的工夫。《中庸》借隐微之性体而将“独”上遂天道，使其真正成为内在而超越的本体论范畴。当然，“独”的本体意义的揭示并不代表旧有诠释理路是一种误解，相反，“独处”或“独知”乃是独体显现之可能且必要的场域。譬如，孟子所言“夜气”与“良知”是独体于人心的现时呈显，而《易传》所言“天地之心”是独体在天地之间的根本朗现。孔孟之间的儒者将人心本然所具之独特性、自足性、自身同一性与绝对的自主性诸特征提炼为“独”，并对其进行形而上学的建构，乃是出于最根本的哲学洞见。可以说，慎独之学的提出，是儒家心性之学乃至整个中国哲学的突破。梁漱溟先生以“儒家之学只是一个慎独”①，不亦宜乎？

① 梁漱溟：《人心与人生》，上海人民出版社 2011 年版。

近七十年先秦“禅让”学术史研究

王露晗

【摘要】“禅让”是否真实发生过，至今扑朔迷离。综合出土文献和考古发现，的确推进了对这一问题的认识。然而长时间围绕着“禅让”史实的有无之争，研究角度未免过于单薄，导致认知深度不足。近十年来，学者逐渐跳出“禅让”是否真实存在过这一藩篱，将研究视角转向“禅让说”背后的史观之争以及对“禅让”的结构主义解释，使其研究面相开始呈现多维化，以此为契机或许能挖掘出上古史内含的深层结构和核心观念，使历史的诠释更具穿透力。历史学本就是一门解释学，社会科学化必将成为史学发展的必由之路。

【关键词】“禅让”史实　“禅让”学说　结构主义

【作者简介】王露晗，山东大学儒学高等研究院博士研究生。

一、引言

七十年来，学术热点时时刷新，产生了一个个学术风向标。一些话题早已衰落，甚至销声匿迹；也有一些话题，在掀起一阵研究热浪后又迅速退潮。有趣的现象是，对“禅让”的研究，从七十年前开始，一直到今天都处于再发展的境地，这在学术话题中显得别具一格，有必要通过系统的学术梳理，观照一番“禅让”研究在七十年间是如何演变的，与此同时展望一下“禅让”研究的未来。

“禅让”起源于中国早期文明，是重建上古史一条不可逾越的鸿沟，不同时期的侧重点也反映出对“禅让”研究的多样旨趣。顾颉刚曾提出：“在学问上则只当问真不真，不当问用不用，学问固然可以应用，但应用只是学问的自然的结果，而不是着手做学问时的目的。”① 研究历史，向来的传统便是界定真假及其来龙去脉，有一分材料说一分话，没有材料不能乱说话，已经成为一种不必言说的共识。音韵、训诂、考据的学问，没有哪一门不是在“有没有，真不真”的问题导向中皓首穷经，追根溯源。弄清真伪，是做学问至关重要的一步。

近代以来，为了验证“禅让”史实的有无，跨用多种学科，力求方法创新，综合传世文献与出土文献，借用考古学、人类学、社会学的研究理路，力求还原“禅让”的本来面貌。20 世纪后期战国郭店楚简《唐虞之道》《子羔》《容成子》等出土文献整理问世，与传世文献相佐证得出儒家与这一学说关系最为密切，是坚持“禅让说”的主力军。近年来陶寺遗址得以发掘，通过四千年前聚落的形态和大量玉石兵器的发现②，从而断定这一时期的政权更替是以暴力手段完成的，并非我们传统想象中的“贤能政治”和平过渡。新材料与新方法的出炉，使这一已冷却下来的问题再次触动了学者的神经，从而又掀起了一番研究的热潮。实际上学术界的连番讨论，主要针对于禅让制是否真正得以推行以及其性质的判定。围绕着“禅让”史实的有无，也主要产生了三种声音：一是以顾颉刚、童书业、杨向奎为代表的古史辨派的主张，完全否定其存在；二是以郭沫若、徐中舒、翦伯赞为代表的“肯定说”，认为“禅让”是真实存在的；三是以王玉哲为代表的“调和说”，认为禅让和篡夺两种迥然不同的情景是有共存的可能性的。③ 就“禅让”的性质而言，又产生了如下分歧：郭沫若认为这是部落联盟时代的民主选举制度，而蒙文通则认为禅让是逼位及争位的

---

① 顾颉刚：《古史辨》第一册，上海古籍出版社 1982 年版，第 25 页。

② 王晓毅、丁金龙：《从陶寺遗址的考古新发现看尧舜禅让》，《山西师大学报（社会科学版）》2004 年第 3 期。这一考古报告得出“平城墙”、“废宫殿”、“杀壮丁”、“淫妇女”、“毁宗庙”和“扰祖陵”的结论。

③ 王玉哲：《尧、舜、禹“禅让”与“篡夺”两种传说并存的新理解》，《历史教学》1986 年第 1 期。

过程。①当我们仍把目光聚焦于历史事实的重建时，一些学者已冲破这种有无之争的束缚，尝试着从其他角度挖掘“禅让”的价值，颇有些“横看成岭侧成峰，远近高低各不同”的意味。深受人类学家列维·斯特劳斯影响的汉学家艾兰（Sarah Allan）从结构主义切入②，揭示了作为美德标志的禅让与世袭权力的统治是并存的，两者矛盾的调和为上古史设置了基本结构。她指出传世和出土文献的解释和论断可以是变化无常的，但其核心的“表达”是恒定的，这便是结构的体现。叶舒宪《尧舜禅让：儒家政治神话的历史建构》③解释道：“禅让说”秉持古史一贯的仁义价值倾向，其所展现的一面恰是为了遮蔽不愿示人的另一面，是一种显著的历史建构。不难看出，关于“禅让说”的有无之争仍在继续，但学术目光已悄然发生偏移。不妨作如下比喻，面前放置了一个杯子，我们的研究停留在杯子里盛放的到底是不是水这一问题，结构主义的研究重点则在于为什么是这个杯子，这个杯子的存在意义是什么，并与其他事物做对比，超越了问题本身，从具体走向了抽象。

二、“禅让”史实的有无之争

在这里需要界定清楚“禅让”和“禅让说”这两个概念。前者指上古时期政权以和平的方式在异氏、异姓之间传递。传世文献多为“禅让”披上一层道德的外衣，指大公无私择贤而禅的选举模式。这种描述先不论真假，起码在道德上占领了高地，为后世交口称赞。有趣的现象是，当改朝换代需要安定和平的社会环境时，“禅让”便被抬出来，以期占据舆论的高点；而当需要用暴力手段革故鼎新时，又只字不提“禅让”的话题了。后者“禅让说”指的是有关“禅让”的一系列学说，包括阐发“禅让”的可能性、思想归属、性质等。“禅让说”在儒、墨、道、法各家的探讨中歧见纷呈，也成为各家之间扞格批驳的一个聚焦点。借助“禅让”

---

① 蒙文通：《古史甄微》，河北教育出版社1996年版。

② ［美］艾兰：《世袭与禅让——中国古代的王朝更替传说》，余佳译，商务印书馆2010年版，第25页。

③ 叶舒宪：《尧舜禅让：儒家政治神话的历史建构》，《民族艺术》2016年第2期。

有无宣传各家主张，著书立说，好不热闹。对于“禅让说”的考镜源流，辨章取义自春秋始，延至当今已跨越几千年，民国时期“古史辨”派又一次将这一问题推至学术的风口浪尖。

（一）“禅让”史实否定说

根基于传世文献，自民国以来针对于“禅让”史实的有无之争主要产生了三种截然不同的声音，以顾颉刚、童书业、杨向奎为代表的古史辨一脉①，他们对此问题饶有兴趣，率先举起了否定的大旗。最为学人所知的便是顾颉刚《禅让传说起于墨家考》一文，直言“禅让”之举不存在，是一桩传说。② 它由来于墨家的尚贤思想，因战国的特殊背景而出世，是为了发挥各家的主张随口编造的产物，竟无中生有摇身一变成了正史的一部分。为什么否定“禅让”史实的真实性，盖出于以下原因：其一，最早可考的材料来源于战国时期，尧舜禹时期的文献材料完全空白，也没有坚实的考古证据支撑，就算不能直接断定没有这一史实，也应保持疑古而非信古的态度。其二，“禅让”最初只记载于尧、舜，后来却又凭空有了舜、禹的禅让，形成了尧—舜—禹的传递谱系，这是后人粉饰的结果。禹本非庶人出身，为了贴合尧舜禅让的需要，把禹也设定为庶人，后又在帝系说的结构中改变了身份成了天子。这种身份的变换也充满了种种疑惑，试想一桩确凿无疑的历史事实又为何会不停地变动，连基本面貌都不甚了解？古史辨派保持疑古的态度，坚持事实判断大于价值判断，令人心生敬意。但是问题在于，因为脱胎于神话传说而直接否定史实的存在，其逻辑链并不成立。好比武侠小说中的人物经过乔装打扮或易容术后，已经彻底的改头换面。据此便能说明属于该人物的特质也一并抹去了吗，甚至就此判定根本没有该人物的存在吗？这不免会踏入历史虚无主义的泥沼。

（二）“禅让”史实肯定说

郭沫若认为尧舜禹时期是处于原始社会向奴隶社会转变的过渡时期，

---

① 古史辨派主张古史是层累地造成的，发生的次序和排列的系统恰是一个反背；时代愈后，传说中的中心任务愈放愈大；在勘探古史时，即使不能知道某一件事的真确的情况，但可以知道某一件事在传说中的最早的状况。

② 顾颉刚：《古史辨》第七册，上海古籍出版社 1982 年版，第 30~116 页。

“四岳”“八元”“八恺”组成联盟议事会，共同决定重大事宜并推举首领。后期由于部落联盟占有资源的不平衡，随之便产生了私有制和阶级。① 范文澜、翦伯赞也不谋而合地秉持相同的观点。② 如果按照史学流派加以划分，显然这几人应归属于唯物主义史观派。其运用社会学的方法，为“禅让”史实的存在提供了创举性的解释，细细想来，很有道理。钱穆《唐虞禅让说释疑》言：“余读《尧典》，其文虽成于后人，其传说之骨子，则似不得谓全出后人捏造……近人全认为传说为伪造与说谎，此所以治古史多窒碍。”③ 这种论断，显然是批驳顾颉刚提出的推翻非信使的四项标准。④ 除了上述学者，徐中舒从考据入手，将传世文献和乌桓、契丹等民族志史料对举，论述“禅让”存在的合理内核，史论结合，具有很强的说服力。⑤ 而以王玉哲为代表的“调和说”实际上是对原始社会后期社会状况的补充，倾向于“禅让”和篡夺两种迥然不同的情景并存。“禅让制”虽然在执行，但是，这些酋长都已经视其职位为私有，都想传给自己的儿子……最终加速了“天下为公”的民主选举制向“天下为家”的世袭制转换。

（三）考古证据

陶寺遗址被考古学界公认为唐尧帝都，其内部发掘为“禅让”史实提供了不可多得的证据，而遗址出土的文物更是彰显出强烈的暴力色彩，大大出乎人们意料。

2002 年考古发掘的另一个较大的收获是 IHG8 所揭露出来的暴力遗存：在出土的 30 余个人头骨中，上面多有砍斫痕，这些人骨以青壮年男性为多，还有一具明显被暴力残害致死的成年女性人骨架，以及大量的骨

① 郭沫若：《中国史稿》第一册，人民出版社 1962 年版，第 131~132 页。

② 见范文澜等：《中国通史》第一册，人民出版社 1978 年版，第 23~26 页；翦伯赞：《中国史纲要》第一册，人民出版社 1979 年版，第 10 页。

③ 钱穆：《唐虞禅让说释疑》，《古史辨》第七册（下），上海古籍出版社 1982 年版，第 295 页。

④ 顾颉刚：《古史辨》第一册，上海古籍出版社 1982 年版，第 96~101 页。

⑤ 徐中舒：《论尧舜禹禅让与父系家族私有制的发生和发展》，《四川大学学报（社会科学版）》1958 年第 Z1 期。

镞……建筑垃圾有夯土块、白灰皮，说明在陶寺文化晚期阶段曾有过大规模的人为破坏建筑的行为，而像 IHG8 这样的反映暴力的遗存，将是探讨陶寺文化内外社会关系的重要材料。①

考古证据的说服力固然强，但是并不能就此下定论“禅让”的实质在于篡夺，其疑点很值得斟酌。不过若就此断言“禅让”的本质在于暴力篡夺未免言之过早，该发掘碳元素检测确定时间大约在公元前 2000 年，与文献记载的夏王朝初期相吻合，故有学者推测这种暴行应该是启夺位后与其他方国联盟的军事较量的反映。现阶段能得出的结论是这一时期政权过渡不太平，但未必能证实尧—舜—禹的禅让史实存在着波诡云谲的斗争。

陶寺遗址的谜团还没有解开，龙山文化的聚落形态却为“禅让”的真实性提供了有力的支撑。② 通常情况下，圆形或椭圆型的聚落形态是社会组织的较优解。处于这种结构中，往往是以中心为核心向四周扩展开来，内部的秩序化倾向显著，在安定的环境中具有很强的稳定性。一旦有来自外部的暴力袭击，相比较而言，圆周每一个点受到攻击的概率都是均等的，而中间位置可以依托周围的组织及时做出反应，是应对局势变化的理想空间。但是如果转换一下思路，圆形的聚落可以保持相对独立性，不需要与外界互通有无，自身就是完整的社会组织结构。反观中原地区的龙山文化，聚落设置却采用扇形聚落结构。不似圆或椭圆形聚落的中心位置，扇形的核心反而是最易受到攻击的，在空间分布上次于前者。出于人类趋利避害的本能，弃用圆形结构而选择扇形结构一定有自身的考量。单一的扇形群受到攻击的可能性确实很大，然而试想一下，多个扇形群拼接起来正是圆形结构，如出一辙。那么，这多个扇形聚落群实际上就是聚落同盟组织，相互依存、相互制约。当时自然环境变动会影响着生死存亡，为了部落的命运从而选举出一位最高首领统筹事宜并发号布令是很有必要的。既然是平等的聚落同盟，世袭制显然是不可能实现的，无形中增加了禅让制的可行性和可信度。③

---

① 何驽、严志斌、宋健忠：《襄汾陶寺城址发掘显现暴力色彩》，《中国文物报》2003 年 1 月 31 日第 2 版。

② 钱耀鹏：《尧舜禅让故事的考古学研究》，《中原文物》2002 年第 4 期。

③ 王玉哲：《中华远古史》，上海人民出版社 2000 年版，第 139 页。

三、"禅让"学说的史观之争

实际上，在每个人论及或写及历史时，都会受到理论的指导和支配。涉及历史发展的理论，多受历史直线发展论、历史退化论、历史循环论、历史进化论的影响；涉及历史性质方面的理论，多受历史唯心论、历史唯物论的影响；涉及考史写史方面的理论，不外乎阙疑，怀疑，虚几，平情，纪实，求真，善善，恶恶。① 即便是非常不推崇理论的史料派，实际上也在研究历史的潜意识中，受到了考史写史理论的影响。

史料派与史观派在"禅让"上秉持着迥然不同的看法。古史辨派直指"禅让"只是传说，不能归于正史。应将"禅让说"还给其始作俑者先秦诸子，使它不致扰乱夏以前历史的真相。② 由于没有出土文献和考古资料的支撑，因而我们对于传世文献所记载的"禅让"应该抱着"宁可信其无，不可信其有"的态度。深受唯物主义影响的历史学者，是禅让学说的坚定拥护者，如郭沫若承认"禅让"的真实性，认为"禅让"是古代部落同盟共同推举首领的真实反映。娥皇、女英共同嫁于舜的记载，实际上是亚血族群婚的体现。那时仍处于母系社会，父系社会的私有财产权还没有出现。所以，此时并不可能出现世袭制度，因为生下的儿子以后还是要成为其他氏族的人。③ 不得不承认，基于马克思恩格斯的原始社会理论，结合人类学对"禅让"做出创新性的诠释，令人耳目一新。更为可贵的是，其理论并非完全的"拿来主义"，而是结合上古时期的记载做出有理有据的判断，能广为流传必然是有史影的存在。

究其产生不同结论的原因，在于两派治史路径和治史目的从一开始就分流了。④ 古史辨派以科学为旗帜，依托胡适提倡的科学方法，运用文献考证的手段，鉴别真伪，誓要打破原有的古史框架，使这场风潮迅速席卷

---

① 杜维运：《史学方法论》，台湾三民书局2001年版，第23页。

② 顾颉刚：《古史辨》第七册，第96~101页。

③ 《〈诗〉〈书〉时代的社会变革与其思想上的反映》，《郭沫若全集·历史编》第一卷，人民出版社1982年版，第97页。

④ 王学典、陈峰：《二十世纪中国历史学》，北京大学出版社2009年版，第35页。

整个史学界。从本质上来看，古史辨派根基于史料，与乾嘉考据学一脉相承。在史料派的认知中，历史就是历史文献的演变历程，厘清了史料的来龙去脉，就是抓住了历史的核心。反观史观派，主要借助社会科学治史，倡导的是历史研究的新范式。任何有助于发现历史规律，进行历史阐释的理论都不应该被排斥。史观派的眼光，瞄准的是“什么是历史，历史是什么”的宏大问题，并不遗余力地去探索真正的答案。史料派和史观派，立足点一方在知识论，一方在本体论，差异性一目了然。所以在“禅让”的研究上，双方拿起自己擅用的方法，史料派沉潜于具体史实的细密考证，于是《讨论古史答刘胡二先生》《禅让传说起于墨家考》等文章应运而生；史观派运用社会科学理论重构中国历史，因之有效解释“禅让”的氏族模式、酋邦理论也开始进入史学研究的视野。

以原始社会为起始的“五种社会形态说”为人类社会的进展设定了基本的框架结构。“五种社会形态说”的起点是原始社会，其特征在于财产公有化，没有剥削和压迫，没有贫穷困苦的人……一切纠纷按照氏族和部落的约定协调解决。《礼记·礼运篇》的大同社会就是原始社会，能够佐证原始公社制度的确是事实，“禅让”便是其中“天下为公，选贤与能”的体现。《尚书·尧典》① 载：

> 帝曰：“畴，咨，若时登庸？”放齐曰：“胤子朱，启明。”帝曰：“吁！嚚讼，可乎？”
>
> 帝曰：“畴，咨，若予采？”欢兜曰：“都！共工方鸠僝功。”帝曰：“吁！静言庸违，象恭滔天。”
>
> 帝曰：“咨！四岳，汤汤洪水方割，荡荡怀山襄陵，浩浩滔天。下民其咨，有能俾乂？”佥曰：“於！鲧哉。”帝曰：“吁！咈哉，方命圮族。”岳曰：“异哉！试可，乃已。”帝曰，“往，钦哉！”九载，绩用弗成。

① 王世舜译注：《尚书》卷二《虞书·尧典第一》，四川人民出版社 1982 年版，第 28~29 页。

有学者通过《尚书·尧典》说明这一套选举流程具备很强的民主性，继任者由“四岳”提名以供尧选择。“四岳”与尧的意见可以相左，提出不同的看法，以备留下商讨的空间，但是最终下一任首领的确定是要得到“四岳”和尧的一致同意。从选举的结构设置、流程与结果来看，自始至终都贯穿着彻底的民主精神。试想一下，如果“禅让”不存在，那么就是从根源上否定原始社会，之后的四个进程又如何推动呢？这将宣告“五种社会形态说”在中国的彻底破产，唯物主义者是无法接受甚至也不允许这种不和谐的声音存在，所以言之凿凿的“禅让”一定在那个时期存在过。①

不宁唯是，另一个问题在于“禅让”是民主观念的实践产物，是中国早期文明起源的宝贵精神遗产。如果没有“禅让”作证据支撑，也就是宣告民主从未在中国有过生根发芽，王权社会难道是与生俱来的吗，命中注定没有民主的基因吗？持酋邦理论的谢维扬、沈长云、易建平便持这一主张。② 酋邦理论的特点在于：在进入国家这一形态前就已经在一定程度上产生了中央集权的权力，社会的最高权力实际上被有特殊权力的个人所掌握。酋邦的首领控制着剩余产品，分配人力和物力，其权力的来源是“天”，统治权是上天意志的显现。这种结构逐渐向国家靠拢，只是正规性还有待完善。实际上，此理论似乎更贴合历史的真相。它从起源上解释了为什么古代中国走上了一条专制主义道路，实现与专制政治的无缝对接；也从一方面来说更符合年鉴学派的“长时段”理论。专制的社会结构从一开始就打下了烙印，深深地嵌入到中国历史的发展进程中，在几千年间保持着稳定性和持久性。于是，这场关于“禅让”史实的有无之争进而演化为史观之争，“禅让”的真假似乎被弱化，甚至不再是焦点，为史观而战，证明并捍卫史观成为“禅让说”的学术走向。

---

① 参见晁福林：《关于中国早期国家形成的一个理论思考》，《历史研究》2010 年第 6 期。

② 见沈长云：《酋邦、早期国家与中国古代国家起源及形成问题》，《史学月刊》2006 年第 1 期；谢维扬：《中国早期国家》，浙江人民出版社 1995 年版；谢维扬：《中国国家起源研究中的几个问题》，《历史研究》2010 年第 6 期；易建平：《酋邦与专制政治》，《历史研究》2001 年第 5 期。

四、“禅让”史实的结构主义新解释

近年来，“禅让”似乎有走出有无之争藩篱的趋势，朝着社会学、人类学和历史学的合流方向走去。受到列维·斯特劳斯结构主义神话学的影响，艾兰揭示“禅让”的记述也具有结构性，与神话的作用别无二致。何为结构？即一种规律变化的体系，在变化中保持着总体的平衡。这一概念主要包含三层意思：整体性概念，转换的概念，自动调节的概念。反映在“禅让”中，即不分历史和神话，将其统摄在一个系统下使用，体现其整体性概念；世袭和禅让的矛盾始终存在，并不时向两者摇摆，但是总有合适的途径调和并解决这一矛盾，从而维持系统的结构平衡，体现其转换和自动调节的特点。① 从神话中可以提取出主要元素，并通过这些元素的排列组合从而发现其中的历史表达结构，那么同理，“禅让”传说中也一定内含有“隐性结构”。列维·斯特劳斯的“修补匠”② 比喻对研究“禅让”的结构启发良多。我们可以将古代的哲学家和说客比作从事某种特殊工作的修补匠，假设工作伊始，他们在库房里调查，这里装满了可供其使用的传说碎片。这个库房的容量是有限的，每个物件都受到先前历史和条件的制约。修补匠根据自己的需要选取物件进行结构上的排列组合。虽然排列组合出的结构是纷杂多样的，但是拆解后仍是那些基本的元素。他们不是科学家，无法弃用库房从而创造出完全崭新的元素，伴随着结构被发掘，其固有的缺陷也一并暴露了。由于结构主义神话学总是将神话分割成不同的单元，从而建立一组组的二元对立，仅讨论“禅让”单一元素是不符合神话的研究路径的，需要引入另一组相反的概念。所以，同时比较禅让与世袭是必要的。

（一）身份与主题的结构性

无论各家各派如何叙述禅让的真假，而其中的结构已在习而不觉中得到了固定与强化，从“禅让”人物的身份中便能窥见一二。当提及舜时，自然而然地联想到他是瞽叟的儿子，他如何不计前嫌孝感动

---

① ［美］艾兰：《世袭与禅让——中国古代的王朝更替传说》，余佳译，第 9 页。

② ［法］列维·斯特劳斯：《野性的思维》，李幼蒸译，商务印书馆 1997 年版。

天，他娶了尧的女儿等一系列相关传说与背景。禹呢，就一定是鲧的儿子，与治水、三过家门而不入捆绑。不可能说舜是尧的儿子，禹是舜的儿子。这说明可以在“禅让”的史实有无之间摇摆，但是有些结构从一开始就设定好了，是不容突破的。就像修补匠一样，他选择的意义，在于可以取舍的那些可能性，而且他也将不得不依据已做的取舍相应地调整他的整个结构。

尧认为丹的资质才干不足以继承王位，而许由以隐逸山林的方式拒绝尧的一番美意，舜经过一番考核成为继位者。舜的儿子商均、贤人善卷又循环式地重复这一情节，即使是后来已脱离“禅让”体系的汤和务光、卞随，武王与伯夷、叔齐，显然也形成了固定的身份表达结构，其中的人物、情节遗址围绕着君主与大臣、大臣与隐士、摄政与叛逆、拒位与继位的主题打转，甚至可以相互替换，这就是结构中符号的体现。美国作家艾兰在其著作《世袭与禅让——中国古代的王朝更替传说》中认为，考察从尧到舜直至周初的统治权转换十分重要，具体如下：

表：传说系列①

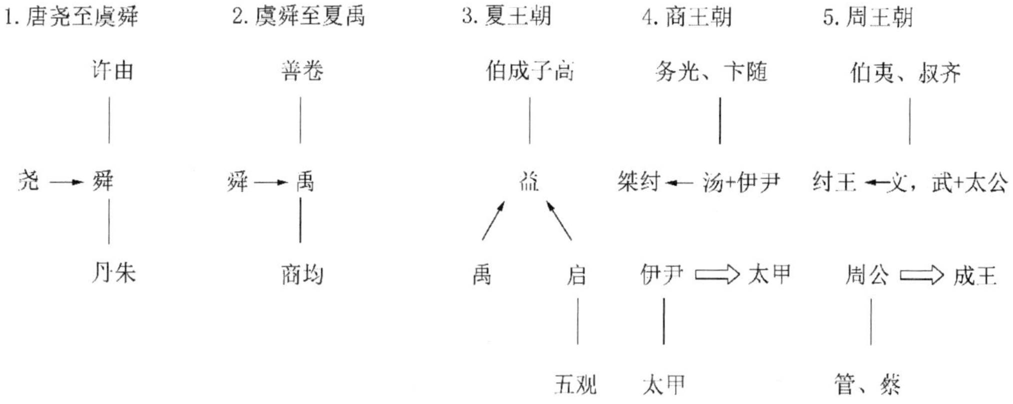

（二）世袭与禅让的结构性

世袭与禅让的关系是一体两面的问题，搁置一方的存在去谈另一方，

① ［美］艾兰：《世袭与禅让——中国古代的王朝更替传说》，余佳译，第134页。

会失去其固有的意义，世袭和禅让之间的结构性体现在矛盾的调和与平衡。从尧到舜的权力转换过程中，舜、丹朱与许由处于并置的结构，本应是世袭继位的丹朱因为品行不端失去了资格，贤人许由也用逃遁山林的方式拒绝禅让，而舜因身兼尧女婿的身份调和了对世袭制度的破坏，在接受尧的统治权之后让位给善卷和其他拒位者，又完成了对美德原则的调和。显而易见，舜以中间人身份对世袭原则和美德统治做出了有效的平衡。那么禹与舜并无亲属关系，按理说禹不具备中间者的身份，是否能证明他打破了这一结构呢？禹在继位前首先让位于后稷、契以及皋陶几位大臣，以实际行动完成了对美德原则的解释。《史记》记载禹的父亲鲧是因治水不力被流放，但《吕氏春秋》① 呈现出迥异的说法。

> 尧以天下让舜。鲧为诸侯，怒于尧曰：“得天之道者为帝，得地之道者为三公。今我得地之道，而不以我为三公。”以尧为失论，欲得三公。怒甚猛兽，欲以为乱。比兽之角，能以为城；举其尾，能以为旌。召之不来，仿佯于野以患帝。舜于是殛之于羽山，副之以吴刀。禹不敢怨，而反事之。

鲧因反对身份低微的舜继位而被杀，显然他被视为世袭制度的拥护者。需要说明的是，世袭和禅让的矛盾不一定要在一人身上完成，一代对世袭的破坏可以由下一代缝合。如鲧因治水不力被流放，按此禹和舜的关系应该是仇敌，但禹能摒弃成见，接替其父职位治水，这显然是违背了世袭的道德标准。然而，禹传位与启在一定程度上平衡了之前被破坏的世袭原则。启继承王位体现了世袭权力和美德统治的矛盾调和。

传说是介于历史和神话之间的产物，它一部分具备历史的史影和质素，另一部分又含有神话的想象力。因此，《世袭与禅让》直言传说的真假并非主要关心的问题，规避了由这一问题衍生出的一系列麻烦。诚然，这种人类学化的史学路径让我们看到历史的发展进程似乎有一双“看不见的手”——结构在其中一直起着作用，但是两者真的完全并行不悖吗？对

---

① 张双棣等译注：《吕氏春秋》卷二〇，中华书局2007年版。

此我持怀疑态度，因为这是由两者天生的属性决定的。其一，原教旨的结构主义人类学往往依靠口耳相传，研究的是缺乏历史的冷社会；历史学是植根于历史文献，研究的是有人情味的热社会。一冷一热的碰撞，关系到人类学与历史学能否做到有机的融合。既然发掘了内含的结构，模型也就顺理成章地构造完毕了。但是接下来要何去何从？是模型优先，选择合适的史料去嵌套；抑或史料优先，如果不符合结构再选择调节和修正，这是很值得思考的问题，也是推进跨学科融合进程中的必由之路。其二，艾兰将古代中国的王朝更替分为不同的系列，每个系列中的元素按照二元对立排列出来，由此也产生了不合理性。即结构过于简单化，未必就是深层结构的如实反映，难道不会有第三种力量打破这种二元对立的平衡或是形成一种三足鼎立的态势，对此笔者存疑。其三，结构主义神话学注重的是共时性而非历时性的分析，将符合世袭与禅让的全部史料共置于一个整体下，借助语言学的方法挖掘其中的有效信息，忽略了不同阶段动态变化的社会背景，不免有为结构而结构之嫌。但是必须承认的是，艾兰的结构主义解释打破了以往陈旧的研究模式，这种大胆的探索站在宏观层面俯视上古时期的历史，比起仍在求索“禅让”真实性的微观层面，显然意义更加深远。

五、关于“禅让”一种可能的猜想

按史籍记载，实现真正意义上的“禅让”只有尧、舜、禹三人。笔者思考，单靠德行、功绩等因素便能使族群信服，完成“禅让”的平稳过渡，取得统治权吗？这不免过分理想主义，也不免简单化这一制度。能够获得和占取政治权力，其背后应然也必然存在着深厚的权力认同，有一套维系其统治的权力体系。既如此，什么构成了上述三者的权力认同？笔者做出一个大胆的推测：尧、舜、禹在政治上地位得到认同，是因为具备了一套掌握时令的能力，而时令与王命直接挂钩。选定禅让对象，重要的是要考虑其是否具备“敬授天时”的能力，是否能够保障农业生产的有序进行，达成农业民族绵延之职志。若具备上述要素，才能纳入禅让的选举范围内。受人类学之启发，尧、舜、禹三人身份很可能兼备双重性：既是政治上的领袖，又是实施宗教行为的巫师。弗雷泽在《金枝》中指出，巫师担负责任并且要关注的事就是一切可以减轻人们的痛苦并延长其生命的知识，药物及矿物的特性，雨、旱、雷、电的成因，季节的更替，月亮的盈亏，太阳每日每年的运行，星辰的移动，生死之秘密，等等。① 詹子庆认为，巫术在夏代人们的社会生活中占有重要地位，而且施行巫术成为国家行为，禹既是国王，又是巫师之长。② 故而，足以具备“文命敷于四海”的效力与权力。为何会下如此判断，这来源于对《尚书》几处巧合性的发现，无心插柳，竟在一定程度上印证了当初的猜想。《尚书·尧典》载：

乃命羲和，钦若昊天，历象日月星辰，敬授民时。分命羲仲，宅嵎夷，曰旸谷。寅宾出日，平秩东作。日中，星鸟，以殷仲春。厥民析，鸟兽孳尾。申命羲叔，宅南交，曰明都。平秩南讹，敬致。日永，星火，以正仲夏。厥民因，鸟兽希革。分命和仲，宅西，曰昧谷。寅饯纳日，平秩西成。宵中，星虚，以殷仲秋。厥民夷，鸟兽毛毨。申命和叔，宅朔方，曰幽都。平在朔易。日短，星昴，以正仲冬。厥民隩，鸟兽氄毛。帝曰：咨！汝羲及和。期三百有六旬有六日，以闰月定四时，成岁。允厘百工，庶绩咸熙。

《尚书·舜典》载：

舜让于德弗嗣。正月上日，受终于文祖。在璇玑玉衡，以齐七政。肆类于上帝，禋于六宗，望于山川，遍于群神。辑五瑞。既月乃日，觐四岳群牧，班瑞于群后。岁二月，东巡守，至于岱宗，柴。望秩予山川，肆觐东后。协时月正日，同律度量衡。

① ［英］弗雷泽：《金枝——巫术与宗教之研究》，徐育新等译，大众文艺出版社 1998 年版，第 94 页。

② 詹子庆：《夏史和夏代文明》，李学勤主编，上海科学技术文献出版社 2007 年版，第 211~212 页。

《史记·夏本纪》载大禹“左准绳，右规矩，载四时”。所谓准绳、规矩，都是上古时期巫师的工具。对比这几处，不难发现，尧、舜、禹掌握时令、控制时令颁布的能力不可小觑。不约而同的是，他们在即位后一项至关重要的举措便是核准星象历法，为的就是保障农业各项事务的平稳运行。古人对时间的掌握无法精确至如今的分秒毫微，而农业生产又往往要在农作物播种、除草等活动上抢抓农时。农时一旦延误，将对族群造成不可逆的损失。“国之大事，在祀与戎。”战争的发动有赖于战机，而战机稍纵即逝，不可贻误。谁对时机的掌握更加精确，谁就能在战事中获得先发制人的条件。大禹大败三苗的战争，很有可能反映出他对时令掌控的能力过人。一旦四时的自然运转与政治运转互为表里，自然法则与政治秩序相契合，天文的“时令”也就转变为人文的“时政”。① 故而，天命以“时令”的方式呈现于世人面前，又将掌握“时令”的权威赋予上述几人。所以回过头来推敲，能纳入“禅让”视野的人选最重要的是具备控制、颁布“时令”的能力。禅让的人选具有巫师和国王的双重地位，将神圣性和世俗性一并交于下任继位者，从而权力得以传递，权力认同得以承继。

六、结语

七十年来的“禅让”研究，形成了一种独特的学术走向。从研究的广度方面看，跨用多重学科，研究视野更加广阔；从研究的深度看，从“禅让”史实的有无之争到“禅让”学说的史观之争，再到“禅让”的结构主义的新解释，研究逐步社会科学化。

笔者的判断是，“禅让”话题的真伪之争已经到了竭泽而渔的程度，除非有新的令人振奋的考古资料面世，否则这一讨论将归于平淡。在当下的学术生态环境中，“禅让”的有无或许没有我们想象的那么重要。因为“禅让”的有无，不外乎有和没有两种答案。但是，对禅让的社会科学化解释可以长盛不衰、常做常新，继续进行下去，且总能发掘出令人惊喜、

① 桓占伟：《“夏道尊命”：儒学视野中的夏代宗教政治认同》，《世界宗教研究》2021 年第 5 期。

令人意想不到的学术层面。如从政治学角度考量，“禅让”出的公共权力如何得以平稳过渡、从中如何进行有效制约；从人类学角度思考，“禅让”是否有巫术和宗教的史影，究竟是一种“谦让”还是“避让”？单靠历史文献，对上述问题的解决不免苍白。对此，应跳出以往的藩篱，尝试多种学科，使“禅让”呈现更加多维的面相，以此为契机或许能挖掘出上古史表达的深层结构和核心观念，使历史的诠释更具穿透力。历史学本就是一门解释学，社会科学化必将成为史学发展的必由之路。如果作茧自缚，只在鉴定史料真伪的门墙内徘徊，那么现代史学方法的真谛将永远无法领会。

参考文献

一、古籍

[1]《吕氏春秋》四部丛刊本，商务印书馆 1922 年版。

[2]《尚书》，《十三经注疏》影印本，中华书局 1980 年版。

二、专著

[1] 吕振羽：《史前期中国社会研究》，生活·读书·新知三联书店 1961 年版。

[2] 郭沫若：《中国史稿》第一册，人民出版社 1962 年版。

[3] 范文澜：《中国通史》第一册，人民出版社 1978 年版。

[4] 顾颉刚编著：《古史辨》，上海古籍出版社 1982 年版。

[5] 刘起釪：《古史续辨》，中国社会科学出版社 1991 年版。

[6] 翦伯赞主编：《中国史纲要》（上册），人民出版社 1994 年版。

[7] 谢维扬：《中国早期国家》，浙江人民出版社 1995 年版。

[8]［法］列维·斯特劳斯：《野性的思维》，李幼蒸译，商务印书馆 1997 年版。

[9] 王玉哲：《中华远古史》，上海人民出版社 2000 年版。

[10] 杜维运：《史学方法论》，台湾三民书局 2001 年版。

[11] 王学典、陈峰：《二十世纪中国历史学》，北京大学出版社 2009 年版。

［12］叶舒宪编选：《结构主义神话学》，陕西师范大学出版社 2011 年版。

［13］许景昭：《禅让、世袭及革命》，上海古籍出版社 2014 年版。

［14］［美］艾兰：《世袭与禅让——中国古代的王朝更替传说》，余佳译，商务印书馆 2010 年版。

［15］［英］弗雷泽：《金枝——巫术与宗教之研究》，徐育新等译，大众文艺出版社 1998 年版。

三、学术论文

［1］徐中舒：《论尧舜禹禅让与父系家族私有制的发生和发展》，《四川大学学报（社会科学版）》1958 年第 Z1 期。

［2］王玉哲：《尧、舜、禹“禅让”与“篡夺”两种传说并存的新理解》，《历史教学》1986 年第 1 期。

［3］王汉昌：《禅让制研究——兼论原始政治的一些问题》，《北京大学学报（哲学社会科学版）》1987 年第 6 期。

［4］周苏平：《尧、舜、禹“禅让”的历史背景》，《西北大学学报（哲学社会科学版）》1993 年第 2 期。

［5］王树民：《尧、舜、禹禅让的历史真相》，《河北学刊》1999 年第 4 期。

［6］唐冶泽：《略论禅让制的性质》，《史学月刊》1998 年第 6 期。

［7］钱耀鹏：《尧舜禅让的时代契机与历史真实——中国古代国家形成与发展的重要线索》，《社会科学战线》2000 年第 5 期。

［8］晁福林：《论中国古史的氏族时代——应用长时段理论的一个考察》，《历史研究》2001 年第 1 期。

［9］徐祖祥：《从禅让制到世袭制——中国早期国家起源过程中政治权力的演变》，《华中科技大学学报（社会科学版）》2001 年第 2 期。

［10］易建平：《酋邦与专制政治》，《历史研究》2001 年第 5 期。

［11］郑杰文：《禅让学说的历史演化及其原因》，《中国文化研究》2002 年第 1 期。

［12］王学典、陈峰：《20 世纪唯物史观派史学的学术史意义》，《东

岳论丛》2002 年第 2 期。

［13］钱耀鹏：《尧舜禅让故事的考古学研究》，《中原文物》2002 年第 4 期。

［14］彭邦本：《楚简〈唐虞之道〉与古代禅让传说》，《学术月刊》2003 年第 1 期。

［15］王晓毅、丁金龙：《从陶寺遗址的考古新发现看尧舜禅让》，《山西师大学报（社会科学版）》2004 年第 3 期。

［16］刘宝才：《〈唐虞之道〉的历史与理念——兼论战国中期的禅让思潮》，《人文杂志》2000 年第 3 期。

［17］沈长云：《酋邦、早期国家与中国古代国家起源及形成问题》，《史学月刊》2006 年第 1 期。

［18］彭裕商：《禅让说源流及学派兴衰——以竹书〈唐虞之道〉〈子羔〉〈容成氏〉为中心》，《历史研究》2009 年第 3 期。

［19］李振宏：《“禅让说”思潮》何以在战国时代勃兴——兼及中国原始民主思想之盛衰》，《学术月刊》2009 年第 12 期。

［20］晁福林：《关于中国早期国家形成的一个理论思考》，《历史研究》2010 年第 6 期。

［21］谢维扬：《中国国家起源研究中的几个问题》，《历史研究》2010 年第 6 期。

［22］彭邦本：《郭沫若学术视野中的先秦禅让传说》，《郭沫若与文化中国——纪念郭沫若诞辰 120 周年国际学术研讨会论文集（下卷）》，2012 年 11 月。

［23］杨洁、张原《上古中国王朝更替传说中的结构转换与历史表达——评艾兰〈世袭与禅让——古代中国的王朝更替传说〉》，《民族学刊》2016 年第 3 期。

［24］叶舒宪：《尧舜禅让：儒家政治神话的历史建构》，《民族艺术》2016 年第 2 期。

［25］沈长云：《新时期中国古代社会形态问题讨论的回顾与前瞻》，《史学月刊》2016 年第 6 期。

[26] 吴玉萍、孙凤娟:《尚贤与禅让:历史还是神话——四重证据视域下禅让传说新考》,《陕西师范大学学报(哲学社会科学版)》2016 年第 5 期。

[27] 彭邦本:《再论近年出土文献中的先秦禅让传说——兼谈所谓尧舜禹“篡夺”说》,《四川大学学报(哲学社会科学版)》2018 年第 4 期。

[28] 卜宪群:《新中国七十年的史学发展道路》,《中国史研究》2019 年第 3 期。

四、学位论文

[1] 张欲晓:《论艾兰的先秦诸子哲学和古史传说研究》,华东师范大学 2006 年硕士学位论文。

[2] 彭邦本:《先秦禅让传说新探——传世文献与出土资料的综合考察》,四川大学 2006 年博士学位论文。

[3] 王安础:《禅让文章研究》,华东师范大学 2017 年硕士学位论文。

教育出口：孔子周游列国的文化本质与历史效果

——从李振宏先生“四十不惑”章伪作说的误读谈起

韩博韬

【摘要】近十年我国“孔学”研究主要有四类面向：孔子本身、孔子思想学说、孔门弟子及《论语》学的研究，学术界尚缺乏对孔子周游列国文化本质方面具有理论创建意义上的成果。李振宏教授论证“四十不惑”为伪作的出发点是“仕途政绩”，但探讨此章必须出发和落脚于“教学影响”。孔子周游列国之所以开春秋“教育出口”风气之先，弭兵之会提供中原和平的局势是重要条件。孔子的“教育出口”由“融教于游”“寓教于学”“施教于政”组成，堪称战国思想家的必修课。颜氏之儒受楚文化影响；商瞿一系属鲁文化影响楚文化；子夏一系是鲁、晋文化的交融；子游一系是鲁文化与吴越文化的交融；曾子后学受到了墨学影响，形成“东方之墨”；吴起从学曾子、子夏等人，融晋、齐、鲁文化于一体；荀子是齐、楚、晋、鲁文化的集大成者。晋学重法，楚学阴柔，齐学讲变，鲁学质朴，周游既需依靠区域性文化理论特质，同时又要充分发挥其本身的工具技术性，才能捆绑着“教育出口”实现社会活动影响诸侯国的政治制度和族群融合。

【关键词】孔子周游列国　教育出口　“四十而不惑”　儒分为八　李振宏

【作者简介】韩博韬，山东大学博士研究生。

孔子周游列国是我国春秋末年的重要文化史事件，李启谦先生的《孔子周游列国论纲》一文发表于《学术月刊》1994年第3期，解释了孔子出走鲁国的原因、周游列国的目的，分析了孔子居陈、居卫问题及周游收获。①进入21世纪以来，也有学者重新解释了孔子周游仕途不遇的原因②，考证出孔子当年曾在武汉新洲问津等事实③，阐释了孔子周游列国作为教育活动的价值④。本文将通过分析近十年来“孔学”研究的主要面向得出可以利用的学殖及目前研究的不足，并与李振宏教授提出的“四十而不惑，五十而知天命”是伪作进行商榷，进而结合弭兵之会这一大背景及战国文化发展趋势，从孔子的社会活动、孔门的势力扩展及“儒分为八”的文化再生产三个方面论述孔子周游列国的文化本质与历史效果。

一、近十年“孔学”研究的主要面向

近十年来，我国的“孔学”研究有了较为可观的新发展。首先是对孔子本身的研究，孔子被视为历史上政治或民间力量的文化资源，孔子形象研究为孔子本身的研究提供了新的方向。如张涛《孔子在美国：1849年以来孔子在美国报纸上的形象变迁》、林存光《历史上的孔子形象——政治与文化语境下的孔子和儒学》等著作。张涛试图阐释“孔子在美国”的三重意义，即孔子之代表中国文化的民族符号意义、跨文化实用的话语工具意义和迥异于原初时空的“美国属性”意义。⑤张涛认为：1849—1882

① 李启谦：《孔子周游列国论纲》，《学术月刊》1994年第3期，第38~43页。

② 吕华亮：《孔子周游列国不遇之原因新探》，《兰州学刊》2006年第10期。

③ 韦志成：《孔子“周游”与“问津”的考辨》，《学习与实践》2012年第1期。

④ 李如密：《游历教育与从游学习——孔子“周游列国”之教育活动及其价值再考察》，《当代教育与文化》2016年第5期。

⑤ 张涛：《孔子在美国：1849年以来孔子在美国报纸上的形象变迁》，北京大学出版社2011年版，第37~38页。

年，1849 年加利福尼亚淘金热吸引了成千上万的中国人移民至此，1882 年美国通过《排斥华人法案》，在美国人肯定和否定孔子观的两种态度中，以后者为主。1882—1920 年，在美国排华措施日渐苛刻与美国进步主义思潮波及全国这两重因素下，美国的孔子观融贬斥中国落后、借孔子思想鞭策美国政治及同情声援中国于一体。1920—1950 年，中国历经剧变，美国对于中国人在动荡年代是否坚持孔子信仰抱有浓厚的兴趣；同时由于经济萧条、战争因素造成公民生活百无聊赖，孔子以多种方式进入美国日常生活的消遣话语。1950—1972 年，本为中国文化象征的孔子被用作美国对华冷战的舆论武器……战后二十年，也是美国从繁荣与和谐转向萧条与社会矛盾的时期，孔子因此既是消费文化的参与者和推动者，亦为美国社会问题和个人发展的监督者。① 1972 年至今，中美关系由敌对变为友好，又从朋友变为对手，孔子因而被美国人用以衡量中美交流的频繁程度，映衬两国在国际影响方面的竞争态势，展示美国舆论对于中国新发展的评价。与此同时，美国国内的新保守主义重新抬头，道德与传统价值再受重视。注重如此两方面的孔子再次成为美国政治与社会评论的参照体系。②

其次是孔子思想学说的研究。林甘泉主编的《孔子与 20 世纪中国》③通过孔子透视了 20 世纪的政治局势变化，又围绕 20 世纪不同时期的社会环境特征揭示了孔子思想学说在各个时期的新意与功能。此书主要以新中国成立为分水岭，上半部谈孔子的被神化、封建末世的儒学危机、太平天国的批孔批儒、“中学”“西学”之争中的孔孟之道以及清末民国时期（戊戌变法、辛亥革命、民国初年的复辟闹剧、五四新文化运动、东西文化论争、第一次国共合作南京国民政府期间、抗日战争期间）知识界或国家层面对孔子态度的变迁、社会运动和学术研究。下半部指出，中华人民共和国成立后十七年中，学术界在历史唯物论的指导下，对孔子的关注不再分散，集中在“孔子与古史分期”“评判孔子及其思想的具体标准”“孔子的政治观念”“孔子思想的核心”“孔子的哲学思想和教育思想”

① 张涛：《孔子在美国：1849 年以来孔子在美国报纸上的形象变迁》，第 39 页。
② 张涛：《孔子在美国：1849 年以来孔子在美国报纸上的形象变迁》，第 39 页。
③ 林甘泉主编：《孔子与 20 世纪中国》，中国社会科学出版社 2008 年版。

"孔子思想遗产如何批判继承"。"文革"期间，孔子再次成为被批判的对象，国内对孔子的研究也陷入停滞。新时期以来，对孔子及其思想的研究热潮尚未中断，随着思想解放运动的展开、学术机构的有序恢复、中外交流的重新搭桥、出土文献资料的大量增加及社会公民物质财富与文化精神需求的增长以及儒学重新找回在主流意识形态圣殿上的位置，"孔子研究"的深度、厚度与广度得到了空前的增加。

再次是孔门弟子的研究。著作如高培华《卜子夏考论》、罗新慧《曾子研究——附〈大戴礼记〉"曾子"十篇注释》、仲大军《子路传》①、魏衍华《原始儒学：早期中国的大成智慧——孔子思想与先秦社会互动研究》等。以上著作对传世经典、出土文献、地方志书及学界最新成果均有较好的消化，在孔门弟子研究方面超越了旧有成果。

最后是《论语》学的研究。新时期以来，政治学家、经济学家、管理学家、社会学家、历史学家、哲学家、文学家从《论语》中均可找到为自身学科专业所使用的材料，广义的《论语》学的规模已经极其庞大。就单纯人文学科的《论语》学研究而言，自新世纪至今，《论语》断代学研究已经呈现出愈益精细化的趋向。② 此外，也有学者考察了《论语》的海外影响，张士杰《学术思潮与日本近代论语学》以山路爱山、武内义雄、宫崎市定、津田左右吉、服部宇之吉的《论语》相关著作为研究对象，从学

---

① 此书叙事灵动，但由于体例并未采取严格的注释，故个别说法稍失稳妥。参见仲大军：《子路传》，中国文史出版社 2019 年版。

② 据不完全统计，新世纪起已有朱华忠：《清代〈论语〉简论》，华中师范大学 2002 年博士学位论文；唐明贵：《〈论语〉学的形成、发展与中衰——汉魏六朝隋唐〈论语〉学研究》，南开大学 2004 年博士学位论文；柳宏：《清代〈论语〉诠释史论》，扬州大学 2004 年博士学位论文；宋钢：《六朝论语学研究》，南京师范大学 2006 年博士学位论文；蒋焕芹：《〈论语〉及其在汉代的流传》，东北师范大学 2006 年硕士学位论文；刘斌：《民国〈论语〉学研究》，山东大学 2008 年博士学位论文；李建胜：《〈论语〉与现代中国》，陕西师范大学 2012 年博士学位论文；李春强：《明代〈论语〉诠释研究》，扬州大学 2014 年博士学位论文；乔芳：《北宋〈论语〉诠释史论》，扬州大学 2015 年博士学位论文；申冰冰：《北宋〈论语〉学研究》，西北大学 2016 年博士学位论文；冯晓斌：《清代扬州学派〈论语〉诠释研究》，扬州大学 2017 年博士学位论文等《论语》学断代研究问世。

术文化思潮对《论语》学研究的影响切入，着重参考近代日本文化语境对《论语》研究的介入与《论语》研究对近代日本文化构建的介入，揭示了论语学在近代日本文化语境中的“态度之变”“目的之变”“方法之变”与“实质之变”。① 尤其值得特别提出的是，杨义还原先秦经典，引起了学界的广泛关注，成为 2015 年中国人文学术十大热点之一。杨义的《论语还原》出版后，学术界的评价褒贬不一。②

孔学是国学的最重要内容之一，陈炎说：“所谓‘新国学’，不仅是要在国学研究中拿出新的成果、得出新的结论，更重要的是要站在现代人的立场上，用现代人的方法和手段来重新审视、读解和破译传统文化，并用以指导现代人的生活。”③ 透过以上近十年国内“孔学”研究的四个面向，可以发现我国“孔学”研究在注重学术史书写、深受全球史观影响等学术潮流影响下的特征。依照陈炎先生“破译传统文化、指导现代生活”的标准，国内现有孔学研究在对孔子周游列国的文化本质的探讨，尚缺乏具有理论创建意义上的成果。2020 年初，李振宏先生于《清华大学学报（哲学社会科学版）》发表《〈论语〉“四十而不惑，五十而知天命”章是伪作》一文，提出“该章所言并非孔子之真实人生经历，甚至也并非孔子所作”④。笔者以为此章不一定为伪作，并且从解读李振宏先生的误区入手，可以为揭示孔子周游列国的文化本质提供重要参照。

二、教育出口：孔子的社会活动与孔门的势力拓展

李振宏教授质疑此章的逻辑起点非常明晰：第一，作为凡人，人都会

---

① 张士杰：《学术思潮与日本近代论语学》，北京语言大学出版社 2015 年版。

② 肯定的声音如李昕：《杨义和他的学术创新》，《中华读书报》2016 年 8 月 10 日第 5 版。周全根：《〈论语〉学史上几个陈案与新知——兼论杨义先生的诸子还原学》，《湖北民族学院学报（哲学社会科学版）》2016 年第 5 期。批评的声音如王长华：《以创新方法推动历史还原——读杨义〈论语还原〉》，《中国语言文学研究》2016 年第 1 期。李以建：《杨义诸子还原评析——兼驳邵颖涛〈由一家之言引起的学术反思〉》，《中华读书报》2016 年 6 月 15 日第 9 版。

③ 陈炎：《积淀与突破 · 代序》，广西师范大学出版社 1997 年版，第 4 页。

④ 李振宏：《〈论语〉“四十而不惑，五十而知天命”章是伪作》，《清华大学学报（哲学社会科学版）》2020 年第 1 期，第 17 页。

有烦恼；有历史责任感的思想家、哲人则不会自负，而孔子的“不惑”“知天命”显然与之相悖。第二，对人生或世事的明悟或对历史进程的顿悟都缘于重大社会变革或人生契机，孔子十年一个台阶、整齐划一、有规律的彻悟则不可能。① 基于以上两个质疑起点，李先生的部分论述生动而辞严：

能在十七八岁就学成而闻名的人，可能是在15岁才志于学吗？

孔子在30岁的时候，建立了什么呢？笼统地说他精通了礼的精神，掌握了“五经”之精髓，这能用“立”来表达吗？圣哲如孔子，说话能如此没有逻辑？

孔子30岁时，“孔子答齐景公对（秦穆公其霸小也），的确是见识卓越，但这又算是什么建树呢？此不能为‘立’也。……从治国平天下的政治志向上说，30岁时的孔子，还是一事无成，他会说自己已经有所‘立’了吗？”

40岁的孔子，既没有经历深重的灾难和曲折，也没有走上政坛经历政治的历练，更没有经历后来周游列国的流离颠沛，他凭什么就积累起丰富的人生经验而不再困惑了呢？……昭公二十九年，孔子39岁（反对晋国铸刑鼎），不及40岁，但即使再迂腐颟顸之人，也不会因为这个时候的孔子离所说的不惑之年差一岁，而为之开脱吧？……40岁的孔子就没有了困惑，他还是个正常人吗？②

此章不一定伪，笔者以为李振宏教授误解此章的理由主要有五：其一，此章所载年岁并非绝对的确指，而是相对的概括。其二，几个阶段不便孤立解构，适于前后联系解读。其三，“阶段状态”是揭示某一阶段的主要特征。其四，每种概括并不均为激昂、自负的语气形态。其五，必须考虑孔子一生的主要社会活动及“发愤忘食、乐以忘忧”一章。③ 事实

---

① 李振宏：《〈论语〉“四十而不惑，五十而知天命”章是伪作》，第19页。

② 李振宏：《〈论语〉“四十而不惑，五十而知天命”章是伪作》，第20、21、22~23、24~25页。

③ 参见拙文：《李振宏教授〈论语〉“四十不惑”章伪作说商榷》，《孔子文化》2021年第2期，第54~55页。

上，《四十不惑》章确有一种“后见之明”，李振宏先生以孔子在春秋末年政治舞台上失落的历史来质疑此章口吻的自信，也并非一无是处，不过，从孔子在私学设教方面的成就，此章便可通。李先生撰文的目的或许并非仅为论证《论语》某章是伪作，其撰文的逻辑作为当今学界某种重写思想史路径的对立面，亦为今后古史研究学界诸如“强行落实”或“矫枉过正”的做法提供了先范。

在“轴心时代”的论述中，德国历史学家雅思贝尔斯说：“（公元前500年左右）哲学家首次出现了。人们敢于作为个体依靠其自身。中国的隐者和云游思想家，印度的苦行僧，希腊的哲学家，以色列的先知们，他们尽管在信仰、内在状况上截然不同，但全都属于哲学家之列。”① 雅思贝尔斯的贡献不仅在于找到了世界文明史上几大古老文明智慧之光的焦点，他更敏锐地察觉到与隐者不同的那部分中国先秦思想家的历史活动有着独特的空间移动性。孔子中晚年的周游列国历来被视为孔子生平中的重要事件，不过由于其游历的重要节点非常清晰而于诸侯国的具体活动十分模糊，所以孔子周游列国这一历史事件始终缺乏条件突破长久以来“孔子及其弟子研究”的诸多旧说，受到我国先秦思想史研究的“忽视”也不难理解。

公元前579年和公元前546年，弭兵之会的发生对于孔子的命运产生了极其重要的影响。春秋早期，齐桓公率先称霸，后来晋楚争霸多年造成周围小国之间亦有争端，弭兵之会在春秋早期的社会不安时局下产生，自此中原近百年无大战。孔子生时恰处两次弭兵之会期间，孔子周游列国就是发生于中原较为和平安定的历史背景之下。可以说，如果没有弭兵之会，孔子的周游很可能无法实现；其实也恰恰因为弭兵之会，中原诸国相对友好、没有战争、国内局势也不至大乱，孔子的文化主张才得以通过其弟子入仕完成实践检验。

据钱穆《孔子传》，我们看孔子50岁后的主要经历：51岁，为鲁中都

① ［德］卡尔·雅思贝尔斯：《论历史的起源与目标》，李雪涛译，华东师范大学出版社2018年版，第10页。雅氏说：“这一世界史的轴心似乎是在公元前500年左右，是在公元前800年到公元前200年产生的精神过程。”

宰。54 岁，主张堕三都，弗克。55 岁，去鲁适卫。56 岁，去卫过匡而重返卫。57~59 岁，仕卫。60 岁，由卫适曹又适宋，后适陈，仕陈。63 岁，去陈，绝粮陈蔡之间，适蔡，见楚叶公。后自叶返陈，自陈返卫。64 岁，再适卫。68 岁，鲁季康子召孔子，孔子自卫返鲁。① 公元前 493 年，孔子欲西见赵简子，至于河而闻赵简子杀窦鸣犊、舜华，于是孔子返卫。绝粮陈蔡之时，吴伐陈，孔子为避兵乱出走。此类事情可能就是后来“惶惶若丧家之犬”之评价的依据，不过孔子周游列国期间的抉择的确说明孔子行道的权变之智，即使孔子有“文王既没，文不在兹乎”的自信，也懂得“锋矢不长眼”的道理。

春秋时期各国政治经济独立，宗庙祭祀专享，抵御外侵方面也造有各式长城，由于各国地理条件和历史渊源不尽一致，文化样式也呈多元形态。我们后来虽都以“先秦”来统一看待各国历史的时间属性，但有必要将先秦诸国视为一个“国际”。孔子在 50 岁后主张削弱三桓却没有成功，在此前提下，孔子于鲁国内部的处境已经非常危险，政治理想和教育理想的实现都面临着巨大的难题，这是促成孔子周游列国的直接原因。据杨义推测，孔子 68 岁时能返回鲁国，与子贡和冉求的作为亦有关，孔子 61 岁时“季康子即位，召冉求”，孔子有“归乎归乎”之感叹，杨义说：“子贡知孔子思归鲁，嘱冉求得用后请季氏招孔子归鲁。”不久子贡也仕于季氏。

孔子的“教育出口”可以从三个方面来理解：一是“融教于游”，孔子凭借周游、言传身教、扩大影响，孔子第三代重要门人子夏、子游、子张等人均是在孔子周游期间拜并追随孔子为师②。二是“寓教于学”，孔子及其弟子在周游过程中都掌握了新的学识。孔子六十岁学琴于师襄子，孔子过蒲与蒲人盟而释，“岁寒，然后知松柏之后凋也”“君子固穷，小人穷斯滥矣”等言论都诞生于孔子周游面临困难时与弟子的沟通问答。三是

① 钱穆：《孔子传》，生活 · 读书 · 新知三联书店 2002 年版，第 138~139 页。

② 少孔子 6 岁的颜无繇、少孔子 9 岁的子路、少孔子 11 岁的漆雕开、少孔子 13 岁的有若是孔子的第一代弟子。钱穆：《先秦诸子系年》，商务印书馆 2005 年版，第 89~93 页。孔子弟子不为鲁人者：子路卞人，子夏温国人，子游吴人，子张陈国人，公冶长齐人。公皙哀齐人，高柴卫人，司马耕宋人，樊须齐人。钱穆：《先秦诸子系年》，第 71~78 页。

"施教于政"，孔子的不少弟子在周游途中得到施展政治才华的机会。公元前488年，鲁哀公七年，孔子六十五岁。《史记·孔子世家》载："孔子弟子多仕于卫，卫君欲得孔子为政。"① 孔子周游列国在当时就有很大的影响力，子路治蒲、冉求为季氏宰、子贡仕季氏、子游武城弦歌皆可证明孔门已经不仅是一个学派，而且成为中原诸国中一支学出同源的政治势力。② 不仅如此，倘约以孔子开始周游至孔伋去世这整个公元前五世纪，据钱穆《先秦诸子系年·通表第二》③：

前478年，墨子生于此时前后。

前469年，子贡仕卫。

前468年，曾子居武城。

前447年，颛孙师卒。

前446年，子夏居河西。（子夏居河西授学可以视为近百年后稷下学宫兴盛的前身。）

前443年，子游卒。

前436年，曾参卒。（孔子第三代学生相继离世的时候，是墨子游楚仕宋之时。）

前432年，曾门弟子在曾子于公元前432年死后，曾经进行第三轮修改补充或编纂。（存疑）④

前415年，子思、墨子均在鲁。

---

① ［汉］司马迁撰，［宋］裴骃集解，［唐］司马贞索隐，［唐］张守节正义：《史记·孔子世家》，中华书局1959年版，第1933页。

② 高培华先生考证搜罗出：子夏出任过卫国行人（外交官）……仲弓为季氏宰《论语·子路》，巫马期、宓子贱为单父宰（《吕氏春秋·察贤》），闵子骞被聘为费宰而不就，子游为武城宰（《论语·雍也》），有若入选夜袭吴王的三百勇士（《左传·哀公八年》），子羔被子路推荐为费宰（《论语·先进》）后又任卫之士师（《孔子家语·致思》）、鲁之邑宰（《礼记·檀弓下》），子贡曾为信阳令（《说苑·理政》）并仕于鲁、卫、齐（《史记·仲尼弟子列传》）。高培华：《卜子夏考论》，社会科学文献出版社2012年版，第105~107、111~112页。

③ 钱穆：《先秦诸子系年》，商务印书馆2005年版，第605~621页。

④ 杨义：《论语还原》，中华书局2015年版，第947页。

前412年，吴起在鲁。

前406年，吴起守西河在此后。

前405年，子思为鲁穆公师。

前402年，子思卒至晚在此年。

孔子弟子及其后学进行着治理实践，或“施教于政”或“融教于游”，孔子的学说显现出极强的文化生命力并发挥了巨大的历史作用。

综合来说，孔子依靠“六艺”游历于近鲁诸国，实践了有规模的“教育出口”这样一个东周文化事件。孔子周游列国的深远影响在于构筑了战国士大夫文化沟通的基本模式。墨子之游楚、鲁、宋、齐，孟子之游齐、宋、薛、鲁、滕、魏、燕诸国，荀子之游齐、楚、复齐游秦、赵。战国时期有重要贡献的思想家都是沿袭了孔子开辟的路径，可以说，直至韩非囚秦、李斯为相以及秦国实施统一六国的计划，孔子的“教育出口”堪称战国思想家的必修课。诚如钱穆所说：“盖自孔子身后，儒者之际遇，儒学之流衍，皆非孔子生前可比，而战国百家言遂亦以之竞起，其精神气运皆自孔子启之也。”①

三、“儒分为八”的文化再生产

《韩非子·显学》载：“自孔子之死也，有子张之儒，有子思之儒，有颜氏之儒，有孟氏之儒，有漆雕氏之儒，有仲良氏之儒，有孙氏之儒，有乐正氏之儒。”② 若以“某一氏”的代表人物来看，颜回、漆雕开、荀况三人偏重德行、任侠、隆礼，而子张、子思、孟子在《荀子》中也遭到了荀子明确的贬低，乐正氏则指曾子弟子乐正子春③，仲良氏依照《孟子》中“陈良”旧说④则较难服众。子张、子夏和子游生年十分相近，且《荀

① 钱穆：《孔子传》，第106页。

② 梁启雄：《韩子浅解》，中华书局1960年版，第491~492页。

③ 梁涛：《乐正氏之儒的“泛孝论”及与思孟学派的关系》，《孝感学院学报》2006年第1、2期。

④ 梁启雄《韩子浅解》载：“任公曰：‘仲良氏无考，《孟子》称：“陈良，楚产，悦周公仲尼之道。”仲良岂陈良之字，如颜子渊称颜渊，冉子有称冉有耶?’”梁启雄：《韩子浅解》，中华书局1960年版，第491~492页。

子·非十二子》中为数不多、集中地指出了这三人之所以为“贱儒”的理由。《汉书·艺文志》载：“《漆雕子》十三篇。孔子弟子漆雕启后。”① 在孔门弟子中，卫人子贡是一个善解人意而懂得经营的典型，擅长言语，不过在《论语》中我们可以看出子贡多是一个问道的形象，却非子夏、子游和曾参那样独有“言论条目”。推测论证韩非的思路，其师荀子对孔门弟子的看法非常重要，《荀子·子道》篇中子路、子贡和颜回被荀子视为下、中、上三个层次的看法曾被庞朴先生发微得出②，且子贡并不列于《荀子·非十二子》的批评对象中，是故子贡在韩非这里大概是一个“不褒不贬”的评价。此外子夏在孔门弟子中于“传经”意义方面贡献最多、影响最大，或许仲良氏为子贡或子夏后学，发展了子贡或子夏于孔门的所学。

《韩非子·显学》的中心思想是“民智不可用”，这也是韩非学说的主要观点之一。刘光胜先生认为韩非的八派划分有明确的学术标准，可以概括为“与孔子之学有明显的距离”“不同派别之间取舍相反不同”“非常人所能，在当时影响巨大”。③“与真孔学有一定距离”或许为韩非的标准，但韩非将“儒”分为八派，重点应当是为了说明孔子的学说竟也发生了诸多分支，因为这里同时需要参考“墨离为三”，俞樾提出“相里、相夫、邓陵三家相传之本不同，后人合以成书，故一篇而有三”④ 就解释了“离”这一特别强调之处。“取舍相反不同”中“不同”可以理解，但“相反”这一形容稍显僵化且简略。“在当时影响巨大”这一推断也属合理，不过其实可以进一步推测，这八个代表更偏重某一“分支”的下限。原因在于韩非对于其近世及当世的情况更为熟悉，且各个分支往往有后学的新说后才使其分支“非常人所能，影响巨大”。这八个“分支”各自有

---

① ［汉］班固撰、［唐］颜师古注：《汉书》，中华书局 1962 年版，第 1724 页。

② 庞朴：《〈荀子〉发微》，《庞朴文集》第一卷，山东大学出版社 2005 年版，第 208~209 页。

③ 刘光胜：《“儒分为八”与早期儒家分化趋势的生成》，《清华大学学报（哲学社会科学版）》2015 年第 2 期，第 114 页。

④ ［清］余樾：《墨子间诂序》，《春在堂全书》第四册，凤凰出版社 2010 年版，第 631 页。

独立的传承，商瞿、子贡、子夏、子游、曾参均未出现于这“八分”之中，追索这五个人在“八分”中的位置对于理解孔门当时的发展具有十分重要的意义。

据钱穆《先秦诸子系年》，鲁人商瞿少孔子29岁，卫人子贡少孔子31岁，温国人子夏少孔子44岁，吴人子游少孔子45岁，武城人曾参少孔子46岁。① 商瞿和子贡属孔子第二代弟子，后三者属孔子第三代弟子。

《史记·仲尼弟子列传》载：“孔子传《易》于（商）瞿，瞿传楚人馯臂子弘，弘传江东人矫子庸疵，疵传燕人周子家竖，竖传淳于人光子乘羽，羽传齐人田子庄何。”② 杨宽先生说：“长沙马王堆出土帛书《系辞传》是儒家《易》学传到楚国后，流传在楚的一种《易传》。……与《系辞传》同时出土的还有四种解释《易》的，如《要篇》《易之义篇》《缪和》《昭力》，说明楚曾长期成为传授儒家《易》学的中心，与此同时，楚又成为道家黄老学派流传的地方，因此《系辞传》本为儒家的一种《易传》，融合有道家黄老学派的学说。”③

子贡于孔子去世后先仕卫，《史记·儒林列传序》说孔子弟子子贡“终于齐”④，张富祥先生推测，大概子贡也曾在齐国收徒讲学，然而未闻其弟子有以名儒著称于世的。⑤

《荀子·大略》载：“子夏贫，衣若悬鹑。人曰：‘子何不仕？’曰：‘诸侯之骄我者，吾不为臣；大夫之骄我者，吾不复见。’”⑥ 今人高培华专门考证子夏与诗、书、礼、乐、易、春秋均有造诣及传承，而于先秦经典，子夏及其后学对于《左传》的流传贡献最大。《左传》预见了三家分

---

① 钱穆：《先秦诸子系年》，第72~89页。

② ［汉］司马迁撰，［宋］裴骃集解，［唐］司马贞索隐，［唐］张守节正义：《史记·仲尼弟子列传》，第2211页。

③ 杨宽：《战国史》，上海人民出版社2016年版，第543页。

④ ［汉］司马迁撰，［宋］裴骃集解，［唐］司马贞索隐，［唐］张守节正义：《史记·儒林列传》，第3116页。

⑤ 张富祥：《齐国的官学》，《山东师范大学学报（人文社会科学版）》1999年第2期，第9页。

⑥ 张觉：《荀子译注》，上海古籍出版社2012年版，第425页。

晋、田氏代齐，并非《公羊传》“附经立传，经所不书，传不妄起”式样的体例，在保存事实和历史信息方面具有真正的意义。周代史官有诸多异姓，如辛氏迁往晋国为董氏、尹氏有的册封于晋国，有的逃跑至楚国。① 其中“尹”与“左”均与手有关，《汉书·艺文志》载“左史记事，右史记言”，虽然于史无法得知左丘明的太多信息，但《左传》最初出自左丘明的说法已经非常可靠。《左传》文辞优美，而子夏于孔门中擅长文学，这是一层关系。子夏对于孔门经典的弘扬不止如此。子夏所了解的古《易》八卦系统，很可能就属于《归藏》，子夏对《归藏》应该是了解和掌握的。② 而《左传》记事一大特点为“多预言”，这与子夏家世③有《易》学传统及于魏传易有关，这是第二层关系。此外，《左传纪事本末》《纲鉴易知录》均受《左传》影响而呈现出一种“大国叙事”的写作手法，于晋楚着墨最多，与子夏及后学为魏国鼎盛霸业做出贡献有关，这是第三层关系。徐中舒先生在 1960 年撰文提出《左传》的成书与子夏有关，“文革”已起之时，我国著名春秋史专家童书业先生撰就《春秋左传考证》，他认为吴起先师后学完成《左传》，“惟吴起之功为多耳”④。

子游与曾参都曾为子思老师。前者是吴人，后治理武城颇有业绩，当时鲁国与西邻诸国还属友好，但与东南的吴国处于敌对关系，身为吴人的子游追随孔子周游并受教于鲁国，一定不希望吴鲁发生战争，所以他与温国人子夏在孔子去世后西行不同，而是选择了留在鲁国。

---

① 胡新生：《异姓史官与周代文化》，《历史研究》1994 年第 3 期，第 44~50 页。

② 参见刘彬：《子夏与〈归藏〉关系初探——兼及帛书〈易经〉卦序的来源》，《孔子研究》2007 年第 4 期。

③ 今人高培华指出何晏、皇侃、邢昺、朱熹、刘宝楠、刘逢禄、焦循、赵佑、焦袁熹、黄式三、余樾等古代十余家旧说，提出“都没有探讨孔子向子夏讲这两句话的具体原因，更没有留意其具体时间、地点”。程树德、郭沫若、钱穆、南怀瑾、顾立雅、杨伯峻、任继愈、张岱年、蒙培元、黄克剑、张秋升、李耀仙、杨朝明、李冬君等近人所论，除了孔祥骅，均未注意到子夏卜官后裔的身份。高培华：《卜子夏考论》，第 78、89 页。

④ 童书业：《春秋左传研究（校订本）》，中华书局 2006 年版，第 346~347 页。

曾子以“孝”显于后世，故其“气”论易被世人忽视。曾振宇先生1994年提出曾子认为阴阳二气为宇宙万物之根源，其“世界观建立在孝本体论基础之上，用孝来解释人类的一切活动，用孝来作为人类行为的终极准则”建立起一种孝教。① 李启谦先生1995年提出，曾子有阴阳为万物之本的自然观和天人合一的社会观。② 杨宽先生1997年提出，“曾子所说阴阳二气化生天地万物……就是进一步修正医和等人的说法而成……曾子说阴阳二气是‘礼乐仁义之祖’，后来子思、孟轲一派后学，又进一步以五常配合五行”③。罗新慧教授举《论语·宪问》的曾子曰和《易·象传·艮》同载“君子思不出其位”并提出三种推测，揭示了曾子一派与《易传》关系密切这一消息。④ 孔子弟子中能特别提出“气”论，唯独重视自然因素对人世伦理理论构建，这是曾子的一大特点。曾子未随从孔子周游列国，早年《说苑·建本》称曾子早年“芸瓜而误斩其根”⑤，是孔门中确有耕作经验的弟子，而长于农事的人对天气变化和物候条件必须极为敏感，所以这应当是其“阴阳二气化生天地万物”说的经验来源。

任继愈认为，子夏发展了孔子认识论注重经验的一面，子游发展了孔子注重内省体察的一面。⑥ 姜广辉认为，子游—子思—孟子是“弘道派”，子夏—荀子是“传经派”，曾子—曾参、乐正子春是“践履派”。⑦ 钱穆认为孔子前后期弟子趋向不同，高培华先生认为应该是社会环境变化了，因为子夏、子游前期为官，后来却从教了。⑧ 这些说法均从儒家内部的统系

---

① 曾振宇：《曾子思想体系论纲》，《辽宁师范大学学报》1994年第3期，第70页。

② 李启谦：《曾子研究》，《烟台师范学院学报（哲学社会科学版）》1995年第1期，第16页。

③ 杨宽：《战国史》，上海人民出版社2016年版，第530页。

④ 罗新慧：《曾子研究：附〈大戴礼记〉“曾子”十篇注释》，商务印书馆2013年版，第226~227页。

⑤ ［汉］刘向：《说苑校证》，向宗鲁校证，中华书局1987年版，第61页。

⑥ 任继愈主编：《中国哲学发展史》，人民出版社1985年版，第282页。

⑦ 姜广辉：《郭店楚简与道统攸系——儒学传统重新诠释论纲》，《郭店简与儒学研究》，辽宁教育出版社2000年版，第13~40页。

⑧ 高培华：《卜子夏考论》，第159~160页。

中发表意见，笔者以为目前缺少一个从齐鲁晋楚大局着眼的文化融合判断。英国社会学家吉登斯认为所有相关教育分化的关键性研究都涉及文化再生产。① 颜氏受庄子学派影响②，受到了楚文化的影响③。商瞿一系属鲁文化影响楚文化。子夏一系是鲁文化与晋文化的交融。子游一系是鲁文化与吴越④文化的交融。曾子后学受到了墨学影响，形成“东方之墨”。吴起从学于曾子、子夏等人，能够于魏、楚之际造成巨大声势，擅长兵法可能是受到了齐文化的影响。荀子是齐、楚、晋、鲁文化的集大成者⑤。而这些代表及后学往往有重要作品传世，经典作为文化再生产的重要思想资源一般带有鲜明的派别倾向性和学说独特性，由此可以进一步与其他文化区域孳乳成文。1973 年，河北定县（今定州市）八角廊西汉中山怀王刘修墓出土了一批竹简，其中就有属于儒家的著作《论语》《儒家者言》《哀公问五义》《保傅传》等⑥。《哀公问五义》文字大致同于《荀子·哀公》前半部分，李学勤先生认为《荀子·哀公》属荀子一系学者所传述。⑦ 彭华先生于《燕国八百年》书中论述了“诗学”“易学”《论语》在燕国的传播和发展。⑧

四、余论

杜维明说：“科学精神在 20 世纪有莫大的影响力，是因为在技术的成

---

① ［英］安东尼·吉登斯、［英］菲利普·萨顿：《社会学（第七版）》，赵旭东等译，北京大学出版社 2015 年版，第 833 页。

② 宋立林：《颜氏之儒考述》，《齐鲁学刊》2013 年第 4 期，第 15～17 页。

③ 庄大钧：《〈庄子〉文学探源》，《管子学刊》2003 年第 4 期，第 61 页。

④ 王若诗：《再论子游及其“弦歌之治”》，《第六届尼山世界文明论坛论文集（下）》，2020 年，第 738 页。作者在文中提出子游也可能是越人。

⑤ 荀子祖上为赵国荀瑶，三任稷下学宫祭酒，曾经楚国春申君任兰陵令。

⑥ 何直刚、刘世枢：《定县 40 号汉墓出土竹简简介》，《文物》1981 年第 8 期；定县汉墓竹简整理组：《〈儒家者言〉释文》，《文物》1981 年第 8 期；河北省文物研究所定州汉墓竹简整理小组：《定州汉墓竹简〈论语〉》，文物出版社 1997 年版。

⑦ 李学勤：《八角廊汉简儒书小议》，《简帛佚籍与学术史》，江西教育出版社 2001 年版，第 395～396 页。

⑧ 彭华：《燕国八百年》，中华书局 2018 年版，第 284～289 页。

长上有所突破。很多学者担忧的是：技术上的突破与影响力，基本上阻碍了科学的进一步发展，亦即，科学与技术之间有了很大的冲突。例如，在医学上的极精密的手术，可以达到治疗疼痛经验的功效，但不知为何有效，也没有一套理论来解释这种技术的科学内涵。换言之，不是对人体的全面了解，也不是深厚的科学理论在引导医学发展，而是特殊的技术、仪器在宰制医学。尤其是这些技术商业化以后，其影响力更大了。”① 实际上，技术因商业化而提升的社会话语力量很大程度上能够影响社会的发展，这在我国先秦时期就能够得以印证。《周易》的卜筮，儒家的礼学，墨家的工程，兵家的军事，法家的刑法，纵横家的说辞，阴阳家的历史理论，孔子周游影响了诸侯国的政治制度和族群融合。晋学重法，楚学阴柔，齐学讲变，鲁学质朴。孔子周游列国的开始实际上与齐国三女至鲁有紧密的关系，我们看孔门弟子及其后学，齐学鲁学的分歧似乎始终也难以弥合。孔子维护周礼，其初衷应当是反“国际化”的，但他的周游利用了“国际化”，实际上也促进了各诸侯国的沟通交流。孔子是圣人，大概还是在于未有“好学如丘者”“发愤忘食，乐以忘忧”甚至“知其不可而为之”，这是孔子周游列国馈赠给中华民族的巨大文化遗产。

① 杜维明：《现代精神与儒家传统》，生活·读书·新知三联书店 2013 年版，第 506 页。

比较湛若水和王守仁格物论中事的面向

佟雨恒

【摘要】“格物”是《大学》提出的重要的实践性观念，理学家由此出发所衍演出的认识论和工夫修养论亦存在诸多分歧与论辩。湛若水与王守仁均持心学立场，但为学宗旨不同。湛若水以“随处体认天理”为宗旨，提倡古本《大学》“以修身申格物”，认为“格物”须“以身至之”兼知行，将格物由八条目之首，转变为八条目之统领，将《大学》八条目统摄于以“格物”为规定下的一段工夫。阳明格物论经历了从以“诚意”为本向以“致良知”为本的转化，晚年则认为致知格物就是“致吾心之良知于事事物物”，将“格”与“正”的对象由心转向物，更强调即物的一面，将良知“本觉”的自然条理，在实践活动中赋予事物以条理，使事物呈现出道德秩序。根据以上有关“格物”的概念与范畴，湛若水提出“心事合一”，王守仁提出“心外无事”，体现出个人道德修养与社会实践密切相关的儒家本位立场。

【关键词】湛若水　王守仁　阳明学　心事合一　心外无事　格物

【作者简介】佟雨恒，山东大学博士研究生。

《大学》本为《礼记》中的一篇，宋代理学家将其与《论语》《孟子》放在相同的地位。“格物”就是《大学》提出的重要的实践性观念①，理

① 陈来：《宋明理学》，北京大学出版社 2020 年版，第 206 页。

学家的诸多分歧与论辩亦集中于由“格物”这个基本概念出发所衍演出的认识论和工夫修养论①。

《礼记正义》言：“物，犹事也。”② 以事训物。相对于现代汉语语境下的“物”，《大学》中“物”的范围更广。陈来先生在《朱子哲学研究》中指出，“一切可以被人们当做思维对象的都属于被格的‘物’的范围”“物不仅指客观的物质实体……亦指人类的活动事为，还包括人的某些思维念虑在内”。③ 由于朱熹哲学中“物”的范畴十分广泛，格物的途径也是多样的。

与朱熹相比，陆九渊更强调发明本心，其学理阐发并不重视格物这一概念。直至明王守仁以“格心”释“格物”始，格物在心学话语体系的阐释下，才渐渐淡化了其认识论意义，而偏重伦理意义上的修养工夫。由于其“格心”的工夫论在理论上具有不断向内发掘的惯性，及至中晚明，阳明后学甚至产生了专内遗外的流弊。

与阳明同时期的持心学立场的大儒湛若水（1466—1560），字元明，广东增城人，世称甘泉先生，以“造道”“至理”释格物④，与其格物思想相应的工夫论，涵摄朱子学“学问思辨”工夫，并提出“心事合一”的理论，不仅将君子品格作为道德修养的主要目的，更关切社会现实，重视社会角色的践履及社会功能的实现⑤，从学理根源上竭力纠正王学所产生的专内遗外的流弊。

一、天理、良知与事物

《明儒学案》卷三七《甘泉学案一》载：“先生与阳明分主教事，阳明宗旨致良知，先生宗旨随处体认天理。学者遂以良知（‘良知’备要本

① “《大学》文本在成为理学经典之初就被赋予了变动不居的特性。”刘勇：《变动不居的经典：明代〈大学〉改本研究》，生活·读书·新知三联书店2016年版，第16页。

② ［汉］郑玄注，［唐］孔颖达疏：十三经注疏整理本《礼记正义》，李学勤主编，龚抗云整理，北京大学出版社2000年版，第1895页。

③ 陈来：《朱子哲学研究》，华东师范大学出版社2000年版，第295页。

④ 陈来：《宋明理学》，北京大学出版社2020年版，第326~329页。

⑤ 王文娟：《湛若水道德哲学中的情感之维》，《道德与文明》2017年第3期。

作‘王湛’）之学，各立门户。”① 湛若水和王守仁分别以“随处体认天理”和“致良知”为宗旨，其中天理、良知的内涵尚有“牛毛茧丝”之处可辨析。天理、良知与事物的关系，在宋明理学中经常以理与气、心与物的关系的形式讨论。

无论理学还是心学，在理气关系上二者存在共同承认的立场和前提。现实中，理气相即不离，理是气之理，气是理之气，即现实中不存在某一理与事物无关，也不存在无理的事物，此时，理指事物的客观规律。在心性论上不仅理学心学之间差异巨大，心学内部诸理论间亦存在差异。朱熹认为性禀自理，而心的产生与气相关，故朱熹坚持性即理，而反对心即理的说法。湛若水继承了宋儒理的观念，即理包含自然物理、价值伦理和社会规范等，但是需要注意的是，湛若水以“中正”界定理，认为天理是吾心中正之体，在工夫论方面更强调“中正”这一具有道德价值的伦理意义。虽在心学立场下，湛若水承认心即理，但因其肯定“宇宙一气”的自然发生论，使心的概念包含经验因素，这也是他必须加之以天理为约束，而并不能如阳明一般自信其心的原因。又因天理只是一种“中正”的德性，故在湛若水哲学中，天理并不具有如朱子哲学一样的第一序列概念的意义。

与甘泉以“中正”联系“理”与“心”不同，在阳明哲学中，理被看作心之活动的自然条理、良知的自然条理，所以理是心之理，心是理之灵②。相对于朱子学中的心理关系，阳明以本心良知规定理，这种概念上的倒转将心的地位极大地提高，同时通过诸如“心即理”“心外无理”这种强势的语言表达，将一切行为的道德判断收摄于本心良知之中，表现出道德主体的高度自治。然而，作为本质的心之本体虽是第一序列的至善概念，其本身在现实中却是无法作为工夫对象的。而知是知非的良知，其本身现象地存在于现成意识中③，阳明所言之“格心”与“正念头”便是正

---

① ［清］黄宗羲：《明儒学案》，沈芝盈点校，中华书局 1985 年版，第 876 页。

② 陈来：《有无之境——王阳明哲学的精神》，生活 · 读书 · 新知三联书店 2009 年版，第 87 页。

③ 陈来：《有无之境——王阳明哲学的精神》，生活 · 读书 · 新知三联书店 2009 年版，第 88 页。

以良知为是非标准，即其“四句理”中所谓意之本体便是知。而现成意识是阳明学切实可用功之处，所谓意之所在便是物，作为意之所著的对象，此物并非外在的客观之物，而仅仅是意向性结构中的意向对象①。“知”与“物”在“意”的联结下建立起联系，而与之相应的工夫论则表现为“良知指导诚意，诚意落实在格物”②。陈来在《有无之境》中指出，“阳明格物论存在着由以‘诚意’为本转向以‘致知’为本的发展变化过程”③。故本文主要基于阳明居越后以“致良知”为宗旨的格物论，而不过多考察以“诚意”为本的格物思想的发展过程。

明嘉靖中，在与顾东桥论格致知行的书信中，阳明认为致知格物就是“致吾心之良知于事事物物”“事事物物皆得其理者，格物也”。此时，阳明将“格”与“正”的对象由心转向物，更强调即物的一面。“致吾心之良知于事事物物”使“事事物物皆得其理”，是将良知“本觉”④ 的自然条理，在实践活动中赋予事物以条理，使事物呈现出道德秩序。

王文娟在《湛甘泉哲学思想研究》中指出，王、湛格物论分歧的本质在于“要不要把独立于个体意识之外的事物纳入格物的范围”⑤。阳明虽然没有明确否认物包括客观之物，但其工夫论的指向完全偏向意识的对象，而非如山川草木一般的自然之物，亦非指向一切的人类活动，尤其不包括客观知识的研习，而单一地指向伦理领域，包括道德人格的修养，社会公序良俗的建立，进而在社会各个领域产生影响。确立“致良知”宗旨后，阳明早年提出的“正念头”的格物工夫则被替换为“致吾心之良知于

① 陈来：《有无之境——王阳明哲学的精神》，生活·读书·新知三联书店2009年版，第163页。

② 陈来：《有无之境——王阳明哲学的精神》，生活·读书·新知三联书店2009年版，第176页。

③ 陈来：《有无之境——王阳明哲学的精神》，生活·读书·新知三联书店2009年版，第140页。

④ 阳明的知善知恶的良知，并非泛指知觉，也非认识意义上的能觉，而是道德意义上的本觉。

⑤ 陈来：《有无之境——王阳明哲学的精神》，生活·读书·新知三联书店2009年版，第154页。

事事物物”，而“正念头”则以对治习心的工夫贯穿于从诚意到格物的整个过程，作为其工夫论的一个方面。而湛若水所言之格物，其物的范围较之阳明更广泛，接近于朱子格物论中对物的界定，但其亦有所偏重。阳明通过“致吾良知于事事物物”的提法，突出了“即物”这一关键环节，扭转了把“物”解释为意之所在而造成的厌弃事物的影响，同时也解决了知行关系中的实践问题。而甘泉以“随处体认天理”为宗旨，格物就是在物上体认天理，其理论本身便直接包含即物的环节。而在其大心说的理论背景下，物并不在心外，故其格物论亦不能接受如朱子学一般的“求之于外”的批评。

阳明在使用心、性、良知等概念时，往往不注意分疏语词的多义性，在面对质疑时，亦未明确否定自己并非在此含义下使用该语词，而是转而努力申发其所取其一之含义，甚至进一步扩充自己所申发的含义。导致其后学尤其是初学时望文生义，并未完全依照阳明学对语词概念的界定而理解，甚至以该词的其他含义理解阳明之意。对其哲学体系核心概念界定的不明确，既是阳明后学诸多流派相互辩难的原因，也是部分阳明后学流向空疏、享乐等弊端的决定性因素。因此，在批判王学抑或为阳明辩护时，湛若水都注重从理论上对核心概念进行分疏，尤其是针对阳明后学误解良知为知觉，甘泉的批判更是十分严厉。《新泉问辩录》载甘泉回答周冲、邹守益与吕柟有关处世应事的讨论时，点出“良知”与“空知”的区别：

> 冲尝与谦之诸友论事有应不去、处不下，还只打转心上，充拓其良知。知足以及之，则事无难处者矣。仲木云：“事有应不去、处不下底，多牵带了私，不能致一。”
>
> 良知者何？天理是也，到见得天理，乃是良知，若不见得天理，只是空知，又安得良？这个天理之知，譬如一把火在心上，又如一面明镜在手上，随事随处，实时能照。故颜子有不善未尝不知，知之未尝复行，不待应不去、处不得，乃回头求良知也。其有如此者，即是功夫疏脱处。所以吾每每劝诸君终日终身体认天理也，天理即是德性之知。(《泉翁大全集·新泉问辩录》)

周冲（字道通，号静庵）与邹守益等学者讨论处世应事时，认为应当在心上做工夫，把良知扩充至极便没有处理不好的事情了。吕柟（1479—1542），字仲木，号泾野，他认为，处世应事在于无“私”，有个人的私心杂念抑或“私智”都会干扰本心良知的发用。相对于扩充良知和摒去自私，湛若水认为，处世应事的不得当最能体现工夫的疏脱，即在修养过程中未切实用功。天理良知在人如明镜在手，物来即照，物各付物，只在“感”与“应”之间，并无人为之“推”与“施”。良知就是天理，若此“知”此“觉”与体证天理无关，则此“知”必然不是良知，仅是感官功能而已，湛若水称之为“空知”。儒学与佛学的区别亦在于，佛学所言之知与觉的内容和目的并非天理，湛若水说“空知，禅也”①，若以“空知”为“良知”，则在理论上便已经流于禅宗。

由于湛若水对“物”与“事”的界定并不局限于意向对象，而是在万物一体的大心说的理论背景下，涵摄具体事物与客观规律，故保留了朱子学格物论中的认知层面。湛若水认为“学问思辨笃行，开其知也；笃行，恒其知也”②。人的“知”既需要“开”，也需要“恒”，而“开”的方式是学问、思辨与笃行，并非阳明后学就善端之一线明处而进行存养扩充。“知”若只能间或有一“开”，亦是片面的，只有切实笃行，才能使知“恒”，才能始终保有此知。既通过学问、思辨、笃行的切实工夫避免了良知学持之过高之弊，又介入了“行”的工夫，避免空谈“良知”。

二、格物致知

朱熹思想中，格物工夫的要点是“即物”“穷理”“至极”，而湛若水则更偏向于将“格物”解释为“体认天理”或“至其理”③。湛若水的学生发觉甘泉解格物与朱子不同，是从心上说。甘泉所主张的“至其理”是

① 《泉翁大全集·新泉问辩录》。

② 《泉翁大全集·新泉问辩录》。

③ “诸生用功须随处体认天理，即《大学》所谓格物，程子所谓至其理。将意、心、身、家、国、天下通作一段工夫，无有远近彼此，终日终身，只是体认这天理二字。”（《泉翁大全集·大科书堂训》）

程颢解格物之语，而朱熹在做《补格物致知传》时，亦表示其思想直承程子。既然两种格物论均发端自程子，为何甘泉从心上说，而朱子从“穷理至极”上说呢？

> 凤问：“师尊明道解格物曰：‘格者，至也；物者，理也，至其理乃格物也。’是以格物从心上说，与晦庵先生解不同，诚是也。但晦庵当时释格致之义，亦曰：‘窃取程子之意以补之。’岂程子当时议论不同，有此两说欤？”
>
> 晦庵解“格物”为穷至事物之理，欲其极处无不到，此即程子“至其理”之说。其解格为至皆同，但程子以致知在所养，养知莫善于寡欲，以涵养寡欲为格至其理，则兼知行，而晦庵则只主知言之耳，所以不同也。(《泉翁大全集·新泉问辩续录》)

在湛若水看来，朱熹所讲的“穷理至极”与“至其理”别无二致，“穷理”工夫达到“至极”的状态，便是“至其理”了，只是朱熹偏重知而言，对程子格物思想的把握并不全面。程子言“致知存乎所养，养知莫善于寡欲”，朱熹格物论的落脚点在穷理至极，仅仅停留在对理的认知，不但未直接体现出实有诸己的道德修养倾向，更未进一步发展到道德践履①。而湛若水格物论中的“至其理”既是方法原则，又是格物的过程，“格物即止至善也”直接指向至善，指向圣人品格，从理论建构上即已兼摄知行。

湛若水训“物”为理，并非“认物为理”或以物来规定理，更不存

① “晦庵则只主知言之耳”是湛若水对朱熹哲学的误读。参见陈来：《朱子哲学研究》，华东师范大学出版社 2000 年版。所穷之理是所以然之故与所当然之则，所以然之故指事物的本质、属性、规律及各种过程的机制，所当然之则主要指道德准则和礼节规范。在伦理学领域里，所当然之则和所以然之故是指一切道德准则及其究竟根源。朱熹虽所以然之故强调得不仅是要人去了解事物的本质与规律，更是认为人们应当从人是一切当然之则根源于天命的高度来提高主体的道德自觉。所以，“至其理”与朱熹的“穷理”在提高主体道德自觉的层面是完全一致的。此知隐含着行的动力，因此亦指向道德践履。

在客观之理与心中之知不能沟通的矛盾问题。在甘泉“合一”之学的包裹下，“物”“理”“心”本无内外之分①。甘泉说：

> 夫物也者，非他也，吾心所知之理，乃天然自有之中，而明德新民至善归一之地也。格也者非他，至其理也，盖知行并进乎！此实久蹈之，而非口耳之而已也。故格物则无事矣，则意心身之于国家天下举之矣。故礼言“不过乎物”，大学格物而其归以修身申格物，其意一也。(《泉翁大全集·新泉问辩续录》)

可见，在甘泉思想中，物是“吾心所知之理”，此理既是吾心所能知、可知，更是吾心所应知。因心有知善知恶的明觉功能和为善去恶的道德动力，故此理可知。由于此理为“天然自有之中”，为人所先天具足，故此理能知。又因此理之“中”(中正无偏)，故应知。“物”“理”“心”三者相互涵摄，互为规定，先天且自然地浑然一体。“明德新民至善归一之地”则强调《大学》三纲领在现实层面的统一是通过“物”来实现，人与物、心与理，均处于与物浑然一体的境遇下。以修身申格物是湛若水格物论的特点之一，他强调格物应“以身至之”：

> 且问格物是至其理，谁至他？至者，造诣之谓也，非知行并进，安能造诣？至之者乃意心身也，物者，意心身感应天下国家之理，意心家国天下事理都在格物上了了。(《泉翁大全集·新泉问辩录》)

《大学》之八条目，格物、致知、正心、诚意、修身、齐家、治国、平天下，格物为首，修身则联结个人与他人、社会。湛若水认为，程颢训

---

① 这种体认式的“格物”在一定境遇下进行，人与物、心与理的印合与互动只有寂感之别，而无推施之意，“只有生熟之分、而无物我彼此之别”，心与理在甘泉思想中是无内外的。此为甘泉“合一”之学所体现出的思想品格，亦通过对“心事合一”的阐释而申发。参见王文娟：《湛甘泉哲学思想研究》，巴蜀书社 2012 年版。

格为至，训物为理，格物就是至“意、心、身”于“家、国、天下”之事理：

> 列诚意，所以欲其于意焉格之也。列正心，所以欲其于心焉格之也。列修身，所以欲其于身焉格之也。列齐家，所以欲其于家焉格之也。列治国，所以欲其于国焉格之也。列平天下，所以欲其于天下焉格之也。意心身之于家国天下之事，非二也，一以贯之也。(《泉翁大全集·圣学格物通大序》)

与阳明以格心为格物不同，湛若水认为，正心即为格心，修身即为格身，齐家即为格家等。所以，“物”不仅指物质，还包含诸如“知”“心”“意”“身”的个人认知、心理状态、念虑，又包含诸如“家”“国”“天下”等社会礼制和伦理制度。进而，“格”既可以囊括一切修养工夫的名称，也可以是概括所有理想状态的总名词。这种独到的阐释方式，将格物由八条目之首，转变为八条目之统领，将《大学》八条目统摄于以“格物”为规定下的一段工夫①，由此亦可窥见湛若水“合一”之学②的学理倾向。湛若水“以修身申格物”亦有意区分“致知”之“知”与“闻见之知”：

> 其后自天子至于庶人一节末，古本有“此谓知本，此谓知之至也”二句，盖以修身申格物，见格物乃以身至之之义，而非闻见之知以为格物也。(《泉翁大全集·泗州两学讲章》)

与阳明自信古本《大学》以对抗朱子学不同，甘泉认为古本《大学》“好处全在以修身释格物”③。借“以修身申格物”，湛若水对《大学》的

---

① “读书亲师友酬应，随时随处皆求体认天理而涵养之，无非造道之功。意、身、心一齐俱造，皆一段工夫，更无二事。下文诚正修功夫皆于格物上用了，其家国天下皆即此扩充，不是二段，此即所谓止至善。”(《泉翁大全集·答王阳明》)

② 王文娟：《湛甘泉哲学思想研究》，巴蜀书社2012年版，第337~392页。

③ 《泉翁大全集·答黄孟善二条》。

格物思想进行重新阐释，将“以身至之”作为格物的规定。不仅点破格物致知之“知”并非狭隘的闻见之知或口耳之学，更突显出人作为认知和践履的主体应当切身将“意、心、身”投入到“物”“理”之中。由此，“至其理”之“至”不仅有“达到”之目的意义，更增加了“切身投入”的含义，进而作为“格物”的方法和原则。① 弱化了朱子学格物论中所申发的知识取向，增加了“切身投入”的行的维度，将格物这一工夫完全收摄于德性伦理的范畴之内。使圣人品格这一格物的终极目标，不仅仅停留在个人的道德追求，更进一步必然体现在人参与家国天下的社会实践中，即个人美德应当自然地在社会中体现为道德践履。

修身之于格物，既体现在“以身至之”所点明的工夫的起点与入手处，身修更是物格与否的目的和效验。湛若水二传唐伯元十分重视以修身释格物的思想，并从古本《大学》进一步转向伪石经《大学》，以修身统领大学全部修养纲目，借此与阳明后学之空谈性命之流弊抗衡。甘泉通过古本《大学》中“以修身申格物”的思想，与程颢以“至其理”训格物相联系，提出“以身之至”的修养方法和原则，后发展为“格物兼知行”的明确主张②，与程朱理学将格物致知归于“知”的做法不同③。湛若水的格物论内涵广泛，不仅涵摄朱子学中学问思辨的知识向度，也包含阳明学所讲的内在意识的端正，更注重“行”的向度，强调知行并进。

三、知行工夫

与宋儒用来区分闻见之知与德性之知不同，湛甘泉将闻见之粗与知行之实对举，认为知行并进才是格物工夫的圆满完成。他在《圣学

① 相较于朱熹格物论中的“即物”，“至其身”更强调人应当切身投入到事态发展的境遇中，而非仅仅是主客相对意义上的接触事物。

② 王文娟：《湛甘泉哲学思想研究》，巴蜀书社 2012 年版，第 122 页。古本《大学》的长处在于“以修身申格致”，虽然这是儒家修身践履的切己性的本质表现，但甘泉更着意强调“格物”所得不只是口耳闻见之知，而是“以身至之”，即应落实到践行层面，简要言之，即甘泉后来明确所说的“格物兼知行”。

③ 王文娟：《湛甘泉哲学思想研究》，巴蜀书社 2012 年版，第 173 页。

格物通大序》中说：

> 夫以涵养寡欲言格物，则格物有知行之实，非但闻见之粗矣。然则何以至其理也？知止，知也；定静安虑，行也；知行并进，格物之功尽于此矣。(《泉翁大全集·圣学格物通大序》)

甘泉所言之“闻见”较“闻见之知”所指的与“德性之知”相对的具体知识不同，“闻见”指一切知，既包含伦理理论也包含具体知识，从其将“闻见”与“知行”对举来看，“闻见”更偏指知而不能行的伦理理论。伦理理论不是口耳之学，而应当切身涵养之、力行之。甘泉虽以“随处体认天理”为宗旨，但是反对只是于时时事事“说”个天理，而无“知行之实”，若所闻所见之“理”只停留在粗浅的“口耳”阶段，便割裂了知行，进而也不能称之为格物。在古本《大学》以修身申格物的理论笼罩下，湛若水反对聂豹（字文蔚，号双江）所言“格物”就是“事当于理”。《答聂文蔚御侍》载：

> 程子曰：“格者至也，物者理也，至其理乃格物也。”故大学古本以修身说格物，今云“格物者，事当于理之谓也”，不若云“随处体认天理”之尽也。体认兼知行也，当于理是格物后事，故曰：“物格而后知至。”云敬而后当于理，敬是格物工夫也。(《泉翁大全集·答聂文蔚御侍》)

“事当于理”符合宋儒“知先行后”的知行观传统，是将认知与理进行贴合，使认知符合理的过程便是格物，格物后获得正确的认知，便是“物格而后知至”。湛若水以“随处体认天理”来解释格物，认为“体认”的过程兼具知行，则较聂豹涵盖范围更广。进而湛若水对“事当于理”进行修正，认为“敬而后当于理”。这与程子所言“敬以直内”的主敬思想有关。又言“敬是格物工夫”既吸收了程子“涵养须用敬”的修养方法，同时也是其“存心即行”思想在工夫论方面的具体体现。

“存心”这一概念出自《孟子》①，此一章中，孟子提出尽心—知性—知天和存心—养性—事天的结构。甘泉认为《孟子》此章与知行工夫有关：“盖孟子此章虽两段言之，其实一段工夫。即尽即存，非今日尽明日乃存也。即知即行，知行并进，非今日知明日行也。”（《泉翁大全集·天泉书堂讲章》）

甘泉认为此两段实际是在讲知行工夫，虽话分两段而言，但究其根本是指一段工夫。尽心与存心是当下合一的，所尽之处必定于当下即存，并不是“知先行后”，而是知行并进②，在此基础上，甘泉提出“存心即行”，谓“只存此心，不放僻杂扰便是行”，此说足以破后儒只以处世应物为行之说；若谓“精明不昧处便是知”，则又堕于近时以知觉之知为良知之弊矣，不可不仔细察识。“盖知觉是心，必有所知觉之理，乃为真知也。”（《泉翁大全集·新泉问辩录》）如此涵养便是行，久而熟之，则圣域有不可到耶！

在甘泉看来，“行”的范畴不仅限于处世应物，能“存此心”亦可视为行，但“存心”的工夫与良知学所言之“精明不昧处便是知”在内容上有本质的区别。“存心”与处世应物相对，属于意识中的活动，而非物理活动，但因其以“天理”为其所知所觉的内容，此种知觉过程就是湛若水所言之“体认天理”，所谓“存心要矣，见理为实”③。作为德性之知的“天理”一旦为人所“体认”，进而“见得天理”，获得“真知”并涵养之，使之在现实中转化为人的道德品格，便可自然知“是非”，做出正确的道德判断，不会“放僻杂扰”。

甘泉亦讲“行在一念之间”：“后世儒者就行字别了，皆以施为班布者为行，殊不知行在一念之间耳。自一念之存存，以至于事为之施布，皆行也，且事为施布岂非一念为之乎？所谓存心即行也。”（《泉翁大全集·新泉问辩录》）

---

① 孟子曰：“尽其心者，知其性也。知其性，则知天矣。存其心，养其性，所以事天也。夭寿不贰，修身以俟之，所以立命也。”

② 亦见于《泉翁大全集》陈应期问尽心存心之异。甘泉子曰：“性也者，心之生理也，心尽而性见矣。存心也者，恒其所尽之心而已，其知行并进者乎！”

③ 《泉翁大全集·新泉问辩续录》。

需要注意的是“行在一念之间”与“一念发动即是行”有区别，二者均表达了“念”与“行”之间的关系，即意识与实践行动之间的关系。前者强调与该实践活动相关的意识不仅在时间上先于此实践活动，而且此意识也是该实践活动发生的前提，与阳明所言之“知是行之主意”有异曲同工之妙。后者则认为意识活动即可视为行动的完成，且必然面临“一善念非一善行”的现实批判。所以，将甘泉“存心即行”的思想等同于“一念发动即是行”进行批评，本身就是有问题的。

甘泉不仅反对以“念”代替“行”，更反对“遗事而语心”这种完全偏向内向主义的做法①，提出心事合一之学：“心事合一，圣人一贯之学也；遗事而语心，二氏灭伦之学也。乃有甘心陷溺于其学者，岂足以为高明耶?”（《泉翁大全集·新泉问辩录》）

“心事合一”说不仅与甘泉的“合一”思想相关，更根源于其大心说。他认为“心包天地万物而与之一体”“天下之物，无不在内”，所以他并不排斥阳明所言之“心外无事”“心外无物”。但是无法认同“心即事”“心即物”和“心即理”这样的表达，应该讲“即心而事物在”“即事而理在”，如此，体认工夫则只有生熟之分，而无物我内外之别。“所言‘心外无事、心外无物、心外无理’三句无病。又云‘心即事、心即物、心即理’，似欠明。又云‘一念事亲事君即为物，非若后儒指天下之物为物’，则又似以万物在心之外，是心外有物矣。不若大其心，包天地万物而与之一体，则夫一念之发，以至天下之物，无不在内。而以其浑沦，则理在天地万物；以其散殊，则理在事亲君之间，即心而事物在，即事而理在，乃为完全也。如是体认，不亦可乎！诚者、诚之者无不同条共贯，有生熟、无彼此。”（《泉翁大全集·新泉问辩录》）

心事与内外是哲学需要解决的重要问题，不仅涉及人认识自身与认识世界，更表现为道德人格的成就和改造世界的道德实践。儒学与佛道的区别之一在于，二氏“遗事而语心”，而儒学道德人格之“内圣”必然指向社会实践之“外王”。在阳明居越后的思想中，格物与心事内外的关系亦与之前以诚意为中心的格心说不同。在《答顾东桥书》中，阳明认为：

① 王文娟：《湛甘泉哲学思想研究》，巴蜀书社2012年版，第354页。

若鄙人所谓致知格物者，致吾心之良知于事事物物也，吾心之良知即所谓天理也。致吾心之良知之天理于事事物物，则事事物物皆得其理矣。致吾心之良知者，致知也。事事物物皆得其理，格物也。是合心与理而为一者也。(《王阳明全集·答顾东桥书》)

相较于湛若水提出的心事合一之学，阳明认为格物是“合心与理为一”，这里的合一并不是心即理所言的本体层面，亦不是工夫上的将心与理合而为一，而是指以理去规范事物。吾心之良知就是人先天具有的无需思虑的道德意识，事事物物并不是自然之物，而是伦理之物。将此良知致于事事物物也不是以良知安排自然之物，裁制自然之物，而是将“道德意识贯彻于实际活动中，使这些活动和行为获得‘合法性’与‘道德性’，而不是仅仅纠正意念活动本身的不善而使归于善”①。若能在做事的过程中不被私意所蒙蔽，时时事事任良知心体发用，就是心与理一。但是，在现实的修养过程中，人往往能知良知是非，但面临着良知不能常行，间或有违背的情况。针对学者这一现实的修养困境，王畿发扬了阳明工夫论中“事上磨炼”的环节。陈来先生指出：“王畿认为，白沙提主静，是因为世人精神向外泼撒，所以假借静坐以收其心；而真正的为学宗旨应当是不分动静，从事上磨炼。”②

阳明的事上磨练，是相对于静坐而言。是接续程颢《定性书》中，“静亦定”“动亦定”的充实稳定的心理状态而言③，阳明认为追求这种境界不应仅靠静坐，应当通过在“事上磨炼”，在具体、复杂的行动、实践中锻炼自己的心理应付能力，这与阳明自言良知之说从百死千难中得来的经历是一致的。在中晚明时期王学的发展中，“事上磨炼”体现出阳明学工夫论整体上总是更强调动的、行的方面，突出了改造社会实践的儒家本

① 陈来：《有无之境——王阳明哲学的精神》，生活·读书·新知三联书店2009年版，第177页。

② 陈来：《宋元明哲学史教程》，生活·读书·新知三联书店2010年版，第333页。

③ 陈来：《有无之境——王阳明哲学的精神》，生活·读书·新知三联书店2009年版，第336页。

位立场。既承担着排除接近佛教理论的良知异见，还承担着反驳批评王学近禅的任务，更是致良知学的工夫论和知行观上不可或缺的一环。它不仅是阳明哲学中重要的实践面向，更是对知行交进，知行合一的检验。

明中期，社会风气败坏、道德水平下降，王阳明和湛若水面对这一社会现象，均提出了以“合一”为特点的知行观，以期扭转日益颓丧的世风。现如今，王湛二家格物思想所体现的“知行观”依然可以提供丰富的思想资源。阳明学虽然可以将人的道德心从碎片化的知识体系中提拣出来，在社会公共道德伦理领域发挥自光明的作用。但其贬抑知识的倾向则与现代科学知识之间存在张力。甘泉学说虽不如阳明学单提直指致良知这一伦理领域更容易向深邃的理论发展，却能够容纳经验知识与经典文化，既能尊重科学知识，又能约束自身道德，使德性之知与闻见之知，再次在现实的个人的生命中呈现出一体不二的状态，达到智识与道德的平衡。①

① 钟彩钧：《湛若水哲学思想研究》，《中国文哲研究集刊》第19期。正如钟彩钧所言：“随处体认天理不只是抽象的实践指导原则，而又有待于持续的工夫来维持与扩展。相较于致良知的直截与灵活，随处体认天理可说是一种绵密而慎重的工夫理论。”

理学视域下《诗经》“其仪一兮，心如结兮”的诠释

张唐宁

【摘要】《诗经·曹风·鸤鸠》原文中点出了两组关系：一是外在仪容与内心道德的关系，二是外在仪容与治国的关系。前一组关系也是“其仪一兮，心如结兮”的主体之所在。其在汉唐之前的文献中有以下三种解释：一是强调为君者要“执政为公，均一于下”，二是强调有德之君子要“心如结也，专一而行”，三是讲“君子慎独，结一于心”。在原文中占据更多篇幅的“令仪”对“令德”的退让揭示出了“君子”概念背后“德”与“位”的分离，以及“位”对“德”的退让，这不仅与时代背景有关，也得益于“心”这一概念的被发现。在宋明理学视域之下，围绕对“心”的进一步解释和阐释，其不仅强调自“心如结兮”则可“其仪一于物”“其仪一于乐”“其仪一于理”这三种路径，更被程颐与朱熹给出了自“其仪一兮”到“心如结兮”的反向互动方式，并确立了内不妄思、外不妄动的修养方式。这与其说是对先秦儒家思想的继承，不如说是经典诠释下的时代再创造。

【关键词】鸤鸠　令德　令仪　理学

【作者简介】张唐宁，山东大学儒学高等研究院博士研究生。

“其仪一兮，心如结兮”语出《诗经·曹风·鸤鸠》，其完整的章节句子是“鸤鸠在桑，其子七兮。淑人君子，其仪一兮。其仪一兮，心如

结兮”。“鸤鸠”即布谷鸟，此处以布谷鸟起兴，以赞美淑人君子外表齐肃端庄，用心平均、专一的美好德性。关于此诗的创作动机与主旨，有着两种截然相反的观点：一是以《毛诗正义》为代表的美刺说，其以为“《鸤鸠》，刺不一也。在位无君子，用心之不一也”①。另一种是以朱熹为代表的美诗歌说，其以为“诗人美君子之用心平均专一”②。我们可以发现，这两种解诗的思路虽然不同，但都强调用心专一平均的重要性，而对内心思虑用力的重视，与原诗句中对外在仪容端肃的强调，在宋明理学的视域下获得了新的诠释空间。其中，张载与程颢的思想可以给出一种诠释路径，程颐与朱熹的思想又可给出另一种不同的诠释思路。两种思路既有区别又有联系，从此处，我们可以发现宋明理学在发展过程中的相同路向与内在分野。

一、《鸤鸠》原篇中“其仪一兮，心如结兮”含义梳理

为了方便讨论，我们将《鸤鸠》原文全部内容附引于此：

> 鸤鸠在桑，其子七兮。淑人君子，其仪一兮。其仪一兮，心如结兮。
>
> 鸤鸠在桑，其子在梅。淑人君子，其带伊丝。其带伊丝，其弁伊骐。
>
> 鸤鸠在桑，其子在棘。淑人君子，其仪不忒。其仪不忒，正是四国。
>
> 鸤鸠在桑，其子在榛。淑人君子，正是国人。正是国人，胡不万年？

很明显，全诗总共分为四段，前后两段各有一主题。前一部分的中心也就是我们本文讨论的主题“其仪一兮，心如结兮”，即外在仪容与内心

① ［唐］孔颖达疏：《毛诗正义》，阮刻《十三经注疏》本，中华书局 1980 年版，第 385 页。

② ［宋］朱熹：《诗集传》，赵长征点校，中华书局 2011 年版，第 114 页。

道德的关系。后一部分的中心是“其仪不忒，正是四国”一句，讲的是外在仪容与治国的关系。我们本文的讨论则主要集中在前一个主题上。

其实，关于外在仪容与内心道德二者的关系，在《诗经》中已经有了相关的描述与讨论。《诗经·湛露》中有言：“显允君子，莫不令德。……岂弟君子，莫不令仪。”“令”是善、美的意思，“令德”即美好的德行，即此处的“心如结兮”；“令仪”即美好的容止、威仪，即此处的“其仪一兮”。在《鸤鸠》这一文中，作者对“令仪”显然更为强调，第二段的“其带伊丝。其带伊丝，其弁伊骐”都是对淑人君子外在仪容的描写，对“心如结兮”的内在道德品质却并未再给出更多的语言论述。然而，后世对此句的诠释大多围绕着“心如结兮”的“令德”展开，只不过，对美好德行的解释众说纷纭。我们试对其进行梳理。

观点一是强调为君者要“执政为公，均一于下”。这以毛诗为代表，其以为，全诗之所以用“鸤鸠”其兴，正是因为“鸤鸠之养其子，朝从上下，莫从下上，平均如一”①。其无论朝暮，平均养子，无丝毫不均。故而其以为“《鸤鸠》，刺不一也。在位无君子，用心之不一也”②。而根据诗文后面的“其仪不忒，正是四国”，我们可以看出这里的“君子”并非对有德者之称谓，而是直指有位之国君，故郑玄对此解释道“兴者，喻人君之德，当均一于下也”③。清人王先谦在《诗三家义集疏》里引用了多处秦汉对此诗的注解，如《汉书》载鲍宣上书谏言：“陛下上为皇天子，下为黎庶父母，为天牧养元元，视之当如一，合《鸤鸠》之诗。”④大多都将其解释为均一平等之意。可见，这一说法在当时较为普遍。

观点二则强调有德之君子要“心如结也，专一而行”。我们可以在《荀子·劝学》篇中找到这种说法，《大戴礼记·劝学》也对此段文字进行了引用：“其行衢道者不至，事两君者不容。目不能两视而明，耳不能两听而聪。螣蛇无足而飞，鼫鼠五伎而穷。《诗》曰：‘鸤鸠在桑，其子七

① ［唐］孔颖达疏：《毛诗正义》，第385页。
② ［唐］孔颖达疏：《毛诗正义》，第385页。
③ ［唐］孔颖达疏：《毛诗正义》，第385页。
④ 转引自［清］王先谦：《诗三家义集疏》，中华书局1987年版，第500页。

兮。淑人君子，其仪一兮。其仪一兮，心如结兮！’故君子结于一也。”我们知道，荀子长于《诗》，尤擅引诗，以诗说理。荀子在此处想说明的道理显然是君子需要“结于一”，这里的君子已经不再指国君，而是指好修其德之士人。强调内心要始终要结于一，结于一则志于一，志于一则行于一，行于一则有成。否则就如《淮南子·诠言训》中所言：“贾多端则贫，工多技则穷，心不一也。故木之大者害其条，水之大者害其身。有智而无术，虽钻之不通；有百技而无一道，虽得之弗能守。故《诗》曰：‘淑人君子，其仪一也。其仪一也，心如结也。’君子其结于一乎。”“心一”才可“行至”。

观点三讲的是“君子慎独，结一于心”，其是在上一观点的基础上发展而来，更加强调内心之专一不二是君子所必须具有的品质。其出自郭店楚简《五行》篇，其言曰“‘淑人君子，其仪一也’，能为一，然后能为君子，慎其独也”①。《五行》篇的传文对其解释道：“……仪者义也。言其所以行之义之一心也。‘能为一然后能为君子’，能为一者，言能以多为一，以多为一也者，言能以〔夫〕五为一也。‘君子慎其蜀（独）’，怀其蜀（独）也者，言舍夫五而慎其心之胃（谓）□□，然后一，一也者，□夫五夫为□心也，然后德（得）之。一也，乃德已。德犹天也，天乃德已。”在这里，“五”指的是眼耳舌鼻口五窍之五感，皆集中于心之一官，强调心之理性对感性的统帅作用，君子之慎独实际上要处理的就是对理性的充分应用，即内在对外在的决定作用。

二、为何从“令仪”到“令德”

对这八个字的引用与解释虽然丰富且多样，但其都是对儒家理想人格“淑人君子”的讨论。我们可以从中发现这两个转变：

其一是“位”对“德”的退让，《鸤鸠》原诗中是对有“德”且有“位”的君主的描写，而之后对诗文的引用中，除了第一点对专一平均的强调是以德位兼具之君子为讨论对象，其他两点都是仅对有“德”与修德之人所言，而且即使对专一平均的强调也更侧重于“德”而非“位”。

---

① 荆门市博物馆：《郭店楚墓竹简》，文物出版社1998年版，第149页。

其二是对“令仪”对“令德”的退让，原诗用了大量篇幅来对美好的仪容进行描述，以及解释美好的仪容在政治中具有“以正四国”的重要作用，但之后儒家经典中对此句的引述，竟然大多是为了强调在原文中并未得到进一步解释的“令德”——“心如结兮”。当然，这两点是有关联的，因为“令仪”的重要性是仅仅对在“位”者而言的，那么“位”在对淑人君子讨论的语境中的逐渐退隐，自然也就导致了对“令仪”的讨论也相应减少。

那么，为何会出现这样的问题呢？原因有二。

其一是因为“君子”这一形象中“德”与“位”的分离。“君”与“子”起初并不连用，《说文解字》中对“君”字解释为：“君，尊也。从尹，发号，故从口。”这是有位者，“子”是对有德者的尊重。故而二字连用则表示“德”与“位”兼具之人。然春秋礼崩乐坏，名实相乱，在《论语》中对君子的描述已经不尽相同，如《里仁》篇中“君子怀德，小人怀土；君子怀刑，小人怀惠”。君子是就“位”而言，《为政》篇中“君子周而不比，小人比而不周”。君子是就“德”而言。而时逢乱政，天下无道，兼济天下难，“内圣”与“外王”不得不被迫分开，儒者们纷纷走上了独善其身、著书立说之路。即使如荀子强调隆礼重罚，亦坚持儒家以修身为本的基本路理。故而“德”在儒家中的讨论也越来越多，大夫士人皆以修身为本。

其二是对“心”这一概念的发现。这是前一原因的必然结果，向内关照自然会注意到“心”之灵明，无论是作为孟子之“道德心”，还是荀子之“认识心”，“心”的内涵与外延都被逐渐扩大与丰富，而“心如结兮”这四字，恰巧可以作为儒者进一步阐释的经文依据。那么到了心性儒学高度发达的理学时期，其当然可以获得更为开阔的阐释视域。

三、自“心如结兮”而“其仪一兮”

张载和程颢虽然分属宋明理学的两大派别，然二人之思想有很多共通与相似之处，尤其是将“其仪一兮，心如结兮”放于二人的思想视域下进行诠释理解，则都为由“心如结兮”向“其仪一兮”，由“令德”向“令仪”的，自内而外，自里及表的思想路理。

《定性书》是程颢对张载“定性未能不动，犹累于外物”疑惑的回应，这一“定性”按照朱子的理解其实就是“定心”①。在张载这里，对“心”的定义是“合性与知觉，有心之名”②。可见“心”不只具有着知觉能力，同时也具有“性”。“性”在这里指的是湛一纯洁之“天地之性”，与有着“刚柔、缓急、有才与不才”③ 等多种不同性质的“气质之性”的结合，即所谓“合虚与气有性之名”④。“虚”即由湛一的太虚之气构成的“天地之气”，“气”即由“攻取之性”形成的“气质之性”。正因为后者的参与，由气禀之差而造成的习气之差别，则成为“性”不能定的阻碍。

故而张载提出“心统性情”⑤ 之说，“情”按照陈来的说法，指的就是“知觉”，“统”是“合”之意。⑥ 也就是说，“心”应该具有统合、结合，平衡人的内在本性与知觉活动的能力，此即“心如结兮”。人的知觉活动以人认识万物的穷理过程与情感的发用表达来外显，如果“心”的明朗舒达被闻见之狭和本性之遮蔽所阻碍的话，人的情绪则会有多迟滞波动，喜怒哀乐之发则无法做到中正平和，无法做到发而皆中节，则会喜所不当喜，怒所不当怒。那么，其心绪外发于仪容，仪容仪表之喜怒哀乐不尽不能当物，无法与事物之实如一，另一方面亦无法始终保持和乐舒湛如一，此即无法保证“其仪一兮”。

故而只有“心如结兮”才可“其仪一兮”。那么，如何做到“心如结兮”，内心无偏私迟滞呢？在张载这里便是“尽心”。张载说道：“人本无心，因物为心。若只以闻见为心，但恐小却心。今盈天地之间者皆物也，如只据己之闻见，所接几何？安能尽天下之物？所以欲尽其心也。”⑦

---

① ［宋］朱熹：《朱子语类》卷九五，黎靖德编，王星贤点校，中华书局 1986 年版，第 2441 页。

② ［宋］张载：《正蒙 · 太和篇》，《张载集》，章锡琛点校，中华书局 1978 年版，第 9 页。

③ 《正蒙 · 诚明篇》，《张载集》，第 23 页。

④ 《正蒙 · 太和篇》，《张载集》，第 9 页。

⑤ 《性理拾遗》，《张载集》，第 374 页。

⑥ 陈来：《宋明理学》，华东师范大学出版社 2004 年版，第 54 页。

⑦ 《张子语录下》，《张载集》，第 333 页。

"心"在应物接事之时，才能发用于作用，然如若蔽于一己之私与闻见之狭隘，心中所接之事事物物有限，"心"统帅本性与知觉的能力，自然亦受限制。故而张载以为，我们要"先穷理而后尽性"，即"见物多，穷理多，从此就约，尽人之性，尽物之性"①。己之性与物之性皆尽于心，完备于心，结于心，则自然不会累与外物。非心不动，不与外物接，而是如程颢的回答中所言，"与其非外而事内，不若内外之两忘也。两忘则澄然无事矣。无事则定，定则明，明则尚何应物之为累哉?"② 不以物之为累，则圣人之喜怒，皆以物之当喜当怒，其仪容仪貌之表现，亦皆一于物也。即"心如结兮"，则"其仪一于物"，这是对"其仪一兮"的解释之一。

在张载那里，通过"尽性"而"大其心"，"大其心"则"视天下无一物非我"，内外无分，"民吾同胞，物吾与也"③，死生富贵贫贱的区别在这种境界之下都被超越消解。亦即程颢之"与天地万物为一体"④ 之仁者的状态，如此则"不须防检，不须穷索"，与物同体，反身而诚，乐莫大焉。其仪容自然诚敬和乐且不失其乐，不需要再克制自己的情绪，一切都是一种自然而然的，完全自觉的精神快乐。"心如结兮"，则"其仪乐兮"，这是对"其仪一兮"的解释之二。

四、且自"其仪一兮"而"心如结兮"

在程颐和朱子的思想视域之中，对"其仪一兮，心如结兮"的诠释理解，是在上面由"心如结兮"自"其仪一兮"的基础上，同时强调"其仪一兮"而到"心如结兮"，由"令仪"而向"令德"，自外而内，自表及里的思想路理。二者并无偏废。

程颢与程颐二兄弟虽然经常并称，且都为"理学"的发展做出的巨大的贡献，但二人的思想实际上有着巨大的差别。大程更为活泼，小程更为

---

① 《横渠易说·说卦》，《张载集》，第235页。

② ［宋］程颢：《答横渠张子厚先生书》，《二程集》，王孝鱼点校，中华书局1981年版，第461页。

③ 《正蒙·乾称篇》，《张载集》，第62页。

④ 《遗书》卷二上，《二程集》，第15页。

严肃；大程更为风趣温和，小程则更为严谨端肃。这体现在二人的学术风格上就是大程子追求鸢飞鱼跃、和乐且湛的气象与境界，小程子则强调涵养未发，主一持敬。

《论语·泰伯》中记载了曾子的一段话：“君子所贵乎道者三：动容貌，斯远暴慢矣；正颜色，斯近信矣；出辞气，斯远鄙倍矣。”其强调的是外在的行为容仪对内心之思维想法也会起作用，如果时时保持容貌和悦，语气缓和，则自然远鄙陋而近仁义。程颐所提倡的修养方式便是如此，其以为“俨然正其衣冠、尊其瞻视，其中自有个敬处”①。而依《周易》所言，“敬以直内”，故而外在行为与内心之修养一样重要，“言不庄不敬，则鄙诈之心生矣；貌不庄不敬，则怠慢之心生矣”②。反之，“动容貌、整思虑，则自然生敬”③。可见，其外表之整一庄肃，内心则会主一无适，这一思想在之后也几乎全部被朱熹所吸收，此所谓“其仪一兮”，则“心如结兮”。

我们需要注意的是，程颐与朱熹对由外向内路理的强调，并不代表二人对由内向外路理的忽视。在程颐那里，其提出“中有主则实，实则外患不能入，自然无事”④，无事则情绪之所发节中结，容貌之动慢皆与物一。朱熹则提出，“然敬有甚物？只如‘畏’字相似，不是块然兀坐，耳无闻，目无见，全不省事之谓，只收敛身心，整齐纯一，不恁地放纵，便是敬”⑤，其明确指出内心与外身皆要收敛，陈来将其描述为“内无妄思，外无妄动”⑥。

况且，到了朱熹那里，其继承并进一步发展了张载“心统性情”的说法，并明确指出了“性”即“理”的说法，“性者，心之理也；情者，心之用也；心者，性情之主也”。“性”是人内在道德本质，而这一道德本质，是“天理”之所予，其在天为“天理”，在人为“性理”，在物为

① 《遗书》卷一八，《二程集》，第185页。
② 《遗书》卷一，《二程集》，第7页。
③ 《遗书》卷一五，《二程集》，第149页。
④ 《遗书》卷一，《二程集》，第8页。
⑤ 《朱子语类》卷一二，第208页。
⑥ 《宋明理学》，第138页。

"物理"。"于是人物之生，因各得其所赋之理，以为健顺五常之德，所谓性也。"① 故而对"其仪一兮"的解释一，也可进一步解释为，圣人之喜怒仪容，皆一于物，皆一于物之理，皆一于理。即"心如结兮"，则"其仪一于理"，这是对"其仪一兮"的解释之三。

五、小结

我们可以发现，从"其仪一兮，心如结兮"所引发出的外在仪容与内在道德的关系，在理学的视域之下，得到了充分的阐发与讨论。实际上，在孔子之时，其已经注意到了"令德"与"令仪"之间的关系，其在《论语·雍也》中提到"质胜文则野，文胜质则史，文质彬彬，然后君子"。从更加广义的角度来看，我们可以将此处的"文"理解为外在的仪容礼节，将"质"理解为内心的道德品质，那么"文"与"质"二者的关系就可以理解为此处"其仪一兮"与"心如结兮"的关系。

孔子看到了二者的不可偏废，文质彬彬为君子之最完美之理想人格形式。但是孔子没有注意的是，在"文"与"质"二者之间所具有的相互促进的张力与作用力，这一关系，直到宋明理学家那里，才被一步一步地论述清楚。但在朱子之前，二者的关系很难被儒者平衡，有所偏废，汉唐名教是执于其外在之"仪"而弃其另一端，魏晋名士则反之，执于其内在之"心"却废其另一端。

回到诠释学的问题上来，关于对同一文本的不同诠释取向问题，海德格尔在《存在与时间》中对其解释得很清楚。其以为，我们并不是要将某种意义贴在某种现成之物上，而是我们在遭遇某一事物之时，这一事物已经具有了我们在理解世界中所展开的参与关系，诠释就是将这一关系释放出来。也就是说，我们对文本诠释的把握与解读，并非文本的本意，或者作者的本意，而是此在对其所处世界的一种领会与把握，通过文本而被释放与解读出来。我们可以发现，此在的生存境遇与环境随着历史的发展与变化大不相同，故而不同的时代与同一时代不同的哲学家对同一经文的解读是不同的，因为这一解读是他们对自身与世界关系理解的一种体现。故

① ［宋］朱熹：《四书章句集注》，中华书局2016年版，第17页。

而，对经典的诠释，与其说是帮助经典的作者说出其言外之意，不如说是诠释者通过对经典解释来表达自己的思想与世界观，其并非单一的继承，而是在发现外衣之下的发明，在诠释之中的创造。但经典的价值，一定在于其越读越丰富，其意义也在于其在任何时代与境遇之下都可以被阐释出新的意义。

参考文献

［1］［唐］孔颖达疏：《毛诗正义》，阮刻《十三经注疏》本，中华书局 1980 年版。

［2］［宋］张载：《正蒙·太和篇》，《张载集》，中华书局 2002 年版。

［3］［宋］程颢：《答横渠张子厚先生书》，《二程集》，中华书局 1981 年版。

［4］［宋］朱熹：《四书章句集注》，中华书局 2016 年版。

［5］［宋］朱熹：《诗集传》，赵长征点校，中华书局 2011 年版。

［6］［清］王先谦：《诗三家义集疏》，中华书局 1987 年版。

［7］陈来：《宋明理学》，华东师范大学出版社 2004 年版。

［8］程俊英：《诗经译注》，上海古籍出版社 1985 年版。

［9］荆门市博物馆：《郭店楚墓竹简》，文物出版社 1998 年版。

［10］高恒天、杨杰：《先秦儒家君子人格的理论建构及其现代价值》，《船山学刊》2018 年第 3 期。

［11］姚小鸥、陈潇：《先秦君子风范与〈曹风·鸤鸠〉篇的解读》，《中国文化研究》2008 年第 3 期。

［12］孟庆楠：《经学思想史视域中的先秦〈诗〉学文献——对〈诗〉学思想表现形式的反思》，《平顶山学院学报》2016 年第 1 期。

儒家文明为世界文明发展贡献智慧

李春蕾

【摘要】 当今世界文明发展面临两个主要问题：从古今的角度看，是文明发展的现代性问题；从中西的角度看，是不同民族、国家间文明冲突的问题。儒家文明因为具有区别于世界其他文明的三个独特性，即两面性、开放性、长久性，因而能够为世界文明的发展提供智慧。一方面，儒家文明具有两面性，因此儒家文明当中蕴藏着“知止”的态度。儒家“文明以止”的观念有助于解决现代文明因不知止而造成的人与人之间、民族与民族之间以及人自身的矛盾问题。另一方面，儒家文明具有开放性，因而对待不同文明，儒家文明采取和而不同、兼容并包的态度，这样的态度有利于化解文明冲突，有利于文明间的交流互鉴。尽管儒家文明能够为世界文明的发展提供智慧，但儒家文明自身面临着由传统向现代的转型。儒家文明需要在继承传统的基础上，去粗取精，实现创造性转化和创新性发展。对于世界文明来说，则要处理好文明发展的古今、中西问题。

【关键词】 文明　独特性　知止　和而不同　未来

【作者简介】 李春蕾，中共中央党校（国家行政学院）博士研究生。

谈及儒家文明与世界文明，首要的功夫是厘清文明的内涵。然而文明是一个意蕴极其错综复杂的概念。在不同的历史语境和背景之下，学者们对文明内涵的理解各有不同。笔者于是另辟蹊径，在综合前人研究成果的基础上，从儒家文明与世界文明的关系出发，来界定文明的内涵。

笔者认为文明的内涵有两个维度：一方面，文明与“野蛮”对立，是社会进步以及人类开化的标志。随着时间的推移和社会的不断进步，人类先后经历了古代文明、近代文明、现代文明。另一方面，文明是某一国家、民族、地域的物质和精神成果的总和。从第一个维度出发，儒家文明相对于当今的世界文明来说是传统的。这里的“传统”并不代表落后，也不代表儒家文明的发展是停滞的，而是与“现代”的概念相对应。可以说儒家文明与世界文明是一对古今范畴。从第二个维度出发，儒家文明是中华文明的主体，相对世界文明而言，儒家文明是属于国家的、地域的、民族的文明。从这个角度看，儒家文明与世界文明是中西问题。此处的“西”，非特指西方欧美等资本主义国家，而是泛指中国之外的其他民族国家。“中西问题”，指的是以儒家文明为代表的中国文明与世界上其他国家、民族文明之间的问题。

儒家文明与世界文明既有联系，又有区别。联系在于二者都是文明的范畴，因而都具有文明的共性。区别在于，和任何一种文明一样，儒家文明有着区别于其他世界文明的独特性。而儒家文明的独特性正是其为世界文明发展做出贡献的前提。

一、儒家文明的独特性

“‘儒家文明’的内涵很繁复，包括宗教、政治、伦理、教育、法律等制度文明、各种观念特别是价值观念的文明与风俗层面的文明，贯穿社会上层精英与下层民俗，包含儒家关于自然、社会、人生的理论与解释系统，即天之道、地之道、人之道、物之道等，也包含其实际的生活世界、日常行为与实践活动。在中国，它几乎是彻上彻下、彻里彻外的。”① 儒家文明作为中华文明的主体，有着鲜明的特色，正是这些区别于世界文明的独特性，使得儒家文明为世界文明的发展提供智慧成为可能。

① 郭齐勇：《儒家文明的教养的意义》，《哲学分析》2010年第1期，第132页。

（一）儒家文明的两面性

《周易·系辞上》："一阴一阳之谓道。"① 上古时期，先民在观察日光向背的自然现象时，得出了关于阴阳概念的最初认识。其后，在《易经》当中，将一阴一阳的概念符号化，经三才之道，形成了象征着天、地、雷、火、水、风、山、泽的八卦。两两相叠，又成六十四卦。在这个过程当中，朴素的辩证法思想一直存在。"一阴一阳之谓道"的辩证思想在儒家文明当中占有重要地位。儒家的文明观，在最初诞生的时候，就预示了文明的两面性。

《周易》六十四卦当中，离卦象征文明。离卦上下两卦皆为"离"。从卦画上看，"离"上下为阳爻，中间一阴爻，恰似上下牙齿包裹着中间柔软的舌头，是一个嘴巴的形状。而离卦是上下两张口。嘴巴除了进食，最重要的功能就是讲话，讲话就有意见、观点。文明就诞生于此。而离卦上下两张口，则代表了不同的观点相互激荡。相较于野蛮，文明固然是进步，但是口舌多，意见就多。意见多了，纷争与冲突自然而然随之而来。所以文明的存在是好事，但文明之间的相互冲突是文明的另一面。文明的两面性就蕴藏在这一个小小的卦画上。

文明的两面性还体现在离卦与坎卦的关系上，离卦为重离，坎卦为习坎，二者互为错卦。错卦就是每一爻都相反的两卦，正预示着事物阴中有阳、阳中有阴的一体两面。离卦为文明，坎卦为危险，二者互为错卦，预示着有文明存在的地方，必定有文明的危机伴随。更重要的是，坎卦卦辞为"习坎"，离卦却不是"习离"，这是因为相较于文明，危机与危险处处皆是，更值得人们警惕。离卦六二爻一变，则为大有卦。六五爻一变，则为同人卦。离卦的互卦为丰卦贲卦。同人、大有、丰硕、文饰，都是文明发展的必经阶段，也是文明辉煌壮大的表现。然而若不能看出辉煌背后的坎险，则不免得咎。由此亦可见儒家文明的两面性。

正是因为儒家文明具有两面性，因此儒家文明当中蕴藏着"知止"的态度。当今世界文明存在的一大困境就是文明的现代性问题，而现代性问题很大原因在于"不知止"，导致整个人类社会不得不面对知进而不知退带来的困境。

---

① 李学勤：《周易正义》，北京大学出版社 1999 年版，第 268 页。

（二）儒家文明的开放性

提到儒家文明的开放性，就不得不提及儒家文明与孔子创立的儒家学派之间的关系。笔者认为，儒家文明是一个以儒家学说为主，融合了多种文明的文明混合体。儒家文明的诞生要早于儒家学派的创立。

《汉书·艺文志》记载："儒家者流，盖出于司徒之官，助人君顺阴阳明教化者也。游文于六经之中，留意于仁义之际，祖述尧舜，宪章文武，宗师仲尼，以重其言，于道最为高。……唐虞之隆，殷周之盛，仲尼之业，已试之效者也。"① 根据《汉书》的说法，儒家之流在唐虞之时就已存在。中国目前能够得到出土文献证实的历史始自商代，因此这一观点暂存而不论。能够确定的是，在商代儒已作为一个阶层存在了。殷商时期鬼神观念极盛，殷民十分重视死生大事以及丧葬礼仪，因而诞生了专门办理丧葬事务的人员，那就是"儒"，也称术士，是早期的知识分子。到了周初，周公制礼作乐，形成了一套与分封制、宗法制相适应的礼乐文明，初步奠定了儒家文明乃至中华文明的基调。作为先秦儒家代表之一的荀子在其《儒效》中，亦将周公归于儒。由此可见，儒家文明并非起自孔子，而是在孔子之前就诞生了。儒家文明是要比儒家学派宏大得多的概念。当然，孔子创立儒家学派，对儒家文明的发展来说至关重要。因为孔子开启了儒家文明兼容并蓄的传统。孔子学说的创立，是在对三代文化损益的基础上实现的："夏礼吾能言之，杞不足征也；殷礼吾能言之，宋不足征也。文献不足故也。足，则吾能征之矣。"② 孔子是一个三代文化的继承者，他自称述而不作，删诗书、定礼乐、赞周易、修春秋，将传承斯文看作自己的使命。可以说，孔子既是一个继承者，又是一个创造者。这样的定位，便注定其学说一开始就带有兼容并包的气象。

儒家文明是一个开放的体系。这体现在儒家思想发展的各个阶段。从儒学自身的发展嬗变来看，汉代儒学与阴阳五行的观念相融合，开创了今文经学。儒学实现了经学化、神学化。魏晋时期玄风大畅，玄学在形式上是对两汉经学的否定，但在内核上是儒家和道家思想的结合。这一阶段，

① 班固撰，颜师古注：《汉书》，中华书局 1962 年版，第 1728 页。

② 朱熹：《四书章句集注》，中华书局 2016 年版，第 63 页。

儒学实现了玄学化。唐代儒释道三教合一，在三教的长期斗争与融合中，儒家学说吸收了佛教道教的本体论思想，将天道性命与礼乐刑政进行结合，创造了心性化、形上化的新儒学，也即宋明理学。儒学的每一次发展，都建立在对其他学派思想的兼容并包之上，由此可见儒家文明的开放性。从儒学与其他文明的交往与融合来看，亦可见其开放性。儒家文明与佛教文明的融合，是儒家文明历史上第一次广泛地与外来文明相融合，而宋明理学是这融合中的里程碑式的成果。其结果是宋明理学成为封建社会后期的官方意识形态，影响中国几百年之久。清朝末年，西方文明传入中国。这是中国第二次面临大规模的文明传入。从最初的“中学为体，西学为用”，到20世纪30年代全盘西化浪潮下的新儒家，无论处于何种境地，儒家文明始终坚持开放的姿态，谋求儒家文明的现代化转型。

正是由于儒家文明具有开放性，所以儒家文明是包容的，能够实现对不同文明的兼收并蓄。“儒家文明是包容性的，事实上它不是一家文明，而是多家文明的混合体，不但儒释道浑然一体，即使是基督教徒和天主教徒，在中国首先都是一个‘儒民’。”① 儒家文明的这种开放性与包容性，正为解决当今世界文明冲突愈演愈烈的问题提供了路径。

（三）儒家文明的长久性

文化与文明是一对联系非常紧密的概念，在许多场合当中，二者常常相互替代使用。但是二者仍存在差别。首先，文化的范围要大于文明。文化有积极、消极之分，而文明是文化当中积极的那一部分。其次，文化偏重于内在精神和思维范式，而文明偏重于物质和技术。内在精神和思维范式的变化相对缓慢，而物质和技术的变迁则相对迅疾。相较于儒家文明这个概念，中国人更习惯接受儒家文化这个提法。而文化比文明更加持久，这正是中华文明成为世界文明当中唯一没有中断、湮灭的文明，并一直发展到今天的原因所在。

从中国传统的文明观当中也可以看出儒家文明的“文化”倾向。文明一词最早出现在《尚书》当中，“浚哲文明”是对舜的评价。孔颖达解释

① 杨光斌：《作为世界政治思维框架的文明范式——历史政治学视野的〈文明的冲突与世界秩序的重建〉》，《社会科学文摘》2020年第4期，第30页。

“文”为“经纬天地”，“明”为“照临四方”。意思是舜有极高的文德，且这种德行如日月般影响四方百姓。这里的文明，文指的是文德、德行。明，指的是文德昭明，能引领群众。此处的文明，已包涵己正正人的教化之义。相对晚出的《周易·乾文言》中有“见龙在田，天下文明”的说法，同样包含教化之义。直到近代，仍有学者将文明看作是教化，如陈独秀所言：“文明云者，异于蒙昧未开化者之称也。Civilisation，汉译为文明，开化，教化诸义。世界各国，无东西今古，但有教化之国，即不得谓之无文明。”① 可见在传统中国人眼中，得到教化便是文明，未得到教化便是野蛮。以人的教化与否作为文明的标志，从文明与文化的分野来看，陈独秀所言虽为文明，实为文化。

可以说，儒家的文明观，一直是一种心性文明，而这本质上是偏向于文化的。直到近代以后，坚船利炮打开中国的大门，西方文明观念的传入，然后慢慢有了物质文明和精神文明的认识。但这种认识实在是发轫于近代的，所以中国古代，尤其是儒家，它的文明主要还是表现在精神、文化的层面。文化，其生命的长远正在于“化”这个字，我们常听人说大事化小、小事化了。化本身就意味着不明显的调整与改变。文化比文明的生命更长远，所以世界上大多文明都经历过断代，甚至有的文明已消失在历史的长河当中，儒家文明以及中华文明却能绵延千年之久。正是因为世界文明倾向于文明，而儒家文明倾向于文化，这样的差异性使得儒家文明这种偏向于文化的文明范式可以为世界文明的长久发展提供借鉴。

二、文明以止：儒家文明为解决世界文明的现代性问题提供智慧

“文明以止”一词出自《周易·贲卦》的彖辞：“刚柔交错，天文也；文明以止，人文也。观乎天文，以察时变；观乎人文，以化成天下。”② 贲卦离下艮上，离代表文明，艮代表抑止。“文明以止”最初是对贲卦卦画的阐述。然而，“贲”代表文饰、文化，结合贲卦的象征义

① 陈独秀：《独秀文存》，安徽人民出版社 1987 年版，第 10 页。

② 李学勤主编：《十三经注疏·周易正义》，北京大学出版社 1999 年版，第 105 页。

来看，文明以止则又可以引申为文饰、文化不应当无节制地发展下去，而是应当有所节制。

人们常常能够认识到文化具有积极的和消极的两种属性，但是对文明的负面作用缺少关注。文明具有两面性，这是毋庸置疑的。孙中山便提出："文明有善果，也有恶果，须要取那善果，避那恶果。欧美各国，善果被富人享尽，贫民反食恶果，总由少数人把持文明幸福，故成此不平等的世界。"① 文明进步应当为人带来幸福，现实却事与愿违，少数人的幸福需要多数人来买单，这无疑是文明发展的另一面。杨度也提出："今日有文明国而无文明世界，今世各国对于内则皆文明，对于外则皆野蛮。"② 这些都是文明的恶果。

（一）世界文明的现代性问题根源

人们之所以缺乏对文明消极后果的认识，是因为文明常常被看作是文化积极的一面。既然是积极的一面，自然文明越发达越好。秉持着这样的观念，西方文明飞速发展，实现了由传统文明向现代文明的转型。与此同时，现代性的文明病也随之而来。现代性问题发端于欧洲启蒙运动之后的一批西方资本主义国家，但是随着资本飞速向全球扩张以及世界各国不断推进工业化、现代化，现代性问题已经成为困扰全世界的问题。这些问题，从自然方面来看，体现在环境污染、能源紧张、极端气候事件频发、生物多样性丧失等；从社会方面来看，体现在经济危机、恐怖主义、局部动荡、贫富差距悬殊等；从人的个体层面来看，体现在人的异化、价值失落、道德沦丧等。

归根结底，现代性问题的根源在于缺乏"知止"的态度，物质文明极度发达，几乎到达了过亢的程度。"亢之为言也，知进而不知退，知存而不知亡，知得而不知丧"③，这正是物质文明发展的真实写照。因为缺乏知止的态度，所以吃祖宗饭、断子孙路，提前消费子孙后代的资源搞建设，不惜以破坏环境为代价谋发展，因而造成人与自然的矛盾；因为缺乏

① 孙中山：《孙中山选集》，人民出版社 1981 年版，第 84~85 页。

② 杨度：《杨度集》，湖南人民出版社 1986 年版，第 218 页。

③ 李学勤主编：《十三经注疏·周易正义》，北京大学出版社 1999 年版，第 23 页。

知止的态度，所以不惜通过侵略、殖民等手段攫取资源，通过战争以及干涉别国主权的手段来争霸，因而造成了民族与民族之间的矛盾；因为缺乏知止的态度，所以资本对人进行无底线的压榨，人日益被资本异化，人失去了人本身存在的价值，只能接受资本的灌输和操纵，因而造成了社会普遍的价值失落。物质文明极度发展的对立面是精神文明极度剥落。像是本来两条腿走路的人，失去了一条腿，强大的物质文明失去了方向和控制，开始滑向文明的消极一面。现在的人类文明已经到了一个必须懂得“知止”的时候了。

（二）儒家文明知止的态度

中国人在很早就认识到文明发展的两面性，因而儒家文明具有一种“知止”的态度。如《大学》曰：“为人君，止于仁；为人臣，止于敬；为人子，止于孝；为人父，止于慈；与国人交，止于信。”① 又如与朋友交，当“忠告而善道之，不可则止，无自辱焉”，等等。正所谓“知止而后有定”，人应当有所止。一是要止于敬，二是要止于时。

1. 止于敬

儒家文明的敬反映了对自然的敬畏，对他人的尊敬，对自我修养的严格。这三个维度为人与自然之间的矛盾、人与社会的矛盾、人本身的矛盾提供了解决之道。

止于敬，第一要敬畏自然。儒家文明认为天与人相即不离，因而在人与自然的关系上主张天人合一。出于对天的敬畏，儒家主张顺天。“至哉坤元！万物资生，乃顺承天。”② 主张不违天时，按照自然的时节去做事。《礼记·月令》便规定要根据不同季节和时令做相应的事情，如春天以耕种为主，当禁止砍伐、杀戮、兵事。夏天万物生长，要大事生产，不可兴师动众。天气炎热，当节制欲望，平心静气。秋天是收获的季节，此时可以征讨不义，修习法度，从事收割谷物、田猎等活动。冬天闭塞，当加固城郭，修理门闩。百姓蛰伏，减轻劳动。如果不按时令施政，例如在春天施行夏天、秋天、冬天的政令，则会严重阻碍生产生活，进而导致民不聊

---

① 朱熹：《四书章句集注》，中华书局2016年版，第5页。

② 李学勤主编：《十三经注疏·周易正义》，北京大学出版社1999年版，第25页。

生，社会动荡，这些都是顺天的表现。与儒家天人合一的生态观念不同，现代生态危机的思想根源——人类中心主义，则将天与人的关系看成外在的关系。并主张人是自然的主宰，人类的利益高于非人类的利益。在这样的生态文明观之下，人类对自然无节制的索取，导致了资源枯竭、环境破坏等一系列问题。人与自然走到了对立面。而儒家文明天人合一的天人观，对裨补人类中心主义的自然观缺漏有重要作用。

止于敬，第二要对他人尊敬。“仁者爱人，有礼者敬人。爱人者人恒爱之，敬人者人恒敬之。”① 儒家讲究行有不得，反求诸己。如果别人对自己不敬，应当反思是不是自己先存在不敬的行为。敬的态度，不仅止于人与人之间，国与国之间、民族与民族之间，乃至文明与文明之间的关系也当从敬出发。如不敬，则大国恃强凌弱、肆意侵略小国，小国力少不畏强，无礼侮大国。最终都会导致战争和冲突。“己所不欲，勿施于人”，这是人与人、国与国、文明与文明之间相处的金科玉律，知止的态度便蕴藏在这简单的八个字当中。

止于敬，第三要做到敬以修身。人的心中会存在各种各样的私欲，这种私欲没有止境，如不能遏制，则会导致人沦为欲望的奴隶。通过敬的功夫，可以抵御、消除内心的私欲和恶念。《论语》当中记载子路问孔子什么是君子，孔子回答“修己以敬”。程颐亦主张“涵养须用敬”。《周易》六十四卦当中，“艮”代表止，其卦辞曰：“艮其背，不获其身；行其庭，不见其人，无咎。”②“艮其背”就是止于其背部，是不使人看到邪欲为何物。不见其物，则心不乱、欲不动，不至于做出违礼的行为。艮其背，也即止邪于未萌。这些都体现了敬以修身、以止其邪的知止之道。当今社会人类道德沦丧、价值失落，原因就在于内心被物欲所充斥，良知、道德都被掩盖，不能做到敬以修身。儒家文明敬的态度有利于解决当代人自身的矛盾。

2. 止于时

面对世界文明的现代性问题，儒家文明启示我们应当知止。文明固然不应当盲目地、无节制地向前发展，然而文明亦不能不发展，更不能倒

---

① 朱熹：《四书章句集注》，中华书局 2016 年版，第 303 页。

② 李学勤：《十三经注疏 · 周易正义》，北京大学出版社 1999 年版，第 213 页。

退。止并非停滞不前，而是应当“时止则止，时行则行”。即一切以时间、地点、条件为转移，该前进的时候前进，该后退的时候后退。只有“动静不失其时”，方能实现“其道光明”。这便是“止于时”的意义。这正是儒家文明知止态度的高明之处，止，不是停滞，而是止其时、止其所当止。

三、和而不同：儒家文明为解决世界文明冲突提供智慧

21世纪是一个多元文明并存的时代。虽然文明冲突绝不是当今世界文明发展的主流，但不可否认的是，文明冲突确实存在，并深刻地影响着地区和国家间的和平。自有文明诞生以来，文明冲突便随之而来。古往今来，有宗教文明之间的冲突，亦有东西方文明的冲突，如西方列强对中国发动的侵略战争。随着现代化的到来，文明间的冲突愈有突破地域、宗教限制的倾向，朝着一个更加复杂的局面发展。

（一）文明冲突的原因

文明多样性是世界文明的一大特征，而文明多样性导致的各民族在政治、经济、文化诸方面的差异性同样是文明冲突的一大原因。除此之外，文明冲突还存在其他根源。首先，各文明之间存在隔阂。因为相互缺乏沟通交流，所以缺乏文明互鉴，进而导致文明误会与冲突。中国和西方资本主义国家之间的冲突是典型的例子。改革开放以来，中国经济持续高速增长，综合国力不断增强，一跃成为全球第二大经济体。但随之而来的是“中国威胁论”、中国强大之后会称霸等舆论。西方资本主义国家之所以对中国的崛起充满忧虑，很大一部分原因在于缺乏交流互鉴，对中华文明、儒家文明存在误解。中华民族自古以来就是爱好和平的民族。儒家文明更是颂扬王道政治，反对霸道。儒家主张通过文化示范和道德感化的方式来实现其王道政治的理想，“故远人不服，则修文德以来之。既来之，则安之”①。此外，儒家文明反对不义的战争，反对用战争手段侵害他国的利益。中国始终奉行独立自主的和平外交政策，始终不渝走和平发展道路。中国的崛起靠的是中国人民不懈的艰苦奋斗，而不是靠侵略其他民族国

---

① 朱熹：《四书章句集注》，中华书局2016年版，第171页。

家。中国以前不会，以后也不会通过侵略、殖民的手段来发展。

其次，一些西方国家的文明优越感也是造成文明冲突的原因。实践证明，实现现代化有多种方式，西方化并不等同于现代化。民主与科学并非西方特有的价值，而是现代化的普世价值。西方一些国家却将普世的价值定义为自己民族独有的价值，加之近代以来一直是西方主导世界，全球文明的话语权仍在西方手中，因而导致了西方一些国家产生了文明优越感。在这种优越感之下，西方国家不断向全世界推广其文明。但是20年来阿富汗战争事件证明，强推民主改造只会自食恶果。“美国政客至今无法摆脱输出美式民主的冲动。他们有一种自以为是的‘文明优越感’，将民主视为美国的‘专利’。他们以为打着‘民主’的旗号，就可以任意践踏国际规则，干涉他国内政，甚至发动战争，达到维护美国霸权的目的。”① 这场文明冲突的爆发，本质上是文明优越感作祟。每个文明都有其独特性，文明是平等的，不存在高低之分。习近平指出：“认为自己的人种和文明高人一等，执意改造甚至取代其他文明，在认识上是愚蠢的，在做法上是灾难性的。”②

最后，文明冲突背后是国家、民族之间的利益冲突。国家利益是引起冲突的决定性因素。近代以来西方资本主义国家对亚非拉民族发动的侵略战争，本质上是西方国家为了谋取利益、争夺霸权所进行的殖民战争，而非纯粹文明之间的冲突。其背后是以国家利益为导向的。西方文明对亚非拉文明的入侵是伴随政治、经济、军事入侵而来的。实际上，当国家之间综合国力相差甚远的时候，争端多由利益驱动。只有当国家之间综合实力相当的时候，文明冲突才占据主导地位。只要国家间仍存在利益的冲突，文明冲突便不可避免。

（二）儒家文明和而不同的和谐观念

面对当前文明冲突的现状，习近平提出：“以文明交流超越文明隔阂，以文明互鉴超越文明冲突，以文明共存超越文明优越。”③ 儒家文明具有开

① 钟声：《强推“民主改造”只会自食恶果》，《人民日报》2021年8月27日。

② 习近平：《在亚洲文明对话大会开幕式上的主旨演讲》，2019年5月15日。

③ 习近平：《在上海合作组织成员国元首理事会第十八次会议上的讲话》，2018年6月10日。

放性和包容性，更有利于实现儒家文明与世界文明的交流、互鉴、共存。

儒家文明的开放性根源于儒家文化非实体性的思维方式。儒家认识世界并非从具体的对象入手，而是从对象与对象之间的关系入手。具体来说，相比个体的人与客体世界，儒家更关注人与自然的关系、人与人的关系、人与社会的关系。先秦时期的热门话题——天人关系、人禽之辨以及儒家所注重探讨的仁、义、礼、智、信、孝等德目恰好体现这一点。这种非实体性思维不独儒家所有，亦是整个中国哲学的特点。

正是因为重视主客体之间的关系，所以儒家非常注重“和”。《国语·郑语》记载桓公向史伯问政。当问到周王朝是否会衰败，史伯回答曰：“夫和实生物，同则不继。以他平他谓之和，故能丰长而物归之；若以同裨同，尽乃弃矣。故先王以土与金木水火杂，以成百物。”① 在这里史伯提出了“和”与“同”的观念。周王抛弃那些德行昭明的人，而喜爱阿谀谄媚之人。前者有德，故常常劝谏天子。后者无德，全然听凭天子，因而周朝即将衰败了。前者是“和”，后者是“同”，这是和同最初的内涵。后来史伯对这对范畴进行了进一步哲学上的阐发，“和”是将不同的东西协调好使其和谐。“同”是相同的事物的叠加。“和实生物，同则不继。”和谐生成万物，相同则不能长久。

“和而不同”的和谐观念，是儒家文明乃至中华文明的一大精华。正是秉持着“和而不同”的观念，儒家文明能够平等、开放、包容地对待其他文明，擅长在相互交流当中实现兼收并蓄。正如习近平所指出的：“中华文明是在同其他文明不断交流互鉴中形成的开放体系。从历史上的佛教东传、‘伊儒会通’，到近代以来的‘西学东渐’、新文化运动、马克思主义和社会主义思想传入中国，再到改革开放以来全方位对外开放，中华文明始终在兼收并蓄中历久弥新。”②

世界文明的发展也是“和实生物，同则不继”。世界文明的多样性不应当仅仅是文明冲突的根源，更应当是人类文明进步的源泉。文明之进步，在于不断与其他文明相互交流、借鉴。笔者并不赞同完全抛却各民族

① 左丘明：《国语》，上海古籍出版社 2015 年版，第 168 页。

② 习近平：《在亚洲文明对话大会开幕式上的主旨演讲》，2019 年 5 月 15 日。

文明独特性的普世文明的存在。若世界各民族文明不断趋向一致，乃至最终只有一个声音，其结果只能是“以同裨同，尽乃弃矣”。世界文明应当借鉴儒家文明和而不同的态度：一方面，在开放、包容的态度下进行文明交流互鉴，实现文明的和谐发展；另一方面，在文明交流互鉴的过程中，求同存异，保存自身文明的独特性，以抵御普世价值带来的飘零之感。

四、儒家文明与世界文明的未来

（一）儒家文明的未来

儒家文明当中的文明以止、和而不同的观念固然能为世界文明的发展提供智慧，但是相对于现代文明来说，儒家文明仍是古典的、传统的。封建制度崩溃，失去制度土壤的儒家思想被喻为“游魂”、博物馆中的陈列品。由此可见近代以来儒学的落魄。“五四”以来学术界对儒家文明所进行的研究大多是批判性的研究。20 世纪八九十年代兴起了“国学热”，儒学呈现一阳来复的态势，然而相较主流社会主义文明的欣欣向荣，儒家文明尚未实现由古典文明向现代文明的转身。

对于儒家文明，一方面要继承传统。儒家文明作为中华文明的主体，在中华大地上统治了上千年之久，近代以来不过两百年，儒家文明打在中国人骨子里的烙印仍未消退。此外，中国的现代化道路仍在不断探索当中，与其相适应的现代文明还很稚嫩，不可能也不可以完全抛弃传统。没有对传统的继承，就无法开出新的现代化。

在这里需要厘清一点对儒家文明的误解。近代反思中国落后的原因，从器物到制度再到文化，直指儒家文化是造成中国落后挨打的根本原因。这样的观点在当今仍被许多人接受。实际上，中国的落后是多方面原因造成的，既有历史的因素，又有现实的因素，我们不能将中国的落后完全归结于儒家文明的落后。“20 世纪初的中国知识分子独立地得出了与韦伯类似的结论，把儒教看作是中国落后的根源。20 世纪末中国的政治领袖像西方的社会学家一样，赞美儒教是中国进步的根源。”① 软权力是建立在硬

① ［美］塞缪尔·亨廷顿：《文明的冲突与世界秩序的重建》，周琪等译，新华出版社 2010 年版。

权力的基础之上的。近代中国是先有政治、经济、军事的落后，才导致了儒家文明在西方文明面前抬不起头。与之相对应的，当国家综合国力强盛的时候，其文明自然随之变得强盛。所以，不能将社会的落后完全归结于传统。对于传统，应当大胆地继承。

另一方面要有选择地继承传统，做到去粗取精。继承传统并不等于开历史的倒车。比如儒家的三纲五常观念，三纲显而易见不适应当代社会，而仁义礼智信等五常，在当代仍有着重要的价值。总之要想从传统转向现代，必须对传统有所扬弃，否则将无法实现传统文明的现代化。习近平总书记提出："在去粗取精、去伪存真的基础上，坚持古为今用、推陈出新，努力实现中华传统美德的创造性转化、创新性发展，引导人们向往和追求讲道德、尊道德、守道德的生活，让 13 亿人的每一分子都成为传播中华美德、中华文化的主体。"① 儒家文明只有实现创造性转化和创新性发展，才能实现从古典文明到现代文明的转型，才能在此基础上参与世界文明的对话与交流，进而在文明互鉴中实现进一步的发展。

（二）世界文明的未来

文明的现代性问题以及文明冲突是阻碍世界文明和谐发展的消极因素，想要处理好文明的古今、中西问题，首先需要实现物质文明和精神文明的协调发展。物质文明与精神文明是文明的一体两面，二者缺一不可。物质文明越发达，对精神文明的要求也就越高。然而当今世界物质文明极度昌明，但与之相对的是精神文明的无限剥落。这导致了物质文明失去精神文明的束缚和导向，人类社会遭遇道德危机、价值危机、信任危机。文明发展的最终目的在于实现人的全面发展，使人过上幸福的、有尊严、有价值的生活。然而物质文明和精神文明的割裂导致了人的不幸。表现在物质越发达，人们精神就越空虚。这无疑是本末倒置。不去发展精神文明却一味重视追求物质文明的大发展，最终结果不仅是缘木求鱼，还有可能造成更大的负面后果。这是当今世界文明需要警惕的。

其次，要平衡好世界的普世文明与自身文明独特性。文明只有在交流

① 习近平：《在中共中央政治局第十二次集体学习时的讲话》，2013 年 12 月 30 日。

中才能进步，各族文明要在对话和互鉴当中积极融入世界的普世文明，这是世界各民族文明发展的前途所在。在融入普世文明的过程中，却面临着许多需要克服的困境。一方面，世界的普世文明常常被强势文明所把持。文明的话语权不在世界，而在个别民族国家的手中。文明是平等的，这一点毋庸置疑。但是文明背后的政治、经济、军事等硬实力是不平等的。文明与文化作为软实力，常常被民族和国家的利益所裹挟，为了争夺文明的话语权，综合国力强盛的国家常常将其文明包装成先进的、高级的，文明也就因此变成了不平等的。面对强势文明，一味顺从，则是孔子所耻的“小人同而不和”，抵抗则会导致纷争和冲突，这是文明对话沟通的障碍所在。另一方面，如何在融入世界的普世文明中保留自身文明的独特性，是每个文明都需要思考的一个问题。儒家给出了“和而不同”“和而不流”的态度。除此之外，中国构建核心价值观、增强文化自信、强调文化的创造性转化和创新性发展等社会主义文明建设的举措，也能够为平衡世界的普世文明与自身文明独特性提供有益借鉴。

最后，促进世界文明的发展，需要各民族跳出民族国家的思维，树立一种文明大国的天下思维。因为前者是造成文明冲突的重要因素，后者则有利于促进文明求同存异，兼容并包。近代以前的儒家文明便具有这样一种文明大国的天下思维。中国共产党继承了儒家文明这一优良传统，正如习近平所言：“大时代需要大格局，大格局呼唤大胸怀。从‘本国优先’的角度看，世界是狭小拥挤的，时时都是‘激烈竞争’。从命运与共的角度看，世界是宽广博大的，处处都有合作机遇。”① 儒家文明不仅为中华民族文明发展，更为世界文明的发展提供中国智慧，体现了大国的责任意识与担当意识。世界文明的未来需要各民族增强责任意识，破除民族狭隘、自私的观念，共同促进世界文明的和谐发展。

---

① 习近平：《在中国共产党与世界政党领导人峰会上的主旨讲话》，2021 年 7 月 6 日。

中医药论坛

儒家仁爱思想对中医医德养成的伦理价值

陈晓霞

【摘要】 儒家仁爱思想内涵丰富，中医学的发展与儒家思想密切相关。儒家仁者爱人、忠恕之道、恻隐之心、民胞物与、克己复礼为仁的思想，内容丰富而又鲜明。医儒同道，在儒家仁爱思想的影响下，中医形成了以孝亲从医、医者仁心等为代表的医学道德体系。儒家仁爱思想对中医从业者医德的养成具有重要伦理价值，能使医务人员“融于同道”，促进医务人员关爱患者，热爱本职工作，使医务人员正确处理“利”“义”关系。

【关键词】 儒家　仁爱思想　中医　医德

【作者简介】 陈晓霞，尼山世界儒学中心孔子研究院副院长，研究员。

中医学的发展与儒家思想密切相关，儒家思想对中医学厚德载物、有容乃大、博采众长、创新发展理论体系的建构和发展产生了重要影响。儒家仁爱思想包含仁者爱人、忠恕之道、恻隐之心、民胞物与、克己复礼为仁等内容。医儒同道，孝亲从医，医者仁心，中医医德与儒家“仁爱”思想具有天然一致性，儒家仁爱思想对中医从业者的医德养成具有重要的伦理价值，能促使医务人员树立正确的人生观、价值观和道德观，“融于同道”，关爱患者，正确处理“利”“义”关系，热爱本职工作。

一、儒家仁爱思想的内涵

儒家仁爱思想内涵丰富。孔子在《论语》中提出“仁者爱人”的主张，将“爱人”作为处理人伦关系的道德原则，强调人与人之间要相互友爱、关心、帮助。“人而不仁，如礼何?”孔子认为没有仁，也就谈不上礼。仁者爱人、忠恕之道、恻隐之心、民胞物与、克己复礼为仁，这些“仁爱”思想对人们的道德观念、行为方式等都产生了重要影响，是维护人与人之间关系的桥梁和纽带。

（一）仁者爱人

“仁”的主要内容就是爱人，“仁爱”思想有三个层次的要求：一是“亲亲”之爱。孔子曰：“仁者，人也，亲亲为大。”“亲亲”之爱，换言之，就是“孝”，孔子将“爱亲”这种血缘亲情之爱当作爱的开始。“君子务本，本立而道生。孝弟也者，其为仁之本与。”① 在他看来礼是一个人的立身处世之本。孔子在《论语·为政》中曾经说：“生，事之以礼；死，葬之以礼，祭之以礼。”百善孝为先，对父母的爱要表现在生活中的方方面面，并以礼来规范和约束尽孝的过程。“弟子，入则孝，出则弟。”(《论语·学而》)孝悌是爱亲的基础，在爱父母方面是“孝”，在爱平辈之间是“弟”，这样才能形成和睦的大家庭。二是“泛众”之爱。孔子主张“谨而信，泛爱众，而亲仁”（《论语·学而》），主张一个人在爱父母兄弟姐妹的同时，要将爱推延，去爱周边其他的人。孟子发展了孔子的“仁爱”思想，提出“老吾老以及人之老，幼吾幼以及人之幼”。可见，“仁爱”思想起源于家庭亲情，由对自己亲人的爱推广到他人身上，提倡人要有“恻隐”之心，这就超越了家庭亲情，最终去爱整个社会。三是“爱物”之爱。孔子主张“钓而不纲，弋不射宿”（《论语·述而》），这是孔子仁爱思想扩张至万物的真实写照。孟子提出“仁民而爱物”（《孟子·尽心上》），主张一个有仁爱思想的人须有爱物之心。北宋理学家张载提出“民吾同胞，物吾与也”，强调人与自然万物本是息息相关的，是不可分割

① 《论语·学而》。

的有机整体，人与人之间既要真诚相爱，又要把仁爱之情扩展到天地万物，爱护自然界各种生物，与它们和睦相处。儒家“仁爱”思想主张由“亲亲”之爱推至“泛爱众”，这种推己及人“博施于民而能济众”的爱人之心，是超越血亲之爱的大爱，是爱人伦理思想的升华。

（二）忠恕之道

“仁爱”是道德情感的内在意蕴，其外在表现形式是爱人的具体行为。《论语·里仁》中记载，孔子对曾参说：“吾道一以贯之。”曾参对其他同学讲：“夫子之道，忠恕而已矣。”“忠恕之道”贯穿孔子的整个思想体系，“忠恕”是儒家“仁爱”思想在社会实践中的具体运用。孔子认为想修行“仁”术，须遵守“忠恕之道”，尽己则为“忠”，推己则为“恕”，对待别人要将心比心，推己及人。“忠恕之道”包含四个方面的内容：一是己所不欲，勿施于人。凡是自己不愿意做的事情或不想要的东西，不要将自己的意愿强加给别人，应充分考虑和尊重别人的感受。就每个个体来讲，面对别人强加给自己的东西，谁都从内心不愿意接受。所以，与人相处要尊重和体谅别人。二是己欲立而立人，己欲达而达人。自己想好首先要让别人好，自己想要拥有、达到的，也要积极地为他人谋划和争取，让他人也能拥有和达到。这样才能美人之美，美美与共。三是恭、宽、信、敏、惠。《论语·阳货》中记载，子张问仁于孔子，孔子曰：“能行五者于天下为仁矣。”这“五者”即“恭，宽，信，敏，惠”，并指出：“恭则不侮，宽则得众，信则人任焉，敏则有功，惠则足以使人。”即只有尊重别人才能得到别人的尊重，只有待人宽厚才会得到大家的拥护，只有诚信才会得到别人的信任，只有勤敏才能提高办事效率，只有施人恩惠才能得到别人的帮助。言简意赅的五个字，却体现了儒家处理人际关系高尚的道德情操。四是体现公平公正。公平公正是通过“仁”来体现，有了“仁”就有“忠”和“恕”。正如程颐所言：“仁之道，要之只消道一公字。公只是仁之理，不可将公便唤做仁。（一本有将字）公而以人体之，故为仁。只为公，则物我兼照，故仁，所以能恕，所以能爱，恕则仁之施，爱则仁之用也。”① 程颐经常以“公”释

① ［宋］程颢、程颐：《河南程氏遗书》卷十五，《二程集》，王孝鱼点校，中华书局1981年版，第153页。

仁，认为己欲立而立人，是孔子解释仁的最为彻底的说法，也可以概括为“公”。可见，要实施“仁爱”思想，必须践行“忠恕之道”，要践行“忠恕之道”，需出于公心，为人处世做到公平公正。

（三）恻隐之心

在儒家看来，恻隐之心人皆有之。孟子指出：“恻隐之心，仁之端也；羞恶之心，义之端也；辞让之心，礼之端也；是非之心，智之端也。”（《孟子·公孙丑上》）在他看来，这四端就犹如同一个人的四肢一样，是一个人能成为一个健全之人的基本要素。其中恻隐之心，被他称为仁之始端。作为一个人，要发自内心地去关心关爱他人，他人遭遇痛苦时要深表同情并积极主动地提供帮助，使其尽早脱离痛苦境地。一个没有“恻隐之心”的人是不具备仁爱之心的，对他人遭遇的痛苦无动于衷，这样的人连禽兽都不如。按程颢的说法，仁是以天地万物为一体的，“仁”具有一种形而上的意味，因为有“仁爱”之心，就有了“仁体”之源，必然视万物为一体，而博施济众、恻隐之心等都是“仁体”的“功用”。具体就表现为“同情”“关爱”“博施”等行为方式。孟子曰：“人皆有不忍人之心。先王有不忍人之心，斯有不忍人之政矣。以不忍人之心，行不忍人之政，治天下可运之掌上。”（《孟子·公孙丑上》）他认为每个人都应有不忍人之心，即使是一国之君也应有不忍人之心，一国之君要想治理好国家，就要善于体恤老百姓。要没有功利思想，发自内心地去关心关爱他人，这种恻隐之心，并不是形式上的，不是某个外界的客观要求和强迫制约，而是对处于困境中痛苦挣扎的人发自内心地施以帮助，帮他们从困境中解脱出来。孟子谈到这么一个小故事：“今人乍见孺子将入于井，皆有怵惕恻隐之心；非所以内交于孺子之父母也，非所以要誉于乡党朋友也，非恶其声而然也。”（《孟子·公孙丑上》）孟子认为对将要掉进井里的小孩想加以援手，并不是想结交孩子的父母，获得大家称赞，而是发自内心地对孩子的处境遭遇感同身受，动了“恻隐之心”，是内心“善”的本性自然流露。孟子认为“善”的本性分为恻隐、羞恶、辞让、是非之心，是为“四端”。“端”是起点的意思，孟子认为扩充四端，可立足道德实践，可成就一个人的德行。当医生看到病人在遭遇病痛折磨时，第一反应是同情、感同身受，并想尽力去抢救，这就是医生“恻隐之心”的具体体现。如同我们看到老人倒在地上，绝大多数人会出于“恻隐之心”，将老人扶起来，这就是仁爱之心、恻隐之情的具体表达。至于现在社会上所出现的一些老人碰瓷、老人讹人事件就是一种在消费人们爱心的行为，在这里不再赘述，这只是个别现象，并没有普遍意义，当人们遇到别人处于危难之时，“恻隐之心”会促使人们施以援手。

（四）民胞物与

“仁”作为儒家思想的核心内容，可以从“爱人”“爱物”，进而推扩为将自然万物视为有共性的生命有机体来看待。这里的物指的是牛羊等六畜，因为它们可以养人，所以要爱之，爱物是为了人。仅爱人还不足以为“仁”，须将仁爱扩大至鸟兽昆虫等生物，儒家将“仁”扩展至自然界的天地万物，提倡尊重生命，爱人爱物，将对人的爱与对自然生态的爱统一起来，这样才算做到“仁”。在儒家伦理道德中，类似于恻隐之心，还有一种“无伤之仁”。孟子曰：“无伤也，是乃仁术也。”（《孟子·梁惠王上》）《孟子》一书中还记载着一个小故事。有一次，齐宣王坐在大堂上，有人牵着牛从堂下经过，齐宣王见状，就问：“把牛牵到哪里？”牵牛的人回答道：“这牛是用来祭祀的。”齐宣王见牛一直在害怕哆嗦，就让牵牛的人把牛放了。后来，孟子还就此事对齐宣王表扬了一番。孟子曰：“是心足以王矣。百姓皆以王为爱也，臣固知王之不忍也。”（《孟子·梁惠王上》）可见，孟子注重对生命的怜爱，在生命遭遇危难时乐于援助。汉代董仲舒认为“质于爱民，以下至于鸟兽昆虫莫不爱。不爱，奚足谓仁？”①由此可见，这种“见生不忍见死，闻声不忍食肉”的“无伤之仁”是“仁者爱人”的真实体现，将爱人与爱物有机统一起来。陆九渊说：“一人之仁，不若一家之仁之为美；一家之仁，不若邻焉皆仁之为美；其邻之仁，不若里焉皆仁之为美也。”② 在他看来，仁具有向外推广的能力，内在的道德动力会将爱的精神推广延伸，追求一种人与物共同的感知即民胞

① 《春秋繁露·仁义法》。

② ［宋］陆九渊：《拾遗》，《陆九渊集》，钟哲点校，中华书局1980年版，第378页。

物与。无论是张载的“生物”之本乃“天地之心”，朱熹的“仁”即“生生”和“仁是天地之生气”，都传递出“生就是仁，仁就是生”的天地生生之意。① 儒家仁爱观念内涵丰富，“仁”不仅仅是爱人，还兼爱自然万物和一切生命体，这样才能成就大仁大贤，“民胞物与”“万物一体”作为儒家“仁爱”思想的重要内容，也是儒家修己安人思想的逻辑终点。

（五）克己复礼为仁

儒家主张在做每件事的时候要约束自己，凡事应归于“礼”。《论语·颜渊》中记载：“颜渊问仁。子曰：‘克己复礼为仁。一日克己复礼，天下归仁焉！为仁由己，而由人乎哉？’”若人人都能做到“克己”，那么“天下归仁”就可以实现。孔子将克己复礼称为仁，在他看来，一个遵循心性修养道德原则的人，才能克制自己；严格遵守社会的法律制度，有效解决各种社会矛盾，不断提升自身道德修养，才能达到“天下归仁”。俗话说：“无规矩不成方圆。”“仁”，是孔子思想的核心，能够充分展示“仁”的就是“礼”和“乐”。刘宝楠《论语正义》：“《儒行》云：‘礼节者，仁之貌也；歌乐者，仁之和也。’礼乐所以饰仁，故惟仁者能行礼乐。”深刻表达了礼乐与仁的关系，即“仁”是礼乐的精神实质，礼乐是“仁”的表现形式。《礼记·曲礼》中谈到：“礼者，所以定亲疏，决嫌疑，别同异，明是非也。”孔子将礼作为一种道德规范，通过对人行为上的制约达到社会稳定和谐。作为儒家文化的集大成者，孔子尤为重视对礼的把握。“道之以政，齐之以刑，民免而无耻，道之以德，齐之以礼，有耻且格。”（《论语·为政》）这是从国家治理层面来讲“仁”和“礼”的关系。提倡对百姓施以仁政，以道德引导百姓，用礼制来同化他们。在个人道德修养上，孔子告诫弟子要注重礼。子曰：“恭而无礼则劳，慎而无礼则葸，勇而无礼则乱，直而无礼则绞。”（《论语·泰伯》）孔子认为一味恭敬而不知礼法就会很辛劳，一味谨慎而不知礼法就会胆小怕事，一味勇敢而不懂礼法就会闯祸作乱，心直口快而不知礼法就会尖刻伤人。告诉人们实施“仁爱”，要注重“礼”的作用。在日常生活中，孔子依然看重

① 薛勇民、马兰：《论儒家仁爱思想的生态伦理意蕴及其当代意义》，《学习与探索》2015 年第 3 期。

“礼”。林放问什么是“礼”的根本，孔子明确解答了“礼”的根本问题要体现“仁”的内涵，礼节仪式作为表达“仁”的一种形式，不能只停留在表面仪式上，要从内心和感情上体悟礼的根本，明辨“礼”与“仁”的关系。孔子正是引导人们从点滴做起，把“礼”作为维护整个社会秩序的规范和人们交往的行为准则。“儒家思想最初是坚守礼仪、进退自如，从自己内心来究极正义根据，寻找至诚，也主张根据情况随机应变来判断进退。”① 因为“仁爱”之心，首先要爱自己，然后才能爱别人，这就形成了“差等之爱”，一些矛盾冲突就会形成。孔子提出的“克己复礼”是用礼来调节因差等之爱而形成的各种矛盾，用仁恕的理念去超越差等之爱，达到“天下归仁”的目标，使之成为调节人们日常生活矛盾及社会群体之间矛盾冲突的有效方法。正所谓“礼者，断长续短，损有余，益不足，达爱敬之文，而滋成行义之美者也”（《荀子·礼论》）。实践证明，“克己复礼为仁”已成为解决一些社会矛盾的有效方法和途径。

二、儒家“仁爱”思想与中医医德

儒家“仁爱”思想，内容丰富而又鲜明，对医学人文精神的影响是深远的。医儒同道，孝亲从医，医者仁心，体现了儒学与中医学内在天然的关联性。《中国医师道德准则》中很多内容与“仁爱”思想所倡议的伦理道德是一致的，儒家“仁爱”思想对中医道德规范、道德伦理、医德医风等医德建设具有重要价值。

（一）医儒同道

中国古代就有“医儒同道”的说法。“仁”是儒家伦理道德观的核心内容，济世利天下是其最高理想，忠孝为其最高道德规范。医儒同道是和孔子开创的“仁知统一”传统紧密相关的。孔子讲“仁者爱人”，而医学作为除疾患、利世人、行孝悌的手段，被儒家称为“仁术”，儒家看重医学是因为医学以治病救人为宗旨，这与儒家爱人之仁德是相吻合的，儒家的忠孝观、仁义济世观与中医学的性质及社会作用是相一致的。张仲景主

---

① 安庆杰：《孟子仁政论及当代应用价值研究》，河北大学 2019 年博士学位论文。

张医生应当“上以疗君亲之疾，下以救贫贱之厄”。这体现出其与儒家的“仁者一体”“仁者爱人”是相一致的。孙思邈在《大医精诚》中首先强调医学乃“至精至微之事”，故“学者必须博极医源，精勤不倦”。作为一名医生，若无精良的医术，即使仁心厚重，有解救别人的爱心，也是毫无用处的，不能救病人于危难之中，医德再好也是虚无的。唐代杜光庭在《玉函经》序中说：“能通天地人三才之谓儒，则亦能通天地人三才之谓医。”我国历代医家都十分重视把“精术”作为“立德”的根本，有精湛的医术为基础，再加上儒家良好的伦理道德，中医就成了科学技术（知）和伦理道德（仁）有机结合的科学，行医方能通天地人三才，并践行仁知勇君子三德。《宋会要辑稿》记载：“伏观朝廷兴建医学，教养士类，使习儒术，通黄素，明诊疗而施于疾病，谓之儒医。”可见，“知儒悟医”“知儒通远”“医儒相融”，不仅是中医人才知识结构的典型特征，而且医儒相通也成为中医学的显著特点。宋代著名大儒范仲淹自谓“不为良相，便为良医”，他把良相和良医看作儒生人生选择的进退之道，主张士人如果成不了国家的栋梁之才，那就要学习医学知识，力争使自身成为良医。这种伦理道德观念促使许多儒士在攻读儒家经典的同时，还通读《性理大全》，学习《灵枢》《素问》《本草纲目》等医学书籍，问道从医，并逐渐成为深受百姓欢迎的儒医。大量儒士进入中医学领域，对中医的发展起到积极的促进作用，提升了从医人员的综合素质，增强了中医医生的伦理道德，促进了中医知识的传承普及，提高了中医的社会地位。如张介宾、李时珍、王肯堂等都是通晓儒学而投身医学的大儒名医，这些名家都有很深的儒学造诣。“有大儒才有大医”成为一种最显著的历史现象，儒学特别是儒家仁爱思想对中医理论研究和临床医学水平的提升都产生了积极而深远的影响。

（二）孝亲从医

儒家思想以“仁”为中心。“仁”是儒家思想体系的核心和精髓，“仁者爱人”是儒家思想的重要论断，“仁者”就是饱含慈爱孝心之人，他们拥有智慧才华和善良品德，充满对世间万物的爱。“仁者，人也。”（《礼记·中庸》）“夫仁者，己欲立而立人，己欲达而达人。”（《论语·雍也》）“仁者爱人，有礼者敬人。爱人者人恒爱之，敬人者人恒敬之。”

(《孟子·离娄下》)可见，儒家思想“仁”在古代社会已成为人们处理社会关系最高的道德伦理，具有了“仁爱”之心的人，才能做到与他人的互帮互助，对有需求的人伸出援助之手。忠恕、孝悌被儒家认为是“天之经也，地之义也，民之行也”(《孝经》)。《孝经·圣治》中说：“天地之性，人为贵。人之行，莫大于孝。”《尚书·泰誓》中说：“惟人，万物之灵。”《黄帝内经·素问》说：“天覆地载，万物备悉，莫贵于人。”由此可见，儒家思想和医学人文精神都注重对“人”的重视，这一点自古就有之，而且思想是一脉相承的，所体现的“仁爱”思想是一致的。在儒士们心目中，掌握医术是践行“仁爱”思想、实现道德理想的一种手段，同时也是履行人生义务的有效途径。明代聂尚恒在《活幼心法》卷一中曾说：“医者仁术，圣人以之赞助造化之不及，所贵者，扶危救困，起死回生耳。”掌握了一定的医学知识，才能在别人遭遇病痛折磨的时候，解除其痛苦，挽救其生命。在古代的医学典籍中可以看到孝和医有着天然内在的联系，《礼记·曲礼下》中说：“君有疾，饮药，臣先尝之；亲有疾，饮药，子先尝之。”为了践行“孝”，拯救自己的至亲，不仅对父母悉心照顾，而且苦心钻研中医知识，最终成为大儒大医的人不在少数。《比事摘录·医孝》中记载：“北齐李元忠母老多病，元忠专心医道，研习积年，遂善此技。……隋许道幼亦因母疾患，遍览经方，得以究极，世号名医。诫诸子曰：人之尝视膳药，不知方术，岂为孝乎？……唐有王焘，亦因母病学医。……宋高若讷亦因母病，遂兼通医书。”医与孝是相通的，既可“以医为孝”，也可“以孝为医”。明代薛立斋指出：“不忘其亲之谓孝，不私其有之谓仁，孝则仁，仁则公，公则薄。”《孝经》上讲：“夫孝，始于事亲。”张从正在《儒门事亲》中说：“为人子者，不可不知医也。”孙思邈则说：“君亲有疾，不能疗之者，非忠孝也。”由此可见，作为儒士，要时刻想着孝亲仁爱，立爱自亲始；作为人子，不能不懂医，要时时想着怎样照料孝敬自己的父母，特别是当父母身患疾病时，怎样用自己掌握的医学知识帮助父母摆脱疾患的折磨。

（三）医者仁心

儒学的伦理思想对中医的影响是多方面的，它促进了怜病助弱、尊老爱幼的社会公德和救死扶伤医疗道德的形成，并使一些人走上学医从医的道路。“上是天，下是地，人居其间。须是做得人，方不枉。”① 人作为天地人三才之一，需有仁爱之心和良好的道德修养，方能成为一个真正意义上的人。正如象山所言：“道塞宇宙……在人曰仁义。故仁义者，人之本心也。”② “仁，人心也，心之在人，是人之所以为人，而与禽兽草木异焉者也。”③ 人的本质就在于人有“仁爱”“仁义”之心，这是人有别于禽兽的主要原因，“人之本心”使人有“仁爱之心”，并立志做天地间有作为的大人的志向，这是人治学从医的关键，也是克己复礼的前提与基础。儒家思想关注人的价值，主张以仁治天下，提倡“以人为本”，而践行“仁”是要有所遵循的。孟子在提倡通过“恕”道来践行仁爱时指出：“老吾老以及人之老，幼吾幼以及人之幼……言举斯心加诸彼而已，故推恩足以保四海……”（《孟子·梁惠王上》）一个孝敬自己父母，关爱自己儿女的人，才能将爱推广开来，主动去关爱身边的人。王阳明说：“大人者，以天地万物为一体者也……大人之能以天地万物为一体也，非意之也，其心之仁本若是，其与天地万物而为一也。”（《大学问》）在他看来“天人合一”是“仁爱”的最高境界，要达到这种境界需将“忠”和“恕”有机结合，方能称之为“仁”。作为一名从医者，要善于践行“忠恕之道”。“仁”被古代医师奉为道德修养的伦理准则，并在从医的过程中将“仁”的思想精髓渗透到从医实践中去。程颢说：“医书言手足痿痹为不仁，此言最善名状。仁者，以天地万物为一体，莫非己也。认得为己，何所不至？”④ 他通过对手足麻痹症状的描写谈自身对“忠恕之道”的感悟，对病人感同身受，将儒家的仁爱之心推广到医者对患者的爱心，这真正体现了医者仁心。明代的裴一中在《言医·序》中说：“学不贯今古，识不通天人，才不近仙，心不近佛者，宁耕田织布取衣食耳，断不可作医以误世！医，故神圣之业，非后世读书未成，生计未就，择术而居之具

---

① 《陆九渊集》，中华书局 1980 年版，第 450 页。
② 《陆九渊集》，中华书局 1980 年版，第 9 页。
③ 《陆九渊集》，中华书局 1980 年版，第 373 页。
④ 《二程集》，第 15 页。

也。是必慧有夙因，念有专习，穷致天人之理，精思竭虑于古今之书，而后可言医。”仙在这里比喻才华出众，慧有夙因指一个人天资聪颖，表明一个人虽才华出众，如果没有佛心，没有慈悲之心，这样的人宁可以种田织布维持生计，也不可将医生作为自己的职业，以防从医后贻误他人生命。

三、“仁爱”思想对中医医德养成的伦理价值

“仁爱”是儒家思想的核心，是我国传统价值观的精华。中医医德是在“仁爱”思想熏陶和影响下形成的医学道德体系。“仁爱”思想的道德精髓可以引导医务人员的行为规范，使医护人员树立正确的医德观，在医疗行业重塑医务人员的医德医风，规范医疗服务，提升医护服务质量，构建和谐的医患关系。

（一）使医务人员“融于同道”

俗话说：“儒医同道。”在儒家看来，一个行医者品德的高低直接影响其医德。“无恒德者，不可以作医，人命死生之系。”（《省心录·论医》）按照儒家“仁爱”思想，人与人之间相处应相互关心、关怀，形成相互关爱的良性互动。一个人只有具有高尚的品德，才会去爱自己，爱亲人，并推己及人，关爱他人。唐代孙思邈在《大医精诚》中曾说，从医者要承担“行医济世”的责任。“医人不得恃己所长，专心经略财物，但作救苦之心。”行医者要懂得尊重他人，具有高尚的品德，积极担当起“行医济世”的责任，才能成为当之无愧的“儒医”。贾谊曾说：“古之至人，不居朝廷，必隐于医卜。”儒家“仁爱”思想和中医医德关系密切，儒家思想对中医学人文精神的影响一直延续至今。曾子曰：“夫子之道，忠恕而已矣。”（《论语·里仁》）“忠恕”和“克己复礼”是实施儒家“仁爱”思想的有效方法和路径。“己欲立而立人，己欲达而达人。”（《论语·雍也》）“己所不欲，勿施于人。”（《论语·颜渊》）这些儒家文化的精髓，对医务人员用换位思考的方式，设身处地为患者着想，一心一意为患者服务具有积极的引导和促进作用。可使医务人员相互尊重，谦虚谨慎，戒骄戒躁，正确处理与同行、同事间的工作关系，互相配合，取长补短，共同进步。儒家“仁爱”思想还强调“克己复礼”“非礼勿视，非礼勿听，非礼

勿言，非礼勿动”（《论语·颜渊》）。要求人们时时提醒自己要以礼来约束自身行为，不做失礼的事，在日常生活中按照行为规范与人和睦相处。清代医家吴瑭曾说：“天下万事，莫不成于才，莫不统于德。无才固不足以成德，无德以统才，则才为跋扈之才，实足以败，断无可成。”医务人员若能在实践中践行儒家“仁爱”伦理道德，就能做到“融于同道”，这既是我国古代儒士们的伦理道德规范、中医医德的基本准则，也是现代医学发展对医务人员医德的客观与必然要求。儒家“仁爱”思想所倡导的“仁者爱人”和“泛爱众”，让医务人员“融于同道”，不仅使他们在工作中团结协作、互帮互助，促进中医科学进步发展，而且让他们有意愿和能力实施“大爱”，保障人民的生命健康。

（二）促进医务人员关爱患者

儒家思想中德育资源非常丰富，将儒家的仁爱思想融入医务人员职业道德教育，可提升医务人员的人文素养，使他们在医学科研和从医实践中，实现医学科学和人文道德的有机结合。儒家认为医学是践行“仁者爱人”的理想方法和途径。掌握精湛医术，可以“上以治民，下以治身，使百姓昭著，上下和亲，德泽下流”（《黄帝内经》）。儒家的“爱”是指从自然血缘亲情的爱向外延伸，形成对他人的爱、对社会的爱和对大自然万物的爱。儒家的“仁爱”思想是建立在个人价值基础上的伦理之爱，认为所有人的生命都要被尊重，要对大自然尊崇和敬畏。对儒家“仁爱”思想有了深刻理解认识，医务人员就会认识到生命的可贵、价值、平等及意义，思想深处就有了求“仁”的渴望和行动的自觉，对自身所肩负的为病患解除痛苦的责任感和使命感会更加明确。医务人员在日常诊疗工作中，就会满怀“仁爱”之心，尊重生命、关心患者、以人为本、公平待人、一视同仁、力行于仁，对患者坚持不懈、竭尽全力进行救治。医务人员在与患者接触与交往中，会怀有恻隐之心，将儒家的“忠恕之道”运用于从医实践，将心比心、推己及人，像对待亲人一样关心关怀关爱患者，对患者的痛苦与欢乐产生共鸣，与患者进行良好的沟通，给予患者人性关怀和爱护，做到在治疗的同时，及时有效地帮助患者，给予他们精神上的安慰，在“济世救人”的实践中践行“仁爱”，达到医患关系融洽而和谐的目的。民国时期宋国宾在《医业伦理学》中说："医乃仁术，惟仁者为能爱人。盖仁者，能近取譬。人之有疾，若已有之。此种美德，医者不仅藏之于心，且能发于动静云为。"他还将仁爱之心分为三种："爱有数种，曰怜爱，谓医者当具恻隐之心，怜惜之意，使病者觉医师能痛其所痛，而得精神上之安慰；曰和爱，谓医者当举止温和，不可粗暴，尤于贫苦病人为然；曰博爱，谓爱人之心当始终如一，不因好恶而变更，宜博施济众，不因贫富而轩轾。"可见，"医者仁心"对医务人员来说，要有怜爱、和爱、博爱之心，将"以患者为中心"作为服务理念，将患者视作与自身平等的独立的个体，视患者为有血有肉有思想的人，他们需要尊重、关爱、理解、包容，对患者要坚持包容宽容、换位思考的原则，时时以患者为重，在关注患者病痛的同时，营造良好的医疗氛围，通过有效的医患沟通，来抚慰病患者的心灵创伤。儒家"仁爱"思想使医护人员追求"天生德于予，桓魋其如予何？"(《论语·述而》)的精神境界，在从医实践中形成高尚的人格和良好的职业道德。

（三）促进医务人员热爱本职工作

社会属性是人的根本属性，一个人的生存和发展离不开社会。儒家"仁爱"思想既包括对父母、亲人和他人的爱，还包括对集体、社会和祖国的爱，这种博爱体现了儒家"天下为公"的奉献精神，要以国家、民族的利益为重，正是这种爱使许多志士仁人无私奉献，精忠报国，体现了人间的大爱。在古代"医"被称为"仁术"。《孟子·梁惠王上》记载："无伤也，是乃仁术也。"行医之人是要救人免于伤害的，因而"医"是"仁术"。医学人文精神强调"人"在医疗中的重要性，关注的是人的生命价值与需求，其核心是围绕人的生命而展开的尊重生命、敬畏生命、热爱生命、挽救生命、发展生命等一系列活动，这与儒家"仁爱"思想的核心要义是一致的。儒家的"仁爱"，是建立在"自爱"基础上实施"他爱"的一种道德规范。"仁者自爱""仁者爱人"是统一的，"自爱"是关爱他人的前提条件，一个自暴自弃，没有自信心和责任感，不热爱生活的人是不会去关爱他人的。"自爱"是通过学习提升、自我完善、提高素质，形成对自己的充分肯定，是人实现自身价值、回馈社会的不断发展与提高的全过程。按照儒家“仁爱”思想，医者首先应为仁者，“医者仁心”是医务人员的天职，从医的过程中遵循“仁”道，要医治、关爱他人，第一要重视和珍惜自己的生命价值，做到自爱；第二要通过认真学习和持续实践，不断提升自身业务素质和科学研究能力；第三要保持生之尊严和乐趣，以“泛爱众”和“忠恕”思想，处理好各种复杂的人际关系，提升人际交往能力，真诚对待患者；第四要严守人生底线，有“自知之明”，对自己要有理性的认识，由自知做到自信，并坚持拼搏，达到“自强”。天津中医药大学第二附属医院外科医生张朝晖说：“一朝为医，便肩负起生命之重，患者性命所托，我必倾尽所能。”这就是他多年坚守的从医信念。拥有“仁爱”之心的人，具有良好素质而又追求心境“内和”，不仅能勇敢面对医学工作中的艰难与挫折，应对医疗活动中的困难和问题，而且会将集体利益和国家利益放在首位，增强社会责任感和使命感，掌握精湛的医疗技术，以精湛的医术、高尚的医德和良好的人文素养为患者服务，更好地完成自己的职业使命。

（四）使医务人员正确处理“利”“义”关系

“君子爱财，取之以道。”儒家认为，追求利益是人的本性，“仁者”要正确处理正义与金钱之间的关系，谈“义”但不否定“利”的合理性和必要性，要善于使两者达到有机统一，不应该见义忘利，唯利是图。“怀仁”的君子有追求金钱和物质的权利，但必须运用正当的手段，符合一定的标准和准则，即体现公平和正义的“道”。儒家“仁爱”思想早已渗透到医学人文精神之中，除了“仁爱”，医学人文精神对中国传统文化的接受还表现在儒家的“义利观”方面：“君子喻于义，小人喻于利。”（《论语·里仁》）“见利思义，见危授命，久要不忘平生之言，亦可以为成人矣。”（《论语·宪问》）“君子义以为上。君子有勇而无义为乱，小人有勇而无义为盗。”（《论语·阳货》）由此可见，儒家的“义利观”强调的是重义轻利。孔子经常教育学生，要见利思义，即在获得利益时要去思寻利益的来源是否正当，是否违背道德良心。按照儒家这一思想，医务人员“谋利”是正常的，但其不能为了追求经济利益而置患者及其家属的利益于不顾，不能为了追求金钱而去过度诊疗，甚至向患者家属收取“回扣”

或索取“红包”。人们对医术高明的行医之人也总是用“仁心仁术”来称赞，“医者仁心”“医者大德”，一些医务人员善于处理“义”与“利”的关系，他们在实现个人价值、获得应得利益的基础上，有更高的理想追求和人生目标，努力为我国医学的繁荣与发展贡献力量。《推求师意·序》：“医乃仁术也，笔之于书，欲天下同归于仁也。今若刻布以广其传，则天下病者有所益，而天下医者有所补，其仁惠及于天下大矣!”① 只有心怀“仁爱”之心，践行“忠恕之道”，才能将仁爱惠天下。由此可见，医学人文精神受到了儒家“仁爱”思想和“义利观”的影响。刘纯说：“良方录传，不惟及于一家一国，且遍于天下而传于后世，岂不愈于身亲为之者耶?”② “仁爱”思想在医学人文精神中占有重要地位，在医学人文精神中，对“义”与“利”的取舍同样是考验行医者品德的一大标准。晋代学者杨泉在《物理论》中曾说：“夫医者，非仁爱之士不可托也；非聪明理达不可任也，非廉洁淳良不可信也。是以古之用医，必选明良，其德能仁恕博爱，其智能宣畅曲解。”儒家“仁爱”思想早已渗透在医学人文精神之中，没有仁爱之心和良好的道德品质，是很难成为受人尊重、受患者信赖的白衣天使的。正如著名医学家裘法祖所言：“医术不论高低，医德最是重要。”“要当好一名医生……想病人所想、急病人所急、痛病人所痛。”他通过多年的从医实践，对儒家“仁爱”思想有着深刻感悟，他认为“德不近佛者不可以为医，才不近仙者不可以为医”，从医者不仅要业务素质高，医德医风好，而且要树立正确的“义利观”，正确处理好“利”与“义”的关系。

总之，儒家仁爱思想作为儒家文化的精髓和灵魂，是以“亲亲”“仁民”“爱物”为逻辑展开的理念体系。弘扬儒家“仁爱”思想，可为当代中医学发展补充精神营养，培养中医从业者的人文素养及医德。医者仁心，作为医务人员要善于推己及人、仁爱待人、为仁由己、见利思义，增强社会责任感和使命感，掌握精湛的医疗技术，以良好的医德和人文素养为患者服务，更好地完成自己的职业使命，为我国中医学不断发展做出积极的贡献。

---

① ［明］汪机：《推求师意·序》。

② ［明］刘纯：《杂病治例·序》。

勾勒姆与浑沌

——瘟疫背景下中西医学的通约可能

张树剑

【摘要】 英国学者将现代医学比作有力而笨拙的勾勒姆，中医学则像庄子笔下无知而友好的浑沌。在突发疫情中，作为常规医学的勾勒姆医生遇到了“反常”，而浑沌医生施展了更多的救助手段。疫情之下，对医学的科学类型与疗效评价需要重新思考。作者认为临床“真实世界研究”与博物学的科学传统或许是中西医学思想通约的有效径路。

【关键词】 勾勒姆　浑沌　中西医　瘟疫

【作者简介】 张树剑，山东中医药大学中医文献与文化研究院教授，博士生导师，山东中医药大学科学技术史学科带头人。

新冠肺炎疫情的发生，对于医学而言是一次重要的考验。从医学的参与来看，既有基础医学的科学研究，又有具体的技术手段，两者紧密协作与疫情赛跑。从中国的经验看，中医药的进场成为抗疫取得重大成效的重要因素。在官方通报以及一线抗疫的中西医药专家的访谈中都明确了中医药在新冠肺炎救治中的作用，有关中医药救治新冠肺炎的多篇临床研究也已发表，其中有个案研究，也有证据水平较高的随机对照试验（RCT）。随机对照试验是目前主流的临床研究的设计方法，按照循证医学的规范，临床证据的可采信度可分为五级，由高至低分别为：一级：按照特定病种度的特定疗法收集所有质量可靠的随机对照试验（randomized controlled trails RCT）后所作的系统评价或 Meta 分析，被认为是评价临床疗效的金标准；二级：单个样本量足够的随机对照试验结果；三级：设有对照组但未用随机方法分组的研究；四级：无对照的系列病例观察，其可靠性较上述两种降低；五级：专家意见（个人经验）。

不过，回顾新冠肺炎疫情发生以来的相关通报、媒体报道以及网络信息，虽然从一开始就有专家呼吁中医药参与救治，各地（包括境外）中医药的参与却是从无到有，步履艰难，即使到今天，在互联网上对中医药治疗新冠肺炎的态度仍然存在割裂。究其原因，并非出于中医药临床救治是否有“疗效”，而是对疗效的评价存在异议。当前疗效评价主要是以循证医学证据作为尺度，中医在这一尺度下基本上没有话语权；进而讨论又回到“中医是否科学”这一老生常谈的问题，所以，无论是对学术范式的理解，还是对临床疗效的评价，中医与西医之间，还是存在有意无意的抵触。

如今，在全球重大疫情背景下，中西医结合救治新冠肺炎正在受到更广泛的认可。这一趋势或许会成为中西医精诚合作、消除疑虑的重要时机。两者之间若要在学理上取得更为深入的共识，首先要对临床的评价标准引入新的思想资源，同时，启动对中西两种异质医学的科学本质的思考也在其时。

一、勾勒姆的一次“反常”

目前评判药物疗效的一个主流方法是随机对照试验。这个被称为金标准的方法是基于一个被设计的理想条件下的临床研究，严格的分组与条件设计保证了数据的可信度，这是笛卡儿主义的数理科学在医学方法中的表现。不过，这一方法不仅成本较高，更需要时间，当汹涌的疫情到来的时候，往往陷入远水难解近渴的窘境。所以，新冠肺炎疫情发生早期，大量的病患者涌入医院，而医生往往无药可用。这对于一直在不断成功的现代医学而言，可以说是一次“反常”。

反常是出于托马斯·库恩（Thomas S. Kuhn）① 的科学革命理论。科学革命理论已经广为人知，其基本理路为科学是一种范式，科学革命就是一种范式向另一种范式转变，而范式是一个科研共同体成员所共享的信仰、价值、技术等集合所构成的模式和范例，是从事某一科学的研究者群体所公认的工作框架和工作基础。科学的发展模式是：常规科学—反常—危机—科学革命—新的常规科学。其中，“反常”是革命的开端，所谓风起于青蘋之末。回到当下的医学，我们对于现代常规医学很少怀疑，因为其无论是在基础科研还是临床应用，都是科学的医学，而科学不仅代表着主流，更有着正确与优先的意味。本次新冠肺炎疫情之下遭遇的反常却对现代医学的正确与优先提出了疑问。事实上，这样的反常每天都在发生，即使是普通的病毒性感冒，现代医学也未能提供出特效药，更多时候是建议患者休息与饮水。而休息与饮水是否可以作为标准的“治疗”？按照现代医学的标准，怕是至多算是一种支持。这其实就是医学的反常，只不过是我们习以为常罢了。当突发疫情，这种反常则被加倍地凸显出来。

事实上，对于医学的无能，科学知识社会学（SSK）学者早有论述。英国学者哈里·柯林斯（Harry Collins）与特雷弗·平奇（Trevor Pinch）② 在他们的名著《勾勒姆医生：作为科学的医学与作为救助手段的医学》中将科学、技术与医学均比作勾勒姆，勾勒姆是犹太神话中由黏土与水制成的有生命的假人，他不了解自己的力量，也不知晓自己有多么无知，是一个孔武有力而又笨拙的怪物。作者在书中以安慰剂效应、冒牌医生、疫苗接种与父母权利等 8 个主题阐述了医学的复杂性、不确定性与可错性，说明医学处于社会的复杂环境中，医学发展永远在大部分人的健康与小部分人的牺牲中寻求着平衡。疫情防控本身就是一个具体的实例，医学是疫情防控力量中的重要部分，其作用也仅仅是部分的。疫情需要公共卫生综合

---

① ［美］托马斯·库恩：《科学革命的结构（第四版）》，金吾伦、胡新和译，北京大学出版社 2012 年版。

② 两位作者的“勾勒姆”系列有三本，中文版分别为潘非、何永刚译：《人人应知的科学》，江苏人民出版社 2000 年版；周亮、李玉琴译：《人人应知的技术》，江苏人民出版社 2000 年版；雷瑞鹏译：《勾勒姆医生：作为科学的医学与作为救助手段的医学》，上海科技教育出版社 2009 年版。

力量的合力才能有效防控，最为重要的还是国家对卫生资源的调控与管理，比如建立防疫医院、强制性保持社交距离、计划免疫实施、城市环境治理等。新冠肺炎疫情中，封城、全国医护人员增援、建设方舱医院、全民居家、国际互助等措施均是在国家干预下才能得以施行。不过，国家力量的顺利实施，也需要依据科学医学的成果，如大面积疫苗接种，没有科学研究的前提是不成立的，这也是现代科学在公共卫生方面的体现，在某种程度上掩盖了医学救助本身的缺陷，但是面对病患个体时，现代医学还是显现出力不从心。

二、作为拯救手段的浑沌

柯林斯与平奇将医学分为两种模式：作为科学的医学与作为救助手段的医学。作为科学的医学，以追求生命原理，寻找疾病的最终解决方案为旨归，为人类谋求长远利益；而作为救助手段的医学，则需要当下给出应对，解决问题，着重于个体的短期利益。医学作为科学时与勾勒姆更加相似，作为救助手段时，则气质相对温和。科学医学求真，其研究未必会有现实功用，这也是科学的本来特性；救助医学求善，着力于解决现实的救助，那句著名的特鲁多格言“有时是治愈，常常是帮助，总是去安慰”，就是针对救助医学说的，是医生臻于至善的追求。多数时候，科学医学与救助医学并不矛盾，在新冠肺炎疫情中，我们听闻最多的话语之一就是依靠科学抗击疫情。所以，科学家夜以继日地研究，分离病毒基因，研发可靠的疫苗；临床医学家则通过循证医学的方法来筛选药物。但是具体到某一个体而言，科学与救助手段却不会同步。疫情突发，无论是疫苗的研发，还是用 RCT 方法寻找药物短时间内完成，此时的医学救助只能依靠可能有效的药物以及对症治疗来应对。此时，正是中医学发挥所长的时刻，尤其值得期待。

中医与西医面对新的临床疾病，都是应用自己熟悉的手段，西医根据以往抗病毒治疗的经验，比如选取经过循证医学验证的对 SARS 有效的药物来治疗，或者采用吸氧、呼吸机、人工肺等支持疗法；中医则根据望、闻、问、切等诊断方式得到的资料，辨证应用中药与针灸等方法。以往，作为救助手段的医学在科学医学的指导下工作，而在疫情之下，救助手段则走在了科学的前面，其中，中医药的手段更加丰富。资深的中医师在瘟疫现场的作用非常可靠，我采访过参与救治新冠肺炎的一线的中医医生，他们都是资深而且具备科学素养与专业精神的医生，无论是在方舱医院，在协和医院的重症病区，还是海外的中医师，他们给出的回答都十分肯定。

相对于科学医学的勾勒姆，中医学的特点有点像中国文化中的浑沌。浑沌的故事来源多方，大家比较熟悉的是《庄子》中的记述，倏、忽与浑沌相聚，见浑沌没有眼耳口鼻等七窍，倏、忽出于善意就为他日凿一窍，七天后七窍出，浑沌却死了。浑沌对世界万物有自己的视听方式，与倏、忽不同，如果将倏、忽的标准强加给浑沌，则浑沌就远离了“浑沌”的持久存在，而变成了“倏忽”之一瞬。相对于科学医学的严格与清晰，浑沌的中医的面目有些模糊，但是充满善意。当科学医学的勾勒姆遇到危机，中医学的浑沌或许是一种解决方案，尤其是在疫情突发的现场。这有点类似于中医的“急则治标”，多管齐下，救人要紧。《史记·扁鹊仓公列传》中有句话颇可解释：“人之所病，病疾多；而医之所病，病道少。”是说人们担心患有的疾病多，而医生担心治疗病患的方法少。西医虽然对中医的经验有时不以为然，但有时候也会遵循“同情用药”的原则，在紧急情况下应用未获准上市的在研药物，这是医学作为救助手段从科学的禁锢中逃脱出来的一种方法。同情用药的原则一般是用于个别情况，不会大规模应用。而中医药不同，中医药在新冠肺炎的治疗中被大量应用，这与中医药在中国的悠久传统有关，而且，中国的中医力量比较雄厚，面对疾病时，应用中西医结合的方法已经成为中国相当一部分医生的习惯。即使是西医，应用中成药也是常用的诊疗手段。

反常有可能引发革命。中医药进入之后，医学尤其是临床医学的评价能否引发一场范式的改变呢？这一问题的根源是对中医药疗效的评价。按照库恩①的说法，范式是团体承诺的集合，推而言之，科学也不过是一个

① ［美］托马斯·库恩：《科学革命的结构（第四版）》，金吾伦、胡新和译，北京大学出版社 2012 年版，第 152~157 页。

叫作科学的共同体所共享的信仰、价值、技术等集合所构成的模式和范例，是从事某一科学的研究者群体所公认的工作框架和工作基础。在常规科学医学范式下，临床疗效的评价当然要依据循证医学的证据系统，这是现代医学迄今为止仍然固守的一种信仰。事实上，无论是勾勒姆，还是浑沌，都有自己的标准。用勾勒姆的标准要求浑沌，浑沌可能就死了，比如一直以来红红火火而又备受争议的中医“证”的标准化、四诊标准化的研究，到现在也难以真正实现，而中医本身的重视个人经验与感知色彩的优势则面临危机。这也是为什么即使到了今天，中医学在新冠肺炎疫情中的贡献仍然没有得到应有的评价，媒体报道中对中医药救治新冠肺炎作用的讨论往往是犹抱琵琶半遮面。网络上关于中医药是否对疫情起作用观点尤其分裂。当然深层原因仍然还是那个延续百年的问题：中医是否科学?

不可通约性是范式改变的条件。然而，在医学临床的评价以及科学类型上，中西医之间是否那么泾渭分明呢，能否找到可以通约的途径呢?

三、从理想世界到真实世界

RCT 是基于理想世界的一种方法，这是在现代科学思想下形成的规则，这一思想从笛卡儿将世界数学化之后即已开启。医学思想中将人体作为机器，所有药物的选择、疗效评价都借助了数学的方法。按照 RCT 的证据标准，中医药基于经验的数据充其量算是五级证据，采信程度较低，而且，以经验作为自己的重要方法的中医学，很难达到 RCT 这一理想世界的验证要求。由此，中医药一直以来被部分人斥之为不科学、疗效不可靠。可见科学与否的话语评判是基于某一标准，并非疗效事实。

事实又是如何呢?中医药治疗因人、因地、因时的灵活用药，时有加减的多味药组方，体察体表特异表现的针刺方法，以及形神兼顾的护理特点等，这恰恰是中医基于经验与自身逻辑而形成的一个诊疗体系，是其在遭遇到突发的瘟疫的时候能够从经验出发，制定出相应对策的优势所在。在新冠肺炎疫情中，中医药在临床上止咳化痰，其效用相较于西医的支持手段并不逊色。所谓“医者，意也”，具有传统中国神韵的中医学，天然地与追求精确定理的数理科学分属不同的世界。中医学判别疗效别有标准，主要是基于经验，更多的还是患者自身的感觉与每一种疾病发生时的复杂的“真实世界”。

或者，中西医在作为救助手段时，对疗效评价的标准之间存在的某种“通约性”就在于真实世界，这可能使当前两种异质医学走向和解之道。事实上，近年来真实世界研究（RWS）① 的方法作为与RCT相为互补的一种新的临床评价方法颇受关注。国外早在20世纪60年代就有研究者提出了“真实世界”，认为临床试验条件可能与真实环境不同，临床医生尝试开展临床试验时，应考虑被设计的实验条件远远没有医生所面对的条件复杂，从而提出临床试验应该在真实世界中考量。② 虽然这一思想的提出较早，但直到20世纪初才有较多的真实世界研究的案例发表。2006年《胸心外科杂志》的一篇评论中提出：RCT不能反映真实，真实世界分析对治疗指南至关重要。③ 国内这一词汇较早应用在艺术与经济学领域，在医学领域最负盛名的一次真实世界研究是急性冠脉事件全球注册研究（global registry of acute coronary events，GRACE），这是一个来自14个国家，由94家医院参与的针对所有急性冠脉事件临床管理和患者结局的观察性研究，这项研究也引起了国内的关注，有学者作了回顾报道。④ 从此RWS进入了国内医学研究的视野，尤其是在中医药领域受到推崇，从目前发表的文章看，真实世界研究的案例主要集中于中医药领域。如前所述，中医临床本身就非常注重真实而复杂的临床环境，因人、因地、因时，善于对症状作

---

① 真实世界研究（RWS）是近年来兴起的相对于理想的科学试验模型而设计的一种基于真实世界证据，获取医学证据的研究。其特点为：（1）研究的实施地点以及干预条件为真实的临床实践环境；（2）受试者的选择一般没有特别的限制条件；（3）干预措施和临床实际一样，可由患者和医师进行交流而改变干预方法；（4）需要良好设计的数据库，并记录患者（相对）长期的随访结果。

② Botts, RP; Edlavitch, SA. Clinical evaluation of methods of treatment, *Canadian Journal of Comparative Medicine and Veterinary Science*, 1967, 31 (2): PP. 48-52.

③ Martin T. R. Grapow; Robert von Wattenwyl; Ulrich Guller, etc. Randomized controlled trials do not reflect reality: Real-world analyses are critical for treatment guidelines, *The Journal of Thoracic and Cardiovascular Surgery*, 2006, 132 (1): PP. 5-7.

④ 霍勇：《伴随循证医学走入真实世界——GRACE研究给我们的提示》，《中华医学信息导报》2002年第11期。

综合分析，强调医患之间的互动与沟通等。中医临床的特点令其非常难以达到理想世界的要求，与真实世界研究却有着很好的契合度。

RWS 为中医学提供了一个与科学对话的角度。自从西学东渐以来，中医学就忙于自辩，自辩于自身的“科学”性，更为准确地说，是谋求自身符合于数理科学这一个类型的知识特征，这是被整个社会思潮所裹挟的结果。中医学的多数研究比如寻找经络的实体、中医脉诊的客观化、中医证的实质研究等，均是一个思路，即解剖重塑中医药理论，令其符合数理科学的标准。经过数十年乃至上百年的努力，至今中医药仍然没有完全成为令人接受的“科学”，即便是取得了大量的实验室证据，并对理论作了多方面的改造，仍然与现代医学（数理科学）貌合神离，以至于在数理科学大行其道的今天，中医学的疗效经常受到质疑。而真实世界研究基于临床实践的所有信息，包括病历、各种理化检测记录、医嘱记录、住院记录等均可以纳入评价体系，倾向于在超大样本量与广泛受试人群的基础上开展长期评价，并注重有临床意义的结局指标，这一研究方法与中医药注重临床信息、长期的医案记录传统、对四诊信息的详细记录等具有博物学意义的临床模式有着一定的契合，所以被中医药领域迅速接纳。瘟疫本身就是一个真实世界。在这个真实世界里，中医药基于症状分析辨证施治，取得了令人欣喜的成果。事实上，在新冠肺炎疫情刚刚发生不久，广州市第八人民医院的透解祛瘟颗粒申请医疗机构传统中药制剂，经广东省药监局审查并准予附条件备案，成为国内首个基于中药应用经验，依据真实世界临床数据进行审批的医疗机构制剂。①

值得提出的是，在真实世界研究中，症状的记录是一个核心的向度，这正是中医临床的优势所在。中医临床辨证最为传统的望闻问切四诊方法，较少依据实验室数据，医生分析四诊得到的数据，给出一个综合的判断，确定是某一种“证”，然后根据经验与理论处方用药，其中经验往往是个性化的。非标准化的用药也是中医区别于数理医学的一个表现。在疗效评价中，中医往往根据症状是否减轻来判断，虽然这一判断方式经常被

① 刘钊晖、罗玉冰、方维等：《透解祛瘟颗粒（肺炎 1 号方）应急审批创新研究》，《中国食品药品监管》2020 年第 2 期，第 14~21 页。

诟病，但是症状是患者的直接反应，与疾病的康复关系很大。但是在 RCT 标准下，患者的自我感觉往往得不到充分考量。作为临床最为直观的疗效评判，患者说“我感觉好多了”这样的表述竟然或多或少地被忽视。所以在临床上经常会遇到一些尴尬的情形，就是实验室指标没有异常，医生对患者说“你是健康的”，但是患者自我感觉不适，抑或反之。健康与否的标准是什么？这也是真实世界研究所需要关注的。以症状为中心的经验判断作为疾病与健康的主要标准在当前的临床评价中应该获得更大的权重。

真实世界研究是对基于理想世界的 RCT 研究的反动，也是对 RCT 遇到反常时的纠正与补充，体现出一种科学医学勾勒姆的自我反省，同时，这一方式与中医学传统的评价有着异曲同工之处，可以说，真实世界研究在某种程度上是中西医学的一次通约。

四、重提博物的科学传统

如果跳出疗效评价这一具体的方法，从认识论上考量中西医学，也是找到两者通约的一种可能。我们在评判中医学科学与否时，隐含了一层意义，即现代医学代表科学，而科学是唯一正确的这一一元论色彩的评价。当我们讨论科学时，经常默认科学就是指的数理科学，这也是对于科学类型多元性的一种误解。

英国科学史家皮克斯通（John V. Pickstone）在对医学与科学、自然多样性的解读基础上，对笛卡儿主义的科学观提出了质疑，提出“更简单的理解的历史：论述很普遍的意义上的博物学，和论述意义”，认为中国人对医学的认识更加合理：“中国人被允许担心平衡和失调；我们却被要求以现代医学科学的病理学来思考，并且作为合格的笛卡儿主义者，我们被要求将心与身分离。”① 皮氏主要叙述了三种科学的认识方式：博物学、分析与实验。如果从现代科学的角度看，博物学一度作为后者（数理科学）的对立面来对待。博物学（natural history）或者被称为博物志、自然史，是一种素朴的认识自然的方式，将自然万物进行描述、传记、分类和

① 约翰·V. 皮克斯通：《认识方式：一种新的科学、技术和医学史》，陈朝勇译，上海科技教育出版社 2008 年版，第 31 页。

展示，这一方法无论是在东方还是西方，都具有天然的合法性。西方的博物学传统可以追溯至亚里士多德与他的学生泰奥弗拉斯托斯，他们的著作《动物志》《植物志》等为西方科学史开创了博物学传统，乃至于近代新的博物学兴起时，被看作是对亚里士多德的修正。近代博物学的成就卓然，尤其是在地质、生态、环境等学科，是这些学科兴起的重要知识与方法因素。19 世纪博物学发展出的最为闪耀的成果就是进化论理论。西文语境下，博物学（natural history）与自然哲学（natural philosophy）是相互对应的认识自然的方式，16—17 世纪欧洲科学革命之后，自然哲学逐渐为数理科学所代替。中国的博物学也是发生很早，孔子一门中讲求“博物多识”，《诗经》《尔雅》都可以说是博物学的奠基之作，此后的名物、训诂、本草、地理、书志等记录，流觞而下，千古不绝。虽然博物学在中国学问中表现在多个方面，但与西方自然哲学还有差距。

回到本文的主题，医学认识人体与疾病的方法如果仅仅局限于笛卡儿主义的数学基础，自然是偏狭的；如果接纳博物学的方法，意味着与中医学的另一条通约之路。博物学作为一种接近自然的认识方法，一直是中医学的重要方法，其理论与分析都是建立在博物基础上的。简要梳理一下中医学博物学方法：其一，人体博物学。《内经》中对人体的认识方法主要有两种：度量而切循之与解剖而视之，这两种方法是形成中医生理学，包括经络学说、腧穴学说的基础。虽然说一般认为后来的中医学不太重视解剖这一偏于“实验”的认识人体的方法，但《内经》中的确留下了大量的人体计量学的数据，这也形成了中医藏象生理学传统。当然，解剖学在不同的地域与时期，其科学意义并不相同。中世纪的解剖学，无论是宋代中国的解剖学还是西方的解剖都是对曾经理论的证明，而非一种探求真相的实验。16 世纪以后，解剖学渐渐成为实验室里的技术，但是从认识本质来看，无论古今，解剖都是一种博物求知的方法。其二，药物博物学或者本草博物志。从《尔雅》开始，中国的著书传统中就开始了对动植物性状的记录，中医学关于本草药物的记录尤其详尽，汉代的本草名著《神农本草经》开始形成中医学对药物的记录方式，从本草药物分类、生长环境到形态、功能等均有记述。本草著作经过历代增修、图录，形成了本草博物学的传统，而且，古人医师药师不分，野外采集药物往往是医师博物记录的途径，这一传统至今不废。其三，疾病博物学。是关于疾病症状与治疗的记录，中医称之为医案，最早称之为“诊籍”。始载于西汉文帝时期淳于意的25则诊籍，记录了25则患者的姓名、职业、里籍、疾病症状、诊断、治疗方式和预后等。中医历代医工的医案记录不仅是疾病的博物记录，也是中医学理论分析的样本，与当前真实世界研究的思想也颇有相合之处。

科学不是只有一条道路，多方向多层面的自然认识方法都应被科学所涵盖。无论是从西方的科学传统还是中国知识传统来看，科学都应该是复数而非单数，博物学理应占据其中重要的位置。吴国盛认为：“关注博物学传统，对于理解近代科学的起源和西方科学的发展主线是必要的补充，对于解构现代性的强权和应对现代性的危机也有重要的理论和现实意义。”①

五、勾勒姆与浑沌的相互理解

柯林斯与平奇的勾勒姆系列有三本，分别将勾勒姆比喻科学、技术与医学，两位SSK学者对科学技术与医学秉持了“弱科学主义”的倾向②，其旨意是对强势的科技与医学的反思，用了大量事例说明科技与医学的矛盾与复杂。其中，勾勒姆医生有强大的力量，也遵循规则，借助其严肃的力量，医学科学不断地发展，以谋求人类的群体利益与长远利益。但是在面对个体时，则无法实现细致与直接的关怀，这时候就显现出了它的笨拙。与科学和技术相比，医学本身就是与社会、人文交织的科目，其内容与精神并不能被数理科学所完全统摄，科学主义的理性化与力量性，亦不完全适应于医学的人本主义的临床救治。

然而，科学思维是20世纪以来最为强大的思想流域，百余年来，中国在追求科学的道路上亦步亦趋。在科学主义的话语下，中医学自19世

---

① 吴国盛：《什么是科学》，广东人民出版社2016年版，第215页。

② 江晓原、刘兵：《勾勒姆：一种对科学、技术和医学的温和看法》，《中国图书评论》2016年第6期，第35~40页。

纪下半叶以来，就开始了对自身合法性的追问与证明。因为其语言和理论与以数学为基础的现代科学格格不入，所以无法被纳入科学的范畴，导致中医与西医之间的差异就如浑沌与倏忽，仿佛存在于不同的时空。中医的传统学理借助于中国哲学，更多的是感性与模糊的，而中医学在技术层次上，注重个人经验的记录，这一传统与中国传统文化中擅长记录与说理的传统密切相关。中国传统学问史志不分，注重于具体事物的记录与解释，但是对于事物的本质的探究不够，这是与对事物规律的探求相违背的，在本质上有一种经验主义的倾向。不过，从医学作为救助人的职能来看，医学与科学本身就有一定距离，更偏向于实用与经验，是一种富有关怀的技术，从这一角度看，经验主义的浑沌医生更符合医学的定义，与科学的分歧也更大。

为了解决这一矛盾，用另外一种科学传统，即博物学的传统来接纳中国医学，似乎可以将中医学与科学的距离拉近；同时，在证据评价方面，近年来提出的与循证医学相并行的另外一种基于真实世界的评价方式，则为中医学在临床评价方面与现代医学的沟通架起了桥梁。从某种程度来说，这也是科学在面对具体的疾病时对科学解释权的部分让渡。真实世界研究的提出本质上是对自然科学所设定的一种理想世界的反叛。邓晓芒评价现代科学自以为是自足的、绝对的，可以凭自己决定一切、规范一切，却没有意识到它自己首先是被定义与规范的，是由独断的假定所支配的。① 它从不对自己的前提和基础进行反思，却用自己的标准要求衡量哲学，甚至认为自己就是第一哲学。现代医学继承了数理科学的一切特征，将其力量性发挥得十分充分，通常会取得成功，然而在突发瘟疫中遇到了反常，此时中医学的思想资源却能与之互补，这也是博物学传统之于数理科学的一种纠偏。

当然，中医学也在吸纳数理科学的方法，相关的 RCT 研究近年以来也有很大的进展，但中医知识谱系中方药技法众多，尚未也不可能全部接受循证的检验。但没有经过循证检验的方法未必不是有效的救治手段，尤其是在个体性命攸关的瘟疫面前，这是救治医学的本分。近年来，对循证专

---

① 邓晓芒：《胡塞尔现象学导引》，《中州学刊》1996 年第 6 期，第 65~70 页。

制色彩的批评也越来越被关注，在新冠肺炎疫情之后，医学界是否可能引入多元评价，值得期待，蕴含着大量技术经验与思想资源的中医学的传统药物与技术，或许会受到更多的关注。尤其是近年来兴起的真实世界研究，既与 RCT 相互补充，又符合中医学的临床传统，更是有希望成为达成中西医临床评价共识的方法。同时，科学医学的成果不仅仅是服务于西医临床，同样也是中医临床的哺育者。古来医药不分，医者往往兼药师，现在医药分开，西医主要负责临床处方用药，中药则从传统的采集、种植、炮制等业务基础上发展到中药化学、分析乃至药物基因测序、药理毒理等一系列产业，变成了中医临床的上游，进入了科学医学的范畴，其成果自然可以被现代中医所利用。现在有一种说法，认为西医是主流医学，中医是非主流医学，甚至被称为替代医学。我不同意这一说法，医学作为救助手段，无所谓主流与非主流。进一步而言，当医学作为科学时，更不能存在主流与非主流之心，科学的进步往往都是从具体的发现与经验开始的。当前中医药救治新冠肺炎的事实与案例能够为科学家提供思路与素材，从而发现未知的世界，这本身就是科学的应有之义。如此，科学让步，经验进取，以往中西医的矛盾在这场瘟疫的现场或许可以得到和解，勾勒姆与浑沌也将会发现彼此。